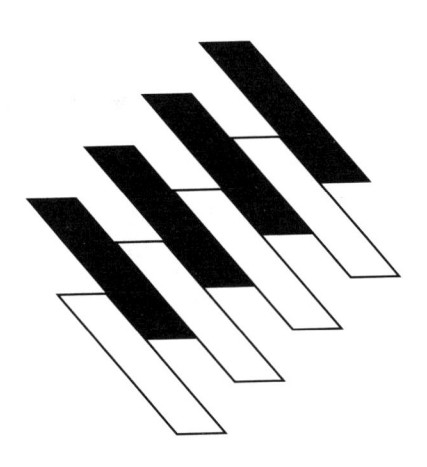

第三产业经济学

李江帆 - 著

TERTIARY INDUSTRY ECONOMICS(REVISED EDITION)

(修订本)

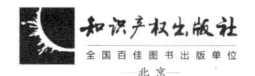

知识产权出版社
全国百佳图书出版单位
—北京—

图书在版编目（CIP）数据

第三产业经济学 / 李江帆著 . —修订本 . —北京：知识产权出版社，2022.9
（孙冶方经济科学奖获奖作品选）
ISBN 978-7-5130-8284-6

Ⅰ.①第… Ⅱ.①李… Ⅲ.①第三产业—经济学 Ⅳ.① F264.1

中国版本图书馆 CIP 数据核字（2022）第 142935 号

总 策 划：王润贵		项目负责：蔡　虹	
套书责编：蔡　虹		责任校对：王　岩	
本书责编：杨　易		责任印制：刘译文	

第三产业经济学（修订本）
李江帆　著

出版发行：知识产权出版社有限责任公司	网　　址：http://www.ipph.cn
社　　址：北京市海淀区气象路 50 号院	邮　　编：100081
责编电话：010-82000860 转 8789	责编邮箱：35589131@qq.com
发行电话：010-82000860 转 8101/8102	发行传真：010-82000893/82005070/82000270
印　　刷：三河市国英印务有限公司	经　　销：新华书店、各大网上书店及相关专业书店
开　　本：850mm×1168mm　1/32	印　　张：21.75
版　　次：2022 年 9 月第 1 版	印　　次：2022 年 9 月第 1 次印刷
字　　数：669 千字	定　　价：138.00 元

ISBN 978-7-5130-8284-6

出版权专有　侵权必究
如有印装质量问题，本社负责调换。

出版说明

知识产权出版社自1980年成立以来，一直坚持以传播优秀文化、服务国家发展为己任，不断发展壮大，影响力和竞争力不断提升。近年来，我们大力支持经济类图书尤其是经济学名家大家的著作出版，先后编辑出版了《孙冶方文集》《于光远经济论著全集》《刘国光经济论著全集》和《苏星经济论著全集》等一批经济学精品力作，产生了广泛的社会影响。受此激励和鼓舞，我们和孙冶方经济科学基金会携手于2018年1月出版《孙冶方文集》之后，又精选再版孙冶方经济科学奖获奖作品。

"孙冶方经济科学奖"是中国经济学界的最高奖，每两年评选一次，每届评选的著作奖和论文奖都有若干个，评选的对象是1979年以来所有公开发表的经济学论著。其获奖成果基本反映了中国经济科学发展前沿的最新成果，代表了中国经济学研究各领域的最高水平。这次再版的孙冶方经济科学奖获奖作品，是我们从孙冶方经济科学奖于1984年首届评选到2017年第十七届评选出的获奖著作中精选的20多部作品。这次再版，一方面是为了缅怀和纪念中国卓越的马克思主义经济学家和中国经济改革的理论先驱孙冶方同志；另一方面有助于系统回顾和梳理我国经济理论创新发展历程，对经济学同人深入研究当代中国经济学思想史，在继承的基础上继续推动我国经济学理论创新、更好构建中国特色社会主义政治经济学都具有重要意义。

在编辑整理"孙冶方经济科学奖获奖作品选"时，有几点说明如下。

第一，由于这20多部作品第一版是由不同出版社出版的，所以开本、版式、封面和体例不太一致，这次再版进行了统一。

第二，再版的这20多部作品中，有一部分作品这次再版时作者进行了修订和校订，因此与第一版内容不完全一致。

第三，大部分作品由于第一版时出现很多类似"近几年""目前"等时间词，再版时已不适用了。但为了保持原貌，我们没有进行修改。

在这20多部作品编辑出版过程中，孙冶方经济科学基金会的领导和同事对本套图书的出版提供了大力支持和帮助；86岁高龄的著名经济学家张卓元老师亲自为本套图书作了思想深刻、内涵丰富的序言；这20多部作品的作者也在百忙之中给予了积极的配合和帮助。可以说，正是他们的无私奉献和鼎力相助，才使本套图书的出版工作得以顺利进行。在此，一并表示衷心感谢！

知识产权出版社
2019年6月

总　序

张卓元

　　知识产权出版社领导和编辑提出要统一装帧再版从1984年起荣获孙冶方经济科学著作奖的几十本著作，他们最终精选了20多部作品再版。他们要我为这套再版著作写序，我答应了。

　　趁此机会，我想首先简要介绍一下孙冶方经济科学基金会。孙冶方经济科学基金会是为纪念卓越的马克思主义经济学家孙冶方等老一辈经济学家的杰出贡献而于1983年设立的，是中国在改革开放初期最早设立的基金会。基金会成立36年来，紧跟时代步伐，遵循孙冶方等老一辈经济学家毕生追求真理、严谨治学的精神，在经济学学术研究、政策研究、学术新人发掘培养等方面不断探索，为繁荣我国经济科学事业作出了积极贡献。

　　由孙冶方经济科学基金会主办的"孙冶方经济科学奖"（著作奖、论文奖）是我国经济学界的最高荣誉，是经济学界最具权威地位、最受关注的奖项。评奖对象是改革开放以来经济理论工作者和实际工作者在国内外公开发表的论文和出版的专著。评选范围包括：经济学的基础理论研究、国民经济现实问题的理论研究，特别是改革开放与经济发展实践中热点问题的理论研究。强调注重发现中青年的优秀作品，为全面深化改革和经济建设，为繁荣和发展中国的经济学作出贡献。自1984年评奖活动启动以来，每两年评选一次，累计已评奖17届，共评出获奖著作55部，获奖论文175篇。由于孙冶方经济科学奖的评奖过程一直是开放、公开、公平、公正的，在作者申报和专家推荐的基础上，由全国著名综合性与财经类大学经济院系和中国社会科学院经济学科领域研究所各推荐一名教授组成的初评小组，进行独立评审，提出建议入围的论著。然后由基金会评奖委员会以公开讨论和无记名投票方式，以简单多数选定获奖作品。最近几届的票决结果还要进行公示后报基金会理事会最终批准。因此，所有获奖论著，都是经过权威专家几轮认真的公平公正的评审筛选后确定的，因此这些论著可以说代表着当时中国经济学研究成果的最高水平。

作为17届评奖活动的参与者和具体操作者，我不敢说我们评出的获奖作品百分之百代表着当时经济学研究的最高水平，但我们的确是尽力而为，只是限于我们的水平，肯定有疏漏和不足之处。总体来说，从各方面反映来看，获奖作品还是当时最具代表性和最高质量的，反映了改革开放后中国经济学研究的重大进展。也正因为如此，我认为知识产权出版社重新成套再版获奖专著，是很有意义和价值的。

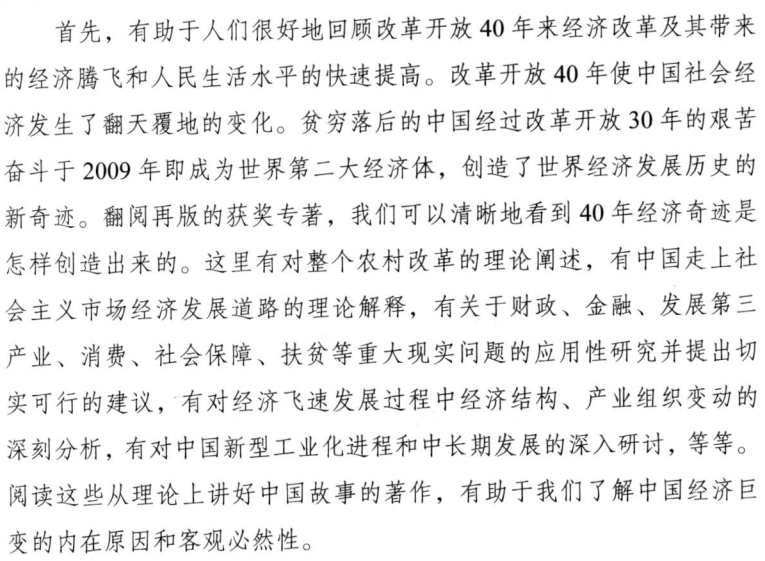

首先，有助于人们很好地回顾改革开放40年来经济改革及其带来的经济腾飞和人民生活水平的快速提高。改革开放40年使中国社会经济发生了翻天覆地的变化。贫穷落后的中国经过改革开放30年的艰苦奋斗于2009年即成为世界第二大经济体，创造了世界经济发展历史的新奇迹。翻阅再版的获奖专著，我们可以清晰地看到40年经济奇迹是怎样创造出来的。这里有对整个农村改革的理论阐述，有中国走上社会主义市场经济发展道路的理论解释，有关于财政、金融、发展第三产业、消费、社会保障、扶贫等重大现实问题的应用性研究并提出切实可行的建议，有对经济飞速发展过程中经济结构、产业组织变动的深刻分析，有对中国新型工业化进程和中长期发展的深入研讨，等等。阅读这些从理论上讲好中国故事的著作，有助于我们了解中国经济巨变的内在原因和客观必然性。

其次，有助于我们掌握改革开放以来中国特色社会主义经济理论发展的进程和走向。中国的经济改革和发展是在由邓小平开创的中国特色社会主义及其经济理论指导下顺利推进的。中国特色社会主义理论体系也是在伟大的改革开放进程中不断丰富和发展的。由于获奖著作均系经济理论力作，我们可以从各个时段获奖著作中，了解中国特色社会主义经济理论是怎样随着中国经济市场化改革的深化而不断丰富发展的。因此，再版获奖著作，对研究中国经济思想史和中国经济史的理论工作者是大有裨益的。

最后，有助于年轻的经济理论工作者学习怎样写学术专著。获奖著作除了少数应用性、政策性强的以外，都是规范的学术著作，大家可以从中学到怎样撰写学术专著。获奖著作中有几套经济史、经济思想史作品，都是多卷本的，都是作者几十年研究的结晶。我们在评奖过程中，争议最少的就是颁奖给那些经过几十年研究的上乘成果。过去苏星教授写过经济学研究要"积之十年"，而获奖的属于经济史和经济思想史的专著，更是积之几十年结出的硕果。

是为序。

2019 年 5 月

序

我很高兴为李江帆教授的《第三产业经济学（修订本）》作序。

《第三产业经济学》（初版）是李江帆教授经过多年努力探索，于1988年初夏完成的一本系统、全面而深入地研究第三产业经济理论的优秀学术著作。它以崭新的结构体系、清新的学术观点、严密的科学论证和自成一派的理论逻辑，在我国经济研究领域开拓了第三产业经济学，在1990年荣获第四届孙冶方经济科学著作奖。30多年后，作者根据经济社会发展的新形势和新数据作认真修订充实，该书修订版问世，这是一件值得庆贺的好事。

本书修订版在以下四个方面写得很有特色。

第一，以服务产品的运动为研究主线，构筑起一个逻辑严密的第三产业经济学理论新体系。我国实行改革开放以来，第三产业的迅速发展给经济理论工作者提出了很多亟须研究的新课题。中国第三产业的发展迫切需要第三产业经济学。然而，第三产业研究在我国长期以来处于"空白状态"，没有多少可以借鉴的理论文献；第三产业分支部门庞杂繁多，经济现象扑朔迷离，劳动产出虚无飘渺。怎样确定研究起点和研究主线，构思第三产业经济学的理论体系，就成为理论探索中的难点。作者清醒地运用科学抽象法，透过现象看本质，将焦点集中在反映第三产业经济关系的主体和本质的经济现象——服务产品上，以此确定研究的起点和主线，循着服务产品"四环节"的运动展开分析，这就抓住了构建结构严密的第三产业经济学体系的关键。在这一体系中，非实物产品理论构成学科的理论基石；定性与定量分析相结合的服务生产理论使第三产业经济学向深度拓展；从服务产品理论合乎逻辑地推导出的服务"四环节"观构成第三产业经济学的主体。它以其独特的研究主线和内在逻辑性，既区别于以物质产品的生产和交换规律为研究对象的传统政治经济学，又不同于以物质财富在"非生产领域"的运动为研究主线的"非生产领域经济学",还异于没有确定研究主线、建立理论体系的专题式服务业经济学。研究起点、研究主线构思合理,理论思辨达到新高度,结构体系独树一帜,这正是本书的新意所在。

第二,面对当代第三产业比重日趋增大的现实,以严谨的态度将马克思主义政治经济学基本原理较好地应用和拓展到第三产业领域,探讨、概括和解释现代经济生活中涌现的以服务业为中心的一系列新现象,在产品观、财富观、使用价值观、价值观、服务生产观、服务价格观、服务供求观、服务再生产与流通模型、服务分配观等学术问题上,突破了传统理论的不少成说,提出了很多富有新意的观点,补充、丰富了传统政治经济学的基本原理,取得了可喜的进展,解决了它在第三产业比重日趋增大的当代面临的适用范围日趋缩小的严峻问题。例如,它在理论与实践的结合上论证了没有静止质量和体积的、不由基本粒子构成的劳动成果——服务产品是当代社会产品的重要组成部分,并以服务产品的运动为对象确立服务生产、服务流通、服务分配和服务消费观,丰富了社会产品及其再生产"四环节"理论。它阐明了非实物使用价值的存在及其性质,分析了服务劳动的运动性与凝结性、具体性与抽象性、私人性与社会性的矛盾对服务价值实体的决定作用,将马克思的劳动价值理论的适用范围从第一、二产业扩大到第三产业,丰富了商品二因素和劳动二重性原理。它将服务产品划分为服务生产资料和服务消费品两大类,分归第一、二部类增设的 b 副类中,解决了三大产业理论与再生产理论的兼容问题,并通过增设软化系数,建立三大产业再生产平衡公式,为马克思主义的两大部类理论、再生产理论和积累理论,增添了新的内容,起码提供了新的理论假设。本书对不少在传统政治经济学研究中被舍象了,而今却有重要理论意义和实践意义的第三产业问题,给予了必要的研究和补充;对传统政治经济学的一些明显不合时宜的观点或论述,则实事求是地作出适当的修正。这有助于在第三产业蓬勃发展的当代,推进马克思主义政治经济学基本理论的研究、教学和进一步完善、发展和应用,也为立足实际的三次产业再生产的宏观平衡,以及生产服务业和生活服务业的协调发展,提供了基于马克思主义政治经济学的科学解释。

第三，透过纷繁复杂的第三产业经济现象，从共有经济规律和特有经济规律两个角度，系统地揭示了第三产业经济规律。作者认为，第三产业的经济现象和经济关系，看来似乎杂乱无章，其实隐藏着内在的、本质的必然联系。第三产业经济学就是要通过对第三产业的生产、交换、分配和消费过程中的经济现象和经济关系的分析，揭示这种规律性。第一方面是揭示三大产业的共有经济规律在第三产业起作用的条件及其特殊表现形式。本书不仅论证了人们通常认为仅仅存在于第一、二产业的价值规律、按劳分配规律、供求规律等是三大产业的共有经济规律，而且分析了它们在第三产业的表现形式的特殊性。如服务产品的创新性使生产创新型服务产品的社会必要劳动时间由最先生产出这种服务产品的直接劳动耗费加创新难度系数决定。服务产品的非贮存性使服务生产要素的适度闲置时间构成制约社会必要劳动时间的"现有的正常的生产条件"；其非实物性使人们往往将第三产业所分配的非实物产品误以为是工农业产品；等等。第二方面是揭示了第三产业的特有经济规律。第三产业形成规律分析了第三产业形成的标志、条件、时间和途径，适用于解决我国第三产业新行业形成和发展中的市场经济环境、起点规模、经营效率等问题。第三产业价格变动规律论证了非自动化的服务产品的相对价值量上升较快的走势，预测了我国第三产业引进市场机制将会导致服务价格总水平全面上升，对于制定科学的价格政策有借鉴意义。第三产业比重增大规律不仅通过定性分析阐明服务需求上升律和服务供给上升律的共同作用，使第三产业比重在一定的历史条件下日趋增大，而且通过定量分析建立第三产业就业方程，揭示了第三产业就业比重与人均国内生产总值构成的幂函数型相关关系，可以依据第三产业就业方程，确定特定经济发展水平下的第三产业最优比重和发展速度参考值，从量的规定性上避免"过犹不及"的问题。第三产业分配规律系统探讨了第三产业内不同分配方式的特点、第三产业分配水平、制约因素及变动机制。第三产业消费规律在定性、定量分析基础上揭示了服务消费比重上升的客观必然性。这些从实际出发的分析带有创新性，符合第三产业发展实际，令人耳目一新，不仅给学术研究者带来新认识，也给产业发展决策者和服务业经营者带来新启发，为因地制宜地制定第三产业发展战略和具体对策，提供了正确的思路。

第四，根据现代科技研究新成果，透过世界范围第三产业大数据，剖析了一系列第三产业新现象，如生产服务消费与生产服务业、产业效率、产业服务化、生产软化、第三产业比重饱和点等，发现其本质特性，得出发人深省的、具有前瞻性的新观点。如随着现代科学技术特别是信息技术、数字技术、网络技术、人工智能和虚拟技术的发展，服务的传统特征——非实物性、非贮存性、生产和交换与消费同时性、非移动性正在发生演变和突破，服务产业效率得以提高。很多信息密集型服务可以用电子技术变相贮存，借助音像和电脑技术录制和再现，打破了服务产品的非贮存性和生产与消费的时空同一性，借助电信和网络技术远距离传输，在异地再现服务，使服务产品通过进出口在国际上进行生产、流通和消费，服务贸易和服务外包成为发展第三产业的热门话题。在我国第三产业已超半壁江山时，通过国际数据分析敏锐地发现，第三产业比重增大趋势只是在特定时期出现的现象，第三产业比重不可能无限增加，将出现饱和点和减速；三次产业的投入软化都经历迅速增长、缓和增长和饱和阶段，国民经济服务化、第三产业比重趋于上升也有饱和点和转折点。对新冠肺炎疫情下的服务供求矛盾及对策，第三产业比重的饱和点和均衡点，发展生产服务业，农业、制造业和服务业的服务化、投入软化的趋势等话题，也给予时效性很强的合理解释和分析。这些应用新科技，迎着难点上，研究新问题，作出新界定，得出的论点清新且有说服力，拓宽了视野，给人以启迪，拓展和丰富了产业经济学分析，为发展第三产业提供了理论依据。

我相信，《第三产业经济学（修订本）》的出版，不仅对我国经济科学的建设起着有益的推动作用，而且对我国第三产业的发展也将产生积极的影响。

张卓元
2021年12月于北京

目录

第一章 导论 1

第一节 第三产业经济学的研究对象 1
 一、第三产业经济学的概念 1
 二、第三产业的生产、分配、交换和消费 8
 三、第三产业的经济关系 10
 四、第三产业经济规律与第三产业经济学的研究对象 14

第二节 第三产业经济学在经济科学体系中的地位 17
 一、第三产业领域各部门经济学的概括和总结 17
 二、对政治经济学的丰富、补充和应用 19
 三、经济学体系内外相关学科间的渗透和融合 23

第三节 第三产业经济学的研究方法和研究意义 26
 一、第三产业经济学的研究方法 26
 二、第三产业经济学的研究意义 34

第二章 第三产业思想史 41

第一节 第三产业范畴概说 41
 一、第三产业范畴的由来 41
 二、三次产业的范围和划分标准 42
 三、对第三产业范畴的评价 45

第二节　第三产业的开创性研究　49
一、费希尔首创第三产业概念和三次产业分类法　49
二、克拉克揭示劳动力在三次产业转移规律　54

第三节　第三产业的理论渊源　59
一、配第对产业结构演变规律的揭示　59
二、萨伊对服务业及无形产品的论述　60
三、西斯蒙第对服务业及非物质消费的分析　63
四、李斯特对服务业与精神生产力的阐述　66
五、西尼尔对服务业与服务的论述　68
六、马克思对服务业及其产品的分析　69

第四节　1980年代国内对第三产业理论的讨论　73
一、第三产业的概念和范围　74
二、第三产业的产品和使用价值　77
三、第三产业的产值和价格　86
四、第三产业的再生产和流通　100
五、第三产业经济理论的研究对象　106

第三章　第三产业的形成　108

第一节　产业兴旺的顺序　108
一、农牧业为主的初级阶段　108
二、工业为标志的第二阶段　109
三、服务业迅速发展的第三阶段　110

第二节　第三产业形成的标志　111
一、服务部门独立化　112
二、服务行业门类齐全　113
三、服务劳动具有职业性　115

第三节　第三产业形成的条件　116
一、生产力条件　116
二、需求条件　118
三、效率条件　120

四、市场条件　*121*

　第四节　第三产业形成的时间　*126*

　　一、中国第三产业的形成时间　*126*

　　二、国外第三产业的形成时间　*138*

　第五节　第三产业形成的途径　*144*

　　一、非实物生产的分离　*144*

　　二、实物生产阶段的独立化　*145*

　　三、社会生活阶段的独立化　*145*

　　四、服务行业的分化　*145*

第四章　服务产品　*147*

　第一节　服务产品的概念　*147*

　　一、实物与非实物　*147*

　　二、非实物劳动成果　*151*

　　三、服务产品的内涵　*156*

　　四、服务产品的外延　*157*

　第二节　服务产品与社会产品　*160*

　　一、社会产品的组成部分　*161*

　　二、与其他社会产品的关系　*165*

　　三、服务产品与两大部类　*169*

　第三节　服务产品定义的讨论　*172*

　　一、是劳动还是产品　*172*

　　二、是劳动力还是服务产品　*174*

　　三、服务产品的其他定义　*178*

　　四、服务产品传统特征的突破　*181*

　第四节　服务产品定义中的劳动概念探讨　*183*

　　一、劳动内涵的深化探讨　*184*

　　二、劳动外延的深化探讨　*191*

　　三、服务产品定义的深化探讨　*194*

第五章　服务产品的使用价值　199

第一节　马克思论两类使用价值　199
一、实物形式的使用价值　199
二、运动形式的使用价值　201
三、使用价值概念的内容与形式　202

第二节　服务产品使用价值的功能　204
一、马克思论服务产品使用价值的可消费性　204
二、服务产品使用价值的分类及其消费功能　207
三、服务产品使用价值的消费替代性　211
四、服务产品使用价值的消费互补性与消费引致性　215

第三节　服务产品使用价值的特性　217
一、马克思论服务产品使用价值的特性　217
二、服务产品使用价值的非实物性　218
三、服务产品使用价值的生产、交换、消费同时性　219
四、服务产品使用价值的非贮存性　220
五、服务产品使用价值的非移动性　221
六、服务产品使用价值再生产的严格被制约性　223
七、服务产品使用价值作为劳动产物的必然性　224
八、答质疑　225

第四节　服务产品使用价值与社会财富　229
一、使用价值是社会财富的物质内容　229
二、使用价值的发展使财富内容发生演变　231
三、服务产品使用价值构成现代社会财富的物质内容　232

第五节　服务产品使用价值与交换价值的物质承担者　235
一、理论论证　235
二、马克思的思想　237

第六章　服务产品的价值　241

第一节　服务产品的价值实体　241
一、服务劳动的凝结性　241

二、服务劳动的社会性　**246**

三、服务劳动的抽象等同性　**248**

第二节　服务产品的价值量　**251**

一、服务产品价值量的决定　**251**

二、服务产品价值量的构成　**255**

三、服务产品价值量的实现　**261**

四、服务产品的相对价值量　**263**

第三节　劳动价值理论与服务价值论　**267**

一、马克思关于服务价值的思想　**267**

二、服务价值论是对劳动价值论的运用　**268**

三、马克思对劳动价值论的充实与启示　**270**

第七章　服务产品的生产过程　**274**

第一节　服务产品的生产概念　**274**

一、传统生产概念与服务生产概念　**274**

二、对否定服务生产概念的观点的剖析　**276**

第二节　生产服务产品的劳动过程　**283**

一、服务劳动过程的简单要素　**283**

二、服务劳动过程的本质和特点　**290**

第三节　生产服务产品的价值增殖过程　**300**

一、服务生产中的价值转移与价值创造　**300**

二、服务产品的价值形成过程的特点　**304**

第四节　对否定服务劳动创造价值典型论点的分析　**308**

一、"价值转移"说　**308**

二、"服务生产价格"说　**311**

三、"基金"说　**312**

四、"国民收入再分配"说　**314**

第八章　服务产品的价格　**318**

第一节　服务价格概说　**318**

一、服务价格概念辨析　**318**

二、服务价格分类与构成 **321**

三、服务价格常见类型与特殊形式 **323**

第二节 服务价格的地位与影响因素 **330**

一、服务价格在国民经济中的地位与作用 **330**

二、影响服务价格形成的主要因素 **332**

第三节 服务价格体系 **337**

一、服务差价 **337**

二、服务比价 **342**

三、服务、货物比价 **344**

四、服务、货物价格剪刀差 **348**

第四节 第三产业价格总水平与变化趋势 **353**

一、影响第三产业价格总水平的因素 **354**

二、第三产业价格水平的变化趋势 **355**

第九章 服务产品的需求与供给 **360**

第一节 服务产品的需求 **360**

一、服务需求的涵义 **360**

二、服务需求规律 **362**

三、影响服务需求的其他因素 **367**

四、服务需求弹性 **371**

第二节 服务产品的供给 **377**

一、服务供给的涵义 **378**

二、服务供给规律 **379**

三、影响服务供给的其他因素 **382**

四、服务供给弹性 **385**

第三节 服务产品的供求矛盾与供求平衡 **389**

一、服务产品的供求矛盾 **389**

二、调节服务供求平衡的价格机制 **391**

三、促进我国第三产业发展中的服务供求平衡 **398**

第四节　第三产业发展状况的评估与衡量　405
一、第三产业发展状况的评估依据　406
二、第三产业发展水平的衡量　409
第五节　服务供求系统中排队问题的定量分析　416
一、服务供求系统中的排队现象与排队论　417
二、排队模型的组成和分类　419
三、排队模型的状态概率与运行指标　421
四、排队系统的最优化决策　428

第十章　服务产品的再生产和流通　434
第一节　服务再生产和流通及其宏观平衡　434
一、服务再生产研究的理论前提　434
二、服务简单再生产的图式和流通渠道　436
三、服务简单再生产的宏观平衡条件　441
四、服务扩大再生产的宏观平衡条件　448
第二节　服务再生产的宏观规模及其发展规律　452
一、服务需求上升律对服务再生产宏观规模的影响　452
二、服务供给上升律对服务再生产宏观规模的影响　464
第三节　第三产业宏观规模的定量分析　472
一、样本数据与第三产业模型　473
二、对我国产业结构的预测　478
三、1988年预测被验证效果好的趣闻　482
四、16国、30国和中国第三产业模型研究　488
第四节　研究服务再生产规律的实践意义　502
一、在第三产业内外部平衡中发展第三产业　502
二、在与第三产业协调中发展第一、二产业　506
三、在国民经济的基础上发展第三产业　509

第十一章　服务产品的分配　513
第一节　第三产业分配的性质　513
一、服务产品分配的两重性　513

二、第三产业分配的物质基础 514

三、第三产业工资的性质 517

四、第三产业利润和地租的性质 519

第二节 服务产品的分配方式 522

一、服务的市场分配方式 522

二、服务的半市场和非市场分配方式 523

三、三种分配方式的利弊评价 526

四、我国服务分配方式的改革方向 532

第三节 第三产业的分配水平 542

一、影响第三产业分配水平的主要因素 542

二、第三产业分配水平的变动机制 549

三、我国第三产业分配水平的问题与解决 554

第十二章 服务产品的消费 561

第一节 服务消费概述 561

一、服务消费的概念 561

二、服务消费的属性 563

三、服务消费的方式 567

第二节 服务消费的社会功能 569

一、消费功能、产品性质与产业地位 569

二、服务消费的协调功能 573

三、服务消费的效益功能 575

四、服务消费的闲暇功能 577

五、服务消费的福利功能 579

第三节 服务消费结构 581

一、服务消费结构影响因素 582

二、服务消费结构演变模型 584

三、我国服务消费结构预测 596

第十三章　服务生产消费　600

　　第一节　服务生产消费与生产服务　601

　　　一、生产服务的概念与发展趋势　601

　　　二、生产服务业的发展意义　602

　　　三、生产服务业的发展对策　605

　　第二节　服务生产消费与第三产业生产服务　607

　　　一、面向第三产业的生产服务业　607

　　　二、第三产业重要的软生产要素　609

　　　三、促进第三产业生产服务发展　611

　　第三节　服务生产消费与产业效率　613

　　　一、服务生产消费的动因：提升产业效率　613

　　　二、生产服务消费对第二、三产业生产率的促进　615

　　　三、生产服务消费对第三产业生产率的促进　617

　　第四节　服务生产消费与产业服务化　619

　　　一、服务化的概念　619

　　　二、服务化的内容、分类与趋势　620

　　　三、产业服务化的动因　626

　　　四、服务化的限度与饱和　627

　　第五节　服务生产消费与投入软化　630

　　　一、投入软化与生产效率增长　631

　　　二、人均GDP与中间投入软化系数　633

　　　三、中间投入软化系数参考值　634

　　　四、中间投入的软化速度和饱和　637

　　　五、中间投入软化启示　638

再版后记　641

初版后记　670

第一章　导论

第三产业经济学是在第三产业蓬勃发展并在国民经济中占据了重要地位的背景下形成的一门新兴经济学科。在本章，我们要分析第三产业经济学的研究对象，它在经济科学体系中所处的地位，以及它的研究方法和意义。

第一节　第三产业经济学的研究对象

一、第三产业经济学的概念

第三产业经济学，是以第三产业的服务产品❶的生产、分配、交换和消费的经济现象、经济关系和经济规律为研究对象的经济学科。对这一学科概念可以从三方面理解。

其一，从行业范围看，第三产业经济学研究的是第三产业，即除了第一产业、第二产业以外的其他各业。

按国务院1985年转发国家统计局《关于建立第三产业统计的报告》❷，我国第三产业分为四个层次。

第一层次：流通部门，包括交通运输业、邮电通信业、商业饮食业、物资供销和仓储业。

第二层次：为生产和生活服务的部门，包括金融、保险业、地质普查业、房地产、公用事业、居民服务业、旅游业、咨询信息服务业和各类技术服务业等。

---

❶ 服务产品是服务劳动提供的非实物形态的劳动成果，它与实物形态的劳动成果即实物产品一起构成社会总产品。参见第四章。

❷ 国务院办公厅：国办发〔1985〕029号。

第三层次：为提高科学文化水平和居民素质服务的部门，包括教育、文化、广播电视事业，科学研究事业，卫生、体育和社会福利事业等。

第四层次：为社会公共需要服务的部门，包括国家机关、政党机关、社会团体，以及军队和警察等。

2003年、2012年、2018年，国家统计局对三次产业划分作了调整。《国民经济行业分类》（GB/T 4754—2017）规定：第一产业指农、林、牧、渔业。第二产业指采矿业，制造业，电力、热力、燃气及水生产和供应业，建筑业。第三产业包括18个门类50个大类：农、林、牧、渔专业及辅助性活动，开采专业及辅助性活动，批发和零售业，交通运输、仓储和邮政业，住宿和餐饮业，信息传输、软件和信息技术服务业，金融业，房地产业，租赁和商务服务业，科学研究和技术服务业，水利、环境和公共设施管理业，居民服务、修理和其他服务业，教育，卫生和社会工作，文化、体育和娱乐业，公共管理、社会保障和社会组织，国际组织。❶

其二，从研究主题看，第三产业经济学并非研究第三产业领域的所有问题，只是研究其中的经济问题，即第三产业的经济现象、经济关系和经济规律。第三产业领域中的意识形态现象及其运动规律，社会关系、社会形态及其运动规律，政治关系、政治体制的形式及其运动规律，都不属第三产业经济学的研究主题。

其三，从研究主线看，第三产业经济学不是以实物产品的运动为主线，而是以第三产业生产的服务产品的运动为主线，循着服务产品生产总过程中的生产、分配、交换和消费四环节展开研究的。

由此可见，第三产业经济学是一门以服务业提供的服务产品的生产、分配、交换和消费的经济现象、经济关系和经济规律为研究对象的经济学科，涉及面非常广。

---

❶ 《国家统计局关于修订〈三次产业划分规定（2012）〉的通知》（国统设管函〔2018〕74号）。

第三产业不生产物质产品❶，是否应成为经济科学的研究对象呢？我们知道，任何一种事物都有其产生、发展的原因，运动形式和运动规律，从而可以被列入某一门学科的研究对象中。从宇宙天体到基本粒子，从无机界到有机界，从植物、动物到人、人类社会和人类思维，从自然科学、社会科学到思维科学，都是如此。第三产业作为人类社会经济生活中的一种事物客观地存在着，并有其自身的发展动因、发展形式和发展规律，而且在现代社会国民经济中占据重要地位，当然可以成为科学研究的对象。

有学者认为，第三产业虽然可以成为科学研究的对象，但不宜列入经济科学的范围。因为经济科学只研究物质生产规律，不研究非物质生产规律，必须保证其"纯洁性"，不能把非物质生产的东西混杂进去。这种看法是值得商榷的。

经济科学是一门历史科学，它必然随着社会的发展而发展。在古代，许多思想家和政治家曾探讨过某些经济问题，但没有把经济关系当作专门的研究对象。随着资本主义的产生和发展，经济关系逐渐从其他社会关系分离出来，成为经济科学的专门研究对象。由于在经济科学作为独立学科形成的工场手工业时期，物质生产占了社会生产的绝大部分，经济科学也就以物质资料的生产、交换、分配和消费的经济关系和经济活动规律作为自己的研究对象。但是，这并非是唯一的对象。20世纪上中叶以来，社会的进步使非物质生产领域得到很大发展，甚至在比重上逐渐超过了物质生产领域，因而，非物质生产领域的经济活动和经济关系不仅在空间上扩展了，而且在地位上也越来越重要。实践的发展给经济科学提出了新要求：必须对非物质生产领域

---

❶ 在我国流行的"物质产品""物质生产""非物质生产"等概念，把物质误解为具有重量和体积的、可以捉摸的实物，是片面的。实际上，物质的范围大于实物的范围，实物只是物质的一种形态而不是唯一形态，二者不能画等号（参见第四章第一节的分析）。不过，因"物质生产"用于表示实物产品的生产年深月久，按约定俗成的原则，不妨以旧瓶装新酒的方式沿用这一提法。只是要赋以其准确的涵义："物质生产"指实物产品的生产，"非物质生产"指服务产品的生产。在需要特别明确涵义的地方，代之以"实物生产"或"非实物生产"，以免与传统的"物质生产"概念相混淆。

的经济现象作出新探索，揭示其规律性，形成新学科。经济科学如果无视经济活动和经济关系的上述新变化，仍然将自己的研究范围固守在越来越狭窄的物质生产领域，将非物质生产领域中的经济问题拒之于经济科学殿堂之外，势必堵塞它自己的发展道路。

从"二战"后多年来经济学科的发展看，新学科层出不穷，其中不少学科如教育经济学、卫生经济学、旅游经济学、生活服务经济学、艺术经济学等，就不是以物质生产而是以非物质生产为研究对象的。是否应该把这些"非物质生产的东西"清除出经济科学的体系，或是宣布它们是"伪经济科学"呢？当然不能。既然如此，把经济科学定义为"研究物质资料的生产、交换、分配和消费等经济活动规律及其应用的科学的总称"❶，宣称经济科学只研究物质生产的规律，只能有意无意地封闭经济科学发展的道路。应该注意的是，马克思似乎预感到经济科学的发展必然使它的研究对象由物质生产领域向非物质生产领域扩展，因此，他谈及经济科学的研究对象时使用了十分灵活的说法："面前的对象，首先是物质生产"❷。如果将"首先"当作"唯一"，以此取代"其次""再次"，那显然是不合适的。

有学者认为，经济科学只研究经济规律，第三产业的相当多部门属上层建筑、意识形态领域，怎么能将它纳入经济科学的研究范围呢？当然，经济科学并不研究上层建筑、意识形态的运动规律。但应该看到：

（1）第三产业不等于上层建筑领域，它有相当多服务部门，如交通运输、仓储和邮政业，批发和零售业，住宿和餐饮业，金融业，房地产业，水利、环境和公共设施管理业，卫生、社会保障和社会福利业等，根本不属于所谓的"上层建筑领域"。

（2）"上层建筑领域"不能按行业来区分。上层建筑指的是社会政治法律制度和意识形态，政治法律制度凌驾于整个社会之上，并不存在于具体的行业中；意识形态则在有人群的地方都存在，且存在于

---

❶ 许涤新.政治经济学辞典：中册[M].北京：人民出版社，1981：32.

❷ 中共中央马克思恩格斯列宁斯大林著作编译局.马克思恩格斯选集：第2卷[M].北京：人民出版社，1972：86.

各产业中,并非特别存在于第三产业。

(3)第三产业一些部门如电视、广播、文艺、教育等行业,专门从事文化活动,另一些行业如公共管理和社会组织专门从事政治活动,在这一意义上说它们属意识形态部门或上层建筑部门未尝不可。但这些部门的活动也具有两重性:一方面,这是意识形态或政治活动;另一方面,这又是经济活动。因为意识形态和政治活动要通过精神产品的生产和消费来进行,其中就有相当多经济问题,如投入劳动与产出成果的比较、生产服务产品的效率、补偿生产费用的方式等。前一属性应该是哲学、政治学、社会学、心理学等直接研究的对象,后一属性则是经济科学涉足的对象。

有学者承认非物质生产领域也有经济关系和经济规律,把以此为研究对象的经济学科命名为"非生产领域经济学"。在苏联就曾有经苏联高等和中等专科教育部批准为高等院校各类经济专业教科书《非生产领域经济学》❶。笔者认为,这一学科名称主要有如下问题。

(1)"非生产领域经济学"将"非物质生产"等同于"非生产",是不妥当的。马克思在论述生产劳动和非生产劳动时,区分了生产劳动一般与生产劳动特殊两个概念。可以确定,生产劳动一般指的是人类在自然形态下从事的生产产品(货物和服务)的劳动,生产劳动特殊指的是人类在某一特定社会形态下从事的反映该社会特性的、生产产品(货物和服务)的劳动。由于服务产品的生产在资本主义发展初期基本上不从属于资本主义生产方式,故处于那一时代的马克思在论述中多次提及非物质生产劳动是非生产劳动。但当非物质生产劳动从属于资本主义生产方式时,又被马克思不止一次地称为生产劳动。由此可知,马克思使用的是生产劳动特殊的概念❷。作为揭示非物质生

---

❶ 沙洛特科夫.非生产领域经济学[M].蒋家俊,马文奇,沈越,译.上海:上海译文出版社,1985.

❷ 将服务劳动与非生产劳动画等号并不是马克思的观点。在马克思看来,从生产关系的角度来考察,在"生产劳动特殊"的论域内,服务劳动可以是生产劳动,也可以是非生产劳动,关键的问题在于它是否从属于决定当时社会性质的生产方式。参见第七章。

产的一般规律的经济科学,应该使用生产劳动一般的概念,这时,非物质生产是生产一般,不是"非生产"。更进一步说,从属于社会主义生产方式的非物质生产劳动,从生产劳动特殊的概念来考察,也属生产劳动。因此,没有理由将"非物质生产"与"非生产"画等号。如果不愿意使用"第三产业"概念,称为"非物质生产领域经济学"不是好得多吗?

(2)"非生产领域经济学"的理论体系存在着相当多自相矛盾之处。按其逻辑,"生产"与否,一律以是否生产物质财富为标准。"非生产领域经济学"之所以被称为"非生产",也就是因为在这一领域不生产物质财富。但是,该理论体系认为,"非生产领域"中也有"生产",即所谓的"非物质财富的'生产'"。这就陷入了"二律背反"中:如果要逻辑一致地坚持以生产物质财富作为划分"生产"的标准,就要否认有"非物质财富的生产"这么一回事;若承认"非物质财富的生产"也是生产,"非生产领域"的说法就难以成立。此外,把统一的服务部门人为地切成"生产"与"非生产"两大块(甚至把在同一时间地点上进行的同一劳动切为生产劳动与非生产劳动两大块,如同一个司机既运货又运客的情况),只把客运划入"非生产领域经济学",把物质财富在非生产领域的分配、交换和消费作为"非生产领域经济学"的研究主线,将据认为进行着"非物质生产"的"非生产领域"列为"消费领域",这些观点都有不符事实,或不合逻辑之处。最后要指出,将"物质生产"与"非生产"并列是违反形式逻辑的——对正概念"物质生产"而言,负概念是"非物质生产"而不是"非生产"。

由此可见,"非生产领域经济学"的概念是不可取的。

国内有学者将研究第三产业领域的经济科学称为"服务业经济学"或"劳务经济学"。这两个概念与"第三产业经济学"并无原则区别,一般地说可以通用。但因下述原因,会产生一些歧义:①虽然国家统计局在2012年明确第三产业就是服务业,但国内语境长期以来只有狭义服务业概念(包括理发、旅馆、洗染、照相等行业)而无广义服务业(即第三产业)概念,"服务业经济学"概念易使人误以为只是狭义服务经济学。②国内以前对西方流行的劳务概念比较陌生,后来则有很多误解，相当多人将"劳务"与劳动或劳动力混为一谈。如学术界举行的"劳务市场"讨论会，所论其实是劳动或劳动力市场，而不是服务产品市场；一些权威经济学文摘刊物，屡屡将劳务经济学论文归入"劳动经济"类。为了避免这类误会，给"服务""劳务"正名是一个办法，但比较省事的办法是使用"第三产业经济学"的概念。它不仅明确了该学科研究的行业范围，而且突出了其生产性、产业性；既无"服务业经济学"或"劳务经济学"之歧义，又无"非生产领域经济学"之悖理。

有学者认为，"第三产业"是西方资产阶级提出的术语，带有庸俗性；马克思在《资本论》中说工农业是产业，商业不是产业，没有提到第三产业，怎能以"第三产业"为这门学科命名呢？其实，资产阶级提出的术语，无产阶级也可以借鉴、采用。第三产业这一概念，反映了产业结构演变的规律，具有科学性。至于它在资产阶级手中带有庸俗成分，可以通过改造来解决。"政治经济学"这一术语也是资产阶级提出来的，它不是为马克思主义所改造、借鉴，并成为马克思主义组成部分的名称吗？至于产业概念，也是随着社会进步而发展的。过去曾被视为不是"产业"的部门，随着实践的发展，完全可以被人们认识为产业。现在"货真价实"的产业部门——工业，在300多年前，不是被重农学派认为是非产业部门吗？因此，马克思关于工农业是产业部门，商业不是产业部门的论断，并没有封闭产业和产业理论发展的道路。况且，马克思还把不生产"使用物"的交通业、货客运输业、电信业等称为产业部门❶，这就为我们将生产非实物产品——服务产品的非物质生产部门列为产业提供了重要的启示。在以后的分析中，我们还会看到，正是马克思关于服务思想的提示，为第三产业经济学奠定了理论基础。

综上所述，将研究第三产业的服务产品的生产、分配、交换和消费的经济现象、经济关系和经济规律的经济学科称为第三产业经济学，在理论上是完全可以成立的。

---

❶ 马克思.资本论：第2卷[M].中共中央马克思恩格斯列宁斯大林著作编译局，译.北京：人民出版社，1975：65.

二、第三产业的生产、分配、交换和消费

那么,第三产业的生产、分配、交换和消费的涵义是什么?它有什么特点?

传统的政治经济学所说的生产、分配、交换和消费,是以物品为对象的。物品在生产领域生产出来,被分配给社会成员,投入流通领域进行交换,最后被消费掉。

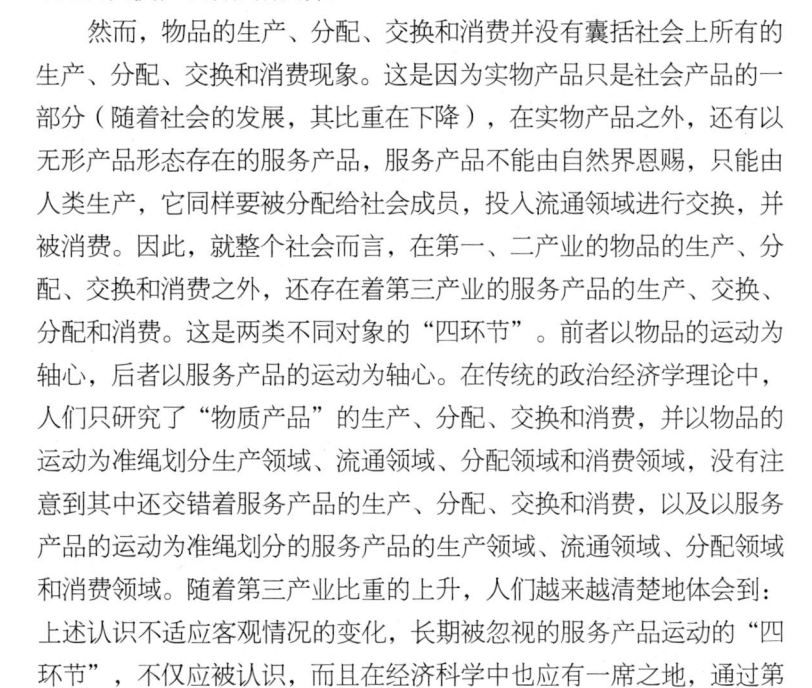

然而,物品的生产、分配、交换和消费并没有囊括社会上所有的生产、分配、交换和消费现象。这是因为实物产品只是社会产品的一部分(随着社会的发展,其比重在下降),在实物产品之外,还有以无形产品形态存在的服务产品,服务产品不能由自然界恩赐,只能由人类生产,它同样要被分配给社会成员,投入流通领域进行交换,并被消费。因此,就整个社会而言,在第一、二产业的物品的生产、分配、交换和消费之外,还存在着第三产业的服务产品的生产、交换、分配和消费。这是两类不同对象的"四环节"。前者以物品的运动为轴心,后者以服务产品的运动为轴心。在传统的政治经济学理论中,人们只研究了"物质产品"的生产、分配、交换和消费,并以物品的运动为准绳划分生产领域、流通领域、分配领域和消费领域,没有注意到其中还交错着服务产品的生产、分配、交换和消费,以及以服务产品的运动为准绳划分的服务产品的生产领域、流通领域、分配领域和消费领域。随着第三产业比重的上升,人们越来越清楚地体会到:上述认识不适应客观情况的变化,长期被忽视的服务产品运动的"四环节",不仅应被认识,而且在经济科学中也应有一席之地,通过第三产业经济学加以系统的探讨。

第三产业的生产、分配、交换和消费(以下简称"四环节")从总体上说具有以下特征。

(1)独立性。第三产业的"四环节"有独立的运动对象(服务产品),独立的运动起点(服务产品的生产)、终点(服务产品的消费)及媒介(服务产品的分配和交换),独立的运动路线、运动系统和运动目的。虽然这"四环节"的存在在一定程度上要以实物产品为条件,

但它并非依附于或派生于物品的生产、分配、交换和消费；因为"条件"与"派生"之间不构成因果关系。严格地说，物品的生产、分配、交换和消费在一定程度上也要以服务产品为存在条件，如电视机的生产要以科研服务为条件，其交换要以运输服务、商业服务为条件，其分配要以金融服务为条件，其消费要以维修服务为条件。但这同样不能成为实物产品的"四环节"派生于服务产品的"四环节"的理由。

（2）非直观性。实物产品的有形性使第一、二产业的"四环节"具有直观性：实物产品的生产、分配、交换和消费是可以被清楚地观察的。而服务产品的无形性使第三产业的"四环节"具有非直观性：服务的生产简直就像"皇帝的新衣"的生产那样"虚无缥缈"；服务产品的分配和交换也决非如同"一手交钱，一手交货"那样一目了然；服务产品的消费更是因消费对象的非实物性而"痕迹全无"。这正是一些人否定服务产品的生产、分配、交换和消费的客观存在的认识根源。

（3）时空同一性。第一、二产业的实物产品的生产、分配、交换和消费在时间上往往是不一致的，四个环节独立存在，并相继发生。而第三产业的服务产品的生产、分配、交换和消费往往在时间和空间上并存，没有时间继起性和先后次序之分，其起点、终点、媒介点往往发生在同一地点、同一时刻。例如，理发师傅理发的过程，既是理发服务产品的生产过程，也是理发师傅分得理发服务产品的分配过程，以及理发服务与顾客的货币进行交换的过程，又是顾客消费理发服务产品的过程。

（4）环节交错性。这是指某些服务产品运动的"四环节"与其他产品运动的"四环节"存在交错现象。一些服务产品本身具有实现其他产品（包括实物或服务）的生产、分配、交换和消费的功能。因此，这些服务产品的消费环节（由于其"四环节"在时空上的同一性，所以也可以说是生产、分配、交换环节），从其消费功能的实现这一角度考察，又构成了其他产品运动"四环节"之一，这就出现了服务产品"四环节"与其他产品（含实物产品与服务产品）"四环节"交错现象。例如，商业服务具有的实现物品或服务流通的功能，使商业服务的生产、消费环节同时构成物品或其他服务的流通环节。就商品买卖这一事件而言，它既是商业服务的生产环节（对商业工人来说）和消费环节（对顾客来说），又是实物商品的流通环节（如电冰箱的买卖），还是其他服务型商品的流通环节（如影剧院戏票的买卖）。同理，运输服务具有的实现位移的功能，使运输服务的消费环节构成货物的流通环节；科研服务具有的提供新技术、新工艺、新设备、新产品的功能，使科研服务的消费环节构成物品或者其他服务的生产环节（科研服务用于生产）、流通环节（科研服务用于改善流通条件）、或分配、消费环节（科研服务用于分配环节或消费领域）。因此，判断产品处于生产、分配、交换和消费的哪一个环节，最重要的是明确所论的是何种产品——实物产品还是服务产品。对不同的产品来说，情况大不一样。若不分清运动对象就作判断，往往会不够准确。传统政治经济学论及商业中与商品使用价值的运动有关的货运、保管、包装等劳动的性质时，总是认为"这是生产过程在流通领域的继续"。其实，这是不严谨的说法。对于货物来说，生产是在生产领域进行的，当它投入流通时，货物的生产已结束，根本谈不上"生产过程的继续"；对于服务产品来说，这时虽然进行着生产（提供货运、保管、包装服务），但它并非是"继续"而只是"开始"，并且也不是在"流通领域"生产，而是在（服务的）生产领域生产。准确的说法应是：这是货物在流通领域的流通，服务在生产领域的生产。环节虽交错但不混淆。

以第三产业的服务产品为运动对象确立的新的生产、分配、交换和消费观，打破了传统政治经济学理论以物质产品为中心划分生产、交换、分配和消费的一统天下。用双重观点即双重产品观来区分三大产业的生产、分配、交换、消费及相应的四个领域，才可较为全面和正确地反映客观经济实际。

三、第三产业的经济关系

第三产业领域既然存在着独立的生产、分配、交换、消费环节，自然也就存在着人们在这四个环节的活动中结成的经济关系，即（狭义的）生产关系、分配关系、交换关系和消费关系。

从第三产业生产的总过程来考察，人们生产社会所需要的服务产品并不是彼此孤立、各自独立进行的，而是互相联系、互相依赖的。

它们相互之间会发生各种经济关系，这就是服务产品的直接生产过程的生产关系。在服务产品被创造的同时，人们按照社会的分配原则，即按照参与服务生产的社会成员在服务生产中所处的地位，对它进行分配，这就发生了人们对服务产品的分配关系。在存在社会分工的条件下，生产的单一性和需要的多样性的矛盾使人们有必要根据个人的需要，用分得的服务产品去交换自己所需的其他产品，这就发生了人们对服务产品的交换关系。对生活服务来说，当人们经过分配和交换，使服务产品在质、量两方面均合乎自己的需要时，服务产品就脱离社会运动，直接变成个人需要的对象，被享受而满足个人需要，这样就发生了人们对服务产品的消费关系。对生产消费来说，服务产品被投入另一个生产过程，成为其软生产要素。所以，第三产业的经济关系是服务产品在第三产业领域独立运动所反映的人与人之间的关系。

有一种观点认为，第三产业领域中的经济关系是由物质生产领域的生产关系派生出来的。其论据为：①物质财富的生产是社会生活的基础；②经济关系最初产生于物质生产，后来才扩展到"非生产领域"；③非生产领域中形成的经济关系始终与物质财富的运动有关。❶ 这种论点其实是经不起推敲的。经济关系是在社会生产总过程中由产品的运动所反映的人与人之间的关系。它存在于人的经济活动中，与产业活动本身同时形成，并表现为产品的运动。由于产业分化的次序不同，不同的产业部门及其经济关系，虽然有产生先后之分，但是无"本原"与"派生"之别。不能套哲学上物质"第一性"、意识"第二性"原则。况且，现代社会已使所有生产部门形成一个互相关联、互相制约、互为因果的系统，很难找出与其他产业的运动"无关"的部门。如果可以将"基础""顺序"和"有关"当作判别"本原"与"派生"的经济关系的分水岭，那么，人们也有理由认为，工业领域的经济关系是由农业领域的经济关系"派生"出来的，因为农业不仅先于工业产生，而且是工业的基础，经济关系"最初产生于"农业，后来在第二次社会大分工中才"扩展"到工业。同样逻辑，原料工业

---

❶ 沙洛特科夫.非生产领域经济学[M].蒋家俊，马文奇，沈越，译.上海：上海译文出版社，1985：2-4.

的经济关系"派生"出加工工业的经济关系,传统行业的经济关系"派生"出新兴行业的经济关系。这难道说得通吗?反过来看,现代社会物质生产领域中的经济关系始终与服务产品的运动有关(因为服务产品构成现代社会物质生产领域的生产要素),岂不是可以认为第一、二产业的经济关系由第三产业"派生"出来吗?这种以物质产品的运动为中心划分"本原"经济关系的"派生论",在理论上难以自圆其说,在实践上会把产业部门及其经济关系分为"三教九流",导致倚重倚轻的处置。追根溯源,它只是一种勉强适于服务产品比重微不足道的中世纪农业社会的观念。

第三产业的经济关系与第一、二产业的相比,虽无本质区别,但有形式的不同。第一、二产业的分配、交换和消费关系是在生产过程结束之后才发生的,处于生产过程之外,第三产业的分配、交换和消费关系,则一般在生产过程进行时发生,存在于生产过程之中。这一特殊运动形式易于"鱼目混珠",使人无法区分。但它又会使四者之间更为密切,甚至达到"休戚相关"的地步。

抽象地说,第三产业的特殊性使第三产业的生产与分配、交换、消费的关系有如下特点。

其一,第三产业"四环节"的时空同一性使服务产品的生产对服务产品的分配、交换和消费的决定作用具有直接性、同步性。

在第一、二产业中,生产总过程的"四环节"是相继发生的,"四环节"存在着时差。生产开始后要经一段时间,产品才进入分配、交换和消费,因此,分配、交换和消费环节就因其滞后性而有相对独立性:本期所分配、交换和消费的,是上期的产品;当本期生产停顿时,后三环节却可以暂时依赖上期的产品而继续存在;当本期生产正在进行时,本期的分配、交换和消费却可以因上期生产的停顿而不能存在。在这种意义上可以说,这里生产对分配、交换和消费的决定作用是不同步的、间接的。而在第三产业中,生产总过程的"四环节"一般在空间上并存,在时间上同步。本期所分配、交换和消费的,正是本期生产状态中的产品;服务产品处于边生产、边分配、边消费的动态中。若生产停顿则后三环节马上消失。生产状态、生产方式直接决定着分配状态和分配方式;服务生产过程中分工发展的深度和广度,直接决定着服务产品交换的规模和交换发展的程度；动态中的服务生产创造出动态的服务消费对象，并规定着服务消费的方式，引起服务消费的需要。

其二，第三产业"四环节"的时空同一性使服务产品的分配、交换和消费对服务产品的生产的反作用有相对速效性。

无论在第一、二产业，还是在第三产业，分配、交换和消费对生产的反作用都是通过经济信息的反馈实现的。产品的产量、规格、构成等经济信息，从生产环节（信源）生成、发送出来，传递到分配、交换和消费环节（信宿），再反馈回生产环节。人们就可以比较给定信息与实际信息的差距，对生产进行控制。第一、二产业的"四环节"的空间差和时间差，使信息的反馈必然有滞后性。即使分配、交换或消费因生产环节的问题而运转不正常，生产也会因反馈信息的滞后性而在一段时间内仍走老路。第三产业则不一样。生产、分配、交换和消费的同时发生，使信息传递不需经过迂回的信道，因而信息发送与反馈具有同时性。由生产环节产生并传递到分配、交换、消费环节的经济信息，瞬间就可反馈到生产环节，故其反作用就可以立竿见影：从生产与交换的关系看，没有交换行为（即服务产品无人问津），生产行为当即不能发生；交换的发展，迅速促使服务生产和服务分工的发展。从生产与分配的关系看，伴随着生产过程存在着的分配状况，随时对服务生产状况施加影响。从生产与消费的关系看，服务消费是服务生产得以进行，服务产品得以现实存在的必要条件。没有消费（这意味着消费者不在服务生产现场），服务生产通常不会存在。出租汽车司机开空车，旅业服务员经营空客房，虽然也付出了人力、物力和财力，但并不算从事了现实的服务生产。马克思曾指出，只有在消费中产品才成为现实的产品，产品在消费中才证实自己是产品，才成为产品。❶如果说，这一分析对实物产品来说还有点令人费解的话，那么，它对于服务产品来说，实在是再清楚不过了。

不过，在生产服务产品所需的生产资料即服务业生产资料中，硬

---

❶ 中共中央马克思恩格斯列宁斯大林著作编译局. 马克思恩格斯选集：第2卷[M]. 北京：人民出版社，1972：94.

件（如酒店、医院、学校、科研设施）的建造和软件的研发，都需要较长时间，而从事服务生产所需的生产人员，从劳动密集型的操作工到智力密集型设计师、工程师，其培养也需要"十年育树，百年树人"的过程，不可能一蹴而就。服务消费的兴衰信息即使即时反馈到生产领域，也要在数月甚至数年后才能有实际供给能力的扩大或缩小。游客对喜爱的热门旅游景点的纷至沓来，引起旅游酒店的营造需在一两年后才形成供给能力，还引起高校旅游管理专业一年级入学招生大热，毕业还得在4年之后。而新冠病毒肆虐使全球旅游点门可罗雀，民航、酒店、景点设施不可能立马减少，供过于求使之顿时陷入萧条。就此而论，服务产品的分配、交换和消费对服务产品的生产的反作用的速效性，只是相对的。

四、第三产业经济规律与第三产业经济学的研究对象

在第三产业的生产、分配、变换和消费过程中发生的经济现象和经济关系，有其内在的、本质的、经常起作用的东西，及其必然趋势。第三产业经济现象的内在的、本质的、必然的联系，就是第三产业的经济规律。例如，一次手术服务通过货币媒介既可以和燕窝交换，又可以和毛衣交换，也可以和彩电交换或体温计交换，这就是经济现象。交换双方发生的人与人之间的关系，就是经济关系。乍一看，交换什么，交换多少，似乎是杂乱无章的。深究下去就会发现，这些交换现象中，隐藏着内在的、本质的必然联系。一次心脏手术服务为什么不和两个体温计等价交换，而要和10台彩电等价交换？用马克思主义政治经济学来解释，原因就在于，在前一场合，交换双方的产品凝结的社会劳动量不等，而后一场合则可以认为是相等的。这说明交换现象有规律可循，由社会必要劳动量决定的服务价值量决定交换比例的规律在起着作用。

如同第一、二产业领域的经济规律一样，第三产业的经济规律也具有客观性。它不以人的意志为转移，不管人们是否认识它，它都按其本身固有的要求起作用；人们不能去改造或废除它，也不能违背其要求，否则就会受到它的惩罚。我国在计划经济时期实行服务产品的低价或免费制，动机是好的，想让居民通过服务产品的低价制享受更

多生活必需的服务产品。但是这违背了第三产业再生产规律，使低价或免费服务部门无法通过服务—盈利—积累—扩大再生产的途径自我发展，甚至因低价而入不敷出，连简单再生产也维持不了。其结果是，服务产品严重供不应求，人民生活受到很大影响。这就是第三产业再生产规律、供求规律对人们的惩罚。它从反面证明了客观经济规律也存在于第三产业领域中。

第三产业经济学就是要通过对第三产业生产、分配、交换和消费环节的经济现象和经济关系的分析，揭示第三产业的经济规律。

第一，揭示三大产业的共有经济规律在第三产业领域起作用的条件及其特殊表现形式。

在第三产业领域中发生作用的各种经济规律中，有的经济规律为第一、二、三产业所共有，可称为三大产业的共有经济规律。例如，在社会分工和存在相对独立的经济实体的条件下，三大产业都存在商品生产，价值规律不仅作用于第一、二产业，而且作用于第三产业，三大产业的商品均要以社会必要劳动量决定其价值量，以价值作为价格的基础，实行等价交换，所以价值规律是商品经济社会三大产业的共有规律。共有经济规律之所以同时在三大产业领域起作用，是由于三大产业均存在这种经济规律赖以发生作用的经济条件。但第三产业有其区别于第一、二产业的特殊条件，因此，共有经济规律在第三产业又有其特殊的表现形式。如前所述，第三产业"四环节"的时空同一性使生产环节的决定作用具有直接性、同步性，使分配、交换和消费环节的反作用具有速效性。这就是其共有经济规律的特殊表现形式之一例。在第 6 章的分析中，我们会看到，作为价值实体，创新型服务产品与重复型服务产品是同一的，都是凝结于产品中的一般人类劳动。但由于创新型服务产品的特殊性，因此其价值量的决定又有其特点。这就是：创新型服务产品的不可重复生产性、扩散性和共享性，使其价值量由最先生产出这种产品所耗费的个别劳动时间加创新难度系数决定。第三产业经济学不仅分析共有经济规律在第三产业领域适用的普遍性，而且分析其表现形式的特殊性。

第二，探讨第三产业的特有经济规律的形成条件、作用形式和作用特点。

有一些经济规律只在第三产业领域发生作用，可称为第三产业的特有经济规律。其形成条件是仅存在于第三产业的特殊经济条件。如第三产业比重增大律（第三产业就业比重和产值比重在一定历史时期随社会生产率和人均收入水平的提高而增大的规律）、相对不经济定律（非自动化的服务产品的相对价值量上升较快的规律）、服务需求上升律（服务产品在消费结构中比重在一定历史时期趋于上升的规律）等，就是第三产业的特有经济规律。它们形成的条件例如服务产品的非实物性、相对落后的劳动生产率增长率等，就为第三产业所特有。在第三产业的生产、分配、交换和消费环节中，还有不少特有经济规律需要探讨。正是这些规律的作用，使第三产业出现了区别于第一、二产业的特殊经济现象。第三产业经济学需要从这些特有经济规律的探讨中，寻求发展第三产业的特殊方法和途径。

第三，通过对第三产业各分支部门的特殊经济规律的分析，揭示其共同的经济规律及发展趋势。

第三产业部门庞杂繁多，既有以体力劳动为主的，也有以智力劳动为主的，既有满足物质需要的，也有满足精神需要的，以致被人贬为"大杂烩"。但是，"大杂烩"本身并没有褒贬涵义，餐饮行业有很多美味佳肴就是"大杂烩"。"大杂烩"的众多"配料"的特殊性中，必有其共性。按照唯物辩证法，共性和个性是对立统一的，共性存在于个性之中，没有不反映共性的个性，也没有不存在于个性中的共性。从三次产业的层面说，第一、二、三产业有不同的个性，但它们都有产业的共性。就第三产业而言，不同的分支服务部门有不同的个性，但所有服务部门都有其共性。此外，共性与个性在一定的条件下相互转化。如第三产业属性对第一、二产业而言，是个性，对第三产业内部的分支部门如交通、通信、教育、文化等服务部门而言，是共性。有人认为，第三产业似乎是由一系列彼此并无多少关联的部门组成的几乎无所不包的庞大产业，不同服务部门在同一经济发展阶段呈现出彼此迥异的变动趋势。其实工农业又何尝不是如此？根据《国民经济行业分类》（GB/T 4754—2017），第一产业包括4大类，制造业包括43大类，其下属分支部门都有不同个性，因此，上述评论中的"第三产业"换成"制造业"或"农业"，也是成立的。就此而论，笔者不赞成把异质性作为第三产业的特性。所有行业概念相对于其同级概念都是异质的，相对于其下位概念都是同质的。作为整体的第三产业经济学，它并不研究第三产业 18 个门类 50 个大类的特殊经济规律，而要透过对这些规律的分析，揭示其共同的经济规律。

综上所述，第三产业经济学在第三产业与第一、二产业的联系中研究其共有经济规律，在其区别中研究其共有经济规律的特殊作用形式，及第三产业的特有经济规律；在第三产业各分部门的联系中研究其"共有规律"，即对三大产业范围而言的特有经济规律。由于经济规律是通过经济现象和经济关系表现出来的，第三产业经济学需要从经济现象和经济关系中分析经济规律，因而其研究对象就不只是经济规律，而也应把前二者包括在内。

第二节　第三产业经济学在经济科学体系中的地位

经济科学体系是一个门类繁多、分支甚广的庞大体系。从所论内容的覆盖面来看，有概论经济学、部门经济学、专题经济学；从应用程度来看，有理论经济学、专业经济学、经营性经济学、工具性经济学；从时间空间来看，有地区性经济（学）、历史性经济（学）；从学科的属性来看，有纯经济学科与边缘学科。在经济科学体系中，第三产业经济学处于一种什么地位呢？这个问题可以从三个方面分述。

一、第三产业领域各部门经济学的概括和总结

第三产业领域有为数众多的分支部门经济学，如商业经济学、运输经济学、旅游经济学、教育经济学、科研经济学、卫生经济学、生活服务经济学，还有文艺经济学、邮电经济学、房地产业经济学、仓储经济学、金融业经济学、地质经济学、保险经济学、信息经济学等。它们研究的是第三产业某一分支部门的特殊经济现象、经济关系及其发展规律。这些分支部门各不相同，但也有共同的特征："那里的生产过程的产品不是新的物质的产品"，"不是一种和生产过程不同的，只有在生产出来之后才作为交易品执行职能，作为商品来流通的使用

物"❶。它们生产的门类不同、特性各异的服务产品具有的共性——动态性、非实物性,为第三产业经济学的研究提供了客观基础,第三产业经济学就是从各种服务产品的生产、分配、交换和消费的特殊的运动形式中,抽出其共性进行概括和总结,研究其共同的产品、共同的经济现象、共同的经济关系和经济规律,探讨其共同的发展方向。第三产业的分支部门为第三产业经济学提供了研究素材,第三产业经济学又为第三产业的分支部门经济学奠定了理论基础和方法论基础。如果第三产业经济学没有提供系统完整的服务产品使用价值和价值理论,那么,第三产业的任何分支部门的独立"生产"概念均不可能成立,只能靠含糊的"生产过程在流通领域的继续"的提法(如商业经济学),或是依赖于"生产劳动力"这一理由并不充分的论据(如教育经济学),来说明其生产性。当然,也无从提出第三产业的独立的生产、分配、交换和消费的四环节概念并探讨其运动规律了。此外,第三产业经济学关于服务产品的价格理论、再生产理论、积累理论、分配理论,为第三产业分支部门经济学研究各自的特殊服务产品的交换比例、再生产宏观比例和微观结构,探讨如何依靠自身力量扩大再生产,如何将分配水平和劳动量及其生产成果即服务产品量相联系等,提供了理论基础和方法论基础。因此,第三产业经济学与它下属的分支部门经济学是共性与个性、抽象与具体的关系,也是基础理论的概述与它的具体应用的关系。在这一意义上可以说,第三产业经济学在经济科学体系中,对第三产业的分支部门经济学而言,处于概论经济学的地位。它与政治经济学相对于工业经济学、农业经济学和其他专业经济学所处的概论经济学的地位相仿。而第三产业的分支部门经济学则是具体的应用学科。

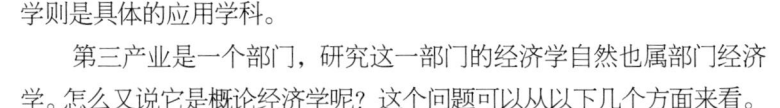

第三产业是一个部门,研究这一部门的经济学自然也属部门经济学。怎么又说它是概论经济学呢?这个问题可以从以下几个方面来看。

首先,按辩证法,个性与共性是相对的。个性在一定的场合可以转化为共性。第三产业对农业和工业来说是个性,对第三产业内部的

---

❶ 马克思.资本论:第2卷[M].中共中央马克思恩格斯列宁斯大林著作编译局,译.北京:人民出版社,1975:65—66.

分支服务行业，是共性和概括。概论经济学是一个相对的概念，对上位学科来说不是概论，对下位学科来说是概论，是对一定范围内的各种具有不同特性的经济现象及其规律的共性的概括。第三产业范围内的分支部门繁多，运动规律各异，需要以分支部门经济学研究其特性，以概论经济学研究其共性。第三产业经济学承担了后一任务，因而它是第三产业领域内的概论经济学。

其次，第一、二产业与第三产业是同一层次的概念，既然说第三产业经济学是概论经济学，那么，是否存在作为第一、二产业经济规律的概述的概论经济学呢？能否说工业经济学是第二产业经济学，农业经济学是第一产业经济学呢？这从原则上说是可以的。只要第一、二产业下属的分支部门经济学如种植业经济学、畜牧业经济学、渔业经济学、林业经济学、捕捞业经济学、制造业经济学、建筑业经济学、采掘业经济学有一定程度的发展，广义的农业经济学和广义的工业经济学将分别起到第一、二产业范围内的概论经济学的作用。但目前这些分支学科尚未发展，它们多半包括在工农业经济学内未予独立化，工农业经济学既反映第一、二产业各分支部门的共性，也包括其个性。因此，它们迄今为止，就只有部门经济学的地位，而无概论经济学的功能。

最后，传统政治经济学由于研究对象仅限于物质生产领域，因此它易于成为第一、二产业的概论经济学，而不能（或不易）充当第三产业的概论经济学，需要另外创立一门经济学科对此进行综述。这就是第三产业经济学。

基于上述理由，第三产业经济学具有概论经济学的性质，它是对其下属分支部门经济学的概括和总结。

二、对政治经济学的丰富、补充和应用

政治经济学从原则上说研究的应是作为整体的社会生产关系、整个国民经济的经济关系及其运行规律。❶但社会主义国家里流行的政治

---

❶ "经济学"和"政治经济学"这两个词来源于希腊文。在希腊文中，"经济学"由"家务"和"规律"两个词组成，原意指古希腊奴隶主家庭经济管理的学问，"政治"则是社会结构或国家的意思。因此，"政治经济学"的希腊文原意是关于整个社会或国家的经济学问。

经济学并未达到这一要求。这是因为，马克思创立的马克思主义政治经济学，主要是以工业特别是制造业为研究素材进行分析的，它不仅舍象了物质生产领域的某些分支部门（如建筑业、采掘业、林业、渔业等），而且舍象了如今被称为第三产业的整个非物质生产领域（二者外延不完全一致）。正如恩格斯所说，"政治经济学，从最广的意义上说，是研究人类社会中支配物质生活资料的生产和交换的规律的科学"[1]。显而易见，非实物生产领域中形成的经济关系，非实物产品的生产、分配、交换和消费的经济现象及其运动规律，都不在马克思主义政治经济学的范围之内。因此，马克思主义政治经济学，并不是关于整个社会或国家的经济学，而只是物质生产领域经济学，或曰第一、第二产业经济学。

马克思将第三产业置于政治经济学的范围之外，无论是从他所处的时代背景，还是从他面临的战斗任务，或是从他分析问题的方法论来看，都是可以理解的。马克思所处的时代，可以说是第二产业时代，制造业在社会生产中占有重要地位并具有典型特色，第三产业比重微不足道，且资本主义生产方式基本上还没有在这一领域占领地盘。马克思面临的批判资本主义生产方式的任务和他使用的抽象法，使他必然要以当时资本主义生产方式势力最雄厚的制造业为典型，揭示资本主义生产方式形成、发展和灭亡的规律。同时，按照马克思的历史唯物主义观点，物质生产是人类社会存在和发展的基础。"基础"问题首先着力解决，有助于解决其他问题。因此在攻克基础问题的时候，"非基础"问题可以暂时置之不理。这就使马克思主义政治经济学的研究对象仅限于物质生产，尽管马克思也意识到这只是"首先"研究的对象，并不是唯一的研究对象。

但是，当今世界经济、社会形势的发展，使马克思当年有必要将第三产业摒于政治经济学之外的条件都发生了变化。

首先，第三产业在世界的发展使全球进入第三产业时代，世界第三产业平均比重已超过第一、二产业比重之和。2017 年世界第三

---

[1] 马克思恩格斯全集：第 20 卷 [M]. 中共中央马克思恩格斯列宁斯大林著作编译局，译. 北京：人民出版社，1971：160.

产业平均占国内生产总值（GDP）的比重为65.1%，在高收入国家达69.8%。2018年，这一比重在低收入国家为37.7%，在中等收入国家为54.1%，在中高收入国家为55.2%。❶第三产业在国民经济中占有重要战略地位，使得将第三产业排除在外的现实经济研究难免不变成脱离实际的空谈。

其次，资本主义生产方式由第一、二产业扩展到第三产业，并使第三产业成为发达资本主义国家生产剩余价值的重要基地。美国《财富》杂志评选的2006年世界500强的前50名企业中，有22个就属于服务企业。因此，离开第三产业领域，就无法全面说明当代资本主义生产方式的新特点和剩余价值的新源泉。

再次，社会主义国家的建立和发展，使政治经济学由重点批判资本主义转向重点探讨建设社会主义的规律。随着经济和社会的发展，我国第三产业迅速发展，对国民经济运行的影响日趋强化。第三产业的增加值比重由1952年的28.7%，演变到1978年的24.6%，2020年的54.5%，就业比重由1951年的9.1%，增加到1978年的12.2%，2020年的47.7%。❷1978—2019年，我国第三产业对就业增长的贡献份额达85.3%，高于第一产业的-23.8%和第二产业的38.5%。所以，离开对第三产业的研究，就无法揭示社会主义经济运行规律，推动我国经济建设的全面发展。

最后，所谓"非基础"的第三产业在满足社会需要，促进第一、二产业发展方面的作用日益重要，三者间单纯的"基础"与"非基础"的关系正逐步转变为互相制约、互相依赖、互为因果的关系。第三产业不仅满足社会成员的生存、发展和享受的需求，而且构成社会再生产与发展的基本条件和决定因素，在国民经济中占据不可忽视的重要地位。在经济发达国家中，服务消费功能进一步发展为在质和量上都较之物品消费功能更重要，第三产业跃居国民经济的"首席地位"，成为现代社会的决定性产业。因此，即使进行"基础"研究，也不能

---

❶ 资料来源：*World Development Indicators*，https://data.worldbank.org/indicator/NV.SRV.TOTL.ZS。

❷ 根据国家统计年鉴数据计算整理。

忽视第三产业的存在。

由此看来，缺少第三产业这一重要对象的政治经济学，在现代社会中，就不能起到揭示整个社会和整个国民经济体系的经济发展规律的概论经济学的作用。根据第三产业迅速发展的现实，对传统政治经济学给予丰富和补充，是非常必要的。

第三产业经济学至少从以下四方面丰富和补充传统政治经济学。

（1）它将无形的服务纳入社会产品的范畴，丰富社会产品及其生产、分配、交换和消费的概念。

（2）它分析生产服务型商品的劳动的运动性与凝结性、具体性与抽象性、私人性与社会性的矛盾，丰富商品的二因素、劳动二重性的原理。

（3）它将服务产品纳入社会流通和再生产公式，丰富两大部类理论、再生产理论和积累理论。

（4）它还在第三产业的宏观规模、供需平衡、分配机制和水平、消费功能和结构等一系列问题上，补充政治经济学原理。

总之，凡是政治经济学研究中舍象了的，而今又有重要理论意义和实践意义的第三产业问题，第三产业经济学都给予必要的补充。对于传统政治经济学的一些陈旧过时原理，给予必要的修正和发展。可见，第三产业经济学和政治经济学一样都是理论经济学，不过，政治经济学研究的是关于社会生产方式这个统一体中实物产品的经济关系，而第三产业经济学研究的是关于社会生产方式这个统一体中服务产品的经济关系。二者的研究对象结合起来，就是整体生产关系。在这种意义上可以说，第三产业经济学与传统政治经济学一起，构成社会三大产业各部门经济学的概论经济学。如果可以将主要从第一、二产业实物产品的运动素材中总结起来的传统政治经济学称作第一、二产业的政治经济学的话，那么第三产业经济学就是第三产业领域的"政治经济学"。

从理论和方法论根源来看，新兴的第三产业经济学又是对传统政治经济学原理的应用。马克思主义政治经济学原理虽然是在第一、二产业领域的素材上形成起来的，但不少原则、理论和方法，只要根据实际情况作出修正，也适用于第三产业领域。如劳动价值理论、再生产理论、流通理论等，以及抽象法、本质分析法、定性定量分析法、历史方法与逻辑方法等。马克思在创立政治经济学过程中提出而未及阐述的涉及第三产业的某些提示、原则、概念和原理，如运动形式的使用价值、服务形式的消费品、运输生产的公式、科学的价值、物质生产人员趋于减少，等等，也为第三产业经济学奠定了理论基础。

由于传统政治经济学已以其固有的研究对象形成一个为学术界所熟悉的既成体系，因此，作为传统政治经济学的补充、丰富和应用的第三产业经济学，就不再并入传统政治经济学体系中，而以独立经济学科的地位与政治经济学并列，如图1-1所示。

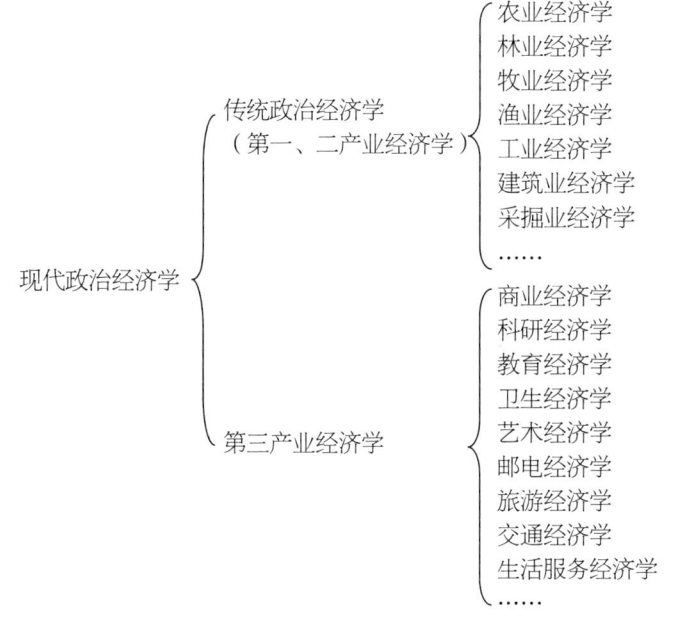

现代政治经济学
- 传统政治经济学（第一、二产业经济学）
  - 农业经济学
  - 林业经济学
  - 牧业经济学
  - 渔业经济学
  - 工业经济学
  - 建筑业经济学
  - 采掘业经济学
  - ……
- 第三产业经济学
  - 商业经济学
  - 科研经济学
  - 教育经济学
  - 卫生经济学
  - 艺术经济学
  - 邮电经济学
  - 旅游经济学
  - 交通经济学
  - 生活服务经济学
  - ……

图1-1 经济科学体系图

三、经济学体系内外相关学科间的渗透和融合

第三产业经济学从涉及的学科知识面来说，又是经济学体系内外部相关学科间互相渗透、融合的边缘学科。

从一般意义上说，"边缘学科"是相对于"中心学科"而言的一个概念，指的是在某一学科体系的边缘而与其他学科体系处于"犬牙交错"状态下的学科。其特点至少有如下三点。一是渗透性：相对于"中心区"而言，边缘地带好比细胞壁，外界"液体"易于通过它渗入，里面的"细胞液"也易于从它渗出，不同学科的范畴、观点、形式可以在边缘地带互相渗透、影响，实行"同化"或"异化"。二是边界不清晰性：互相渗透的结果是"你中有我，我中有你"，不同学科处于交错混生状态中，再也找不出纯粹的"本学科"与"他学科"。三是新兴性：边缘学科是相对于传统的"中心学科"而言的，它被称为"边缘学科"，是因为在某种程度上突破了传统学科的固有范围，扩宽了传统学科的"疆域"，因此，只有"新疆域"与"旧范围"相比较，才显出边缘学科的存在。在这一点上说，边缘学科必定是相对于"旧范围"的新兴学科。随着"边缘学科"创立的日渐久远，以及新的"边缘学科"的出现，旧的"边缘学科"也就逐渐演变为"中心学科"、传统学科了。

第三产业经济学正是这样一种边缘学科。从它的主体来说，它属于经济学体系的一个分支。从它涉及的部门来看，有艺术、教育、医疗、卫生、科研、运输、邮电、游乐、旅业等。从它涉及的学科来看，有文艺学、教育学、医学、科学学、运输技术、通信技术、社会学、市场学、价格学、产业经济学、计量经济学、消费经济学、劳动经济学、人口经济学等。因此，它又是一个跨学科的边缘科学，或称为交叉科学。这种"交叉"包括两层涵义：一是经济学科与非经济学科的交叉，二是经济学体系内不同学科的交叉。

先分析第一个交叉。从经济学科的传统"中心地带"来看，经济学说史上一直以工农商业为经济活动和经济理论的"中心地带"，科学、教育、文化、卫生、体育、旅游等行业一度被视为非经济部门；单纯研究其发展的特殊规律的相关学科，事实上也是非经济学科。从各学科的创立史来看，以工农商业为典型素材创立的（狭义）经济学与文艺学、教育学、医学等学科创立的历史几乎同样悠久。这种悠久性使人们将经济学与文艺学、教育学、医学等看成互不相干的、平行发展的、界限分明的传统学科。虽然在当代，科学、教育、文化、卫生、体育、旅游等行业已被列为国民经济部门，但意识形态的相对独立性使人们仍习惯用传统的狭义的经济部门观念看待经济学科，当狭义的经济学科将其"疆域"扩展到教育、文艺、医疗、体育、旅游等领域的时候，就认为这是经济学科向非经济领域的渗透。教育经济学、文艺经济学、医疗经济学、体育经济学、旅游经济学等新兴学科因其渗透性、边界不清晰和新兴性，自然也被视为经济学的边缘学科了。作为第三产业分支部门经济学的概括和总结的第三产业经济学，因此也成为一门边缘经济学科。

第三产业经济学这种学科"边缘性"产生于第三产业生产过程的技术方面和经济方面的相互联系。

从服务生产过程的技术方面来看，服务生产过程发生的服务生产者与服务产品的关系，可以认为是服务生产力方面的关系。它涉及服务产品生产的技术问题。研究服务生产力各种具体发展规律的科学，就是第三产业各分支部门的具体学科。如文艺学研究文艺现象，阐明其基本规律及基本原理；教育学研究教育现象，揭示教育规律；运动学研究体育活动的基本内容、方法及基本规律；医学研究医疗过程的病理机制及医疗基本方法、途径和特殊规律。如何通过表演艺术、造型艺术、语言艺术和综合艺术，塑造形象，具体地反映社会生活，表现作者思想感情？如何深入浅出地上好一堂课？怎样在球赛中夺标？如何在医疗中对症下药？这些技术问题从原则上说，都不是第三产业经济学研究的问题。

但从服务生产过程的社会方面来看，服务生产过程中还会发生服务生产者之间、消费者之间、生产者与消费者之间等关系，可以认为是服务生产关系。它主要涉及服务产品生产的经济问题。研究服务产品生产、分配、交换和消费中的经济现象、经济关系和经济规律的科学，是第三产业经济学。由于服务生产的运动过程，是服务生产力和服务生产关系交互发生作用的过程，因此，当不阐明服务生产力方面的问题，服务生产关系的运动规律就无法说明的时候，服务生产力方面的问题也要作必要的阐述。不过，这种阐述一般只限于服务生产力发展的共同规律，不包括特殊规律。因此，第三产业经济学也会涉及文艺学、教育学、运动学、体育学、通信技术、医学等具体学科的某些带有共性的问题。例如，离开了文艺学的基本理论，就无法说清文艺服务产品的"总体生产"；没有教育学的基本知识，对教育生产的阐述也不可能令人信服；如果对医学的基本常识一窍不通，就很难弄清"灵丹妙药"与"妙手回春"在使用价值上的异同，进而分清实物产品与服务产品之间的异同。从这个意义上说，第三产业经济学是一门边缘经济学科。

再分析经济学科体系本身的交叉。第三产业经济学作为一门概论经济学，虽也有一些应用研究，但总的来说不是一门应用性的经济学，而属于理论经济学。尽管如此，它与经营性经济学、工具性经济学、专业性经济学还是有密切联系的。一方面，它从这些学科中吸取适用于第三产业原理和结论；另一方面，它又反过来丰富主要以工农业为典型产业素材总结、提炼出来的上述经济学科的理论、方法和原则。从这一角度说，二者也是处于渗透和融合中。

总而言之，第三产业经济学在经济科学体系中处于重要地位。它与相关的各分支经济学科及非经济边缘学科，都有密切的联系。

第三节 第三产业经济学的研究方法和研究意义

一、第三产业经济学的研究方法

科学的理论要以科学的方法论为指导。中国的第三产业经济学以辩证唯物主义为研究的方法论的基础。一方面，坚持唯物主义观点，从客观存在的、不以人的意志为转移的物质关系出发，研究服务产品所反映的社会经济现象；另一方面，运用唯物辩证法，分析第三产业经济现象的内在矛盾的本质规定及其运动的规律性。具体地说，第三产业经济学的研究方法可以包括（但不限于）以下几种。

1.矛盾的共性、个性分析法

各种不同的生产的运动形式内部，都包含着自身特殊的矛盾，这种特殊的矛盾就构成一种生产区别于其他生产的特殊本质。但是，不同的生产的运动形式之间又有共同点。这一共同点使各种不同的生产构成整个社会的生产体系。第三产业既然是产业，就必然与其他产业存在着共同点。从经济发展史看，第一、二产业是先于第三产业兴旺发展起来的，因而在经济学说史上，第一、二产业也先于第三产业进入经济学家的视野，成为经济学科长期探索研究的对象。人们数百年来在探索经济学过程中积累的有关产业发展规律的大量知识，大部分是以工农业生产过程中显露的经济现象和经济关系为"模特"总结提炼而成的。研究第三产业与第一、二产业的共性，有助于在借鉴经济学对第一、二产业的研究成果，继承人类优秀文化遗产的基础上，全面认识第三产业的属性。因此，分析第三产业的经济现象、经济关系和经济规律，必须注意研究它和物质生产领域的共同点。

研究三次产业的共性，对社会主义国家来说尤为重要。在这些国家中，囿于对马克思经济学理论片面理解而形成的物质生产统计体系，在相当长的时期里，第三产业被认为是"非生产部门"而入"另册"，无形的服务产品不被承认是产品，第三产业在经济理论上无一席之位。而这些认识都与忽视或无视第三产业与第一、二产业的共性有关。要树立新的产品观、财富观和产业观，为发展第三产业提供理论指导，消除人们思想上存在的重物质生产、轻服务生产的偏见，必须格外注意分析第三产业的生产与第一、二产业的生产的共性：无形的服务产品也是一种产品；非实物形态的使用价值也是社会财富的组成部分，是满足人们消费需求的重要对象；投入第三产业的人、财、物力也导致"产出"，决非是"非生产"。第三产业与第一、二产业的共性分析不透彻，就无法从理论上彻底克服一般群众乃至决策人物头脑中根深蒂固的歧视第三产业的顽固观念，无法挖掉将第三产业入"另册"的病根，发展第三产业就没有巩固的思想基础。耐人寻味的是，无视第三产业与第一、二产业的共性，这大概是东方国家的"土特产"，它在西方国家里是不存在的。因为，第三产业的生产性在当代西方发达国家中早已成了无需证明的"公理"，西方经济学没有必要强调第三产业与第一、二产业的共性，而是以其共性作为产业分析的"默认值"，探讨三次产业的运行问题与规律。但是，以促进中国第三产业的发展为任务的中国的第三产业经济学，对此则不能掉以轻心，必须花费相当笔墨来阐述，有的放矢地扫除发展第三产业的思想障碍。这是第三产业经济学要用矛盾共性分析法的原因。

但是，第三产业经济学不能将分析停留在第三产业与第一、二产业的共性问题上，而必须进一步揭示第三产业与第一、二产业经济现象、经济关系及其运动规律的质的区别。这是发展第三产业，解决第三产业生产中运行机制的特殊矛盾的重要之点。因为，一事物区别于它事物的是它的个性。如果我们仅仅明白了第三产业与第一、二产业的共性，而对第三产业区别于第一、二产业的特殊的本质和规律不甚了解，简单地套用在第一、二产业研究中发现的经济规律，那么，发展第三产业仍会流于空谈。只有正确认识第三产业的个性，包括认识第三产业的特殊的产品，特殊的生产、分配、交换和消费环节，特殊的供求规律、价格运动规律、再生产规律、消费规律等，才能有的放矢地制定发展第三产业的战略和对策。这是第三产业经济学在分析矛盾共性时不能离开其个性的原因。

由于事物的共性和个性是互相联结又相互转化的，因此，研究第三产业经济规律必须善于从第三产业与第一、二产业的联系中发现其共性，从其区别、对比中发现其个性；从第三产业分支部门的区别中发现其个性，从其联系中发现其共性。第三产业分支部门的共性，又构成第三产业区别于第一、二产业的个性，这便是事物共性与个性在一定场合下的转化。共性与个性分析法，能够使人们比较全面地认识第三产业的经济现象，不致于以事物的个性否定共性，将第三产业入"另册"，也不致于以事物的共性否定个性，生搬硬套第一、二产业的发展规律，脱离实际地"指导"第三产业的生产。因此，共性、个性分析法就成为第三产业经济学的重要研究方法。

2. 动态分析法

在第三产业经济学研究中应用动态分析法，包括两层意思。

其一，将经济发展同第三产业的演变联系起来，在运动、变化中研究第三产业的演变规律。正如人随着"十月怀胎，一朝分娩"而出世，随着年龄增长而发育一样，第三产业是在一定历史条件和一定经济发展阶段上形成的，它随着经济的发展而发展。从时间的推移方向看，同一个国家的不同历史发展阶段，由于经济发展水平不同，第三产业的发展程度并不一样。从空间的横断面看，同一历史时期的不同国家，第三产业也因经济发展水平的差异，存在着程度不同的差别。

因此，第三产业不是凝固不变的。社会经济处于动态变化中，决定了第三产业必然是一个动态过程。动态的经济条件的变化率，影响着第三产业的动态变化率。特别是在现代，经济节律的加快，使第三产业大有"士别三日，当刮目相看"之势。所以，研究第三产业的经济规律，采用动态分析法是十分重要的。它要求以发展的观点研究第三产业动态变化的原因、条件和起作用的背景，从时间因素、空间因素对第三产业的影响中，寻找第三产业的演变规律，探究第三产业在特定国家和特定经济发展阶段上的合理化界限，并依据对经济发展的动态估计，推测第三产业的发展变化趋势。如果以静止的观点研究第三产业，则看不到影响第三产业比例关系的动态因素，试图寻找一种永恒不变的、可以照搬照套的第三产业"最佳比重"，将不发达的中国与发达西方国家的第三产业作简单类比，将落后的农村与繁华的都市作第三产业的简单类比（如照套或模仿他国的就业比重），并以此制定发展战略，那是不可能不碰壁的。

其二，用动态的观点认识第三产业生产的"运动形式"的产品和财富。第三产业的非实物形态的产品和财富，并非像第一、二产业的实物形态的产品和财富那样采取静止形态，可以在生产完成之后逐一清点核算。它们处于边生产、边分配、边交换、边消费的动态中，生产完结之时，也是产品被消耗之际。因此，揭示第三产业的服务产品和由它构成的社会财富的存在，关键的问题是采取动态分析的方法，从"进行时"而不是"完成时"去认识它们，在服务生产过程中而不是在服务生产结束后去考察它们。如果沿用观察实物产品的静止分析法来看第三产业的产品和财富，就必然得出它们均不存在的错误结论。一些人老是喜欢诘问：服务人员与顾客进行交换以后服务产品在哪里，并以此时服务产品的不存在证明第三产业不是产品和财富的生产部门，而是消费部门。从方法论上说，正是犯了以静止的观点观察第三产业劳动成果的毛病。如根据动态分析的方法，就不难回答，这一诘问的时态不对，它等于吃完面包后问面包在何处。如果希望"看"到服务产品，就不应该脱离动态的服务生产过程。例如，应在"车轮滚滚"之际观察客运服务产品，不应在"船到码头车到站"时寻找它。还有一些学者为了论证服务产品的存在，将学生接受教育后增长了的才干、顾客在浴池洗洁了的身体、观众在剧场欣赏文艺表演后的愉快心情，说成服务产品本身。这从方法论上说，也是不自觉地用静止观点观察服务产品，将消费服务产品的后果（这一后果可以被静止地观察到），说成服务产品。这虽然比较省力、直观，也较易为大众所接受，但不科学，其逻辑推理的结果必导致将人本身作为第三产业的产品。

至于社会财富，则应该根据财富不同组成部分的特点，采取静态的或动态的方法去分析它。第一、二产业生产的实物形式的财富，无论是耐久性较强的财富，如住宅、家具，还是耐久性较弱的财富，如鲜肉、鲜鱼，由于它们只能在生产完成以后才能以整体的形式一次投入消费，因此可以用静态分析方法加以研究。第三产业生产的非实物形式的财富，如剧场文艺演出服务、课堂教学服务、旅游导游服务，由于它们可以在生产中以局部的形式逐次进行消费（如对戏剧一幕幕表演、一个个唱段的消费，对教学服务一节节课、一个个示范动作和解说片断的消费，对导游服务一言一行的消费），因此只能以动态分析方法加以研究。套用实物财富的静止观察方法来分析非实物财富，由于违反了非实物财富的自然特点，势必引起"视察障碍"，造成"目标不清"。由此可以看到，在第三产业经济理论研究中采用动态分析法的重要性。

3. 科学抽象法

在政治经济学研究中采用的科学抽象法，在第三产业经济学研究中也仍然适用。这就是从错综复杂的大量社会经济现象中，先把一些次要的、非本质的、带有偶然性和特殊性的关系抽象掉，把主要的、本质的、带有普遍意义的关系突出出来，使它典型地、简单明了地显露在人们的面前，使人们在纯粹的形态下对研究对象进行考察，避免次要情况的干扰，概括出科学范畴，以揭示其本质属性和发展规律。以后，在这个基础上，再把那些次要的曾经舍象了的关系一层一层地综合进去，使分析逐步扩及各个具体方面。最后，再把整个社会经济运动的全过程和各种内在关系的全貌和盘托出。在第三产业经济学中之所以要采用这一科学抽象法，原因在于：现实的第三产业是一个庞杂的体系，既有日趋扩大、为社会生产和生活提供服务的部门，也有只有归之于社会弊端才能存在的、日趋缩小并最终消亡的部门，如党政机关、军队、警察等。现实的第三产业产品，也是十分复杂的。既有非实物形态的服务产品，如文艺演出服务、教育服务；也有实物形态的产品，如照片、图画、书刊、雕塑等；还有介乎实物与服务之间的产品，如浴池业提供的水和浴池服务，旅业提供的房舍、床铺、被褥和旅馆服务。如果在第三产业经济学研究中，对现实的第三产业和现实的第三产业产品，事无巨细都加以详尽的分析，势必喧宾夺主，冲淡或干扰理论主题。为此，也应采用抽象法，将次要的、非本质的、与第一、二产业相类似的关系舍象掉。对现实的第三产业应抽象到什么程度？从产品上说，应抽象到纯粹服务产品的程度，也就是假定第三产业所有的产品都是服务产品；从产业内部结构看，应抽象到纯粹服务部门的程度，也就是假定第三产业所有部门都是生产服务产品的部门，并随社会的发展而发展；对第三产业中生产实物产品的部门及实物产品，均予以舍象。这一舍象，是符合第三产业经济的要求的。因为服务产品反映了第三产业经济关系的主体及其特有的性质，是第三产业中主要的、本质的、带有普遍意义的经济现象；只有抽象掉第三产业中非服务产品的因素，在纯粹形态下，以服务产品的运动过程为主线揭示第三产业的经济规律，才不致被现实第三产业的纷繁复杂性所干扰。至于第三产业中事实上存在着的实物产品（如音像光盘、书报等），它不构成第三产业的主体，不反映第三产业经济的特征，其物质外壳与物质产品无异，其生产（复制）属于传统政治经济学的研究对象，因此，在理论分析时可以借助科学抽象法，将它分解为纯粹服务产品与物质外壳两部分，如音像光盘分解为文艺表演服务和光盘贮存媒体，书报分解为创作、采访服务和纸张贮存媒体，表演、创作、采访服务作为服务产品归入第三产业经济学的研究范围，塑料光盘和纸张媒体作为塑料制品业、媒体复制业和印刷业的产品即工业品纳入传统政治经济学的研究范围。这样，尽管现实第三产业生产的产品以服务产品为主，以实物产品为辅，但这并不妨碍我们在理论分析上，将第三产业看成纯粹生产服务产品的部门，将第一、二产业看成纯粹生产实物产品的部门。经过科学抽象的第三产业及其产品，典型地、简明地表现了第三产业区别于第一、二产业的本质特征，对探究第三产业发展的特有本质规律是有利的。以后，在揭示第三产业本质属性的基础上，在具体分析第三产业的价格机制、运行机制及宏观比例等问题上，我们再把那些次要的曾舍象了的关系综合进去，就可以反映整个第三产业的全貌。

4.定量分析的方法

第三产业是质和量的统一体。第三产业的质是使第三产业区别于其他产业的内在规定性，第三产业的量则是第三产业可用数量表示的规定性。第三产业经济学不仅要研究第三产业的质，解决第三产业是什么的问题，而且要研究第三产业的量，使对第三产业的质的认识深化和精确化，进而在定性分析与定量分析的结合上，认识第三产业的数量关系，正确把握第三产业发展的度。例如，在一定的国民经济水平下，第三产业比重合理化的数学界限是什么？第三产业微观经济的供求关系在什么数量条件下才处于平衡？第三产业与第一、二产业的产品交换比例应为多少？随着各自生产率的不同速率的变化，会出现什么趋势？第三产业的需求函数和生产函数是什么？如何合理设计和控制随机服务过程的排队系统，以协调顾客与服务机构的利益？服务产品的消费规律如何？这些问题都包含着第三产业的生产、分配、交换和消费诸种经济关系的量的规定性，其数量关系的"度"，直接影响着第三产业的运行状况。因此，第三产业经济学的研究方法，就不只是限于揭示经济关系的质的规定性的定性分析方法，还包括揭示经济关系的量的规定性的定量分析方法，其中既有初等数学的列图表、公式、方程等方法，也有高等数学方法，如数理统计的回归分析法，运筹学的排队论，即随机服务系统理论，微积分的边际分析法等。通过定量分析，从复杂的随机性的经济现象中分离出若干反映社会经济条件的独立变量，找出它与第三产业运行状况这一自变量的函数关系或相关关系，建立反映第三产业运行机制的规律性的数学模型。这不仅可以更好地在量与质的结合上理解第三产业经济范畴，而且有助于在动态上寻求第三产业在特定条件下的最佳规模，认识促使供求平衡的服务生产布局要求，服务站和服务员的最佳配置以及价格水平等规律性的东西，预测服务消费结构的演变趋势，为发展第三产业经济提供数量依据。

5. 系统方法

在第三产业经济中,应用系统方法就是按照事物本身的系统性,把第三产业放在系统联系中,以整体性、综合性和层次性等观点对它进行考察。

整体性是系统的最基本的属性之一。第三产业经济学的研究对象虽然不是国民经济的整体,而是作为其局部的第三产业,但由于国民经济是一个由相互有直接联系或反馈联系的许多子系统构成的高度复杂的动态系统,这就需要以整体的观点来看待国民经济系统中发生的现象和过程,从国民经济与第三产业,第三产业与第一、二产业间相互依赖、相互制约的关系中,去揭示第三产业子系统的特征和运动规律。例如,对第三产业服务产品的生产环节的研究,就不能离开它对整个国民经济的影响,对第一、二产业的再生产环节的依赖而孤立地进行。对第三产业的流通,也不能离开它在整个社会产品的流通中的地位来探讨。对第三产业的发展问题,也必须从全局出发,注意发挥整体功能效应。

综合性是系统的另一个基本属性。以综合的观点研究第三产业,就必须从国民经济的组成部分、结构功能、相互联系方式、历史发展等多方面进行分析考察。有一种传统观点,将第一、二产业与第三产业的关系简单地归结为:前者是后者的基础并决定后者,后者反作用于前者。系统论的综合性观点和现实经济联系都告诉人们,这种认识过于简单化,不能反映系统中各组成部分的真实关系。在现代社会中,第一、二、三产业作为国民经济系统的子系统,各有其结构功能——第一产业主要生产初级产品,第二产业主要生产加工产品,第三产业主要生产服务产品;其联系方式是相互依赖、相互制约的,而不是简单的"决定"与"反作用"关系。三大产业都为其他产业提供生活资料和生产资料,如第一、二产业为第三产业提供粮食、衣物和设备,第三产业为第一、二产业提供"以服务形式存在的消费品"和经济信息、科学技术,后者直接构成第一、二产业的"软"生产资料。在国民经济系统中,不论是少了"硬"生产资料,还是少了"软"生产资料,生产都无法正常进行;而消费系统中无论是缺少"实物形式的消费品",还是缺少"服务形式的消费品",人们的消费需求都无法得到满足。濒临"死火"的企业被一项科研新成果救活，对一个重要经济信息的获取失误导致经营上的大亏损，生活服务产品的供不应求使一些城市在改革开放前陷入"乘车难""通信难""住宿难"等千难万难中。大量事实都要求我们，应该抛弃总是企图将错综复杂的、起交互作用的系统联系，归纳为"基础"与"非基础"、"决定"与"反作用"的单线关系这样一种"单打一"的思维方式，学会综合地考虑和处理三大产业的关系，认识第一、二、三产业是通过直接链和间接链连接起来的、相互依赖和制约的、互为因果的控制论系统。

层次性也是系统的基本属性。任何一个复杂系统都是有一定层次性的。在第三产业经济学研究中应用层次性的观点，就是要把复杂的国民经济系统及各产业子系统，按照系统或子系统中各要素的联系形式、系统运动规律的类似性，或是功能特点，进行层次划分。从国民经济系统说，划分为第一、二、三产业层次；从第三产业子系统来说，划分为生产服务层次、生活服务层次，或传统服务业层次、新兴服务业层次，或劳动密集型层次、技术（智力）密集型层次、资金密集型层次，等等。再根据必要性与可能性，分清轻重缓急先后予以发展。发展第三产业也不能搞"一窝蜂"或"一刀切"，遍地开花，全面出击，而必须实行"分解－协调"的原则，有步骤、有重点、有层次地进行。

二、第三产业经济学的研究意义

在我国，开展第三产业经济学方面的研究，有十分重要的意义。

第一，开展第三产业经济学的研究，有利于总结世界各国发展第三产业的共同规律。经济发展史表明，世界各国产业结构遵循配第－克拉克定律揭示的方向趋向高级化。20 世纪中叶以来，世界第三产业迅速崛起，已成为国民经济增长的主要动力。随着经济全球化的加速和信息技术的迅猛发展，世界经济呈现国民经济软化趋势（第三产业在世界经济中的比重增大）和制造业服务化趋势（服务产品在制造业的投入和产出中的比重增大）。第三产业以异军突起的态势崛起，逐渐在产值结构上、就业结构上，取得了举足轻重的重要地位。不论是低收入国家，还是中收入国家，或是高收入国家，第三产业的比重都在增长，收入水平越高的国家，第三产业的比重就越高。与此同时、第一、二产业比重出现了程度不同的下降。2019年，世界第三产业平均占GDP的比重已增大到67.6%，而第一、二产业的比重则分别下降到4.4%和28.0%。❶ 三次产业新格局的形成，第三产业的迅速发展，其原因是什么？规律如何？怎样顺应全球性历史潮流适应它？这些就成为急需作出理论阐述的问题。但20世纪以前形成的经济学科，基于当时第一、二产业占据社会经济极大部分的历史背景，大都将研究重点放在物质生产领域上，不可能对这些第三产业问题作出系统的阐述。这就需要形成一门经济学新学科，对此作理论的概括和总结。实践给第三产业经济学的形成提供了动力，又给它的研究提供了素材。第三产业经济学在第三产业蓬勃兴起的背景下应运而生。它从世界第三产业运动中，寻找其规律性，将各国发展第三产业的历程、经验、教训，上升到经济科学的理论高度。从社会发展的角度看，这一研究无疑具有很大的历史意义。展望未来，服务产品在社会产品体系中的比重日趋增大，将使以服务产品理论和服务四环节理论为主要内容的第三产业经济学涵盖的领域越来越广阔。

　　第二，开展第三产业经济学的研究，对于我国明确发展第三产业的指导思想，也有很大的意义。我国第三产业长期落后，到20世纪80年代，矛盾已激化到非解决不可的程度，因之发展第三产业的呼声很高。但是，相当多群众，甚至一些决策者，对于第三产业到底是怎么一回事，为什么要发展第三产业，还是不甚清楚。不少人将第三产业理解为只是商业、饮食、服务、修理业，一提发展第三产业就以为只是商业部门的事，对智力型第三产业部门如科教文卫一无所知；有些人将从西方引进的"第三产业"概念视为洪水猛兽，一有风吹草动就大兴问罪之师；有些人一边在讲第三产业是产业，一边又将它列为"只消费不生产"，靠"国民收入的再分配"过日子的"非生产部门"，视为经济发展的累赘，一有机会就"卸包袱"；还有一些人虽然认识到第三产业的发展是全球趋势，但对第三产业的重要地位认识不足，

---

❶ 资料来源：联合国贸易和发展会议数据库，https://unctadstat.unctad.org/wds/TableViewer/dimView.aspx。

只将它看成"流通部门",不理解它本身就是服务产品的生产部门,因而仍将它放在从属地位上;如此等等。这些问题归结到一点,就是对第三产业的概念、地位、作用、功能缺乏认识。在这种情况下,开展第三产业经济学的研究,树立新的产品观、财富观和产业观,阐明第三产业是服务产品的生产部门,它与第一、二产业一样,也生产社会产品和社会财富,从而创造国民生产总值,论证第三产业的服务产品,不仅构成社会消费品的重要组成部分,而且是现代社会中不可缺少的生产要素,澄清第三产业劳动者不创造国民收入,只是靠物质生产部门的"施舍"过日子等片面观点,当然有助于从经济理论的高度明确发展第三产业的指导思想,清除由传统的"轻商"观和"唯物质生产论"的偏见所造成的轻视第三产业的思想障碍。

第三,开展第三产业经济学的研究,对于我国科学制定发展第三产业的战略和对策具有指导意义。改革开放前,我国第三产业长期落后,除了指导思想上的问题之外,战略和对策的失误也是一个重要原因。而这一失误与第三产业经济理论研究薄弱有关。

从宏观经济看,我国经济发展战略长期以来将注意力放在农业、轻工业、重工业上,置第三产业于不顾,造成第三产业比重偏低。这就是对一、二、三产业的宏观比例的客观规律性缺乏认识所致。一些经济发达地区在第三产业已成为推动经济增长的重要动力的工业化中后期阶段,还片面地把"工业立市"作为唯一的经济发展战略,把第三产业的发展完全抛于经济发展战略之外。这些无视第三产业在国民经济中的重要作用的认识偏差,需要通过对第三产业经济学的研究、学习、宣传普及来纠正。

从企业经营看,一些服务部门在改革开放前长期发展缓慢,重要原因之一就是服务价格偏低,缺乏动力机制;谁办谁赔钱,连简单再生产也无法维持,加剧了服务产品的结构性比例失调。在第三产业价格放开以后,不少自然垄断性服务部门在服务价格模式的转换中浑水摸鱼,力图像竞争性服务那样摆脱价格管制,借助其垄断地位实行垄断价格,服务质次价高,损害消费者利益。

从运行机制看,很多第三产业事业单位,机构重叠,人员臃肿,办事拖拉,不讲效率,这与其运营排斥市场机制,产品被人为地取消商品属性，大有关系。这些事业单位在生产服务产品时都没有投入产出概念，不设服务成本、服务质量、服务产值、服务效率、固定资产折旧率、投入产出率等考核指标；服务单位只管花钱，不管筹钱，不必考虑产销对路、供求平衡，不必考虑提高效率、降低成本、以收抵支。这就造成了低效率，使本来比重就很小的第三产业产出更低。

在中央作出发展第三产业的重大战略决策后，全国各地积极发展第三产业，但不少地区发展思路雷同，不考虑本地实际和特点，照样画葫芦，以搞运动的方式，按发展工业的模式发展第三产业，或重点搞政绩显示高的服务业密集区，或按"供给决定论"发展第三产业，只考虑如何增大服务产品的供给能力，不考虑服务产品的需求和市场支撑力有多大，认为"政府指向哪里，就可以打到哪里"，提出高标准、高水平、高起点、超前发展现代服务业等口号，造成一些服务业的一窝蜂发展，供给能力超过现实需求，形成服务产品的"产能过剩"。

在新冠病毒冲击服务供给和服务需求，造成产业链断裂的形势下，一些人对产业结构高级化的认识发生动摇，认为发展制造业产业链安全，服务业高比重国际产业链断链风险大。有人认为，过去中国希望通过发展服务业来推动 GDP 的增长。但经过了 2018 年中美贸易摩擦和 2020 年新冠肺炎疫情的两次冲击，人们意识到工业体系的完整和完备是非常重要的，而且需要补短板，只有不让别人卡脖子，才能够从疫情中第一个恢复。于是，关于服务业占比要提高以及刺激第三产业发展的说法再也看不到了。有人提出制造业占 GDP 的比例不再下降，要通过发展制造业带动 GDP 未来的进一步增长，重制造、轻服务已经成为未来的基本政策。

第三产业经济学的研究表明：三大产业的比例与国民收入的水平密切相关，有规律可循，一定经济条件下的第三产业的规模有其数量界限，过犹不及；第三产业的盈利性服务部门发展要遵循价值规律的要求，通过服务盈利，实行扩大再生产；竞争性服务产品应通过市场价格竞争刺激服务生产者适应市场需要，提高效率，增加产量；对自然垄断性服务产品，应加强政府的价格管制，以服务平均成本、平均利润率等市场指标为参照系，限制自然垄断性服务业利用其垄断性提高价格获取超额利润;服务产品具有无法储存、不能转移的非实物属性,供给与需求之间缺乏缓冲机制,发展服务业,必须特别重视服务需求,按照"供求决定论"推进第三产业的发展;服务产品生产与消费具有时空同一性,需要消费者在场,这种特性使它成为新冠病毒肆虐的重灾区,必须借助网络技术、电子服务等手段,将线下服务拓展为线上服务,扩大服务半径,避免服务生产过程中面对面服务感染新冠病毒;等等。这就为第三产业的运行与发展,提供了理论指南。

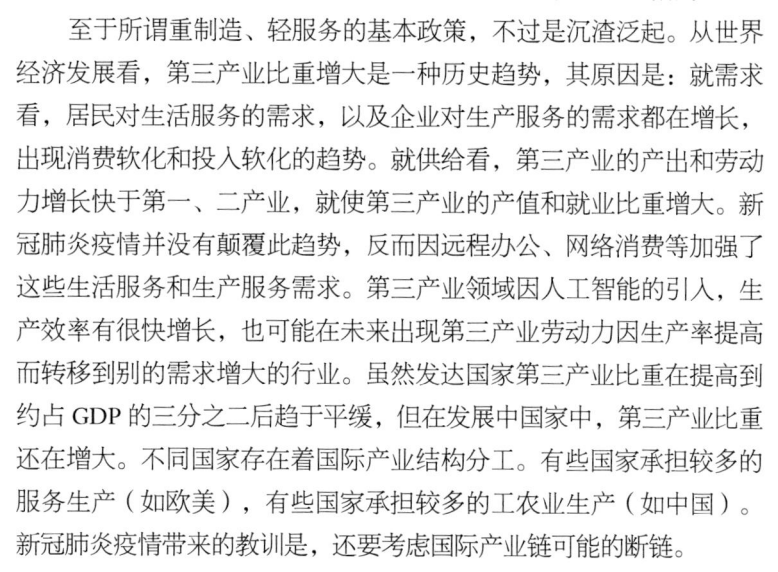

至于所谓重制造、轻服务的基本政策,不过是沉渣泛起。从世界经济发展看,第三产业比重增大是一种历史趋势,其原因是:就需求看,居民对生活服务的需求,以及企业对生产服务的需求都在增长,出现消费软化和投入软化的趋势。就供给看,第三产业的产出和劳动力增长快于第一、二产业,就使第三产业的产值和就业比重增大。新冠肺炎疫情并没有颠覆此趋势,反而因远程办公、网络消费等加强了这些生活服务和生产服务需求。第三产业领域因人工智能的引入,生产效率有很快增长,也可能在未来出现第三产业劳动力因生产率提高而转移到别的需求增大的行业。虽然发达国家第三产业比重在提高到约占GDP的三分之二后趋于平缓,但在发展中国家中,第三产业比重还在增大。不同国家存在着国际产业结构分工。有些国家承担较多的服务生产(如欧美),有些国家承担较多的工农业生产(如中国)。新冠肺炎疫情带来的教训是,还要考虑国际产业链可能的断链。

发达国家的合理想法是,让只因效率低转移去发展中国家的工业生产部分回流,有利于产业链安全。这不是颠覆了产业发展规律。发展中国家的合理反应是,既要清醒看到部分高新制造业回流发达国家的现实可能性,也要考虑发达国家与发展中国家的劳动力成本的巨大差距对这种回流的遏制,市场选择最终让发达国家发展高新技术、劳动力低耗费的制造业。中国要研究国际产业分工产品流向,包括实物产品与服务产品在国际分工中在发达国家与发展中国家的合作、流向和生产比例。不少劳动密集型制造业已转移到东南亚,中国在此领域的竞争力正在下降,我们应该扬长避短,不要企图阻碍劳动密集型制造业向其他发展中国家的转移,而是因势利导,逐步淘汰劳动密集型制造业,利用中国制造业系统完备、制造业产业链完备的既有优势,重点发展高新技术、智能化制造业,推动制造业服务化,促进工业企业的数字转型升级,从单纯加工制造转向提供定制化服务。这就需超前发展制造业与服务业。芯片危机使制造业发展受到很大影响,恰恰说明了不是要通过发展制造业带动 GDP 未来的进一步增长,而是要发展关键性生产服务(工业服务)来带动制造业的发展路向。从全局和长期来看,还要继续顺应第三产业比重增大的潮流,加强生活服务和生产服务的供给以满足增长着的需求,带动制造业、农业和服务业自身的产业升级。

可见,第三产业的经营和发展,如果灵活地运用第三产业经济学的这些研究成果,就可以提高自觉性,减少盲目性。因此,开展第三产业经济学的研究,对于发展我国第三产业来说,又有很大的实践意义。

第四,开展第三产业经济学研究,是对马克思主义理论宝库中的服务思想的发掘。马克思虽然没有提出第三产业的术语,但他早在西方学者提出第三产业概念之前七十多年,就已对服务形式的产品及其特点、非物质生产领域的发展趋势等问题作过提示。正是马克思,区分了实物形式和运动形式的使用价值,提出了"以服务形式存在的消费品"的重要概念,并对其消费特点——生产消费同时性,消费功能——满足人们物质精神需要,再生产公式 $G-W<\begin{matrix}A\\P_m\end{matrix}\cdots P-G'$,作了重要提示。马克思对科学价值决定的提示,对服务业日趋增大趋势的预测,对未来社会国民财富的形式发展的分析,都为今天第三产业经济学的研究提供了宝贵的启迪。我国经济学术界过去一直忽视马克思在这些方面的论述,不少学者甚至认为第三产业理论与马克思主义政治经济学是格格不入的。这其实是不了解马克思主义理论宝库的丰富内容所致。开展第三产业经济学的研究,在借鉴西方经济学对第三产业的研究成果的同时,发掘马克思主义的服务思想,将它作为第三产业经济学的理论基础,纠正传统经济学对马克思主义经济理论的片面性的注释和发挥,是坚持马克思主义和发展马克思主义的辩证统一。这是很有意义的一项工作。

第五,开展第三产业经济学研究,对于充实我国经济科学的体系,具有开创性意义。在我国，第三产业领域的经济科学的研究长期落后。我国第三产业的不发达固然是一个重要的原因，而思想认识和政策上的偏颇，又延缓了这一研究进程。对马克思主义政治经济学理论的片面的、凝固化的理解，束缚着人们的思想；对西方资产阶级经济学（尤其是垄断资本主义时期的）的排斥思潮，一度使人们拒绝借鉴西方学者提出的第三产业理论。"第三产业"这一术语虽然早在20世纪30年代就由英国经济学家费希尔提出，但在20世纪80年代初才开始见诸于我国报刊，以后又遭厄运，被打入冷宫数年。80年代中期以来，实践的发展打破了传统清规戒律的禁锢，第三产业才开始成为概括社会经济现象的流行概念，在我国广泛传播。这正是：经济上的不发达滋生着第三产业经济理论研究的落后，认识上的偏见束缚着第三产业经济学的创立。第三产业因此成为我国经济科学体系中一个被长期遗忘的角落。以第三产业的经济现象、经济关系和经济规律为研究对象的第三产业经济学，从总体上说，在我国处于初创阶段。开展第三产业经济学的研究，对于政治经济学是一个有益的补充，对于第三产业分支部门经济学的研究，又是有力的促进；而后者研究的普遍和深入，反过来又促进着第三产业经济学体系的完善。第三产业经济学正从三方面对我国经济科学进行着充实：其一，挖掘马克思的服务思想的阐述或原则性提示；其二，引进西方经济学的合理成分；其三，由中国学者根据第三产业的新发展作出新概括。虽然这一研究处于起步阶段，还很不完善，但它对经济科学体系的重要理论意义，则是可以肯定的。

第二章　第三产业思想史

第三产业既是一个异军突起的新兴产业，又是一个历史悠久的古老产业。在这一章，我们讨论第三产业范畴的由来，三次产业的范围和划分标准，对第三产业范畴的评价，第三产业的开创性研究及其理论渊源，并综述我国1980年代对第三产业经济理论的讨论。

第一节　第三产业范畴概说

一、第三产业范畴的由来

第三产业（tertiary industry），是英国经济学家、新西兰奥塔哥大学教授费希尔（A. G. B. Fisher）1935年首先提出来的。在20世纪20年代，在澳大利亚和新西兰的日常谈话中，就流行着第一产业和第二产业的说法。费希尔通过对世界经济历史发展的考察，鉴于第一产业和第二产业并没有穷尽全部经济活动，在他所著的《进步与安全的冲突》中，提出了一种新的产业分类方法。他写道："综观世界经济史，可以将人类生产活动的发展划分为三个主要阶段。在初级生产阶段，生产活动主要以农业和牧业为主，迄今为止世界上许多地区还停留在这个阶段上。……在以制造业（或者说是工业）为主的第二生产阶段，农业变得相对不再重要，而纺织、钢铁和其他制造业商品生产则为就业和投资提供了广泛的机会。虽然确定这个阶段开始的确切时间是困难的，但是，很明确，英国是在18世纪末进入这个阶段的。……第三阶段始于20世纪。越来越多的劳力和资本不是继续流入初级生产或第二级生产中，而是分流到旅游、多种娱乐服务、政府和其他类似园艺、音乐、艺术、文学、教育、科学和哲学等无形服务生产领域中。"❶ 费希尔认为，处于初级阶段生产的产业是第一产业，处于第二阶段生产的产业是第二产业，处于第三阶段生产的产业就是第三产业。费希尔关于三次产业分类的理论，很快被澳大利亚和新西兰两国的经济学界接受。这两国的统计手册开始正式使用三次产业分类法来整理统计资料。

在澳大利亚政府经济部门担任过多种高级职务的英国经济学家科林·克拉克（Colin Clark），继承了费希尔的研究成果，在1940年发表了《经济进步的条件》，对美国、英国、法国、德国、加拿大、日本、瑞士、澳大利亚、意大利、丹麦等多个国家三次产业的统计数据作了分析，指出："当我们通过时间审视趋势时，发现一个相似结果。在每一个案例中，我们发现第一产业比例在下降，第三产业比例在上升。在每一个国家，第二产业劳动人口比例升到最大，然后开始下降，这显然表明，每个国家达到工业化最高阶段后，工业相对于第三产业生产的比例开始下降。"❷ 在20世纪50年代后期起，西方经济学界和资本主义国家经济统计部门，普遍接受和采用三次产业分类法。现在联合国的经济统计，基本采用三次产业分类法。我国的统计部门从1985年起开始试行采用这种分类法。事实证明，三次产业分类法已成为国际通行的国民经济结构的重要分类方法。克拉克使三次产业分类法得到了广泛的普及，因此学术界将克拉克和费希尔同视为这种分类方法的创始人。

二、三次产业的范围和划分标准

三次产业分类法就是把国民经济部门划分为第一产业（primary industry）、第二产业（secondary industry）和第三产业的分类方法。

三次产业的每一产业包括哪些部门？其分类标准是什么？就费希尔和克拉克的分析来看，会有一些差异❸；西方各国政府和经济学家在

---

❶ FISHER A G B.The clash of progress and security[M].London：Macmillan，1935：25-26，28.

❷ CLARK C. The conditions of economic progress[M].London：Macmillan，1940：7.

❸ CLARK C. The conditions of economic progress[M]. London：Macmillan，1940：181.

具体使用这种分类方法时，也常常作某些分类定义的变动和内容的补充。可见，三大产业包括的行业范围，在世界各国并没有完全一致的看法。

一般地说，第一产业包括：农业（种植业）、畜牧业、林业和渔业、狩猎业等；第二产业包括：〔采矿业〕、制造业、建筑业、〔煤气、供电、供水业〕等；第三产业包括：运输、通信、商业、金融、保险、房地产、科学、教育、新闻、广播、文娱、各种专业性服务和个人生活服务（修理、理发、美容、饮食、旅馆、洗染业等）、旅游、医疗服务〔以及政府和军队〕等行业。❶ 粗略地说，第一产业是广义农业，第二产业是广义工业，第三产业是广义服务业。因此，有的国家在统计中，将国民经济活动分为农业、工业、服务业三大类。

按照《国民经济行业分类》（GB/T 4754—2017），我国第三产业包括国民经济18个门类、50个大类行业：A农、林、牧、渔专业及辅助性活动，B开采专业及辅助性活动，C金属制品、机械和设备修理业，F批发和零售业，G交通运输、仓储和邮政业，H住宿和餐饮业，I信息传输、软件和信息技术服务业，J金融业，K房地产业，L租赁和商务服务业，M科学研究和技术服务业，N水利、环境和公共设施管理业，O居民服务、修理和其他服务业，P教育，Q卫生和社会工作，R文化、体育和娱乐业，S公共管理、社会保障和社会组织，T国际组织。

从上述分类可以看到，第三产业是由形形色色、五花八门的行业构成的，故有的经济学家称它为"混合产业""复合产业"或"异种混成产业"，甚至称之为"大杂烩"。❷

这些门类繁多的行业是依据什么分类标准分为三大产业呢？简单地说，划分三次产业的标准是产品的性质和生产过程的特征。

农业、畜牧业、渔业、林业〔和矿业〕的生产过程是与自然形成

---

❶ 其中有〔 〕号的，是在三大产业的归属上有争议的行业：有的国家将采矿业划为第一产业，将煤气、供电、供水业划为第三产业；有的国家第三产业不包括政府或军队。

❷ 应该指出，"大杂烩"本身不是贬义词，从逻辑学角度看，任何集合概念都是"大杂烩"，而它们又以其相同属性组成同一类事物。

过程结合在一起的，它们都直接依赖于自然资源的开发和利用，并且只能在自然资源所在地进行，因此，可以把它们视为同一层次上的生产活动，把这些行业称为第一（次）产业，将其产品称为初级产品。

工业生产过程是对初级产品的再加工过程，它一般不直接使用未经加工的自然资源，而主要以来自第一产业的产品为加工对象，所以，它在很大程度上受到初级产品生产的制约。这一特点使工业生产在社会生产过程中处于第二级地位，因此可以将工业生产视为第二层次上的生产活动，将这一行业称为第二（次）产业。其产品是经过了大规模的物质形态变化的加工产品。

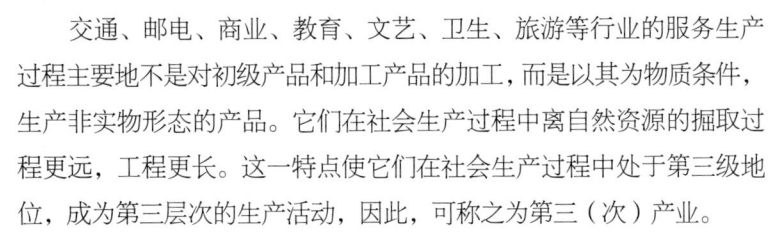

交通、邮电、商业、教育、文艺、卫生、旅游等行业的服务生产过程主要地不是对初级产品和加工产品的加工，而是以其为物质条件，生产非实物形态的产品。它们在社会生产过程中离自然资源的掘取过程更远，工程更长。这一特点使它们在社会生产过程中处于第三级地位，成为第三层次的生产活动，因此，可称之为第三（次）产业。

至于第三产业与前两次产业之间的区分标准，问题比较复杂。这是一个意见不一、众说纷纭的问题，正如美国经济学家乔治·斯蒂格勒（G. J. Stigler）所说："无论是服务产业的分类还是它的界线都不存在权威性的一致意见。"[1] 归纳起来，大致有以下五种划分标准。

（1）生产者距离消费者的远近程度：远的为第一产业（生产初级产品）；次远的为第二产业（对初级产品进行加工）；近的为第三产业（提供服务者与接受服务者一般同时在场）。

（2）产品是否有形：生产有形产品（工农业产品）的为第一、二产业；生产无形产品（服务产品）的为第三产业。

（3）生产过程与消费过程是否可以分离：可以分离的为第一、二产业；不可分离的为第三产业。

（4）异质性：第三产业是由性质不同的各种成分组成的。

（5）剩余部门：第三产业是作为除第一、二产业以外的其他经济

---

[1] 资料来源：乔治·斯蒂格勒《服务产业的就业趋势》，美国经济研究局，普林斯顿大学，1956年，第47页。

活动的用语而提出来的。

三、对第三产业范畴的评价

第三产业范畴之所以迅速而广泛地被世界各国接受，是因为它反映了人类生产发展的共同规律。

首先，第三产业范畴客观地反映了产业发展的顺序。有人计算，如果把人类五百万年历史想象为一个月，那么社会将出现下列局面：在一个月30天中的29天22小时30分钟内，人们完全靠环境的恩赐，把时间用于游牧生活的狩猎和采集。人们仅在1小时30分钟内从事农业、收割庄稼和在城市建房及生活。这个月的最后4分钟代表文艺复兴以来的时期，现代国家的演变，工匠、同业公会、中产阶级的出现，以及农奴制和奴隶制的大多数概念的逐渐消失。在一分半钟的时间中，人们曾生活在工业时代里。在50秒的时间中，人们曾生活在"电子信息时代"里，如果我们认为这个时代是从电话的发明开始的话。❶从产业结构的变化看，人类历史上首先兴旺发达的是狩猎、采集业和种养业，全部劳动力都投入这一初级产业中。随着逐步工业化，大多数劳动力转向制造业，引起了工业兴盛。随着国民收入增长，对服务业的需求越来越大，相应地，劳动力将向服务业方面转移，第三产业在劳动力结构和产值结构上都占很大比重，形成"后来居上"的局面。因此，国民经济部门分为初级产业、第二次产业和第三次产业，恰当地反映了产业发展的次序和层次。

其次，第三产业范畴揭示了人类需求结构变化的趋势。正如费希尔指出，这些术语在某种意义上与人类需要的紧迫程度有关——第一产业为人类提供满足最基本需要的食品，第二产业满足其他更进一步的需要，第三产业满足人类除物质需要以外的更高级的需要，如生活中的便利、娱乐等各种精神上的需要。❷

---

❶ 佩尔顿.信息社会中的生活[M]//中国科学技术情报研究所.信息社会的性质.北京：科学技术文献出版社，1984：32-33.（佩尔顿即[美]Joseph N. Pelton。——引者注）

❷ FISHER A G B. The clash of progress and security[M]. London：Macmillan，1935：35-38.

再次，第三产业范畴反映了人类不同层次的生产与自然资源的距离及对它的依赖程度。从三次产业划分的基本依据可以看到：第一产业的产品是直接从自然界取得的，第二产业的产品主要是通过对第一产业的产品的再加工取得的。第三产业的产品基本上是在第一、二产业生产的基础上生产的，它不以自然资源的初级产品或加工产品为原料，但要以其为生产条件。因此，第一、二、三产业对自然资源的依赖程度依次减弱，与自然资源的距离逐步增大。三者的关系是：从加工原料的来源看，第一产业构成第二产业的基础；从生产的人、财、物力条件和需求结构来看，第一、二产业又构成第三产业的基础。反过来，从生产手段的提供与生产技术、劳动素质的改进来看，第二产业影响第一产业的发展状况，第三产业的发展在一定程度上也制约着第一、二产业的发展。从这一事实出发，可以认为三次产业间既存在着前者为后者的基础的关系，又存在着后者决定前者的相互制约、互为因果的关系。这种关系在三次产业分类中就比在农轻重的分类中要看得清楚。

最后，第三产业范畴和三次产业分类法比较简明实用。国民经济部门分类有多种方法。其中，两大部类分类法在理论上比较严谨，但在实践上，某一生产部门的产品并不是单纯用于生产或单纯用于消费，因此难以区分实践中的两大部类。农轻重分类法问题之一是"轻"与"重"界限不清并且相互转化；问题之二是将比重越来越大的第三产业部门置之度外，与实际经济生活的差距越来越大。三次产业分类法则基本以现有的国民经济分支部门为基础单位，按属性分为三类，只要规定分类口径，进行分类就比较清楚。

人们常常对第三产业范畴提出批评。主要之点是：

其一，这种分类标准不够严密。上述五条标准是粗略的而不是严密的划分标准，它只是从一般意义上区分了第三产业与前二产业的部门界线，大致反映了第三产业主要部分的特征。因此，它只是从近似的意义上来说才是正确的。例如饮食业，其产品主要是有形的饭菜，生产过程和消费过程也是可以分离的，本该划为食品加工业，属第二产业，但习惯上划为第三产业。又如煤气、供电、供水业，按第二条标准可以划为第二产业，但按第三条标准又可划分为第三产业。采掘业按第一条标准，可以划为第一产业，因为这一行业的生产者离自然资源较近，离消费者较远。然而，将它同农林牧渔业放在一起，又显得不协调。它有更多的属性近乎制造业。这说明三次产业分类法对国民经济的轮廓的勾画只是粗线条的。对此克拉克写道："这三个主要部门的界线不是按精确的方法，而是从一般意义上来划分的。"❶

其二，第三产业范畴在资本主义社会中被塞进了不少肮脏、庸俗的东西，使其构成鱼龙混杂、良莠不齐。在一些资本主义国家中，妓院、赌场、走私、贩毒等行业也被划入第三产业，并统计其"产值"；一些由于社会的弊端才会存在的职业如政权机关、警察、军队等，也归入第三产业。这就使人觉得第三产业范畴"不三不四、不伦不类、莫名其妙"，"渗透着资产阶级本质"，是"资产阶级经济学范畴"。❷

笔者认为，分类标准不够严密问题是三次产业分类法自身的缺陷，其产生的原因在于经济现象的复杂性，对于其标准的不严密，是可以进行批评的。但是我们不能苛求经济理论天衣无缝，因为，任何概念的划分只具有相对的意义。由于理论分析的局限性，人们面临的选择是：要么就借助这种粗略的概念对产业结构的发展作出有用的分析，要么就强调概念的精确性而无所作为，对第三产业领域，采取虚无主义的态度。显然，前者才是明智的选择。

至于第三产业存在肮脏、庸俗因素的问题，本来不属于第三产业范畴本身的毛病，问题出在批评者本身将"第三产业一般"与"第三产业特殊"，将经济标准与道德标准混为一谈。如果抽象社会生产的特殊历史形式，我们便可以得到"第三产业一般"的范畴。它反映的不是某个特定社会形态（如资本主义、封建主义或社会主义）的服务生产的具体特殊性，而是人类经济运动的一般规律，再生产过程的一

---

❶ CLARK C. The conditions of economin progress[M]. 3rd ed. London：Macmillan，1957：490-491.

❷ 孙冶方. 关于生产劳动和非生产劳动、国民收入和国民生产总值的讨论：兼论第三次产业这个资产阶段经济学范畴以及社会经济统计学的性质问题[J]. 经济研究，1981（8）.

般规定,产业发展的客观次序。如果从社会生产的特殊形式来考察,我们便可以得到"第三产业特殊"的范畴。它反映的是在特定的社会生产形态下,第三产业所包含的具体行业种类。以第三产业特殊否定第三产业一般是不合逻辑的。在任何社会,任何产业都可能存在肮脏、庸俗因素。如一些国家农业中有充当海洛因原料的罂粟种植业,工业中有赌具、毒品制造业,难道可以认为农业一般和工业一般也"渗透着资产阶级本质"的腐朽行业吗?显然不能。至于为社会公共需要提供服务的行业,如国家机关、政党机关、社会团体、警察、军队,也应抽象掉其阶级属性,只考察其经济属性,就会发现,它们不提供有形产品,而是提供服务,符合服务业共性,应归入第三产业。重要的问题是将反映经济运动一般规律的第三产业一般范畴与反映某些社会经济运动特殊现象的第三产业特殊区分开来。第三产业范畴首创于西方经济学者的著作中,并首先用于资本主义统计中,并不是意味着这一范畴只能用来反映资本主义的特殊状况。第三产业包含腐朽行业,并不意味着对第三产业一般的否定。

需要指出,正确认识第三产业划分,必须把经济范畴与道德范畴加以区分,不能把两个领域的命题混为一谈。从经济范畴看,第三产业与第一、二产业的划分是从劳动产品的形态(产品形态是无形的还是有形的),产业对自然的依赖程度(第一产业对自然依赖最强,第二产业其次,第三产业最弱),生产与消费的时态(生产与消费是同时进行还是分开进行)来划分的。无论是第一产业、第二产业还是第三产业,从经济范畴的角度看,都是"纯洁无瑕"的产业,不包含是否符合道德或法律规范的判断。现实社会中有合法产业与非法产业、道德产业与不道德产业之分,如第一产业中有毒品原料种植业,第二产业中有谋财害命杀人工具制造业,第三产业中有毒品流通服务业、淫秽娱乐服务业,但这不能成为否定按经济标准划分三次产业的理由。从经济科学的角度看,不能把三次产业定性为合法的、道德的,或者非法的、不道德的产业,因为那是伦理学和法学的命题。界定三次产业不能引进道德或法律的命题作为附加标准。不能把第一产业定义为利用动植物的生长发育规律,通过人工培育来获得合法的、符合道德规范的产品的产业,也不能把第二产业定义为合法的、符合道德规范的原料采集与产品加工制造的产业。当然也不能因为第三产业存在走私贩毒流通运输业及淫秽色情服务业而否定第三产业范畴本身。

综上所述,第三产业范畴,从它反映的社会生产一般规律的角度来考察,是一个具有科学性的范畴。

第二节　第三产业的开创性研究[*]

一、费希尔首创第三产业概念和三次产业分类法

艾伦·乔治·伯纳德·费希尔（Allan George Barnard Fisher，1895年10月26日—1976年6月8日）1895年出生于新西兰基督城,约1岁随父母移居澳大利亚墨尔本。后在历史悠久的坎伯威尔文法学校（Camberwell Grammar School）和苏格兰学院（Scotch College）读书。1913—1915年在墨尔本大学（University of Melbourne）学习。1916—1918年在澳大利亚军队医院服役。1919年回墨尔本大学在哲学系工作。1920—1922年在女王学院（Queen's College）教书。1922—1924年在伦敦政治经济学院（London School of Economics and Political Science）学习,1924年获博士学位。

1925—1935年,费希尔在新西兰奥塔哥大学（University of Otago）任经济学教授。1930—1931年获洛克菲勒研究基金资助前往中国、俄罗斯、波兰、日内瓦、英国和美国旅行和研究。1934年任新南威尔士银行主编、经济学家。1936—1937年任西澳大利亚大学（University of Western Australia）经济学教授。1938年在伦敦任英国皇家国际事务研究所（Royal Institute of International Affairs）普赖斯研究教授（Price Research Professorship）。"二战"期间两次访美,参加联合国世界粮农组织筹委会。1944年任新西兰驻美华盛顿特区使馆参赞,也代表新西兰参加布雷登森林会议国际货币基金组织的筹建。

---

[*] 承蒙江波博士（中山大学产业组织与管理专业博士,华南理工大学经济与金融学院讲师、硕导）研读、整理 Allan G. B. Fisher 的 *The Clash of Progress and Security* 和 Colin Clark 的 *The Conditions of Economic Progress* 英文版原著和维基百科 Fisher 和 Colin 词条,为本节撰写初稿,经笔者修改补充后形成本节内容。谨致谢忱。

1946年参加巴黎和会，后供职于国际货币基金组织。1960年退休。1976年6月8日在伦敦去世。❶

费希尔最突出的学术贡献是在1935年提出第三产业概念和三次产业分类法，按照第一、二、三产业主导地位来研究经济发展趋势。代表作《进步与安全的冲突》❷"采用更系统的方式阐述物质进步（material progress）对整个产业结构和组织的影响和一般问题"，提出第三产业（tertiary industry）概念和三次产业分类法，并探讨了三次产业发展的原因和障碍。

1. 第三产业概念与三次产业分类

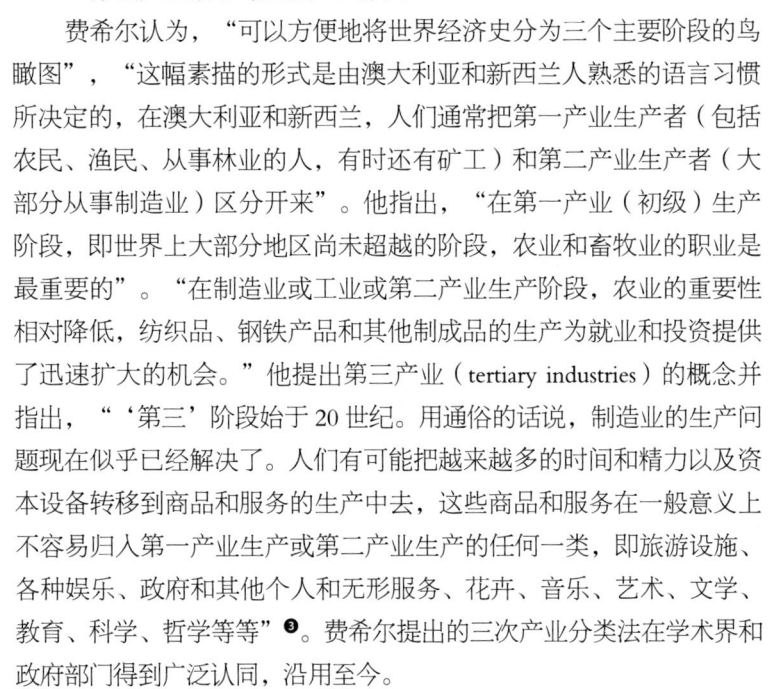

费希尔认为，"可以方便地将世界经济史分为三个主要阶段的鸟瞰图"，"这幅素描的形式是由澳大利亚和新西兰人熟悉的语言习惯所决定的，在澳大利亚和新西兰，人们通常把第一产业生产者（包括农民、渔民、从事林业的人，有时还有矿工）和第二产业生产者（大部分从事制造业）区分开来"。他指出，"在第一产业（初级）生产阶段，即世界上大部分地区尚未超越的阶段，农业和畜牧业的职业是最重要的"。"在制造业或工业或第二产业生产阶段，农业的重要性相对降低，纺织品、钢铁产品和其他制成品的生产为就业和投资提供了迅速扩大的机会。"他提出第三产业（tertiary industries）的概念并指出，"'第三'阶段始于20世纪。用通俗的话说，制造业的生产问题现在似乎已经解决了。人们有可能把越来越多的时间和精力以及资本设备转移到商品和服务的生产中去，这些商品和服务在一般意义上不容易归入第一产业生产或第二产业生产的任何一类，即旅游设施、各种娱乐、政府和其他个人和无形服务、花卉、音乐、艺术、文学、教育、科学、哲学等等"❸。费希尔提出的三次产业分类法在学术界和政府部门得到广泛认同，沿用至今。

---

❶ 费希尔简历参见 https://winsomegriffin.com/Barnard/Allan George Barnard Fisher.html 和维基百科词条：Allan George Barnard Fisher。

❷ FISHER A G B. The clash of progress and security[M]. London：Macmillan，1935.

❸ FISHER A G B. The clash of progress and security[M]. London：Macmillan，1935：25-29.

2. 第三产业发展的趋势与原因

（1）趋势。费希尔指出："从事'第三产业'生产的人口占总人口的比例迅速增加，这是现代经济发展的一个众所周知的特点。""据估计，1920—1927年，美国从事农业的人数减少了86万，从事制造业的人数减少了60万，但在同一时期，从事公共服务的人数却增加了10万，从事建筑工作的人数增加了60万，从事交通与通信的人数增加了近100万，从事商业的人数增加了140万，从事旅馆、饭店、车库、修理店、活动影楼、理发店、医院、保险工作、专业办公室等杂项职业的人数增加了250多万。即使在经济萧条时期，英国也出现了同样的趋势。"他认为："随着生产率的巨大提高，这主要是由于与农业生产和其他生产相关的知识扩散……人口不断增长，……不仅有人转移到制造业，还有人转移到旅游、娱乐、文学等。""随着经济生活变得更加丰富多彩，从事商业工作的人口比例也会有增加的趋势。"❶

（2）原因。费希尔对恩格尔计算的家庭消费支出作拓展研究，计算了1904—1909年英国、德国、法国、比利时等欧洲国家以及1918—1919年美国不同收入水平的不同家庭消费支出结构❷，指出："随着收入的增加，我们有能力购买质量较好的食品和服装，但也会在家具和家庭装备、报纸和书籍上面花费更多，随着收入进一步增加，我们花钱的项目也变得更加多样化，包括旅行和交通设施、娱乐和各种文化兴趣。"他认为："虽然我们无法详细预测一个收入水平不断提高的社会所希望购买的新商品和服务的性质，但通过观察富裕社会人的消费习惯，再加上一般的推理，我们就能对贫穷社会人们的消费能力超过过去的消费习惯时可能发生的情况作出一些概括。""只要物质进步的客观条件存在，第一产业生产的相对重要性总是有减少的趋势，而'第三产业'生产的相对重要性则会增加。"❸ 可见，费希尔揭示了

---

❶ FISHER A G B.The clash of progress and security[M]. London：Macmillan，1935：29-33，25-26，21-22.

❷ 费希尔还分析了100个中国家庭的消费支出情况，以此佐证消费支出的一般趋势。

❸ FISHER A G B.The clash of progress and security[M]. London：Macmillan，1935：21-22，25-26，31-33.

第三产业发展的趋势，以及收入水平的提高和消费者的最终需求是第三产业发展的重要原因。

3. 阻碍资源向第三产业转移的因素

费希尔指出："迅速而持续地将劳动和资本转入相对较新的生产类型，是保持令人满意的物质进步速度的必要条件，也是避免长期陷入萧条的必要条件，或者说，如果我们由于任何原因碰巧已经陷入萧条，则是迅速摆脱萧条的必要条件。""当粮食供应比较充足时，就有可能较快地发展制造业；当制成品的供应也比较充足时，最需要快速发展的领域就是'第三产业'生产领域。除非进行这些转移，否则，使物质进步成为可能的条件就会变得无效，也不会给任何人带来好处。相反，它们会造成混乱和生产过剩的假象。"❶可见，费希尔重视三次产业转移及其条件对经济进步的重要作用，揭示了阻碍三次产业转移的严重后果与原因。

（1）垄断。费希尔认为："许多较新类型的工作可能提供远高于平均水平的收入，任何新的劳动力流向这些领域都会受到抵制，因为那些幸运地占据准垄断地位的人迄今享有不同的优势。""除了任何建立垄断组织的正式企图之外，处于特权地位的资本家和劳动者都会采取各种措施来保护自己的特权。"他还指出："持续拒绝将劳动和资本从物质进步所要求的报酬较低的行业转向报酬较高的行业，将给整个产业造成长期的萧条趋势。"❷

（2）抵制变革与供给不足。费希尔指出："生活水平越高，平均实际收入水平越高。较高的实际收入平均水平意味着需要更多种类的商品和服务，也意味着有更多的人可以享受到更多的服务。""如果不在生产方面进行相应的重新组织，不把资源从旧的主导产业转移到更新的、更具投机性的领域，就不可能购买这些东西。"他认为："如果要使资源基本转移顺利而且有效地进行，不仅需要不能阻止人

---

❶ FISHER A G B.The clash of progress and security[M]. London：Macmillan，1935：204-205，31-33.

❷ FISHER A G B.The clash of progress and security[M]. London：Macmillan，1935：86-88，91-92.

们离开原有的工作活动领域，而且也不能设置障碍阻止他们进入新的领域。"他指出："人们对教育和社会服务以及类似的'第三产业'活动有一种近乎蔑视的感觉，这些活动往往被视为寄生虫，而不是（必须是）财富增加过程中不可避免的成果。我们仍然过多地受到亚当·斯密（Adam Smith）的'非生产性劳动（unproductive labor）'的影响。"

费希尔指出："实际上，比这种蔑视感更重要的是，维持或提高壁垒以限制人们进入专业服务和类似的'第三产业'工作领域。""在一个富裕的社会里，这些工作的人数增加是不可避免的，也是应该的。""各种各样的障碍，培训的障碍，专业限制的障碍，社会偏见的障碍，都有效地限制了这些高薪工作的人员供给。""如果物质上的进步要求更多的人进入报酬更高的工作领域，如果那些已经在那里工作的人，不愿意允许他们的特权有任何放松，而是采取步骤阻止流入，他们的抵制将严重危及整个经济结构的稳定。"❶

（3）培训或教育不足。费希尔指出："未能从一个旧的行业转移到一个新的行业，往往不仅仅是因为不愿意面对风险，也不是因为想保护自己不受损失，而是因为完全没有能力从事可能会有需求的新类型工作。""也许我们想要更多的电影院，或者更多的诗歌，或者更多的汽车，但流离失所的农家汉子不可能总是轻易地把自己变成电影明星或诗人，甚至是汽车修理工。""无论物质上的进步如何要求增加某些种类的服务供给，如果劳动力总供给中没有足够的培训和教育，而这些培训和教育又是从事必要的服务工作所必需的，那么就不可能满足这些需求。"费希尔认为："除非同时提高一般教育水平，否则很难或不可能提供物质进步所需要的新型服务。如果一个迅速进步的社会需要大量增加音乐家、医务人员和其他个人服务提供者的队伍，那么我们的教育政策就必须加以调整，以便能够提供更多的这些人。"费希尔进一步强调，"无论是否有直接的需求，如果要有足够的人才去执行一个进步社会可能需要的其他较新的技术服务，就必须提供更

---

❶ FISHER A G B.The clash of progress and security[M]. London：Macmillan，1935：44-45，63-64，65-66.

广泛的便利政策。为培养从事'第三产业'工作的各种人力资源需要进行足够的收入分配,这与按正确的比例提供物质资本同样重要"❶。

二、克拉克揭示劳动力在三次产业转移规律

科林·克拉克(Colin Grant Clark,1905年11月2日—1989年9月4日)1905年出生于伦敦。1928年毕业于牛津大学布雷齐诺斯学院(Brasenose College),获得化学学位。1928—1929年在伦敦政治经济学院(LSE)任威廉·贝弗里奇(William Henry Beveridge)❷的研究助理。1929—1930年在利物浦大学任亚历山大·卡尔桑德斯爵士(Sir Alexander Carr-Saunders)❸和阿林·杨格(Allyn Young)❹的研究助理。1931年—1938年,任剑桥大学统计学讲师,出版了3本著作:《国民收入1924—31》(The National Income 1924–31)、《英国的经济地位》(The Economic Position of Great Britain)和《国民收入与支出》(National Income and Outlay)。凯恩斯称赞他"几乎是我所见过的唯一一位非常一流的经济统计学家"。1937年和1938年访问澳大利亚和新西兰,任墨尔本大学访问学者和昆士兰州政府顾问,1938年任昆士兰州政府统计学家、产业局长和州财政部财政顾问。1942—1946年,任联邦战时产业组织部副部长(昆士兰)。1947年任昆士兰劳动和产业部副部长。1940年,提出昆士兰州的第一套经济核算账户,出版代表作《经济进步的条件》(The Conditions of Economic

---

❶ FISHER A G B.The clash of progress and security[M]. London: Macmillan, 1935: 117-118, 67-68.

❷ 威廉·贝弗里奇(1879—1963),福利国家理论的构建者之一。他于1944年发表《自由社会的全面就业》一书,主张由国家及市场导向的私人企业来联合运作社会福利制度,对当代社会福利政策及健保制度深具影响。

❸ 亚历山大·卡尔桑德斯爵士(1886—1966),英国博物学家、社会学家、教育家,曾任伦敦政治经济学院校长(1937—1957)。

❹ 阿林·杨格(1876—1929),美国经济学家,曾任美国统计学会主席(1917)、美国经济学会主席(1928)。1928年在英国科学促进协会F分部主席的就职会上演说,发表了著名的《报酬递增与经济进步》。

Progress）❶。❷

克拉克首次使用国民生产总值（GNP）概念作为研究国民经济的基础，他的主要学术贡献是在继承费希尔三次产业分类研究的基础上，1940年在《经济进步的条件》中对美国、加拿大、新西兰、英国、瑞士、澳大利亚、荷兰、爱尔兰、法国、丹麦、瑞典、德国、比利时、挪威、奥地利、捷克斯洛伐克、希腊、芬兰、匈牙利、日本、波兰、拉脱维亚、意大利、爱沙尼亚、南斯拉夫、苏联、南非、保加利亚、罗马利亚、立陶宛、埃及、阿根廷、巴西、智利、英属印度、中国、西班牙、葡萄牙等近40个国家不同时期的三次产业就业人数、生产率、职业、相对工资等作了非常详细的实证研究，揭示了劳动力从第一产业向第二产业、第三产业转移的趋势、影响和原因，及其对经济发展的作用，拓展了三次产业理论的应用，使得三次产业分类法得到广泛推广。三次产业分类法更多地与克拉克的名字联系在一起，被称为克拉克大分类法（笔者认为，因费希尔的贡献，三次产业分类法应称为费希尔－克拉克产业分类法）。

1. 劳动力向第二产业、第三产业转移的趋势

克拉克指出："绝大数经济学家和政策制定者仍然完全不知道什么是配第定律（Petty's Law）。"他指出："当观察每个国家不同时期的趋势时，我们都发现从事第一产业的劳动人口比例在下降，从事第三产业的劳动人口比例在上升。从事第二产业的劳动人口比例都会上升到最高点，然后开始下降。""当每个国家都达到工业化的最高阶段后，工业生产相对于第三产业开始下降。"他认为，这种趋势是规律性的、一般性的，"只有在经济最混乱的时候才会出现短暂的反向运动"❸。学术界把劳动力从第一产业向第二产业、第三产业转移的规

---

❶ CLARK C. The conditions of economic progress[M]. London：Macmillan，1940.

❷ 克拉克简历参见 https://adb.anu.edu.au/biography/clark-colin-grant-12322 和维基百科词条：Colin Clark（economist）。

❸ CLARK C. The conditions of economic progress[M]. London：Macmillan，1940：177，7-8，220.

律,称为配第-克拉克定律。

2. 劳动力转移的主要原因

克拉克认为劳动力转移的主要原因如下。❶

(1)不同类型商品和服务的需求收入弹性差异。克拉克指出,"随着实际收入的增加,粮食需求的收入弹性往往变得很低","制造业产品的收入弹性较高,服务业的收入弹性也较高"。他认为,这是"劳动人口从第一产业向第二产业,进而从第二产业向第三产业稳步转移的基本原因","这些趋势可能会因为第一、二产业人均生产率的提高而更加突出"。

(2)第一、二产业生产率提高。克拉克指出,"农业生产率的提高使得人均农产品增加,从而劳动力人口从农业转移出来"。他认为,农业生产率提高的原因包括"农业生产成本的大幅下降","现代农业机械技术对原始农业生产方式的替代"等。"工业生产率的大幅提高使得人均工业产出大幅增加","正如阿林·杨格(Allyn Young)教授理论预期的一样,制造业人均产出的提高是工业产业规模扩张的结果","任何一个制造业行业人均产出的提高都极大地依赖于整个行业的相对扩张速度",随着规模的扩张,不同工业行业表现出不同程度的"实际成本下降"。可以看到,克拉克认为第一、二产业生产率的提高也是劳动力发生转移的重要原因。

(3)第三产业高生产率使实际收入高。克拉克指出,"由于许多国家有一半的劳动人口都在从事第三产业,因而第三产业的生产效率在决定国家的人均实际收入水平方面具有非常重要的意义","富裕国家就是主要归功于第三产业相对较高的人均生产率"。克拉克发现,"总的来说,第三产业能够产生的实际收入是很高的。在第二产业生产率明显低下的国家,第三产业的生产率远远高于全国平均水平,而且,第三产业的实际收入也是很高的。这确实是人口迅速转入第三产业的原因"。克拉克分析各国不同时期的收入后发现,第三产业并不

---

❶ CLARK C. The conditions of economic progress[M]. London: Macmillan, 1940: 445, 240-274, 11, 275-317, 2, 318-320, 220-221, 222-223.

是所谓的"低效率"产业,相反,却是生产率相对高于全国平均水平的产业,正是因为第三产业生产率高,使得劳动人口不断流入第三产业。因此,他得出了"一个出乎意料的重要结论:不同的第三产业生产率水平是决定整个国家平均实际收入水平的最重要因素之一"。

(4)劳动力的供给需求关系。克拉克认为,除了三次产业之间存在劳动力转移规律以外,"在任何一个特定的第二或第三产业中,行政和办事人员的相对数量似乎有明显的增加趋势,直到在许多领域,他们的数量实际上超过了体力劳动者。这种趋势在全世界似乎也是普遍存在的"。他指出,"在需求方面,工业的要求是要有相对更多的熟练和半熟练工人,这将倾向于使非熟练工人的相对工资下降,与这种趋势相反的是,劳动力从非熟练工人队伍中相对地转移出来"。在劳动力供给方面,他认为"非常值得关注的是普通职员的工资数据","文秘职业吸收了大量的劳动力,但很明显,供应量的增长肯定比需求量的增长更快"。他还指出,"邮差和联邦公务员的情况也有同样的趋势。在19世纪90年代,具备进入联邦公务员队伍所需的教育程度和其他资格的人处于非常优越的地位,享有比工业工人短得多的工作时间和高得多的工资"。"教师工资的总体趋势也是上升的。"可以看到,克拉克实际上认为,劳动力转移无论发生在三次产业间还是三次产业内,劳动力供给关系及其影响因素都是劳动力转移的重要原因。

3. 第三产业内部结构分析

克拉克详细地分析了不同国家第三产业内部细分行业的发展趋势。他指出:"似乎有一点比较一致,即从事商业、运输业、公共管理、家政服务和专业服务的劳动人口比例明显上升。""伴随这些产业变动的是重大的职业变化和社会变化,导致体力劳动者,尤其是非熟练劳动者的逐渐消失,相应地是文职人员和专业人员快速增加。""随着第二产业生产反过来让位于第三产业生产,雇主、经理和企业主的相对人数再次出现增加的趋势,而专业人员和文职人员的增加则相对加快。"他认为,"不同行业和职业的相对工资水平变动"也反映了劳动力转移的部分机理。❶

---

❶ CLARK C. The conditions of economic progress[M]. London. Macmillan, 1940: 7, 211.

费希尔和克拉克能成功地对三次产业理论作开创性研究，优势有以下三点。

一是基础扎实。费希尔在伦敦经济学院获博士学位，经济学基础好。克拉克在牛津大学获化学学位，虽然不是经济学学位，但化学学位对他以后从事的统计学分析，应有帮助。何况他在伦敦经济学院和利物浦大学为福利国家理论构建者、英国博物学家、社会学家、伦敦政治经济学院校长、美国统计学会主席、美国经济学会主席等多位大师担任过两年研究助理，与他直接和间接打好三次产业研究的基础不无关系。

二是阅历丰富。他们除了学术经历外，还有很多经济管理的实践经验。费希尔担任过哲学系讲师，参加联合国世界粮农组织筹委会，任新西兰驻华盛顿特区使馆参赞，参加布雷登森林会议国际货币基金组织的筹建，参加巴黎和会，供职于国际货币基金组织；克拉克担任过州政府统计学家、产业局长和州财政部财政顾问，联邦战时产业组织部副部长、昆士兰劳动和产业部副部长。这些经历对他们从事第三产业研究，是加分的项目。

三是掌握大量实证资料，不是脱离实际，作纸上谈兵的纯学术研究。费希尔获洛克菲勒研究基金资助前往中国、俄罗斯、波兰、日内瓦、英国和美国作实地调研；克拉克对美国、加拿大、新西兰、英国、瑞士、澳大利亚、荷兰、爱尔兰、法国、丹麦、瑞典、德国、比利时、挪威、奥地利、捷克斯洛伐克、希腊、芬兰、匈牙利、日本、波兰、拉脱维亚、意大利、爱沙尼亚、南斯拉夫、苏联、南非、保加利亚、罗马尼亚、立陶宛、埃及、阿根廷、巴西、智利、英属印度、中国、西班牙、葡萄牙等近 40 个国家不同时期的三次产业就业人数、生产率、职业、相对工资等做了统计数据，进行了非常详细的数据分析。

由于有这些优势，他们成功地对三次产业分类法进行了开创性研究。费希尔在 1935 年提出第三产业概念和三次产业分类法，按照第一、二、三产业主导地位来研究经济发展趋势；克拉克揭示了劳动力从第一产业向第二产业、第三产业转移的趋势、影响和原因，及其对经济发展的作用，拓展了三次产业理论的应用，使三次产业分类法得到广泛推广。

第三节　第三产业的理论渊源

在费希尔以前，经济学术界虽未使用过第三产业范畴，但不少经济学家已从不同的角度对第三产业进行过分析，在不同程度上揭示了第三产业经济范畴所涉及的经济规律。从人类文明发展的继承性来说，可以认为这些经济学家的理论观点，为以后第三产业范畴的提出，奠定了理论基础，因而在广义上构成第三产业范畴的理论渊源。

一、配第对产业结构演变规律的揭示

被马克思称为"英国政治经济学之父"的17世纪的英国经济学家威廉·配第（William Petty，1628—1687），在《政治算术》一书中描述了劳动力从农业向工业、服务业转移的现象。

（1）关于服务业的人员及比例。配第认为，"农民、海员、士兵、工匠和商人，在任何国家都是社会的支柱。其他许多职业，都是由于作为支柱的人们的病癖或过失而产生的"。他将有关商品的制造、收购、销售和交换的一切活动视为产业（trade）活动。被他列入"产业"的，不仅有农业、牧业、制造业，还包括航海业、房地产、银行、商业、兵士。"马匹和搬运工提供的其他一切劳务的费用"、"信件邮递费"、"国防费"、船只停泊港口的"手续费和停泊用具费"，也进入了其经济分析的视野。因此，他在比较英国与荷兰、法国的国力与财富时，就不只是比较这些国家的农民、工匠的就业人数和比重，还注意到了海员、医生、神职人员、法官、兵士在"全部臣民"中的就业比例。❶

（2）关于劳动力由农业向制造业和服务业转移的动因、方向和后果。配第认为，"制造业的收益比农民多得多，而商业的收益又比制造业多得多"。例如，英格兰农民每天挣八便士左右，转业为工匠可赚十六便土，而海员每周通过工资、食品以及房屋等其他各种设备的

---

❶ 配第.政治算术[M].陈冬野，译.北京：商务印书馆，1960：22，101注①，22-32，20，57-62，18-19.

形式实际上得到的是十二先令,与每周劳动所得四先令的英格兰农民相比,"一个海员等于三个农民"。他还指出,航海业、对外贸易业和制造业发达的荷兰,人均"盈余收益"比法国多出好几倍。在配第看来,不同产业之间收入水平的差异,是促使劳动力在产业间转移的动因。转移的方向是:"从穷困悲惨的农业方面转移到更有利的手工业";"比较大部分的人口比以往更多地从事"商业和制造业。随着各种商业和新奇技艺的增加,农业会衰落,"农民占多数,工人占少数"的情况将会改变。配第指出,劳动力由第一产业向第二产业转移的后果是盈余收益增多,消费水平提高,各项经费节省。❶

(3)配第-克拉克定律。配第对三次产业演变规律的上述揭示,后来被克拉克称为"配第定律"。克拉克搜集和整理了若干国家劳动力在第一、二、三产业之间转移的统计资料,进一步印证了配第揭示的这一规律,指出:随着人均国民收入水平的提高,劳动力首先由第一产业向第二产业转移;当人均国民收入水平进一步提高时,劳动力便向第三产业转移。❷ 产业结构的这种变化规律,被经济学界称为"配第-克拉克定律"。

二、萨伊对服务业及无形产品的论述

让·巴蒂斯特·萨伊(Jean-Baptiste Say,1767—1832)在经济学界可以说是一个毁誉参半的人物:一方面,他受到资产阶级经济学家的极力推崇,被誉为"科学王子",其经济学说曾广泛流传于资本主义国家,并为西方经济学流派所发展。另一方面,他受到马克思主义经典作家的严厉批判,被贬为"法国庸俗政治经济学创始人",其经济学说在我国各种版本的经济学说史教材中,被批判得一无是处。然而,只要以分析的态度深入研究萨伊的代表作《政治经济学概论》就可以发现,其经济学说虽有大量为剥削阶级辩护的"胡说""空话"

---

❶ 配第.政治算术[M].陈冬野,译.北京:商务印书馆,1960:19,32,22-23,17,32,56-57.

❷ CLARK C.The conditions of economic progress[M].London:Macmillan,1940:220,7,176.

（马克思语），但也不乏反映社会生产运动规律的精彩之笔。其中最具新意的是他对服务业及无形产品的论述。在以后的分析中，我们还将看到，马克思关于财富的观点，非实物产品尤其是服务形式的消费品的形态、功能等观点，与萨伊的分析有相当接近之处。因此，我们不能不客观地承认，历来被贬为"庸俗"的萨伊学说中，也具有"合理的内核"。

（1）关于无形财富。萨伊认为，财富不在于物质，而在于物质的价值，应推及一切具有交换价值的东西，如果把财富一语狭隘地限定在有形物质所具有或所体现的价值上，就缩小了政治经济学这门科学的范围。事实上，人力不能创造物质或改变物质的量，而只不过改变已经存在的物质的形态，或提供前所不具有的效用，或只扩大原有的效用。因此，人力所创造的不是物质而是效用：这种创造就是财富的创造。所以，财富不仅包括有形财富，而且包括那些"虽不是有形的，但却是实际的价值"的"无形财富"。❶萨伊的这些观点的错误之处是将价值与效用（使用价值）混为一谈，他本该说财富在于效用；其正确之处是，他在18世纪无形财富的生产比重还很小的社会背景中，已认识到财富是与效用等同的东西，不以有形无形作为区分财富的尺度。这比斯密的财富观显然更符合事实。这一思想后来被马克思明确表达为：财富是与使用价值等同的东西，使用价值总是构成财富的物质内容❷。

（2）关于无形产品的概念。萨伊将传统的产品概念由有形产品扩充到无形产品，这是其经济学说中对第三产业问题的最精彩的观点。他指出，"产品这个名词，用以命名劳动给人类所提供的东西"。而无形产品，就是"创造出来便毁灭的产品"。它也是"人类劳动的果实"。过去人们所考虑的价值，只限于那些在创造后能和物质混合起

---

❶ 萨伊.政治经济学概论[M].陈福生，陈振骅，译.北京：商务印书馆，1963：63，127，59，40.

❷ 马克思恩格斯全集：第26卷第3册[M].中共中央马克思恩格斯列宁斯大林著作编译局，译.北京：人民出版社，1972：138；马克思恩格斯全集：第23卷[M].中共中央马克思恩格斯列宁斯大林著作编译局，译.北京：人民出版社，1972：48.

来并且在长时间或短时间内能保持不坏的价值。但是，人类劳动所创造的价值，不是全属于这种物质的价值。有一种价值是没有永久性的，一生产出来便立即归于毁灭的实在价值，可叫作无形产品。萨伊的这一意见，除了含有将价值与产品混淆的不精确之处以外，是正确的。他还考虑过把这种产品叫作易毁坏产品、不能转移的产品、暂时性或顷刻性产品，最后才选用了"无形产品"这一概念。应该说，无形产品概念的建立，为第三产业理论奠定了基础。我们大可不必因人废言，以"庸俗"的贬语简单地斥责之。事实上，马克思在其经济著作中也多处提及生产与消费同时进行的非实物产品。这与萨伊的"无形产品"观，很难说是毫无渊源关系的。不同的是，萨伊的"无形产品"的外延不仅包括劳动者提供的服务，还包括"其他有生物与无生物的劳务或生产力"，甚至还包括妓女的"服务"，因而含有庸俗成分。❶ 而马克思的分析对此进行了剔除，使"无形产品"的概念更有科学性。

（3）关于无形产品的生产、分配和消费。萨伊认为，许多无形产品都是生活必需品，只不过它的生产和消费是同时发生的。医生诊视病人时，他发表意见就是生产动作，病者和家人倾听意见就是消费动作。萨伊这一见解，比起20世纪某些经济学家将司机开车、演员演戏与乘客乘车、观众看戏 "一锅煮"，统统说成"消费动作"的观点，显然要高明。萨伊还指出，无形产品的消费功能与有形产品是相同的。"一出好戏使我感到的愉快，和一盒糖果或一台烟火所提供的愉快同样真实。"无形产品的获得，在萨伊看来，有两种方式，其一是以贵重的、经久的、有形的产品来购买它，生产无形产品的人，通过多次的这种交换，可以发财致富。其二是自我生产。如赌博、跳舞、赛跑、演奏音乐等，"由这些劳动而来的愉快，一产出便被从事这些劳动的人消费掉。一个人在为消费而绘一张图画或制造一件铁匠或木匠的作品时，他在生产一个耐久产品的同时也产生一个无形产品，就是说，供给自己消遣的娱乐"。萨伊还以会诊、演奏、教育、歌唱、家务为例分析了无形产品的生产过程，认为生产无形产品必须有"生产效用

---

❶ 萨伊.政治经济学概论[M].陈福生，陈振骅，译.北京：商务印书馆，1963：62，129，474，126，474.

或愉快"的资本和劳动者的生产技能，其劳动过程和一般劳动过程相同。对无形产品的消费，萨伊也揭示了一些正确的东西。例如他认为消费就是消灭任何东西的效用和价值，既包括对物品的顷刻消费和逐渐消费，也包括"在产生那个时刻或在生产中"对无形产品的消费，如对音乐会或演戏所提供的娱乐的消费。他指出，公共消费的对象，几乎只是无形产品，如交通设施、公务劳务等。值得注意的是，萨伊还提出了无形产品的生产应与社会需要相适应，它只是在它能扩大效用因而能够增加产品价值的范围内是生产性的，超过这一点，多余的劳动就不是生产的。❶

（4）关于三种产业的划分。萨伊认为一切产业的共同点是"使天然物质和自然力，使产品能够满足人类的需要"。社会有"三种产业"：一是农业，其劳动仅限于收集天然产品。二是工业，其劳动的目的在于分割天然产物、混合天然产物或改造天然产物形式，使之能满足人们的各种需要。三是商业，其劳动的目的在于把人们所达不到的东西弄到人们达得到的地方。他将"耕者、畜牧者、伐木者、捕捉不是自养的鱼的渔夫、采掘自然埋藏于地下的尽善尽美的石头或燃质物的矿工"，看作属于同一类型的劳动者，并将农业与制造业和商业按"授与价值的各种方法"（即创造效用或使用价值的方法）的不同加以区别分析❷。这些思想与费希尔按距离自然资源的远近划分三次产业的观点，已相当接近了。

三、西斯蒙第对服务业及非物质消费的分析

法国经济学家西斯蒙第（Sismondi，1773—1842）对第三产业领域的消费问题作过颇有见解的分析。

（1）关于财富。西斯蒙第认为，财富说明一个人对另一个人所能提供的全部物质幸福，是人们为了彼此的物质福利而能创造的一切的

---

❶ 萨伊.政治经济学概论[M].陈福生，陈振骅，译.北京：商务印书馆，1963：422，126-127，131，132，436-437，474，464，129.

❷ 萨伊.政治经济学概论[M].陈福生，陈振骅，译.北京：商务印书馆，1963：66，61.

表征。由于人们消费自己通过劳动创造的,为自己享用的东西,需要有较长的时间,因此财富一般是"积累起来不予消费的劳动果实"。这就是物质财富。但是,在第三产业领域,"社会需要生产的精神享受的劳动,几乎完全是非物质的;满足这种享受的东西,是绝对不能积累的,……因为人们不能积攒只属于精神的东西"。所以,它不能称为(物质)财富。不过人们也许愿意把任何享受都称为财富,据此第三产业劳动成果可以看成一种财富,但这种"财富在创造出来的同时就消费掉;这种财富是片刻不能保存,立刻就被人用掉的"。在西斯蒙第看来,生产非物质财富的人员也有产值,"他们的收入就是他们劳动的年产值"。不过,非物质财富"在创造和消失之间丝毫没有资本从中发生作用的机会"。❶

(2)关于非物质消费。英国古典经济学家们重视物质领域内的消费,所谓消费通常只是指物品的使用。西斯蒙第认为,这种认识是片面的。他指出,消费有物质消费和精神消费或非物质消费两个方面,二者互为补充,不可分割。"每个消费者都按自己的意愿用自己的收入来分享物质享受和非物质享受。"他分析了消费者得到精神享受的两种途径:其一是,通过自由交换的形式取得。"这些精神领域的丰硕的享受,和那些比较微小的享受,例如,即兴诗、音乐、戏剧等,完全一样,都是用穷人阶级和富人阶级的收入来交换的;前者放弃自己的一部分生活资料,后者则放弃自己的一部分物质享受,来分享一些精神方面的享受。"其二是,通过政府强征税收或公众自由捐助,以集体消费的形式取得。他认为,在精神享受中,政府认为有一些享受,如安全、教育、宗教等,虽然对社会大有裨益,却没有得到人们足够的重视,不能成为自愿交换的对象,所以,"必须由集体通过从每个人的收入中强制征收一部分税款来支付",或是"完全依靠公众的自由捐助"。❷

---

❶ 西斯蒙第.政治经济学新原理[M].何钦,译.北京:商务印书馆,1979:22, 48, 52, 96, 97, 95.

❷ 西斯蒙第.政治经济学新原理[M].何钦,译.北京:商务印书馆,1979:95-97.

（3）关于服务业的作用。西斯蒙第意识到第三产业的重要作用，并进行了详尽的分析。他认为，如果社会只有工农业，决不是一个完整的社会。"社会上对内，需要有领导全国力量向着共同目标努力的行政人员，对外，需要有保护本国利益的人员；社会需要有立法者来解决社会成员相互之间的权利，需要有法官使这些权利受到尊重，也需要有律师来维护这些权利。最后，社会还需要有一支武装力量，对内维持国家所建立的秩序，对外抵抗一切可能从陆路或海上破坏本国安宁的外国侵略。"此外，社会还需要生产精神享受的教育、宗教、文艺劳动，以及护理人的身体的劳动。因此，工农业生产者和提供非物质享受的人员应当受到同样的尊重。❶

（4）关于服务业的比例及发展趋势。西斯蒙第认识到，农业是工业和商业的基础。"商业财富在经济制度中只是次要的；首先必须增强提供生活资料的领土的（即土地的）财富。"以商业财富为生的"第三个阶级"只有在土地产品存在的时候，才应该获得这种产品的一部分；"它……只有在这种产品增多的条件下才应该增长"。他认为，农业、工业和服务业应该保持适应社会需要的比例。"只要商业财富按照决定它的形成的需要而增加，每个参加生产这种财富的人就会从它获得幸福；反之，一旦这种财富超过需要，它就只能引起贫困和破产。"他提示，劳动力将由农业向非农业转移。其原因主要有三点：①人对粮食的需求绝不是无限制的，如果人们满足了他对粮食的需要后还有充裕的时间，"他就会设法为自己寻求某种新的享受，满足自己的某种其他欲望"。自从产品有了剩余以后，多余的劳动力必定要花到奢侈品上去。生活必需品的消费是有限的，而奢侈品的消费是无限的。②"劳动的分工和技艺的进步，又不断使人能够做出更多的事情，于是每个人在进行自己已经满足消费量的再生产时，就要设法寻求新的享受和新的希望。"③商业所创造的财富比土地所生产的财富更为可观，运用起来比较方便。❷

---

❶ 西斯蒙第.政治经济学新原理[M].何钦，译.北京：商务印书馆，1979：94，96-98.

❷ 西斯蒙第.政治经济学新原理[M].何钦，译.北京：商务印书馆，1979：196，193，198，60，199，267.

四、李斯特对服务业与精神生产力的阐述

19世纪德国经济学家弗里德里希·李斯特（Friedrich List，1789—1846）对服务业生产力，作过相当精彩的阐述。

（1）关于物质财富与财富的生产力的关系问题。李斯特认为，经济学的"流行学派"把物质财富作为研究的唯一对象，把单纯的体力劳动认为是唯一的生产力，就使它陷入了错误和矛盾之中。事实是，"财富的生产力比之财富本身，不晓得要重要多少倍；它不但可以使已有的和已经增加的财富获得保障，而且可以使已经消失的财富获得补偿"。生产力是树之本，可以由此产生财富的果实，结果子的树比果实本身价值更大。因此，应该将国家的生产力而不只是交换价值的占有看成国家财富。❶

（2）关于精神生产与物质生产的关系。李斯特认为，在社会生产中，物质力量与精神力量之间存在着互为因果的关系，是互相起着作用与反作用的，结果这一组力量有了增长时即足以促使那一组跟着增长，有一组力量有了削弱时，另一组也难免不被波及。因此，"一国之中最重要的工作划分是精神工作与物质工作之间的划分。两方是相互依存的。精神的生产者的任务在于促进道德、宗教、文化知识，在于扩大自由权，提高政治制度的完善程度，在于对内巩固人身和财产安全，对外巩固国家的独立主权；他们在这方面的成就愈大，则物质财富的产量愈大。反过来也是一样的，物质生产者生产的物资愈多，精神生产就愈加能够获得推进"❷。

（3）关于精神劳动者的生产性。李斯特指出，精神劳动者并不直接生产交换价值，其消费行为还减少了物质生产与蓄积的总量，也就是减少了物质财富的总量。经济学的"流行学派"据此错误地认为，"一个养猪的是社会中具有生产能力的成员，一个教育家却反而不是

---

❶ 李斯特.政治经济学的国民体系[M].陈万煦，译.北京：商务印书馆，1983：126，118，47，295.

❷ 李斯特.政治经济学的国民体系[M].陈万煦，译.北京：商务印书馆，1983：50，140.

生产者。供出售的风笛或口琴的制造者是生产者，而大作曲家或音乐名家，却由于他表演的东西不能具体地摆在市场，就属于非生产性质。医师救治了病人，倒不是属于生产阶级，相反的，一个制药工人，虽然他生产的交换价值（丸药）在化为无价值状态以前的寿命也许只有几分钟，却是一个生产者。像牛顿、瓦特或科普勒这样一种人的生产性，却不及一匹马、一头驴或一头拖重的牛"。李斯特认为，这类矛盾和错误从生产力理论的观点来看，很容易纠正。"那些养猪的和制丸药的当然属于生产者，但是青少年和成年人的教师、作曲家、音乐家、医师、法官和行政官也是生产者，他们的生产性比前一类要高得多。前者所生产的是交换价值，后者所生产的是生产力。就后一类来说，有些人能够使下一代成为生产者，有些能促进这一代人的道德和宗教品质，有些能提高人类的精神力量，有些能使病人继续保持他的生产力，有些能使人权和公道获得保障，有些能确立并保护公共治安，有些则由于他们的艺术给予人们精神上的愉快享受，能够有助于人们生产情绪的高涨。"❶

（4）关于产业发展的顺序和比例。李斯特实际上已看到一、二、三产业依次发展的顺序和合理比例。他写道："从经济方面来看，国家都必须经过如下各发展阶段：原始未开化时期，畜牧时期，农业时期，农工业时期，农工商业时期。""国家的农工商和航运事业必须作共同的、按比例的发展；艺术和科学、教育事业以及一般的文化事业必须与物质生产处于同等基础。"如果一个国家精神生产过度，"哲学家、语言学家、文学家这类人才有余，而熟练技工、商人和海员却感到不足"，就好比制针厂的"针头过多"比例失调一样，会使生产力的发展受到阻滞。❷

---

❶ 李斯特.政治经济学的国民体系[M].陈万煦，译.北京：商务印书馆，1983：295，126，127.

❷ 李斯特.政治经济学的国民体系[M].陈万煦，译.北京：商务印书馆，1983：155，153，141.

五、西尼尔对服务业与服务的论述

纳索·威廉·西尼尔（Nassau William Senior，1790—1864）是经济学说史上名声颇为不佳的英国经济学家。马克思在《资本论》中对他以"节欲论"为资本家的剥削辩护，进行过狠狠的批判。据此，我国的经济学说史教材、专著对其学说都持全盘否定的态度。其实，西尼尔对第三产业，尤其是对社会产品分为商品和服务的问题，有不少颇有见解的论述值得借鉴。

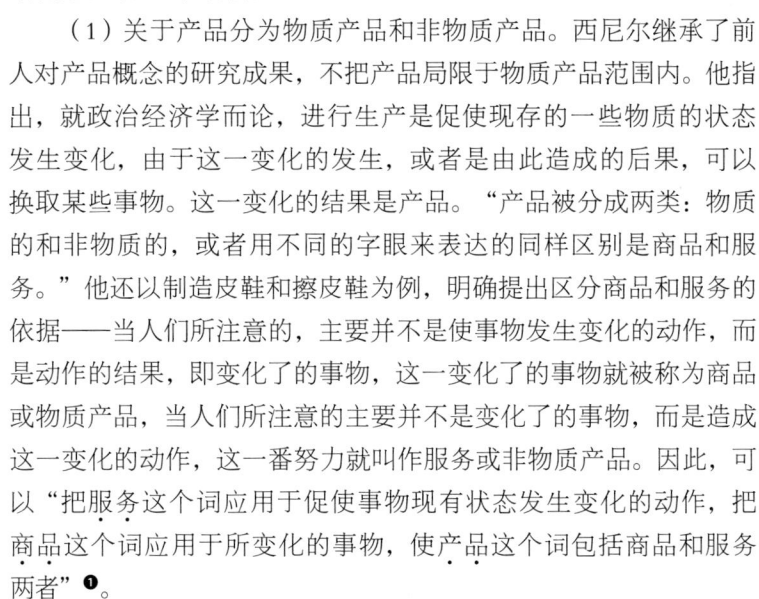

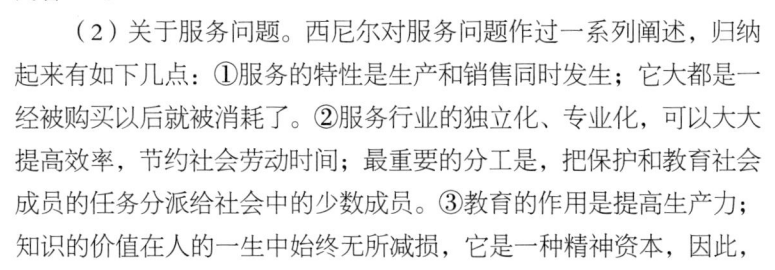

（1）关于产品分为物质产品和非物质产品。西尼尔继承了前人对产品概念的研究成果，不把产品局限于物质产品范围内。他指出，就政治经济学而论，进行生产是促使现存的一些物质的状态发生变化，由于这一变化的发生，或者是由此造成的后果，可以换取某些事物。这一变化的结果是产品。"产品被分成两类：物质的和非物质的，或者用不同的字眼来表达的同样区别是商品和服务。"他还以制造皮鞋和擦皮鞋为例，明确提出区分商品和服务的依据——当人们所注意的，主要并不是使事物发生变化的动作，而是动作的结果，即变化了的事物，这一变化了的事物就被称为商品或物质产品，当人们所注意的主要并不是变化了的事物，而是造成这一变化的动作，这一番努力就叫作服务或非物质产品。因此，可以"把服务这个词应用于促使事物现有状态发生变化的动作，把商品这个词应用于所变化的事物，使产品这个词包括商品和服务两者"[1]。

（2）关于服务问题。西尼尔对服务问题作过一系列阐述，归纳起来有如下几点：①服务的特性是生产和销售同时发生；它大都是一经被购买以后就被消耗了。②服务行业的独立化、专业化，可以大大提高效率，节约社会劳动时间；最重要的分工是，把保护和教育社会成员的任务分派给社会中的少数成员。③教育的作用是提高生产力；知识的价值在人的一生中始终无所减损，它是一种精神资本，因此，

---

[1] 西尼尔.政治经济学大纲[M].蔡受百，译.北京：商务印书馆，1977：81，82，85.

教育费用不仅应收回成本，也应酌情计利润，需要有一些平均率以上的利润用以补偿这项资本的价值。④生产要素包括能够产生与人力无关的动力的器械；对力量可以起协助作用，节省工人的时间的工具；目的不在于产生动力或传达动力的一切手段。书籍和手稿是手段，其生产力比发明家发明的机器还要大。⑤服务的效率高可使服务售价高于平均价格，而所花费的劳力却比一般所花费的劳力少。⑥服务的价格与服务设施的使用率有关。由于服务行业的资本和劳力在闲置状态中的损失，一般会通过在生产状态中索取超额利润和高工资的办法来求得补偿，因此，服务设施的使用率低，则服务价格高；使用率高，则服务价格低。这样，对跟服务设施这类运用有关的服务的需求增长时，往往会促使其价格下降。⑦定价问题。限制书籍价格的只是购书者的意向和财力，使价格有一个有效制约的是出版商的利益。出版费用会随着印数的增加而相对降低，因此，出版商的利益在于使其产品的价格略高于生产成本，从而扩大销路，销路越大则成本越低。❶

（3）关于农业比重下降问题。西尼尔认为，一般地说，国家的财富越增加，从事于耕种的人口所占的比例就越小，其原因在于：①假使农业技术不变，在某一地区以内的土地上使用的增益劳动，一般会产生比例递减的报酬。②在非农业领域，劳动的力量和生产财富的力量，借助于将由此所产生的产品作为继续生产的工具，可以无定限地增加。上述两个规律的作用就使得人口增长时，劳动在农业中的生产率会降低，在制造业中的生产率会提高❷。

六、马克思对服务业及其产品的分析

卡尔·马克思（Karl Marx，1818年5月5日—1883年3月14日）是全世界无产阶级和劳动人民的革命导师。第三产业不是马克思的主

---

❶ 西尼尔.政治经济学大纲[M].蔡受百，译.北京：商务印书馆，1977：123，258，117，123，202，97，173，107，195，306，161.

❷ 西尼尔.政治经济学大纲[M].蔡受百，译.北京：商务印书馆，1977：64，127，81，294.

要经济著作（特别是《资本论》）的专门研究对象，他也没有使用过第三产业这一经济范畴，但他在《资本论》第四卷即《剩余价值理论》和《资本论》手稿中，对服务业及其产品的使用价值、生产与消费的特点、发展的规模及趋势等，都作过很多原则性提示或阐述。在服务业的生产仅占资本主义生产"微不足道"的比重时，就已敏锐地区分了服务消费品与实物消费品，并对服务业就业比重的趋势作了具有远见卓识的预测。这就为第三产业经济范畴的研究提供了重要的理论基础。

（1）关于社会使用价值分为实物形式和运动形式两大类。马克思认为，使用价值就其形态而言，包括两大类：一类是"实物形式"，另一类是"运动形式"。❶实物形式的使用价值是"物化、固定在某个物中"的使用价值；运动形式的使用价值"是随着劳动能力本身活动的停止而消失"的，它"不采取实物的形式，不作为物而离开服务者独立存在"。❷而第三产业生产的使用价值基本上属于运动形式的使用价值，因此可以认为，马克思事实上已分析了第三产业的产品。

（2）关于服务消费品的范畴。马克思经过理论的抽象，不仅确认第三产业生产的非实物形态的使用价值也是产品，具有产品的"物质规定性"或"自然性质"，而且将用于生活消费的服务产品，命名为"在服务形式上存在的消费品"，认为它与"在物品形式上存在的消费品"一道，构成社会消费品。❸这就为人们将货物与服务均视为社会产品，提供了有益的启迪。

（3）关于服务业的非实物形式的产品的功能。马克思认为，用于生活消费的服务的功能是满足人们的生活消费需求。它可以"满足

---

❶ 马克思恩格斯全集：第46卷上册[M].中共中央马克思恩格斯列宁斯大林著作编译局，译.北京：人民出版社，1979：464.

❷ 马克思恩格斯全集：第26卷第1册[M].中共中央马克思恩格斯列宁斯大林著作编译局，译.北京：人民出版社，1972：157，158.

❸ 马克思.直接生产过程的结果[M].田光，译.北京：人民出版，1964：108，115；马克思恩格斯全集：第26卷第1册[M].中共中央马克思恩格斯列宁斯大林著作编译局，译.北京：人民出版社，1972：443；马克思.剩余价值学说史：第1卷[M].郭大力，译.北京：人民出版社，1975：162.

个人某种想象的或实际的需要",可以当作"随便挑选的消费品来购买",这同"购买其他任何商品","是没有什么不同的"。至于用于生产消费的服务,在马克思的年代还不多见,但马克思也提及其功能,这就是:使一般的社会知识在很大程度上变成了直接的生产力,控制并改造社会生活过程的条件,成为"生产和财富的宏大基石"。❶

(4)关于服务的生产、交换和消费的特点。马克思还指出,服务的生产、交换和消费是同时进行的。服务"只是在它们被购买时才被创造出来",只能以"活动本身的形式"出卖;在它进行生产的时候就要被消费掉;一旦对服务支付了报酬,"它就完全像容易消失的消费品一样消失了"。❷

(5)关于服务业的再生产公式。马克思认为,货客运输业的再生产公式是 $G-W< \begin{matrix} A \\ P_m \end{matrix} \cdots P-G'$,因为被支付和被消费的是生产过程本身,而不是能和它分离的产品。在这里,"G'"是在生产过程中产生的效用的转化形式"。❸由于第三产业相当多部门的产品都具有与运输效用相同的特性,即与其生产过程不可分离地结合在一起,因此可以认为,马克思提出的这一运输公式可以适用于第三产业的一切生产与消费结合在一起的部门。

(6)关于服务业就业比重的发展趋势。马克思指出了农业、工业就业比重下降,服务业就业比重上升的趋势。他认为,劳动由农业、工业转移到服务业的条件是物质劳动生产率提高。"社会为生产小麦、

---

❶ 马克思恩格斯全集:第26卷第1册[M].中共中央马克思恩格斯列宁斯大林著作编译局,译.北京:人民出版社,1972:437,165,301,436;马克思恩格斯全集:第46卷下册[M].中共中央马克思恩格斯列宁斯大林著作编译局,译.北京:人民出版社,1980:218-220.

❷ 马克思恩格斯全集:第26卷第3册[M].中共中央马克思恩格斯列宁斯大林著作编译局,译.北京:人民出版社,1972:332;马克思恩格斯全集:第26卷第1册[M].中共中央马克思恩格斯列宁斯大林著作编译局,译.北京:人民出版社,1972:165,318,158.

❸ 马克思.资本论:第2卷[M].中共中央马克思恩格斯列宁斯大林著作编译局,译.北京:人民出版社,1975:66.

牲畜等等所需要的时间越少，它所赢得的从事其他生产，物质的或精神的生产的时间就越多"。❶ "假定劳动生产率大大提高，以前是2/3人口直接参加物质生产，现在只要1/3人口参加就行了，以前2/3人口为3/3人口提供生活资料，现在是1/3人口为3/3人口提供生活资料。……现在国民——撇开'阶级'对立不谈——应该用在直接生产上的时间，不再是以前的2/3，而是1/3。"因此，从事农业、工业生产的人数虽可能会随着人口的增长而不断增加，"但是相对地，按照同总人口的比例来说，他们还是比以前少50%"。而服务业劳动者"一般会有比以前高的教育程度；并且，特别是报酬菲薄的艺术家、音乐家、律师、医生、学者、教师、发明家等等的人数将会增加"❷。

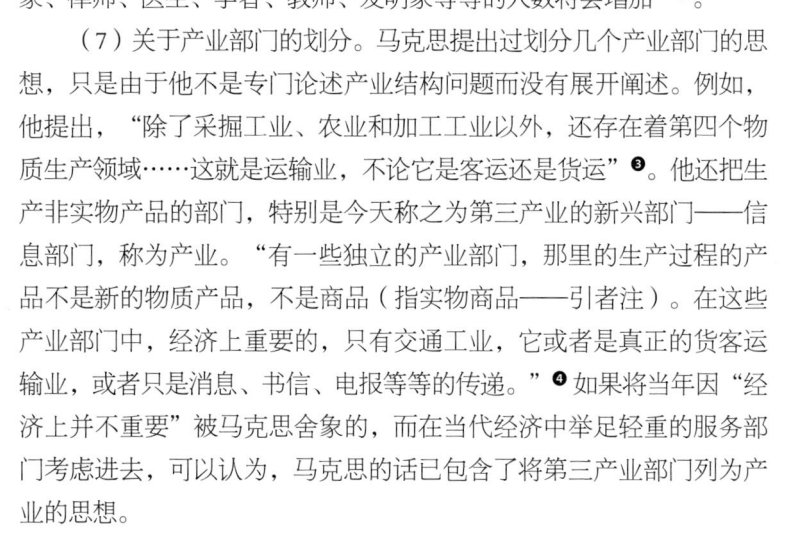

（7）关于产业部门的划分。马克思提出过划分几个产业部门的思想，只是由于他不是专门论述产业结构问题而没有展开阐述。例如，他提出，"除了采掘工业、农业和加工工业以外，还存在着第四个物质生产领域……这就是运输业，不论它是客运还是货运"❸。他还把生产非实物产品的部门，特别是今天称之为第三产业的新兴部门——信息部门，称为产业。"有一些独立的产业部门，那里的生产过程的产品不是新的物质产品，不是商品（指实物商品——引者注）。在这些产业部门中，经济上重要的，只有交通工业，它或者是真正的货客运输业，或者只是消息、书信、电报等等的传递。"❹如果将当年因"经济上并不重要"被马克思舍象的，而在当代经济中举足轻重的服务部门考虑进去，可以认为，马克思的话已包含了将第三产业部门列为产业的思想。

综上所述，从配第到费希尔，第三产业理论经历了三百多年的理

---

❶ 马克思恩格斯全集：第46卷上册[M].中共中央马克思恩格斯列宁斯大林著作编译局，译.北京：人民出版社，1979：120.

❷ 马克思恩格斯全集：第26卷第1册[M].中共中央马克思恩格斯列宁斯大林著作编译局，译.北京：人民出版社，1972：218-219.

❸ 马克思恩格斯全集：第26卷第1册[M].中共中央马克思恩格斯列宁斯大林著作编译局，译.北京：人民出版社，1972：444.

❹ 马克思.资本论：第2卷[M].中共中央马克思恩格斯列宁斯大林著作编译局，译.北京：人民出版社，1975：65.

论发展。配第贡献了配第-克拉克定律的雏形；萨伊论述了无形产品与无形财富的范畴；西斯蒙第分析了服务业的非物质消费；李斯特阐述了第三产业的精神生产力；西尼尔分析了社会产品中物质产品与非物质产品的区别；马克思提出了服务消费品、服务业再生产公式等。尽管这些论述尚不完整、系统和全面，某些论点还有商榷之必要，但仅就这些经济学家在第三产业尚不发达，其比重还微乎其微的时代，就敏锐地发现并探讨了第三产业问题这一点来看，其理论远见就显得十分难能可贵了。

研究第三产业思想史，切忌片面性，切忌形而上学，这是很重要的。上面提及的不少经济学家，其理论体系的主体，都是被马克思主义经典作家所批判过的。但是，进一步的分析却告诉人们，对其经济学说（即使是所谓庸俗资产阶级经济学说），也不能一棍子打死，加以简单的否定。实践是检验认识真理性的唯一标准。不论是无产阶级经济学家，还是资产阶级经济学家，只要他们对第三产业问题提出了合理的、符合实际的论点，我们都要给予肯定。事实上，对第三产业领域的一些共有经济规律和特有经济规律，资产阶级经济学家由于其研究重点是资本主义经济的运行机制，因而往往较为重视，并加以揭示。无产阶级经济学家在夺取政权之前，由于其研究重点是论证资本主义制度灭亡的必然性，因而往往较为重视论证当时占社会生产主体的第一、二产业，对第三产业问题反而有所忽视。如果以教条主义的态度来看待马克思主义经典作家的分析，那么必然会导致对人类文明史上包括资产阶级经济学家对第三产业的正确见解在内的优秀文化遗产的抛弃。

第四节　1980年代国内对第三产业理论的讨论 *

由英国经济学家费希尔在1830年代提出的第三产业概念，在1980年我国国民经济结构调整的研究中，才开始见之于我国报刊。后

---

* 李文（李江帆笔名——笔者注）.近年国内对第三产业理论的讨论综述[J].经济研究参考资料，1986（168）.

因权威人士反对,从1981年年底起,"第三产业"一词在报刊上销声匿迹。

1984年年底,中央领导人在以城市为重点的经济体制改革中,重提大力发展第三产业。其后,学术界对第三产业的研讨文章急剧增加,使第三产业成为我国经济生活中使用频率、普及率相当高的一个"新名词"。1985年,国务院转发了国家统计局《关于建立第三产业统计的报告》,《中共中央关于制定国民经济和社会发展第七个五年计划的建议》把"加快发展为生产和生活服务的第三产业,逐步改变第三产业同第一、第二产业比例不相协调的状况"列为经济建设的战略布局的方针之一。全国掀起发展第三产业热潮,发展第三产业得到空前重视。各地纷纷召开第三产业发展战略会议。

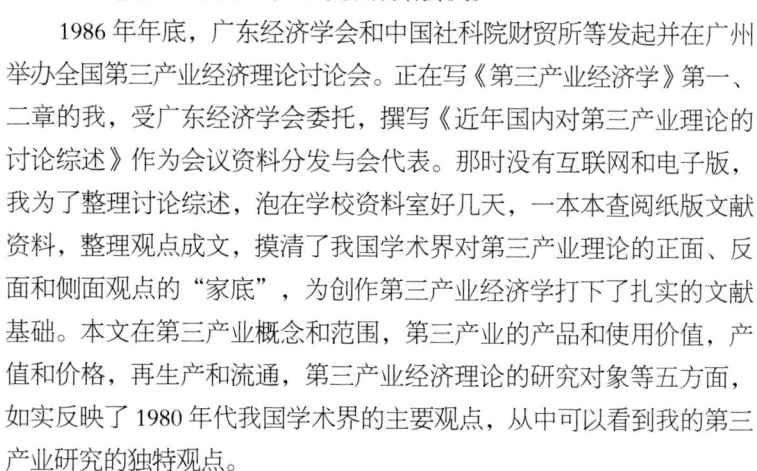

1986年年底,广东经济学会和中国社科院财贸所等发起并在广州举办全国第三产业经济理论讨论会。正在写《第三产业经济学》第一、二章的我,受广东经济学会委托,撰写《近年国内对第三产业理论的讨论综述》作为会议资料分发与会代表。那时没有互联网和电子版,我为了整理讨论综述,泡在学校资料室好几天,一本本查阅纸版文献资料,整理观点成文,摸清了我国学术界对第三产业理论的正面、反面和侧面观点的"家底",为创作第三产业经济学打下了扎实的文献基础。本文在第三产业概念和范围,第三产业的产品和使用价值,产值和价格,再生产和流通,第三产业经济理论的研究对象等五方面,如实反映了1980年代我国学术界的主要观点,从中可以看到我的第三产业研究的独特观点。

一、第三产业的概念和范围

第三产业的概念是否具有科学性?能否引进社会主义经济研究中?对此主要有三种看法。

一种意见认为,第三产业概念是不科学的。这一用语露骨地渗透着资产阶级本质,直接把非生产部门和物质生产部门混为一谈,统统称作独立的产业部门。这种混杂隐藏着一个企图:把资产阶级国家机器中的专政部门打扮成与世无争、和善可亲、为民服务的生产部门。

其内容不三不四，不伦不类，莫名其妙。❶按照以庸俗价值论为理论基础的，本身极其混乱的"三次产业分类法"，根本不可能揭示出社会再生产的规律。❷如果让"第三产业"概念在我国广泛流行，则马克思主义的一些基本经济理论如劳动价值论、剩余价值论等都成为有问题的了；特别是只有产业资本才创造剩余价值的观点与第三产业的概念是根本矛盾的。如果把"第三产业"改为第三类部门，在理论上才说得通。❸

第二种意见认为，第三产业本身并没有阶级性，问题在于怎样应用。我们不同意资产阶级那种不加区分的分类方法，但也不能把第三产业简单归结为资产阶级概念。三次产业分类法和人类需求结构的变化趋向、产业发展的历史序列相一致，并能充分反映劳务活动的经济性质，适应性强。我们借助马克思主义的经济理论，剔除"污秽"，经过一番改造，完全可以在分析批判的基础上纯化第三产业的概念，使它成为一个有用的经济学用语。❹从历史上看，非物质生产部门的兴起是社会经济向前发展的必然现象，第三产业被突出出来，相当深刻地反映了人类现代的需要构成。马克思提出两部类概念时，舍象了服务部门，在当时对论述再生产并无影响。可是现在情况是大不相同了。非物质生产部门的扩大是一个明显而重要的事实。对此，应该给予足够的重视，从理论上把它显示出来，应该发展和丰富马克思再生产理论的分类方法以及有关内容。至于怎么叫法，是叫第三产业还是别的什么，应包括些什么，完全可以经过研究来确定。❺

还有论者指出，资产阶级经济学使用三次产业的划分方法，确实有抹煞生产劳动与非生产劳动，掩盖资本主义剥削实质的一面，但另

---

❶ 孙冶方.关于生产劳动和非生产劳动、国民收入和国民生产总值的讨论[J].经济研究，1981（8）.

❷ 邓力群.马克思再生产理论的基本原理必须坚持[J].经济研究参考资料，1982（1）.

❸ 卫兴华."第三产业"应为"第三类部门"[N].文摘报，1986-06-19.

❹ 王慎之.劳动价值理论必须在实践中发展[J].求是学刊，1984（6）；松杉.第三产业的科学涵义及其范围[J].求是学刊，1985（4）.

❺ 林子力.经济调整和再生产理论[J].经济研究参考资料，1981（2）.

一方面，从世界经济发展史来看，三次产业的划分是符合历史实际的。它反映了人类生产活动的不同阶段，以及每一阶段的发展以前一阶段生产率水平的提高为基础，后一阶段的发展又会促进前一阶段的进一步发展。马克思不但把物质生产部门依次划分为四个部门，而且把今天称之为第三产业新兴部门的信息行业等也视为产业部门。"从这个意义上说，三次产业的划分，不但同马克思的理论不矛盾，而且从思想渊源上来看，宁可说，马克思比资产阶级经济学家提得更早，只是他没有加以发挥而已。"所以，第三产业同马克思的经济理论并不是互不相容的。以精神生产和服务劳动为主要内容的第三产业的概念在理论上是可以成立的。❶

第三种意见认为，第三产业的概念具有两重性质：一方面，它是庸俗经济学的范畴，具有反科学的性质，与马克思的政治经济学有着本质的区别；另一方面，它又是一些资产阶级经济学家为了维护本阶级的利益，在一定的限度内，对一些与社会化大生产相联系的过程具体分析的结果，比较客观地反映了某些技术经济关系。现代的分工关系把一切社会领域都无一例外地罗织在"社会生产"这个广义的概念内，传统的、狭义的"生产"概念不能反映现代社会的技术经济关系。这要求我们从新的角度来研究它，用新的概念来反映它。对于"第三产业"的概念，我们可以奉行"拿来主义"，在批判其庸俗性质的前提下，把它应用于经济实践中。❷

关于第三产业的范围，主要有窄、中、宽三派意见。

（1）窄派：产业是运用生产资料从事物质资料的生产或经营的经济部门，不从事经济活动的非营利性部门，如科、教、文、卫、体，以及党、政、军、警，均不能列入第三产业的范围。

（2）中派：营利性不能作为划分第三产业的标准。产业就是既有投入，也有产出（包括有形产品和无形产品）的经济行业。科、教、文、卫、体等行业既有人、财、物投入，也有服务产品产出，应列入

---

❶ 何建章.关于三次产业的若干理论问题 [J]. 南方经济，1985（4）.

❷ 草禾.第三产业概念及应用探析 [J]. 江西社会科学，1985（5）.

第三产业。至于它们是否盈利，纯属人为的经营体制问题。只要实行企业化经营，科、教、文、卫、体同样可以通过出售服务产品获得收益。但政治、军事活动不同于经济活动，故党政军警不属第三产业。

（3）宽派：党政军警等行业本身有经济活动，为社会提供公共服务，对经济管理和决策有直接或间接关系，也应列入第三产业范围。❶

二、第三产业的产品和使用价值

在1980年代的第三产业经济理论研讨中，不少论者从无形产品及其定义、分类、特点等方面进行探讨，提出了一些有新意的观点。

（一）产品、使用价值和社会财富观

1. 对产品概念的认识

一种观点认为，经济学的研究对象是物质生产过程而不是"精神生产"过程。我们讲生产，指的总是物质生产，"精神生产"和"精神财富"这种说法本来就是借用经济学的名词。❷社会产品是指社会在一定时期内所生产的全部物质资料的总和。❸按照这种意见，没有实物形态的劳动成果不能被认为是产品。

另一种观点则认为，只有以实物形态存在的劳动成果才是产品的看法，是一种误解，并没有把握产品的实质。产品就是能够满足人们某种需要的使用价值，它是劳动者劳动的有用结果。它之所以成为产品，并不在于它是否是物，是否具有看得见摸得着的实物形态，而是因为它能够满足人们的某种需要，具有某种特殊的使用功能。❹非实物形态的劳动成果可以而且应该称为产品，是因为：①人类的需求变化发展，决定了非实物形态的劳动成果必然纳入社会产品的范畴。人类的需要，是人类的生产行为的直接动因。人类从事生产的最终目的——

---

❶ 李江帆.全国第三产业经济理论讨论会观点综述[J].南方经济，1986（1）.

❷ 孙冶方.关于生产劳动和非生产劳动、国民收入和国民生产总值的讨论[J].经济研究，1981（8）.

❸ 许涤新.政治经济学辞典：上册[M].北京：人民出版社，1980：510.

❹ 张振斌.浅谈劳务与劳务生产的特点[J].江淮论坛，1982（3）.

满足自身的物质和精神需要,决定了产品必须有用,能满足各类需求,而不是规定它非要采取实物形态不可。因此,非实物形态的劳动成果,只要它能满足一定的需求,就有可能或有必要生产出来,成为与实物产品"等价"的产品。②生产的社会化、专业化分工的发展,使很多原来一厂独任的工作,逐步演变为数厂分任的工作;原来完整的生产过程分解为若干个独立化的生产阶段,原来只有在完整的生产过程结束时才生产出来的实物产品,必然相应地分解为若干个在局部生产阶段中就能存在的非实物形态的产品。❶因此,第三产业生产的非实物劳动成果也是产品。

2. 对使用价值的认识

相当多论者认为,传统理论将使用价值解释为物品能满足人们某种需要的效用,"用只有金、木、水、火、土才是有用物,只有食、衣、住、行才是人们的需要这种古老的概念来规定现代现实生活中的使用价值",显然同现实的经济生活相距甚远,根本无法说明当代的社会经济活动过程❷。"作为一定的有效的使用价值,并不都是采取实物形态。使用价值除了以相对静止的、有形的形态存在之外,还有运动的、无形的运动形态,服务就是具有非实物形态的使用价值。作为可以满足人们某种需要的使用价值来说,既可以是实物形态的物质产品,也可以是非实物形态的服务产品。"❸ 所以,"使用价值的内涵应将非实物使用价值包进去,即为:具有某种效用因而能满足人们某种需要的消费(包括生产消费与生活消费)对象;外延包括实物形式的使用价值与运动形式(非实物形式)的使用价值。马克思关于使用价值包括实物形式与非实物形式的观点,随着社会化大生产的发展以及社会劳动生产率的提高导致的消费构成的变化,将越发显示其深远意义"❹。

---

❶ 李江帆.第三产业与两大部类的关系试析[J].体制改革探索,1986(4).

❷ 黄黎明.如何理解使用价值这一范畴[J].江西财经学院学报,1982(2).

❸ 尤来寅.服务劳动与资本主义国民收入的形成[J].学习与思考,1983(4).

❹ 李江帆.论马克思著作中的使用价值范畴[J].经济研究参考资料,1982(170).

3. 对社会财富的认识

近年国内对社会财富的内容大致有四种看法。

（1）政治经济学考察的财富只是物质财富，非物质产品不能包括在财富范围内。"马克思所认定的社会财富，是实在的商品，是物质财富。"根据马克思的历史唯物论，精神产品是在物质资料生产的基础产生的，它和政治经济学考察的财富是两码事。我们"不能退到萨伊，把财富归之于包括非物质产品在内的一切有交换价值的东西"❶。

（2）"国民财富应是指某个社会或国家在一定时期内所拥有的经过劳动创造和积累起来的物质资料和以物的形式存在的精神财富的总和。"❷

（3）财富是以实物形式和非实物形式存在的使用价值的总和。"用资本主义商品拜物教的眼光看，财富是物，是商品，是独立于人并且统治着人的异己的东西；而只要超出资本主义的形式，纵观人类历史，就会看到，财富正是满足人类生存、享用和发展的需要（我们可以称它为基本需要）的使用价值。离开人的需要而从物的规定性本身中去寻找财富的涵义，只能是舍本求末。"财富不是物质，而是人的需要的满足。在社会化生产的条件下，人类财富成为由需求的体系和分工的体系所决定的、内容日益丰富的使用价值总和。服务和精神产品，同物质产品一道构成了人类财富的必要部分。❸随着社会生产力的发展，使用价值本身在一个需要和生产的体系中发展起来，因而，财富内容本身及其概念也在发生着变化。"正是实物使用价值与非实物使用价值这两大类不同质的使用价值，构成了现代社会财富的物质内容。"❹

（4）物质财富不仅包括有形产品，也包括无形产品。"第三产业是一个物质生产部门。它的生产过程同第一、第二产业一样，是运用一定的生产资料，创造某种适合人们需要的特殊使用价值。……第

---

❶ 洪银兴.社会财富·生产劳动·第三产业 [J].南京大学学报，1982（1）.
❷ 金喜在.国民财富概念浅谈 [N].经济学周报，1983-05-09.
❸ 晓鲁.生产劳动与社会财富的发展 [J].晋阳学刊，1984（1）.
❹ 李江帆.服务消费品的使用价值与价值 [J].中国社会科学，1984（3）.

三产业为社会创造使用价值,也就是为社会创造了物质财富。"第三产业为社会创造的使用价值不被当作物质财富的认识上的原因是:第三产业创造的使用价值是无形的产品或软产品,往往是边生产、边消费,在许多情况下没有留下实物来,这就不易为人们所认识。"但社会的发展,无形产品或软产品的生产越来越多,越来越成为社会的生产、流通和消费不可须臾离开的东西,再忽视它的存在就违背现实生活了。" ❶

(二)服务(劳务)的定义

服务(劳务)的定义是第三产业经济理论的一个基本问题。目前对此有四种意见。

第一种意见认为,劳务是流动形态上的劳动。劳务生产的主要特点在于:其结果并不提供其他有形或无形的产品,而是提供特殊的使用价值——流动形态上的劳动,即劳务;许多劳务的结果和劳动者本身不能分离,劳动者的劳动过程本身就是劳动的目的和结果,当劳动停止后,所提供的劳务也随即消失;在许多场合,劳务生产领域的劳动者提供使用价值(劳务)的劳动过程即消费者消费这种特殊使用价值的过程。❷

第二种意见认为,服务(或劳务)是服务劳动提供的与服务过程同生共灭的、能满足一定需求的、非实物形态的使用价值。服务劳动则是服务劳动者在具有不同的服务目的、服务手段、服务设施的服务过程中的脑力和体力的耗费。虽然服务产品与服务劳动在实际上是"融为一体"的,但在理论上却必须借助科学的抽象力将它们区分开来。如果认为服务产品与活劳动是一回事,就必然派生出逻辑矛盾:①服务领域出售产品=出售服务劳动,而劳动是不能出卖的;②接受服务者消费的是活劳动,而不是产品,总而言之,这将导致对第三产业的产品概念的否定。❸

---

❶ 白仲尧.第三产业的地位和作用[J].商业经济研究,1985(2).

❷ 陆立军.略论劳务生产[J].江海学刊,1982(2).

❸ 李江帆.教育服务消费品生产问题的探讨[J].华南师范大学学报,1985(4).

第三种意见主张区分服务与劳务。"服务是以人为劳动对象的劳动活动,劳务是服务劳动所生产的用于交换的特殊产品。"❶"由于服务劳动对象是被服务者,因此服务劳动'凝固'在人身上,劳务就是物化在人身上的服务劳动。"❷

第四种意见认为服务有"单纯服务"与"不单纯服务"之分。前者是与实物形态使用价值相区别的非实物形态的使用价值,后者是体现在实物中的服务。正如马克思所说,有些服务会体现在商品中,另一些服务却不留下任何可以捉摸的、可以和人分开的结果。❸按劳动对象的不同,可把服务分为三类:①知识型服务——科学知识、技术等无形的使用价值;②活动型服务——不能同生产行为在时间、空间上分离的使用价值;③实物型服务——知识型服务和活动型服务的实物化,具有物的外壳。❹

一些论者在论述服务产品的概念时,还指出要做到四个区分。

(1)区分服务产品与劳动力。"服务的直接产品并不是劳动力,而是效用。""铁路职工运送旅客,并不是为了把旅客的劳动力当作商品出售(虽然旅客可能是劳动者),而是为了把空间位置的移动这种效用出售给旅客。同样,医生诊病也不是为了出售治愈的病人,而是把自己的医疗服务出售给患者。服务只有先作为商品出售给劳动者(但在这里是消费者)并由他们消费后,才可能生产出他们的劳动力。这就同面包出售给劳动者并被消费后生产了他们的劳动力一样。"❺

(2)区分服务的生产与消费。"服务过程只对接受服务的人来说才是消费,而对提供服务的劳动者来说却是生产。正像吃面包是消费,而制造面包却是生产一样,二者决不能混为一谈。"❻

---

❶ 何小锋.劳务价值论初探[J].经济研究,1981(4).

❷ 何小锋.马克思的服务理论和现实[J].经济研究参考资料,1985(114).

❸ 葛伟民.服务价值论[J].上海社会科学院学术季刊,1986(2).

❹ 刘伟.论服务的使用价值和价值[J].北京大学学报,1985(2).

❺ 晓鲁.生产劳动与社会财富的发展[J].晋阳学刊,1984(1).

❻ 晓鲁.生产劳动与社会财富的发展[J].晋阳学刊,1984(1).

（3）区分服务产品本身与服务产品的消费后果。有人认为，服务劳动的劳动对象是人，因此服务的使用价值在于消费服务后所发生的身体上、精神上的变化。如教育服务产品"会长期留在被教育者自身，供被教育者消费。好的艺术家的表演对观众带来心灵上的变化……可能使观众反复回味、长期受用"❶。"洗洁了的身体，增长了的才干，都是可以被实实在在地感受到的使用价值。"❷持反对意见的论者认为，这是把服务的使用价值和使用价值的消费混同了。教师的"传道授业解惑"是教育产品本身，学生对这种教育的享用使其发生智力不同的变化，是教育产品的消费后果。理发师生产的不是发型，而是理发服务这种以活动形式存在的使用价值，发型的变化是消费者消费理发服务的结果。把服务的使用价值同消费结果混同，最终会导致否定服务使用价值的存在。❸

（4）区分广义的服务与生产性服务。广义服务不仅包括与使用价值生产有关的各种服务，而且包括官吏、军队等与使用价值生产毫无关系的活动。后者应排除在作为经济范畴的服务之外。生产性服务是生产出脱离生产者而独立存在的产品或不能脱离生产行为而存在的产品的服务。❹

有论者还归纳了马克思从不同角度对广义服务概念的四种分类法：从服务的起源及其社会职能的角度，区分为作为社会分工的直接结果的服务和作为社会结构的缺陷和社会的弊端的直接结果的服务；从服务的"自然特性"的角度，区分为能够物化、固定在一个物中的服务和不采取实物的形式、不能作为物而离开服务者的"纯粹的服务"；从服务的消费关系的角度，区分为任意挑选的、自愿购买的服务和强加于人的服务；从服务的实际效用和结果的角度，区分为能够生产某

---

❶ 何小锋.劳务价值论初探 [J].经济研究，1981（4）.

❷ 王慎之.第三产业和劳动价值论 [J].求是学刊，1986（1）.

❸ 刘伟.论服务的使用价值和价值 [J].北京大学学报，1985（2）；李江帆.教育服务消费品生产问题的探讨 [J].华南师范大学学报，1985（4）.

❹ 刘伟.马克思的"服务论" [J].经济科学，1983（1）.

种实际效用、对个人或集团具有某种使用价值的服务和在物质生产领域或精神生产领域什么都不生产的、对个人没有使用价值的服务。❶

（三）服务产品、精神产品与物质产品的逻辑关系

由于第三产业概念的确立和社会产品概念的扩充，相当多的论者认为产品已突破了传统理论限定的"物质产品"的界限。不少论文提出了服务产品、精神产品、非实物产品或非物质产品等新的产品观。但是对于这些产品之间的逻辑关系及其产业归属，看法上还不一致。

（1）"并列关系"。社会产品分为物质产品、精神产品和服务产品三大类。各种可以贮藏、搬动、积存的有形产品是物质产品，由物质生产领域生产；科学、文学、音乐、美术、新闻出版（采编部分）等生产的直接成果是各种精神产品，一般难于直接为人们所消费，必须借助于某种物质生产或物质性劳务才能变为易为人们消费的使用价值，它由精神生产领域生产；难于贮藏、搬动、积存，一般必须边生产边消费特殊使用价值——流动形态上的劳动是劳务产品，由劳务生产领域生产。❷ 按这种意见，第一、二产业生产大部分物质产品；第三产业生产小部分物质产品、全部精神产品和服务产品。

（2）"等同关系"。社会产品不论有形无形，都是物质产品。传统意义上的"非物质生产劳动"虽然人们习惯上说它不能生产出一个物质产品，"但从自然科学的意义上看，都是人和自然之间的物质变换形式，都有一个物质产品"。如艺术家的劳动产品——艺术形象和优美的歌曲旋律，就是一种物质的存在形式。歌唱家振动声带引起周围空气的振动而形成的歌声，舞蹈演员有节奏地变换姿态引起周围光线的特殊形式的折射，气功医生对病人运功施治时生产的一种肉眼看不见的电流或射线，都是物质产品。❸ "粮食、钢铁是经过劳动而具有新的结构性质的自然物质，绘画、戏剧是模拟客观事物艺术化了的自

---

❶ 汪玉杰.学习马克思关于服务的理论 [J].杭州大学学报，1983（2）.

❷ 陆立军.关于马克思生产劳动理论的几个问题 [J].中国社会科学，1982（5）.

❸ 梁秩森.马克思关于生产劳动的矛盾论述和社会主义生产劳动 [J].未定稿，1981（22）.

然物质，以书刊、图纸或声波、光波、磁电波及其他载体表现的语言文学符号是体现意识的自然物质。其他如运输的位置变迁，安定团结的社会秩序的'社会场'等等"，也是物质产品。❶按这种意见，第二产业主要生产有形的物质产品，第三产业主要生产无形的物质产品。

（3）"全异交叉关系"。精神产品与物质产品间、实物产品与服务产品间，分别是全异关系；实物产品、精神产品、服务产品间是交叉关系。原因在于划分标准不一。按满足的需要的性质来划分，满足物质需要的产品是物质产品，满足精神需要的是精神产品。至于"服务产品"在这一划分体系中，并不作为独立的子项存在，因它或是满足物质需要，或是满足精神需要，可分归物质产品或精神产品项下。若按产品的"自然性质"来划分，可分为实物产品和服务产品。凡是采取实物形式的产品，即"具有离开生产者和消费者而独立的形式，因而能在生产和消费之间的一段时间内存在"的产品，是实物产品。它"包括一切以物的形式存在的物质财富和精神财富，既包括肉，也包括书籍"。凡是采取服务形式的产品，即与生产过程同生共灭，并只能在运动状态中被消费的产品，是服务产品。它包括一切以服务形式存在的物质财富和精神财富，既包括运输服务、医疗服务，也包括文艺服务、教育服务。因此精神产品与服务产品、实物产品之间存在着部分重合关系，不宜并列。按这种意见，第一、二产业生产大部分实物产品，第三产业生产小部分实物产品和全部服务产品。❷

（4）"交叉关系"。第一、二产业生产的产品是物质产品；第三产业生产的产品是有形或无形的，大致上可归为服务产品，它包括三类：①知识型服务。这类服务指科学知识、技术等无形的使用价值。其劳动对象是无形的但又有特定内容的研究课题。知识型服务的使用价值的特点在于，它的存在形式不是物品的形式，而是无形的，一般采取语言、文字等信息形式；它一般不是最终产品，需要借助其他服

---

❶ 蔡仲谋.科技、知识商品具有一般商品的基本属性[J].南方经济，1985（5）.

❷ 李江帆.社会产品的范围应该突破实物形态的界限[J].理论与实践，1985（7）.

务劳动或某种物质外壳才成为最终消费品。②活动型服务。指不能同生产行为在时间、空间上分离，但能够满足人们物质生活和精神生活需要的使用价值。在其生产过程中，劳动对象化在客观存在的无形的活动过程中。③实物型服务。是知识型服务和活动型服务的物化。这类使用价值有物的外壳，但它的使用价值主要不取决于物的外壳，而取决于物的外壳内的服务的内容。在其全部生产过程中，劳动对象既包括活动过程，无形的研究题目，又包括一定的物质资料。服务与物品的形式结合，并非在物的形式上否定服务原有的使用价值，而是保留了原有的使用价值。❶

（四）第三产业产品的特点

由于对第三产业产品分类标准认识不同，以及第三产业产品本身内容庞杂，目前学术界还无法从整体上对第三产业产品的特点进行概括。一般是从服务产品与实物产品、精神产品与物质产品、服务产品与精神产品之间的联系与区别进行阐述。

其一是服务产品与实物产品的联系与区别。这主要体现在非实物使用价值与实物使用价值的共性与个性上。服务消费品是服务劳动提供的，具有一定使用价值，因而能直接满足人们的某种物质或精神需要的消费对象，它与实物消费品一样，是满足各种特殊需要的社会使用价值，两者往往有互相替换性。这是其共性。服务消费品的使用价值，又具有区别于实物消费品的一系列特点：①产品形式的非实物性。没有体积、重量、长度等。②生产、交换与消费的同时性。交换行为是生产行为成立的前提，生产一旦开始，消费也就同时进行，生产一结束，交换与消费也宣告完成。③产品的非贮存性。若生产过剩，过剩的不是产品，而是闲置的劳动力和服务资料，而物化贮存的服务消费品已成为实物消费品。④生产和再生产实现的严格制约性。实物使用价值的生产率和剩余产品率制约着服务消费品的生产规模及其发展水平。⑤作为人类劳动产品的必然性。只有人类劳动才生产出服务消费品。这些是服务消费品的特性。❷

---

❶ 刘伟.论服务的使用价值和价值[J].北京大学学报，1985（2）.

❷ 李江帆.服务消费品的使用价值与价值[J].中国社会科学，1984（3）.

其二是物质产品与精神产品的联系与区别：①最终来源——都是人们认识、改造世界的成果，但一是物质成果，一是精神成果；②取得手段——都是人们体力与脑力劳动的成果，但一是体力为主，一是脑力为主，后者是更为复杂、艰苦的探索性、开拓性劳动；③生产过程——都必须有劳动者与生产资料的结合，但一是在物质生产过程，一是在精神生产过程；④相互关系——均可在一定条件下发生转化，但转化形式和内容不同；⑤产品的经济角度——大都以商品形式出现，但精神产品更以社会效益为重；⑥产品最终目的——都要满足人的需要，但一主要是物质需要，一主要是精神需要；⑦阶级属性——都有一些是带阶级性的，但精神产品的阶级性较为普遍。❶

其三是智力型服务与一般服务和物质产品的联系与区别。技术商品除了具有非实物形态使用价值的主要特殊性以外，与一般劳务商品比较，主要特点为：①生产需要较多研究经费、技术设备和具有专业知识的人员；②生产特点是劳动的非重复性；③生产和使用在时间和空间上往往具有分离性，会造成积压的可能性；④价值量由自身生产过程所耗费的劳动时间决定，价格具有垄断性；⑤使用价值在同一时间里可以为许多购买者同时服务，可多次反复出售，故一件技术商品的实际价格，应等于该产品多次售卖额的总和。❷ 而技术产品区别于物质产品的特性是：①非实物性；②继承性；③潜在性（其使用价值往往处于潜伏状态，在一定的范围和程度上不容易被人们认识和把握）；④滞后性（因智力、设备、社会方面的原因，其使用价值的实现往往发生一种滞后现象）；⑤共享性；⑥永存性（其使用价值不会因消费而消失，所磨损的只是技术产品的载体）。❸

三、第三产业的产值和价格

第三产业的价值实体和价值量衡量问题，是 1980 年代我国研究第

---

❶ 范英.精神产品和物质产品的联系与区别 [J].云南社会科学，1986（1）.

❷ 赵时航.技术商品的范畴及属性问题 [J].江汉论坛，1985（8）.

❸ 卢嘉瑞.技术产品的使用价值及其实现 [J].江汉论坛，1985（8）.

三产业经济理论争论的一大"热点"。

（一）第三产业的价值实体问题

1. 关于"劳动物化"与价值形成问题

对于非实物形态的产品是否具有价值，分歧相当大。其原因是对"劳动物化"与价值形成有不同的看法。

第一种意见认为，劳动物化就是物品化、实物化，它是价值形成的必要条件。"要正确地把握马克思的劳动价值论，必须了解价值绝不是人类劳动力的耗费，而是人类劳动力耗费的单纯凝结，这种凝结就是对象化、客体化即物化。"纯粹服务不会物化在物质资料上，故不创造价值。❶

第二种意见认为，劳动物化是价值形成的必要条件，但它不是指劳动固定在可以捉摸的物品中，而是泛指劳动体现、实现在某种使用价值中（不管是实物使用价值还是非实物使用价值）。❷例如演员演出一场话剧的劳动就物化在演员演戏时的脸部表情和对白语言声音上。❸可见，物体形态与价值凝结是毫无关系的，只要成为使用价值不管它可见或不可见，都能凝结价值，不能将价值凝结看成物理学的、化学的、生物学的凝结。❹实现、体现在服务消费品的使用价值中的劳动，也是一种凝结劳动，是广义的物化劳动，也形成价值。其特点是凝结性与运动性相结合。❺

第三种意见认为，非物化劳动也可以凝结为价值。劳动凝结是指它能依附于使用价值上。当商品交换限于物质产品时，这种凝结就是劳动的物化。"一旦商品交换拓广到非物质形态的使用价值——劳务，'物化'的概念就不再适用了。运输这个例子说

---

❶ 周人伟.劳动价值论，还是劳务价值论 [J].杭州商学院学报，1983（8）.

❷ 李江帆.服务消费品的使用价值与价值 [J].中国社会科学，1984（3）.

❸ 丁勉之.关于生产劳动理论讨论综述 [J].社会科学辑刊，1983（5）.

❹ 冯子标，牛仁亮.马克思的生产劳动理论和经济学界关于生产劳动问题的论争 [J].山西师院学报，1983（增刊）.

❺ 李江帆.服务消费品的使用价值与价值 [J].中国社会科学，1984（3）.

明，非物化劳动是同样可以凝结为价值的。""使劳动表现为价值的，仅仅是生产的特定社会形式或社会关系——商品关系，而不是产品的物质形态。因此，如果说一种劳动处在这种关系之下，而又由其劳动结果的属性决定不能形成价值，这在逻辑上是矛盾的。但是，系统地建立了劳动价值理论的马克思在《资本论》中，又基本上只是在物质生产的范围以内研究了价值形成问题，并且把劳动的物化作为理论进一步展开的前提，这就导致了后人的一个误解，以为劳动的物化是形成价值的先决条件。其实，价值首先反映物化劳动，这不过是特定历史条件的产物，并不是什么不可移易的理论前提。"❶

第四种意见认为，劳动的"物化"不一定仅"化"在"物"上而是"化"在劳动对象上。劳动对象可以是物，也可以是人。一般说来，物质产品生产的劳动对象是物，服务产品生产的劳动对象是人。❷当劳务被并入物质生产过程或为之服务时，劳务所创造的价值就物化在物质产品中，当劳务直接为消费者所消费时，劳务所创造的价值就作为劳动力再生产费用物化在人身上，成为劳动力价值的组成部分。如客运劳动创造的新价值就物化在乘客身上，成为乘客劳动力"价值"的一部分。❸

2. 非实物使用价值充当价值物质承担者问题

长期以来，我国学术界认为只有实物使用价值才能充当交换价值的物质承担者。近年一些论者提出，"作为价值承担者的使用价值不应仅仅限于物品，非物品形式的使用价值同样可以成为价值的承担者"。其理由为：①产品有无价值和它的使用价值存在形式无关，而取决于使用价值生产的社会性质。❹②由于价值概念是以产品的交换为前提的，而没有使用价值就不会有交换，也不会有交换价值，因此，只要使用价值凭它能满足交换对方某种需求的有用属性而使产品能够

---

❶ 晓鲁.生产劳动与社会财富的发展[J].晋阳学刊，1984（1）.

❷ 王小平.可供交换的劳务是无形商品[J].江西财经学院学报，1981（8）.

❸ 陆立军.略论劳务生产[J].江海学刊，1982（2）.

❹ 刘伟.论服务的使用价值和价值[J].北京大学学报，1985（2）.

被交换，它就可以充当交换价值的承担者。对于价值说来，它由什么样的使用价值来承担都是一样的。③马克思对客运效用价值的分析和对斯密关于"剩余价值必然要表现在某种物质产品上"的粗浅看法的批评证明了，马克思实际上肯定了在生产、消费同时进行的情况下，运动形式的使用价值也可以充当交换价值的物质承担者。❶

3. 关于服务是否具有价值问题

一种意见认为，用来交换的服务产品具有价值。其论据主要如下。

（1）关于精神产品和劳务的价值，马克思曾多处明确指出过如马克思关于精神生产所必需的时间的考虑、科学的价值与估价、服务本身的价值、服务的价值决定等论述。"总的表明，马克思认为精神生产劳动和服务劳动会形成价值，它们的产品或成果是具有价值的。"❷

（2）据马克思作过的几点关键性提示，可以确定马克思认为服务产品具有价值：第一，马克思将"服务本身的价值"与斯密所说的工业品价值类比，将服务消费品与物品消费品的总价值与斯密所说的工农业产品总价值类比，说明消费品总额由于有了服务消费品而增大，价值也增大了，因此，表明服务消费品有价值；第二，从马克思多次强调的服务与物质商品（或货币）的交换是"等价物换等价物"是"简单流通的关系"，是"名副其实的交换"等论述来看，价值不可能从物质生产领域无偿地转移到服务领域来，因此，服务消费品有价值，一定是在服务领域创造的；第三，从马克思提到的服务消费品的交换价值由生产费用决定的观点来看，服务消费品的价值是由凝结在其使用价值中的劳动量决定的，因此是货真价实的归结为劳动时间的价值，不是"虚幻的价值"，或有价格无价值。❸

（3）马克思关于价值的定义，作为价值的最一般的定义，应有整体的适用性，应适用于整个社会的商品生产和所有商品。而非物质生产领域里也存在着商品生产和商品交换。所以，价值定义也就不仅适

---

❶ 李江帆.服务消费品的使用价值与价值 [J].中国社会科学，1984（3）.

❷ 沙吉才，孙长宁.关于社会主义制度下的生产劳动问题 [J].经济学动态，1981（8）.

❸ 李江帆.略论服务消费品的价值问题 [J].上海经济科学，1984（10）.

用于物质生产及其产品,而且也应适用于非物质生产及其产品。❶

(4)劳务的生产者的产品同其他产品交换的比例之所以能存在,"是因为交换的商品和劳务都凝结了一定量的人类劳动,即它们都有价值"❷。

(5)用来交换的服务消费品具有价值,是因为:第一,生产服务消费品耗费的劳动凝结在非实物使用价值上,形成价值实体;第二,私人劳动和社会劳动的矛盾使生产服务消费品的劳动取得社会形式,从而表现为价值;第三,服务消费品与实物消费品不能按异质的使用价值量,而只能按其中凝结的同质的抽象劳动量进行交换,从而以价值为尺度决定其交换比例。❸

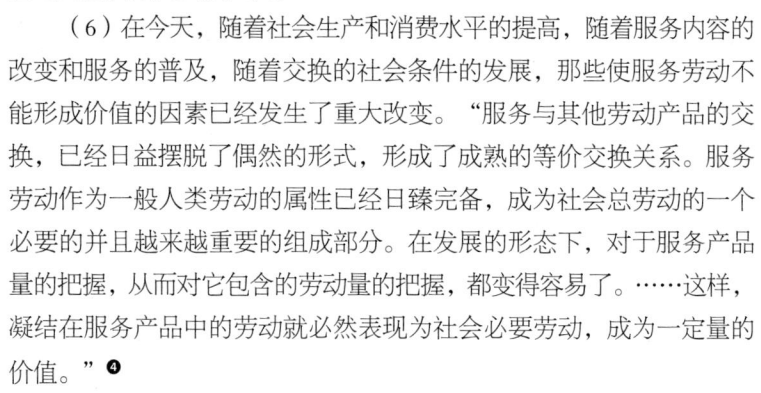

(6)在今天,随着社会生产和消费水平的提高,随着服务内容的改变和服务的普及,随着交换的社会条件的发展,那些使服务劳动不能形成价值的因素已经发生了重大改变。"服务与其他劳动产品的交换,已经日益摆脱了偶然的形式,形成了成熟的等价交换关系。服务劳动作为一般人类劳动的属性已经日臻完备,成为社会总劳动的一个必要的并且越来越重要的组成部分。在发展的形态下,对于服务产品量的把握,从而对它包含的劳动量的把握,都变得容易了。……这样,凝结在服务产品中的劳动就必然表现为社会必要劳动,成为一定量的价值。"❹

另一种意见认为,不体现为物质产品的服务不具有价值。其主要论据如下:

(1)科学劳动价值论的基本前提是社会物质生产,价值是物质的抽象劳动。❺

---

❶ 王致胜.关于非物质生产劳动创造价值的几个问题[J].晋阳学刊,1984(1).

❷ 何小锋.劳务价值论初探[J].经济研究,1981(4).

❸ 李江帆.服务消费品的使用价值与价值[J].中国社会科学,1984(3).

❹ 晓鲁.生产劳动与社会财富的发展[J].晋阳学刊,1984(1).

❺ 顾士明.论生产劳动和非生产劳动的规定及意义[J].南京师院学报,1983(8).

（2）服务是以活动的形式提供的具有特殊使用价值的劳动，劳动本身不是价值。❶

（3）"服务可以作为商品来买卖，这样它就会通过价格而获得商品形式。"商品形式不同于商品，没有价值的东西在形式上可以具有价值。❷

（4）劳动效用不是严格意义上的使用价值，因此它不可能成为价值的承担者。❸

（5）判断一种劳动能否创造价值的最终根据是"马克思劳动价值论的哲学基础——历史唯物主义"。按照历史唯物主义原理，价值范畴必须以物质生产为前提，否则便丧失了科学的规定性，可以成为主观臆造的、虚幻的东西了。❹

（6）精神生产的成果的"价值"是非经济的价值，不能由生产它们所花费的劳动时间来决定，而要由其他许多复杂的非经济的因素来决定。❺

（7）认为上层建筑部门的劳动也创造价值，"从马克思的劳动价值学说'解放'出来而回到资产阶级庸俗经济学的价值学说中去了"❻。

认为服务产品具有价值的论者则针锋相对提出反驳：①劳动价值理论与商品经济中的劳动交换问题有密切的联系。劳动交换的重点改变了，劳动价值理论的重点也随之改变。如果马克思的劳动价值理论只适用于只占当代发达国家的总劳动量的40%~50%的物质劳动之间的

---

❶ 智效和.论消费服务不创造价值[J].北京大学学报，1984（2）.

❷ 周元.对生产劳动与非生产劳动问题的几点意见[M]//许涤新.《资本论》研究.北京：中国社会科学出版社，1983.

❸ 周元.对生产劳动与非生产劳动问题的几点意见[M]//许涤新.《资本论》研究.北京：中国社会科学出版社，1983.

❹ 何干强.纯粹服务劳动不创造价值[J].南京师院学报，1983（2）.

❺ 刘国光.关于马克思的生产劳动理论的几个问题[J].中国社会科学，1982（1）.

❻ 孙冶方.关于生产劳动和非生产劳动、国民收入和国民生产总值的讨论[J].经济研究，1981（8）.

劳动交换，一扩展、应用到物质劳动以外就束手无策，那么，随着服务劳动在社会总劳动中的比重日趋增大，劳动价值理论的适用范围就越来越小，它也就不成其为具有普遍性的科学理论了。❶②服务作为产品，同服务劳动是不相同的。服务产品是劳动者劳动成果的一种特殊存在形式，而劳动则是劳动者的体力和脑力的耗费。服务产品可以成为商品，具有使用价值和价值，而服务劳动是价值的源泉，它形成和创造价值，本身并不具有价值。如果认为服务活动也具有价值，就会陷入劳动的价值是由劳动创造的同义反复之中。❷③有价格而无价值不适用于服务产品，只适用于没有消耗任何人类劳动而又采取商品形式的非劳动产品如处女地、良心、名誉等。❸④马克思毫不含糊地说过有"不以物品资格但以活动资格供给的使用价值"，如"哀歌的使用价值"、服务的使用价值，如果说这些不是严格意义上的使用价值，那么，社会使用价值中相当一部分将被排除出消费对象的范围，社会物质和文化需要的相当一部分就不能满足，或者说，只能靠"严格意义上的使用价值"比方说小麦去满足人们欣赏音乐的需要，靠麻布去满足人们治病的需要。这种观点是悖理的。❹⑤从哲学上讲，物质第一性，精神第二性，但不能简单地由此推出物质生产第一性，精神生产第二性。物质生产只是为精神生产提供了基础，只是一个发展先后次序的问题。如果从"基础论"可以得出第一性和第二性的结论，那么农业生产才是第一性的，工业生产只能是第二性的。其实，精神生产并非意识形态，在这个领域也具有物质性。❺⑥虽然精神产品不同于物质产品，其价值决定，也有自己的特点，但归根结底，精神产品的价值，也必须决定于生产它所花费的社会必要劳动时间，而不能决定于

---

❶ 李江帆. 略论服务消费品的价值问题 [J]. 上海经济科学，1984（10）.

❷ 张振斌. 浅淡劳务与劳务生产的特点 [J]. 江淮论坛，1982（8）；王致胜. 关于非物质生产劳动创造价值的几个问题 [J]. 晋阳学刊，1984（1）.

❸ 丁勉之. 关于生产劳动理论讨论综述 [J]. 社会科学辑刊，1983（5）.

❹ 李江帆. 论马克思著作中的使用价值范畴 [J]. 经济研究参考资料，1982（170）.

❺ 王慎之. 劳动价值论必须在实践中发展 [J]. 求是学刊，1984（5）.

所谓许多复杂的非经济因素。把精神产品的价值归结为由非经济因素所决定，实际上就是把由供求关系影响的精神产品的价格，看成精神产品的价值了❶。⑦庸俗经济学也认为服务有价值，但与我们的分析有原则区别：一是"服务"的内涵和外延不同。前者认为劳动、资本、土地都提供了"服务"，把由于腐朽没落的社会制度和纯粹主观因素所引起的强加于人的"服务"也当作劳务，后者则把资本、土地排除在外，把不是劳动力与生产资料结合，不生产使用价值的活动排除在自然形式的服务范畴外。二是衡量服务价值的尺度不同。前者用主观心理感觉，用效用，把价值归结为效用，后者用劳动耗费量，把价值归结为凝结的劳动。三是目的不同。前者否认物质生产劳动创造价值，掩盖阶级关系和剩余价值的来源，后者是为了补充发展劳动价值论，并不否认物质生产劳动创造价值。❷

（二）第三产业的价值量

承认服务产品具有价值实体的论者，基于服务价值实体是凝结于服务产品中的一般人类劳动时间的理论前提，认为服务的价值量应用劳动时间来衡量。分歧意见在于，应以什么标准的劳动耗费量衡量服务价值量。

一种意见认为，决定服务消费品价值量的是社会必要劳动时间，在现有的社会正常的生产条件下，在社会平均的劳动熟练程度和劳动强度下，生产一定数量、某种用于生活消费的非实物使用价值所需的劳动时间。精神产品则分两类：①创新型精神产品的不可重复生产性、扩散性和共享性，使其价值量由最先研制出该项成果所耗费的个别劳动时间决定。②重复型精神产品的价值量由生产该项产品所耗费的社会必需劳动时间决定。❸

---

❶ 于致胜.关于非生产劳动创造价值的几个问题 [J].晋阳学刊，1984（1）．

❷ 李江帆.略论服务消费品 [J].华南师范学院学报，1981（3）；何小锋.劳务价值论初探 [J].经济研究，1981（4）；刘伟.马克思的"服务论" [J].经济科学，1983（1）．

❸ 李江帆.服务消费品的使用价值与价值 [J].中国社会科学，1984（3）；李江帆.略论精神产品的商品性 [J].学术研究，1985（5）．

另一种意见认为：①知识型劳务的生产带有探索性、创造性，社会只承认最高质量、最少量劳动时间耗费的知识型劳务，所以其社会必要劳动时间实际上是提供某种知识成果的最短时间。②活动型劳务的生产与消费不可分割，消费受生产的时空条件的限制，使得一些低质量的活动型劳务能够被社会承认，所以，决定活动型劳务价值量的社会必要劳动时间一般是生产劣等劳务或在劣等条件下生产劳务所支出的劳动时间。③实物型劳务的价值总量中包括物的外壳的价值和劳务的价值，前者由与物质产品相同的社会必要劳动决定，后者由于劳务生产与消费的一致性、劳务生产的人身局限和消费的时空局限被打破，社会可以只承认优等劳务，因而其价值主要取决于优等劳务生产者，或者说具有优等生产条件的劳务生产者所支出的劳动时间。❶

认为服务产品具有价值的论者一般认为，马克思分析物质产品时关于价值分为 $C+V+M$ 三部分，单位产品价值量与劳动生产率成反比，与劳动耗费量成正比，复杂劳动等于多倍的简单劳动等论述，也适用于第三产业领域。❷

（三）关于国民收入再分配和第三产业产值指标问题

传统经济理论认为非物质生产领域的收入是通过物质生产领域创造的国民收入的"再分配"取得的。近年相当多论文对此论点提出反驳。

（1）把马克思在特定考察范围内（物质生产部门）所论述的社会产品当作整个社会的产品，把物质生产领域创造的新价值，看作整个国民经济所创造的国民收入，是一种误解。❸

（2）同一个价值只要处于个人消费过程中，只能被消费一次。物质生产工人用货币购买和消费服务消费品，就同时消费了自己原有货币所体现的价值，它不可能再"转移"到第三产业去。否则就是价值

---

❶ 刘伟, 何小锋. 论第三产业的生产性 [J]. 经济研究参考资料, 1985（61）.

❷ 王慎之. 第三产业和劳动价值论 [J]. 求是学刊, 1988（1）.

❸ 陈志标. 国民收入范畴的重新考察 [J]. 经济研究, 1981（4）.

不灭了。❶

（3）物质生产领域产品价值 $C+V+M$ 的哪一部分，都不能转化为生产服务消费资料部门的收入：C 用于维持简单再生产，价值一点也不能减；V 作为预付资本必须返回生产领域；M 的一部分转化为资本，用于扩大再生产，另一部分用于为资本家购买生活资料，被资本家消费掉了。❷

（4）马克思关于资本主义原始收入和派生收入的划分是就收入是否体现资本主义经济关系而言的，与国民收入的划分和统计毫无关系。国民收入的统计是不论收入所反映的社会经济性质的，只要劳动生产财富（不论其存在形式），都应计入国民收入。❸

（5）第一、二产业与第三产业之间，实际上是互相进行国民收入"再分配"的：非物质生产劳动者通过取得物质产品，再分配了物质生产劳动者创造的作为物质产品及其价值的国民收入；物质生产劳动者通过取得非物质生活资料，再分配了非物质生产劳动者创造的作为非物质产品及其价值的国民收入。❹

（6）根据科、教、文、卫是靠国家财政拨款维持的非营利部门这一点，断定它们是不创造国民收入的非生产部门，是"本末倒置的说法，不是用经济关系来说明政策，而是用政策来说明经济关系了"。如果这种说法能成立，那么我们现在的住宅建筑业、煤气等行业基本上都不是"生产部门"，因为它们也靠国家巨额补贴过日子。❺

（7）非物质生产部门同物质生产部门之间进行的是劳动的交换、产品的交换，并不是后者对前者的赠予；制订市场商品供求平衡计划时，平衡表一方是社会购买力，另一方是商品和非商品（即非物质产

---

❶ 冯子标，牛仁亮. 简论服务劳动创价值 [J]. 经济理论与经济管理，1985（4）.

❷ 冯子标，牛仁亮. 马克思的生产劳动理论和经济学界关于生产劳动问题的论争 [J]. 山西师院学报，1983（增刊）.

❸ 刘伟. 第三产业与国民收入 [J]. 体制改革探素，1985（2）.

❹ 王致胜. 关于非物质生产劳动创造价值的几个问题 [J]. 晋阳学刊，1984（1）.

❺ 何建章. 关于三次产业的若干理论问题 [J]. 南方经济，1985（4）.

品）的可供量，后者代表着一定的购买力的货币量。❶

也有相当多论者认为服务人员的收入是第一、二产业创造的国民收入的再分配，甚至"旅游事业赚得的外汇，实际上是外国创造的国民收入再分配给中国了"。其主要论据是：只有物质产品才是社会总产品和社会财富；物质产品是人类生存、社会存在和发展的物质基础；马克思认为只有物质生产劳动才创造社会总产品和总价值；❷物质生产劳动者用于服务消费的那部分价值并没有被自己消费掉，而由服务劳动者用来购买物质商品并消费掉，并且只能被消费一次；❸服务部门的劳动者的剩余劳动通过资本主义经济中的竞争与利润平均化的市场机制，以及（物质生产部门创造的）价值转化为服务价格的机制的作用，无偿地给服务领域的资本家带来了一份物质生产领域的劳动所创造的剩余价值；❹若肯定第三产业创造国民收入，就使"国民收入膨胀起来"，"势必造成计划脱离实际，国民经济比例严重失调"，造成"天下大乱"。❺

关于第三产业的产值指标问题，有如下四种意见。

（1）按物质产品生产计算的国民收入不能反映现代国家的全部生产、分配和消费，应按综合性生产计算国民收入，采用国民生产总值指标，将第三产业产值反映出来。❻

（2）国民生产总值是一个歪曲了的，包括许多重复计算、一部分老本在内的虚假指标，为了保证反映物质财富的价值量的国民收入指标的纯洁性，不能采用国民生产总值指标，把非物质生产的东西混杂

---

❶ 沙吉才，孙长宁.关于社会主义制度下的生产劳动问题 [J].经济学动态，1981（8）.

❷ 张幼华.非物质生产部门也创造国民收入吗？[J] 辽宁大学学报，1982（5）.

❸ 胡先来.服务劳动创造价值吗？[J] 经济理论与经济管理，1986（1）.

❹ 刘诗白.论马克思关于生产劳动和非生产劳动的理论 [J].社会科学战线，1982（3）.

❺ 韦奇，时珍.生产劳动问题的讨论不能离开马克思的劳动价值学说 [J].湘潭大学学报（哲学社会科学版），1983（1）；洪银兴.社会财富·生产劳动·第三产业 [J].南京大学学报，1982（1）.

❻ 戴世光.应该按综合性生产来计算国民收入 [J].经济学动态，1981（8）.

进去。❶

（3）国民生产总值指标在不同的社会有不同的经济内容，不能笼统否定。在资本主义社会中，由于第三产业中把剥削活动和腐朽行径也当作创造价值的生产劳动，所以国民生产总值违背了劳动价值论，也不能真实准确地反映整个社会投入劳动总量的情况、生产的规模和经济活动的成果。在社会主义制度下，第三产业具有生产性，国民生产总值反映的经济内容是以社会主义公有制为主体的物质产品的增加值和服务收入，它比较真实准确地反映整个社会投入劳动总量、生产的规模和经济活动的成果。❷

（4）由于第三产业劳动（或其中一部分）不创造价值，所以不应采用国民生产总值指标，但应有一个反映社会总劳动成果的科学范畴，可称为"国民劳动总量"，它是全社会的劳动成果，但又不包括折旧收入。❸对于非物质生产部门的劳动成果，应设置"服务劳动总量"指标，以揭示非物质生产部门的总规模、总水平、总速度及其发展规律性的数量表现，它是指"非物质生产部门在一定时期内（通常指年），用所获得的国民收入再分配总额来表示服务活动的总成果"❹。

（四）第三产业的价格

1. 服务产品价格的特点

有论者提出，服务产品价格的特点主要表现为九个方面。①价格与其成本变动递增性成正比：成本的连续递增，会带动价格成正比例上涨，且其幅度可能要超过其他物质产品成本上升的幅度。②价格体系中的差别悬殊性：不仅有各种服务产品价格之间的巨大差别，同类服务的不同的价格差别，而且现行价格与价值量相比也有较大差别。③价格变动趋势的跳跃性：技术结构的变化、理顺服务价格和第三产

---

❶ 孙冶方.关于生产劳动和非生产劳动、国民收入和国民生产总值的讨论[J].经济研究，1981（4）.

❷ 俞宗尧.关于生产劳动和非生产劳动问题[N].全国经济学团体通信，1981-09-10；向东.关于"三次产业"划分问题[J].财经理论与实践，1986（1）.

❸ 王振江.发展劳务经济的几个问题[J].经济研究参考资料，1982（21）.

❹ 卞祖武.浅谈"服务劳动总量"统计指标问题[J].财经研究，1983（3）.

业的超前发展，必然使服务价格有区别于物质产品价格循序渐进性的跳跃性。④与一般物质产品价格的相互制约性：服务产品价格与物质产品价格相互交叉地联系着，形成一个相互制约、连锁反应的关联体。⑤影响价格变动的因素是多元变量：内生变量包括固定成本、变动成本、利润率、利息率、税率、工资率、自然资源利用率以及科学技术对生产力发展的贡献率，外生变量包括服务产品的效用评价、市场供应和需求弹性的系数大小、国家行政干预的程度和消费者收入水平、消费心理倾向、服务质量的社会声望等。⑥价格竞争中的相对垄断性：专利性服务产品、具有主要地位和特殊使命的服务产品、资源利用的有限性和环境保护的利益性决定的服务产品，具有相对垄断性。⑦价格的社会声望性：同样内容的服务产品，社会声望不同，价格水平就不同。⑧价格形式的多样性：从再生产和流通过程、部门性质、所有制关系、价格管理方法看，服务价格形式是多样化的。⑨价格中包含较高盈利额：大多数服务产品物化劳动消耗少，活劳动消耗大，V所创造的 M 也相应较大。❶

2. 第三产业价格形成的基础

关于服务价格形成的基础，主要有四种意见：①价值，即生产某种服务所花费的平均社会必要劳动时间。②生产价格，具体表现为服务成本与社会平均利润额之和。③既不是价值，也不是服务价格，而是成本、政策和利益的统一体。④生产满足社会需要量的某种服务的劳动时间（指社会必要劳动时间的第二层涵义）。❷

关于科技产品价格形成的基础，主要有三种意见：①科技产品价格以社会必要劳动时间决定的价值量为基础。②科技产品价格是以最小个别劳动时间和最高质量使用价值的统一为基础；科技商品的价值是由社会最优的生产条件、最优的智力水平和劳动强度下的劳动耗费决定的。❸③科技商品价格形成的现实基础是科技商品的变形价值，即

---

❶　金建.试论第三产业中服务性劳动产品价格的特点[J].暨南大学研究生学报，1986（1）.

❷　胡柏锁，张辉，杨飚.陕西省价格学会讨论第三产业价格[J].经济学动态，1986（4）.

❸　于君.科技商品价格理论探索[J].财贸经济，1986（5）.

以科技商品投产使用后所带来的新增经济效益表现出来的科技商品的价值的特殊的转化形态。论据是：科技商品的价格形成不存在部门平均成本，科技产品价值的衍生性（投产后带来很大经济效益）决定了科技商品的个别成本对于其价格形成没有实在意义，科技商品多次售卖的可能性和不定性使其个别成本的合理分摊成为难事，因此科技商品的价格形成不能套用实物商品的价格模式"成本＋利润"。而科技商品的使用价值是其价值转化的内在因素；现实经济关系的发展是科技商品价值特殊转化的外在因素，促使其价格以其变形价值为基础。❶

3. 劳务产品与实物产品的价格剪刀差

有论者提出，在实物产品与劳务产品的交换中，劳务产品的相对价值量是通过一定的实物产品表现出来的。只要实物产品的劳动生产率的增长速度超过劳务产品的劳动生产率的增长速度，劳务产品的相对价值量就一定会增大。而实际上，实物生产领域提高生产率主要依赖生产技术因素，服务领域提高生产率主要靠服务劳动者的个人因素，甚至只能靠"手工操作"，所以，一般地说，实物生产率的增长率比起劳务生产率的增长率要高得多。这样在两大领域按价值交换产品时，单位劳务产品换得的实物产品量就越来越多。这种交换变化率反映在物价上就是：如果实物产品的价格不变，劳务价格就应提高；如果实物产品的价格提高，劳务产品价格提高的幅度就应更大。应清醒地注意劳务产品的相对价值量的这种发展趋势并制定合理的劳务价格，否则，势必使实物产品与劳务产品之间的价格"剪刀差"扩大。❷

4. 第三产业的价格策略

有的论者提出，价格策略是定价目标和定价方法的统一。服务业经营中价格策略的选择运用有利于服务业的正常经营，缓和服务供求矛盾，有效利用社会资源；有助于保持市场价格水平的相对稳定，国家在价格开放条件下对企业定价的管理与指导。各种价格策略可划分为：①以刺激社会需求为主要目的的价格策略；②以限止消费增加为目标的价格策略；③以调节短期需求为目的的价格策略；④以满足不

---

❶ 贾秀岩，李国强．论科技产品的价格形成[J]．南开学报，1986（2）．

❷ 李江帆．第三产业发展战略初探[J]．中青年经济论坛，1985（8）．

同层次消费需要为目的的价格策略；⑤以协调消费连带要求为目的的价格策略。❶

四、第三产业的再生产和流通

（一）三次产业分类法与两大部类的关系

第一种意见认为，三次产业分类法与马克思两大部类的理论相悖。三次产业的划分和马克思再生产理论中将物质产品分为第Ⅰ部类和第Ⅱ部类，毫无共同之处。❷

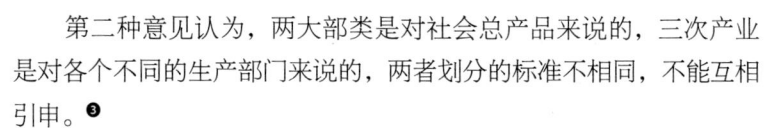

第二种意见认为，两大部类是对社会总产品来说的，三次产业是对各个不同的生产部门来说的，两者划分的标准不相同，不能互相引申。❸

第三种意见认为，三次产业与两大部类划分法可以并行不悖。随着第三产业的独立化和迅速发展，应对只限于物质生产领域的两大部类分类法加以修正和补充，增加或引进服务产品的因素。大致有五种修正方案。

（1）在第Ⅰ、第Ⅱ部类以外增加一个以第三产业为内容的第Ⅲ部类。第Ⅰ部类是生产资料部类，第Ⅱ部类是消费资料部类，第Ⅲ部类是服务部类，或者说，是"以科学、教育等信息生产为主的服务部类"。❹

（2）把社会生产的第Ⅱ部类分解为两个亚类：亚类A（$Ⅱ_A$）生产物质消费品，亚类B（$Ⅱ_B$）生产劳务消费品。其理由为：①把劳务产品独立划分为一个部类，不符合马克思的方法。劳务产品最终在用途上不是用于生产性消费，就是用于生活性消费，不会有第三类消费。②至少在目前，直接用于生产上的劳务还不占很大比重，所以把劳务

---

❶ 唐豪.服务业经营的价格策略及其选择[J].河北财经学院学报，1986（2）.

❷ 第三产业[J].贵州财经学院学报，1983（2）.

❸ 吴建春.这次顾虑是多余的[N].世界经济导报，1981-08-24.

❹ 何小锋.劳务价值论初探[J].经济研究，1981（4）；罗劲柏，何祚庥.论三大部类的划分及其对现代化经济发展的预测的意义[J].未来与发展，1981（2）；顾宝孚.服务部门的独立化以及对再生产实现条件的修正[J].经济科学，1980（8）.

产品看成消费品的一个部分。❶

（3）把社会生产划分为四个部类：物质生产资料的生产（I_p）、物质消费资料的生产（II_p）、非物质生产资料的生产（III_p）和非物质生产资料的生产（IV_p）。❷

（4）社会生产两大部类的分类维持不变，但将服务产品引进其中，扩充其内容：两大部类各设两个副类：I_a 实物形式的生产资料，I_b 服务形式的生产资料（技术服务、咨询信息服务、仓储服务、货运服务……），II_a 实物消费品，II_b 服务消费品（教育、文娱、客运、旅游、生活等服务）。其理由为：①服务产品可以根据其使用价值的不同，分归第一部类或第二部类，恰好不是违背而是丰富了两大部类划分法；马克思尽管在社会再生产中舍象了第三产业问题，但早已论及它的产品。②将第三产业单独划为第三部类，犯了形式逻辑错误：划分第一、第二部类时依据的是"产品用途"的标准，划分第一、第二部类与"第三部类"时依据的是"产品形态"的标准，必导致三个子项间重复交叉。❸

（5）把国民经济分为如下三大类型：A.创造物质资料的经济部门，下分第I、II部类；直接为物质资料生产服务的劳务、为物质资料消费服务的劳务分属两大部类；B.提供非物质产品的劳务部门；C.综合管理的经济部门；此外还有D，上层建筑部门，纯粹的国家机关和军队。❹

（二）社会再生产和流通表式的修正

将马克思当年舍象的第三产业因素引进社会再生产理论，必然要对《资本论》中分析的社会再生产表式进行修正和补充。根据对服务产品的性质（是否具有价值？在什么范围内有价值？使用价值的最终用途是什么？）的不同认识，在讨论中提出的修正方案大致有三大类型。

---

❶ 王慎之，肖永年.试论劳务和劳务流通[J].经济研究参考资料，1981（190）.

❷ 沙吉才，孙长宁.关于社会主义制度下的生产劳动问题[J].经济学动态，1981（8）.

❸ 李江帆.第三产业与两大部类的关系试析[J].体制改革探索，1986（3）.

❹ 方民生.国民经济分类法比较[J].经济问题探索，1983（1）.

第一类型:"价值"型。其前提是所有(用于交换的)服务产品都具有价值,可分为:C——服务生产过程中耗费的服务劳动设施、物料、燃料及构成生产必备条件的服务产品的价值;V——服务劳动者的必要劳动创造的价值;M——服务劳动者的剩余劳动创造的价值。依据对生产部类的不同划分,又分为如下 4 种表式。

1. 三部类表式[1]

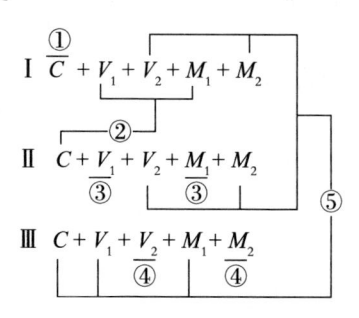

$$\text{I} \quad \underset{①}{C} + V_1 + V_2 + M_1 + M_2$$

$$\text{II} \quad C + \underset{③}{V_1} + V_2 + \underset{③}{M_1} + M_2$$

$$\text{III} \quad C + V_1 + \underset{④}{V_2} + M_1 + \underset{④}{M_2}$$

式中,Ⅰ、Ⅱ表示第一、二部类;Ⅲ表示服务部门;V_1、M_1 分别表示工人、资本家所需消费的实物生活资料的价值;V_2、M_2 分别表示工人、资本家所需消费(消费性)劳务的价值(以下表式若无特别说明,下角标涵义相同)。

社会简单再生产的实现条件是

(1)Ⅰ($V+M$)= ⅡC

(2)Ⅰ(V_2+M_2)+ Ⅱ(V_2+M_2)= Ⅲ($C+V_1+M_1$)

扩大再生产的实现条件是

(1)Ⅰ($V+\Delta V+M-\Delta M$)= Ⅱ($C+\Delta C$)

(2)$\sum_{\text{ⅠⅡ部类}}$($V_2+\Delta V_2+M_2-\Delta M_2$)= Ⅲ($C+\Delta C+V_1+\Delta V_1+M_1-\Delta M_1$)

式中,ΔV 表示追加 V;ΔC 表示追加 C;ΔM 表示 M 中扣除了扩大再生产追加 ΔV 和 ΔC 后用于资本家消费的部分。

此表式的特点是:①认为服务过程的劳动资料是生活资料;②所有劳务均用于生活消费;③物质生产和劳务生产过程均不需用劳务充当生产要素。

---

[1] 何小锋. 劳务价值论初探 [J]. 经济研究,1981(4). 表式中具体数字从略,下同。

2. 四部类表式 [1]

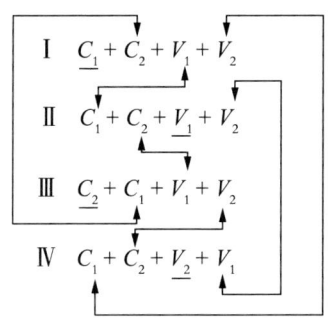

$$\text{I} \quad \underline{C_1} + C_2 + V_1 + V_2 \quad \text{物质生产资料}$$
$$\text{II} \quad C_1 + C_2 + \underline{V_1} + V_2 \quad \text{物质消费资料}$$
$$\text{III} \quad \underline{C_2} + C_1 + V_1 + V_2 \quad \text{非物质生产资料}$$
$$\text{IV} \quad C_1 + C_2 + \underline{V_2} + V_1 \quad \text{非物质消费资料}$$

式中，C_1、C_2 分别表示生产过程所需的物质生产资料和非物质生产资料。

此表式的特点是：①认为服务过程的劳动设施和设备是"非物质生产的生产资料"；②将非物质资料分为生产资料和消费资料两部分；③认为所有生产过程均需非物质资料充当生产要素；④在简单再生产的情况下，没有 M。

3. 两部类、两副类（II_A、II_B）表式 [2]

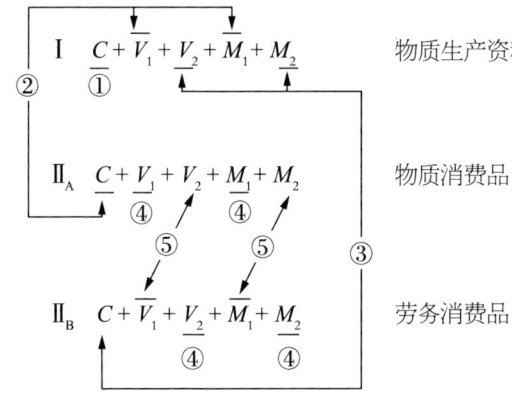

$$\text{I} \quad C + \overline{V_1} + V_2 + \overline{M_1} + M_2 \quad \text{物质生产资料}$$
$$\text{II}_\text{A} \quad C + V_1 + V_2 + M_1 + M_2 \quad \text{物质消费品}$$
$$\text{II}_\text{B} \quad C + \overline{V_1} + V_2 + \overline{M_1} + M_2 \quad \text{劳务消费品}$$

简单再生产的实现条件是

$$\text{I}\,(V_1 + V_2) + (M_1 + M_2) = \text{II}_\text{A} C + \text{II}_\text{B} C$$
$$\text{I}\,(V + M) = \text{II}\, C$$

---

[1] 沙吉才，孙长宁. 关于社会主义制度下的生产劳动问题 [J]. 经济学动态，1981（8）. 表式经引者简化。

[2] 王慎之，肖永年. 试论劳务和劳务流通 [J]. 经济研究参考资料，1981（190）.

扩大再生产的实现条件是

$$I(V_1+\Delta V_1)+(V_2+\Delta V_2)+\left(\frac{M_1}{X}+\frac{M_2}{X}\right)=I_A(C+\Delta C)+II_B(C+\Delta C)$$

$$I\left(V+\Delta V+\frac{M}{X}\right)=II(C+\Delta C)$$

还有论者将上两个条件进一步概括如下。

简单再生产的实现条件为：同时具备如下三个条件[1]。

$$I(V_1+M_1)=II_AC$$

$$I(V_2+M_2)=II_BC$$

$$II_A(V_2+M_2)=II_B(V_1+M_1)$$

扩大再生产的实现条件为：同时具备如下三个条件。

（1）$I\left(V_1+\Delta V_1+\frac{M_1}{X}\right)=II_A(C+\Delta C)$

（2）$I\left(V_2+\Delta V_2+\frac{M_2}{X}\right)=II_B(C+\Delta C)$

（3）$II_A\left(V_2+\Delta V_2+\frac{M_2}{X}\right)=II_B\left(V_1+\Delta V_1+\frac{M_1}{X}\right)$

式中，$\frac{M_1}{X}$、$\frac{M_2}{X}$ 分别表示资本家个人消费物质消费品和劳务消费品部分（X表示用于个人消费）。

此表式的特点是：①将劳务看成消费品的一部分；②认为生产过程不需劳务当生产要素；③认为服务过程的劳动资料是生产资料。

4. 两部类、四副类（I_a、I_b、II_a、II_b）表式[2]

简单再生产的实现条件应为

$I(V+M)=IIC$，且 $I(V_1+M_1)=II_aC$，或 $I(V_2+M_2)=II_bC$

派生公式为

（1）$IIC+IIC=I(C+V+M)$

且 $IC_1+IIC_1=I_a(C+V+M)$，或 $IC_2+IIC_2=I_b(C+V+M)$

---

[1] 吴国华. 第三产业和商品流通 [J]. 求是学刊，1986（1）.

[2] 李江帆. 把第三产业纳入再生产公式 [J]. 贵州社会科学（经济版），1986（7）.

（2）Ⅰ$(V+M)$ + Ⅱ$(V+M)$ = Ⅱ$(C+V+M)$

且 Ⅰ(V_1+M_1) + Ⅱ(V_1+M_1) = Ⅱ$_a(C+V+M)$

或 Ⅰ(V_2+M_2) + Ⅱ(V_2+M_2) = Ⅱ$_b(C+V+M)$

$$\begin{array}{ll} \text{Ⅰ}_a\ \underline{C_1+C_2}+\overline{V_1+M_1}+\overline{V_2+M_2} & \text{实物形式生产资料} \\ \text{Ⅰ}_b\ \underline{C_1+C_2}+\overline{V_1+M_1}+\overline{V_2+M_2} & \text{服务形式生产资料} \\ \text{Ⅱ}_a\ \underline{C_1+C_2}+\overline{V_1+M_1}+\overline{V_2+M_2} & \text{实物消费品} \\ \text{Ⅱ}_b\ \underline{C_1+C_2}+\overline{V_1+M_1}+\overline{V_2+M_2} & \text{服务消费品} \end{array}$$

此表式的特点是：①按使用价值不同，将服务分为服务形式生产资料和服务消费品，分归第一、二部类；②认为实物生产和服务生产均需服务产品当生产资料；③以Ⅰ$_a$、Ⅱ$_a$反映第一、二产业，Ⅰ$_b$、Ⅱ$_b$反映第三产业。

第二类型："积累补偿"型。其前提是，第三产业中的事业性服务单位，要靠其他有营业收入的部类提供积累来实现价值补偿。❶

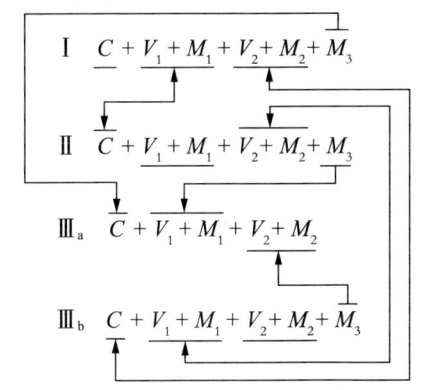

$$\begin{array}{ll} \text{Ⅰ}\ \underline{C}+\underline{V_1+M_1}+\overline{V_2+M_2+M_3} & \text{生产资料} \\ \text{Ⅱ}\ \underline{C}+\underline{V_1+M_1}+\overline{V_2+M_2+M_3} & \text{消费资料} \\ \text{Ⅲ}_a\ \underline{C}+\underline{V_1+M_1}+\overline{V_2+M_2} & \text{事业性服务} \\ \text{Ⅲ}_b\ \underline{C}+\underline{V_1+M_1}+\overline{V_2+M_2+M_3} & \text{劳务性服务} \end{array}$$

注：式中双箭头表示交换，单箭头表示分配方向。

---

❶ 顾宝孚.服务部门的独立化以及对再生产实现条件的修正[J].经济科学，1980（3）.为了便于同以上表式对比，转引者对原文符号进行了统一变换处理。

式中，M_3 表示企业超额劳动所得通过积累形式补偿事业性开支部分，M_1 表示工人奖金（用于实物消费）；M_2 表示集体福利事业的服务性开支；其余符号涵义同上。

由此，简单再生产的实现条件应修正为

（1）Ⅰ$(V+M)$ = ⅡC + ⅢC
（2）Ⅱ$(C+V_2+M_2+M_3)$ = Ⅰ(V_1+M_1) + Ⅲ(V_1+M_1)
（3）Ⅱ$_b(C+V_1+M_3+M_1)$ = Ⅰ(V_2+M_2) + Ⅱ(V_2+M_2) + Ⅲ(V_1+M_1)
（4）Ⅲ$_a(C+V+M)$ = ⅠM_3 + ⅡM_3 + Ⅲ$_bM_3$

第三类型："部分价值"型。其前提是，凝结在物质产品中的劳务形成价值；不凝结在物质产品中的劳务不创造价值，生产这些劳务的部门的收入都是通过国民收入的再分配实现的。实现社会再生产不只是要求两大部类之间的协调发展，而且要满足不创造价值的提供非物质产品的劳务部门、综合管理部门，维护生产条件部门的需要。这就要把马克思关于再生产的实现条件加以扩展（公式略）。❶

五、第三产业经济理论的研究对象

在近年的研讨中，不少专家、学者提出应当重视第三产业经济理论的研究，尽快建立服务业经济学或劳务经济学。这一新学科的研究对象应是什么？

一种意见认为，应是劳务流通领域中的经济关系及其发展变化规律。其内容为：服务业的概念、范围、性质、存在与发展的客观经济条件；劳务价值论；劳务的社会形式和社会性质；服务业在社会生产总过程中的地位、作用及其发展趋势；服务业的组织形式与结构；劳务价格；劳务市场；服务业职工的劳动报酬；服务业的经济效果；服务业的现代化。❷

另一种意见认为，应是劳务领域的生产和流通，以及分配、消费

---

❶ 方民生.国民经济分类法比较[J].经济问题探索，1983（1）.

❷ 陶桓祥，金火.对建立服务业经济学的初步意见[J].江汉论坛，1981（6）.

的经济规律。具体说来，表现在以下几个方面：物质生产和劳务生产的关系及其变化趋势；劳务经济部门的构成，劳务产品的构成，劳务的使用价值和价值，劳务的社会形式、性质、地位和作用；劳务产品的生产和流通与物质产品的生产和流通的异同点；劳务产品分配和消费的特点和形式；劳务指标体系；劳务与就业；劳务经济自身的变化趋势：劳务现代化；劳务经济的所有制结构；劳务的经济关系。❶

还有的论者提出，服务业经济理论目前应该注意研究服务业劳动的性质、服务劳动需求量与可供量之间的比例关系、服务质量、服务业劳动的组织管理等问题。❷

---

❶ 王慎之，刘国庆，肖永年，等.劳务经济学[M].北京：劳动人事出版社，1986.

❷ 薛本基.应当重视服务业经济理论的研究[J].江海学刊，1982（5）.

第三章 第三产业的形成

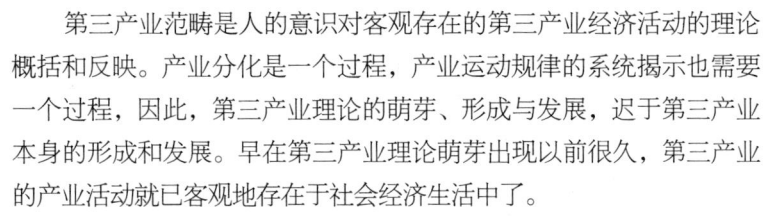

第三产业范畴是人的意识对客观存在的第三产业经济活动的理论概括和反映。产业分化是一个过程，产业运动规律的系统揭示也需要一个过程，因此，第三产业理论的萌芽、形成与发展，迟于第三产业本身的形成和发展。早在第三产业理论萌芽出现以前很久，第三产业的产业活动就已客观地存在于社会经济生活中了。

那么，第三产业是怎样形成的？它形成的标志、条件、时间和途径是什么？这就需要在人类经济发展历史回顾中进行总结和研究。

第一节 产业兴旺的顺序

如费希尔所正确指出的，人类的生产活动的发展有三个阶段，在这三个阶段中，农业、工业和服务业依次兴旺发达起来，并占据了当时生产阶段的重要地位。

一、农牧业为主的初级阶段

第一阶段是以农业和畜牧业为主的初级生产阶段，大约开始于公元前 8000 多年。人类学和考古学的科学成果证明，人类形成已有 300 多万年（也有人认为是 500 万年）的历史了，而农业的出现只不过是近一万年的事。农业的兴起是人类社会发展的第一个转折点。原始社会经济的发展可分为三个时期：旧石器时代、中石器时代和新石器时代。在旧石器时代，人类以采集和渔猎为主获得食物，使用粗糙的石器工具和木棒，并学会用火。在中石器时代，生产工具进步的主要标志是弓箭的出现，它使狩猎经济得到进一步发展。新石器时代以磨光石器为生产力发展的主要标志。中国约在七千年至一万年前进入新石器时代。这一时期出现了原始农业和畜牧业。通过长期劳动生产实践，人们在采集生活中认识和掌握了植物生长规律，经过认识和选择食物的可食性，渐渐培育出一些原始作物，由旧石器时代的采集业发展起农业。原始畜牧业则由旧石器时代的狩猎活动发展而成。农业和畜牧业的出现使人类比较稳定地获得食物来源。由于自然条件的差异，有的地方逐渐形成了比较发达的畜牧业经济，有些地方渔猎经济长期保持了重要地位，另一些地方则发展了以农业为主的综合经济。一直到18世纪，农业和畜牧业仍然是世界各国中比重最大、地位最重要的产业。可见，农业是产业发展序列中最早得到发展的产业。

二、工业为标志的第二阶段

第二阶段是以大规模的迅速发展的工业生产为标志的生产阶段，开始于18世纪末的英国工业革命。这是人类发展史上的第二次突破。当然，这并不意味着工业到这时才形成。因为，能否制造工具是人与动物的根本区别之一，而制造工具，即使是制造原始生产工具如石器、木棍等，也是一种"手工"劳动，所以，在人类区别于动物而存在时，就已有了"手工业"（这是在借喻意义上说的"手工业"，指的是用手工劳动制成手工制品。手工业作为一个行业出现需要以商品交换为条件，离开商品交换，手工业不能独立化，因为其制品无法填饱工匠的肚子）。甚至，在劳动工具的制造促进了人类的形成和发展这一意义上说，"手工业"的产生，是人类经济和文化发展的前奏。纵观历史，四五十万年前生活在周口店山洞的中国猿人制造的粗糙的石器和骨器，就是原始的"手工业"制品。距今四五千年的"仰韶文化"时代，陶器的精美，纺织工具、缝纫工具的出现，已足以说明当时"手工业"已有相当不错的发展。在人类早期的渔猎、采集经济时代，手工业是作为渔猎、采集活动的附属而混生于其中的。第二次社会大分工使手工业从农业中分离出来，第二产业作为一个独立的产业形成了。但是，在农业时代，无论是就业人数，还是产值比重，第二产业占国民经济的比重都十分小，不足以构成代表时代特征的产业。

这一状况从18世纪开始出现转变。市场的日益扩大使工场手工业生产已不能满足社会对工业品日益增长的需要，于是产生了在生产上革新技术的必要性。工业革命在英国发生了。它是以发明机械及动力的形式开始的社会变动过程。它把无生物动力广泛地应用于经济生活,激起了全球性的以机器为主体的工厂制度代替以手工技术为基础的手工工场的革命。从19世纪初叶到中下叶,美国、法国、德国、日本先后完成了工业革命。基本工业部门中机器生产和工厂制度占据了优势。纺织、钢铁和其他制造业迅速发展,工业化进程遍及各大洲。工业化使工业部门为全社会的就业和投资提供了广泛的机会,工人队伍迅速扩大,农业在国民经济中的比重下降。工业化社会的一些基本原则影响着经济和生活领域。工业的发展及其比重上升,使它成为代表第二阶段生产特征的产业。看来,工业是产业发展序列中其次兴旺发达起来的产业。

三、服务业迅速发展的第三阶段

第三阶段是以旅游、娱乐、消遣、文化、艺术、保健、教育和科学等服务业的迅速发展为特征的生产阶段。就发达国家而言,这一阶段开始于20世纪上中叶。这是人类发展史上的第三个历史转折点。在这时期,虽然不少国家仍在实现工业化的进程中,但在工业化的发达国家中,大量的人力、物力已经不是继续不断地流入农林牧渔业和工业,而是流入服务业。国民经济进入"软化"或"服务化"的阶段,逐渐向"后工业社会"迈进。

据美国经济学家丹尼尔·贝尔分析,后工业社会有五个特征。❶

(1)经济结构:从物品生产经济转向服务型经济。大多数劳动力不再从事农业和制造业,而是从事服务业,即上述两种产业之外的商业、财经、交通、卫生、娱乐、科研、教育和行政工作等。从服务业内部看,在生活服务(零售商店、洗衣店、停车场、美容院等)、企业服务(银行、财经、不动产、保险等)和其他服务(运输、通信、公用事业、卫生、教育、科研和行政管理)三者中,在后工业社会中起决定作用的是最后一类服务工作的增长。这一类服务业的增长,代表了分布在学校、科研机构和政府等部门中的新型知识分子队伍的

---

❶ 贝尔.什么是后工业社会[M]//中国科学技术情报研究所.信息社会的社会结构.北京:科学技术文献出版社,1984.

壮大。

（2）职业分布：技术阶级的崛起。工业化伊始，出现了新型劳动大军——半熟练工人，即经过几星期训练便能从事机器生产的简单操作的工人。在工业社会中，半熟练工人是劳动力中最大一类。随着服务型经济的发展，工作重心转向办公室、教育机构和政府部门，就业转向"白领职员"。专职和技术职员、科学家和工程师人数的增长率大大超过劳动力总数增长率。

（3）轴心原则：理论知识日益成为创新的源泉和制定社会政策的依据。工业社会是生产商品、协调人和机器关系的社会，后工业社会则是围绕知识，为了创新和变革、实施社会控制和指导而组织起来的社会。在这里，知识本身的特征发生了变化，理论知识占据主导地位，成为制定决策、指导变革的决定力量。理论的重要性超过了经验，知识被编码成抽象的符号系统，能用以描述迥然不同的经验。理论和知识正日益成为社会的战略资源即轴心原则，而学校、研究所和智力部门正日益成为新型社会的轴心机构。

（4）未来方向：技术控制和技术评价。新的预测方法和计划规划技术的产生，有可能预先自觉地规划技术变革，从而减少未来经济的不定因素。

（5）决策方式：新的智能技术诞生。由信息论、控制论、决策论、博弈论、功效学、随机过程等新兴理论的应用而开发的智能技术，使一系列决策原则规范化，以管理有大量相互作用变元的大系统，使之互相协调以达到特定目标。

简而言之，服务化或后工业化阶段，具有以知识及技术特点的变化为前提，其责任承担者专业技术阶层地位优越，服务部门占有较大比重这样一些特征。可见，服务业是迄今人类产业发展序列中最后兴旺起来的产业。

第二节　第三产业形成的标志

第三产业是 20 世纪上中叶以后才开始在国民经济中占据重要地位的，是迄今在人类产业发展序列中最后兴旺起来的产业。但是，这并不意味着在20世纪才开始形成第三产业。那么，第三产业是什么时候形成的？这就要分析第三产业的形成有什么标志。

根据笔者的研究，作为一个完整的而不是萌芽状态的产业，第三产业形成至少有如下三个标志。

一、服务部门独立化

服务部门独立化，指第三产业的服务性活动不再从属于第一、二产业的实物生产活动，而是从后者中独立、分化出来，形成自成体系的独立行业。

从人类历史看，一些第三产业活动早在远古时期就已存在了。人类出现之初，就有了医疗活动。原始人类能用燧石刀施行剖腹产、卵巢切除、断肢术、穿耳鼻术及穿颅术等。山顶洞人不仅将石针、骨针用作生产工具，还用作医疗工具，针刺皮肤表层，或穿静脉放血，刺破脓疡以排脓。❶再如，无论从人类社会的存在还是人类本身的延续来说，人类社会从一开始就需要教育。在原始社会，人类开始由年长一代把通过劳动获得和积累的经验、技能、知识传授给年轻一代。这一教育活动随着前氏族时期到母系氏族时期、父系氏族时期、"军事民主制"时期的发展而发展。❷再以艺术为例，人类学家和考古学家认为，艺术萌芽于旧石器时代中期，大量艺术作品发现在旧石器时代晚期及以后。从旧石器时代晚期欧洲的马格德林时期（约公元前2万—前1万年）的绘图中可见到有穿着舞衣跳舞的人。我国青海省大通县上孙家寨出土的一个距今四五千年的马家窑文化彩陶盆，其内壁上画有一群跳舞的妇女，她们并肩携手，翩翩起舞，头上垂有发辫，腰下饰带随风飘拂，舞步轻盈，姿态真切，给人以美感。❸但是，原始社会这些如今可以称为第三产业活动的劳动的存在，并不表明第三产业已形成。因为，原始医疗活动、教育活动、文艺活动、运输活动、通信

---

❶ 薛愚. 中国药学史料 [M]. 北京：人民卫生出版社，1984：1-3.

❷ 王天一，夏之莲，朱美玉. 外国教育史：上册 [M]. 北京：北京师范大学出版社，1984：3-13.

❸ 林耀华. 原始社会史 [M]. 北京：中华书局，1984：428.

活动,只是作为采集经济、狩猎经济或原始农业经济的一种附属活动,混生于实物生产过程中,并没有独立化,也没有形成行业。原始人在和野兽搏斗而致伤或因风雨袭击而患外感疾病时,同伴们凭简单的医疗知识,甚至凭本能对伤者进行护理,这是猎人当医士。年幼一代呱呱落地,逐渐懂事,氏族或部落中有经验的长者在劳动和生活中对他们传授生产知识、生活知识、宗教知识和军事知识,这是长辈当教师。在晚间,从工作劳累中休息放松的原始人感到一种自然的生理要求,要活动自己的肢体,以轻松的形式把自己的心情和感受传达给别人,表达满足、适意和从原始式生活中得来的欢快,于是通过载歌载舞,模仿动物的动作,再现生产过程和生活中的大事,这是劳动者当演员。从整体上说,全体社会成员都要参加实物生产劳动,并以此为主要活动。从局部上说,在个别的场合、个别的时间里,同样的成员也从事一些非专业化的简单服务活动,但是,并不存在专业化的、脱离实物性生产的服务行业和服务人员。

只有当服务生产过程从实物生产过程中分离出来,服务人员职业化,专门从事服务生产,服务劳动成果以区别于实物劳动成果的形式独立存在时,第三产业才作为一个独立化的经济部门,从第一、二产业中分化出来,变附属性地位为独立地位,从而形成一个产业。这是第三产业形成的第一个标志。可见,把握第三产业形成的标志,首要的是要区分处于附属地位的第三产业活动与处于独立地位的第三产业本身。

二、服务行业门类齐全

服务行业门类齐全,指从工农业中独立出来的不只是个别服务业,而是构成一个有机整体的、门类繁多、业种比较齐全的众多服务行业。

第三产业作为一个大系统,是由一系列子系统即分支服务行业构成的。如果社会上独立化的只有个别服务行业,那还不足以构成第三产业这个大系统。事实上,从第三次社会大分工开始,商业已从工农业中分离出来,形成一个独立服务部门。但这只构成第三产业的分支部门,而未形成第三产业整体。充其量只能说,出现了第三产业萌芽。可以推断,在第三次社会大分工以后,还有第四次、第五次、第六次等社会大分工，使第三产业的其他服务部门陆续独立化，进而构成一个门类齐全的服务系统——第三产业。工农业的发展和商业的独立化，使运输业独立化成为必要。城市的形成和城乡的物资交流，使人员、物资流动频繁，促使旅店业、饮食业独立化。商品经济的发展使金融业独立化，改造自然的斗争的深入和拓宽，使科学业独立化并得到发展；劳动水平的提高和劳动技能的复杂化，促进教育业的独立化。生产和生活的发展使艺术业也成为一个行业。尽管我们还难以断定这些服务行业独立化的准确顺序，而且，由于这些行业的从业人员在古代社会里比重甚微，因此，第四次、第五次、第六次等社会大分工的规模及其影响也许不能与前三次社会大分工相比，但是，可以肯定的是，三次社会大分工并没有囊括人类发展史上的主要社会分工，尤其是第三产业形成过程中意义深远的大分工。恩格斯提及"从事单纯体力劳动的群众同管理劳动、经营商业和掌管国事以及后来从事艺术和科学的少数特权分子之间的大分工"[1]，实际上包括了第三次及以后的社会分工。正是第三次社会大分工及其后发生的进一步的社会大分工，使整体第三产业得以形成。

当然，服务部门门类齐全，只是一个历史的概念，具有相对性。相当多第三产业分支部门古而有之，构成第三产业的"传统行业"；不少第三产业分支部门，或是在现代才出现，或是由传统行业发展起来，但在内涵和外延上都有别于"传统行业"，构成第三产业的"新兴行业"。当第三产业的主要"传统行业"如商业、交通运输业、通信业、饮食业、金融业、公用事业、居民服务业、旅业、教育业、文化业、卫生业、体育业等都已经出现的时候，我们就可以认为整体第三产业形成了。至于"新兴行业"如电信业、现代咨询信息业、技术服务业、广播电视业、国际互联网行业的出现，是第三产业的发展而不是其形成的问题。因此，把握第三产业形成的标志，其次是要区分第三产业的个别行业与门类齐全的第三产业整体。

---

[1] 马克思恩格斯全集：第 20 卷 [M]. 中共中央马克思恩格斯列宁斯大林著作编译局，译．北京：人民出版社，1971：197.

三、服务劳动具有职业性

服务劳动具有职业性，指第三产业的服务劳动由自我服务，或为亲属和氏族、家庭成员的义务性无酬服务转化为职业性服务。

职业性劳动，是人们从事的以谋生为目的的专门性劳动。职业性劳动一是具有专门性，劳动者固定地而不是偶然地从事某一特定的工作，二是具有收益性或（全部或部分）有偿性，职业劳动以谋生为目的，必须获得收益或补偿，不能以义务劳动或自我服务的形式存在。不过，这种收益性或有偿性在不同的社会形态下有不同的实现形式。在奴隶社会，具有部分有偿性的奴隶职业性服务劳动，全部表现为无偿劳动。而在资本主义社会，雇佣工人的服务劳动则全部表现为有偿劳动。

在早期的人类社会中，服务劳动主要是采取非职业性的形式存在的。生产服务，如产品设计、运输、贮存等服务，混生于原始的农业和手工业劳动中，劳动者只是偶尔兼做服务劳动。其收益性也不表现为服务劳动的成果，而表现为实物性劳动的成果，如工农业产品。生活性服务的相当大的部分，如饮食服务、养育服务、医疗服务、教育服务、文化服务和家务服务，则混生于原始人的日常生活中，以自我服务或义务服务的形式存在。从人员来说，没有专职的服务人员；从时间来说，人们只是偶然在业余时间里从事服务工作；从目的来看，服务劳动并不作为谋生手段而存在。因此，以原始渔农牧业为职业的原始人在业余时间里从事的、不以谋生为目的、不具有收益性的服务劳动，并不构成经济行业的职业服务，不能成为第三产业形成的标志。

随着专业化分工的发展，自我服务、义务服务中越来越大的部分由专业劳动者来承担，逐渐向职业性服务转化。服务劳动者以服务业为生，或通过向服务的直接消费者出售服务，或通过向社会公共机构出售服务，或通过服务获取生存资料。这时，这些服务劳动就具备了职业性，因而构成第三产业的活动内容。可见，把握第三产业形成的标志，还要区分自我服务、义务服务与职业性服务。

第三节　第三产业形成的条件

第三产业形成需要具备以下四个基本经济条件。

一、生产力条件

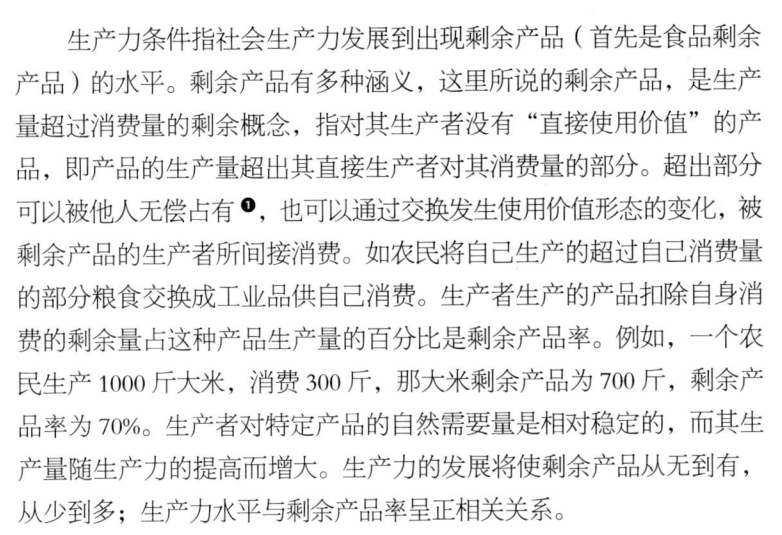

生产力条件指社会生产力发展到出现剩余产品（首先是食品剩余产品）的水平。剩余产品有多种涵义，这里所说的剩余产品，是生产量超过消费量的剩余概念，指对其生产者没有"直接使用价值"的产品，即产品的生产量超出其直接生产者对其消费量的部分。超出部分可以被他人无偿占有❶，也可以通过交换发生使用价值形态的变化，被剩余产品的生产者所间接消费。如农民将自己生产的超过自己消费量的部分粮食交换成工业品供自己消费。生产者生产的产品扣除自身消费的剩余量占这种产品生产量的百分比是剩余产品率。例如，一个农民生产 1000 斤大米，消费 300 斤，那大米剩余产品为 700 斤，剩余产品率为 70%。生产者对特定产品的自然需要量是相对稳定的，而其生产量随生产力的提高而增大。生产力的发展将使剩余产品从无到有，从少到多；生产力水平与剩余产品率呈正相关关系。

从需求层次看，满足人最低级、最基本需要的产品是粮食。人区别于动物的特征之一是，动物靠对各种天然食物的攫取而生存，人类除了攫取天然食物外，还能够通过种植和养殖业劳动，生产粮食，维持生命。在人类形成的初期，社会生产力水平低下，有劳动能力的原始人都参加食物生产，也无法稳定地满足他们对食物的基本需要，以致在食物匮乏时，甚至自相残杀，食人充饥。在食物剩余产品为零甚至负数的情况下，包括第三产业在内的非食物生产行业，因缺乏基本食物，不可能独立形成。这时只存在一些非职业性的服务活动。

当社会生产力发展到食物生产出现剩余产品的时候，人类才有可能从狩猎、采集和种植业中腾出一部分劳动力，脱离食物生产，从事独立化的职业性服务生产，如医疗服务、教育服务、科学服务等，提

---

❶ 马克思政治经济学所论的剩余价值的物质承担者。

供服务产品供社会成员消费。食物生产者将食物生产量大于自身消费量而形成的食物剩余产品的一部分，交换服务产品（如医疗、教育、科学服务等）供自己消费。这一交换为医生、教师、科学家等服务生产者提供了食物来源。服务产品的生产者（如医生、教师、科学家等），将服务产品生产量大于自身消费量形成的服务剩余产品的一部分，交换食物供自己消费。这一交换为食物生产者提供了服务产品的来源。据《论语·述而》，孔曰："自行束脩以上，吾未尝无诲焉。"这里讲的学生送束脩（十条腊肉干）作为学费，拜孔子为师，就是食物剩余产品与教育服务剩余产品的交换。工业剩余产品与食物剩余产品和服务剩余产品的交换同此理。食物、服务和工业的剩余产品互相交换，使社会对食物、服务和工业品的需要得到程度不同的满足。社会生产力的发展水平与粮食剩余产品率和服务产品的占有率（服务产品在消费结构中的比率）呈正相关关系。只有社会生产力发展到出现食物剩余产品的水平，才可为第三产业的形成，在生产条件上提供基本可能性。

从服务产品来说，服务人员自身需要的服务量通常只占其生产的服务产品量的一小部分。绝大部分服务产品从它独立存在的时候起，就是为他人生产的产品，为交换而生产的产品。假定一个理发师一个月提供的理发服务为480头次（按每头次理发服务需半小时，每天工作8小时，每月30天计），而他自己每月需要的理发服务仅为一头次，479头次的理发服务都是用于交换的剩余产品（如考虑到理发师难以自我理发，要靠他人为他理发，那么他生产的480头次理发服务都是用于交换的剩余产品）。与粮食生产需生产力提到一定水平才出现剩余产品不同，服务业生产力很低时已有剩余服务产品存在。如果服务生产力水平极端的低，生产的服务产品只够自己消费，服务业完全没有剩余产品存在，服务业无法用剩余服务产品去交换食物和其他生活资料，职业性服务人员无法存活，服务业就不能独立存在。所以，服务业从其独立存在之时起就有用于交换的剩余服务产品。

生产力的发展提高了粮食以至农业的剩余产品率，也促进了工业生产率和服务业生产率的提高，使单位时间生产的工业品和服务产品增多，提高了工业和服务业的剩余产品率，因而，社会生产力的发展水平与工业剩余产品率、服务业剩余产品率都呈正相关关系。生产力越发展，工业剩余产品和服务剩余产品就越多。智能化工业生产线和服务机器人的应用，大大提高了工业和服务业生产效率，使工业品和服务产品的生产量超出其生产者的消费量的部分大为增大。因工业品和服务产品满足的不是人类生存的最基本的食物需要，而是食物以外的更高层次的、更多样化的需要，工业和服务业的剩余产品率随社会生产力的发展而提高，使人类消费因工业品和服务产品的加入变得丰富多彩。这虽不构成第三产业形成的条件，但却是构成第三产业发展的不可或缺的条件。服务生产力的提高，使服务产品的生产量超出其生产者对其消费量的剩余部分增大，增加了服务业与其他部门交换的服务剩余产品量。所以，服务生产力的提高，为支撑其他产业（农业、工业，以及其他服务业）的发展提供了基础。

二、需求条件

需求条件指社会对服务产品的需求量足以支撑第三产业独立化。人类从事生产是为了满足自己的消费需求，因此，需求的有无，决定了相关生产的存在与否；需求的大小，决定了相关生产规模的大小；需求结构的内容及其变化，决定了生产结构的内容及其变化。任何行业要独立化，除了必须具备生产条件，即投入该行业生产中的人力、物力和财力，还必须具备需求条件。这就是：对特定产品的需求不仅应该存在，而且要增大到足以进行经济规模生产的程度。因为，如果在不存在需求的情况下从事相关产品的生产，产品必然无法让渡给消费者，致使再生产无法进行。如果仅有需求，但还未达到经济规模的程度，那么，企业从事生产虽可以将所生产的产品让渡给消费者，但因生产规模过小，致使生产成本大为提高，也无法维持再生产。所以，任何企业以至产业，其生产规模必须达到最低的起点，才能存在。这就要求社会对其产品的需求量也应达到支撑生产规模最低起点的相应量。因此，社会生产力发展到出现剩余产品的水平，只是使第三产业独立化有了可能性，而第三产业有无必要独立化，还取决于社会对服务产品的需求量是否增大到足以支撑第三产业独立化的程度。对第三产业分支行业来说是如此，对整体第三产业来说也是如此，对当代层出不穷地涌现的第三产业新兴行业更是如此。

在人类文明发展的初期，对服务产品的需求因受生产条件限制，绝对量很少，在需求结构中所占的份额微乎其微，靠零星的、业余进行的义务服务或自我服务便可得到基本满足，因此，即使出现粮食剩余产品，使劳动力投入服务业具备可能性，第三产业也会因需求量不足而不可能形成。只有社会对服务产品的需求量随着消费者的消费水平、兴趣爱好等因素的变化，逐步增大到足以刺激其生产独立化的时候，第三产业的分支行业才有可能分别出现，并经进一步发展，形成第三产业整体。可见，社会对服务产品的起点规模的需求，是第三产业得以形成的重要经济条件。

从第三产业与第一、二产业的供求特性看，工农业产品是实物产品，生产与消费间可以通过产品存储或转移来缓冲。从空间来看，本地产品可以转移到外地销售。从时间来看，今年卖不完，可以贮存到明年再卖。改革开放以来，中国制造业得到迅速发展，除了有工业研发、厂房和用地、资金、设备、技术、工人、政府配套政策支持以外，很重要的是，有遍及全世界的需求支撑，引进跨国公司，搞好供给能力，按订单生产产品，可以通过高效物流系统，运到世界各国销售。

与此不同，服务产品是非实物产品，不能存储，不能转移，服务生产与服务消费之间缺乏缓冲机制，生产与消费须同时同地进行。因此，对服务需求要求特别严格。仅有良好的服务供给条件，如高效率的生产资料，高水平的服务设计师，熟悉服务技能和操作规程的服务人员，充足的资本和金融支持服务，对第三产业的形成来说，还不是充分必要条件。还要有足以支撑新服务行业形成和发展的需求量，包括：本地常住人口和流动人口对生产服务和生活服务产品的需求量，在服务半径之内的外地服务需求量，科技进步和网络技术的发展决定的服务输出的水平，服务市场的支撑力度，支持服务业独立化的服务起点规模，服务生产率对服务经营业绩的影响，等等。如果本地需求量不足，外地需求超出服务半径就无法波及本地，即使服务供给的人力、物力、财力条件很强，服务业的没有需求的支撑，也只是"空中楼阁"。因此，第三产业的形成和发展，必须特别重视服务需求研究，不能从"供给决定论"的思路去发展，只把关注点放在服务供给能力的营造，如服务土地、服务场所和服务设施、人员及其生活环境的改善上，而要从"服务供求决定论"的视野，从供给和需求两个方面考虑，特别是否具备需求条件，仔细考虑服务行业存在的可行性。

三、效率条件

效率条件指服务行业独立化能使服务效率提高。当社会已具备生产力和需求条件，即社会生产力发展到出现粮食剩余产品的水平，社会对服务产品的需求也足以支撑第三产业独立化的时候，第三产业也不一定必然形成。因为，社会所需的服务产品，既可以由混生在实物生产过程或生活过程中的非独立化的服务生产过程提供，也可以由独立于实物生产过程之外的专业性服务行业来生产。例如，工农业生产者可以兼营商业服务活动，自产自销；也可以从事运输服务活动，自产自运。在这种情况下，决定服务行业是否独立化的经济条件，是服务行业独立化对服务效率的影响。

早期服务生产采取与实物生产过程或生活过程混生在一起的形式存在。它与独立化的专业性服务生产相比，二者的生产形式、生产手段（工具）、生产人员不尽相同。混生形态的服务生产过程与实物生产过程交织，生产手段二者混同（如原始人的石针、骨针，既作生产工具，又作医疗工具），生产人员"一身数任"；专业性服务生产过程则独立于实物生产过程之外，服务生产手段专用化，服务人员专门化。但是，二者的生产成果是相同的，都生产同样性质的服务产品。因此，就存在着可以相互比较的投入产出关系。就同样的服务产品所需的人财物投入量来说，服务行业独立化后与独立化前相比，可能出现效率提高、效率不变和效率下降三种情况。人类生产过程中的时间节约规律的作用，会使繁杂的生产行为趋向一个方向——节约劳动时间。这使各产业的形成、分化、重新组合过程，都朝着节约时间、提高效率的大方向进行。如果服务业独立化使服务效率不变或下降，那么，混生状态的服务就缺乏动力机制向独立化的专业性服务转化。如果服务行业独立化使服务效率提高，混生状态的服务就会顺应时间节约的趋向，转化为专业性服务，实现服务行业的独立化。服务行业独立化之后与之前相比，服务效率的增长率越大，服务行业独立化的过程进行得越迅速。一句话，高效率成了服务行业独立化的动力和基本条件。

从服务行业的分化历史来看也是如此。一些服务行业独立化后能大幅度提高服务效率，这些服务行业就较早地从工农业中分化出来。以专用的运输工具和技术熟练的运输的人员进行的专业运输服务，可以为数个工农业生产单位提供服务，大大减少了服务设备的闲置率，因此，运输业在历史上很早就独立化了。据史料记载，我国商代甲骨文中就有了舟船和航运工具如帆等的文字记载。周武王时期，已设有专门管理舟楫的官吏，并有完备的舟楫管理制度。❶ 又如，商业独立化后，可以节省流通费用，扩大流通领域，加快商品流通速度，比起工农业兼营商业效率高得多，因此，商业在第三次社会大分工时便从原始农业和手工业中分化出来。相反，在古代的历史条件下，一些服务行业专业化经营后的服务效率提高不大，甚至有所下降，故其独立化进程就较慢。咨询信息服务业和技术服务业就是如此。可见，服务行业独立化能使服务效率提高，也是第三产业形成的重要经济条件。

在推进第三产业行业的形成与发展的进程中，对服务的外部化还是内部化，要坚持效率原则，不要先验论地认为，外部化的服务效率必然高于混生在实物生产或生活过程中的内部服务部门的效率。不同的情况，有不同的结果。要一切从实际出发，因地制宜，依据不同条件，考察比较其效率，确定效率高低作为唯一选项。

在以后的分析中❷，我们还会看到，制造业服务化的动因是服务化使效率提高导致的企业利益提升。如果服务化不能推动企业生产效率提高，反而使效率下降、收益减少，生产循环受阻甚至中断，顾客因成本过高难以接受，就有可能出现"逆服务化"，即服务要素被实物要素替代。这说明，服务化是实践，不是一个教条。

四、市场条件

市场条件指商品经济一定程度的发展。从历史上看，农业的形成

---

❶ 《航运史话》编写组. 航运史话［M］. 上海：上海科学技术出版社，1978：182.

❷ 参见第十三章第四节"服务生产消费与产业服务化"。

并不以商品经济的一定程度的发展为条件。农业生产出现之初，是采取自给自足的自然经济形式的。自然经济条件下的农夫可以"万事不求人"，原因就在于此时的"万事"，基本上是对农产品的需求，它有可能通过农夫的"自产自销"来解决。至于农夫对"工业品"（如粗布衣、茅寮之类）的需求，则靠少量家庭手工业就可基本满足。这就是农业社会中可以存在着没有市场和市场交换的"世外桃源"的原因。

第三产业则不一样，它的形成必须以商品经济一定程度的发展为条件。这是由服务产品的非实物性、消费特性及其在需求结构中的地位决定的。一般地说，对食物，以至农产品的需求，是较低层次的需求；对服务产品的需求，大多是在满足了生存需求基础上形成的，并非不可缺少的较高层次的需求。人们首先要满足最低层次的需求，然后再满足较高层次的需求。当社会生产力水平较低时，人们对食物的需求在需求结构中的比重较大，对服务的需求比重微不足道。因此，农夫自己的大部分需要能够用自己生产的产品满足。

而服务产品的生产者不可能做到这一点。当服务生产者自身的大部分需求是对实物产品的需求时，他要用自己提供的绝大部分服务产品去换取他人生产的实物产品，才可满足其基本生存需求。因此，他生产的绝大部分服务产品是用于与第一、二产业和其他第三产业部门交换的产品❶。

当服务生产者对服务的需求上升到占其消费结构的较大比重时，他通常也不能提供服务供自己消费。一是因为他提供的服务与他所需要的大部分服务种类是不同的。如医生提供的服务与他所需的文艺服务、信息服务、教育服务等服务产品不一样。二是服务产品的生产与消费的同时性，使服务人员以服务生产者的身份出场时，难以同时再以服务消费者的身份亮相，当场消费自己提供的服务。医生难以给自己动手术，演员给自己表演，教师给自己讲课不太可能，也没有必要。

---

❶ 之所以说"绝大部分"，是因为存在着诸如教师辅导其子女学习，放映员边放电影边看电影的情况，他们在一定程度上属于为自己（或自家）提供服务。

况且，提供服务意味着辛劳、紧张和忙碌。消费服务则与舒适、轻松和悠闲相连。这两种品格完全相反的行为是难以同时发生于同一个人身上的。服务产品的非贮存性又使服务人员不可能将自己生产的服务产品贮存起来供自己日后消费❶。即使服务人员所生产的与他所要消费的是同类服务产品，他还是难以做到"自给自足"，而往往通过与他人交换服务满足其服务需求。音乐家购门票欣赏音乐演出，教师交学费参加进修班学习，汽车司机购车票坐汽车，就是如此。所以，尽管当代社会服务人员生产的相当多服务并非是用于与第一、二产业的交换，它们还是需要在第三产业内交换。在极端的情况下（如人被遗弃在荒岛上），人们若缺少了服务产品，尚可存活；但缺少了食物等实物产品，就难以维持生命了。

可见，无论是在服务需求比重甚小的古代，还是在经济发达、服务需求比重很大的当代，服务人员所生产的绝大部分服务产品，都是供他人消费的产品，服务人员必须将他生产的服务产品让渡给他人，才能换回他赖以生存的实物生活资料，以及满足享受需要和发展需要的服务消费品。需求的多样性与供给的单一性，使服务产品在它尚未被生产出来的时候，就已被注定是要作为商品用于交换的；服务生产，从它开始以独立化的形式存在时候起，就是为了交换而进行的生产（服务产品也可以是为了"进贡"而生产的，如奴隶制下奴隶生产的服务产品，这里暂且不论）。这一交换，既可以是以货币为媒介的商品交换，也可以是没有货币媒介的产品交换（以物易物）；既可以是民间的交换，也可以是与公共部门提供的公共产品的"准交换"。公办教育服务业、医疗保健服务业和公共事业的服务产品，是依政府"订货"生产的公共产品或准公共产品，服务与"订货款"即财政拨款的交换，说到底，是服务供给者通过财政渠道与服务需求者——享受服务、上缴赋税的公众的交换。如果服务生产者也像原始农业生产

---

❶ 随着信息和网络技术的发展，知识密集和信息密集型服务产品可用电子方式保存其信息内容而变相贮存，服务人员就可能将自己生产的服务产品变相贮存供自己日后消费。不过这时贮存的是服务产品的物质外壳而不是服务产品本身。参见第四章第四节中的"服务产品传统特征的突破"。

者一样,采取自给自足的自然经济形式从事生产,那么,由于他自己所生产的服务产品只能满足其自身需求的较小部分,他必然因缺少占需求结构的较大比重的实物消费资料和其他服务消费品而无法生存和发展。

这样看来,服务生产和服务产品,从其本性考察,是与商品经济联系在一起的。如果没有商品经济一定程度的发展,交换场所、交换渠道和交换行为不发达,劳动产品主要地还是为自己而不是为他人而生产的,那么,服务生产就不可能独立化,第三产业就不可能形成。第三产业中的商业与商品经济的出现相联系,其独立化自然需以商品经济的一定程度的发展为条件。商业以外的其他服务业的形成也是如此。

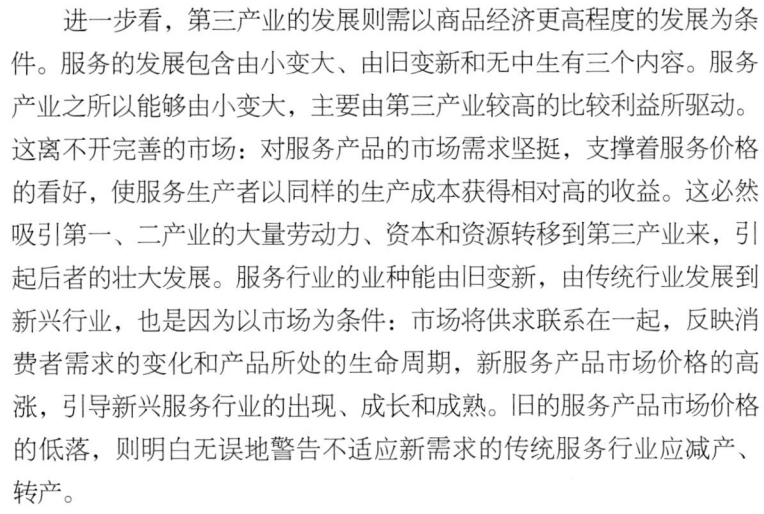

进一步看,第三产业的发展则需以商品经济更高程度的发展为条件。服务的发展包含由小变大、由旧变新和无中生有三个内容。服务产业之所以能够由小变大,主要由第三产业较高的比较利益所驱动。这离不开完善的市场:对服务产品的市场需求坚挺,支撑着服务价格的看好,使服务生产者以同样的生产成本获得相对高的收益。这必然吸引第一、二产业的大量劳动力、资本和资源转移到第三产业来,引起后者的壮大发展。服务行业的业种能由旧变新,由传统行业发展到新兴行业,也是因为以市场为条件:市场将供求联系在一起,反映消费者需求的变化和产品所处的生命周期,新服务产品市场价格的高涨,引导新兴服务行业的出现、成长和成熟。旧的服务产品市场价格的低落,则明白无误地警告不适应新需求的传统服务行业应减产、转产。

不仅如此,新的服务行业的无中生有所需的效率条件和需求条件须通过市场来体现和检验:混生状态的服务向专业化服务的演变的动力是服务独立能使效率提高,市场通过价格机制促使服务生产者降低成本,减少个别劳动时间,提高服务效率,进而使新兴服务业的独立发展具备效率条件。独立化前后效率变化状况也是以市场价格范畴评判的。混生状态的服务独立化所需的起点规模也通过市场需求,预测和量本利分析来确定。因此,第三产业不仅随着商品经济一定程度的发展而形成,而且随着商品经济的进一步发展而发展。第三产业的形成与发展必须以市场为条件。

市场条件还刷新了生产力条件对第三产业形成的制约，为不同地区的服务业和工农业的社会分工创造了可能。前文分析，第三产业的形成条件，首要的一条是社会生产力发展到出现剩余产品（首先是食品剩余产品）的水平。这是从整个社会的生产力水平来说的，有此条件，人们才能从农业中腾出劳动力从事第三产业。有了市场交换条件，情况变了。即使工农业生产力水平很低的地区，本地生产的粮食和工业品无法自给自足，只要有丰富的服务资源（如凸现本地资源优势的旅游资源），也可以通过社会分工，实现资源优化配置：本地完全不生产粮食、农产品和工业品，而是通过提供特色服务，与外地交换工农业产品。由于市场交换，第三产业不是以本地工农业为基础，而是以外地、全国甚至世界的工农业为第三产业的发展基础。在多地提"工业立市"口号时，世界著名旅游胜地敦煌、黄山反其道而行，毫不含糊地亮出"旅游旺市"宣传口号，就是明证。在市场交换、社会分工的条件下，经济发展不拘泥于人类产业发展史的一、二、三产业发展序列，先发展农业，再发展工业，最后才发展服务业，而是根据资源优势发展特色产业，宜农则农，宜工则工，宜服则服，这才是明智的。从理论上说，制造业服务化要以商品经济为条件。如果市场受阻使服务要素无法替代实物要素，服务化就无从谈起。当然，现代产业经营已经不缺市场条件了。

另外，完善的市场经济体制离不开第三产业的充分发展：高效、有序的市场经济体制、市场体系的建立，市场的高效、有序运行，市场经济偏差的校正，都需要第三产业的发展。简言之，第三产业的形成与发展以商品经济的一定程度的发展为条件；二者构成一种互为因果、互为条件、互相促进的辩证关系。要建立市场经济体制，除了要在所有制、经济运作方式、经营战略、宏观管理和微观管理等方面实行一系列深刻的变革外，加快发展第三产业，也是一项十分重要的、必不可少的配套措施。应将经济体制改革、发展市场经济与发展第三产业，作为一个系统工程，纳入社会、经济发展战略中去。

第四节　第三产业形成的时间 *

第三产业形成的时间，需要考察经济发展史来确定。因第三产业范畴在 20 世纪 30 年代才提出，当代史学论著中对第三产业形成时间的研究并不多见。古代历史文献则一般从某个侧面或某个片段对第三产业的分支行业作零星的记载，没有对整体第三产业的详尽记录。世界各国文化发展水平和社会经济条件不同，使第三产业形成的进程不一。生产与需求的发展水平的差异，又使第三产业本身的分支行业形成的时间并不一致。所以，判断世界范围的第三产业形成的精确时间是比较困难的。我们只能对已发现的历史资料作综合分析，大致估计不同地区第三产业形成的时间。

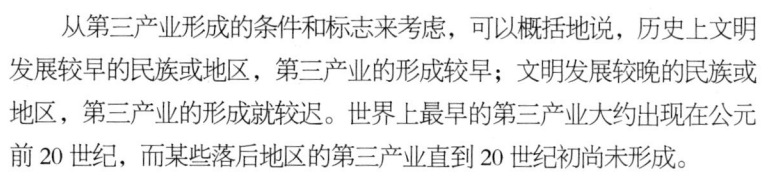

从第三产业形成的条件和标志来考虑，可以概括地说，历史上文明发展较早的民族或地区，第三产业的形成较早；文明发展较晚的民族或地区，第三产业的形成就较迟。世界上最早的第三产业大约出现在公元前 20 世纪，而某些落后地区的第三产业直到 20 世纪初尚未形成。

关于中国第三产业的形成时间，本书初版主要考虑黄河中下游地区的文献和考古发现。从 20 世纪 80 年代开始，中国考古有很多新发现，中国文明的起源有"满天星斗说""相互作用圈说"和多元一体的"重瓣花朵说"，打破了传统的"中原中心论"和"黄河中心说"，确立了中国史前文化发展演进大致的时空框架。❶对中国第三产业形成时间来说也如此，大大开阔了我们的分析思路。

一、中国第三产业的形成时间

从生产力条件看，在新石器晚期，社会生产力已发展到开始出现

---

*　承蒙华南师范大学历史系黄锦湛老师在本书初稿撰写的 1987 年整理了外国史料，黄英贤、魏俊超教授审核了本章引用的相关中外史料，谨致谢意。

❶　在本书修订时，蔡穗声先生对中国史前文化发展演变的时空框架、秦简博物馆的私人书信简、中国古代城市兴建顺序、新石器时代城址良渚古城、宋代房地产业等提供了不少有价值的信息，谨致谢忱。

食物剩余产品的水平，为第三产业的服务人员脱离农牧业生产提供了可能。殷商和西周已进入青铜时代，农业生产力水平和食物剩余产品率比石器时代大大提高。从需求条件看，商代虽然百姓对服务产品的需求量较少，但王室、诸侯、贵族对服务产品，尤其是对文化、教育、娱乐、交通、通信和家务服务产品的需求量很大；农牧业和手工业的发展，又给生产性服务产品，如交通、商业和城市公用事业服务产品，提出了需求。社会对服务产品的这些需求量已增大到支撑第三产业独立化的程度。从效率条件看，相当多服务业独立化后都能比服务混生于农业、手工业时效率高。从市场条件看，原始社会末期，商品经济开始出现，到殷商时代，商品交换、货币流通已非常普遍。这一切都为中国第三产业的形成提供了基本经济条件。

据史料可推断，从夏代开始，第三产业的主要服务部门逐步开始独立化；在殷商时期随着中国古代城市的兴起，主要服务部门有了进一步的发展，大多数服务部门独立化过程已基本完成，行业门类已比较齐全，服务劳动也具有了职业性的特征。这是第三产业形成的重要标志。下面就按第三产业的4个层次作具体分析。

（一）流通部门的形成

第三产业的第一个层次——流通部门的各个行业，在夏代开始产生，到商代后期，商业已比较发达。

商业：传说中的神农黄帝时代已有偶然性质的物物交换。神农氏时"日中为市，致天下之民，聚天下之货，交易而退，各得其所"❶。市作为交易的场所，起源于市井。"因井为市"，"交易而退，故称市井"❷。在夏代已产生专门从事交换的人。商族人的祖先王亥亲自驾牛车到远方的部落去进行贸易。殷商时期，商业已比较发达，商族人用手工业和农牧业产品同外间交易，其商业行为已越出国境范围之外。在殷墟中发现许多产于新疆和田、河南独山、辽宁岫岩的玉和产于海滨的贝，可见殷国境内定有较大市场，才能吸引人们远道贩运牟利。

---

❶ 傅筑夫．中国封建社会经济史：第1卷[M]．北京：人民出版社，1981：134.

❷ 《初学记》引《风俗通》，《后汉书》引《春秋井田记》。

商业成为商族人一种主要职业，可能是后世做买卖的人被称为"商人"的原因。商业繁荣，殷人长于经商，出现很多豪商富贾。庙宇广场挤满行商坐贾、手工业者、农民和外来商人，在市场外必有酒楼饭馆。殷亡以后，周公允许殷民"肇牵车牛远服贾"❶（牵牛赶车到远方去做买卖）。到西周，商业比以前更发达。官府设官对商业进行严格控制和监督。

交通运输业：我国考古工作者在1950年代发掘到一条4700多年前的木桨❷，表明早在原始社会末期已发明了水上交通工具。传说提到"黄帝作舟楫"，"黄帝有熊氏始见转蓬而制车"。❸从夏代设有主管造车的地方官——车正（首任是奚仲）来看❹，当时陆路交通已较普遍。殷代已有造船业、专业化制车工匠和从事交通劳动的奴隶。商业上所使用的交通工具，从甲骨文字中所得而考出的有舟、车、牛、马和"服象"。❺还有专业化制车工匠。到西周，交通运输业已较发达，官府沿着交通要道设立了交通站，有主管行旅乘传符节的官员"掌节"。❻

通信业：周代诸侯国在大道上常设驿车和邮车，传送官府文书❼。春秋时的孔子说过："德之流行，速于置邮而传命"❽，道德学说会比邮驿传命令传播得更快，说明当时官府通信系统完备。

2002年，湘西里耶镇发掘了一口古井，出土了3.7万枚秦简，是以往全国出土秦简的10倍，补充、丰富了秦朝历史，其重要意义媲美兵马俑的发掘。在里耶镇建立的秦简博物馆有一部分内容介绍秦简中"公文邮传"制度，内有一段"私邮""民邮"的内容。从一封可能

---

❶ 《尚书·酒诰》。

❷ 沈殿忠. 第三产业史话[M]. 北京：中国展望出版社，1986：19.

❸ 《古今图书集成·考工典》第166卷《车舆部·汇考一》。

❹ 向仍旦. 中国古代文化知识[M]. 北京：知识出版社，1983：142.

❺ 吕振羽. 殷周时代的中国社会[M]. 北京：生活·读书·新知三联书店，1962：61.

❻ 傅筑夫. 中国封建社会经济史：第1卷[M]. 北京：人民出版社1981：273.

❼ 万国鼎. 古代经济专题史话[M]. 北京：中华书局，1983.

❽ 《孟子·公孙丑》。

是官吏私人书信竹简可知，秦代似无合法私邮制度，官邮只传递官府文件，不许私带书信。官吏间书信一般派使者专门传递或托人捎带，也有通过官方邮传系统进行的，可能主要是私人委托邮人帮忙传递。这种不正规的私书捎带通信方式从秦后一直持续到宋朝，政府才有了"私书附带"的规定。❶

汉代在交通要道每三十里设一个为信使和来往官吏供应人伕马车的交通站——"驿"。一般道路"十里一亭，五里一邮"。隋代的邮政机构称"驿传"❷。唐代有民间信件传递组织"驿驴"❸。

仓储业：在粮食剩余产品出现后，人们就有了储备食物的需要，剩余产品越多，仓储业存在的可能性越大。夏大禹时已有剩余粮食，以粮酿酒，社会上饮酒风很盛，就是明证。商代谷物生产有余，酿酒业发达，远途贩运商业也较有发展。据此可断定，必有囤货的仓库存在。卜辞中有"㐭"（即廪）字就反映当时有粮仓。西周时，城市设有供囤货销售的场屋，❹春秋时，秦国"筑仓"，❺想必会设置专人管理仓储。

饮食业：夏代地方官中有主管王室膳食的官员"庖正"。❻夏少康任有虞氏的厨官。❼由此推断，应有厨官所管辖的饮食服务人员。至于市场上的饮食服务业的出现，始见于商末。相传姜太公吕望曾"卖饮于孟津"❽。西周官府则规定"衣服饮食，不粥于市"❾。禁止在市

---

❶ 根据蔡穗声先生提供的里耶镇秦简博物馆的私人书信简。

❷ 刘肇宁.中国邮票史话 [M].上海：上海文化出版社，1981.

❸ 沈殿忠.第三产业史话 [M].北京：中国展望出版社，1986.

❹ 傅筑夫.中国封建社会经济史：第1卷 [M].北京：人民出版社，1981：86.

❺ 吴兆莘.中国财政金融年表：上册 [M].洪文金，补订.北京：中国财政经济出版社1981：1.

❻ 向仍旦.中国古代文化知识 [M].北京：知识出版社，1983：142.

❼ 范文澜.中国通史简编：第1编 [M].修订本.北京：人民出版社，1964：1-3.

❽ 谯周《古史考》。

❾ 《礼记·王制》。

场上出售衣服和饮食，反证市场上有饮食业存在。"凡国野之道，十里有庐，庐有饮食"❶，民间饮食店在大道旁营业已相当普遍。

（二）为生产和生活服务的部门的形成

第三产业的第二个层次——为生产和生活服务的部门，产业分化进程慢于流通部门，其中为生产服务的不少行业在整个古代尚未独立化，为生活服务的行业随着王权建立而形成，在夏朝已具雏形。

城市公用事业：中国古代城市的兴建，首先是皇宫、官府及其防御堡垒，或是军事要塞（如山海关），其次有为王室、官僚和军队服务的仆人、佣人、工匠等，再有上述服务人员及其家属构成的市民，然后有为市民服务的各行各业。城市建设先是内圈皇城，中圈城墙保护工匠作坊，每个单元称为"坊"，外圈城墙保护市民，每个单元称为"里""巷"。典型的如唐代长安城。也有的城市是集市发展起来的大型聚民地，如广州（古称番禺）❷。城市是第三产业的基地，第三产业中的城市公用事业，是与城市的兴起联系在一起的。可以推想，与古城相关的城市公用事业、居民服务业、生产服务业也得到发展。

20世纪80年代中期发掘的新石器时代城址良渚古城（距今5300~4300年）被誉为"中华第一城"，已具备了早期国家形态，基本坐实了中华文明五千年的论断。❸ 禹开始造城。❹ 夏代有城墙围绕、初具规模的原始城市出现。❺《吕氏春秋》说：夏鲧作城。河南出土的夏代早期城墙墙基遗址全长400米，夯土而成。❻ 从殷墟故址可知，手工业者大都麇集在都市，殷都成为当时一个最大城市❼。商代文明集中

---

❶ 《周礼·地官·遗人》。

❷ 根据蔡穗声先生提供的信息。

❸ 根据蔡穗声先生提供的信息。

❹ 范文澜.中国通史简编：第1编[M].修订本.北京：人民出版社，1964：95.

❺ 吴慧.中国古代商业史：第1册[M].北京：中国商业出版社，1983：56.

❻ 向仍旦.中国古代文化知识[M].北京：知识出版社，1983：163.

❼ 吕振羽.殷周时代的中国社会[M].北京：生活·读书·新知三联书店，1962：31.

于商代都邑，规模宏大，且有一定的结构布局，有巨大的宫室宗庙，有各种作坊和工商奴隶，有贵族控制的文化事业，成为手工业制造中心。❶ "西周时代，是中国古代城市大量兴起的时期，也是城市的性质、作用的定型时期，以及有关城市设置的各种制度的确立时期，后来在三千年左右的古代社会中，中国城市的发展，始终没有越出这时确立的轨道。"主要方面：选择位置，如城市靠近河川；辨方正位，确定城郭方位和城内宗庙、宫室、民居、市场等的布局；确定城郭的等级大小；规定城市的内部建置，如宗庙、宫室、民居、市场、道路等，包括供囤货销售的场屋等。❷ 虽然我们不清楚当时有哪些城市公用事业，但可以推想：城市的宗庙、住宅、市内交通、街道、城墙、供排水设施和公用文化设施，应该有相应的人员管理，这就是早期的城市公用事业。不过，因王室服务比重很大，平民服务比重较小，当时城市公用事业大多数还是"官用"而非"公用"，与近现代的公用事业的性质有很大差别。

居民服务业：与公用事业的状况相类似，最初的居民服务业主要是王室、贵族的家庭服务业，以后才逐渐演变成以普通居民为服务对象的行业。商代和西周时因文献存世不多，对居民服务业缺乏记载。到东周、汉代时有关记载甚多。战国时期，农村过剩人口进入都市后，获得职业者，或为仆从，或为商店佣客、市井鼓刀屠者、卖浆家的帮工等。不能获得职业者，形成流浪之群去度其佣仆、游食、杂技等生活。❸ 这是城市居民服务业的劳动力来源。西汉时，"洒削，薄技也，而致氏鼎食。……马医，浅方，张里击钟"❹。洒水磨刀、医治马病的服务人员可以凭服务技能致富，或列鼎而食，或击钟佐食，过着豪华生活，这说明城市居民服务业不仅存在，而且比较兴旺了。当然，这

---

❶ 郭沫若．中国史稿：第1册［M］．北京：人民出版社，1976：202．

❷ 傅筑夫．中国封建社会经济史：第1卷［M］．北京：人民出版社，1981：74-86．

❸ 吕振羽．殷周时代的中国社会［M］．北京：生活·读书·新知三联书店，1962：240．

❹ 《史记·货殖列传》。

些并不是东周或汉代突然冒出来的，而是源远流长，由来已久的。既然在西周古代城市已大量兴起，那么居民服务业应初具规模了。

旅业：随着交通运输业、商业贩运业的发展，对旅业的需求日益增大。周文王在《告四方游旅》的告示中说："四方游旅，旁生忻通。津济道宿，所至如归。"❶ 他表示可为各地来做买卖的商人提供交通和住宿的方便，说明商末已有旅业出现。西周时期，"国野之道"，十里有庐，三十里有宿，五十里有市，市有侯馆。❷ 可供行旅宾客休息饮食之需的"庐""宿""侯馆"和驿馆、传舍的出现，更证明旅店业已成为一个行业了。

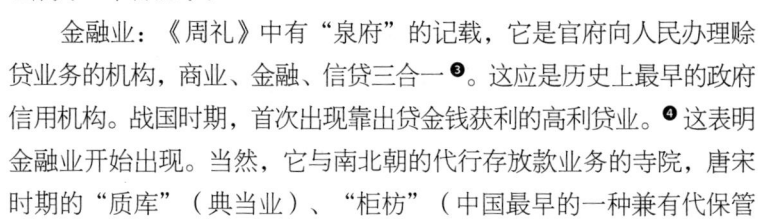

金融业：《周礼》中有"泉府"的记载，它是官府向人民办理赊贷业务的机构，商业、金融、信贷三合一❸。这应是历史上最早的政府信用机构。战国时期，首次出现靠出贷金钱获利的高利贷业。❹ 这表明金融业开始出现。当然，它与南北朝的代行存放款业务的寺院，唐宋时期的"质库"（典当业）、"柜坊"（中国最早的一种兼有代保管财务和信用机构性质的雏形银行）相比❺，还是比较低级的金融业。

咨询信息服务业：我国最早出现的咨询服务人员，应是殷商时专为统治阶级出主意、献计谋的僧侣、预言者和巫师。他们从事占卜书契等文化工作，具有较高而复杂的思维力与构想力，最初由原始社会司符咒魔术者转化而来❻。战国时期出现食客、贤士，专为诸侯谋策，四处游说。孟尝君门下有三千食客。魏信陵君、赵平原君、楚春申君、秦吕不韦等，动辄也是食客数千人。从其活动内容看，不少食客就是咨询服务人员。从事咨询信息服务活动的阶层，史书多有记载。如三

---

❶ 《逸周书·大匡》。

❷ 《周礼·地官·遗人》。

❸ 石毓符. 中国货币金融史略 [M]. 天津：天津人民出版社，1984：113.

❹ 复旦大学，上海财经学院. 中国古代经济简史 [M]. 上海：上海人民出版社，1982：86.

❺ 傅筑夫. 中国封建社会经济史：第 4 卷 [M]. 北京：人民出版社，1986：394.

❻ 吕振羽. 殷周时代的中国社会 [M]. 北京：生活·读书·新知三联书店，1962：81.

国的孔明神机妙算，成为家喻户晓、妇孺皆知的象征性智囊人物。当时的这些咨询人员大多向官方提供服务。民间咨询服务业未见史料记载。

房地产业：宋代的商业社会已经发展到一定程度了，市场繁荣，房地产活动应该不少。北宋初年，开封城房价高昂，欧阳修、梅尧臣、苏轼等人来开封做官，只能租房居住。朱熹说，"且如祖宗朝，百官都无屋住，虽宰执亦是赁屋"。据估计，"北宋东京城内外，约有半数以上人户是租屋居住的。其中从一般官员到贫苦市民，各阶层人士都有"。❶

技术服务业：古代不乏"技术服务"，战国时期水利家李冰为蜀郡守，主持兴建中国早期灌溉工程都江堰，安设中国早期的水位观测设施石人水尺，开凿滩险，疏通航道，修建灌溉和航运工程等。类似的，如城墙、宫殿、庙宇、道路、水利工程等的修建，应有技术设计，这些服务是官府购买或市场购买的。不过，在技术需求不足的古代社会，没有得到市场化分化和发展。

（三）为提高科学文化水平和居民素质服务的部门的形成

第三产业的第三个层次——为提高科学文化水平和居民素质服务的部门，在古代已形成。其服务对象最初只限于王室贵族，到周代才逐渐扩大到民间。

文化服务业：相传黄帝族发明了象形文字。殷商卜辞中的甲骨文有比较发达的文字体系，象形、指事、会意、形声、假借、转注等汉字基本结构已具备。不重复的字有4500多个，现能认识的有1000多个。❷ 可以推断，商代已有一批脱离农业生产的文字工作者，从事文字体系的研究、创造工作。从艺术服务看，据《路史》记载，乐器起源于三皇五帝时期："庖牺灼土为埙"，砍桐为"七尺二寸之琴"❸，

---

❶ 欧阳修《答梅圣俞大雨见寄》，杨师群《东京店宅务：北宋官营房地产业》。转引自：微信公众号"史料搬运工"《北宋朝廷提供的"恐怖廉租房"》（原载于《新周刊》硬核读书会）。据蔡穗声先生提供的信息。

❷ 向仍旦.中国古代文化知识[M].北京：知识出版社，1983：3.

❸ 《路史·后纪一·太昊》。

"伶伦造磬"❶。夏代朝廷官有主管音乐、舞蹈的"乐师",主管教化的"司徒"。❷夏启创作《九韶》乐舞,孔甲是"东音"乐调的创始人。与此相应,应有专业艺术人员。到商代,乐舞得到进一步发展。现已发现的乐器有埙、磬、铙、鼓,有些是成组的,适于演奏乐曲,说明音乐有相当水平。据甲骨文,殷人祭祀和娱乐时,使用奴隶从事歌舞取乐。❸这是我国文献记载的最早的专业演员。商纣王筑鹿台,"妇女优倡,钟鼓管弦流漫不禁"。"妇女优倡"就是专业艺人。成汤约法三章,革除"恒舞于宫,酗酒于室"的"巫风"。❹可见向宫廷提供的艺术服务量已相当大了。在春秋时,有了供贵族享乐的戏剧雏形。《史记·货殖列传》称,东周时,中山(今河北)男子为"优倡",说明有了以乐舞戏谑为业的艺人。❺

教育业:甲骨文中有邻国多派遣子弟到殷朝受教育的记载❻,说明教育在商代已成为一项专业性服务。西周时期有"官学"或国学,在王城及诸侯国都设立学校。周朝王畿内的"太学"对贵族子弟进行礼、乐、射、御、书、术的"六艺"教育。春秋时期,孔子开创私学,将教育服务的范围扩大到民间,弟子三千,贤人七十二。

医疗卫生业:相传"神农尝百草,一日而遇七十毒"❼。神农可能是我国最早的药学研究人员。商代人治病大多求祖先,通过百官中的"巫"充当人与神之间的媒介。他们是"医疗人员"。当时已对疾病进行分类。《周礼》中把医分为"食医""疾医""疡医""兽医"

---

❶ 《路史·后纪五》。

❷ 向仍旦. 中国古代文化知识[M]. 北京:知识出版社,1983:142.

❸ 吕振羽. 殷周时代的中国社会[M]. 北京:生活·读书·新知三联书店,1962:83.

❹ 吕振羽. 史前期中国社会研究[M]. 北京:生活·读书·新知三联书店,1961:138.

❺ 王子英,孙翊刚,门志. 中国历代食货志汇编简注:上册[M]. 北京:中国财政经济出版社,1985:44.

❻ 郭沫若《殷契粹编考释》第1162片。

❼ 《淮南子·修务训》。

四种❶，表明了医学分科的发展。战国时，著名医学家扁鹊长于切脉、望色，兼通内、妇、儿、五官等科，治病方法兼用汤、熨、针灸、酒醪等。当时还有医学著作如《黄帝内经》、扁鹊的《难经》。医疗卫生服务业已比较健全了。

科学研究业：在夏代，天文历法知识逐渐积累起来，有了世界上最早的日食记录。我国传统的用六十甲子记日的方法可能已存在了。由此推知，当时有观察天文、制定历法的专职人员。商代的数学、天文、气象、历法、力学等都达到了比较高的水平，如历法方面，有闰年、常年、大月、小月之分。殷人有了书写的典籍和历史文献。据此可以推测，已出现一批专门从事天文、气象、历法、文学等科学研究的人才。掌握文化知识的"占卜""巫""史官"等宗教官，应该就是第一批科学研究人员。到周代，数学、天文历法、冶炼技术、农业科学、生物学、地理、纺织技术、酿酒技术、制造漆木器技术、乐律知识、医药学等科学技术有了进一步的发展❷。当然也有进行这些研究的科学技术人员存在。不过，古代科学研究人员大多由王室供养，其科研服务主要是向统治阶级提供的。

体育业：最初的体育活动，是与练兵习武的活动结合在一起的。周朝太学教育内容为礼、乐、射、御（驭）、书、术（数）"六艺"。其中的"射""御"，就是将军事训练与身体锻炼结合在一起的射箭、驭马。可见，有了学校体育和从事体育训练的教师。春秋时期，武艺有射艺、长兵器武艺、短兵器武艺和拳勇四种基本类型，而剑术的发展尤为显著。❸战国时期，射法、戈法（用细线系在箭上射鸟兽）、剑道、角力（相扑或摔跤）、蹴鞠（踢球）、举鼎等体育门类的武艺，已比较讲究。❹至于这些体育活动是自娱取乐的，还是营业服务的，暂不可考。不过可以推想，既然体育活动门类这么多，技艺也比较复杂，

---

❶ 薛愚.中国药学史料[M].北京：人民卫生出版社，1984：28.

❷ 郭沫若.中国史稿：第1册[M].北京：人民出版社，1976.

❸ 冯连惠，孙震，赵邺方，等.精神文明辞书[M].北京：中国展望出版社，1986：467.

❹ 杨宽.战国史[M].2版.上海：上海人民出版社，1980：519-522.

就应该有以表演体育技巧、传授体育知识为业的人。如战国时，有传授远射技艺的老师甘蝇，司马迁的祖先在赵国传授剑道的。❶ 可见，体育服务业应已形成。战国时期，民间体育娱乐活动也很多。据《史记》记载，临淄都市内，到处可以看到"斗鸡走狗，六博蹋鞠者"❷。斗鸡是促使两只公鸡相斗的娱乐，走狗是驱使猎狗追逐兔子的娱乐，六博是一种掷采下棋的比赛，蹋鞠是踢球，还有围棋、投壶（用矢投壶的比赛）等活动。

（四）为社会公共需要服务的部门的形成

第三产业的第四层次——为社会公共需要服务的部门，包括国家机关、政党机关、社会团体、军队、警察等，除政党和社会团体的公共服务业，在人类进入阶级社会时已形成。夏王朝是我国文献记载的第一个奴隶制王朝，也是我国历史上最早的国家形态。这已得到绝大多数学者认同，也被愈来愈多考古资料证明。❸ 夏代已存在官吏、军队、警察、刑罚、监狱等国家机器。❹《左传》记载"夏有乱政，而作禹刑"❺。《禹刑》是中国历史上第一部奴隶制法典，说明夏朝有了犯罪和刑罚。处罚犯罪就应有拘押和执行刑罚的场所，由此可推断夏朝有监狱存在。在中国的历史文献中可以找到诸多关于夏朝监狱的记载。❻ 商代后期已出现常备军。殷王有自由民组成的主力部队，有由奴隶和罪犯组成的常备军兵和警察。❼ 僧侣、预言者和巫师在商（殷）国家中起着显著的政治作用。他们具有较高而复杂的思维方式与构想力，

---

❶ 杨宽. 战国史 [M]. 2版. 上海：上海人民出版社，1980：519-522.

❷《史记·苏秦列传》.

❸ 侯毅. 中国国家形成的考古学考察 [J]. 文物世界，1993（3）：38-47.

❹ 梁颖. 中国古代国家形成的时间和标志浅议 [J]. 社会科学家，1993（6）：77-81；任芬. 关于中国古代警察起源的几个问题 [J]. 国际政治学院学报，1984（3）.

❺《左传·昭公六年》.

❻ 毛晓燕. 中国古代监狱发展及其主要特征简论 [J]. 商丘师范学院学报，2002（6）：55-57.

❼ 李亚农. 殷代社会生活 [M]. 上海：上海人民出版社，1955：85.

从事占卜书契等文化工作和宗教活动，成为一个庞大集团。❶

（五）对中国第三产业形成时间的分析

综上所述，中国第三产业的形成是一个横跨一千多年的漫长过程，各分支服务行业形成的时间因经济社会条件不同，有较大差异。如果着眼于第一、三、四层次的服务部门的问世时间，第三产业的形成时间可以上溯到公元前20世纪左右的夏代，这时商业、交通运输业、文化服务业、科学研究业等已有萌芽，教育业、卫生业等将诞生，政府、军队、警察等行业已形成。如果偏重于第二层次的服务部门的出现，第三产业的形成时间就要下推到公元前5世纪的春秋战国之际，甚至公元前1世纪的西汉初年，那时教育业、医疗卫生业较为发达，史料对城市公用事业、居民服务业、邮政业、仓储业、咨询信息服务业、体育业的记载较多。但这时不少服务行业至此已发展了一千多年，远不是形成的阶段了。夏代存在的服务业门类较少，且历史多以后世传说为据，尚未有地下出土文物，尤其是文字为证，第三产业形成的时间不宜定在夏代。在商代，古代第三产业最重要的部门商业已形成，商业成为商族人一种主要职业，据称是做买卖的人被称为"商人"的原因。商代都邑规模宏大，应有相应的城市共用事业。为提高科学文化水平和居民素质服务的部门，在商代已形成。商代的数学、天文、气象、历法、力学等都达到了比较高的水平，有了书写的典籍和历史文献，出现一批专门从事天文、气象、历法、文学等科学研究的人才。已存在官吏、军队、警察、刑罚、监狱等国家机器。30多年前历史系魏俊超教授说：第三产业形成的时间，定在西周，不会过早。殷商作为阶级社会的结构，已有相当的发展。这个情况可作为第三产业存在什么程度的参考。

根据中国古代史文献和出土文物，考虑进入文明社会的新标准：生产力获得发展，出现社会分工，社会出现明显的阶级分化，出现王权，人口显著增加和集中，出现都邑性城市等，以及中国考古的最新发现，如河南郑州西山古城（仰韶文化，距今约5300~4800年）、浙

---

❶ 吕振羽.殷周时代的中国社会[M].北京：生活·读书·新知三联书店，1962：29.

江杭州良渚古城（良渚文化，距今约5300~4300年）、湖南常德澧县城头山古城（大溪文化和屈家岭文化，距今约6000~4500年，被誉为"中国最早的城市"）都纳入文明社会，按照中国文明起源的"满天星斗说"、多元一体的"重瓣花朵说"、中国文明起源形成发展的"多元一体模式"说，中国第三产业形成的大致时间从本书初版提出的西周初年（公元前11世纪），推前到商代（公元前16世纪—前10世纪），最迟不晚于盘庚迁殷后的商后期（公元前13世纪）。当然这还需要中国考古的进一步发现加以佐证。

二、国外第三产业的形成时间 *

世界范围第三产业的形成时间，如果以古代文明发展最早的两河流域、古埃及和古印度为考察范围，以主要分支服务行业在这些地区首先出现的时间为依据进行分析，那么，大致可以定在公元前20世纪——比中国第三产业的形成约早4~7个世纪。这是因为出土文物证实这些地区文明比华夏文明要早，第三产业的形成相应也会早一些。两河流域在公元前3400年有了楔形文字，公元前3000年文字系统就成熟了。古埃及在公元前3100年有了象形文字。横亘在希腊与北非之间的克里特岛被认为是欧洲文明的源头，在公元前3000年进入青铜器时代，公元前2500年出现富丽堂皇、结构复杂的宫殿式建筑，公元前2000年有象形文字。

主要服务行业的形成情况如下。

商业：古埃及前王朝时期（公元前3200年—前2780年），商业贸易已很发达。埃及人同国外不少地区均发生过较为频繁的贸易关系。❶在两河流域，乌尔（幼发拉底河入海之处）在公元前3000年就成为一个商业城市，与邻近诸国进行广泛贸易。考古学家在乌尔第三王朝（公元前2118年—前2007年）的废墟发现此时期遗留的商业契

---

* 间接或综合引用的国外史料未标出处的，散见：苏联科学院.世界通史[M].北京：生活·读书·新知三联书店，1960.

❶ 马月乔.世界古代史选编[M].哈尔滨：黑龙江人民出版社，1980：190.

约数以千计，可见其商业之发达。❶ 在阿卡德王国（公元前 2369 年—前 2189 年）时期，出现了王室和神庙的商业代理人"塔木卡"，它是一个拥有雄厚经济实力的阶层，代营国际贸易，也独立从事高利贷以及土地和奴隶的买卖。下属小商贾称"沙马鲁"（零售商）。公元前 19 世纪古巴比伦王国的汉谟拉比法典，有八条法律谈到商人。这说明，在古埃及和两河流域，商业在公元前三四千纪❷已独立存在并相当活跃。

交通运输业：商业作为独立职业而存在，是以具体的技术条件为前提的，首先必须有经常的和相当可靠的运输机会作为条件。❸因此，交通运输业的独立化，当不迟于商业。公元前 3000 年代初期，地中海东岸的腓尼基就有城邦十余个，以工商业与航海活动驰名于世。❹"腓尼基人"这个部落名称是从埃及语"腓尼呼"（意为"造船者"）产生的。❺公元前 2000 年之后，埃及商业迅速增长并占首要地位，同克里特岛、腓尼基、巴勒斯坦、叙利亚的贸易日益兴旺，交易的主要货物是小麦、麻布、陶器、金、银、木材、象牙。❻如果没有独立的运输业特别是航海业的存在，是不可想象的。汉谟拉比法典就研究过与造船家工作有关的问题。公元前 17 世纪，腓尼基人第一次绕航过非洲，创造了航海史上的奇迹。这说明，在公元前二三千纪，运输业已形成并普遍存在于两河流域和埃及了。

邮政通信业：通信服务与文字的形成与发展有关。文字一产生，通信服务就有可能存在。在公元前 3500 年，苏美尔已有刻于石上或泥版上的图形文字，以后发展为楔形文字。埃及约在此时初有写于纸草

---

❶ 翦伯赞.中外历史年表[M].北京：中华书局，1961：2-5.

❷ 公先前 2001 年—前 3000 年为公元前三千纪，其余类推。

❸ 维贝尔.世界经济通史[M].姚曾廙，译.上海：上海译文出版社，1981：169.

❹ 翦伯赞.中外历史年表[M].北京：中华书局，1961：1.

❺ 阿甫基耶夫.古代东方史[M].王以铸，译.北京：生活·读书·新知三联书店，1956：405.

❻ 伯恩斯，拉尔夫.世界文明史：第 1 卷[M].罗经国，陈筠，莫润先，等译.北京：商务印书馆，1987：58.

上的文字。通信服务可能随后出现。埃及古王国时期（公元前三千纪）国家机构的特点要求广泛的通信和表报，官办通信服务业应有相当程度的发展。在公元前二千纪，在东地中海和西亚细亚地区，国家间的通信也存在了。在埃及十八王朝（公元前16世纪—前14世纪）中期作为贡物进来的埃塞俄比亚人，可能是担任送信工作的，这就是专业邮政通信服务人员了。波斯国家（公元前6世纪）"御道"和其他道路上以接力方式传递王家邮件的骑士岗哨，其通信服务速度之快，更反映了通信服务业的高效率。这说明，通信业在公元前二三千纪已经形成。

金融业：金融业的形成与货币的出现相关。埃及古王国时期（公元前3100—前2208年）因商业发展的需要出现的成串红铜或金子钱币，是世界上最早的通货。❶ 在使用铸币的地方，或在信用、交易中，金融业逐渐形成。最早的金融机构应是古代的寺院。它首先用作保管库，产生存款业务，以后又发展成为贷款机构，发挥银行职能。建于公元前18世纪的巴比伦希巴尔太阳神庙，建于公元前二千纪初的埃及阿蒙神庙，建于公元前5世纪的希腊雅典娜神庙等，都发挥过金融机构的职能。❷ 希巴尔神庙的女祭司和女隐士通过其家属收买和出租土地，放款生利。阿蒙神庙拥有数不尽的土地和财富，其僧侣的权势可以和法老抗衡。建于公元前7世纪的古希腊特尔斐神庙，是古希腊最富有的神庙和古希腊的金融中心，经营大量金融借贷业务，还是供许多人尤其是奴隶贮存私蓄的仓库。私人贷款者的出现使汉谟拉比法典有必要以五条法律确定高利贷者对抵押给他的田地的收获拥有的权利的限度。

城市公用事业：城市公用事业是与城市的兴起相联系的。1922年，考古学家在印度河流域的摩亨约·达罗与哈拉巴等地挖掘，发现相当于苏美尔、巴比伦和与古埃及同时的古代城市文化，约形成于公

---

❶ 伯恩斯，拉尔夫. 世界文明史：第1卷 [M]. 罗经国，陈筠，莫润先，等译. 北京：商务印书馆，1987：204.

❷ 维贝尔. 世界经济通史 [M]. 姚曾廙，译. 上海：上海译文出版社，1981：217.

元前 3000 年。城中有结构极为完善的排水系统、浴室和公共洗净池，说明城市公用事业已具雏形。与此时期大致相近，地中海东岸的腓尼基诸城邦约形成于公元前三千纪初年，两河流域下游诸城邦形成于公元前 3500 年，其中拉格什城邦在公元前 26 世纪—前 24 世纪达到极盛时代，当时城市公用事业应已存在。克里特岛考古发现表明：克诺索斯王宫的设计师似知现代卫生设施的所有基本原理，公元前 17 世纪的克里特王室，竟能享受连公元 17 世纪西方国家最殷富的统治者也不具备的舒适和方便。❶

饮食业：酒馆在历史上是与商业、旅行和工业平行发展的。在商业发达地区，行商坐贾很多，为解决来市场出售商品的手工业者、农民、外来商人的饮食问题，在市场内外应有饮食业存在。史书就有古希腊奴隶主在公元前 5 世纪出租厨师（奴隶）的记载，说明当时厨师已成为社会上的一种职业。公元前 8 世纪—前 2 世纪，古希腊有向外来客商和本地人供应饭餐的 Leschai。公元前 5 世纪有奢华的 Phathe 接待当地人、来往商贾、使者和政府官员。古罗马的低级和中级酒馆能烹调并供应美味的筵席。❷ 这说明，饮食业在公元前一千纪已形成。

居民服务业：公元一二世纪罗马贵族家中奴隶的职业有花匠、厨师、面包师、点心师、衣服用品管理人、寝室侍从、理发匠、搬运工、浴场管理人、按摩师、裁缝、靴匠、朗诵员等，其中大部分是居民服务业人员。据说在罗马帝国宫廷中，仅理发师就有 1000 人左右。可见这类生活服务业已有相当发展。追溯到远古，可以推想，在公元前 3500 年—前 3000 年，尼罗河流域、两河流域和印度河流域的国家形成时期，为王室统治者奢华舒适生活服务的第一批"居民服务业"人员应该存在了。随后，民间也逐渐形成为居民生活服务的职业。如巴比伦汉谟拉比法典规定，如果理发师私自剃除由奴隶主给奴隶规定的特

---

❶ 伯恩斯，拉尔夫．世界文明史：第 1 卷 [M]．罗经国，陈筠，莫润先，等译．北京：商务印书馆，1987：204．

❷ 中国大百科全书出版社《简明不列颠百科全书》编辑部．简明大不列颠百科全书：第 4 卷 [M]．北京：中国大百科全书出版社，1985：450．

第三章 第三产业的形成

141

殊发式，要砍断手指，还有四条法规规定如何处置窝藏坏人的小旅馆。埃及古王国时期的一则"教训"里提及理发匠的职业。这说明，民间理发业和旅业，大约在公元前三千纪末至公元前二千纪初年，已存在于埃及和巴比伦了。

教育业：在古巴比伦和古埃及已有学校教育。巴比伦的学校通常附设于神庙，对史官（同时也是祭司）进行教育和担当未来事业的训练，提供包括文字和语言研究、算术、几何、天文学初步知识，根据星象预言未来（占星术），根据肝脏占卜的方面的普通教育，以及神学、法学、医学和音乐等专门教育。埃及的学校大部分是宫廷附设的供贵族和奴隶主子弟上学的史官学校。学生学习一套正字法、复杂的书法和文章论。从古王国时期开始，就有培养史官的特殊高等学校——"生活之家"。公元前4世纪，希腊的苏格拉底、柏拉图、亚里士多德成为著名的政治和社会科学专业教师。柏拉图约在公元前886年开办的"阿卡德米"（Academia）学园，与亚里士多德约在公元前335年开办的"吕克昂"（Lukeion）学园，同为古希腊有名的高等学校。

文化业：在文字出现的时候，专职从事文字创造的文化人应已存在。据此推计，公元前4000年的古埃及、公元前8500年的苏美尔、公元前3000年的印度在出现文字时，应已有第一批文化服务业人员。再看文艺服务人员，公元前三千纪两河流域的寺院举行仪式时用芦笛、横笛、羯鼓、竖琴等乐器，特别的祭司也充当歌手，说明文艺服务业开始形成。埃及古王国孟斐斯神庙有演戏规则的语言和书法，参加演剧者应是最早的戏剧演员。公元前19世纪—前15世纪的克里特人是最早用石料建剧院的民族。剧场里举办竞走比赛和音乐会，很有可能已有专业演员和剧院服务人员。到公元前一千纪，希腊、罗马不仅有巨大的剧院，而且有戏剧表演歌队、歌手、领唱人和指挥，有专门技艺的奴隶——音乐师、舞蹈家、演员，说明文化服务业已有较大的发展。

卫生业：在苏格兰中部伊特图基尔，考古学家发现了建于罗马军占领时代（公元43年—5世纪）的世界上最古老的医院废墟。在埃及古王国时期，医学有很大成绩，医生已有内科、外科、眼科、牙科之分，同一医生可兼有几门医术。❶公元前18世纪，汉谟拉比法典规定惩罚施行无效手术而造成伤害的医生，从侧面说明专业医疗服务已相当普遍，以至要用立法来解决医疗事故。医疗卫生服务业作为独立服务行业存在，应该是没有疑问的。

科研业：早在公元前24世纪巴比伦就有的观察天象的专职祭司，实际上是一批兼任祭司的科学研究工作者。他们从一般安置在七级庙塔顶部平台上的自己的观象台高处观测天体运行。这些庙塔的废墟在两河流域所有古代城市均曾被发现。很可能是古代专职的天文科研工作者的观测，使埃及在公元前4000年发明了太阳历。苏美尔人约在公元前六千纪到公元前二千纪发明了滴漏和阴历。日常生活的需要、经济活动的发展和对自然界的观察，也使其他科学知识逐渐积累起来。古埃及很多宏伟建筑，特别是只有根据许多精确计算才能建造起来的金字塔，如建于公元前26世纪的胡夫金字塔，设计严密，结构复杂，工程坚固，成为建筑史的奇迹。这反映当时应存在着几何学知识丰富的专业建筑设计人员和相关科研人员。因此，最早的科研服务业可能形成于公元前三千纪。

体育业：希腊在公元前1500年已举行运动会。相传首次奥林匹亚竞技会在公元前776年举行，其后每四年一次。竞技项目有赛跑、跳远、掷铁饼、投标枪、赛马和角力，还有音乐、诗歌和戏剧等文娱节目。运动员是否以体育为职业尚不得知，但有的项目要在赛前经过专门训练准备，因此运动员至少在这一时期是专业性的。公元前3世纪，古罗马有专门从事剑斗的职业角斗士。他们多是来自战争俘虏的奴隶。公元前2世纪中叶，剑斗已发展为奴隶主贵族及其他公民一项经常性的娱乐活动，为此专门开设角斗士训练所，修建大型剧场，由角斗奴隶公开演出格斗。这一残忍的角斗反映了古代体育业的发展。

国家机构、军队和警察：国家机构、军队、警察是随着阶级社会的形成而出现的。公元三千纪前半期，两河流域苏美尔人就以自己的

---

❶ 伯恩斯，拉尔夫.世界文明史：第1卷［M］.罗经国，陈筠，莫润先，等译.北京：商务印书馆，1987：51.

城镇为中心,建立了20多个城市国家。❶萨尔贡在公元前2371年夺取王位,组建常备军,率军入侵苏美尔地区,在击败50个城邦联军后,最后统一两河流域,建立了阿卡德帝国,成为人类社会早期的著名军事统帅。在埃及帝国时期(公元前1575年—前1027年)出现了一个新等级,即职业军士,地位在贵族以下。❷而雅典的常备警察是由国家买来的奴隶担任的。❸由此可以推断,国家机构、军队等最早应在公元前二三千纪形成。

第五节　第三产业形成的途径

通过对第三产业形成的历史考察可以看到,第三产业繁杂的分支服务部门是通过如下四条主要途径,从无到有,从少到多,最终汇集为门类齐全的整体第三产业的。

一、非实物生产的分离

混生于实物生产部门中的非实物生产分离出来,形成第三产业新行业。属于这一类的有商业、交通运输、仓储等行业。最初,农业、牧业人员和手工业者本身也兼营交换活动,后来这类工作由专业销售人员——商人独立经营,提高了效率。与交换或实物生产的前期准备工作或后期销售、加工相联系的货物运输,与运输相关的仓储业,从农、林、牧、渔和手工业中分离出来,成为独立的商业、交通运输、仓储等服务行业。

实物生产过程中还有一些货品和人员的内部位移,如生产人员、原料和半成品在不同车间和工段之间,或在同一车间和工段内部的移动,随着生产地域的扩大和生产社会化的发展,也可能从工农业中独

---

❶ 郭令吾. 世界史知识手册[M]. 济南:山东教育出版社,1984:13.

❷ 伯恩斯,拉尔夫. 世界文明史:第1卷[M]. 罗经国,陈筼,莫润先,等译. 北京:商务印书馆,1987:56.

❸ 顾准. 希腊城邦制度[M]. 北京:中国社会科学出版社,1982:133-134.

立出来成为独立的交通运输活动,形成第三产业的新行业。这一过程,从运用运载工具,通过物移或人移,克服生产者和劳动对象间的位置距离来看,提供的是服务产品(运输服务产品),故属于非实物生产的分离;从原属工农业生产过程的内部阶段来看,属于实物生产阶段的独立化。

二、实物生产阶段的独立化

实物生产的某一阶段相对独立化,形成第三产业新行业。属于这一类的主要有产品研发、技术服务、维修服务等。在最初的实物生产过程中,生产者既要动脑研究技术,掌握技巧,设计新方案,又要动手操作;既要进行主要操作,也要进行辅助性操作,还要运用工具改变劳动对象的物理、化学形态。后来,专业化分工、实物生产过程细分化和操作专门化,使动脑为主的研发服务和技术服务与辅助性质的维修服务由专职服务人员负责。这就分离出为实物生产服务的第三产业新行业。但这一分化过程在古代发展得较慢。

三、社会生活阶段的独立化

社会生活过程中某一阶段的活动独立化,由自我服务、义务服务转化为职业服务。属于这一类的主要有:与生老病死有关的医疗业、体育业、殡葬业,与衣、食、住、行有关的裁缝业、饮食业、房地产业、旅业、客运业,与文娱玩乐有关的文化服务业、娱乐业、旅游业,与智力有关的科学、教育、信息咨询服务业,与美容、保健有关的美容业、理发业、健美服务业等。这类活动最初通过自我服务或亲友的义务服务进行。后来发展到由社会专业服务人员专职从事,原先集生产者(提供服务)与消费者(消费自己提供的服务)于一体的人员,分裂为各自独立的生产者和消费者:他本人消费他人提供的职业性服务,他自己又可能为他人提供另一类职业性服务。服务的专业化能提高服务效率,是这一途径分化出第三产业新行业的重要原因。

四、服务行业的分化

由旧有的第三产业服务行业,分化出新的服务行业。如由实物生产中分化出来的商业，经进一步发展，又细分出金融业、保险业，由交通运输业分化出汽车、火车、轮船、飞机运输业，由歌舞、戏剧业分化出广播、电影业，由学校教育业分化出函授教育、电视大学教育业，等等。这些新行业的形成，既是对发展着的社会需求的反应，又是第三产业自身生产效率不断提高的必要条件和必然结果。

因此，第三产业的形成是一个动态的过程，它与第三产业的发展是结合在一起的。相当多第三产业行业古今名称没有变动，但内容发生了极大变化。为此，不仅应该用整体的观点考察第三产业的形成，而且要用动态的观点分析它的形成。

第四章　服务产品

随着第三产业的形成，服务产品独立地出现在经济领域，成为第三产业生产总过程"四环节"的运动对象。服务产品反映第三产业经济关系的主体及其特有的性质，是第三产业中主要的、本质的、带有普遍意义的经济现象。第三产业经济学的研究始点，是服务产品。本章对服务产品的概念，服务产品在社会产品中的地位，服务产品与其他产品的逻辑关系等问题，进行系统分析。

第一节　服务产品的概念

经济学中的服务通常有两种涵义。一是指第三产业中的服务劳动，它与"非物质生产劳动"❶大致相同，但概念有交叉；二是指服务产品，即以非实物形态存在的劳动成果，主要包括第三产业部门中一切不表现为实物形态的劳动成果（由于经济过程的复杂性，在现实第一、二产业部门中也混杂着少量服务产品）。为了避免歧义，本书在容易引起误会的地方，如果在劳动意义上使用服务概念，就称之为服务劳动；如果在产品意义上使用服务概念，就称之为服务产品。

要界定服务产品的内涵与外延，还得从实物与非实物谈起。

一、实物与非实物

从物理的角度，通俗地说，物质分为实物和场。实物是具有静止质量的实物粒子组成的物质。

在日常生活中，人们接触的物质状态主要是固态、液态和气态。

---

❶ 由于物质概念在此被等同于实物，因此这是一个不严密的概念，详见下文分析。

但是，这三种状态的物质在宇宙中充其量也不到千分之一。物质还有其他多种形态。把冰加热，冰就会变成水。继续加热，水就会变成气。持续加热到几千摄氏度甚至上万摄氏度，气体就会发生电离。❶ 带电的离子与电子，电荷相反，质量相等，被称为等离子态（plasma），也称超气态。这是物质的第四态。明亮的水银灯和日光灯，鲜艳的霓虹灯和等离子电视机荧屏里的发光气体，火焰和电弧的高温部分，炫目的闪电，美丽的极光，地球 50~100 公里外神秘的电离层，都是以等离子态存在的。在茫茫无际的宇宙空间，等离子态是一种普遍存在的状态。大部分发光的星球内部温度和压力都很高，其内部物质差不多都处于等离子态。太阳就是一颗炽热的等离子态大火球。流星的尾巴，大部分恒星、星云和恒星周围的气体，也处于等离子态。只有在昏暗的行星和分散的星际物质里才可以找到固态、液态和气态物质。据印度天体物理学家沙哈的计算，宇宙中 99% 的物质都处于等离子体状态。地球上常见的固体、液体和气体，在宇宙中却成为稀罕之物。

物质除了等离子态外，还有超固态和中子态，这是物质的第五态。宇宙中有些物质的压力很大，温度极高，几百万个大气压的压力使原子核和原子紧紧地挤在一起，形成密度异常高的超固态。如天狼星的伴星是一颗超固态白矮星，其密度为 3800 千克／厘米^3。如果在超固态上再加巨大压力，原子核就被"压碎"，放出质子和中子。这些质子在极大压力下与电子结合成中子，形成中子态。中子态的密度比超固态要大 10 多万倍。如中子星的密度高达 1 亿吨／厘米^3，一个烟头般大的中子态物质，要用 1 万艘万吨巨轮来拖才行。❷

在宇宙中，还有一种由反质子和反中子构成的反原子核与正电子

---

❶ 加热使气态原子的外层电子摆脱原子核的束缚成为自由电子，失去电子的原子变成带电的离子，这个过程称为电离。除了加热能使原子电离（热电离）外，电子吸收光子能量也能使原子电离（光电离），在电场中加速获得能量的带电粒子与气体原子碰撞发生能量交换，也能使气体电离（碰撞电离）。等离子态与气态一样具有流动性，没有确定的形状和体积，但也有很多与气态不同的特性，如有很高的电导率，与电磁场存在极强的耦合作用。

❷ 十万个为什么：天文 1 册 [M]. 上海：少年儿童出版社，1980：223。

构成的"反物质",这是物质的第六态。❶正物质与反物质一旦相碰就会"湮灭",释放出巨大的能量和比普通可见光强25万倍的伽马射线。1995年,欧洲核子研究中心的科学家在世界上制成了第一批反物质——反氢原子。❷

上述固态、液态、气态、等离子态、超固态、中子态和"反物质"虽形态各异,但都是实物,都有以下四个属性。

(1)由实物粒子组成。基本粒子是指组成物质(实物)的最基本微粒,如电子、质子、中子等粒子。❸物质由分子组成,分子由原子组

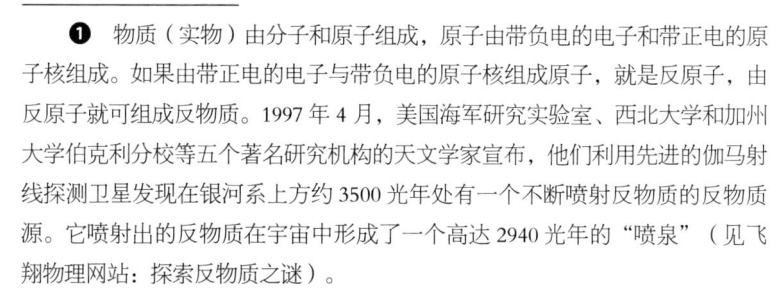

---

❶ 物质(实物)由分子和原子组成,原子由带负电的电子和带正电的原子核组成。如果用带正电的电子与带负电的原子核组成原子,就是反原子,由反原子就可组成反物质。1997年4月,美国海军研究实验室、西北大学和加州大学伯克利分校等五个著名研究机构的天文学家宣布,他们利用先进的伽马射线探测卫星发现在银河系上方约3500光年处有一个不断喷射反物质的反物质源。它喷射出的反物质在宇宙中形成了一个高达2940光年的"喷泉"(见飞翔物理网站:探索反物质之谜)。

❷ 在自然界中寻找反物质难度很大,而且很难进一步研究它的性质,因此近年来科学家尝试在实验室中制造反物质。1995年,欧洲核子研究中心的科学家在世界上制成了第一批反物质——反氢原子,揭开了人类研制反物质的新篇章。科学家利用加速器,将速度极高的负质子流射向氙原子核,以制造反氢原子。由于负质子与氙原子核相撞后会产生正电子,刚诞生的一个正电子如果恰好与负质子流中的另外一个负质子结合就会形成一个反氢原子。在累计15小时的实验中,他们共记录到9个反氢原子存在的证据。由于这些反氢原子处在正物质的包围之下,因此它们的寿命极短,平均一亿分之三秒(30纳秒)。1996年,美国费米国立加速器实验室成功制造了7个反氢原子。此后,在实验室中制造反物质的工作受到很多科学家的高度重视(见飞翔物理网站:探索反物质之谜)。

❸ 按照人类目前对粒子世界结构规律的认识,物质世界是由包括13种规范粒子、12种轻子、36种夸克和希格斯粒子在内的62种粒子构成的。这些粒子迄今为止未发现内部结构,可称为"基本粒子"。但是,宇宙万物就是仅由这62种粒子构成的吗?为什么有这么多种轻子和夸克?它们真的没有内部结构吗?有没有真正的"基本粒子"?还有许多问题摆在理论的和实验的粒子物理学面前有待研究、发现、解决(参见清华大学教学软件库:大学物理专题讲座"近代物理基础——基本粒子")。

成。原子（古希腊语为"不可分"之意）是物质化学反应的最小基本单元，曾被认为是物质的最基本微粒。后来发现并非如此。原子是由电子和原子核组成的，原子核则由带正电的质子和不带电的中子组成。一般把中子、质子、电子、正电子，高能粒子轰击中子或质子产生的新粒子，从宇宙射线中发现的质量不同、性质互异、能相互转化的粒子，统称基本粒子。很难说哪种粒子更基本，通常把"基本"二字取消，统称为粒子。现沿用"基本粒子"概念，只有习惯上的意义。❶以上所述的固态、液态、气态、等离子态、超固态、中子态和反物质，无论特性有多大差异，都有一个共性，就是都由原子、电子、中子、质子等微粒组成。即使是奇特的"反物质"，也是由微粒组成的，只是其微粒电荷与正物质相反而已。

（2）有静止质量。实物具有在静止状态中可以测定的质量❷。而有些物质只具有在运动中测定的质量。

（3）有一定的体积。在质量相同的条件下，中子态和超固态的体积最小，固态其次，液态较大，气态和等离子态（超气态）最大。

（4）有不可入性。即不同的实物不能同时占有同一空间的特性。通俗地说，好比一个篮子装满了鸡蛋，就不能再装苹果。洗瓶子时如不把瓶子里的空气放出来，水就无法进入瓶子。

上述属性实际上并不是所有物质的共性，而只是实物的共性。实物是物质存在的基本形式之一，是由原子、电子、质子和中子等基本粒子组成的，具有静止质量、一定体积和不可入性的物质。

那么，什么是"非实物"呢？它是不是一种精神现象呢？

这个问题不能笼统地回答，必须先确定论域。按逻辑学，所有具有某种属性的事物可以组成一个类，所有不具有某种属性的事物也可以组成一个类。反映具有某种属性的事物的概念是正概念；反映不具有某种属性的事物的概念是负概念。"实物"是一个正概念，反映具

---

❶ 清华大学教学软件库：大学物理专题讲座"近代物理基础——基本粒子"。

❷ 质量在此是表征单位空间里物质含量的指标，不同于人们日常生活中评价的服务质量。

有实物特性的事物。"非实物"是一个负概念，反映不具有实物属性的事物。负概念总是相对于一个特定的范围的。这就是逻辑上的论域。非金属的论域是化学元素，非熟练劳动的论域是劳动。负概念所表示的就是特定论域内除了正概念所表示的事物以外的其他一切事物。

因此，只要明确了实物的属性并规定了论域，非实物所表示的事物也就确定了。

我们在这里所说的"非实物"有两个论域。

第一个论域是物质。在此论域内，"非实物"是不具有实物属性的物质。换言之，这里所说的非实物，是不由基本粒子组成的，没有静止质量，没有体积，没有不可入性的物质。它当然不包括精神现象。❶

自然科学研究成果已证明，不具有实物属性的物质是存在的。近代物理学发现，自然界运动着的物质有两种基本形式：一种是实物，另一种是场，如磁场、电场、电磁场、重力场、引力场等。场是自然界中一种非实物形态的物质。场和实物一样，具有能量、动量和质量，有独立存在的性质，一经产生，即继续存在。与实物不同的是，场看不见，摸不着，弥漫于整个空间。一切实物粒子的周围都存在着相应的场：物体间存在着引力场；磁体或运动的带电微粒周围存在着磁场；带电体间存在着电场；发光体联系着电磁场……实物之间的种种相互作用，就是依靠有关的场来实现的。场不具有静止质量，没有一定的体积，没有不可入性，具有叠加性，几个场可以同时占有同一空间。如同一空间里，既有电磁场存在，也有引力场存在。这些性质构成了场区别于实物的特性。实物和场都是既不能创造，又不能消灭的。它们能够依据物质不灭定律和能量守恒定律，在一定的条件下互相转化。

二、非实物劳动成果

我们所说的"非实物"的第二个论域是劳动成果。在劳动成果这个论域内，有一种劳动成果是有实物形态的，可称为实物形态的劳动

---

❶ 如果将论域扩大到包括精神现象在内的整个世界，那么，非实物就是整个世界中除了实物以外的一切其他事物，这时它也包括精神现象。

成果，简称实物劳动成果；另一种劳动成果是没有实物形态的，可称为非实物形态的劳动成果，简称非实物劳动成果。

先分析实物劳动成果。与自然界的实物相仿，实物劳动成果同样有静止质量和一定的体积，有不可入性即不可叠加性。不同的是，这不是作为天然产物，而是作为人的劳动成果而存在的实物。第一产业生产的粮食、棉花、牲畜，第二产业生产的钢铁、机器、家用电器，以及煤气、电力、自来水等，都有这些特性。人们通常称之为货物、货财、货品，或实物产品。实物劳动成果主要是由固体、液体和气体这三种实物构成的。某些劳动成果也可能处于等离子态或反物质态，如工厂制造的等离子电视机和科学家在加速器实验室制造的反氢原子。而超固态和中子态尚未进入人类劳动成果的范围。

再来分析非实物劳动成果。

不少劳动成果虽然是真实的，人们也通过自己的感官感觉到其客观存在，但它们却不具有实物形式，不能像实物劳动成果那样给人们以可以触摸的形体，这就是非实物劳动成果，人们通常称之为服务。汽车司机、医生、教师、演员、导游，以及商店、银行、游乐场的服务人员，他们给人们提供的劳动成果就是如此。非实物劳动成果具有以下的非实物特性。

（1）没有静止质量。❶质量只与组成实物的粒子数量有关，是组成实物的基本粒子质量的总和。非实物劳动成果不是由基本粒子组成的，因此没有静止质量。人们可以买一公斤肉，但不可能买一公斤文艺演出服务。测量质量的基准单位，如吨、千克、克等，在此都失去了意义。

（2）没有体积。固态、液态和气态的劳动成果，都由分子构成，分子间距的大小决定了其体积大小。非实物劳动成果不是由基本粒子组成的，不存在着分子，分子间距也无从谈起。所以，它不占据一定的空间，没有一定的体积。

---

❶ 这是物理学概念，指的是物体所含物质的量，它不同于表征产品或工作的优劣程度的质量概念。静止质量指可在静止状态下测量的质量。与静止质量对应的是运动质量，即可在运动状态下测量的质量。

（3）具有可叠加性。实物劳动成果具有一定的体积，占据一定的空间，就必然具有不可入性。仓库里堆满了粮食，就不能再放进水果；气体占据着油瓶的空间，油就无法灌入；一个铅球放进水中，会排开同样体积的水。不同的实物劳动成果不能同时占据同一空间，这是显而易见的。非实物劳动成果则不同，它本身没有体积，在一定的限度内是可以叠加的。在行驶着的列车车厢里广播表演相声，运输劳动成果与艺术劳动成果就叠加在同一空间里；在旅店客房里打长途电话，旅业服务劳动成果与电信服务劳动成果，就交织在同一空间；在剧场内售货，在公共汽车上导游，不同的非实物劳动成果也叠加在同一空间。但由于服务劳动者和服务劳动资料要占据一定的空间，对不同的非实物劳动成果同时消费的可能性也是有限的，所以，非实物劳动成果的叠加性是有限度的。

综上所述，实物劳动成果是由原子、电子、中子和质子等基本粒子构成的劳动成果；非实物劳动成果是不存在基本粒子的、以运动形式表现出来的劳动成果。由于论域不同，自然物质论域内的"非实物"与劳动成果论域内的"非实物"，并不是完全相同的。自然物质论域内的非实物指物质存在的第二种基本形态——场；劳动成果论域内的"非实物"指人类劳动提供的不具有实物形态的劳动成果——服务。非实物劳动成果可以以场的形式存在，但不等于就是场。❶ 不过，由于二者在性质上有类似之处，在借喻的意义上将服务称为社会"场"，也是可以的。❷

非实物劳动成果虽然不是实物，但它的物质性却是不容置疑的。

---

❶ 文艺演出引起的光线的反射，就是一种电磁场（光波）的运动，因此可在一定程度上把文艺演出服务看作一个"文艺场"。不过，有服务不一定必然有场，如运输服务、仓储服务是涉及实物的服务，与场的关系就不大。

❷ 从物理的角度说，物质分为实物与场，它们的相同与相异差别如前所述。在粒子物理中，实物与场的差别变得含糊。例如，光有时称为光子，电子有时也称为电子场，因为在粒子物理中，所有的粒子和场都用场作为基本的表述语言，它们有时也称为粒子，还会相互转变。在标准模型中，物质的基本构成由具有静止质量的实物粒子（如电子）加上没有静止质量的粒子（或者说场，如光子）组成，没有静止质量的粒子传递实物粒子之间的相互作用。

谈到物质性，不能不涉及物质概念。需要指出，从普罗大众到政治经济学教科书，对物质的认识，尚停留在19世纪初"原子分子论"的水平，把物质归结为实物；诸如"物质生产""物质产品""物质资料"，指的只是实物劳动成果或其生产。凡不具有实物形态的，都被视为"非物质生产""非物质产品"。我国在1985年以前采用的物质产品平衡表体系（MPS），将国民经济部门分为"物质生产部门与非物质生产部门"，所依据的就是上述原则。非实物劳动成果由于不是实物，也就被认为是"非物质产品"，充其量只有"非物质性"。这种观点到现在仍有很大影响。

然而，如同我们在前面所分析的，将物质归结为有形体的实物，是片面的、不正确的。实物并不是物质的唯一形态；自然界中运动着的物质的基本形式是实物和场。作为物质形态之一的场，并没有实物形态，但其物质性已得到近代物理学的实验证明。早在1837年，法拉第就突破性地在物理学中引进"场"的概念。1861年，麦克斯韦建立了电磁场的基本方程。此后，人类对物质的认识逐渐突破了实物的界限。按照近代物理学的基本原理，是不能把实物当作判断具有物质性的试金石的。

列宁指出："物质是标志客观实在的哲学范畴，这种客观实在是人通过感觉感知的，它不依赖于我们的感觉而存在，为我们的感觉所复写、摄影、反映。"❶ 这表明，客观实在性是一切物质的共性，一切形态的物质都是离开人的意识而独立的客观实在。因此，物质性就是客观实在性。非实物劳动成果，就具备这种客观实在性。

首先，提供这种成果的劳动过程是客观实在的。科研人员在技术咨询服务中出谋献策，演员在舞台上跳舞、唱歌，教师在课堂上"传道授业解惑"，都是客观存在于人的意识之外的活动。

其次，非实物劳动成果是客观实在的。科技人员的示范、操作和答疑，演员的表演，教师的讲课，都会发生声、像效应，或作用于空气产生声波，或反射光线引起光波（一种电磁波）的变化，以传递某

---

❶ 列宁.唯物主义和经验批判主义[M].4版.北京：人民出版社，1960：128.

种信息。这种动态过程就是其劳动成果。它同样是不依赖于人的感觉而存在的客观实在。它已不同于人脑中的思维活动。音像磁带和光盘可以将上述劳动成果记录下来并重播就是明证。

再次，非实物劳动成果的消费过程是客观实在的。咨询者、观众、学生、乘客、患者，都明明白白、确确实实地通过自己的感官体验到咨询服务、文艺服务、教育服务、交通服务和医疗服务的存在，并对它们进行了消费。如果这一劳动成果只是"皇帝的新衣"，那谁也不会花钱购买它。

最后，非实物劳动成果的消费后果也是客观实在的。企业消费了技术咨询服务提高了经济效益，精彩的艺术表演使观众身心愉快，美妙乐声甚至"余音绕梁"，学生消费了教育服务后才智大增，乘客消费了交通服务后身体发生了位移，患者接受医疗服务后恢复了健康，等等。

因此，有理由认为，非实物劳动成果也是一种物质现象，其本质是人为满足自身需求而与自然之间发生的一种新形式的物质变换。这与人们在实物劳动成果的生产中，使自然物质中的实物发生生物方式、物理方式或化学方式的变化而实现物质交换，并没有什么本质的区别。既然提供实物劳动成果这种形式的物质变换过程可以被称为"物质生产"，那么，提供非实物劳动成果这种形式的物质变换过程，就没有什么理由不可以被称为"物质生产"。不过，"物质生产"用于表示实物劳动成果的生产已年深久远❶，按约定俗成的原则，我们不妨继续沿用这一表示法。只是要明确，构成负概念的所谓"非物质生产"实际上只是非实物而不是非物质的劳动成果的生产，仍具有物质性。下文在需要特别明确涵义的地方，我们将以"实物生产"和"非实物生产"分别表示实物劳动成果和非实物劳动成果的生产，以免与传统的"物质生产"概念相混淆。

第四章　服务产品

---

❶ 严格地说，"物质生产"只表示不具有一定思想内容的实物产品的生产。参见本章第二节。

三、服务产品的内涵

服务产品就是非实物形态的劳动成果。对服务产品这一内涵的理解，要把握两个要点。

第一个要点是非实物形态，这反映了服务产品的种差。非实物所具有的一切属性，如没有静止质量，没有体积，有可叠加性和物质性等，服务产品都具有。服务产品的非实物性还使服务产品的使用价值具有生产、交换与消费的同时性，非贮存性，非转移性和再生产的严格被制约性等属性（参见第五章）。

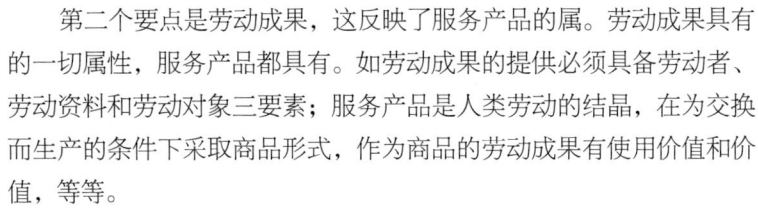

第二个要点是劳动成果，这反映了服务产品的属。劳动成果具有的一切属性，服务产品都具有。如劳动成果的提供必须具备劳动者、劳动资料和劳动对象三要素；服务产品是人类劳动的结晶，在为交换而生产的条件下采取商品形式，作为商品的劳动成果有使用价值和价值，等等。

上述两个要点，将服务产品的属——劳动成果，与服务产品的种差——非实物形态，结合在一起，组成了服务产品的定义。它揭示了服务产品概念的内涵，即服务产品的特有属性。

需要注意的是，因劳动成果是服务产品定义的构成要素，要正确把握服务产品定义，必须正确概念理解劳动的内涵和外延，把劳动定义为人以自身的活动来引起、调整和控制人与自然物质和人文物质之间的物质变换的过程（参见本章第四节）。

根据服务产品的内涵，在确定服务产品的外延时，要掌握以下两个基本原则。

第一个原则，凡以实物形态存在的劳动成果，均不属服务产品的范围；凡不具有实物形态的劳动成果，必然属于服务产品的范围。

我们知道，实物劳动成果与非实物劳动成果之间存在着矛盾关系。它们是全异的，二者之和等于其上位概念劳动成果。根据形式逻辑的矛盾律，一种劳动成果如果是实物，就不可能同时是非实物；如果是非实物，就不可能是实物。反之，如果它不是实物，就必然是非实物；如果它不是非实物，就必然是实物。因此，只要劳动成果具有实物形态，就要排除出服务产品的外延；只要劳动成果不具有实物形态，就要纳入服务产品的外延。在这里，判断是不是服务产品的唯一标准，是看劳动成果是否具有实物形态，而不能附加任何其他条件。

第二个原则，凡不是劳动成果，均不可能是服务产品。有些现象似乎属"非实物"，但它根本不是劳动的结晶，而是自然界的产物，或是一种非劳动活动，那它就不能被列入作为人类劳动的结晶的服务产品的范围。掌握这个原则的关键是区分劳动与非劳动，劳动成果与非劳动成果。

四、服务产品的外延

根据上述两个原则，我们就可以对服务产品的外延进行界定了。

首先，区分劳动成果与非劳动成果，剔除非劳动成果，留下劳动成果。

剔除的内容包括：

（1）纯粹自然界的"服务"。人们常把自然界对人类的贡献，称为自然界的"无偿服务"，如"瀑布的服务""阳光、空气的服务""风力的服务""优质土地的服务"，这些均不属第三产业经济学讨论的服务产品的范围。

（2）人类社会中的非劳动活动的"成果"。如小偷、强盗、歹徒的偷窃、诈骗、杀人越货等，都不属于本书讨论的服务产品的范围。

其次，对劳动成果的形态进行考察，确定服务产品的外延。

人类劳动成果的形态虽然从逻辑上说可以比较清晰地划为实物形态与非实物形态两大类，但在现实经济活动中，由于实物生产常常需要以非实物劳动成果作为中间产品，非实物生产也常常需要实物劳动成果作为中间产品，二者呈犬牙交错状态，因此，从最终成果的角度或从中间成果的角度考察劳动成果的形态，结论往往不同。我们可以从最终成果的角度将行业与产品状况分为三类。

第一类，行业的最终成果不采取实物形态的——生产服务产品。

这些行业的生产过程需投入的实物产品量不一，主要有两种情况。

（1）只需少量实物产品投入的。属这一类的有：商业服务、导游服务、理发服务、信息咨询服务、美容服务、技术服务、教育服务、文艺（舞蹈、杂技、相声、戏剧、音乐等）服务、医疗服务、体育服务、金融保险服务等。这些都是服务产品。

（2）需要大量实物产品投入的。属于这一类的有：交通运输服务、邮电通信服务、仓储服务、旅业服务等。生产这类非实物劳动成果需要大量实物产品作为生产手段，如飞机、火车、汽车、轮船、电台、电话、电缆、仓库、旅店与相关服务设施。而这些行业本身并不生产、加工或出售这些实物产品，它们生产的是服务产品。

第二类，行业的最终成果具有实物形态的——最终产品不是服务产品，尽管中间产品可能是服务产品。

这些行业的生产过程需投入的服务产品量不一，主要有两种情况。

（1）需投入的服务产品较少的实物产品。属于这一类的有：农产品、畜产品、林产品、渔产品、工业品（具有尖端技术的除外）、建筑产品等。它们生产中所需的服务产品（技术服务、运输服务等）相对较少。这类产品无疑是实物产品。

（2）需要服务产品作为主要中间产品的实物产品。属于这一类的有：书籍、报刊、雕塑、图画、照片、唱片、音像制品、电影拷贝、软件光盘等。对它们是不是服务产品，学术界看法有分歧。笔者认为，由于它们具有无可争辩的实物形态，因此不能称为服务产品，而应划为实物产品。更精确地说，这是以服务产品为"原料"生产的实物产品。当我们运用科学抽象法对这些劳动成果的生产过程进行分析时，可以将实际上合为一体的生产过程分解为互相衔接的前期过程和后期过程：对于音像制品、电影拷贝、唱片、照片而言，是文艺演出过程＋录音、录像过程；对雕塑、图画而言，是构思造型过程＋塑造、画画过程；对书籍、报刊而言，是构思、想象、演说过程＋记录、复制过程；对软件光盘而言，是软件研究、编写过程＋光盘复制过程。在前期过程，劳动者进行构思、创作、演讲、演出、编程，形成了非实物劳动成果——构思服务、创作服务、演讲服务、软件服务，在后期过程，上述服务产品凝固化在实物中。这实际上是以服务产品为中间产品（"主要原料"）生产实物产品。对于出版公司、杂志社、报社、美术社、唱片社、影音公司、软件公司来说，它们的最终成果不是服务产品，而是书报杂志、音像复制品、软件光盘等。就音像制品等劳动成果的存在形态来说，它们以磁带、光盘形式存在，只能被称为实物产品。就这些劳动成果的来源和构成来说，它们包含着前期过程的服务产品。包含前期过程的服务产品不等于现存形态是服务产品。这有些类似干冰：干冰是由气态的二氧化碳制冷制成的固态物质。我们不能因为其前期生产过程投入了气态的二氧化碳作为中间产品，就认为干冰的形态也是气态物质。有学者将书刊、报纸、唱片、音像磁带归为服务产品，这在逻辑上是讲不通的。

第三类，行业的最终产品实物劳动成果和非实物劳动成果兼而有之的——同时生产实物产品和服务产品。

有一些行业实际上从事两类劳动，一类劳动提供实物劳动成果，另一类劳动提供非实物劳动成果，两者均作为最终产品供顾客消费。如饮食业，厨师对食物进行烹调制作，其劳动成果是加工好的美味佳肴，它显然是实物形态的劳动成果，与食品制造业劳动成果并无本质区别。而餐厅服务员的端菜上席（运输服务）、席间分菜、换碟、递清洁巾、清洗餐具、结账（流通服务）等劳动，其成果是非实物劳动成果。在餐厅里，这两种劳动成果组合在一起供顾客消费，顾客既吃饭，也享受服务。只因前期成果有实物性，后期成果没有实物性，人们往往忽视了服务产品的存在，认为饮食业提供的劳动成果只是实物劳动成果。至于有人为了说明饮食业是第三产业，将饭菜佳肴也说成服务，是难以说得通的。食客到餐馆的主要目的是吃食物，而不是"吃"服务。

与此类似，煤气公司、供水公司、供电公司、房地产公司的劳动成果也是实物劳动成果（煤气、自来水、电力、房屋）和非实物劳动成果（包括煤气、水、电、房的供应、"运输"、管理、销售、维修等一系列服务）的结合，因此它们既生产实物产品，也生产服务产品。

通俗地说，实物产品可以看成硬产品（hard product），而服务产品可以看成软产品（soft product）。硬产品和软产品对应计算机中硬件和软件概念。

粗略地说，服务产品从外观上大体可以分为两类。

（1）独立于实物产品的服务产品，如商业服务、导游服务、理发服务、信息咨询服务、美容服务、技术服务、教育服务、文艺（舞蹈、杂技、相声、戏剧、音乐等）服务、医疗服务、体育服务、金融保险服务、交通运输服务、邮电通信服务、仓储服务、旅业服务等。这类产品与实物产品有质的区别。

（2）依附在实物产品或某种状态上服务产品。其一，是实物产品的售后服务、维修服务、货运服务等。这些服务产品依附于实物产品后，变成服务产品与实物产品的结合体。如实物产品的售后服务，不是一种独立的服务产品，而是附加在售出实物产品上的服务产品。维修冰箱服务，产出后附在被修好的冰箱上，把坏冰箱变成好冰箱，可以看成：维修服务＋坏冰箱＝好冰箱。货运服务依附在所运货物上，使货物发生位移，可以看成：货运服务＋货物＝位置移动的货物。其二，是服务产品的售出和维修服务，这些服务产品依附于销售的服务产品的状态上，如网络服务、电信服务售后出了故障，需要售后服务人员加以维修保养。

至于书籍、报刊、雕塑、图画、照片、唱片、音像制品、电影拷贝、软件光盘等，它们本身是实物形态的产品，但因为它们要以服务产品为主要生产要素才能生产出来，要以作家的写作服务、记者的采访服务、雕塑家的雕塑服务、画家的作画服务、模特的造型服务、演员的演出服务、科技人员的编程序服务为主要生产原料。在某种程度上可以说，服务产品的档次和质量决定了实物产品的档次和质量。考虑到这种情况，这些实物产品可称为以服务产品为主要原料的实物产品。从产品形态上说，它们是实物产品无疑，但这是承载了重要服务产品为其内容的实物产品。就此而论，它们区别于一般的工农业产品。

第二节 服务产品与社会产品

在上面的分析中，我们实际上已把服务产品——非实物劳动成果视为社会产品的一部分。

为什么非实物劳动成果也可以称为产品？服务产品在社会产品中处于什么地位？下面我们分析这个问题。

一、社会产品的组成部分

按词典的解释,"品"字指物品,由此类推,"产品"就是人类劳动生产出来的物品。如果没有"物品"形态或实物形态的,通常不被承认为产品。在过去相当长的一个时期里,学术界就是这样看问题的。如《简明社会科学词典》认为:产品就是"为人们有目的的生产劳动所创造,能满足人们某种需要的物品。"❶然而,随着经济发展引起生产结构和消费结构的变化,越来越多愿意研究现实问题的学者认为,如果把"产品"的概念局限于物品的范围,就无法探讨和解释日趋扩大的新的生产领域——第三产业的新问题,终将免不了陷入作茧自缚的困境。

服务产品为什么也是社会产品的组成部分呢?下面我们讨论非实物劳动成果属于社会产品的根本原因。

除了我们通常见到的实物形态的劳动成果(饭、菜、衣服、房屋、家具等)以外,非实物形态的劳动成果(科技咨询、运输服务、教育服务、保健服务、文艺服务、娱乐服务等)也可以而且必须纳入社会产品的范围,其根本原因在于,非实物劳动成果与实物劳动成果一样,都具有消除相对稀缺,满足人的需要的同样功能。

人类为了生存和发展,必须满足自身的多种物质需要和精神需要。能够满足人的需要的对象——消费对象,除极少部分近乎无限(如阳光、空气),可以随意取用外,极大部分都是有限的、稀缺的。要消除稀缺,满足需要,人们就必须通过劳动创造出满足需求的对象。所以,在消费对象稀缺的情况下,需求是人类从事劳动的直接动因。人要吃饭,就从事农业劳动;人要穿衣,就从事工业劳动;人要娱乐,就从事服务劳动。男耕女织,古而有之。这不是出于人的"勤奋"天性,而是其需要所使然。为了达到满足自身的物质和精神需要,以求生存、繁衍、享受与发展的目的,劳动过程必须提供可以满足物质或精神需要的成果。这一成果就是产品——劳动过程的产物。劳动的直

---

❶ 《简明社会科学词典》编辑委员会.简明社会科学词典[M].上海:上海辞书出版社,1982:445.

接目的决定了以下两点。

首先，劳动产品从总体上说必须具有消除相对稀缺、满足各类需要的功能（这并不排除个别劳动产品由于劳动的失误，不具备此功能），否则，人类从事劳动就毫无意义。

其次，劳动产品的功能与人类的需求结构相适应：有什么样的需求，就要求有什么样的劳动和劳动产品。显然，对需求者来说，产品功能是重要的，产品形态是不重要的。不管产品具有什么形态，是实物形态，还是非实物形态，只要它能满足人的需要，解除相对稀缺，就说明人类从事劳动的目的达到，人们也就承认它是产品。例如，如果按摩、推拿或气功与服用药物的医疗效果是一样的，人们就会认为这二者均是满足同类需要的产品，不会因前者不具备实物形态而拒绝它。因此，非实物劳动成果，只要它能满足设定的需要，就有可能成为与实物产品"等价"的产品。

而非实物劳动成果——各种服务，事实上就具有满足人的需要的功能。它不仅可以满足精神需要，而且可以满足某些物质需要，因而与实物劳动成果构成互相替代、互相补充的关系：某些实物劳动成果可与非实物劳动成果互相替代；对某些实物劳动成果的消费，会引起相关的非实物劳动成果的消费，反之亦然（参见第五章）。这样，作为非实物劳动成果的服务，就理所当然地被包括在社会产品项下。

那么，为什么人类长期以来只认识到实物劳动成果是产品，而一直没有意识到非实物劳动成果也是一种社会产品呢？这是因为，经济活动中服务产品的形成与发展是一个漫长的过程，人们对这一经济现象的全面认识也需要一个发展过程。一般地说，在非实物劳动成果比重甚微的时代，人们是难以认识非实物劳动成果性质的。只有当需求结构和生产结构的变化使非实物劳动成果的地位和作用较为重要的时候，人们才有可能通过对现实服务产品的分析，比较透彻地认识其属性，进而将它纳入社会产品的范畴。

人类将非实物劳动成果纳入社会产品范畴的具有客观必然性。在现代社会，有两方面的原因使人们必然将非实物劳动成果纳入社会产品范畴。

其一，人的需求结构向服务需求增大的方向的变化发展，决定了非实物劳动成果必然被纳入产品范畴。人的需求结构是与生产结构紧密地联系在一起的。有什么样的需求，就会有什么样的产品。在人类发展的初期，低下的生产力水平使人的需求极其简单，且多属实物性需求，因此生产的产品多为实物产品。这就使得人们不大注意微不足道的服务产品的功能。在文明发达的现代社会，生产力的发展使人们除了吃饱穿暖外，还要求广泛的服务消费，从而使生活质量提高，个性发展更加充分。这样，生产结构就必然相应变化，劳动成果中不仅有实物成果，而且有比重较大、质量较高、合乎需求结构要求的非实物劳动成果。需求结构的这一变化使人们不可能再不注意服务产品在满足需求方面的重要功能。人们在对服务产品的消费过程中认识了其消费性能及重要作用，产品的概念也随着消费的发展而扩大。即使在马克思的时代，他也在重点分析实物产品的同时，多次提到非实物产品这种"特殊种类的产品"，并确认它们作为"产品"的存在，认为它们具有产品的"物质规定性"或"自然性质"❶。在服务产品比重迅速上升的今天，我们当然更有必要将只限于物品的产品概念予以扩充。

其二，生产的社会化、专业化分工的发展，使实物生产过程的某些阶段独立化，这也决定了非实物劳动成果必然被纳入社会产品的范畴。

生产社会化能使操作专门化、单一化，大大提高劳动效率，因此，随着生产的发展，很多原来由一个企业独任的工作，逐渐演变为由数个企业分任的工作。由于原来完整的生产过程分解为若干个独立化的生产阶段，因此，原来只在这一完整生产过程结束时才生产出来的实物产品，必然在概念上相应地分解成若干种在局部生产阶段中就能存在的非实物产品。

先讨论科研产品的独立化。在生产社会化分工不发达时期，小生产者将脑力劳动和体力劳动集于一体，既动脑设计产品、工艺和工序，

---

❶ 马克思恩格斯全集：第 26 卷第 1 册 [M]. 中共中央马克思恩格斯列宁斯大林著作编译局，译. 北京：人民出版社，1972：298，443，150；马克思. 直接生产过程的结果 [M]. 田光，译. 北京：人民出版社，1964：108.

又动手操作实施。这时,"范围有限的知识和经验是同劳动本身直接联系在一起的,并没有发展成为同劳动相分离的独立的力量"。既然"手和脑还没有相互分离",也就没有必要分清哪些是"手的成果",哪些是"脑的成果",而将整个生产过程终结时形成的实物产品作为手和脑的共同产品。❶ 但在科研劳动独立化,发明成为一个行业的当代,科研机构就有必要单独核算其劳动成果了。由于科学劳动在时序上先于制造实物的劳动而存在,其成果只是作为中间产品投入实物生产,而且主客观因素使实物生产应用同一科学成果的效果不同,导致实物劳动成果情况不一,因此,以实物生产部门最终生产出来的实物产品作为科研劳动的体现者已不可能。这样,科研人员的劳动成果必将随着社会分工的发展而以独立的产品形态存在。其中有些采取服务的形态,如出主意、作规划、提方案、搞咨询等,有的采取实物的形态,如图纸、研究报告等。

再讨论非脑力型服务劳动产品的独立化。实物生产过程中的一些劳动,如包装、货运、仓储、维修等劳动,随着专业化分工的发展,从原来的实物生产过程中独立出来。在独立前,这些劳动的成果体现在实物生产过程结束时形成的实物产品中。如钢厂内的运输维修劳动体现在钢厂的钢铁产品上。但在服务独立后,这些劳动不再可能以实物产品作为其阶段性成果了。假定运输公司为钢铁公司提供运输服务一万吨公里,而钢铁公司用运到的煤炭和矿石炼出钢材一千吨。我们能不能说,在一千吨钢材出炉时,运输公司的劳动成果才形成?或者说,发生在前的运输公司作业量由发生在后的钢铁公司出炉钢材的数量决定?显然都不行。因为运输公司的作业量(一万吨公里)早在煤炭和矿石运到工厂时已完成,不是在钢材出炉时才存在;其后的炼钢成功与否,与运输作业量无关;即使钢铁公司一吨钢材也没炼出来,运输服务劳动成果也照样是一万吨公里。这说明,为了考察非脑力型服务行业的劳动成果,有必要使用新的概念服务产品来概括之,如运

---

❶ 马克思恩格斯全集:第47卷[M].中共中央马克思恩格斯列宁斯大林著作编译局,译.北京:人民出版社,1979:570.

输服务、搬运服务、仓储服务、维修服务等，它们都是没有实物形态的。

因此，当代社会产品概念必然突破实物形态的界限，它包括实物生产和非实物生产所创造的，能满足人们某种需要的实物产品和服务产品。

二、与其他社会产品的关系

非实物形态的劳动成果被纳入社会产品的范畴，使产品突破了传统理论限定的"物质产品"的界限。按照新的社会产品观，社会产品从形态上可以划分为两大类。

第一大类：实物产品，即采取实物形态存在的产品。它主要由第一、二产业生产。

第二大类：服务产品，即采取非实物形态存在的产品。它主要由第三产业生产。

由于产品或是采取实物形态，或是不采取实物形态，二者必居其一，因此，实物产品和服务产品这两个"子项"，已穷尽了社会产品这一"母项"。这就是说，除了实物产品和服务产品外，再也没有其他社会产品了。

"不是还有精神产品吗？"是的。的确有精神产品。不过，精神产品在按产品形态划分的体系中，并不作为独立的子项存在，因为它或采取实物形态，或采取非实物形态，可分归实物产品或服务产品项下。

我们先分析精神产品的内涵与外延，然后考察它与服务产品、实物产品的关系。

笔者认为，精神产品是智力劳动直接生产的，具有一定思想内容，用于满足人们的精神或智力需要的成果。

精神产品有如下特点。

（1）它是智力劳动的直接产物。传统意义上的"物质产品"（这里指的是不具有一定思想内容的实物产品，下同），是人们按照一定的目的，运用劳动资料去对自然进行加工和改造，改变劳动对象的形状、性质或地理位置而生产的。精神产品则是人们在智力劳动过程中，通过大脑对客观世界（自然界、人类社会以及人本身）的客观规律的探索、反映和总结进而生产的。没有人对自然界的作用和改造，就没有物质产品；没有人通过智力劳动对客观世界的认识，也没有精神产品。因此，作为智力劳动的结晶，精神产品也是一种劳动产品，它与物质产品一样，凝结着人类劳动。由于物质产品的生产同样需要人的智力劳动，因此，从广义上说，它也是智力劳动的产物。不过，这只是间接的而不是直接的产物。这是区分物质产品与精神产品的一个界线。反过来说，生产精神产品，也并非不需要体力消耗。不过，基于精神产品主要是"动脑"而不是"手"的产物，将它划分为智力劳动的直接产物是合适的。

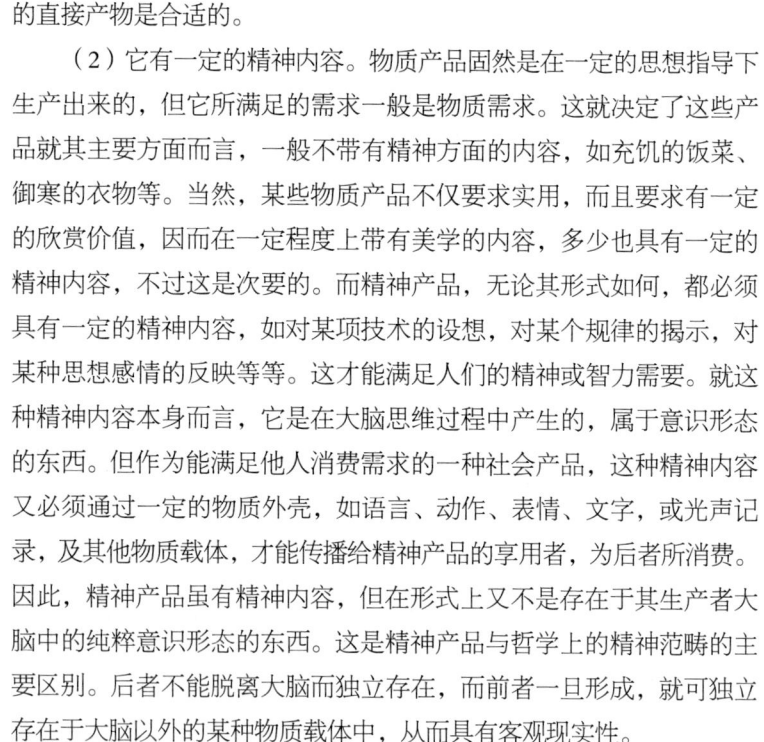

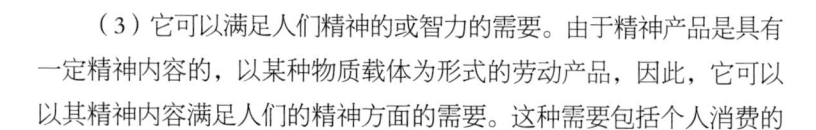

（2）它有一定的精神内容。物质产品固然是在一定的思想指导下生产出来的，但它所满足的需求一般是物质需求。这就决定了这些产品就其主要方面而言，一般不带有精神方面的内容，如充饥的饭菜、御寒的衣物等。当然，某些物质产品不仅要求实用，而且要求有一定的欣赏价值，因而在一定程度上带有美学的内容，多少也具有一定的精神内容，不过这是次要的。而精神产品，无论其形式如何，都必须具有一定的精神内容，如对某项技术的设想，对某个规律的揭示，对某种思想感情的反映等等。这才能满足人们的精神或智力需要。就这种精神内容本身而言，它是在大脑思维过程中产生的，属于意识形态的东西。但作为能满足他人消费需求的一种社会产品，这种精神内容又必须通过一定的物质外壳，如语言、动作、表情、文字，或光声记录，及其他物质载体，才能传播给精神产品的享用者，为后者所消费。因此，精神产品虽有精神内容，但在形式上又不是存在于其生产者大脑中的纯粹意识形态的东西。这是精神产品与哲学上的精神范畴的主要区别。后者不能脱离大脑而独立存在，而前者一旦形成，就可独立存在于大脑以外的某种物质载体中，从而具有客观现实性。

（3）它可以满足人们精神的或智力的需要。由于精神产品是具有一定精神内容的，以某种物质载体为形式的劳动产品，因此，它可以以其精神内容满足人们的精神方面的需要。这种需要包括个人消费的需要和生产消费的需要。如人们欣赏、娱乐、消遣、学习等精神生活的需要；设计、改进产品，提出新工艺流程的需要；认识和运用某项相关的客观规律的需要。在这里，用以满足人们精神生活或智力需要的，是精神产品的内容，而不是其物质载体。而物质产品是以其物质躯体满足人们的物质需要的。这是二者的显著区别。

按产品形式来划分，精神产品包括两大类。

（1）以服务形式存在的精神产品。这种精神产品以服务为其物质载体。它不具有离开生产者与消费者而独立存在的实物形式。它与精神生产过程同生共灭，只能在运动状态中被消费。如科研人员的咨询服务、演员在舞台的演出、教师在课堂上的教学等。

（2）以实物形态存在的精神产品。这种精神产品以实物为其物质载体，如科研方案（纸版）、设计图纸、书面程序、书刊、报纸、图画、雕塑、唱片、音像光盘、照片、电影拷贝、手稿、讲稿等，以及其他可脱离科研活动、艺术活动或教育活动后单独存在的科研成果、艺术作品、教育成果。实物形态的精神产品中相当多是由服务形式的精神产品通过实物化而转化来的，因而二者的消费性能是基本一致的。但实物形态的精神产品由于消费与生产的同时性、空间限制性消失了，所以其消费者可以大为增加，生产效率也大为提高。

可见，在按产品形态划分社会产品的体系中，精神产品只能以实物形态或服务形态存在。如科研产品或采取设计图纸、模型、论文等实物形态，或采取指导、解说、示范操作等服务形态。文艺产品或采取书画、声像记录带等实物形态，或采取演出、放电影等服务形态。教育产品则主要是以服务形态存在。因此，精神产品与实物产品、服务产品存在着交叉关系。

服务形态的精神产品又可称精神型服务产品，而实物形态的精神产品可称为精神型实物产品。由此类推还可产生相应负概念非精神型服务产品、非精神型实物产品。

那么，传统意义的"物质产品"与上述实物产品、服务产品、精神产品有何关系？

鉴于传统理论将具有实物形态的精神产品，如书、画、报刊等，

看成"非物质产品",❶可以推知,"物质产品"就是不具有思想内容的实物产品。即:

实物产品－实物形式的精神产品＝物质产品❷。

将上面讨论的归纳一下,就是:

(1)实物产品与服务产品具有矛盾关系。二者之和构成社会总产品。

(2)精神产品与实物产品、服务产品之间存在交叉关系。精神产品中有一部分是实物产品,另一部分是服务产品。

(3)"物质产品"与实物产品有下属关系:所有的"物质产品"都是实物产品,而有的实物产品却不是"物质产品"。

(4)"物质产品"与精神产品、服务产品均有全异关系。

最后看图4-1,对服务产品在社会产品中的地位,它与其他社会产品的关系,就一目了然了。

对于服务产品与精神产品的关系,不少人存在着模糊认识。如有人在一本教材中将饭店职工借助于饭店设施向客人提供的客房服务、餐厅服务、洗衣服务称为"精神产品"。❸其实,这些服务既不是智力劳动所直接生产的成果,又不具有一定的思想内容,也并非用于满足人们的精神或智力需要,因此不是精神产品,而是非精神型服务产品。看来其谬误是将物质与实物画等号,将非实物与精神画等号所致。

综上所述,第三产业生产的产品有精神型服务产品(教育、科研、技术、文艺等服务)和非精神型服务产品(医疗、交通、旅业、商业、通信等服务)。第一、二产业主要生产非精神型实物产品。至于精神型实物产品(书刊、音像磁带等)则是第二、三产业联合生产的:第三产业生产其精神内容,第二产业生产其实物外壳(见图4-1)。

---

❶ 苏联的《剩余价值理论》编辑将马克思在书中提到的"书画以及一切脱离艺术家的艺术活动而单独存在的艺术作品"划归"非物质生产领域"。马克思恩格斯全集:第26卷第1册[M].中共中央马克思恩格斯列宁斯大林著作编译局,译.北京:人民出版社,1972:442-443.

❷ 本书在谈到物质产品时,如无特别说明,仍沿用它的这一传统涵义。

❸ 张润生.饭店服务[M].北京:高等教育出版社,1986:20.

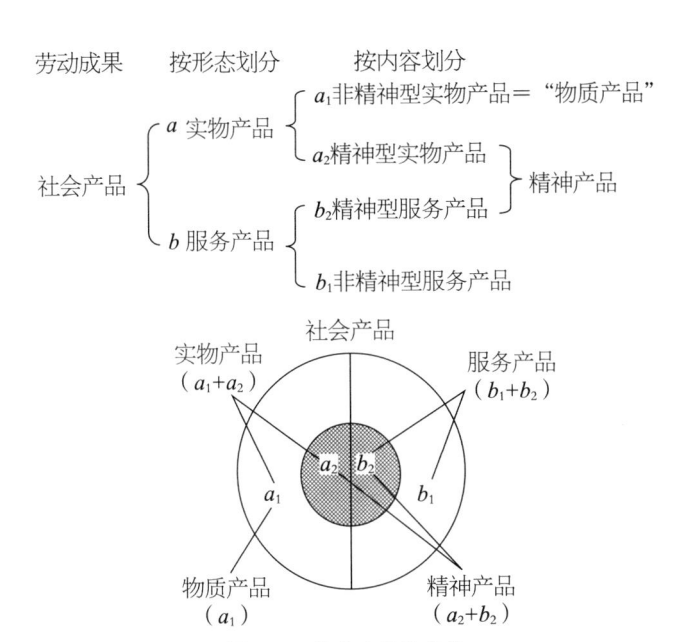

```
劳动成果      按形态划分        按内容划分
                            ┌ a₁非精神型实物产品＝"物质产品"
              ┌ a 实物产品 ┤
              │             └ a₂精神型实物产品          ┐
社会产品 ┤                                                ├ 精神产品
              │             ┌ b₂精神型服务产品          ┘
              └ b 服务产品 ┤
                            └ b₁非精神型服务产品
```

图 4-1 社会产品的分类

三、服务产品与两大部类

19世纪中叶，当马克思撰写《资本论》时，世界上主要资本主义国家的第三产业，无论在就业人数上，还是在国民生产总值中，都占较小的比重，加之资本主义关系在这些部门还不很发达，为了在纯粹的形态下对研究对象进行考察，避免次要情况的干扰，马克思在社会生产两大部类的分析中，舍象了第三产业及服务产品问题。时至今日，世界第三产业在GDP中的比重已超过第一、二产业的总和，2017年占GDP的65.1%，在高收入国家达69.8%；2018年在低收入国家为37.7%，在中等收入国家为54.1%，在中高收入国家为55.2%。❶ 因此，很有必要将曾被舍象的服务产品因素引入两大部类的分析中。

有人认为，将服务产品范畴引进社会产品中，会违背马克思的两大部类划分法；有人则主张，要在第一、二部类以外划出一个以第三

---

❶ 资料来源：*World Development Indicators*，https://data.worldbank.org/indicator/NV.SRV.TOTL.ZS。

产业为内容的第三部类。这两种说法都不妥当。

第一，将服务产品范畴纳入社会总产品，从而引进再生产理论，恰好不是违背而是丰富了两大部类划分法。因为，服务产品可以根据其使用价值的不同，分归第一部类或第二部类。

Ⅰ.服务形式的生产资料：作为生产资料投入生产过程的服务产品。如技术服务、咨询信息服务、仓储服务、货运服务、保险服务等，都能够构成生产过程中的生产要素。

Ⅱ.服务形式的消费资料：作为消费资料用于生活消费的服务产品。如教育服务、文娱服务、交通服务、旅游服务、生活服务等。马克思称之为"在服务形式上存在的消费品"❶，将它与"在物品形式上存在的消费品"对应，同归"消费品的总额"中。鉴于服务消费品是第三产业的服务产品的重要组成部分，所以有理由认为，尽管马克思在社会再生产理论中舍象了第三产业问题，但早已（比第三产业的提出早70多年）论及它的产品。遗憾的是，不少学者对马克思理论宝库中这一闪光思想一无所知，甚至将发掘和应用马克思文库中的理论珍宝，贬为"违背"马克思本人的理论，岂不滑稽？

第二，如果从一个母项中划分子项，采取的不是同一的而是多样化的标准，就会犯形式逻辑错误。例如将人划为男性、女性和青年，青年一子项实属多余，它与前二子项部分重合，可分归"男性""女性"项下。将第三产业单独划为第三部类，也犯了上述逻辑错误。因为，这时划分第一、二部类依据的是"产品用途"的标准。而划分第一、二部类与"第三部类"时依据的则是"产品形态"的标准，必然导致三个子项之间的重复交叉。服务产品不是进入生产消费，就是进入生活消费，这就跳不出第一部类和第二部类的"天罗地网"，何来与第一、二部类"分庭抗礼"的第三部类呢？

不过，为了在两大部类的划分中体现实物产品和服务产品的不同特点，可以各设两个副类：

Ⅰ生产资料

a 实物生产资料（矿石、金属、燃料、动力、机械、农业

---

❶ 马克思.剩余价值学说史：第1卷[M].郭大力，译.北京：人民出版社，1975：162.

原料……)

b 服务生产资料（技术服务、咨询信息服务、仓储服务、货运服务……）

Ⅱ消费资料

a 实物消费品（食品、纺织品、家具、医药、文体用品……）

b 服务消费品（教育服务、文娱服务、客运服务、旅游服务、生活服务……）

可以用中间需求率来了解各产业的产品作为生产资料和消费资料的比例。某一产业的中间需求率是指各产业对某产业的产品的中间需求之和，与整个国民经济对该产业产品的总需求（中间需求+最终需求）之比。用于中间需求的是生产资料，用于满足最终需求的是消费资料。在现实生活中，同一种服务产品既可用作生产资料，也可用作消费资料，全部服务产品都用作生产资料的纯粹生产服务业往往是不存在的。在学术研究中，通常把中间需求率大于一半的服务业视为生产服务业，小于 50% 的服务业视为生活服务业。根据世界投入产出数据库（WIOD）数据计算整理，我国第三产业各行业的中间需求率如图 4-2 所示。

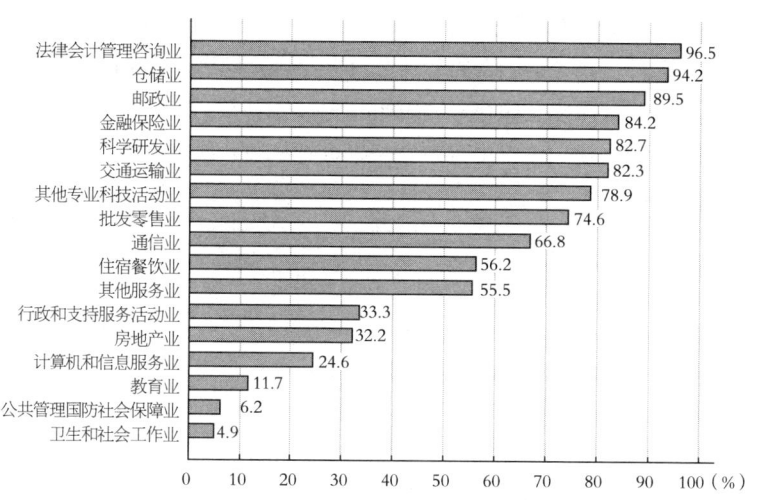

行业	中间需求率(%)
法律会计管理咨询业	96.5
仓储业	94.2
邮政业	89.5
金融保险业	84.2
科学研发业	82.7
交通运输业	82.3
其他专业科技活动业	78.9
批发零售业	74.6
通信业	66.8
住宿餐饮业	56.2
其他服务业	55.5
行政和支持服务活动业	33.3
房地产业	32.2
计算机和信息服务业	24.6
教育业	11.7
公共管理国防社会保障业	6.2
卫生和社会工作业	4.9

图 4-2 中国 2014 年第三产业内部行业的中间需求率

数据来源：根据 WIOD 数据库计算整理。

可以看到，法律会计管理咨询业、仓储业、邮政业、金融保险业、科学研发业、交通运输业、其他专业科技活动业、批发零售业、通信业、住宿餐饮业提供的服务产品有 96.5%~56.2% 用作服务生产资料，3.5%~43.8% 用作服务消费品。行政和支持服务活动业、房地产业、计算机和信息服务业、教育业、公共管理国防社会保障业、卫生和社会工作业提供的服务产品，有 33.3%~4.9% 用作服务生产资料，有 66.7%~95.1% 用作服务消费品。

第三节 服务产品定义的讨论

在中国第三产业理论史上，学者们对服务产品概念提出了不少定义，其中不乏新鲜见解，但也有一些论点似是而非，值得商榷。下面我们系统梳理一下。

一、是劳动还是产品

有学者认为，服务（劳务）是流动形态上的劳动。劳务生产的主要特点在于：其结果并不提供其他有形或无形的产品，而是提供特殊的使用价值——流动形态上的劳动，即劳务；许多劳务的结果和劳动者本身不能分离，劳动者的劳动过程本身就是劳动的目的和结果，当劳动停止后，所提供的劳务也随即消失；在许多场合，劳务生产领域的劳动者提供使用价值（劳务）的劳动过程，即消费者消费这种特殊使用价值的过程。❶

这一论点指出第三产业提供劳务，这是正确的。但它将劳务定义为"流动形态上的劳动"，则很难经得起推敲。

首先，如果劳务是流动形态的劳动（即活劳动），就必然会推论出第三产业是在出卖劳动而不是出卖劳动产品的结论。众所周知，马克思在《资本论》中用了相当大的篇幅论证劳动不可出卖，只有劳动力或劳动产品才可以当商品出售。如果承认马克思这一观点是正确的，就只能否认第三产业可以出卖劳动。既然劳务事实上可以出卖，那么

---

❶ 陆立军.略论劳务生产：学习《资本论》札记[J].江海学刊，1982（2）.

它必不是活劳动。再说，如果活劳动可以出售，那么资本主义第三产业企业中，服务劳动者出卖给本企业资本家的是作为活劳动的劳务，还是劳动力？如果是活劳动，工人应得 $V+M$，那么无剥削存在。如果不是活劳动（劳务），那么为什么本企业资本家又可以将同一活劳动（劳务）出售给顾客？显然，这势必又陷入使李嘉图学派破产的"二难推理"的窘境。反过来，如果认为劳务是一种劳动产品，那么上述矛盾全可解决：第三产业出卖劳动产品；工人出卖劳动力给资本家，得 V；资本家将服务产品出卖给顾客，得 $C+V+M$。

其次，第三产业中的服务劳动，由于它是服务劳动者在服务生产过程中对自己脑力和体力的消耗，因此从动态上看，都是流动状态的劳动。但有些劳动为消费者提供了服务，成为有效劳动，有些劳动没为消费者提供服务（如出租车司机开车没乘客，旅店客房无人入住），尽管也消耗了脑力和体力，但却是无效劳动。因此从成果上看，前者由流动状态转化为凝结状态（劳动体现在非实物形态的使用价值上也是一种凝结❶），后者则不能实现这种转化而没有凝结性。如果说劳务是流动状态的劳动，那么如何区分第三产业的有效劳动与无效劳动？反之，如果确立服务产品的概念，这些矛盾就可迎刃而解：提供服务产品的服务劳动是流动劳动与凝结劳动的统一，无法提供服务产品的服务劳动只是流动劳动。

再次，流动状态的劳动可以形成价值，但它本身不是价值，凝结状态的人类劳动才是价值。如果说第三产业提供的劳务是流动状态的劳动，那么就等于堵塞了论证劳务作为一种产品具有价值的可能性。

最后，如果第三产业提供的劳务是活劳动，那么，以服务产品的生产、分配、交换和消费的经济现象、经济关系和经济规律为研究对象的第三产业经济学就只能变成一个逻辑混乱、漏洞百出的"体系"。在这一"体系"中，存在着活劳动的生产、分配、交换和消费。活劳动的价值、价格等，对第三产业产品概念的否定，将会导致第三产业经济学作为一门学科的瓦解！

这一切，也许是"劳务＝活劳动"论者所始料不及的吧。所以，

---

❶ 参见第六章分析。

为了理论的科学性、严密性，我们在第三产业经济学的研究中，必须借助科学的抽象力，在理论上将实际生产过程中"融为一体"的服务产品与服务劳动区分开来：服务产品是服务劳动提供的与服务过程同生共灭的、非实物形态的劳动成果。服务劳动则是服务劳动者在具有不同的服务目的、服务手段、服务设施的服务过程中的脑力和体力的耗费。

在容易引起误会的地方，可在服务（或劳务）后加上"产品"或"劳动"限定其外延，以明确之。

应该指出的是，将产品看作服务或劳务的上位概念，不只是笔者推理的结果，而是已大量见诸国外经济文献的事实。联合国、世界银行统计资料将"物品和服务"（goods and services）并列，其上位概念显然是"产品"。这种划分法已在我国一些经济学教科书中有限地通行，如认为工人以工资"购买生活资料和劳务"，消费品包含劳务等。在这里，只有属概念相同才能以"和"字并列之。其逻辑性当然要胜于"劳务＝活劳动"说。

二、是劳动力还是服务产品

有学者为了论证第三产业的生产性，提出：服务部门不是什么也没生产，而是生产出劳动力，如教育部门生产出熟练的劳动力，医疗部门生产出健康的劳动力，等等，即服务部门的产品是劳动力。

这种说法在一般意义上是可以理解的。然而，从经济科学的角度看，将劳动力作为第三产业的产品，这在理论上是不严密的，容易造成混乱。

首先，从"产品一般"的属性来看，产品作为满足人的需要的客体，是与产生需要的主体——人相区别而存在的。在消费过程中，人（消费者）为一方，产品（消费对象）为另一方。消费，就是主体（人）通过对客体（产品）的有意识的消耗，以满足主体的需要。如果说，生产是"人的物化"，那么，消费就是"物的人化"（非实物也是"物"）。在正常的情况下，产品作为满足人的需要的客体，存在于产生需要的主体——人以外。如将人视为产品，就将消费的主体和客体混为一谈了。

其次，产品就其使用价值来划分，无非是直接满足人的需要的消费资料（生活服务），或是间接满足人的需要的生产资料（生产服务）。而作为需要主体的劳动力本身，并非是满足人的需要对象，既不能划为生产资料，也不能划为消费资料，在功能上与产品毫无共同之处。难道我们可以说，工学院培养的劳动力是生产资料，医学院培养的劳动力是消费资料吗？若是如此，出院的病人又是什么"资料"呢？由此类推，由于所有的劳动力都得受教育，接受医疗，享受各种生活服务，因而都是第三产业的"产品"，岂不是都可以区分为生产资料和消费资料吗？

况且，接受第三产业服务的还有大量非劳动者，如未参加工作的儿童和青少年，丧失劳动力的退休人员，不从事劳动的剥削者。如果说第三产业的产品就是劳动力，那么当非劳动者接受服务时，第三产业岂不是没有产品了吗？

由此可见，将人或劳动力视为第三产业的产品，是不合逻辑的。

无可否认，在人类历史上，是存在着将人本身当作满足需求的对象从而当作"产品"的事情的。远古时期野蛮人将人当作食物或祭祀的牺牲时，人等于牛羊，任由宰杀。奴隶时代将奴隶当作牲口奴役、买卖，奴隶们生下儿女，无异于为奴隶主增添了"新产品"——未来的"会说话的工具"。现代社会某些以拐骗人口为业的不法之徒将儿童、妇女当作商品拐卖，也属此列。在这些特殊情况下，将人视为"产品"甚至是商品，虽不道德，但却是客观存在的事实。但是，这与第三产业供应的产品是风马牛不相及的。

在第三产业经济活动中，作为需方的顾客支付货币为的是购买服务，而不是购买自己。作为供方的服务员向顾客提供的是服务，而不是劳动力。至于顾客消费了服务产品会生产出劳动力，那是另外一回事。这就如同消费者消费了粮食、衣服、房子、家具等实物产品也会生产出劳动力一样。人们决不会根据粮食、衣服、房子、家具等是劳动力再生产的必具要素，而把劳动力说成第一、三产业的产品。既然如此，我们又有什么理由根据教育服务、医疗服务、科学服务、个人生活服务等服务消费品是现代社会劳动力再生产的必具要素，而把劳动力说成第三产业的产品呢？其实，凡属生活消费品必具有再生产劳动力的属性。然而，生活消费品与劳动力是两码事。第三产业的有关部门并不生产劳动力，只生产和出售劳动力所需要的服务消费品。学校不是出售学生，而是向学生本人出售教育服务。医院不是出售出院的病人，而是向住院的病人出售医疗服务。汽车司机不是出售坐车的乘客，而是向乘客出售以人公里为单位的客运服务。理发师不是出售发型飘洒的顾客，而是向顾客出售理发服务。饮食服务业不是出售来吃饭的食客，而是将加工好的美味佳肴加上餐厅服务一起出售给食客。可见，将劳动力当作第三产业的产品是经不起推敲的。难怪孙冶方先生反驳道：如果教育部门是劳动力这一"活机器"的生产部门，那么，产科医院就是这"活机器"的装配车间，而新婚夫妇的结婚仪式则是"活机器"制造厂的开工典礼了。❶

将劳动力误认为第三产业的产品，原因在于混淆了服务产品与服务产品的消费后果。其实，二者是不同的。服务产品是非实物形态的劳动成果；消费者消费服务产品后身心发生的程度不同的变化，是服务产品的消费后果。正如粮食是实物产品，人消化了粮食长出了肌肉，是实物产品的消费后果一样，教师"传道授业解惑"是教育服务产品本身，学生听课后智力或知识水平发生不同程度的变化，是教育服务产品的消费后果。由于学生的理解力或智商不一，在同一个课堂听课的4组学生，对教师所生产的同样一项教育服务产品（＝教师在课上讲一个问题），完全可能产生截然不同的消费后果：A组学生听讲一个问题，触类旁通，懂了三个问题；B组学生听一点，懂一点；C组学生听一点，懂半点；D组学生毫无收获。难道我们可以根据A组学生的消费后果（懂三个问题），就说教师的服务产品为三项，或是根据D组学生的消费后果（毫无收获），断言教师根本没有提供服务产品吗？可见，服务产品与它的消费后果是不能混为一谈的。这对实物产品来说也是一样的。俗语说，一种米养百种人。同样质量和数量的粮食，可以养出身强力壮的人，也可以养出体衰力弱的人。这就是消费后果的不同，它源于个人消化力的差异。显然，粮食（农产品）

---

❶ 孙冶方. 关于生产劳动和非生产劳动、国民收入和国民生产总值的讨论 [J]. 经济研究, 1981（8）.

与肌肉（农产品的消费后果）不是一回事。同理，教师的上课与学生的理解也不是一回事。人们之所以将服务产品与服务产品的消费后果混为一谈，在很大程度上是由于受了服务产品特性的迷惑。第一、二产业产品的实物性，使工农业产品的消费在时空上远离其生产过程，因而消费后果与产品的界线比较清楚。第三产业产品的非实物性，使消费者只能在生产现场消费服务产品。这样，服务产品与它的消费后果的界线就不是很清楚了。服务产品边生产边消费，待到服务生产结束时，消费者不可能带走已消费的服务产品，只能"带"着消费了服务产品所形成的惬意的心情、健壮的体魄、聪明的头脑（这些都是服务产品的消费后果）离开服务部门。这就使得试图说明服务部门有产品的人们，极易混淆有形的消费后果与无形的服务产品之间的区别，将后者说成前者。即使是精明的经济学家，只要稍不留意，也会被服务产品的非实物性所迷惑而持此观点。

　　由此可见，第三产业的产品不是劳动力，但它的产品——服务产品的消费后果可以生产出劳动力。如果将此作为划分"劳动力的生产部门"的标准。那么第一、二、三产业所有生产消费品的部门，都是劳动力的生产部门，因为其产品的消费后果都可生产出劳动力。以此类推，国民经济所有部门（包括第一、二部类）都是劳动力的生产部门，都以劳动力为其产品。因为，不论那个部门的生产，追根溯源，都同劳动力的生产直接有关（如第二部类），或间接有关（如第一部类）。

　　所以，将劳动力当作服务部门的产品，无论是从逻辑上、还是从实践上，都是讲不通的。相反，将非实物形态的劳动成果看作服务部门的产品，则比较恰当。它是区别于人而存在的客观对象；在使用价值上，可划为生产资料或生活资料，也可当商品出售；非劳动者接受服务时无劳动力生产出来，一点也不影响服务作为产品的存在。至于其界线，则应严格限定。凡是产品，均以其生产为其存在的起点，以其消费为其存在的终点。一旦进入消费，产品就不再存在。因此，对生活消费而言，产品的存在以产品进入个人消费之时为界；对于生产消费而言，产品的存在以产品进入生产消费之时为界。在此界线以前是产品，在此界线之后，是消费后果。粮食入口之前，是产品；入口以后发生的氧化反应和热量释放，是消费后果。服务产品"进入"人

第四章　服务产品

体之前，是产品；"进入"人体后使人体发生的一系列反应，则是消费后果。实物产品和服务产品的定义，均需保持相同的"定义域"，不能将后者的定义域延伸到消费以后，否则，就失去了可比性。

顺便指出，论证第三产业的生产性，无需兜着圈子用"生产劳动力"来证明。农业的生产性在于它生产出农产品，而不在于农产品可以生产劳动力。至于农产品是卖给工人还是资本家，是人吃了，还是牲畜吃了，或是因"生产过剩"的经济危机倒进大海，这是消费问题，它对于农业是否有生产性毫无影响。同理，第三产业的生产性在于它生产出服务产品，而不在于服务产品的服务后果可以生产劳动力。至于服务产品卖给谁，归谁消费，产生何种消费后果，这既不能肯定第三产业的生产性，也不能否定其生产性，因为二者无因果关系。如果我们不能凭粮食是供劳动者吃还是供剥削者吃这一点来判断农业的生产性，那么，我们有什么理由认为，出租汽车司机载运"生产人员"是生产，载运"非生产人员"就不是生产呢？❶

三、服务产品的其他定义

关于服务产品的定义，还有以下几种意见。

其一，服务与劳务问题。有学者主张，服务是以人为劳动对象的劳动活动，劳务是服务劳动者所生产的用于交换的特殊产品。由于服务劳动对象是被服务者，因此服务劳动"凝固"在人身上，劳务就是物化在人身上的服务劳动。❷

这一观点试图区分服务劳动和服务产品，其思路是正确的。不过，它使用英文均为同一个词（service）的"服务"与"劳务"来作此区分，就不如在其后加上"劳动"或"产品"二字后缀以限定其涵义变得明确了。同时，将劳务定义为"物化在人身上的服务劳动"，在理论上是有漏洞的，由此必然推论出第三产业生产和出售的产品是顾客，

---

❶ 孙冶方.关于生产劳动和非生产劳动、国民收入和国民生产总值的讨论[J].经济研究，1981（8）.

❷ 何小锋.劳务价值论初探[J].经济研究，1981（4）；何小锋.马克思的服务理论和现实[J].经济研究参考资料，1985（114）.

第三产业创造出顾客的人身价值等观点,于是,第三产业几乎成了贩卖人身的产业!这种提法是令人难以接受的。

关于"服务"和"劳务",由于二者在英文里是同一个词,本可通同,但考虑到"劳务"给人的印象是强调劳动,而"服务"则可包容劳动和劳动过程的物质条件,故后者似更明确一些,为此笔者倾向于采用"服务"概念。❶ 至于国内有一些学者用"劳务服务"一词表示第三产业的产品,则有画蛇添足之嫌。因为"劳务服务"译为英语是 service service,只能取其一。没有什么理由将二近义词叠加。如指的是劳动,还不如干脆称"劳动服务"。

其二,服务"非商品"问题。国内流行的经济统计资料(特别是家计调查),在 1999 年前,把购买服务产品的开支,称为"非商品"开支,成为一个历史笑话。商品是用来交换的劳动产品,服务既是劳动产品,又明明白白地进入市场用于交换,为何属"非商品"?❷ 如果是免费馈赠或无偿奉献,分文不取,称为"非商品"还可以。既非如此,怎么称得上"非商品"?看来只有一个解释,就是使用此负概念的学者将商品概念与物品概念混淆了。交通、邮电、文娱、旅游等服务,并无物品形态,称"非物品"合理,称"非商品"悖理。在此问题上,苏联的提法就比较精确。苏联中央统计局编的家庭收支结构统计表中,就明明白白地列有"由社会消费基金提供的免费教育、医疗及其他服务"❸一项,而无含糊其词的"非商品"开支这一项。可以预料,随着第三产业的进一步发展,服务产品市场的进一步开放,必然有更大数量的服务产品采取商品形式进入市场。因此,从发展的观点看,以"非商品"概念表示服务产品,是越来越行不通的。

基于这样的理由,不少经济书刊、统计资料和译文将商品与服务

---

❶ 此论点是白仲尧教授向笔者提出的,特此致谢。

❷ 马克思多次指出用于交换的服务是商品。马克思恩格斯全集:第 26 卷第 1 册 [M]. 中共中央马克思恩格斯列宁斯大林著作编译局,译. 北京:人民出版社,1972:149,442.

❸ 苏联部长会议中央统计局. 苏联国民经济六十年纪念统计年鉴 [M]. 陆南泉,张康琴,毛蓉芳,译. 北京:生活·读书·新知三联书店,1979:465.

并列是不妥当的。只有全异关系的概念才能用并列连词"和"字相连接。而进入市场的服务产品是商品的一部分，并非是商品以外的东西。若深究一下上述译文的译法，往往会发现，这是译者以传统的实物性商品概念为框框，将兼有"物品"与"商品"涵义的外文 goods 误译为"商品"了。马克思的《剩余价值论》中译本[1]也存在这个问题，其中译本将社会消费品分为"以服务形式存在的消费品"和"以商品形式存在的消费品"，其中"商品"一词译得不准确。据查，马克思的《剩余价值论》德文版中相应的词为 gegenstanden[2]，其词义为：东西、物件、对象等，并非指商品。况且，若照此译法，将社会消费品划分为服务消费品与商品消费品，必然与形式逻辑划分规则相悖：①服务消费品也可投入市场用于交换，成为商品，故服务消费品和商品消费品两子项相容。②某些用于馈赠或自产自用的实物消费品既不采取服务形式，也不采取商品形式，故服务消费品和商品消费品两子项之和不能穷尽母项社会消费品。③划分服务消费品的标准是产品的自然形态（是不是实物），划分商品消费品的标准是产品的社会形态（是不是用于交换），故每次划分的标准并不相同。这就使涵义正确的马克思原著变得连形式逻辑也违反了。因此，应参照郭大力所译《剩余价值学说史》，将"商品形式"改译为"物品形式"。[3]

其三，服务与使用价值问题。国内外有学者将服务产品定义为"服务劳动提供的与服务劳动过程同生共灭、能满足一定需求的、非实物形态的使用价值"。笔者过去也持此观点。现在看来这一定义还不够妥善，主要问题是定义太狭，定义项内涵过多，造成其外延小于被定义项的外延。虽然产品从总体上说有一定使用价值，但个别产品，如废品、次品、等外品或不适销对路的产品，就不具有使用价值，或只

---

[1] 马克思. 剩余价值理论：第 1 册 [M]. 中共中央马克思恩格斯列宁斯大林著作编译局，译. 北京：人民出版社，1975：160.

[2] MARXK. Theorien über den mehrwert [M]. Berlin：DIETZ VERLAG BERLIN，1956：131.

[3] 马克思. 剩余价值学说史：第 1 卷 [M]. 郭大力，译. 北京：人民出版社，1975：162.

有较少的使用价值。我们仍承认它是产品。

因此，产品与使用价值不是等同的。不宜把使用价值当作服务产品的上位概念。笔者将服务产品定义为"非实物形态的劳动成果"，减少了定义项的内涵（如"能满足一定需求""使用价值"），增大了其外延，就可以将个别不具有使用价值的服务劳动成果也包括在"服务产品"中了。正如废品也算产品（没用的产品）一样，服务产品包括废品，是讲得通的。作出产品与使用价值的这一区分，有利于我们进一步研究服务产品的适销对路问题，不致于使人认为，似乎服务产品一生产出来就必然有使用价值。在这一定义中，"劳动成果"既可指有用的劳动成果，也可指无用的劳动成果，它比"使用价值"（仅限于劳动所生产的）外延就宽一些。据此我们认为这一定义是合适的。在第五章，我们将进一步讨论服务产品的使用价值问题。

四、服务产品传统特征的突破

本章把服务产品定义为不存在基本粒子的、以运动形式表现出来的非实物形式的劳动成果。第五章分析服务产品的使用价值是非实物使用价值，具有非实物性，生产、交换、消费同时性，非贮存性，非移动性，再生产的严格被制约性，作为劳动产物的必然性等特性。在电子技术未得到发展的年代，这是人们区分实物产品与服务产品的标准。

但是，随着现代科学技术特别是信息技术、数字技术、网络技术、人工智能和虚拟技术的发展，服务的传统特征正在发生演变和突破。

从实物属性看，在经典力学中，实物与场的区别是明确的，实物具有静止质量、体积和不可叠加性等实物属性，非实物则不具有这些属性。但在粒子物理中，粒子与场的区别变得模糊。在标准模型中，物质的基本构成是由具有静止质量的所谓实物粒子（如电子等），加上没有静止质量的粒子（或者说场）（如光子等）组成，没有静止质量的粒子（或者说场）传递实物粒子之间的相互作用。所有粒子和场都用场作为基本的表述语言，它们有时也称为粒子，还会相互转变。光有时称为光子，电子有时也称为电子场。按"波粒二象性"理论，任何物质有时能够表现出粒子性质，有时又能够表现出波动性质。本书从物理的角度引入非实物属性说明服务产品，只是借用物理的概念，从类比的角度来解释，实物产品和服务产品类似物理学中的实物粒子和场。实际上，从经济学的角度讲清楚实物产品和服务产品，比从物理学的角度讲清楚实物粒子和场容易得多。可以通俗地把实物产品看成硬产品，服务产品是软产品，对应计算机中硬件和软件的概念。❶

从服务产品的非储存性看，现代社会许多服务可以用电子技术来变相储存。艺术家的歌舞演出、音乐家的演奏、运动员的体育比赛、教师的讲课，可以借助音像技术和电脑技术录制和再现，科学家的科研可借助电脑技术编程存储，医生的诊断和手术可以通过人工智能储存、模拟和再现。随着信息和网络技术的发展，知识密集和信息密集型服务产品可用电子方式保存其信息内容而变相储存，音乐家、舞蹈家可能将自己生产的服务产品变相贮存供自己日后消费。科学技术的发展正在打破服务产品的非储存性。不过这时储存的是服务产品的物质外壳（如声像录音带存储，或记录光波、声波的载体），实际上已是实物产品，而不是非实物的服务产品本身。

从服务产品的生产、交换与消费的同时性看，一些服务产品的非储存性被打破，就使这些服务的生产与消费可以不一定同时进行。服务产品可以先生产，后消费，如电视台先制作电视节目，后播出供观众收看；也可以边生产，边消费，如医生提供手术服务时，病人同时接受手术服务。服务产品的交换则通过货币和信用系统，在服务产品的生产和消费之前进行，如先付费购买表演门票后看演出；或在生产和消费时进行，如乘客在乘车时买车票；或在服务产品的消费之后进行，如电脑软件免费试用 30 天，顾客满意后再付款。

从服务产品的非移动性看，许多服务产品可以借助电信和网络技术远距离传输，在需要时在异地甚至异国再现服务，就可以将甲地生产的服务产品移动到乙地甚至外国消费。知识密集、信息密集、技术密集型服务产品可借助媒体外壳存储其内容，顾客只要获知异地传输来的信息内容，即使没有接触其实物外壳，也可以完全享用这些服务产品。

---

❶ 这些观点得到中山大学理工学院梁世东教授启发，谨致谢忱。

服务产品传统特征的突破，使服务产品得以通过进出口在国际上进行生产、消费和消费，使服务贸易和服务外包成为当今世界的热门话题。基于此，我国大力发展研发、设计、检测、维修、租赁等生产服务外包，生物医药研发外包，加快服务外包与制造业融合发展，加速制造业服务化进程，推动制造业数字化转型，利用5G、物联网等新兴技术发展数字制造外包。

至于劳动密集型服务产品，如家政、洗浴、按摩服务等，要通过手工操作面对面服务，就难以借助电信和网络技术实现远距离传输，只能通过服务员的移动或顾客的移动，实现生产者与消费者的接触来提供服务，难以在异地消费。

信息技术在促进服务产品传统特征的突破方面起着关键性的作用，使制造业与服务业发生产业融合，使工业产品与服务产品的界线趋于模糊。从投入的角度看，制造业投入服务化，传统上被视为制造业生产过程的"附加服务"，现变成制造业生产过程的关键性投入——生产服务，如工业设计服务、研发服务、数字技术服务、人工智能技术服务等，亦称服务型生产要素。从产出的角度看，制造业产出服务化，即产出的实物要素下降，服务要素上升，工业品价值越来越依赖于无形服务产品的非实物属性，如创意性、便利性、可靠性、创新性、时尚性、按顾客要求定做、及时交货等。从产品的角度看，服务产品的传统属性，即服务不能储存，不能运输，因而必须在其消费场所提供，也正在被突破。许多服务可以用电子技术来储存，借助电信技术远距离传输，可以在需要时再现和递送，从而在许多方面更像是制造业的产品。❶

第四节　服务产品定义中的劳动概念探讨

1982年8月，笔者在研究服务消费品时，在学术界首次使用"服务产品"概念，并指出：服务消费品即"用于生活消费的服务产品"，

---

❶ 这些观点部分受博尔格和李斯特启发。博尔格，李斯特. 由香港制造：香港制造业的过去·现在·未来[M] 侯世昌，张晓泉，孙荣玲，等译. 北京：清华大学出版社，2000.

把服务消费品定义为"教育、医疗、文化艺术、娱乐、旅游、交通、通信及个人生活服务等部门的劳动者提供的用于生活消费的非实物形态的劳动成果"。❶1987 年 3 月，笔者在撰写《第三产业经济学》时，通过加入服务型生产资料，把研究对象由服务消费品拓展为服务产品❷，以服务产品的运动为主线构建第三产业经济学体系。笔者明确地把服务产品定义为"非实物形态的劳动成果"。按此研究脉络比较服务消费品和服务产品的定义可以看出，笔者一直是用"非实物形态"和"劳动成果"这两个要点定义服务消费品和服务产品的。服务产品的属（劳动成果）与服务产品的种差（非实物形态）结合在一起，组成服务产品定义。对服务产品定义中的"非实物形态"要点，本章第一节已作了较详细的分析。对服务产品定义中的"劳动成果"要点，本节现作进一步研究。重点探讨的问题是：如何在全面理解劳动产品的内涵与外延的基础上言之成理地定义服务产品概念？为什么服务产品概念只定义在劳动成果的范围内，而不把天然产物考虑进来？因这两方面的问题都与劳动密切相关，下面的分析就从劳动范畴谈起。

一、劳动内涵的深化探讨

劳动是与劳动产品、服务产品和劳动价值理论有着严密逻辑关系的基础范畴，如果劳动范畴界定不清，由此衍生的劳动产品、服务产品和劳动价值理论也就不可能没有纰漏。人们还记得 20 世纪五六十年代我国一个流行口号"劳动人民知识化，知识分子劳动化"。由于"化"的涵义是"转变成某种性质或状态"，故此口号的潜台词是劳动人民是没有知识的，因此存在着"知识化"的任务（反推之，知识分子都不属"劳动人民"范畴，因为他们有知识）；而知识分子都是不劳动的，因此应"劳动化"。其实这是把劳动与体力劳动画等号，把脑力劳动排除在"劳动"范畴之外了。这种错误观念发展到顶峰，就是"文化大革命"时要知识分子去"五·七"干校，知识青年上山下乡以"劳动化"。在国民经济信息化迅速发展，知识成为重要战

---

❶ 李江帆. 论服务消费品 [D]. 广州：华南师范大学，1982.

❷ 笔者认为：服务消费品 + 服务生产资料 = 服务产品。

略资源的今天看来，当年的流行口号和极"左"政策虽然可笑，但决非凭空臆造，其理论基础就是被曲解的劳动范畴。

从汉语词源来考证，古汉语用的是单音节词，双音节词是在近代才出现的。古汉语并没有"劳动"一词，而"劳"和"动"单字的出现则可上溯到商代。❶金文中已有"劳"字，作忧劳解。"云梦秦简"中"劳"指疲劳。据《康熙字典》，劳，剧也，用力者劳。动，作也，出也，摇也。❷春秋战国时期孟子提出的"劳心者治人，劳力者治于人"命题，不仅把劳动者区分为脑力劳动者和体力劳动者，而且简要地指出了二者在管理中的不同地位。至于"劳"与"动"两字连用，可能始于战国时期。《庄子·战国·让王》曰："春耕种形足以劳动，秋收敛身足以休食物，日出而作，日入而息。"但这个"劳动"涵义与现代汉语不同，指的是身体的活动。《三国志·魏志·华佗传》也有"人体欲得劳动，但不当使极耳"之句。其"劳动"指的仍是人体的活动。根据汉语外来词词典，现代汉语"劳动"和"劳动者"都是来自日语的外来词。❸日本人把汉字"劳"和"动"组成"劳动"一词，用来意译英语 labour，以劳动者意译 labourer。此译法后传入中国，在现代汉语中广泛采用。

如果追溯英语，labour 是指心或身之劳作——bodily or mental work，或特指区别于资方的劳工、劳动阶级——workers as a class, contrasted with the owners of capital, etc; work 是指为了做某事或制某种东西而对体力或脑力的使用（尤与玩耍或娱乐相对应）——use of bodily or mental powers with the purpose of doing or making sth, esp. contrasted with play or recreation。❹马克思曾用 labour 表示抽象劳动，用 work 表示具体劳动。

根据以上讨论，可以认为，从宽泛的意义上看，无论在中国还是在英国，劳动的语义学内涵是指心或身之劳作，它是区别于玩耍、娱

---

❶ 承蒙华南师范大学中文系古汉语专业张桂光教授指教，谨致谢忱。

❷ 张玉书，等. 康熙字典[M]. 上海：上海书店，1985：148.

❸ 刘正埮，高名凯，麦永乾，等. 汉语外来词词典[M]. 上海：上海辞书出版社，1984：202.

❹ 现代高级英汉双解辞典[M]. 香港：牛津大学出版社，1970：588，1267.

乐、享受的一种体力和脑力负担和支出；其外延包括体力劳动和脑力劳动。从经济学的角度看，劳动是人们为了创造使用价值以满足物质和精神需要而对体力和脑力的有目的的耗费。不过，从狭义的角度，人们往往把劳动看成体力劳动，尤与资方（capital）相区别的、不占有生产资料的劳工。

从人类劳动的演变史来看，劳动是在需求和生产体系中不断发展的，不同社会形态的劳动往往有不同的重点和特征。

农业社会的劳动主要是借助自然力作用于动植物的农业劳动。那时，社会分工不发达，农业劳动基本上是动手与动脑相统一的、以体力劳动为主的劳动。一个人如果"一不会种田，二不会做工"，很可能就是游手好闲之徒。工业社会的劳动主要是制造业劳动，其特征是运用生产工具加工初级产品，动手和动脑的社会分工日趋明显。后工业社会或信息社会的劳动以生产无形产品（非实物产品）的服务劳动为主体。在国民经济信息化和社会化的条件下，在实物产品的创造中，体力劳动不再处于中心位置，而管理劳动、科技劳动、信息劳动和知识劳动具有越来越重要的地位。信息成为非常重要的战略资源，知识生产成为十分重要的行业。向社会贡献知识的科学家，尽管不亲自参与"种田"和"做工"，也从事着劳动——脑力劳动。

与社会劳动的发展相适应，人们对劳动的认识也经历了一个发展过程。不同时代对劳动的认识带有深深的历史烙印。劳动观从体力劳动到脑力劳动，从局部劳动到总体劳动的变迁，反映了人的认识的历史局限性和历史进步性的辩证统一。

在"民以食为天"的古代，重农学派只承认农业劳动是生产劳动，把工业劳动视为非生产劳动。在对外贸易给国家带来大量真金白银的欧洲，重商学派认为只有商业贸易活动，尤其是对外贸易活动才是创造国民财富的生产劳动。在工业革命蓬勃兴起的时代，代表新兴资产阶级利益的亚当·斯密虽然科学地把工农业劳动都纳入生产劳动的范畴，但却粗陋地把"不固定、物化在可以捉摸的物品上"的服务劳动，一概贬为非生产劳动。

在19世纪，马克思对制造业劳动作了系统和深刻的分析，对服务劳动的功能、特性、产品、作用及发展趋势，也作了不少重要提示。❶他在《资本论》中重点研究的是工农业特别是制造业中的体力劳动，指出："劳动首先是人与自然之间的过程，是人以自身的活动来引起、调整和控制人和自然之间的物质变换的过程。"❷经济学界认为这是马克思对劳动一般的经典定义。❸其实，联系其研究框架和前后文，细究此定义的外延，不难看出，这是马克思在以英国棉纺织业为典型研究资本主义生产关系时，对工农业劳动的概括，并非是适用于所有劳动的普遍定义。马克思重点分析的对象是纺织业，使他阐述劳动价值论的措辞或定义中带有很明显的制造业痕迹。如他定义社会必要劳动时间时使用的措辞是"制造某种使用价值"的劳动时间，劳动过程的产品是具有"静的属性""存在的形式"的物品。❹笔者认为，这些措辞抽象程度较低，不仅无法涵盖农业劳动（种养而非制造），也无法包括矿业劳动（采掘而非制造），更不用说科技服务、知识服务领域的劳动了（产品不具有静的属性）。如果以此定义画线，第三产业的服务工作者连是否从事劳动都有问题，因为教师、医生、演员等服务人员的工作，通常并不是"人以自身的活动来引起、调整和控制人和自然之间的物质变换的过程"。

研究《资本论》第1卷体系可以发现：虽然马克思在不少地方提及劳动力包括智力因素，生产工人包括脑力劳动者❺，但马克思分析的

---

❶ 李江帆.马克思对第三产业的理论分析及其启示[N]人民日报，1997-07-19.

❷ 马克思.资本论：第1卷[M].中共中央马克思恩格斯列宁斯大林著作编译局，译.北京：人民出版社，1975：201-202.

❸ 陈岱孙.中国经济百科全书[M].北京：中国经济出版社，1991：1669.

❹ 马克思.资本论：第1卷[M].中共中央马克思恩格斯列宁斯大林著作编译局，译.北京：人民出版社，1975：52，205.着重号为引者所加。

❺ 马克思认为：劳动力是人生产某种使用价值时运用的体力和智力劳动的总和，教员为校董发财致富劳碌时也是生产工人。马克思.资本论：第1卷[M].中共中央马克思恩格斯列宁斯大林著作编译局，译.北京：人民出版社，1975：190，556.

作为资本的对立面的雇佣劳动基本上是体力劳动者的劳动；工人劳动中的脑力劳动因素、科技、管理人员和资本家的脑力劳动，在劳动价值论和剩余价值论体系中都被舍象了。这可以在马克思《资本论》中关于货币转化为资本、剩余价值的生产等论述或有关提法中看到。

笔者认为，马克思以体力劳动为"模特"构筑其劳动价值论和剩余价值论，主要有五点原因。

（1）从方法论看，马克思分析复杂系统时采用的是抽象法。为了避免次要因素的干扰，他把次要的、非本质的、带有偶然性和特殊性的因素抽象掉，突出主要的、本质的、带有必然性和普遍性的关系，使它典型化地、简单明了地显露在人们面前。当时资本主义生产中主要的、本质的、带有普遍性的关系就是体力劳动与资本的，而被雇佣的科技人员和管理人员的脑力劳动与资本的关系是次要的、带有特殊性的，因而被舍象。

（2）从劳动力状况看，虽然马克思明确指出，劳动力是体力和智力的总和，但19世纪英国纺织工人受教育程度很低❶，从事的主要是直接的简单体力劳动，劳动力中的脑力劳动因素微不足道，也可以忽略不提。

（3）从产业结构看，马克思所处的时代是第二产业时代，制造业在国民经济中占有重要地位并具有典型特色，第三产业微不足道，且资本主义生产方式基本还没有在这一领域占领地盘，体力劳动在很大程度上处于中心地位，管理劳动、科技劳动、信息劳动和知识劳动的地位相对低，服务劳动和脑力劳动在劳动价值理论和剩余价值理论中也因之被存而不论。

（4）从历史使命看，马克思的研究任务是为了揭示资本主义灭亡、"剥夺者被剥夺"的历史趋势。这就需要把焦点集中在无产阶级与资产阶级的矛盾及其激化的主线中，把劳动作为资本的对立面引入劳动价值论和剩余价值论体系中。资本家虽然实际也在某种程度上进

---

❶ 马克思指出：教育费用"对于普通劳动力来说是微乎其微的"。马克思. 资本论：第1卷 [M]. 中共中央马克思恩格斯列宁斯大林著作编译局，译. 北京：人民出版社，1975：195.

行劳动，但如果把"资方"的劳动因素引进"劳方"，必然使"剥夺者"边界不清，"劳资"矛盾模糊，干扰焦点问题分析。这就有必要假设所有资本家都是不从事任何劳动的"人格化的资本"。

（5）从资本营垒看，资本主义企业的管理人员，在马克思看来，与手持鞭子执行监督劳动的职能的"奴隶监工"❶一样，在生产中是与被监督的（体力）劳动者相对立的，都属于"资方"营垒。

由于以上原因，《资本论》第1卷劳动价值和剩余价值理论体系中所分析的与资本相对立的"劳动"基本上是体力劳动，尽管马克思在《资本论》手稿《剩余价值理论》中也提到脑力劳动或服务劳动被资本雇佣的情况。这一点在国际共运史或西方经济学关于劳资关系的文献中也可以找到佐证，其劳资关系中的"劳"基本是指不包含脑力劳动、管理劳动和服务劳动在内的体力劳动的。

然而，21世纪世界经济与马克思的时代相比，发生了很大的变化。

——科技革命和知识经济的来临，使发达国家中科技和管理人员的脑力劳动与资本的关系演变成为资本主义生产关系中主要的、本质的、带有普遍性的因素，而体力劳动与资本的关系下降为次要的关系。

——社会的进步和高科技对熟练工人的需求使发达国家形成终身教育的局面，工人阶级文化教育和知识水平程度大为提高，"劳方"中的脑力劳动技能变成决定生产效率和劳动报酬的最重要因素。

——世界已进入第三产业时代，第一、二产业在国民经济中的比重日趋下降，2017年世界第三产业平均占GDP的比重为65.1%。❷第三产业因此成为资本主义世界剩余价值最重要的来源。在三大产业生产中，体力劳动的中心地位正在或已经被管理劳动、科技劳动、信息劳动和知识劳动取代。

——现代企业主实际上往往兼有资本所有者和高级管理人员双重

---

❶ 马克思.剩余价值理论：第3册[M].中共中央马克思恩格斯列宁斯大林著作编译局，译.北京：人民出版社，1975：392.

❷ 资料来源：*World Development Indicators*，https://data.worldbank.org/indicator/NV.SRV.TOTL.ZS。

身份，以相当多精力和时间从事对企业的策划、组织、调整和控制等管理活动，以把握市场机会，赢得商机。他们从事的管理工作与资本雇佣的经理在职能上并没有本质区别。

——现代企业对管理的要求越来越严格和规范，使职业经理人成为非常普遍的一种职业。职业经理人以出售经专业性培训获得的专门管理技能（高素质劳动能力）为职业，被资本家雇佣而获得数量不菲的、仍属工资范畴的管理薪金，但通常对企业资本不拥有所有权，没有理由被看成属于拥有资本所有权的"资方"。

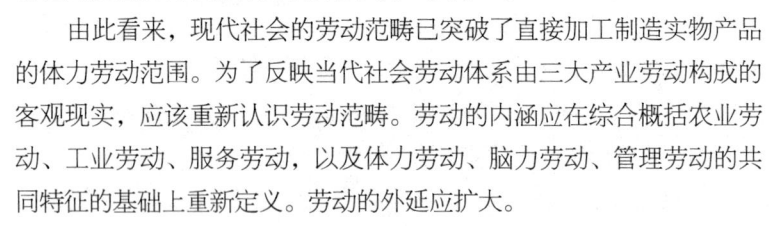

由此看来，现代社会的劳动范畴已突破了直接加工制造实物产品的体力劳动范围。为了反映当代社会劳动体系由三大产业劳动构成的客观现实，应该重新认识劳动范畴。劳动的内涵应在综合概括农业劳动、工业劳动、服务劳动，以及体力劳动、脑力劳动、管理劳动的共同特征的基础上重新定义。劳动的外延应扩大。

参照马克思对工农业劳动的论述，可以把现代劳动定义为人以自身的活动来引起、调整和控制人与自然物质和人文物质之间的物质变换的过程。❶ 这一定义可从三方面理解。

（1）人类为了在对自身生活有用的形式上占有客观对象，不仅可以使劳动力作用于他身外的自然并改变自然，而且可以使劳动力作用于他身外的人文状态，并改变人文状态，形成某种与自然实物相对立的非实物形态的客观对象。

（2）人文状态是指由人这种活的有意识的自然物构成的物质状态。马克思曾指出：人本身单纯作为劳动力的存在来看，也是自然对象，是物，不过是活的有意识的物。❷ 故人文状态既是一种社会状态，也是一种物质状态，可称"人文物质"，它区别于自然状态和自然物质而存在。

（3）在以改变自然物质的形态为特征的工农业劳动之外，还有一种以改变人文物质的形态为特征的劳动。它是人与社会、自然之间的

---

❶ 参见第七章第二节"生产服务产品的劳动过程"。

❷ 马克思. 资本论：第 1 卷 [M]. 中共中央马克思恩格斯列宁斯大林著作编译局，译. 北京：人民出版社，1975：229.

过程，是人以自身的活动来引起、调整和控制人与人之间的物质变换，改造非实物形态的客观对象的过程。这一过程可称为服务劳动。

服务劳动本身并不创造实物产品，它成为一种物质变换过程，是由于：①服务劳动者通过他身上的自然力——臂和腿、头和手等的运动，引起他人身心状态发生变化并满足其需要的过程，实质上是服务劳动者与顾客之间的一种能量传递，这是人与人之间的一种物质变换过程（撇开自我服务不论）。②服务劳动者的劳动力发挥作用，往往要借助某种实物形式的自然力的作用，这是人与自然间的物质变换过程。③服务劳动者向劳动过程投入劳动力和自然力，为社会提供某种产出，投入变为产出也是一种物质变换过程。④产出成果——服务产品虽不是实物，但仍属一种物质状态。物质不能创造或消灭，只能由一种形式变为另一种形式，服务产品就是在物质变换中发生形态变化的。

二、劳动外延的深化探讨

根据现代劳动观，对如何界定劳动与非劳动、劳动收入与非劳动收入，可以得出一些新认识。其最主要之点是应扩大劳动外延，缩小非劳动的外延。

从人类的生存和发展方式来看，地球上的自然资源因素如土地、矿产、河流、海洋、空气等，与人文资源因素如人类的社会、经济、政治、资本、财产等，共同构成客观世界——客体，人力资源因素构成主观世界——主体。劳动的实质就是主体以其作用力引起、调整和控制主体与客体之间的、旨在满足主体需要的广义物质变换。劳动有3个本质特征：人的体力和脑力的使用；创造使用价值的有目的的活动；人与自然间的物质变换的一般条件。从劳动的禀性看，作为人类脑力体力的耗费，劳动本身代表的是人的力量消耗、负担、付出和辛劳，而不是满足、轻松、收获和享受（尽管劳动成果可满足人的需要），因此，可以把人们一切以"心或身之劳作"为代价来引起、调整和控制人与自然物质或人文物质之间的物质变换的过程，都看成劳动。从宽泛的角度可以认为，劳动是有别于自然资源的人力资源的有目的的耗费活动，是工作、就业的同义语。凡是与客体（客观世界）相区别的主体（人本身）通过"心或身之劳作"来引起、调整和控制人与自然物质或人文物质之间的物质变换的过程，都可以纳入劳动范畴。

既然劳动只是一种广义的物质变换过程，而物质变换本身并不包含政治或道德判断，所以劳动范畴本身是没有政治、道德色彩的。几十年来，我国政治经济学教学和社会舆论一直把劳动视为善良、高尚、进步的同义语（如劳动人民、劳动模范、劳动光荣等），而将其对立面非劳动或剥削与邪恶、颓废、不道德相联系（如剥削阶级、不劳而获等），劳动范畴本身被涂上了浓重的政治、道德色彩。这是需要重新认识的。现实社会中劳动固然有合法与非法、道德与不道德之分。但是，即使是非法劳动，也属于劳动（如非法移民的劳动）。界定经济学意义上的劳动与非劳动只能用经济标准（如"心或身之劳作"等），而不能引进法律或道德的命题作为标准。譬如，不能根据人们以自身的活动来引起、调整和控制物质变换的过程是否符合法律和道德规范，来判断这一过程是不是劳动，不能把劳动定义为：为了创造使用价值以满足人们有道德的、先进的、代表社会发展方向的物质和精神需要而对体力和脑力的合法的、有目的的耗费。工厂制造工业品产生废气污染了环境，是违法的，但不能据此认为工人制造工业品的活动不是劳动。资本主义企业通过策划、决策、组织、控制等管理工作，加强了对工人盘剥，从伦理学的角度看是不道德的，但不能据此认为其管理活动不是劳动。

根据扩大外延的劳动范畴，必须承认脑力劳动、管理劳动是劳动（马克思对此有很多论述，学术界也没有分歧），承认知识经济时代"食脑"阶层以知识为资源，通过咨询、策划出点子获取"空手道"收益，或把握市场机会进行风险投资获得的收益，都是劳动收入（这一点学术界尚无共识）。进一步说，既然受雇于资本家的职业经理的管理活动属于劳动，那么资本家进行同样的管理当然也是劳动，不能因后者拥有资本而认为其管理是剥削而不是劳动。马克思就说过，剥削劳动是要花费劳动的，资本家之间的竞争以及他们之间的尔虞我诈也是要花费劳动的。❶这表明，他实际上承认资本家为经营管理耗费体

---

❶ 马克思. 剩余价值理论：第3册[M]. 中共中央马克思恩格斯列宁斯大林著作编译局，译. 北京：人民出版社，1975：392.

力和脑力耗费也是劳动，只不过认为资本家兼有剥削与劳动双重性质。

综上所述，现代社会劳动范畴的外延主要包括三个方面。

（1）体力主导型劳动：包括工农业领域的农民和工人主要以体力耗费引起、调整和控制人与自然物质之间的物质变换过程，以及第三产业领域服务人员主要以体力耗费引起、调整和控制人与人文物质之间的物质变换过程，如投递员、保安员、餐厅服务员、搬运工、清洁工的劳动。

（2）脑力体力并重型劳动：农业、工业和服务业的劳动者以脑力和体力耗费引起、调整和控制人与自然物质和人文物质之间的物质变换过程。如农机操作员、技术工人、司机、话务员、导游、按摩师的劳动。

（3）脑力主导型劳动：三大产业中主要依靠脑力耗费引起、调整和控制人与人文物质之间物质变换过程。具体分为三类。

1）无资本收益和风险收益的脑力主导型劳动：科技人员、管理人员、教师、作家、演员、医生、律师和政府公务员的专业劳动。

2）有资本收益的脑力劳动：三大产业的资本所有者通过脑力活动进行策划、决策、组织、控制的管理劳动。其收入通常包括两部分：一是以脑力劳动耗费为代价获得的收入，属劳动收入；二是资本收益，即凭资本所有权获得的收入，属非劳动收入。

3）有风险收益的脑力劳动：三大产业的非资本所有者通过脑力活动进行策划、创新、决策、组织、控制，把握市场机会，承担风险以获得回报的过程。其收入通常包括两部分：一是通过脑力劳动掌握市场机会获得的收入；二是按承担市场风险的大小获得的收入。承受的风险越大，身心所受的压力即脑力体力的消耗就越大，其风险收益就越高。这两种收入都属于劳动收入。在知识经济时代，能把握市场机会提供知识产品的脑力劳动，获得的风险收益往往大大高于纯粹脑力劳动收入甚至资本收益。微软巨富比尔·盖茨等"知本家"就是典型例子。

上述三种劳动的区分只是相对的。在实际生活中，体力劳动和脑力劳动形态往往有并存、交叉、跨越等不同组合。例如，有发明创造的工人农民的劳动由体力主导型跨到脑力主导型。创作剧本并担任导演而承担管理风险的作家的劳动就是有风险收益的脑力劳动。同理，企业家的劳动可以是兼有资本收益和风险收益的脑力劳动。

三、服务产品定义的深化探讨

根据对现代社会劳动范畴的内涵与外延的分析，需要进一步深化对服务产品的内涵和外延的理解。

首先，从服务产品的内涵看，应该准确把握服务产品内涵中"非实物形态"和"劳动成果"两个基本点，不能随意增大其内涵，不能把具有政治或道德规定性的限制词加在服务产品的定义中，规定只有符合特定社会的政治或道德标准的服务劳动提供的非实物劳动成果才是服务产品。根据前文分析，既然凡是主体通过"心或身之劳作"来引起、调整和控制人与自然物质或人文物质之间的物质变换的过程都可以纳入劳动范畴，那么，只要这种劳动的成果以非实物形式存在，就应被认定是服务产品。既然劳动只是一种广义的物质变换过程，并不包含政治或道德的规定性，那么作为劳动产物的服务产品，也应该是没有政治、道德规定性的。

诚然，现实社会的服务劳动有合法与非法、道德与不道德之分。但是，从逻辑上说，不管这些"心或身之劳作"是否合法，是否符合道德规范，或者是否符合意识形态的要求，只要它们实现了"引起、调整和控制人与自然物质或人文物质之间的物质变换"，就属劳动活动；它们提供的非实物劳动成果就因与"非实物劳动成果"的规定性相符而属服务产品。不能因为这些"心或身之劳作"是非法的、不道德的，或不符合意识形态要求，就否认它们是劳动，否认它们提供的是服务产品。

如果我们按相同的"定义域"对三次产业的劳动性质和劳动产品的规定性作对比研究，道理就会越辩越明。

在第一产业领域，种植毒品原料罂粟花的农民的"心或身之劳作"是不道德的、非法的，但谁都不会因此否认这些农民从事的是（农业）劳动，也不会否认罂粟花是农产品，因为大家都明白，农业劳动也有可能包含一些阴暗面的。

在第二产业领域，排放污水污染农田、涂炭乡民的化工厂工人的

"心或身之劳作"也是不道德的、非法的，但谁也不会因此否认这些工人从事的是（工业）劳动，也不会否认他们生产的产品是工业品。如今工业劳动污染社会的丑闻早已司空见惯了。人们更关心的是，如何把这些外部负效应内部化，由企业承担污染社会的成本。

与此类似，在第三产业领域，也有可能存在着违反道德规范或法律的劳动和劳动成果。咨询公司提供"以邻为壑"咨询服务方案指导一个企业以不正当手段整垮竞争对手是不道德的，但不能据此否定咨询人员的"心或身之劳作"是（服务）劳动，否定其劳动成果是（咨询）服务产品。非法移民没有获得工作许可就在餐厅从事服务活动是违法的，但这也不能成为否定他们的"心或身之劳作"是（服务）劳动，其劳动成果是（餐饮）服务产品的论据。同理，出租车司机开车为歹徒作奸犯科提供运输服务，如无意而为则属不道德，如有意而为则触犯法律，然而这两种情况都不能成为否定司机的"心或身之劳作"是（服务）劳动，其劳动成果是（运输）服务产品的理由。因为，正如工农业产品有优质产品和劣质产品之分一样，服务产品同样也有良莠之别。不能只承认优质产品才是产品，否认劣质产品也是产品。

由此可以作出如下引申：不管在第一产业、第二产业，还是第三产业，都不能笼统地、片面地把与劳动概念相关联的劳动者、劳动活动和劳动产品视为只是善良、高尚、进步、优质等优良秉性的体现者。农民、工人和服务员在农业、工业和服务业领域各自生产的农产品、工业品和服务产品，虽然同为劳动产品，但都同样存在着名牌产品与杂牌产品、优质产品与普通产品、正规产品与假冒伪劣产品之分，也都可能隐含着丑恶、卑贱、落伍、劣质等负面因素。要认识到：在现实社会中，劳动和劳动产品良莠不齐是一种常态，要以平常心看待服务劳动和服务产品，不要在一发现服务劳动和服务产品存在负面因素时，就不假思索地根据劳动概念＝褒义因素的思维定式，否定其"心或身之劳作"是劳动，其成果是劳动产品。

其次，从服务产品的外延看，它应拓宽到三个主要方面：①体力主导型服务产品；②脑力体力并重型服务产品；③脑力主导型服务产品：无资本收益和风险收益的脑力主导型服务产品；有资本收益的脑力劳动型服务产品；有风险收益的脑力劳动型服务产品。

第四章 服务产品

根据以上对服务产品的内涵和外延的深化探讨，我们再来讨论第三产业的第四层次"为社会公共需要服务的部门"即政府机关、政党机关、社会团体、警察和军队（以下简称党政军警）是否提供服务产品的问题。

1986年8月，我在写作《第三产业经济学》（1990年版）第一章第三产业经济学导论时规定：《第三产业经济学》研究的行业范围是第三产业的"国内口径"，包括第一层次为流通部门，第二层次为生产和生活服务的部门，第三层次为提高科学文化水平和居民素质的部门。我加注说明："'第四层次'是否应该划入第三产业，在国内外学术界尚有很大争论。为避免这一悬而未决的问题牵扯过多而冲淡研究主题，本书将它撇开不论。"在第一章第三节讲到科学抽象法时，我再次说明："现实第三产业中的'党政军警'部门，如将它纳入第三产业经济学的研究范围，势必将人们的主要精力牵扯到诸如划清生产性与非生产性、社会必要性与腐朽性、自觉购买的服务与强迫购买的服务等问题上，加之其规模与经济社会发展并无本质联系，故可将它撇开不提。"❶

我在构建第三产业经济学时把第四层次撇开不提，是根据当时情势决定的。正如我在《第三产业与服务消费品研究》回忆的："在我钻研并开拓第三产业经济学理论体系时，我面临着种种压力。因为，长期以来，中国经济学界对第三产业理论持否定、批判态度，认为它是违反马克思主义的。1981年第三产业概念试探性地在中国传媒上'亮相'才几个月，就遭到严厉批评，被说成'渗透着资产阶级本质'的概念而被打入冷宫。同年我北上访学时，东北一著名经济学家就劝过我要回避科教文卫的生产性这一学术风险大的问题，但我没有接受其意见。在我撰写硕士论文和即将答辩期间，中央权威报刊连篇累牍发表批评第三产业理论的论文，形成了非常严峻的氛围，使我几乎处于被动局面。我当时多么迫切地期望杂志上有哪怕一篇论文露露脸支持第三产业理论也好，这就可证明自己的新观点只是学术之争，冲淡一下紧张气氛……1983年我的硕士论文在一权威学术刊物发表，因一

---

❶ 李江帆.第三产业经济学[M].广州：广东人民出版社，1990：1，2，35.

位副主编不赞成教育生产服务消费品的新观点差点'卡壳'。1984年后，第三产业虽然因中央主要领导的支持而被列入国家统计局的'正册'，但在中国经济学术界占主流地位的仍是否定第三产业理论的传统政治经济学。不少人关切地劝我：不宜以有争论的'第三产业'为题搞研究。面对一片反对声，我发现自己简直是在与一个传统的旧经济学体系作战。"❶ 1985年国家统计局建立中国第三产业统计时，也考虑到如把党政军警划入第三产业，势必引起很大的争论，提出了第三产业的"中国口径"和"西方口径"，前者撇开党政军警，后者则包括党政军警。这个聪明做法果然成功地避免了初期的无谓争论。但业内人士都知道，这实际上只是"虚晃一枪"：中国统计年鉴一直是采取"西方口径"统计第三产业的，根本没有使用过"中国口径"。对我来说，情况非常相似。在20世纪80年代，中国主流经济学对教育是生产劳动的观点都无法接受，在报刊上上纲上线、大加鞭笞，更遑论党政军警？因此，在此形势下构建第三产业经济学新体系，我需要撇开争论极大的次要问题，避免四面出击，牵扯过多精力，以抓住关键问题，重点突破服务产品理论。实际上，明眼人不难发现，只要服务产品理论站得住脚，党政军警创造服务产品的结论就呼之欲出了。

　　30多年后的现在，在《第三产业经济学》出版修订本时，我们可以正面讨论党政军警创造服务产品的问题了。论证逻辑其实并不复杂。根据服务产品定义，服务产品的内涵包括两个要点：非实物形态＋劳动成果。只要说明党政军警提供劳动成果而且是非实物形态的，就可以说明他们提供服务产品了。第一个要点（非实物形态）没有问题。根据实物和非实物的划分，党政军警的活动成果显然不是实物形态的。对第二个要点（劳动成果）在我国也是不成问题的。谁敢说人民共和国的执政党、人民政府、人民军队和人民警察不劳动？实际上，即使在外国也没有问题。因这里的"劳动"概念实际上与"就业""工作"概念类似，只要就业并工作，不是游手好闲，就可以视为在劳动，就

---

❶ 李江帆.第三产业与服务消费品研究[M].广州：广东人民出版社，1997：13-14.

有劳动成果。既然党政军警在劳动，他们的劳动成果又不是实物形式的（＝非实物形式），那不就说明了他们提供的是非实物形式的劳动成果？有什么理由否认他们提供服务产品呢？这样一来，问题可以轻而易举地被解决。一些人对此之所以有疑问，症结在于分析经济概念错用了政治或道德标准，把劳动、劳动产品和非实物劳动产品范畴，涂上了浓重的政治、道德色彩。只要我们把法律、道德和意识形态的命题与劳动的经济学标准区分开来，不把不同领域的命题混为一谈，就可以清楚地看到，凡是以"心或身之劳作"为代价来引起、调整和控制人与自然物质或人文物质之间的物质变换，都是劳动；只要提供非实物形态的劳动成果，都是在生产服务产品，党政军警部门提供服务产品。无论古今中外，论证逻辑都是相通的。

第五章 服务产品的使用价值

服务产品的使用价值，是运动形式的使用价值，或称非实物使用价值。这种使用价值和实物使用价值一样，以其属性满足人们的某种需要，但它又有区别于实物使用价值的特性。本章主要分析两类使用价值，服务产品使用价值的可消费性与非实物性，它与社会财富、社会价值的关系。

第一节 马克思论两类使用价值

使用价值范畴是政治经济学理论中使用频率最高的范畴之一。因为它用得非常普遍，人们往往将它当成众所周知的经济学 ABC 而不加细究。马克思主义政治经济学的创始人究竟是在什么涵义上使用它的？传统政治经济理论对此有何疏忽与误解？这些问题并没有得到普遍的重视。然而，由于使用价值问题涉及第三产业产品价值、再生产理论和分配理论等重要问题，因此，它是第三产业经济学研究中的一个关键环节。

在经济学说史上，亚当·斯密首次明确区分了使用价值和交换价值的范畴，认为使用价值就是"特定物品的效用"。但他不理解二者的内在联系。马克思批判地继承了古典学派的研究成果，阐明了二者的对立统一关系。马克思经济著作中使用的使用价值范畴，比斯密所表述的内容要全面。他认为，使用价值分为实物形态与运动形态两大类。

一、实物形式的使用价值

马克思在经济学著作，尤其是《资本论》中，通常将使用价值当作物品、实物、财物、物质产品、物质财富的同义语，以使用价值表示有用的物品本身。他说，商品体本身就是使用价值，使用价值就是商品的自然特性本身。在这一意义上，他提及使用价值有体积、重量、尺寸、可捉摸性、可分割性、耐久性等。例如，他曾使用过"使用价值体积"的概念，认为使用价值的单位（尺度）是"磅、码、英担等"，还谈到"可以捉摸的使用价值"，分析过"使用价值的耐久程度"，认为"任何使用价值就其本性来说都是由非耐久材料构成的"。❶ 根据实物的特性（由实物粒子组成，有静止质量、体积和不可入性）可以确定，马克思在此意义上使用的使用价值概念，就是指具有满足人的某种需要的有用属性的实物。据研究，在马克思的经济著作中，使用价值的这一用法频率很高。其提法有，使用价值是"物质基质""物质实体""物质要素""使用物品""物质产品""物质财富""财物"。具体地说，小麦、金刚石、奴隶、牲畜、金属、道路等都是使用价值。❷ 马克思曾提过"物质的使用价值"的概念，❸ 可以认为是对在此涵义上使用的使用价值术语的概括。因实物仅是物质的一种而不是唯一的形态，故准确地说，应称为实物形态的使用价值，

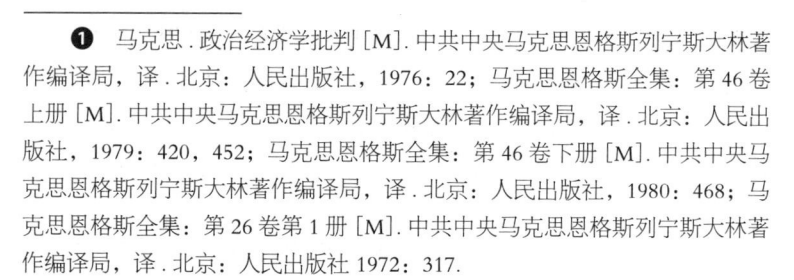

---

❶ 马克思.政治经济学批判[M].中共中央马克思恩格斯列宁斯大林著作编译局，译.北京：人民出版社，1976：22；马克思恩格斯全集：第46卷上册[M].中共中央马克思恩格斯列宁斯大林著作编译局，译.北京：人民出版社，1979：420，452；马克思恩格斯全集：第46卷下册[M].中共中央马克思恩格斯列宁斯大林著作编译局，译.北京：人民出版社，1980：468；马克思恩格斯全集：第26卷第1册[M].中共中央马克思恩格斯列宁斯大林著作编译局，译.北京：人民出版社 1972：317.

❷ 马克思.资本论：第1卷[M].中共中央马克思恩格斯列宁斯大林著作编译局，译.北京：人民出版社，1975：48，57，211；马克思.资本论：第2卷[M].中共中央马克思恩格斯列宁斯大林著作编译局，译.北京：人民出版社，1975：418；马克思.资本论：第3卷[M].中共中央马克思恩格斯列宁斯大林著作编译局，译.北京：人民出版社，1975：277，922；马克思.政治经济学批判[M].中共中央马克思恩格斯列宁斯大林著作编译局，译.北京：人民出版社，1976：34；马克思恩格斯全集：第46卷下册[M].中共中央马克思恩格斯列宁斯大林著作编译局，译.北京：人民出版社，1980：17.

❸ 马克思.剩余价值理论：第1册[M].中共中央马克思恩格斯列宁斯大林著作编译局，译.北京：人民出版社，1975：150.

简称"实物使用价值"。

二、运动形式的使用价值

马克思从来没有认为使用价值仅仅包括实物使用价值。他多次批评了重农学派"把使用价值归结为一般物质"的片面性观点。❶他认为,使用价值就其形态而言,包括两大类:一类是"实物形式",另一类是"运动形式"。这一思想至少在 1857—1858 年已形成。他在经济学手稿（1857 — 1858 年）中写道:"在提供个人服务的情况下,这种使用价值是作为使用价值来消费的,没有从运动形式转变为实物形式。"❷另外一段话也有同样的意思:"A（指消费者——引者注）在这里用来交换活劳动——现实的服务或客体化于某种实物中的服务——的货币不是资本,而是收入,是为了取得使用价值而被用作流通手段的货币。"❸在这里,用货币交换来的使用价值也分为两类——"现实的服务或客体化于某种实物中的服务"。在 1859 年的《政治经济学批判》中,他从社会分工的角度阐明：发达的社会分工"直接表现在使用价值的多种多样上,这些使用价值作为特殊商品彼此对立并包含着同样多种多样的劳动方式"❹。1861—1863 年,他在《剩余价值理论》中把劳动的使用价值分为两类:第一类,"这个使用价值是随着劳动能力本身活动的停止而消失"的;第二类,它"物化、固定在某个物中"❺。与此区分相适应,他把社会消费品分为两类:"以服务形式存在的消费品"和"以商品形式（应译为"物品形式"——

---

❶ 马克思．剩余价值理论：第 1 册 [M]．中共中央马克思恩格斯列宁斯大林著作编译局,译．北京：人民出版社,1975：20,26,166.

❷ 马克思恩格斯全集：第 46 卷上册 [M]．中共中央马克思恩格斯列宁斯大林著作编译局,译．北京：人民出版社,1979：464．着重号为引者所加.

❸ ⑤马克思恩格斯全集：第 46 卷上册 [M]．中共中央马克思恩格斯列宁斯大林著作编译局,译．北京：人民出版社,1979：465.

❹ 马克思．政治经济学批判[M]．中共中央马克思恩格斯列宁斯大林著作编译局,译．北京：人民出版社,1976：35.

❺ 马克思．剩余价值理论：第 1 册 [M]．中共中央马克思恩格斯列宁斯大林著作编译局,译．北京：人民出版社,1975：157.

引者注）存在的消费品"。❶ 他不止一次地指出服务有使用价值❷，还提到歌唱的"使用价值的特殊自然形态"❸，"哀歌的使用价值"❹，"未来音乐的创作家"的"尚未生产好的使用价值"❺，而这些使用价值都不是实物。可见，使用价值决非只有唯一的实物形态，运动形式的使用价值也是一种使用价值。

三、使用价值概念的内容与形式

综合马克思关于两类使用价值形态的论述，可以知道：实物形式的使用价值是指"具有离开生产者和消费者而独立的形式，因而能在生产和消费之间的一段时间内存在"的使用价值❻（对天然存在的实物使用价值略而不论）。运动形式的使用价值，是"不以物品资格但以活动资格供给的特别的使用价值"❼，它"不采取实物的形式，不作为物而离开服务者独立存在"❽，也可称为非实物使用价值。它与劳动过程紧密地结合在一起，同生共灭；它只能在活动状态中被消费，从而满足某种需要。虽然这种使用价值不物化、固定在物品中，但它也

---

❶ 马克思.剩余价值理论：第1册[M].中共中央马克思恩格斯列宁斯大林著作编译局，译.北京：人民出版社，1975：160.

❷ 马克思.剩余价值理论：第1册[M].中共中央马克思恩格斯列宁斯大林著作编译局，译.北京：人民出版社，1975：149，155，157，160，274，435.

❸ 马克思.剩余价值理论：第2册[M].中共中央马克思恩格斯列宁斯大林著作编译局，译.北京：人民出版社，1975：147.

❹ 马克思.政治经济学批判[M].中共中央马克思恩格斯列宁斯大林著作编译局，译.北京：人民出版社，1976：12.

❺ 马克思.资本论：第1卷[M].中共中央马克思恩格斯列宁斯大林著作编译局，译.北京：人民出版社，1975：191.

❻ 马克思.剩余价值理论：第1册[M].中共中央马克思恩格斯列宁斯大林著作编译局，译.北京：人民出版社，1975：158.

❼ 马克思.剩余价值学说史：第1卷[M].郭大力，译.北京：人民出版社，1975：398.

❽ 马克思.剩余价值理论：第1册[M].中共中央马克思恩格斯列宁斯大林著作编译局，译.北京：人民出版社，1975：158.

"不是悬在空中的",离开了劳动过程它就不能存在。而劳动是劳动力的"物质表现",它有自己的物质规定性。因此,与劳动结合在一起的非实物使用价值不属精神范畴而属物质范畴。

由此可进一步论及使用价值的内容与形式问题。使用价值是满足某种需要的对象,消费的客体,这是使用价值的内容。使用价值的形式或形态则有两大类:实物形态和非实物形态(运动形态)。马克思《资本论》的论述重点在第二产业,因此其行文很自然地较多涉及实物形态的使用价值,对运动形态的使用价值则较少论及。但是,一旦马克思将视野扩展到第三产业的时候(如在《剩余价值理论》中),他对非实物使用价值就多有论述,对其内涵、外延、特性等,都作过很有价值的提示。

然而,传统政治经济学却没有全面理解马克思对使用价值的论点,将马克思重点论述的实物使用价值当作使用价值的全部。如许涤新主编的《政治经济学辞典》将使用价值定义为"物品能满足人们某种需要的效用。"❶ 这犯了以偏概全的错误,也不符合马克思的原意。马克思毫不含糊地说过,有"不以物品资格但以活动资格供给的使用价值",如"哀歌的使用价值",服务的使用价值,这难道是"物品的效用"吗?稍加留意即可看到,上述定义以"物品的使用价值"作定义项,以"使用价值"作被定义项,二者外延并不全同:定义项外延少于被定义项的外延。这就必然将运动形式的使用价值排除出使用价值的范围。如果说这是一个疏忽的话,那么,有的人干脆否认服务提供的效用是使用价值,说这"不是严格意义上的使用价值"。试问,何谓"严格意义上的使用价值"呢?使用价值之所以成为使用价值,难道不在于其内容,而只在于其形式吗?难道只有采取实物形态的使用价值才有资格称得上"严格意义上的使用价值"吗?显然,按照这种逻辑,社会使用价值中的相当大的一部分(如音乐服务、医疗服务、教育服务等)将被排除出"消费的客体"的范围外,社会物质和精神需要的相当大的一部分就不能满足。这种观点,只讲使用价值的形式,

---

❶ 许涤新.政治经济学辞典:上册[M].北京:人民出版社 1980:337.

不讲其内容，颇有形式主义的味道，其悖理性是不难看出的。

因此，使用价值概念应予正名。其内容应是：能满足人的某种需要的效用。其形式包括实物形式的使用价值与非实物形式的使用价值两大类。这一定义，依据的是马克思关于使用价值包括实物形式与运动形式的观点。随着社会化大生产的发展以及社会劳动生产率的提高导致的消费结构的变化，这一观点将愈发显示其深远意义。早在1851—1858年，马克思就以反问的口吻作出预言：使用价值本身将会"在一个需要和生产的体系中发展起来"❶。事实已经证明，忽视非实物使用价值是社会使用价值的一个不可缺少的部分，是脱离当代社会发展的实际的。

第二节 服务产品使用价值的功能

服务产品如果不是废品、劣品、次品，或不适合社会需要的产品，就应该具有使用价值——非实物使用价值。这种使用价值像其他一切使用价值一样，也有满足人的某种需要的功能。我们将这种功能称为可消费性（含生产消费和生活消费）。

一、马克思论服务产品使用价值的可消费性

在马克思的时代，第三产业中为生产服务的行业还很不发达，服务产品中的大部分是用于生活消费的。相应地，马克思论及服务产品的可消费性时，多指其满足生活需要的功能。在服务生产只占资本主义生产微不足道的分量时，他就敏锐地指出："任何时候，在消费品中，除了以商品（应译为"物品"——引者注）形式存在的消费品以外，还包括一定量的以服务形式存在的消费品。因此，消费品的总额，任何时候都比没有可消费的服务存在时要大。"❷这种以服务形式存在

---

❶ 马克思恩格斯全集：第46卷上册[M].中共中央马克思恩格斯列宁斯大林著作编译局，译.北京：人民出版社，1979：223.

❷ 马克思.剩余价值理论：第1册[M].中共中央马克思恩格斯列宁斯大林著作编译局，译.北京：人民出版社，1975：160, 161.

的消费品，可简称为服务消费品。顾名思义，就是用于生活消费的服务产品。马克思使用这一术语，已明确表明了服务产品的可消费性。

马克思指出，有一种劳动，"购买它和购买那些商品（指实物商品——引者注）一样，是为了消费，换句话，仅仅是由于这种劳动所固有的物质规定性，由于这种劳动的使用价值，由于这种劳动以自己的物质规定性给自己的买者和消费者提供服务。对于提供这些服务的生产者来说，服务就是商品。服务有一定的使用价值（想象的或现实的）和一定的交换价值。但是对买者来说，这些服务只是使用价值，只是他借以消费自己收入的对象"❶。服务有各种"特殊效用"，可以"满足个人某种想象的或实际的需要"。因此，它可以当作"随便挑选的消费品来购买"；购买它，就是"购买以服务形式提供的商品"，这同购买其他任何商品"是没有什么不同的"。❷

马克思的上述分析包含了以下思想。

（1）马克思使用"劳动给消费者提供服务"的主谓宾结构，将"劳动"置于主语位置，将"服务"置于"劳动"的直接宾语的位置，将消费者置于间接宾语上，这表明他意识到服务劳动（生产行为）与服务产品是有区别的。❸正如我们所分析的，服务劳动是生产某种非实物使用价值时劳动力的使用，它有一定的生产目的、操作方式、劳动手段和生产成果；服务产品则是这种劳动所生产的特殊产品。作出这一区分，对于第三产业经济学的理论逻辑来说，有十分重要的意义（参见第四章第三节）。

（2）马克思指出服务是其买者"借以消费自己收入的对象"，这表明他将服务产品视为一种消费对象。顾客用货币购买服务，服务这种特殊产品就充当消费的客体，而购买者则是消费的主体。正如实物

---

❶ 马克思．剩余价值理论：第1册[M]．中共中央马克思恩格斯列宁斯大林著作编译局，译．北京：人民出版社，1975：149．

❷ 马克思．剩余价值理论：第1册[M]．中共中央马克思恩格斯列宁斯大林著作编译局，译．北京：人民出版社，1975：437，165，301，436．

❸ 不过，马克思对二者的区分有时并不严格，如此处提及购买劳动而不是购买服务（商品）。

消费品是其购买者借以消费其收入的对象,而买者自己则是消费的主体一样。

（3）服务对于提供这些服务的生产者来说是商品,对其购买者来说只是使用价值,这并非说明服务是"非商品"或"半商品",反倒证明用于交换的服务正是商品。作为商品,它当然不是直接满足其生产者自己需要的手段,而是满足顾客特殊需要的对象,即为他人的使用价值。这一点马克思多次论及。他认为,"如果商品对于它的所有者是使用价值,就是说直接是满足他自己需要的手段,那它就不是商品。商品对于它的所有者……只是交换手段;……由于商品对它自己的所有者不是使用价值,所以它对别种商品的所有者是使用价值"❶。

（4）马克思指出服务有想象的或现实的使用价值,就是认为服务产品的使用价值能满足想象的需要即精神需要,或现实的需要即物质需要。这一推论的理由为：上述引文中"想象的需要"也可译为"幻想的需要"❷,而"幻想的需要"就是指精神的需要。马克思在《资本论》中曾引用过"精神的食欲""精神的需要"与"肉体的饥饿"的提法,来说明他所说的"由幻想产生"的需要与"由胃产生"的需要。❸ 由此类推,现实的使用价值就是满足物质需要的使用价值,而不是实物形式的使用价值。看来,马克思已很清醒地将服务产品的使用价值分为满足精神需要的和满足物质需要的两种,并没有认为非实物使用价值都是满足精神需要的。

马克思关于服务产品的可消费性的提示和论述,为我们在新形势下研究服务产品的使用价值的功能,提供了重要的启示。

---

❶ 马克思.政治经济学批判[M].中共中央马克思恩格斯列宁斯大林著作编译局,译.北京：人民出版社,1976：26.

❷ 马克思.剩余价值学说史：第1卷[M].郭大力,译.北京：人民出版社,1975：167.

❸ 马克思.资本论：第3卷[M].中共中央马克思恩格斯列宁斯大林著作编译局,译.北京：人民出版社,1975：47.

二、服务产品使用价值的分类及其消费功能

服务产品的使用价值具有满足人们的生活消费需要或生产消费需要的多种功能。

服务产品可以按其使用价值的不同消费功能分为两大类。

1. 服务消费品

服务消费品即服务形式的消费品,或称生活服务,是满足人的生活消费需要的服务产品。

人的生活消费需要是多种多样的,抽象地说,可以分为精神需要和物质需要两种。相应地,满足这些需要的服务消费品也可以分为两种。

(1)满足精神需要的服务消费品,即精神型服务消费品。它主要包括:

1)教育服务消费品。这是增长人们的知识、技能,培养人的思想品德的服务消费品。人们消费它,就可以满足自己发展智力和技能的精神需要。学前教育、初等教育、中等教育、高等教育等,实质上都提供教育服务消费品。

2)艺术服务消费品。这是使人们获得某种情感上的满足和审美享受的服务消费品,包括表演艺术服务(音乐、舞蹈)、语言艺术服务(文学)、综合艺术服务(戏剧、电影)等。❶

3)游乐服务消费品。这是陶冶身心、扩大眼界、增长知识、促进交往的服务消费品,包括旅游服务、娱乐服务等。

4)信息服务消费品。这是使人们获得具有新内容、新知识的消息的服务消费品,包括信息的获取、传递、加工、处理过程中的各种服务,如邮政服务(仅限传递信息部分,不包邮寄包裹部分)、电信服务、图书资料服务、情报服务、网络服务等。

5)科学服务消费品。科研服务产品是一种在可靠地概括事实,寻求规律的基础上实现对各种现象和事件的正确预见的服务产品。它往

---

❶ 造型艺术(绘画、雕塑、建筑)和见诸文字的语言艺术的最终成果是实物,故不属艺术服务消费品。

往同教育服务消费品结合在一起,供人们用于生活消费,提高自身的科学素质。这时它便是科学服务消费品,如科学咨询服务、科学教育服务等。

精神型服务消费品概念可以根据实践的发展予以归纳、补充和丰富。

(2)满足物质需要的服务消费品,即非精神型服务消费品。我们不称之为"物质型服务消费品",是基于以下的考虑:

1)服务消费品虽采取非实物形态,但也属物质范畴,若分为"精神型"与"物质型",则易使人误认为一些服务是精神现象,另一些是物质现象。

2)人们通常将物质归结为实物,"物质型"易使人误以为这些服务采取实物形态。

满足物质需要的服务消费品主要包括:

1)医疗卫生服务消费品。这是保护和增进人类健康,预防和治疗疾病的服务消费品。由于这种消费品作用于人体器官,满足人的意识形态以外的生理需要,因此它属非精神型服务消费品。如果将医疗服务视为一种精神产品,就必然将人的身体生理需要也视为精神需要,这就不对了。

2)运输服务消费品。这是克服地域距离,满足人自身或其用品位移需要的服务消费品。它包括各类车、船、飞机运输服务中的客运和行李运输部分,以及邮政服务中非信息传递部分(如包裹邮寄服务)。但某些运输服务与旅游服务结合在一起,又有满足精神需要的因素。

3)个人生活服务消费品。这是满足人的衣、食、住、休息等方面个人生活需要的服务消费品。如洗衣服务、饮食服务、旅业服务、理发服务、浴池服务、家庭服务。

4)体育服务消费品。它分为两种,一种提供体育表演服务,这类似文艺服务、杂技服务,属精神型服务消费品。另一种体育服务提供进行体育锻炼的条件和设施,属非精神型服务消费品,如游泳池服务、滑冰场服务、健美服务、体育器材租赁服务等。

5)商业服务消费品。商业服务作为生产和消费的中介,兼有生产服务与生活服务的特征。实际上,二者是不可能截然分开的。不过为了分析方便，可近似地将批发服务视为生产服务，将零售服务视为生活服务。后者是满足人们购买商品的需要的服务消费品。

6）金融保险服务消费品。与商业服务类似，它也兼有生产服务与生活服务的功能。它的生活服务部分满足人的货币存贮和流通、财产和人身的保险等物质需要。

2. 服务生产资料

服务生产资料（服务形式的生产资料，或称生产服务），这是满足人的生产消费需要的服务产品。

马克思认为，具有必须进入或至少能够进入生产消费的形式的产品，属生产资料。服务生产资料正是这样一种产品。它可进入实物生产消费或服务生产消费，构成生产要素，因而属生产资料。与实物形式的生产资料（硬件）不同，它是生产资料的"软件"。在现代生产中，生产资料"软件"的作用越来越重要。它既可满足人们在生产过程中的智力需要，也可满足其中的非智力的需要。

服务生产资料与服务生产过程所需的生产资料，是两个不同的概念。后者可简称为服务业生产资料，大致包括两类：一是服务生产过程需要的硬的生产要素，如运输业的高铁机车、医疗业的医疗器械、教育业的投影仪，类似计算机的硬件。二是服务生产过程需要的软的生产要素，如运输业的交通规划服务、医疗业的病毒疫苗研发服务、教育业的多媒体技术服务，类似计算机的软件。前者是指投入服务生产过程充当生产要素的一种服务产品，亦可称为服务形式生产资料或生产服务，以非实物形态存在。服务生产资料可分为两种。

（1）智力型服务生产资料，满足人在生产消费过程中的智力需要的服务产品。它主要包括：

1）科研服务生产资料。科研服务产品用于生产过程，便属服务生产资料。在生产过程中，人们需要揭示和探讨自然界和人类社会新的现象与规律，扩展关于周围世界的知识，寻找自然规律和社会规律的应用方法，用来完善现有的和创建新的生产手段和方法。这一智力的需要，依赖于对科研服务型生产资料的生产消费来满足。其消费结果使人们能够在科学的基础上提供新的劳动对象，制造最新劳动工具，完善人类自身的劳动，改进生产工艺。

2）信息服务生产资料。现代经济建设是一个庞大而又复杂的大系统，它需要依据数量巨大的经济信息去进行控制、指挥、协调和组织。系统内部各关系之间、系统与系统之间也要靠经济信息去联系，才能使经济运动达到人们设定的目标。因此，提供信息的信息服务和网络服务是作为一种生产要素投入生产过程中的，发挥着实物性资源所不能发挥的智力功能。

3）维修服务和技术服务生产资料。它是科研服务生产资料的细分化和具体应用，为生产过程提供正常运转的保证和技术完善的条件。

（2）非智力型服务生产资料，满足人在生产消费过程中智力以外的需要的服务产品。它主要包括：

1）运输服务生产资料。投入社会生产过程的运输服务，是一种生产要素。主要有两类：一是作为某一生产过程的有机组成部分的生产内部运输服务，如装配零件在工厂内部流水线上的运动，半成品在厂内车间之间的运动。二是在某一生产过程外部的社会化运输服务，如原料、成品由产地到销地的运输。它包括客运（生产人员的通勤运输）、货运（原料、辅料和成品的运输）服务，交通工具和交通设施保养服务。

2）仓储服务生产资料。这是贮存实物型生产资料或成品的服务。它作为生产过程的物质条件，构成生产要素。

3）金融保险服务生产资料。它为生产过程提供财力，补偿意外损失，也构成生产要素。

4）商业服务生产资料。它或是通过流通让渡商品的使用价值，实现商品的价值，或是为生产提供各类生产资料，为生产过程提供流通条件，使生产循环得以正常进行。

5）房地产服务生产资料。它为生产过程提供地域或房舍条件。

就服务生产资料而言，某些服务产品的使用价值的消费功能的发挥，可以实现其他产品的生产、分配、交换和消费。

商业服务产品的使用价值，具有实现其他产品的流通的功能。工业企业消费商业服务产品的过程，同时构成工业产品的交换过程（购进原料或出售产品）。服务企业消费商业服务产品的过程，则构成服务产品的出售过程（如娱乐场售票处的售票服务），或购入过程（如运输企业购入维修服务）。

同理，科研服务产品的使用价值，具有实现其他产品生产的功能，金融服务产品、运输服务产品、仓储服务产品的使用价值的共同作用，具有实现其他产品分配环节的功能，等等。

按满足需求程度来区分，服务产品可以分为"提供享受的""相当必要的""确实必要的""看来是必要的""不太必要的"等几种，❶ 也可以分为生存资料、享受资料和发展资料。

三、服务产品使用价值的消费替代性

消费替代性，是指不同的产品的使用价值因有相同或相近的消费功能，故具有可在生产或生活消费中互相替代的性质：人们消费一种服务产品，可以减少对实物产品的消费，或减少对其他服务产品的消费；反过来，人们消费一种实物产品，可以减少对服务产品的消费。

服务产品使用价值的消费替代性主要有三个方面。

1. 服务产品与实物产品的使用价值的替代

（1）音乐服务与实物要素的替代。人们常以"对牛弹琴"一词比喻对愚蠢的人讲深刻的道理，也讥笑"弹琴"的人不看对象。然而，科学家却成功地进行了"对鸡弹琴"。在养鸡场里，笼养鸡使鸡行动受到限制，在环境污染、拥挤不堪的群居生活中，鸡食欲不振，易传染瘟疫，还会出现"应力"——鸡群通过打架争夺"首领地位"，以确立某种等级秩序。这种斗争会伤害一些鸡，影响整个鸡群的生长发育和蛋、肉产量。"应力"的作用还会使鸡的肝、肾等发生病变，死亡率提高。科学家研究发现抱窝母鸡在孵卵时，同鸡胚胎之间有信息交流，这使未出壳的鸡胚胎熟悉取食信号、召唤信号、报警信号，出生后生活有秩序；而同窝鸡蛋胚胎也有沙沙声联系，这使小鸡同时出壳和鸡群争斗应力减弱。科学家借助录音机和其他分析仪器解释母鸡同胚胎和雏鸡之间的交际语言，然后用电子装置来模拟。播放模拟母鸡的取食信号，保证了小鸡吃食效果好；播放模拟"同步器"作用的鸡胚

---

❶ 马克思. 剩余价值理论：第1册 [M]. 中共中央马克思恩格斯列宁斯大林著作编译局，译. 北京：人民出版社，1972：436.

胎"首领"的叫声，保证了小鸡同时出壳。这样，通过向鸡场提供音乐服务，用音响手段来促进鸡群的食欲，维持鸡场的秩序，提高了鸡的肉、蛋生长率。❶ 这种特殊的音乐服务与饲料、养鸡场地、鸡笼等实物要素实现了某种程度的替代。实现这一替换的基础，是这种特殊的音乐服务产品的使用价值在一定程度上与饲料、鸡场、鸡笼等实物要素一样，都有促进鸡的生长的消费功能，实际上构成养鸡业的软生产要素。

在一些国家，音乐被用来控制消费者的购买习惯，减轻工人的疲劳和对枯燥工作的厌恶情绪，提高工作效率。在市场里，音乐节奏快慢对营业额有很大影响。播放节奏快、刺激性强的乐曲，顾客的脚步随之加快，在挑选商品时会表现出耐心不足，对可买可不买的商品宁可不买。慢节奏音乐使顾客流动减慢，在挑选货物时表现出耐心。一个研究显示，播放慢节奏音乐比快节奏音乐可多增加营业额38%。这说明音乐服务可以在一定程度上替代部分商场、柜台、通道设施和售货员。播放慢节奏音乐时单位营业额所需的设施和人员比播放快节奏音乐时减少的百分比，便是音乐服务替代的部分。在工厂，背景音乐应用于大规模流水作业的车间效果十分明显。美国一家公司进行过一百多次试验，表明恰当运用背景音乐可提高工作效率30%，而用其他方法只能提高5%~10%。这家公司运用电子计算机系统，根据对人体的刺激值不同，将乐曲分组编排。开始时播放刺激值较低的、节奏慢、弦乐为主的乐曲，结尾时播放刺激值较高的、节奏快、打击乐为主的乐曲。如果将播放顺序颠倒，就会降低工作效率，工人无精打采。若无规律地乱放音乐，会造成工作效率不稳定，工人易疲劳，废品率上升。乐曲使工作效率提高的秘密在于，乐曲节奏的加快和刺激值的增加使人体内部肾上腺分泌量随之加大，顾客受影响改变了行为举止。❷ 这说明，适当的音乐服务的使用价值有促进生产率的功能，可在一定程度上替代厂房、工具、设备等实物要素。20世纪80年代以来，我国许多疗养院开设了音乐治疗室，选择各种"音乐处方"来催眠、镇静、舒心、解除忧郁、消除疲劳、振奋精神、促进食欲等，也说明了音乐

---

❶ 刘千凯. 声学与养鸡 [J]. 知识就是力量，1985（7）：10.

❷ 李世明. 音乐与效率 [J]. 知识就是力量，1985（4）：40.

服务可以部分替代药品。

（2）医疗服务与药品的替代。治疗病人，既可以用灵丹妙药，也可以通过气功、针灸、按摩、推拿，妙手回春。就推拿来说，通过抚、推、拿、按、摩、揉、捻、弹、擦、捏、掐、搓、滚、抖、捋、摇、拍、押、扣、刺、分、合、背、抱、扳、拨、端、抬、提、踩等手法，刺激和运动肢体，引起病人体内自控自调的生理系统中的生物物理和生物化学的变化，使病人体内营养物质得到一定的调整，有害物质得到一定的消除，减轻或消除疾病。推拿治的病很多，对内伤性疾病，尤其是慢性病、功能性疾病效果好。推拿还可以配合其他疗法作为辅助治疗。❶病人消费推拿服务产品，可以在一定程度上减少对药品的消费，实现医疗服务与药品在生活消费中的替代。

2. 服务生产要素与实物产品使用价值的替代

在音像制品的生产场合，歌唱、相声、舞蹈、演戏等表演服务产品是录制音像制品光盘、唱片和电影拷贝等实物产品的软生产要素。观众去影剧院观看表演，就会减少对音像制品的消费。如演出服务价格昂贵，音像制品价格低廉，观众就倾向于消费光盘，减少消费演出服务。一些实物产品如单车、汽车、洗衣机是共享单车、出租车、洗衣服务的实物生产要素，顾客选择共享单车服务、出租车服务、洗衣服务，就无需自购单车、小汽车或洗衣机等实物产品。以服务产品为生产要素的实物产品可以替代服务产品（如购买光盘替代现场看演出），以实物产品为生产要素的服务产品可以替代实物产品（如共享单车服务、出租车服务和洗衣服务对单车、小汽车、洗衣机的替代）。因此，文艺表演与音像制品、出租车服务与私家车、洗衣服务与洗衣机之间，都可以在使用价值上实现替换。

3. 具有相同消费目标的服务产品之间的替换

在生产或生活中可以通过互换具有相同消费目标的服务产品而实现同一功能。

（1）情报信息服务与科研服务的替代。有个"10000=5"的故

---

❶ 辽宁省科普创作协会，王甫. 大众推拿[M]. 北京：人民卫生出版社，1984.

事。德国有个化学家花了一年时间，耗资 1 万美元，呕心沥血，终于完成一项课题。当他兴高采烈地把这个消息告诉一位在图书馆工作的好友时，那位好友告诉他："你的成果别人早已完成了，只需花 5 美元的复印费，就可以得到详细资料。"这是信息服务与科研服务在使用价值上可以互相替代。而以前者代替后者，则费用大为减少。有人估计，如果科研费用为 1，中间试验为 10，工业应用为 100~300，那么，情报费用仅为 0.05。

（2）电话服务与维修服务的替代。据统计，在用户送修理部门维修的家用电器中，约有 70% 是用户完全可以自己排除故障的，只不过用户不知原理，不懂方法，而束手无策罢了。美国一家公司设立了个"冷线"电话，通过电话交谈，指导顾客自己修理电冰箱一类电器的小故障，一年可受理 15 万个此类电话业务。

（3）电影服务与电视服务的替代。随着电视台服务半径的扩大、播放质量的提高和家庭影院的发展，相当多的电影观众转向电视。不少城市电影院门庭冷落，便是服务产品之间的替代效应在发生作用。近年来，电影院突出音响和 4D 效果，让观众感受到在家看电视根本体验不到的震撼效果，还增设多功能的服务项目，是电影院争取观众的方式。高铁、汽车、轮船与飞机运输服务，中餐厅、西餐厅与快餐服务，电影、戏剧、杂技与体育表演服务，都可以互相替代。

服务产品内部及服务产品与实物产品间的消费替代性，反映了互相替代的产品之间具有相同的消费功能。消费了某种产品，无须再消费其替代产品。如果服务产品与实物产品之间在满足物质、精神需要的效果是相同的，那么人们对其需求就取决于其价格水平。

正确认识服务产品的消费替代性对促进社会产品的供需平衡和升级优化有重要意义。如某些产品供不应求，除了发展这些产品的生产外，还可发展可替代产品，以缓和供需矛盾。发展消费功能提高的升级产品，开拓新的消费领域，是实现产业发展、消费升级的方向。认识服务产品的消费替代性，对第三产业的经营有重要意义。存在替代关系的不同企业，生产的是同一功能的产品，存在着互相排斥的竞争关系。如果产品质量差，就会被竞争对手抢走顾客，甚至被市场淘汰。在短缺经济不复存在之时，第三产业更需要以优质服务取胜，以质量求发展。

四、服务产品使用价值的消费互补性与消费引致性

消费互补性，指存在依存关系的不同产品在消费中相互补充的性质。

（1）服务产品与实物产品的消费互补性。在饮食服务中，食品与饮食服务存在着消费互补关系。假定顾客每消费1000件食品，需1名餐厅服务员提供消费服务，那么食品消费增加时，对餐厅服务的消费也会同时增加。在信息服务中，对图书、资料等实物消费，与对图书馆服务、情报室服务的消费结合在一起。对图书消费量的增加，是与对图书馆服务的消费量的增加联系在一起的。而图书馆服务的消费量，与图书馆面积、桌椅、阅览室数量相联系，构成一种比例关系。假定每增加100名学生，需增加图书30000本，图书馆面积160平方米，阅读座位24个，图书服务人员1.6个，意味着对图书、图书馆、桌椅的消费与对图书服务的消费大致构成18750：100：15：1的关系，在正常情况下，某一部分的增减会引起其他部分的相应增减。

（2）不同的服务产品的消费互补性。在旅游中，存在着交通服务、导游服务、游乐服务、饮食服务、商业服务、个人生活服务、网络服务等服务产品的消费互补关系。随着风景优美的旅游点的开辟，游客蜂拥而至，交通服务消费大大增加，导游、游览、饮食、旅业、商业、网络、生活等服务消费也相应增长。体育比赛、文艺表演与交通、旅业、广告、电视、饮食、网络服务也构成消费互补关系。奥运会的举办，使旅店酒馆爆满，出租车川流不息，网络超负荷，电视台大赚广告费。

（3）服务产品与实物产品或其他服务产品的消费互补性。在医疗系统中，音乐不单可怡情养性，还可以治病，音乐治疗与药物或其他疗法构成互补关系。究其原因，音乐是一种波动，它既可以影响人的感情，还可以使人体产生谐振。音乐具有多种不同的节奏，而人体活动对于音乐节奏具有明显的跟随作用，因此音乐节奏的变化可以带动并调节人体的生理节奏，所以有的医生精心挑选各种不同节奏的乐曲，以供不同的患者使用。音乐治疗往往需要配合药物或其他疗法。音乐

治疗一方面借助音乐的艺术感染力，作用于感情，以情导理，既可以增强人体抗病能力，还可以消除精神上的阻滞；另一方面借助音乐的物理作用，以特定的频率、声压直接作用于人体器官，如对心脏或听觉器官的作用等。音乐治疗常常还可以配合某种舞蹈动作进行，使音乐舞蹈的美感作用于心理，而动作可使肌体得到锻炼。它与体疗、理疗、职业疗法都很接近，常常可以结合起来，音乐治疗成为康复医学的一部分。根据美国医学研究员对三十多名已故世界著名音乐指挥家进行的调查，发现这些人的寿命都比较长。一个人终生喜爱音乐，可能是长寿的秘诀。音乐促使人体分泌一种有益于健康的生理活性物质，可调节人体的生理节奏，使人保持朝气蓬勃的状态。我国许多疗养院开设了音乐治疗室，选择各种"音乐处方"来催眠、镇静、舒心、解除忧郁、消除疲劳、振奋精神、促进食欲等。这就说明了音乐与舞蹈、药物在治疗中的互补性。

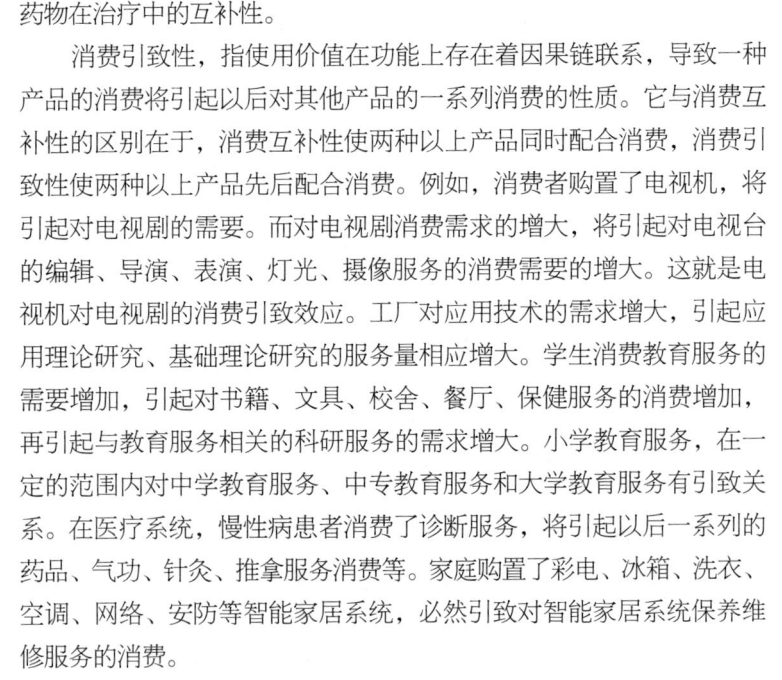

消费引致性，指使用价值在功能上存在着因果链联系，导致一种产品的消费将引起以后对其他产品的一系列消费的性质。它与消费互补性的区别在于，消费互补性使两种以上产品同时配合消费，消费引致性使两种以上产品先后配合消费。例如，消费者购置了电视机，将引起对电视剧的需要。而对电视剧消费需求的增大，将引起对电视台的编辑、导演、表演、灯光、摄像服务的消费需要的增大。这就是电视机对电视剧的消费引致效应。工厂对应用技术的需求增大，引起应用理论研究、基础理论研究的服务量相应增大。学生消费教育服务的需要增加，引起对书籍、文具、校舍、餐厅、保健服务的消费增加，再引起与教育服务相关的科研服务的需求增大。小学教育服务，在一定的范围内对中学教育服务、中专教育服务和大学教育服务有引致关系。在医疗系统，慢性病患者消费了诊断服务，将引起以后一系列的药品、气功、针灸、推拿服务消费等。家庭购置了彩电、冰箱、洗衣、空调、网络、安防等智能家居系统，必然引致对智能家居系统保养维修服务的消费。

正确认识服务产品的消费互补性和消费引致性，对于协调发展第一、二、三产业以及第三产业的内部行业有重要意义。存在消费互补性或消费引致性的产品和产业，必须按合适的比例和时序协调发展，避免畸轻畸重，甚至脱节断档。只要某一个环节上出现纰漏，势必影响由互补性、引致性行业构成的产业全局。因此，经营第三产业必须有整体协调观念，在努力提高服务质量，搞好微观经营管理的同时，必须加强宏观合作，与其他单位协作关系密切，发展横向经济联系。

服务产品的使用价值具有消费替代性、消费互补性和消费引致性的根本原因在于，非实物使用价值具有一切使用价值所具有的共性——可消费性。由于服务产品与实物产品功能相近，故可以互换；由于其功能相异而有联系，故可以互补；由于其功能上存在因果链，故可以引致。实物产品作为使用价值，也具有这三性。在这一点上，非实物使用价值并无任何差异。因此，非实物使用价值是名副其实的使用价值，服务产品是货真价实的社会产品。

第三节 服务产品使用价值的特性

与实物产品的使用价值不同，服务产品的使用价值具有非实物特性。它是一种在活动形态上提供的、不能离开服务劳动者单独存在的、不采取实物形式的特殊使用价值——非实物使用价值。这是它区别于实物产品使用价值的重要特性。

一、马克思论服务产品使用价值的特性

马克思虽然没有使用"非实物性"措辞来概括服务产品使用价值的特性，但他对此特性的内容作过多次分析或提示。

在马克思看来，服务产品作为劳动产品，具有"劳动产品的物质规定性"。这种"产品按其自然性质仅仅以服务的形式存在着"，"同生产行为不可分离"，它"不采取实物的形式，不作为物而离开服务者独立存在"，是"不以物品资格但以活动资格供给的特别的使用价值"。由于这种"使用价值是随着劳动能力本身活动的停止而消失"的，它"不留下任何可以捉摸的、同提供这些服务的人分开存在的结果"，因而服务产品的生产、交换与消费必须同时进行，"'服务'只是在它们被购买时才被创造出来"，并且不能以实物商品的形式，而"只能以活动本身的形式"出卖；"生产个人服务的劳动……在它

进行的时候就要被消费掉"。一旦对服务支付了报酬，它就"完全像容易消失的消费品一样消失了"。因此，服务本身"不能出口"，除非是"出口提供这些服务的人"。❶

参照马克思的论述，结合当代第三产业的实际情况，可以把服务产品使用价值的特性概括为非实物性，生产、交换与消费的同时性，非贮存性，非移动性，再生产被严格制约性，作为人类劳动产物的必然性。

二、服务产品使用价值的非实物性

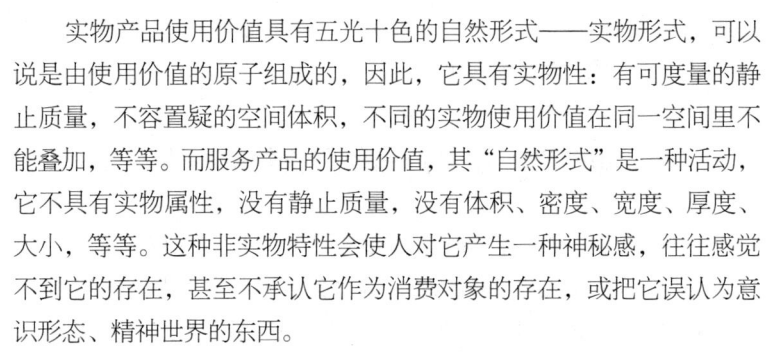

实物产品使用价值具有五光十色的自然形式——实物形式，可以说是由使用价值的原子组成的，因此，它具有实物性：有可度量的静止质量，不容置疑的空间体积，不同的实物使用价值在同一空间里不能叠加，等等。而服务产品的使用价值，其"自然形式"是一种活动，它不具有实物属性，没有静止质量，没有体积、密度、宽度、厚度、大小，等等。这种非实物特性会使人对它产生一种神秘感，往往感觉不到它的存在，甚至不承认它作为消费对象的存在，或把它误认为意识形态、精神世界的东西。

在日常生活中，没有什么人会怀疑第三产业劳动者在提供服务劳动，但很少有人会通过这种劳动认识到它会创造出一种非实物使用价值。在经济学术界也是如此。如大多数学者认为商业、运输业的服务劳动只改变使用价值的形态，但不创造新的使用价值。其实，这正是忽视了非实物使用价值的存在。否定服务劳动创造使用价值，必然导致否定第三产业提供社会产品，满足社会需求，甚至宣称它是"非生产"的。有学者已意识到这一问题，提出只靠工农业产品的使用价值

---

❶ 马克思.剩余价值理论：第1册[M].中共中央马克思恩格斯列宁斯大林著作编译局，译.北京：人民出版社，1975：150，157，158，165，318，436；马克思.剩余价值理论：第3册[M].中共中央马克思恩格斯列宁斯大林著作编译局，译.北京：人民出版社，1975：322；马克思.直接生产过程的结果[M].田光，译.北京：人民出版，1964：108，115；马克思.剩余价值学说史：第1卷[M].郭大力，译.北京：人民出版社，1975：398.

并不能满足人们的全部需要,满足人的需要的还有服务劳动本身。这一思路的方向是正确的,但此表述未引进非实物使用价值的概念却未必妥善。其实,正如工农业劳动不是以劳动本身,而是以劳动所创造的实物使用价值来满足人的需要一样,服务劳动也不是以服务劳动本身,而是以服务劳动所创造的非实物使用价值来满足人的需要的。如将服务劳动、服务劳动产品及其使用价值混为一谈,在理论上和实践中必造成混乱,这在第四章已提及。看来,这些论者在服务劳动成果的非实物性上颇觉踌躇,以致不能进一步作出关键性的推论,确认服务劳动创造非实物使用价值。究其原因,恐怕还是被服务产品使用价值的非实物性所迷惑。只有像马克思那样经过科学的理论抽象,才能透过非实物性这一现象,确认服务产品的使用价值是作为"运动形式"的使用价值存在的。

三、服务产品使用价值的生产、交换、消费同时性

实物产品使用价值的生产、交换和消费一般是分开进行的。在时间上可以相隔数天、数月甚至数年,在空间上可以跨市、跨省甚至跨国,因此,生产者与消费者,生产领域、流通领域与消费领域泾渭分明。而粗略地说,服务产品的交换却是生产的前提(馈赠、奉献或义务提供的服务产品暂且不论),生产一旦开始,消费也就同时进行;生产一结束,交换与消费也宣告完成。生产、交换与消费在时空上同一,生产人员、"商业人员"(出售服务产品的人员)与消费者同时在场,这种特点尤其容易引起混淆:其一,混淆生产者与消费者,即提供服务与接受服务者;其二,混淆生产领域与消费领域,即生产服务产品的领域与消费服务产品的领域;其三,混淆生产与消费,即生产服务产品与消费服务产品。例如,有的论者认为,同样的演员演同样的戏,拍电影是生产,即席演出是消费。将文艺服务产品的生产者(演员)与消费者(观众)混为一谈是一错;将紧密相连的生产领域(舞台)与消费领域(观众席)误为消费领域是二错;将生产(演戏)与消费(看戏)混为一谈是三错。其原因就在于被生产、交换与消费的"三位一体"所迷惑,不自觉地偷换了概念,转移了论题。又如,有的论者认为,"生产人员"的客运属于生产,"非生产人员"的客

运不是生产。其实，由于客运生产过程的产品是客运服务，因此，高铁飞驰，对于司机、乘务员来说，这是"生产过程"，不管乘客是"生产人员"，还是"非生产人员"；对乘客来说，这是消费过程，即消费服务产品的过程，也不管他们是生产者还是非生产者；开车是生产，乘车是消费，生产一结束（高铁至终点），消费也完成了。如果说，由于"非生产人员"消费了客运服务产品，客运就变成了非生产，那么，岂不是可以说，由于"非生产人员"消费了农民种的粮、工人织的布，所以种田和织布也会变成非生产吗？这显然是不合逻辑的。不论在哪种场合下，生产行为本身的性质，都不是由消费行为所决定的。至于企业出差人员乘坐高铁，对于出差人员来说，他仍是在消费客运服务，只不过这种消费构成企业总生产过程中的生产性消费罢了。同理，笼统地将医院、学校划为消费领域，也是片面的。对医生、护士或教师、教学辅助人员来说，这是服务产品的生产领域；对病人或学生来说，这才是消费领域。这一结论也适用于第三产业其他行业。

四、服务产品使用价值的非贮存性

实物产品可以在其使用价值耐久程度允许的时间内贮存，或经冷冻、防腐、隔氧、除水等特殊技术处理而延长贮存期。鲜花、蔬菜、鲜肉可贮存数小时到数天；衣物、家具可贮存数年；钢材可贮存数十年；某些名酒甚至能贮存上百年。而服务产品作为非实物使用价值，是不能贮存的，因为它和生产行为不可分离，生产一结束，产品已因被消费掉而不复独立存在。因此，如果服务生产"过剩"，"过剩"的不是服务产品使用价值，而是闲置的服务劳动力和服务劳动资料。旅店若住客不足，留有空房，是不可能将当天的旅业服务的使用价值贮存到第二天才供应给旅客的；飞机乘客若不足，航空服务产品使用价值同样不可能贮存下来供交通繁忙时消费。总而言之，服务产品不能在原使用价值形态上贮存；反之，能贮存的就不是服务产品。

服务产品使用价值的非贮存性，使第三产业生产尤其需要注重使用价值的适销对路。实物产品生产与需求不一致的局部矛盾，尚可通过贮存来缓和；服务产品则无此可能。供过于求的服务淡季生产的服务产品，不可能贮存到供不应求的旺季供应。这是服务生产中供需二者在时间上的矛盾。

不过，服务产品使用价值可以在下述三种情况下变相"贮存"：其一，在价值形式上贮存，即先将现实的服务产品使用价值转化为价值形态——货币，在需要消费服务产品时，再用货币将变相"贮存"的服务产品"激活"（用货币购买服务产品）。第三产业之所以能够依靠自身的产品实行积累和扩大再生产，就是因为通过服务产品价值形式的贮存，可克服服务产品使用价值形式的非贮存性。在此意义上，教师可以将教育服务"贮存"到将来消费，汽车司机也可以消费自己以前生产的客运服务，如此等等。其二，在实物形式上贮存，即将运动着的服务产品的使用价值，实物化为某种带有服务内容的实物产品，并通过贮存这种实物产品的使用价值，保存与服务产品类似的使用价值。例如，通过录音、录像、摄影、记录等，不仅可以"贮存"文娱服务、导游服务，还可以"贮存"教育服务、技术服务等。但这时实物化的服务产品如歌曲录音带、电影拷贝、文艺演出录像带，以及导游、科教影片或录像带等，已是实物产品，不是原来意义上的服务产品。这是服务产品向实物产品的转化。其三，随着人工智能技术和机器人技术的发展，服务产品的使用价值还可以先变成电脑程序贮存，在有需要时再通过人工智能技术模拟服务员的服务，或召唤服务机器人重现相关服务。这实际上是电子服务（e-service）概念了。

五、服务产品使用价值的非移动性

服务产品使用价值的非移动性是指服务产品使用价值不可能从产地移动到销地的性质。

实物产品的使用价值在产销上往往存在着空间不一致的矛盾：如生产地对该产品的需求不大，甚至为零，需一地生产，多地消费，或多地生产，一地消费，这就要通过运输使实物产品实行由产地向销地的转移，克服地域空间对供需协调的限制。而服务产品的使用价值，其非实物性决定了它具有生产、交换和消费的同一性，既不能通过贮存来克服供需二者在时间上不一致的矛盾，也不能通过转移来克服供需二者在空间上不一致的矛盾。

服务产品使用价值的非移动性使第三产业的生产与消费存在的空间上不一致的矛盾，必须通过生产者和消费者的相对位移来克服。一般地说，可采取如下四种方式[1]：其一，提供需求者定位服务，即通过服务产品使用价值的提供者向需求者运动，从而实现服务。家庭教师服务、家务劳动服务、上门维修、安装服务和出诊服务等均属此类。其二，提供供应者定位服务，即通过服务产品使用价值的需求者向供应者运动，从而实现服务。由于需求者定位服务达不到规模经济的水平，效率较低，而供应者定位服务可批量生产服务产品，效率较高，因此，除非必要，第三产业服务一般不采用前一方式而尽量采取后一方式。如文娱演出服务、电影服务、学校教育服务、医院医疗服务等，均属此列。其三，提供供需运动服务，即服务产品使用价值的供应者和需求者通过各自运动保持相对接近，从而实现服务。在交通服务中，乘客先向交通工具位移，然后与交通服务人员一起位移，二者均不"定位"；在导游服务中，导游员和游客在游山玩水中保持接近，才能提供或消费这一服务。其四，提供供需定位服务，即服务产品使用价值的需求者和供应者均无须运动，而借助某种技术扩大服务产品使用价值的作用范围，使之覆盖需求者所处地域，从而实现服务。属于这一类的，主要是信息、保险、设计和其他可以用电信手段传递的服务。随着技术的进步，这类服务业务正在扩大。

服务产品使用价值具有非移动性，并不意味着这种使用价值不可能实现其所有权的转移。当然，服务产品使用价值在生产出来时（也等于它被消费时），是不可能由某些人先占有它，然后再被人将其所有权转移给他人的。但是，在它尚未被生产出来时，可以通过"订货"使其未来的所有权（使用权）发生多次转移。例如，在国际旅游中，大旅行社先"订购"某一旅游综合服务，然后将它转让给作为"零售商"的中小旅行社，后者再将它转让给游客。这就是服务产品使用价值的所有权的多次转移。

---

[1] 这一划分的思路受美国密执安大学教授斯特恩关于服务贸易的分类的论述（参见《理论信息报》1978-04-13）的启发而形成。

六、服务产品使用价值再生产的严格被制约性

实物产品使用价值和服务产品使用价值的再生产的关键环节,都是必须将生产出来的使用价值转化为价值形态。因此,二者的再生产都被市场需求量及影响需求量的所有因素所制约。但是,服务产品使用价值再生产的被制约性显得更为严格。因为,实物产品使用价值的可贮存性、可转移性使其产品的实现所遇到的矛盾能得到一定程度的缓和。若甲地产品无法实现,可运到乙地推销。若即时无法售出,可贮存到将来售出。而服务产品使用价值的非贮存性、非移动性,决定了它在产品生产出来的同一时刻、同一地点,就必须将自己实现为货币,马上实现价值补偿。这是比实物产品的价值补偿更为"惊险的跳跃",这个"跳跃"如不成功,被更严重地摔坏的一定是服务产品使用价值的生产者。而服务产品使用价值能否实现为货币,取决于:①为实物使用价值的生产率和剩余产品率制约的社会消费构成❶。前二者提高了,消费构成就会改变,对服务消费品的需求水平就会提高,从而使它能顺利实现价值补偿。②为社会化分工的程度和生产中对"软件"的消耗程度所制约的社会生产构成。社会分工细化,生产中消耗服务的比重增大,会使社会生产构成转向"软化",这就会提高对服务生产资料的需求水平,使它也顺利实现价值补偿。如上述条件基本不变,甚至向反方向运动,那么,服务产品使用价值实现价值补偿的可能性就会停滞,甚至下降,一些服务产品就不能实现为货币。换言之,服务生产根本不能进行,再生产也更谈不上了。

在服务生产的使用价值补偿方面,实现价值的服务产品须进一步转化为第三产业再生产所需的劳动资料和生活资料。这些劳动资料和

---

❶ 这里的剩余产品是指对其生产者没有"直接使用价值"的产品。如一个农民生产的粮食可以供养 50 人,则剩余产品占了 49/50。农民用对他没有直接使用价值的这 49/50 的粮食来交税,交换农业机械、衣物、家具等。因此,"剩余产品"不仅包括 M,还包括 C 和部分 V,它与作为剩余价值的物质内容的剩余产品,不是同一概念。

生活资料虽然离不开非实物使用价值（如服务企业也需科学服务作生产要素，服务生产者本身也需服务消费品），但相当大部分是依靠实物使用价值的生产来提供的，尤其是在发展中国家，实物使用价值的比重远高于非实物使用价值。加之实物产品一般处于比服务产品较低的需求层次上，因之在使用价值补偿上，对实物产品的需求强度往往高于服务产品，因此，国民经济发展水平越低，实物使用价值的生产水平对服务产品使用价值的生产水平的制约就越为明显。这时，没有实物使用价值，也就没有非实物使用价值，虽然反过来也许并不一样。所以，服务产品使用价值的生产积累的可能性较之实物产品受到更多的限制。它的生产积聚和集中也是如此。

七、服务产品使用价值作为劳动产物的必然性

服务产品使用价值作为非实物使用价值，同生产行为不可分离，这决定了它必然具有劳动产物的性质。这就是说，只有通过劳动才能生产出非实物使用价值。因此，非实物使用价值必然是劳动产物，不可能是天然存在的自然产物。从商业服务、运输服务、信息服务，到科学服务、教育服务、医疗服务、文艺服务，其使用价值概莫能外。而实物使用价值，则不一定是劳动产物。例如山野偶然发现的世界上最大的钻石，龙卷风中从天而降的"鱼雨"，北大荒山林中乱扑到垦荒者锅中的野鸡，很多天然存在的没有花费人类任何劳动的自然物，都是实物使用价值。

服务产品使用价值具有作为劳动产物的必然性，使第三产业生产与劳动力资源的联系更为密切。如果说，第一、二产业主要是借助人力资源对自然资源进行开发，以生产实物使用价值来满足人的需要的话，那么，第三产业就主要是借助自然资源对人力资源进行开发，以生产非实物使用价值来满足人的需要的。因此，劳动力结构、布局、效率及变动趋势，对第三产业的生产具有更为重要的意义。

服务产品的使用价值具有非实物性，生产、交换和消费的同时性，非贮存性，非移动性，再生产的严格被制约性和作为劳动产物的必然性，其根本原因，在于它具有非实物使用价值所具有的个性——非实物性。由于它是非实物，故它只能在生产的同时就被交换和消费，

不可能贮存和转移；由于它是非实物，故再生产的条件更为严格，并且不可能游离出劳动过程成为非劳动产物。在这些方面，非实物使用价值与实物使用价值是截然不同的。因此，发展第三产业，必须注重非实物使用价值的特性，不能照套第一、二产业的生产、管理和经营方式。

八、答质疑

我曾撰文论述过服务消费品的使用价值的特点，❶ 邱志忠先生对我文中所论的服务消费品具有的产品形式的非实物性，生产、交换与消费的同时性，产品的非贮存性提出质疑，认为这"不完全符合客观情况，也不完全切合马克思主义的有关论述。"❷ 我认为，分歧在于如何理解服务消费品的内涵与外延问题，因此要从服务消费品的概念谈起。

"服务消费品"这一概念是我根据马克思关于"以服务形式存在的消费品"❸ 的提法，在 1981 年首先使用的。❹ 我将服务消费品定义为"用于生活消费的非实物形态劳动成果"，并加注说明："用于生产消费的服务如产品设计服务，提供实物产品的服务如饮食服务，均不属本文讨论的服务消费品之列。"❺ 依此定义，服务消费品的使用价值的非实物性，生产、交换与消费的同时性，产品的非贮存性，应该是没有疑问的。邱志忠先生在对我论点的"质疑"中，将菜、衣、房等"物质产品"，以及科学著作、文学作品等"有形的精神产品"等一大堆实物形式的消费品，塞进我所论的服务消费品概念中，称之为"实物性服务消费品"，再根据这些"无疑是看得见，摸得着的东西"

---

❶ 李江帆.服务消费品的使用价值与价值 [J].中国社会科学 1984（3）.

❷ 邱志忠.关于服务消费品使用价值特点的质疑 [J].中国社会科学，1986（1）.

❸ 马克思.剩余价值理论：第 1 册 [M].中共中央马克思恩格斯列宁斯大林著作编译局，译.北京：人民出版社，1975：160.

❹ 李江帆.谈谈"服务消费品"[N].广州日报，1981-06-06；李江帆.略论服务消费品 [J].华南师范学院学报，1981（3）.

❺ 李江帆.服务消费品的使用价值与价值 [J]，中国社会科学，1984（3）.

的实物性，提出质疑："怎么能说所有的服务消费品都是非实物性的呢？"很显然，这就犯了偷换概念的逻辑错误。恩格斯指出，一个人如想研究科学问题，首先要在利用著作的时候学会按照作者写的原样去阅读这些著作，不要把著作中原来没有的东西塞进去。❶ 邱志忠先生哪怕是稍为留意我文中的服务消费品的定义，并注意遵守论证规则，就不至于将我论证的以非实物形态存在的服务消费品的概念偷偷地换成实物形态的消费品（所谓"服务消费品Ⅰ"和"服务消费品Ⅱ"）的概念来加以反驳。

邱志忠先生还提出一个所谓马克思把服务消费品分为"生产和消费不能分离的服务消费品"与"生产和消费在一段时间可以分离的服务消费品"的观点，以此批评我文中关于服务消费品具有的生产、交换与消费同时性的特点"也不全面"。但是，通观邱志忠先生所引的马克思的论述❷，人们根本找不到马克思把"具有离开生产者和消费者而独立的形式"的书、画以及一切脱离艺术家的艺术活动而单独存在的艺术作品称为服务消费品的只言片语，甚至连"服务"二字也根本没有出现。与此相反，马克思将"肉"和"书籍"等"以物的形式存在的物质财富和精神财富"，看作与"服务"对立的"物品"❸。这说明，邱志忠先生又犯了强加于人的论证错误。至于他所举的服装加工和电影电视生产与消费分开进行的例子，也难以为其质疑找到论据。第一，饮食业、服装加工业所生产的最终产品美味佳肴、美观服装等是实物形态的消费品，即实物消费品，当然具有实物性，生产、交换与消费的不同时性。但是，它们并不是服务消费品。如果将加工劳动列为服务劳动，将加工业的产品列为服务产品，推而广之，岂不是整个加工业以至第二产业都可以成为服务产品的生产部门吗？更进一步

---

❶ 马克思恩格斯全集：第 25 卷 [M]. 中共中央马克思恩格斯列宁斯大林著作编译局，译. 北京：人民出版社，1974：26.

❷ 马克思. 剩余价值理论：第 1 册 [M]. 中共中央马克思恩格斯列宁斯大林著作编译局，译. 北京：人民出版社，1975：442-433.

❸ 马克思. 剩余价值理论：第 1 册 [M]. 中共中央马克思恩格斯列宁斯大林著作编译局，译. 北京：人民出版社，1975：165.

说，农业和采掘业也对自然对象进行加工，岂不是整个第一、二产业都可以称为服务产业，所有工农业产品都可以称为"服务产品"吗？第二，电视、电影的生产有两种情况：摄制电视剧和电影的演员生产的是实物形态的消费品——电视录像片、电影拷贝等，其生产和消费当然可以分开进行。以电影拷贝或电视录像片为生产资料进行的电影放映和电视播放，生产的是服务形式的消费品——电影放映服务、电视播放服务，其生产和消费必须同时进行。以录像带和电影拷贝生产与消费的非同时性，否定电视播放服务与电影放映服务的生产与消费的同时性，又是将实物消费品与服务消费品混为一谈了。至于邱志忠先生以电影拷贝和录像带等实物消费品的生产和消费间有间隔时间来否定服务消费品的非贮存性的特点，认识根源同上，不再赘述。

上面的分析表露了我与邱志忠先生的一个根本分歧：我认为只有非实物形态的产品才有资格被称为服务消费品；他认为实物形态的产品也可以称为服务消费品。他批评道："李文把实物消费品和服务消费品看作两个对立的互不相容的概念，是违背逻辑的。实际上，在服务消费品中有属于非实物性的纯粹服务消费品，也有属于实物性的实物性服务消费品。"我不知道邱志忠先生的"逻辑"从何谈起。仅从下面两方面看，逻辑成问题的倒不是我的观点，而是他的上述批评。

首先，根据形式逻辑，把一个概念的外延分为几个小类所必须遵守的划分规则之一是：划分的各个子项应当互不相容。在上述划分中，"实物消费品"和"服务消费品"这两个子项是从母项"消费品"中划分出来的。"实物消费品"衍生于马克思的"在物品形式上存在的消费品"一语，"服务消费品"则衍生于相同出处的"在服务形式上存在的消费品"一语。❶按划分规则，实物消费品与服务消费品这两个子项间应有全异关系，否则，会有一些消费品既属这一个子项，又属另一个子项，就会引起混乱。邱志忠先生在质疑中提出的上述论点，正是犯了这类子项相容的逻辑错误。据其划分，电影拷贝、录音带，

---

❶ 马克思. 剩余价值学说史：第1卷 [M]. 郭大力，译. 北京：人民出版社，1975：162.

录像带、唱片、科学著作、文学作品、菜、衣、房等都是"服务消费品",但它们又确有实物形式,因此它们又不能不属于"实物形式的消费品"。这样一来,他对实物消费品与服务消费品的区分就变得毫无意义了。可见,与他的指责相反,结论恰恰是:不"把实物消费品和服务消费品看作两个对立的互不相容的概念",才是"违背逻辑"的。至于他认为我确认"物化的服务消费品"属于服务消费品的范围,这是一种误解。我明确指出:它"已成为实物消费品,不成其为原来意义上的服务消费品了"。这就如同液化氢气一样,在给定的条件下(高压),它是液态,而不是气态。

其次,从马克思原著论及服务消费品与实物消费品之间的关系的行文来看,他也是把二者当作互不相容的概念的。马克思的《剩余价值理论》中译本写道:"任何时候,在消费品中,除了以物品(原文误译为"商品"——引者注)形式存在的消费品以外,还包括一定量的以服务形式存在的消费品。"❶ 查阅《剩余价值理论》的德文本可发现,上述着重号标明的单词"除了"相应的德文单词是介词 neben❷,其涵义是:"在……旁边""在……附近""除……外"❸。在英译本❹ 中,相应的英文单词是词义为"在……旁边""与……并肩""并排地""并肩地"的介词兼副词 alongside❺。这些行文措辞表明:①服务消费品是在实物消费品"以外"与实物消费品"并排""并肩"地存在的;它在实物消费品的"旁边"而不是"里面"。因此,二者构成不相容的("以外")并列("并排")关系。②消费品中除了实

---

❶ 马克思.剩余价值理论:第1册[M].中共中央马克思恩格斯列宁斯大林著作编译局,译.北京:人民出版社,1975:160.着重号为引者所加。

❷ MARXK. Theorien über den mehrwert[M]. Berlin:DIETZ VERLAG BERLIN,1956:131.

❸ 《德汉词典》编写组.德汉词典[M].上海:上海译文出版社,1987:876.

❹ KARL MARX. Theories of surplus-value:part I[M]. Moscow:Foreign Languages Publishing House,1968:164.

❺ 《新英汉词典》编写组.新英汉词典[M].上海:上海译文出版社,1976:30.

物消费品以外，还包括服务消费品，说明"消费品"母项划分为实物消费品和服务消费品两个子项。

由此可见，将具有实物形式的消费品列为所谓"实物性服务消费品"，既不合逻辑，也不切合马克思的原意，在实际生活中也是与常识相悖的。试想，某甲到书店买了一本书，难道可以说买了一本服务回来吗？同样，某乙上餐馆是吃了一顿服务吗？总之，是实物（goods）就不可能同时是服务（services）；是服务，就不可能又是实物。这在通行服务产品统计的国家中，早已不是什么新鲜事。费这么多笔墨来分析服务与货物，大概也是长期以来对第三产业横加贬斥的中国"土特产"吧。

不过，应该指出的是，马克思在《剩余价值理论》中提及的不少"服务"，并不是指第三产业特有的服务劳动和服务劳动产品，而是指一般雇佣劳动，或一般劳动，也包括生产某种实物使用价值的劳动。如马克思抨击"萨伊和巴师夏之流最喜欢用来表示资本和劳动之间的关系的形式"的"服务的购买"，由工资规律决定其价值的"服务"，指的是雇佣劳动或劳动力；"体现为商品"的服务与"结果不是可以出卖的商品"的服务，指的是一般劳动。❶ 如果不加区分，望文生义，就难免把服务产品与雇佣劳动（力）或一般劳动混为一谈。

第四节　服务产品使用价值与社会财富

和实物使用价值一样，服务产品使用价值也是构成社会财富的物质内容。

一、使用价值是社会财富的物质内容

财富是什么？要准确地回答这个问题，并不是十分容易的。从中文来看，古代对财富概念的提法比较含混，"财""富""货""利"等字均可用来表示财富。它们既有区别又可通用，很难为财富概念划

---

❶ 马克思. 剩余价值理论：第1册 [M]. 中共中央马克思恩格斯列宁斯大林著作编译局，译. 北京：人民出版社，1975：435，436.

定明确的范围。从英文来看，美国大百科全书指出，财富（weath）一词，原意是指健康、幸福、福利（weal）的状态，但后来慢慢演变，与其说它指健康、幸福和福利本身，不如说它越来越多地用于指带来或促进健康、幸福和福利的东西。不过，在现实生活中，人们对财富的判断可是一点也不含糊的。

有一则趣闻对认识社会财富的物质内容是有帮助的。太平洋上有个所罗门群岛，岛上的姑娘出嫁时，关心的不是彩礼、聘金，而是男家有没有大型储水罐，有多少个。在她们看来，储水罐的体积和数量是拥有财富的多寡的标志：谁家的储水罐大而多，就意味着谁家富有，这家小伙子自然也得到不少姑娘的青睐。这种"见罐不见人"的择偶观并不可取。不过，发人深思的是，为什么"储水罐"成了财富的标志？

说来也不奇怪。这个岛国地处赤道，终年高温，周围是浩瀚大海，淡水的宝贵可想而知。幸运的是，这里雨量极其充沛，雨水异常洁净。所罗门人都习惯储雨水供饮用。城里人设铁皮屋顶集雨，农村人则用五花八门的坛坛罐罐来储雨水。储水罐就以它能满足人们饮用水需要的使用价值，赢得了货真价实的财富称号。这样看来，储水罐之所以能和财富画等号，就在于它是这个岛国的极其重要的使用价值。

马克思曾指出："不论财富的社会形式如何，使用价值总是构成财富的物质内容。"❶ 从人类创造财富的目的来看，人们通过其经济活动创造各种财富，为的是满足自己多方面的需要，以带来健康、幸福和福利。从这一目的出发，可以认为："财富从物质上来看只是需要的多样性。"❷ 而要实现这一目的就需要创造出具有能满足社会需要的有用属性的对象（客体）。使用价值就正是这样一种对象。需要的多样性可以通过使用价值的多样性来满足。因此，财富是"与使用价值

---

❶ 马克思.资本论：第1卷[M].中共中央马克思恩格斯列宁斯大林著作编译局，译.北京：人民出版社，1975：48.

❷ 马克思恩格斯全集：第46卷下册[M].中共中央马克思恩格斯列宁斯大林著作编译局，译.北京：人民出版社，1980：19.

等同的东西"❶;社会财富就是社会规模的使用价值。尽管财富在不同的社会会采取不同的社会形式(如表现为流通手段的贝壳、布帛,或充当一般等价物的金银,以及代表财产的有价证券等),但是它终究要以使用价值为其物质内容。

二、使用价值的发展使财富内容发生演变

随着社会生产力的发展,使用价值本身在一个需要和生产的体系中发展起来,因而,财富内容本身及其概念也在发生着变化。

1."你吃过饭啦?"——农业社会财富观的反映

在农业社会里,绝大部分劳动力从事种植业。生活主要是同自然界竞争。粮食成了农业社会最重要的使用价值,为占有食物而进行的斗争在日常生活中占主要地位。这一事实影响着人们的财富观,人们认为财富是由粮食构成的。商纣王穷奢极欲,造"酒池肉林",炫耀的是食物。汉代以前,作为政府一大开支的官吏薪俸,是以谷和粟等实物支付的。那时形容升官发财,是说"食禄万钟"(钟为古代的容积单位)。荀子认为,只有生产五谷的农业,才是生产财富的唯一部门。可见,"民以食为天"在农业社会的重要性。甚至人们的谈吐至今还受到农业社会财富观的影响。正如学者奥特雷·理查所写:"在最穷苦的部落里,中国有些地方也是这样,人们见面问好老问这样一句话:'今早吃过饭啦?'"❷我们对此习以为常,其实追根溯源,这与古代农业社会中占有粮食以填饱肚子的斗争的艰巨性不无关系。关心别人,首先就得询问他是否吃过饭——获得粮食这一重要财富。后来,"吃过饭没有?"逐渐演变为一句问好的惯用语,其涉及粮食的内容反而不重要了。

2. 法国"牛羊几许?"——牧业社会财富观的反映

在游牧民族中,牲畜是最重要的使用价值,所以在牧民看来,财

---

❶ 马克思.剩余价值理论:第3册[M].中共中央马克思恩格斯列宁斯大林著作编译局,译.北京:人民出版社,1975:138.

❷ 曼德尔.论马克思主义经济学:下卷[M].廉佩直,译.北京:商务印书馆,1979:328.

富是由牲畜构成的。相传当年成吉思汗的王子率军到欧洲时，法国国王派遣神甫喀比诺出使蒙古人军中，"军中人辄问法国牛羊几许"。斯密在《国富论》中认为，蒙古人之所以探询法国牛羊有多少，"大抵以贫富定攻否耳"。中华人民共和国成立前，独龙族、怒族、景颇族、佤族等也都把牛和猪当作重要的财富。牛和猪除了可以食用，交换其他物品，赎回俘虏，支付罚金以及充当牺牲外，还是娶妻的主要支付手段。

3. "七机部长"——工业社会财富观的缩影

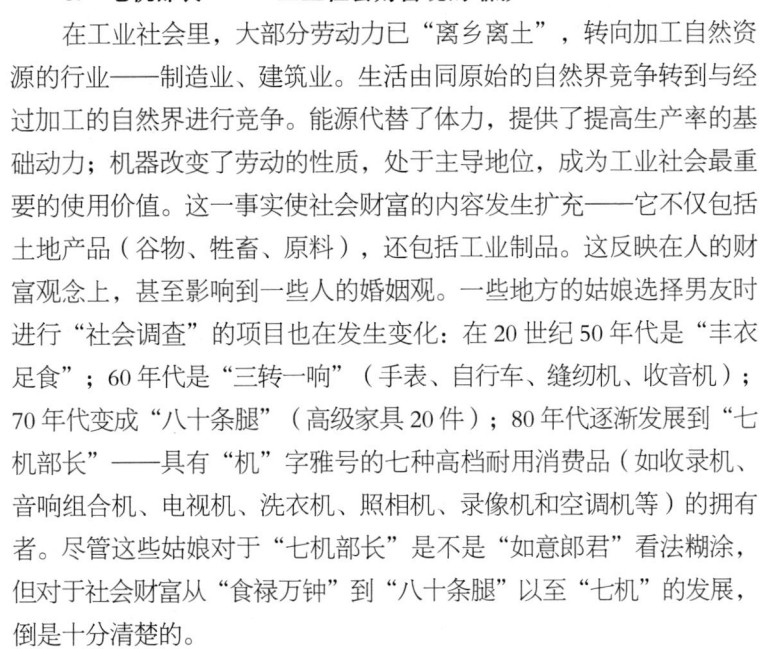

在工业社会里，大部分劳动力已"离乡离土"，转向加工自然资源的行业——制造业、建筑业。生活由同原始的自然界竞争转到与经过加工的自然界进行竞争。能源代替了体力，提供了提高生产率的基础动力；机器改变了劳动的性质，处于主导地位，成为工业社会最重要的使用价值。这一事实使社会财富的内容发生扩充——它不仅包括土地产品（谷物、牲畜、原料），还包括工业制品。这反映在人的财富观念上，甚至影响到一些人的婚姻观。一些地方的姑娘选择男友时进行"社会调查"的项目也在发生变化：在20世纪50年代是"丰衣足食"；60年代是"三转一响"（手表、自行车、缝纫机、收音机）；70年代变成"八十条腿"（高级家具20件）；80年代逐渐发展到"七机部长"——具有"机"字雅号的七种高档耐用消费品（如收录机、音响组合机、电视机、洗衣机、照相机、录像机和空调机等）的拥有者。尽管这些姑娘对于"七机部长"是不是"如意郎君"看法糊涂，但对于社会财富从"食禄万钟"到"八十条腿"以至"七机"的发展，倒是十分清楚的。

三、服务产品使用价值构成现代社会财富的物质内容

如果以上说的只是财富内容随着实物使用价值的发展而演变，那么，随着工业社会向后工业社会的过渡，社会财富的内容及其概念又发生了变化。它不仅包括以实物使用价值为内容的有形财富，而且包括以非实物使用价值为内容的无形财富。

1. "信息就是金钱"——后工业社会财富观之一

后工业社会又称信息社会或服务社会。在后工业社会里，大多数

劳动力既不从事农业生产，也不从事工业生产，而是从事服务业的生产：交通运输、公用事业、贸易、金融、保险、不动产、保健、教育、科研、管理、文化、娱乐、信息、网络等。生活成为人们之间的竞争。从技术来看，农业社会用手工艺，工业社会用机械技术，后工业社会用智能技术。从方法论来看，农业社会靠常识、经验，错了再试；工业社会靠经验主义、实验方法，后工业社会靠抽象理论、模型、模拟、决策理论、系统分析。从起决定作用的资源来看，农业社会采用自然力——风力、水力、畜力和人力；工业社会采用改造的能源——电力、石油、煤、天然气、核动力；后工业社会的关键性战略资源是信息——计算机和数据传输系统；理论知识的编码整理在技术创新中发挥核心作用；新型"智能技术"作为系统分析和决策理论的关键工具而诞生。正因为信息和知识是后工业社会的最重要的使用价值，财富的内容也就由工农业产品扩展到信息。

2. 服务也是财富——后工业社会财富观之二

随着生产力的发展和需求体系的变化，满足人们高层次消费需求的非实物形式的使用价值也发展起来。生产力的发展使收入水平提高了。通过统计方法对居民家计调查的分析，德国统计学家恩格尔发现，随着国民收入的上升，家庭用于食品的费用的比重（恩格尔系数）开始下降，边际增长额首先用来购买耐用消费品，然后用于奢侈品、娱乐等方面。因此，随着人们的生活面的扩大和新的需要与爱好的发展，第三产业迅速发展：科学技术水平的提高要求劳动者由非技术工人向半技术工人、工程师、科学家发展；信息和知识的"爆炸"加速了知识的"折旧"，形成了"终生教育"的局面，引起了对教育服务、科学服务的需求。疾病的减少和过着丰裕生活的人数的增加，引起了对延年益寿的各类保健服务（如减肥、健美服务等）的需求。收入水平的提高和闲暇时间的增多，使人们在衣食住的基本需要之外，增加了对旅游、娱乐、消遣、文艺、美容、体育、交通、信息、休息等方面的广泛需求。而上述需求，相当多不是靠实物使用价值，而是靠第三产业提供的非实物使用价值来满足的。于是，在农、林、牧、渔、矿产、制造业、建筑业发展的基础上，科学、教育、保健、文娱、美容、体育、交通、旅业、生活服务、网络、信息业等行业日趋发展。满足各种特殊需要的社会规模的使用价值，日益分为两大部分——实物使用价值与非实物使用价值，而后者的比重在迅速上升到饱和点后才趋于缓和。后工业社会的使用价值不仅包括可以离开生产者与消费者独立存在的实物使用价值，而且包括与生产、消费过程不可分离的非实物使用价值，而需求的多样性不仅要靠实物使用价值来满足，而且要靠非实物使用价值来满足，因此，这两大类不同形式的使用价值，就构成了现代社会财富的物质内容。如果农业社会以粮食显示财富，工业社会以"七机"炫耀财富，那么后工业社会就以享受服务产品的多寡来显示财富。

3. "真正的财富就是个人的发达的生产力"——未来社会的财富展望

马克思曾经指出，从历史上看来，资本主义的关系必然过渡到"更高级的关系"，那时，财富的独立的物质形式趋于消灭，财富不过表现为人的活动。如果抛掉狭隘的资产阶级的形式，财富就正是在普遍的交换中创造成的普遍的个人需要、才能、享用、生产能力的普遍性；是人对自然力统治的充分发展；是人的创造天赋的绝对发挥；是生产完整的人；等等。❶ 总之，未来社会的真正的财富就是个人的发达的生产力。这就为人们展示了未来社会财富发展的前景。

第三产业在 GDP 中的比重，低收入国家在 1960 年为 25%，2003 年增大到 50.2%。❷1970 年世界第一、二、三产业占 GDP 比重为 5.2%、33.7%、61.3%，2019 年为 4.4%、28.0%、67.6%。2000—2019 年，三次产业比重趋于稳定，大致波动在 4.3%~4.5%、27.3%~28.5%、67.4%~68.1% 之间。第三产业比重迅速提高，到"三分天下有其二"后将进入饱和状态。❸

可见，为了造就全面发展的人，形成所有个人的发达的生产力，

---

❶ 马克思恩格斯全集：第 46 卷上册 [M]. 中共中央马克思恩格斯列宁斯大林著作编译局，译. 北京：人民出版社，1979：486.

❷ 李江帆. 中国第三产业发展研究 [M]. 北京：人民出版社，2005：29-30.

❸ 资料来源：联合国贸易和发展会议数据库，https：//unctadstat.unctad.org/wds/TableViewer/dimView.aspx。

为了满足在普遍的交换里创造出来的普遍个人欲望，发挥人的创造天赋，进行娱乐、学习、休息，保证一切社会成员有富足的和一天比一天充裕的物质生活，保证他们的体力和智力获得充分的自由发展和运用，服务产品都是必不可少的。对服务产品的需求必将更加广泛、普遍。服务产品的使用价值更是构成现代社会财富的不可缺少的内容。

财富观的演变史告诉人们，随着生产力的发展，财富内容及其概念正在发生变化，实物使用价值和非实物使用价值，对人来说都是财富。社会财富由农产品到工业品、由有形产品到无形产品的发展，反映了人类社会的不断进步，生产与消费的逐渐发达。面临着新技术革命浪潮冲击的现代人，必须树立崭新的财富观：知识、信息、服务已成为后工业社会的战略性资源，由它们构成的无形财富是社会财富的重要组成部分。

第五节　服务产品使用价值与交换价值的物质承担者

在商品经济中，服务产品的使用价值与实物使用价值一样，又是交换价值的物质承担者。

一、理论论证

从上面分析可知，非实物使用价值是一种运动形式的使用价值，与生产过程不可分离，没有实物形式，只能边生产边消费，生产一结束，使用价值也不再存在。这样的使用价值能否成为交换价值的承担者？马克思在《资本论》第一卷指出，在我们所要考察的社会形式中，使用价值同时又是交换价值的物质承担者。这一论述对非实物使用价值是否适用？

为了回答这个问题，我们必须首先研究：为什么价值必须以使用价值为承担者？

我们知道，价值关系纯然是一种社会关系；在价值对象性中"连一个自然物质原子也没有"，然而，价值却必须依附于使用价值上，以其为物质承担者。世界上是没有离开使用价值而存在的价值的。其原因也不难明白：从价值的本质来看，它是商品生产者互相交换劳动的社会关系，如果没有人与人之间相互交换劳动的这种社会关系（它表现为劳动产品的交换），也就没有价值关系。因此，价值概念的确是以产品的交换为前提的。而产品要实现交换就必须具有使用价值，没有使用价值，就不会有交换，也不会有交换价值，价值也就无从谈起。这就决定了价值必须以使用价值为承担者。正是在这个意义上，马克思形象而又生动地把使用价值称为商品的"肉体"，而价值就是"灵魂"❶。显然，"魂"必须附"体"，"如果商品的使用价值失去了，它的交换价值也就见鬼去了"。❷

可见，充当价值的承担者的使用价值的唯一职能就是：凭它能满足交换对方某种需求的有用属性而使产品能够被交换。只要它执行上述职能，使产品能投入交换，它就可以并且实际上充当了交换价值的承担者。至于使用价值是什么样的，这对于价值来说，是没有关系的，对于它自己能否充当价值的承担者，也是没有影响的。因为"价值本身除了劳动本身没有别的任何'物质'"❸，不为使用价值的特殊形态所决定。对于这一思想，马克思早已作过表述："对于价值说来，它由什么样的使用价值来承担都是一样的，但是它必须由一种使用价值来承担。"❹

马克思的这一论断对于非实物使用价值来说也是适用的。非实物使用价值与实物使用价值相比，既有共性又有个性。其共性是可以满足某种物质或精神的需要，其个性是具有非实物形态。非实物使用价值的共性使产品——服务产品——投入交换，成为满足社会需求的对象，因此，它一样可以充当价值的物质承担者。服务产品的价值"灵

---

❶ 马克思.政治经济学批判[M].中共中央马克思恩格斯列宁斯大林著作编译局，译.北京：人民出版社，1976：75.

❷ 马克思.剩余价值理论：第3册[M].中共中央马克思恩格斯列宁斯大林著作编译局，译.北京：人民出版社，1975：484.

❸ 马克思.政治经济学批判[M].中共中央马克思恩格斯列宁斯大林著作编译局，译.北京：人民出版社，1976：183.

❹ 马克思.资本论：第1卷[M].中共中央马克思恩格斯列宁斯大林著作编译局，译.北京：人民出版社，1975：213.

魂"就是以这种非实物使用价值为"肉体"的。

那么,马克思本人有没有讲过非实物使用价值可以充当交换价值的物质承担者呢?

二、马克思的思想

应该说,马克思对此没有明确论述,但根据以下两点理由,笔者认为,他是赞成这一观点的。

1. 从马克思对客运效用价值的分析来看

马克思在考察运输业时指出,运输生产过程的产品不是"使用物",而是"场所的变动",这是"和运输过程即运输业的生产过程不可分离地结合在一起"的并且"只能在生产过程中被消费"的效用。❶ 而效用就是使用价值。❷ 但在此,它不是实物使用价值而是非实物使用价值。我们从它的非实物性、生产、交换与消费的同时性,非贮存性等特征都可以看到这一点。如果这种非实物使用价值用于个人消费,它就是客运服务消费品。正如马克思指出的,"至于客运,这种位置变化只不过是企业主向乘客提供的服务"。❸ 必须注意,马克思毫不含糊地肯定客运效用既有交换价值,又有价值。马克思指出:"这种效用的交换价值,和任何其他商品的交换价值一样,都是由其中消费的生产要素(劳动力和生产资料)的价值加上运输工人的剩余劳动所创造的剩余价值决定的。"这就是说,客运效用的交换价值是由货真价实的归结为 $C+V+M$ 的价值决定的,是价值的表现形式。马克思

---

❶ 马克思.资本论:第 2 卷 [M].中共中央马克思恩格斯列宁斯大林著作编译局,译.北京:人民出版社,1975:66.本节的马克思引语未写出处的均见此注。

❷ 马克思恩格斯全集:第 26 卷第 1 册 [M].中共中央马克思恩格斯列宁斯大林著作编译局,译.北京:人民出版社,1972:275;马克思恩格斯全集:第 46 卷上册 [M].中共中央马克思恩格斯列宁斯大林著作编译局,译.北京:人民出版社,1979:464.

❸ 马克思.剩余价值理论:第 1 册 [M].中共中央马克思恩格斯列宁斯大林著作编译局,译.北京:人民出版社,1975:445.

在分析包括客运在内的运输业的公式 $G-W< \begin{matrix} A \\ P_m \end{matrix} \cdots P-G'$ 时说："在这里，G' 是在生产过程中产生的效用的转化形式"，这也就是在运输生产过程中（$\cdots P$—）形成并增殖的价值的货币表现。因此，无论从哪个角度来看，马克思对客运效用既有交换价值又有价值的肯定，措辞都是很明确的。明确这一点的最好办法，是逐字逐句推敲《资本论》第二卷第 65~66 页的提法。

既然运输工人的劳动创造了客运效用的价值，那么，这一价值以什么东西为物质承担者？

旅客的身体？不对。第一，马克思在这里将个人消费规定为价值运动的终点，不管是客运效用，还是"其他商品"，"如果它是个人消费的，那么，它的价值就和消费一起消失"。既然客运效用的价值在个人消费中消失，它就根本不可能以其消费者——旅客的身体为承担者。第二，马克思确认客运效用的价值是被个人消费的，价值要被消费，就必须在消费时已存在，而不是在消费后才存在。换言之，在它还没有"进入"人体时已存在。既然如此，它又怎能以人体为其物质承担者呢？

那么，说客运效用的价值以乘客劳动力的使用价值为承担者行吗？也不行。这是因为，客运效用的价值如果以劳动力的使用价值为承担者，就已不成其为客运效用的价值，而是劳动力的价值了。显然，二者不是一回事，正如雇佣工人所消费的粮食的价值与雇佣工人的劳动力价值不是一回事一样。前者是凝结于粮食的使用价值上的抽象劳动，后者是物化在劳动力的使用价值上的抽象劳动。农民创造粮食的价值，但不创造工人的劳动力价值，尽管工人吃了他生产的粮食。同理，运输工人创造客运效用的价值，但不创造乘客的劳动力价值，尽管乘客消费了他生产的客运效用。况且，乘客中还有非劳动者和非雇佣工人，根本谈不上劳动力或劳动力价值。

因此，我们如果不认为价值可以脱离使用价值而存在，就只能承认，客运工人创造的客运效用的价值必须而且只能以客运服务产品的非实物使用价值为其物质承担者。由于这一非实物使用价值与生产行为不可分离，因此，它和以它为承担者的价值都表现在运输生产过程中。这样的分析也适用于其他非实物使用价值。

2. 从马克思对斯密的批评来看

马克思不止一次地批评过斯密对劳动的"物化"的"苏格兰方式"(即粗鲁的、浅薄的)的理解。斯密有什么"苏格兰方式"的理解呢?只要研究一下他的价值理论便可知道,斯密认为价值只能存在于"在劳动结束后,至少还存在若干时候"的"耐久的对象"即物品中。与此相联系,他认为劳动物化在实物中才能带来利润(剩余价值)。❶马克思对此批评道:"认为剩余价值必然要表现在某种物质产品上,这种粗浅看法在亚当·斯密那里也能见到。"❷"亚当·斯密的缺点只是多少过于草率地把劳动的物化理解为劳动固定在某种可以捉摸的物品中。"❸他指出:"如果我们从商品的交换价值来看,说商品是劳动的化身,那仅仅是指商品的一个想象即纯粹社会的存在形式,这种存在形式和商品的物体实在性毫无关系。"❹可见,马克思并不赞成价值(或剩余价值)必然要以实物使用价值为物质承担者的观点。他讲过,演员的劳动"创造剩余价值"❺,在这里,剩余价值就不是"表现在某物质产品上",或"某种可以捉摸的物品"中,而是表现在文娱服务消费品的非实物使用价值上;上面提到的"运输工人的剩余劳动所创造的剩余价值"也是如此。美国工人出身的"新左派"经济学家哈里·布雷弗曼也注意到马克思对斯密的上述批评。他写道:亚当·斯密研究服务劳动"这一问题十分热心,以致他一般地反对所有的'服

---

❶ 王亚南.资产阶级古典政治经济学选辑[M].北京:商务印书馆,1979:384,308,309;马克思.剩余价值理论:第1册[M].中共中央马克思恩格斯列宁斯大林著作编译局,译.北京:人民出版社,1975:167.

❷ 马克思恩格斯全集:第46卷上册[M].中共中央马克思恩格斯列宁斯大林著作编译局,译.北京:人民出版社,1979:291.

❸ 马克思恩格斯全集:第46卷下册[M].中共中央马克思恩格斯列宁斯大林著作编译局,译.北京:人民出版社,1980:375.

❹ 马克思.剩余价值理论:第1册[M].中共中央马克思恩格斯列宁斯大林著作编译局,译.北京:人民出版社,1975:163,148.

❺ 马克思.剩余价值理论:第1册[M].中共中央马克思恩格斯列宁斯大林著作编译局,译.北京:人民出版社,1975:163,148.

务'劳动，并且认为毛病……在于'服务'劳动没能凝结成有形的商品。马克思在《剩余价值理论》中用了好多页来澄清亚当·斯密这一错误"❶。

由此可见，马克思实际上肯定了在生产、消费同时进行的特殊情况下，运动形式的使用价值也可以充当交换价值的物质承担者。这是由这种生产的劳动产品的特殊性决定的。然而，马克思的这一思想没有引起人们的广泛重视。很多学者根据《资本论》一至三卷主要考察以实物使用价值为物质承担者的价值，因而对非实物使用价值的价值问题没有展开分析这一情况，就断言：实物形式以外是不存在价值的；如果有，也只有"虚幻的价值"。这是不符合马克思原意的。

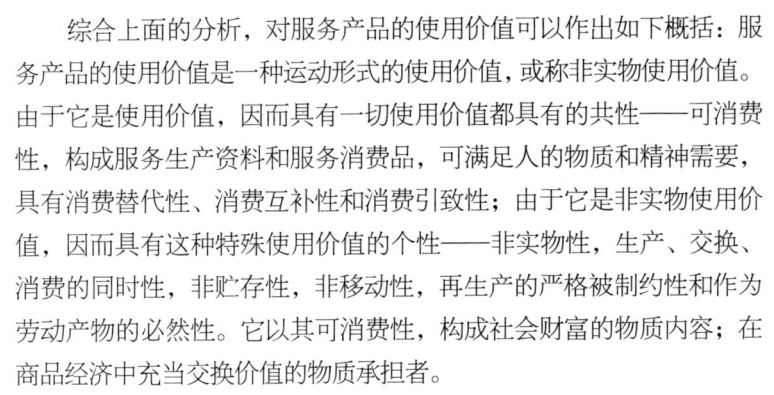

综合上面的分析，对服务产品的使用价值可以作出如下概括：服务产品的使用价值是一种运动形式的使用价值，或称非实物使用价值。由于它是使用价值，因而具有一切使用价值都具有的共性——可消费性，构成服务生产资料和服务消费品，可满足人的物质和精神需要，具有消费替代性、消费互补性和消费引致性；由于它是非实物使用价值，因而具有这种特殊使用价值的个性——非实物性，生产、交换、消费的同时性，非贮存性，非移动性，再生产的严格被制约性和作为劳动产物的必然性。它以其可消费性，构成社会财富的物质内容；在商品经济中充当交换价值的物质承担者。

---

❶ 布雷弗曼．劳动与垄断资本[M] 方生，朱基俊，吴忆萱，等译．北京：商务印书馆，1979：324.

第六章 服务产品的价值

用来交换的服务产品在市场经济中具有交换价值和价值。服务产品的价值就是凝结在非实物使用价值上的、得到社会表现的一定量的抽象劳动。本章运用马克思政治经济学关于劳动价值论的基本原理,分析服务产品的价值实体、服务产品的价值量、劳动价值论与服务价值论的关系。

第一节 服务产品的价值实体

马克思创立科学的劳动价值理论时,是着重从实物生产领域的研究中得出结论的。因此,我们不容易从马克思的经济论著中找到关于服务产品的价值问题的详细论述和现成答案。但是,以劳动价值论为指导,参照马克思在考察实物生产领域时提出的原则,结合服务领域的实际情况加以研究,这个问题也是可以得到解决的。

从劳动价值理论来考虑,服务产品之所以具有交换价值和价值,是因为在服务产品的生产上耗费的劳动具有凝结性、社会性和抽象等同性。

一、服务劳动的凝结性

生产服务产品耗费的社会劳动,凝结在非实物使用价值上,形成价值实体。这是服务产品具有价值的第一个原因。

生产服务产品需要耗费劳动时间,这是众所周知的,也是没有争议的。但对于这种劳动是否形成价值,看法就大相径庭了。持否定意见的学者说,它不物化,不凝结在可以捉摸的物品中,故不形成价值。

笔者认为,这种说法是不能成立的。为了分析这个问题,我们有必要重述一下政治经济学的 ABC——什么是价值？马克思指出：价值"只是无差别的人类劳动的单纯凝结"。"同商品体的可感觉的粗糙的对象性正好相反，在商品体的价值对象性中连一个自然物质原子也没有。因此，每一个商品不管怎样颠来倒去，它作为价值物总是不可捉摸的。……它们的价值对象性纯粹是社会的"。❶ 这就非常清楚地告诉人们，价值本来就不是可以捉摸的实物，而是抽象劳动；它既看不见，又摸不着，不具有实物的属性或自然属性，不能被人的感官所直接感知；价值只有作为一种社会关系，才具有客观实在性。也就是说，只有在商品交换中，它才能表现出来，没有交换，就没有价值对象性。因此，价值纯粹是一种社会关系，是商品生产者互相交换劳动的关系，价值本身除了劳动本身没有别的任何"物质"。既然价值实体不是实物，那么，劳动是否形成价值，又怎能用劳动产品是不是实物，即用它的"自然物质原子"来判断呢？马克思指出："商品所以有价值，一般说，物所以有价值，仅仅由于它们是人的劳动的表现——不是因为它们本身是物，而是因为它们是社会劳动的化身。"❷ 因此，劳动是否形成价值，就要看这种劳动的产品是不是"社会劳动的化身"，而不是看这种产品是不是实物，即不是看劳动是否凝结、固定在可以捉摸的物品中。然而，商品形式中现象和本质的矛盾往往会造成人和物颠倒的幻觉，很容易使人见物不见人，在价值关系中，只看到现象（物与物的关系），看不到本质（人与人的关系），把人类抽象劳动质上的等同性看成是劳动产品这种物天然具有一种相等的价值物质，即把劳动产品本身的物质规定性看成是价值实体本身，把商品生产者之间相互交换劳动的社会关系看成是物与物的关系，等等。这就是马克思在《资本论》中深刻剖析过的商品拜物教。显然，认为劳动不凝结在实物中就不形成价值的观点，就是不自觉地把劳动产品的物质规定性（如有无形状、大小、尺寸、重量、可否捉摸等），作为判别价值实

---

❶ 马克思.资本论：第 1 卷 [M].中共中央马克思恩格斯列宁斯大林著作编译局，译.北京：人民出版社，1975：51，61.

❷ 马克思.剩余价值理论：第 3 册 [M].中共中央马克思恩格斯列宁斯大林著作编译局，译.北京：人民出版社，1975：198.

体是否存在的"试金石",甚至,当劳动产品的物质规定性不合"要求",即在物与物的关系上不合"规定"时(这种"要求"与"规定"是否正确,下面再说),就说人与人交换劳动的关系(价值关系)也不存在了。简言之,现象略有变化,就认为本质也没有了。这不是以现象来决定本质吗?不是把劳动产品的自然属性当成价值实体吗?当然,这是不符合马克思主义政治经济学关于价值实体的原理的。

不错,马克思说过:"把价值看作只是劳动时间的凝结,只是物化的劳动,这对于认识价值本身具有决定性的意义。"然而,这是马克思在考察劳动力的剥削程度,分析资本家从直接生产者身上榨取剩余劳动时讲的。其"决定性的意义"是揭示价值(从而剩余价值)的唯一源泉只是劳动,而资本家及其一伙不从事劳动,却用各种借口瓜分掉劳动创造的剩余价值。在理论上确认价值只是劳动时间的凝结,只是物化的劳动,就排除了资本、土地或资本家的"服务"也形成价值的庸俗经济学的种种谬论,为认识价值和剩余价值的唯一源泉,从而揭露劳动力受资本剥削的程度,奠定了具有决定性意义的基础。因此,马克思这段话的重点在于"只是劳动"(排除了非劳动),不在于"只是凝结","只是物化";目的是揭露剥削,不在于强调只有物品才有价值。从这里引申出劳动只有固定在可以捉摸的物品中才形成价值,是不符合马克思原意的,也是不符合马克思的劳动价值理论的。

其实,马克思著作中讲劳动的"物化",并不是指劳动固定在某种可以捉摸的物品中。马克思批评斯密对劳动的"物化"的"苏格兰方式"(即粗鲁、浅薄)的理解时就说过:"亚当·斯密的缺点只是多少过于草率地把劳动的物化理解为劳动固定在某种可以捉摸的物品中。"❶在《剩余价值理论》中,马克思在转述了霍普金斯的话以后阐明自己的观点时就认为:"钻石和歌唱——这两者在这里被看作物化劳动——可以像一切商品一样转化为货币,并作为货币转化为资本。"❷在另一译本中,上述"物化劳动"被译为"已经实现的劳

---

❶ 马克思恩格斯全集:第46卷下册[M].中共中央马克思恩格斯列宁斯大林著作编译局,译.北京:人民出版社,1980:375.

❷ 马克思.剩余价值理论:第2册[M].中共中央马克思恩格斯列宁斯大林著作编译局,译.北京:人民出版社,1975:147-148.

动"❶。可见二者是同义词，或者不如说，在德文里是同一个词。值得注意的还有，马克思曾以"accumulated labour"（积累起来的劳动）和"pre-exist labour"（过去存在的劳动）两个词组解释什么是物化劳动；❷他的著作中译本中的"物化形式"，有时译为"具体形态"。❸他还批评过"剩余价值必然要表现在某种物质产品上"的说法，❹认为演员的劳动能力"是作为创造价值的能力被购买的"❺。与此说法相呼应，他提到演员的"劳动创造剩余价值"❻。综合分析所有这些提法，我们可以这样理解：劳动的"物化"与劳动的"凝结""凝固""结晶"一样，都是马克思主义政治经济学上的借喻性的形象说法，泛指劳动体现、实现在某种使用价值中（不管是实物使用价值还是非实物使用价值），而不是规定劳动必须固定在可以捉摸的，有形状、尺寸、重量、密度的物品中。正如"凝结"不是说劳动遇冷达到冰点而冻结，"结晶"也不是说劳动由液体变为晶体一样。马克思所说的歌唱"被看作物化劳动"，就是说，歌唱这种劳动凝结在文娱服务消费品的非实物使用价值中；他所说的演员"创造剩余价值"的劳动，也不固定在某种实物产品上，而是凝结在文娱服务消费品的非实物使用价值中。

因此，将劳动物化理解为劳动固定在可以捉摸的物品中（即物品化、实物化）是片面的，用这一片面的理解作为判别劳动是否形成价

---

❶ 马克思. 剩余价值学说史：第2卷 [M]. 郭大力，译. 北京：人民出版社，1978：144-148.

❷ 马克思. 直接生产过程的结果 [M]. 田光，译. 北京：人民出版社，1964：57.

❸ 马克思恩格斯全集：第46卷上册 [M]. 中共中央马克思恩格斯列宁斯大林著作编译局，译. 北京：人民出版社，1979：464；马克思. 政治经济学批判大纲：第3分册 [M]. 刘潇然，译. 北京：人民出版社，1963：83.

❹ 马克思恩格斯全集：第46卷上册 [M]. 中共中央马克思恩格斯列宁斯大林著作编译局，译. 北京：人民出版社，1979：291.

❺ 马克思. 剩余价值理论：第3册 [M]. 中共中央马克思恩格斯列宁斯大林著作编译局，译. 北京：人民出版社，1975：542.

❻ 马克思. 剩余价值理论：第1册 [M]. 中共中央马克思恩格斯列宁斯大林著作编译局，译. 北京：人民出版社，1975：148.

值的"试金石",是不妥当的。应该说,在服务产品的生产上耗费的劳动,由于体现、实现在使用价值中(尽管这是非实物使用价值),因而也是劳动的凝结,也是劳动的(广义的)物化。马克思指出,价值只是无差别的人类劳动的单纯凝结,即不管以哪种形式进行的人类劳动力耗费的单纯凝结。因此,凝结在非实物使用价值中的抽象劳动就形成服务产品的价值实体。

诚然,马克思本人并没有直接明确地作出上述结论,但是不能否认他已有这一思想。他在《资本论》第二卷中,就明确肯定不生产"使用物"的客运劳动创造价值和剩余价值。这是证明马克思并不认为只有物品才有价值的最有力、最确凿的论据。客运工人创造的价值,也是"无差别的人类劳动的单纯凝结",但是,因客运劳动不生产物品,所以这种劳动并不物化、凝结在实物中,为什么马克思又明确承认它形成价值呢?仔细推敲马克思有关此问题的措辞,可以得出两种解释:要么是承认有这样一种价值,它不以使用价值为其物质承担者;要么是承认在这种场合,价值以非实物使用价值为其物质承担者,客运工人的抽象劳动凝结在客运服务消费品的非实物使用价值上,从而形成价值实体。前一解释,违反马克思关于价值与使用价值对立统一关系的一贯论述;后一解释,则符合劳动价值理论。为此,可以合乎逻辑地得出结论:实现、体现在非实物使用价值上的劳动,在马克思看来,也是劳动时间的凝结,是劳动的(广义的)物化,也和实现、体现在实物使用价值上的劳动一样形成价值。

从另外一个角度看,非实物使用价值的特性又使生产服务产品的劳动的凝结性有其特点——凝结性与运动性的结合。由于凝结的对象是非实物使用价值,而它与生产过程不可分离,并只能在其生产过程中被消费,在过程结束时便消失,因此,劳动的凝结过程也就是劳动产品的消费过程;劳动的凝结过程的完成,也就是劳动产品的消失,即凝结劳动的消失。以客运为例,旅客为购买客运服务消费品支付了货币——旅费,然后,运输生产过程开始:一方面,运输劳动凝结在非实物使用价值上,形成其价值;另一方面,随着非实物使用价值被旅客消费,它的价值也就消失。正因为劳动一边凝结,一边又作为凝结劳动被消费,因此,如果不是从动态而是从静态(如到达目的地时)

来考察，凝结在客运服务消费品上的劳动就感觉不到。既然劳动的凝结看不到，客运工人创造的价值也仿佛不存在。具体地说，运输结束时，旅客已不持有任何客运服务消费品了——它已被消费了，但售票员手里还持有旅客交来的旅费。凝结劳动的这种特殊性，往往使人误以为价值只是按单方向——由旅客到运输生产者——流动，看不到与旅费等价的客运服务消费品的价值按反方向——由运输业生产者到旅客——回流，这就造成了客运劳动不形成价值，旅费是旅客创造的价值的"再分配"的假象（假定旅客都是创造价值的劳动者）。其实旅费是运输业生产者出售客运服务消费品得到的货币，是运输劳动创造的价值的等价物，等价交换，不是旅客创造的价值的"再分配"。这一点只要与实物消费品的消费进行对照便可知道：假定消费者甲购买面包，消费者乙购买客运服务消费品，考察两者的同步时间应是：面包与客运服务消费品都被消费时，即面包被甲吃掉，而旅客乙到达目的地时。这时，面包出卖者（假定他同时又是面包生产者）与汽车售票员手里都持有顾客（包括旅客）支付的货币，即面包的售价与旅费；而在消费者方面，大家都两手空空——面包在顾客甲的肚子里，客运服务消费品也被顾客乙"吃"掉了。然而，对这两种消费品的消费都是不能"赖账"的。马克思指出，客运的效用（即本书讨论的客运服务消费品——引者注）的消费"是和其他商品完全一样的"。难道我们能够说，由于面包被消费了，它的价值也消失了，现在消费者甲手中既无价值又无面包，所以，面包生产者的劳动不形成价值，他手中的价值是顾客创造的价值的再分配吗？

由此可见，服务生产和消费的同时性所决定的劳动凝结的特殊性，不能成为服务产品生产上耗费的劳动不形成价值的理由。作为人类抽象劳动时间的凝结，服务劳动同样形成价值。

二、服务劳动的社会性

私人劳动和社会劳动的矛盾使生产服务产品的劳动取得社会形式，从而表现为价值，这是服务产品具有价值的第二个原因。

在以生产资料私有制为基础的商品生产中，商品生产者的劳动具有私人性和社会性这两重性质。纯粹用来交换的服务产品的生产者的劳动也是这样。一方面,由于服务劳动资料归私人占有,他们把生产服务产品当作自己的私事,生产什么和生产多少都由他们自己决定,劳动的成果也归自己私有,因此,他们的劳动具有私人性。另一方面,由于社会分工,实物产品和服务产品的生产者又是互相联系和互相依赖的,他们彼此为对方提供产品,每个人的劳动都是社会总劳动的一部分,因此,他们的劳动又具有社会性。

当服务产品的"生产纯粹为交换而进行,因而纯粹生产商品"❶,以及交换已经十分广泛和十分重要时,生产服务产品的私人劳动取得二重的社会性质:一方面是私人劳动的社会有用性,另一方面是私人劳动的社会均等性。这就是说,社会分工使服务产品的生产者的劳动成为单方面的,同时又使他们的需要成为多方面的,为了满足自己多方面的需要,他们必须将私人劳动转化为社会劳动,但私人劳动不能直接表现为社会劳动,它们必须通过交换得到社会承认才能转化为社会劳动,而交换的前提就是这种私人劳动对别人、对社会有用,即作为一定的有用劳动来满足一定的社会需要。因此,私人劳动要转化为社会劳动就必须具有社会有用性,劳动的这种社会有用性表现为服务产品必须具有使用价值。但是,私人劳动是千差万别的、完全不同的具体劳动,它们能够彼此相等从而实现交换,只是因为它们的实际差别已被抽去,它们已被化为其作为人类劳动力的耗费,作为抽象的人类劳动所具有的等同性质,因此,私人劳动要进行交换就必须具有社会均等性,劳动的这种社会均等性表现为服务产品具有价值。总之,在商品生产的条件下,生产服务产品的私人劳动只有采取抽象劳动的形式,才能成为社会劳动;由于私人劳动取得抽象的社会劳动的形式,才使生产服务产品的劳动表现为价值。

和实物产品的生产者的劳动一样,服务产品的生产者的私人劳动和社会劳动之间的矛盾,是通过市场表现出来的。不同的是,在这里,市场即流通领域是与生产领域合二而一的。服务产品的生产者生产的服务产品是别人需要的使用价值,对他本人没有使用价值,并且,由

---

❶ 马克思.剩余价值理论:第1册[M].中共中央马克思恩格斯列宁斯大林著作编译局,译.北京:人民出版社,1975:442.

于服务产品与生产行为不可分离,故其生产必须在有人购买产品时才能进行。生产过程一开始,其私人劳动就开始被承认为社会劳动的一部分,生产服务产品的具体劳动也就还原为抽象劳动。由于服务产品不能贮存,故如没人购买,服务劳动通常不会进行,更谈不上转化为社会劳动从而满足各方面需求了。此外,服务劳动在社会总劳动中所占比重的大小,主要由物质生产领域的劳动生产率水平决定,如果它超出后者的水平所决定的一定比重,服务产品的生产者的私人劳动就不能完全被社会承认为社会劳动——服务劳动或者只能部分转化为社会劳动(如宾馆服务供过于求,同样的服务劳动只能部分转化为社会劳动),或者根本不可能进行。这就是生产服务产品的私人劳动与社会劳动矛盾的特殊性。这一矛盾制约着生产服务产品的劳动,使它的比重不能随意扩大(尽管它是创造价值的劳动),否则,私人劳动不能转化为社会劳动,即不表现为价值。这对生产实物产品的劳动来说也是一样的。尽管生产电风扇的劳动表现为价值,但如果全社会都去生产电风扇也是不行的。正因为如此,服务产品的生产比重要受物质生产领域的生产水平制约这一点,并不能成为否定在市场经济中生产服务产品的劳动形成价值的理由。

三、服务劳动的抽象等同性

服务产品与实物产品不能按异质的使用价值量,而只能按其中凝结的同质的抽象劳动量进行交换,从而以价值为尺度决定其交换比例。这是服务产品具有价值的第三个原因。

马克思曾指出,有了服务消费品,会使社会消费品的总额增大。这一判断已为经济发达国家的消费结构的变化趋势所证实。随着服务产品在社会产品总量中比重的增大,服务产品与实物产品的交换就变得越来越广泛、频繁。

既然要交换,就必然有交换比例,也就是有交换价值。因为交换价值首先表现为一种使用价值同另一种使用价值相交换的量的关系或比例。这对实物使用价值与非实物使用价值的交换来说也不例外。例如,用5个面包交换一头次理发服务产品,5个面包便是一头次理发服务产品的交换价值。❶但是，实物产品与服务产品互相交换的比例是随时间和地点的不同而不断改变的。因此，服务产品的交换价值似乎纯粹是由偶然因素决定的，说交换价值作为商品的服务产品是固有的、内在的，似乎是矛盾的。

那么，服务产品不同的交换价值里有无共同的东西呢？用一人次旅游服务产品和5件上衣交换，就是说，这一人次旅游服务产品＝5件上衣。旅游服务产品不但可以同5件上衣交换，还可以同5000个面包，或10顶帽子，或3对皮鞋，或2台半导体收音机交换，和这些东西相等。所以，一定量的服务产品有许多交换价值。旅游服务产品、上衣、面包、帽子、皮鞋和半导体收音机是极不相同的东西，但作为交换价值，它们彼此却可以相等。这说明，在这些极不相同的东西里面，存在着一种共同的因而可以互相比较的东西，交换价值只能是这种共同东西的表现形式。这种共同的东西就是交换价值的内容。

它是什么呢？它不可能是交换双方的特殊使用价值。因为实物使用价值与非实物使用价值千差万别，而二者交换的特点却正是抽去使用价值，只要交换价值相等，一种使用价值就和其他任何一种使用价值完全相等。因此，实物产品与服务产品虽然从使用价值来看是异质的，但从交换价值来看，却是同质的，仅有量的差异，因此可以互相比较。这种同质异量的东西，正是交换价值的内容，其中一点点使用价值的因素也没有。

既然使用价值不是决定交换价值的因素，要探求交换价值的内容，就应把这个无关的因素抽去。抽去使用价值，实物产品与服务产品就只剩下一个属性，即劳动产品这个属性。但不同的具体劳动创造不同的使用价值，如果把劳动产品的使用价值抽去，那么，随着劳动产品的有用性质的消失，体现在劳动产品中的各种劳动的有用性质也跟着消失，因而这些劳动的各种具体形式也消失了。唯一留下来的就是同质的抽象人类劳动。

现在再来看劳动产品剩下来的东西。它们剩下来的只是无差别的

---

❶ 为了分析方便，这里把实际生活中充当实物产品与服务产品交换媒介的货币暂时舍象掉。

人类劳动的单纯凝结，即不管以哪种形式进行的人类劳动力耗费的单纯凝结。互相交换的服务产品与实物产品现在只是表示，"在它们的生产上耗费了人类劳动力，积累了人类劳动"。因此，服务产品与实物产品一样，作为它们共有的这个社会实体——人类抽象劳动的结晶，都具有价值。正如马克思指出的，"劳动产品只是在它们的交换中，才取得一种社会等同的价值对象性"。❶

应该指出，如果服务产品不是用来交换，它就没有价值可言。但是，在市场经济中，用来交换的服务产品既然有交换价值，就必然具有价值。在这里，交换价值只是价值的表现形式。在当代经济发达国家中，服务劳动占社会总劳动的比重为 60%~70%，服务产品与实物产品的交换何止重复亿万次！我们只有从表现在重复亿万次的大量交换现象中的关系体系来看，才能了解什么是服务产品的价值。

综上所述，应用马克思的劳动价值理论来分析，在服务产品的生产上耗费的劳动具有凝结性、社会性、抽象等同性，因此形成价值。服务产品的价值的质的规定性就是——凝结在服务产品的非实物使用价值上的、得到社会表现的抽象劳动。既然它是服务产品的生产者的劳动力耗费的单纯凝结，也就不是从任何别的领域转移或"再分配"来的价值。

需要指出，在社会上，有一些内容不健康的，甚至是淫秽的舞蹈、表演、歌唱服务，以及诲淫诲盗的"教育"服务。难道这些"产品"也具有价值实体吗？这是人们常用以反驳服务产品具有价值的主要论据。笔者认为，这里要区分两个领域的问题：一是经济学领域的问题，二是道德领域的问题。两个领域研究的目的、着重点与论题是不一致的。经济学研究的商品的使用价值与价值问题，是要解决什么样的劳动形成价值，为什么形成价值以及怎样形成价值，涉及的是产品的效用与费用、产出与投入的关系问题。道德领域则研究一定社会为了调整人们之间以及个人和社会之间的关系所提倡的行为规范的总和。它

---

❶ 马克思.资本论：第 1 卷 [M]．中共中央马克思恩格斯列宁斯大林著作编译局，译．北京：人民出版社，1975：90．

通过各种形式的教育和社会舆论的力量，使人们具有善与恶、荣誉与耻辱、正义与非正义等概念，并逐渐形成一定的习惯和传统，以指导或控制自己的行为。经济学上研究商品的使用价值与价值，是舍象了道德观上的论题的。如这种使用价值是对善人有用还是对恶人有用？形成价值的劳动是正义的还是非正义的？如果掺杂道德标准来判断经济学的价值概念，就必然使不同的学科失去其科学的规定性，陷于混乱状态。例如，按经济学的理论，在商品经济中生产用于交换的产品的劳动具有劳动二重性，它创造使用价值，形成价值。如果在经济学命题中硬塞进道德标准，就必然要追问：这种产品是粮食、煤炭，还是鸦片、原子弹？对谁有用？如果是粮食，是给谁吃的？如果是给人民的敌人吃的，岂不是危害人民吗？难道对人民有用吗？既然对人民有害，是非正义的，难道还形成价值吗？如果是原子弹，那么是社会主义国家的原子弹，还是资本主义国家的原子弹？它们都会大量地杀人，难道对社会有用吗？有价值吗？如此等等。这只能使经济科学失去其质的规定性，任何范畴都变得毫无意义。我们不否认，有些不健康的服务产品对人的思想是有危害的。但是，实物产品同样存在这种情况，如歹徒手中的杀人武器危及人的生命，毒品危害人的身心健康。由于这是道德领域探讨的问题，所以不能作为经济学意义上的价值实体的附加条件，故可以舍象。

第二节　服务产品的价值量

前面已考察服务产品的价值的质的规定性，本节再来研究它的量的规定性。

一、服务产品价值量的决定

服务产品包括重复生产型和创新型两大类。如运输、旅游、医疗、教育、文艺演出、生活服务等是不断重复生产的。而科学发明、设计、文艺创作等服务则具有创新性。后者之所以是成果，就在于它们的"独创"，在于它们首次反映了人类未曾认识的某个客观规律、某种表现形式，因而具有不可重复生产性。文艺演出和教育服务，当然也离不开创新，某个动作的设计，某种教育理论和教育技巧的发明，也具有不可重复生产性。但它们本身的消费性能决定了它们可以而且必须被大量地再生产出来，以满足各方需要。一个优秀剧目编成后，电影、电视剧、话剧、戏剧纷纷上演，甚至不同的剧团也在同时彩排同一个节目。不同的学校、不同的教师总是给学生讲授相同的教材。因此，在这个意义上可以说，用于精神消费的某些服务产品也具有重复生产性、非创新性。

实物产品的价值量是由生产该产品所耗费的社会必要劳动时间决定的。作为价值实体，服务产品与实物产品是同一的，都是凝结于产品中的一般人类劳动。但由于服务产品的特殊性，故其价值量的决定又有其特点。

1.重复型服务产品的价值量决定

重复型服务产品的价值量是由生产该项产品所耗费的社会必要劳动时间决定的。

重复型服务产品具有可复制性、不可扩散性和独享性。要消费这类产品，必须拥有其物质载体——服务过程，非拥有者不能分享其使用价值。这就决定了社会有必要重复、大批地生产同类产品。因此，随之而来的也有各不相同的个别劳动时间。

首先，服务劳动过程的主观条件即服务劳动者是有差别的。不同的服务劳动者的文化水平、劳动熟练程度和劳动强度是有差异的，因而他们生产同质等量的非实物使用价值所耗费的劳动时间就有多少之分。例如，要给一个班的学生讲解一道数学题，有多年教学经验的老教师仅需10分钟便可简明准确地解释清楚，而在同样的条件下（学生的水平和数量相同），要讲到同样的深度，新教师也许要花一节课的时间。又如，护理一个病区的留医患者，实习护士因经验不足、护理技术不熟练，每天需10人值班；而工作多年，掌握了病区护理工作规律性的老护士，每天仅需5人值班便可提供同质等量的服务。在理发、运输、导游等方面，同样存在这样的情况。这说明服务领域存在劳动效率的差别问题。

其次，服务劳动过程的客观条件即服务业生产资料的装备水平也是有差别的。虽然服务劳动过程受其自身特点的限制，应用机械化、自动化技术的可能性通常小于工农业，但是，并不能消除服务产品的不同生产单位的服务业生产资料规模和效能的差异。拥有现代化技术水平的服务业生产资料的服务业，与仅有落后简陋的服务业生产资料的服务业相比，就可大大减少生产同量的服务产品所耗费的劳动时间。如在教育服务产品的生产上利用多媒体、网络技术和人工智能，可以同时给成千上万名住在不同城市的学生上课；在邮电服务产品的生产上，使用程控电话交换机，不仅可以提供缩位拨号、呼叫等待、转移呼叫、自动回叫、记存呼叫、会议电话等多种服务，而且接续速度快，使用效率高，与人工转接不可同日而语。

由此可见，在重复型服务产品的生产上是存在个别劳动时间差异的。如同在实物产品的交换中，人们不以个别劳动时间而以社会必要劳动时间来衡量价值量一样，重复型服务产品虽然其生产与交换、消费同时进行，但也不能把个别劳动时间直接当作社会必要劳动时间，并用它来衡量价值量，而只能以社会必要劳动量来衡量。所以，重复型服务产品的价值量也是由生产上耗费的社会必要劳动时间决定的。这就是说，服务劳动过程的客观条件即服务业生产资料要有正常的、平均的水平；服务劳动过程的主观条件即服务劳动者要有正常的、平均劳动力的性质。概括地说，就是在现有的社会正常的生产条件下，在社会平均的劳动熟练程度和劳动强度下，生产某种同质等量的非实物使用价值所必需的劳动时间。生产重复型服务产品耗费的个别劳动时间如多于社会必要劳动时间，超出部分就不为社会所承认，因而不形成社会价值。例如，水平较低的教师即使花了三倍备课时间达到中等教学水平，其劳动耗费也只有1/3得到社会承认，也就是说，他3小时的个人劳动的产品只代表1小时社会劳动，因此其社会价值只有其个别价值的1/3。又如，在货物周转量（吨公里）和旅客周转量（人公里）不变时，如果超出社会平均的运输劳动耗费水平，增加司机和货运员或乘务员，那么，虽然其劳动耗费增加了，但运输服务产品的社会价值也同以前一样保持不变。反过来，假定一头次理发服务消费品的社会必要劳动时间是30分钟（表现为80元），如果理发师傅技术熟练，只需20分钟便达到规定的服务水平，那么，社会仍承认他花费了30分钟社会必要劳动时间，顾客一样付给他80元。

2. 创新型服务产品的价值量决定

作为价值实体，创新型服务产品与重复型服务产品具有共性，都是凝结于产品中的一般人类劳动。但创新型服务产品的特殊性使其价值量的决定有其特点。创新型服务产品解决的是人类对自然界、人类社会和人类本身的某些未被揭示的事物及其变化发展规律的认识问题。这种规律是客观的，不以人的意志为转移的。不同的科研人员探讨同一规律的进程有快有慢，消耗的科研时间也有多有少。但并不是耗费在同一项目上的所有劳动时间都会被社会承认的。因为创新型服务产品具有不重复生产性、扩散性和共享性，某项创新型服务产品一旦被生产出来，它就开始以或快或慢的速度向外扩散，或迟或早为全人类共享。因此，某一生产者对创新型服务产品的研制成功，就宣告了其他生产者花在该项产品上的劳动时间是多余的、无效的、不被社会承认的。社会没有必要将劳动时间用于发明已经发明的东西。生产创新型服务产品的劳动原则上的不重复性，使生产同类产品的劳动耗费形成"只此一家，别无分店"的局面，无优、中、劣条件之分，也无不同的个别劳动时间之别。社会不可能以平均的客观生产条件和主观生产条件为标准决定其价值量，也不可能以供求关系或效用大小来决定其价值量。但是，这种产品在与其他产品交换时，仍要求社会补偿其劳动耗费。从社会的角度看，生产创新型服务产品的社会必要劳动时间不仅包括成功者生产这种产品的直接劳动耗费，而且包括社会上众多失败者在探索、挫折和失败中所耗费的劳动时间。因为成功者是在失败者的劳动耗费基础上取得胜利的，失败乃成功之母。失败者的劳动耗费为唯一的成功者提供了必要条件。在创新型服务产品研究成功之时，这些失败者的劳动在一定程度上与成功者的劳动一起凝结在创新型服务产品的使用价值中，得到社会体现。

所以，生产创新型服务产品的社会必要劳动时间由最先生产出该服务产品的直接劳动耗费加创新难度系数决定。难度系数在一定程度上体现了失败者在探索、挫折和失败中所耗费的劳动时间，使成功者通过市场在直接劳动耗费之外得到额外劳动补偿。当然，这只是运用劳动创造价值的理论为创新型服务产品的价值量决定提供一个新的理论解释。众所周知，商品价值量决定不是由学者或生产者计算出来的，而是在生产者背后由社会的千万次商品交换决定的。创新型服务产品在市场上的千万次交换成功，意味着包含着创新难度系数的创新型服务产品的价值量决定最终得到社会的承认。

可见，只是生产某种非实物使用价值的劳动时间，决定该种使用价值的价值量。含有等量劳动或能在同样劳动时间内生产出来的服务产品，具有同样的价值量。一种服务产品的价值同其他任何一种服务产品或实物产品的价值的比例，就是生产前者的必要劳动时间同生产后者的必要劳动时间的比例。因此。如果生产服务产品所需要的劳动时间不变，它的价值量也就不变。但是，生产服务产品所需要的劳动时间，随着劳动生产率的变化而变化。服务劳动生产率是由多种情况决定的，其中包括：服务劳动者的平均熟练程度，科学发展水平和它在服务领域应用的程度，服务生产过程的社会结合服务业生产资料的规模和效能，等等。劳动生产率越高，生产某种服务产品所需要的劳动时间就越少。凝结在该种服务产品中的劳动量就越少，该种服务产品的价值就越小。反之，价值就越大。

二、服务产品价值量的构成

服务产品的价值和实物产品一样，是由三个部分即 $C+V+M$ 构成的。❶ 在服务生产过程中消耗的燃料、物料或辅助材料的价值，以及服务工具和服务设施的折旧费等，形成 C；服务劳动者的必要劳动所创造的价值，即维持劳动力生产和再生产所必需的生活资料的价值，形成 V；劳动者的剩余劳动所创造的价值，形成 M。换句话说，在服务产品的总价值中，C 是原有的服务业生产资料价值的转移，$V+M$ 是服务劳动者的活劳动新创造的价值。某航空公司全年营运总收入为 60 亿元，运输总成本为 48 亿元，其中燃油费、飞机折旧费、飞机小修费、大修费、机场费、调度、导航、气象设备等的折旧费

---

❶ 在个别场合，服务劳动所需的服务业生产资料是近乎消失的量，对此不予考察。

共48亿元,飞行、机务、空中乘务、通信、调度、导航、气象、客运、货运、售票、场务、设备、供应、清洁、机关和后勤等部门的工资、奖金和福利费共4.8亿元,国家税收和企业利润12亿元。该航空公司的运输服务产品的价值构成为48亿元C+4.8亿元V+7.2亿元M,即$80C：8V：12M$。其中12亿元($C+V$)是民航员工新创造的价值。按此比例可以粗略地估计,若广州—北京机票价为2000元时,其中约1600元是运输业生产资料价值的转移,160元和240元分别是民航员工的必要劳动和剩余劳动创造的价值。正因为服务产品的价值量由$C+V+M$构成,故在服务生产中,无论是物化劳动C,还是活劳动$V+M$的耗费增大了,其总价值都会相应地增大。广州第一家五星级酒店白天鹅宾馆,庭院飞瀑,幽楼蔓青;客房内空调、电话、彩电、冰箱、音响、高级卫生间,一应俱全,一天消费的旅业服务消费品的价格为1100元(2020年)。不言而喻,其中高级服务设施的折旧费C,占相当大比重。与此形成对照,笔者1981年撰写硕士论文访学住过的重庆嘉陵江畔简陋的红光旅社,篾席当墙瓦盖顶,竹条床板木楼阁,一天旅业服务消费品的价格仅为0.8元(1987年广州白天鹅宾馆房价四五十元)。这与服务生产过程中物料耗费较少,旅店设施价值低,从而折旧费较少不无关系。有经验的旅游者如果打算消费价格低廉的旅业服务产品,他不用打听就可断定,不应贸然光顾那些门面装饰十分富丽堂皇的旅店,因为:不用说昂贵的服务设备的折旧费必将打进成本,构成服务产品的价格,并由他自己支付,就连旅店门口的霓虹灯、美观的门面装饰,都会构成服务产品的价值组成部分之一的C,而这肯定会使每晚的宿费增加。火车、汽车、飞机的运输服务产品价值不一,在很大程度上也同服务业生产资料的折旧费的差异有关。另外,技术娴熟、训练有素的服务劳动者的熟练劳动是复杂劳动,等于多倍的简单劳动,因而与不熟练的服务劳动者相比,前者在相同的劳动时间内比后者付出更多活劳动,所以,配备一流服务员的服务业,撇开服务设施的差别不提,仅是由于质量较高的服务产品要耗费较多的活劳动,其价值也就较高。

服务产品的价值量虽分为 C、V、M 三部分，但并非所有的服务生产者都可以通过出售服务产品而获得 C、V、M。对重复型服务产品而言，其价值量是由社会必要劳动时间决定的。那些劳动生产率较高、个别劳动耗费较少从而服务产品的个别价值较低的服务企业，按照由社会必要劳动时间决定的社会价值来出售商品，便不仅可以补偿 $C+V$ 并获得 M，而且可以获得超额 M。如果某些服务企业由于经营差、劳动生产率低、物质消耗高，其个别劳动耗费较多从而个别价值较高，那么，按照社会价值出售服务产品，其交换价值就不能提供 M，甚至不足以补偿 $C+V$ 而发生亏损。这对于那些劳动纪律松懈、规章制度废弛、效率不高、人浮于事的服务企业来说，是一个刺激。对创新型服务产品而言，虽无个别劳动时间与社会劳动时间之别，但有生产服务产品的先后之差。首先生产出产品的服务企业，不仅可以补偿生产中投入的 $C+V$，取得相当的 M，还可以因"奇货可居"在价格上占优势。不能在速度上争先的企业，一旦他人的创新型服务产品问世，将使自己投入同类产品的劳动全变为无效劳动，一点成本也无法收回。此外，有类似功能的、可以代替的创新型服务产品的生产，对于生产效率低、速度慢的企业的生产也造成压力。为了不发生亏损，就必须努力提高劳动生产率。

生产服务产品的劳动同样分为简单劳动与复杂劳动。比较复杂的劳动是自乘的或不如说多倍的简单劳动，因此，少量的复杂劳动等于多量的简单劳动。各种劳动化为当作它们的计量单位的简单劳动的不同比例，是在生产者背后由社会过程决定的。至于简化规律如何，马克思并没有详细考察。他曾指出："这里还不是研究那些支配这种简化的规律的地方。"[1] "至于这些区别以怎样的方式拉平，并且一切劳动都化为简单的非熟练劳动，这一点在这里自然还不能加以考察。只需说明的是，各种劳动的产品只要确立为价值，这种简化实际上就

---

[1] 马克思.政治经济学批判[M].中共中央马克思恩格斯列宁斯大林著作编译局，译.北京：人民出版社，1976：15.

实现了。"❶服务产品生产上耗费的劳动量有时不容易准确地计算，也正是难在复杂劳动如何折算为简单劳动这一点上。例如，满足精神需要的教育、文化艺术服务产品等，虽然它们生产上实际耗费的劳动时间是可以准确计算的，如备课、上课、创作、表演等耗费的时间，但将上述实际耗费的劳动时间化为简单劳动时间，却不容易。至于客运、理发、旅游等服务产品上耗费的劳动时间，应该说是不难计算的。有的学者以服务产品价值难以计算为由，否定它具有价值。笔者认为，这不能说是一个充分具有说服力的理由。社会必要劳动时间的长短并不是也不可能是计算出来的，而是在各商品生产者互相竞争的过程中在市场上自发形成的。这样一种说法很有道理。价值是不能用时间来计算的，能用时间计算的就不是价值。因为到了能够用时间来计算的时候，商品生产进而价值范畴存在的条件就失去了。今天在科技水平、统计水平很高的国家中，也无法计算实物产品的价值，既然这并不能成为否定它具有价值的理由，那么，某些服务产品的价值量难以计算，又怎能成为否定其价值客观存在的理由呢？

生产服务产品所耗费的复杂劳动，虽然不能准确地通过计算简化为简单劳动，但作大略的比较应该说是可以的。可以通过结合点对生产服务产品的劳动进行内部和外部比较。如从事体力劳动的服务劳动者的劳动和从事体力劳动的物质生产劳动者的劳动相比较；技术工人的劳动和体力劳动相比较；技术员的工作和技术工人的劳动相比较；工程师的劳动与技术员的劳动相比较；讲师的教学、主治医师的医疗、高级理发师的理发和工程师的设计相比较；他们又可以和作家、艺术家相比较；如此等等。工程师、主治医师、讲师、作家、艺术家、高级理发师内部又可以相比较。在各行各业的劳动者内部，如教授、讲师、助教、研究员、助理研究员、实习研究员、编审、编辑、助理编辑、主任医师、主治医师、医师、医士、高级理发师、理发技工、理发杂工等都可以相比较。总之，通过第三产业领域内部和外部的这些

---

❶ 马克思恩格斯全集：第 46 卷下册 [M]．中共中央马克思恩格斯列宁斯大林著作编译局，译．北京：人民出版社，1980：37．

结合点，根据各种具体情况来确定他们劳动的复杂程度。❶学术界还有人提出通过比较劳动者的工资级别、受教育的年限等方法来大致确定复杂劳动的简化系数。有人估计，各种熟练程度不同的工作人员的劳动简化系数为：非熟练劳动的工人 -1.0；半熟练劳动的工人 -1.01；熟练劳动的工人 -1.30；受过中等专业教育的专门人才 -1.39；受过高等教育的专门人才 -2.07。❷分析服务劳动时可以作为参考。这样求出劳动的大致简化系数后，服务产品生产上耗费的劳动时间便可按"实际耗费的劳动时间 × 劳动简化系数"的公式求出。当然，如前所述，这只有相对的意义，仅供粗略估计用。

按税利率排列的中国第三产业产值构成如表 6-1 所示。

表 6-1　按税利率排列的中国第三产业产值构成（%）

总产出 = 100，1992 年

第三产业	C	V	M	中间消耗	固定资产折旧	劳动者报酬	生产税净额	营业盈余
金融、保险业	36.3	9.2	54.5	33.9	2.4	9.2	5.5	49.0
电信业	51.3	12.1	36.6	27.5	23.8	12.1	3.3	33.3
邮政业	52.7	18.9	28.5	41.9	10.8	18.9	3.7	24.8
邮电通信业	54.3	17.3	28.4	31.7	22.6	17.3	3.4	25.0
铁路运输	57.7	16.5	25.8	31.2	26.5	16.5	5.2	20.6
航空运输	69.1	6.1	24.8	60.2	8.9	6.1	3.5	21.3
全国总计	56.6	18.8	24.6	49.0	7.6	18.8	4.0	20.6
租赁服务业	62.3	13.3	24.4	51.1	11.2	13.3	4.3	20.1
咨询服务业	53.5	23.0	23.6	50.3	3.2	23.0	3.7	19.9
邮电业	56.4	20.2	23.4	32.3	24.1	20.2	3.4	20.0
出版	64.0	13.1	22.8	61.3	2.7	13.1	1.9	20.9
信息咨询服务业	58.2	19.3	22.5	55.4	2.8	19.3	4.5	18.0

---

❶ 练岑. 试论社会主义脑力劳动者的分配原则 [J]. 经济研究，1979（9）：56-61，70.

❷ 科斯坦扬. 国民教育经济学 [M]. 孙夏南，刘伶，徐长瑞，等译. 长春：吉林人民出版社，1981：241.

续表

第三产业	C	V	M	中间消耗	固定资产折旧	劳动者报酬	生产税净额	营业盈余
旅行社	68.6	9.4	22.0	62.7	5.9	9.4	3.1	18.9
广告业	63.6	14.6	21.8	61.1	2.5	14.6	6.0	15.8
企、事业行政单位	57.6	21.9	20.5	48.3	9.3	21.9	3.3	17.2
房地产	74.0	6.3	19.7	25.4	48.6	6.3	3.4	16.3
交通运输、仓储、邮电通信业	62.4	18.5	19.1	45.4	17.0	18.5	2.8	16.3
批发和零售贸易、餐饮业	63.6	18.0	18.4	59.3	4.3	18.0	4.4	14.0
居民服务业	52.8	29.4	17.8	47.8	5.0	29.4	4.0	13.8
水上运输	68.7	13.8	17.5	51.9	16.8	13.8	2.6	14.9
文化艺术	62.0	21.0	17.0	55.3	6.7	21.0	1.9	15.1
旅馆业	61.7	21.3	17.0	49.2	12.5	21.3	5.5	11.5
社会服务业	60.4	23.8	15.8	51.0	9.4	23.8	3.2	12.6
娱乐业	62.0	24.2	13.9	51.4	10.6	24.2	5.5	8.4
公路运输	64.2	22.0	13.8	51.5	12.7	22.0	5.0	8.8
综合技术服务业	59.5	27.0	13.6	51.3	8.2	27.0	2.9	10.7
社会科学研究	53.7	33.4	12.9	41.9	11.8	33.4	1.5	11.4
餐饮业	65.6	21.8	12.6	62.0	3.6	21.8	3.7	8.9
新闻	62.5	25.5	12.1	51.4	11.1	25.5	1.3	10.8
计算机应用服务业	66.5	21.6	11.8	60.6	5.9	21.6	3.2	8.6
电影	61.0	28.0	10.9	51.9	9.1	28.0	2.8	8.1
档案馆	56.1	33.5	10.5	46.7	9.4	33.5	1.2	9.3
科学研究和综合技术服务业	61.9	27.8	10.2	51.6	10.3	27.8	2.4	7.8
农林牧渔服务业	57.1	33.4	9.5	51.0	6.1	33.4	2.0	7.5
文物保护	57.0	33.7	9.3	45.5	11.5	33.7	1.8	7.5
广播、电影、电视业	63.5	28.0	8.4	52.9	10.6	28.0	3.1	5.3
其他行业	66.1	25.5	8.3	59.0	7.1	25.5	−0.4	8.7

续表

第三产业	C	V	M	中间消耗	固定资产折旧	劳动者报酬	生产税净额	营业盈余
地质勘探业、水利管理业	58.7	33.1	8.1	45.7	13.0	33.1	2.1	6.0
公共服务业	59.1	33.0	7.9	48.6	10.5	33.0	−2.2	10.1
电视	71.9	21.5	6.5	58.4	13.5	21.5	4.1	2.4
文艺经纪与代理业	76.4	17.7	5.9	74.1	2.3	17.7	3.9	2.0
体育	61.4	33.2	5.3	45.6	15.8	33.2	1.2	4.1
艺术	50.3	45.0	4.6	42.0	8.3	45.0	2.1	2.5
群众文化	53.3	42.1	4.5	40.8	12.5	42.1	3.1	1.4
教育、文化、广播、电影电视	46.1	50.0	3.8	35.1	11.0	50.0	0.7	3.1
自然科学研究	66.7	29.8	3.5	54.7	12.0	29.8	2.0	1.5
卫生、体育和社会福利业	62.5	34.8	2.8	57.3	5.2	34.8	0.2	2.6
图书馆	62.8	34.4	2.8	36.3	26.5	34.4	0.6	2.2
国家、政党机关、社会团体	58.8	38.8	2.4	52.2	6.6	38.8	0.8	1.6
国家机关	59.8	38.7	1.5	54.2	5.6	38.7	0.3	1.2
卫生	63.2	35.6	1.1	58.3	4.9	35.6	0.1	1.0
政党机关	58.6	40.8	0.6	51.6	7.0	40.8	0.3	0.3
教育	40.4	59.4	0.2	28.4	12.0	59.4	0.2	0.0
高等教育	60.3	39.5	0.2	43.9	16.4	39.5	0.2	0.0
中等教育	38.0	62.0	0.1	26.4	11.6	62.0	0.2	−0.1
初等教育	29.2	70.8	−0.1	18.8	10.4	70.8	0.1	−0.2
仓储	93.8	20.4	−14.3	84.9	8.9	20.4	−14.4	0.1

资料来源：全国第三产业普查办公室. 1991—1992 中国首次第三产业普查资料摘要 [M]. 北京：中国统计出版社，1995：174-187.

三、服务产品价值量的实现

上面探讨了第一涵义的社会必要劳动时间对服务产品价值量的

决定问题。现在再来考察第二涵义的社会必要劳动时间对服务产品的价值量实现的制约作用。所谓第二涵义的社会必要劳动时间，是指按照社会对某种特殊使用价值的需要量而必须在该使用价值的生产部门投下的总劳动时间。马克思指出："虽然产品每一部分包含的只是生产这一部分所必要的劳动时间。或者说，虽然所花费的劳动时间的每一部分都是创造总产品的相应部分所必要的，但是，一定生产部门所花费的劳动时间总量对社会所拥有的全部劳动时间的百分比，仍然可能低于或高于应有的比例。从这个观点来看，必要劳动时间就有了另外的意义。现在要问：必要劳动时间究竟按怎样的量在不同的生产领域中分配？……如果某个部门花费的社会劳动时间量过大，那么，就只能按照应该花费的社会劳动时间量来支付等价。"❶马克思的这段论述也适用于第三产业领域。如前所述，在一定的生产力水平下，社会对服务产品的需求量是一定的，它由实物生产领域的劳动生产率、剩余产品率、社会收入水平、消费结构、闲暇时间及某些非经济因素决定。正如社会对食品、衣物、用品、住宅的需求有一定的比例一样，社会在某个特定时期对教育、医疗卫生、文化艺术、娱乐、交通、个人生活服务产品的需求量也有一定的比例。如果社会需要100万单位的服务产品，生产每单位服务产品所必需的劳动时间为2小时，那么，对服务领域来说，第二涵义的社会必要劳动时间就是200万小时。再假定社会劳动总量为1000万小时，第三产业领域的必要劳动时间占社会劳动时间的比例应是20%。如果由于某种原因，社会总劳动的25%（即250万小时）投入第三产业领域，服务产品的产量达125万单位，超过了当时的社会需要，那么，社会劳动时间的一部分（5%）就浪费了。这时，125万单位的服务产品总量在市场上代表的社会劳动量仍为200万小时，比它实际包含的250万小时的社会劳动量小得多。因此，如果这些服务产品要全部出售，就必然要以低于它们的价值（2小时）的价格（1.6小时）出售。或者，其中一部分甚至会根本卖不出去。换言之，生产根本不能

---

❶ 马克思. 剩余价值理论：第1册[M]. 中共中央马克思恩格斯列宁斯大林著作编译局，译. 北京：人民出版社，1975：234-235.

进行。这就迫使高于应有比例的、占社会总劳动 5% 的劳动量（50 万小时）从第三产业领域退出去。反之，如果社会只投放 15% 的劳动量（即 150 万小时）到第三产业领域，生产 75 万单位的服务产品，因而无法满足社会需要，结果就是：社会仍按应该花费在第三产业领域的社会劳动时间（即 200 万小时）来支付等价，这些服务产品就以高于其价值（2 小时）的价格（2.7 小时）出售。这就必然使另一部分社会劳动转移到第三产业领域中，最后使该领域的劳动量与第二涵义的社会必要劳动量大致相当。因此，在每个单位的服务产品的生产上花费社会必要劳动时间还是不够的，只有全部服务产品总量也恰好包含着社会分配到该领域的劳动量时，服务产品才能按其价值出售。

第二涵义的社会必要劳动时间自发地调节着人力、物力、财力在第一、二产业领域与第三产业领域之间的分配比例。在这里，界限是通过使用价值（包含实物使用价值与非实物使用价值）表现出来的。"社会需要，即社会规模的使用价值，对于社会总劳动时间分别用在各个特殊生产领域的份额来说，是有决定意义的。"❶ 服务产品虽然有价值，但人们总不会一拥而上，将全社会的劳动力都投放到它的生产中去，就是此理。

四、服务产品的相对价值量

服务产品的价值量的相对表现就是它的相对价值量。假定在某个时期，生产 1 单位医疗服务产品和两件上衣都花去一样多的劳动时间，即这两种产品正好包含有同样多的价值实体，那么，2 件上衣就表现 1 单位医疗服务产品的相对价值量，即

$$1 单位医疗服务产品 = 2 件上衣 \tag{6.1}$$

但是，生产医疗服务产品或上衣所必需的社会必要劳动时间，会随着医疗服务劳动或制衣劳动的生产率而变化。如果医疗劳动生产率没有变化，而制衣劳动由于采用了数控裁衣机、电动缝纫机和自动

---

❶ 马克思.资本论：第 3 卷 [M].中共中央马克思恩格斯列宁斯大林著作编译局，译.北京：人民出版社，1975：716.

熨检机，生产率提高了三倍，那么，1件上衣的价值就下降为原来的1/4，而医疗服务产品的价值不变。所以，现在1单位医疗服务产品的相对价值量通过8件上衣表现出来，即

$$1\text{ 单位医疗服务产品} = 8\text{ 件上衣} \qquad (6.2)$$

如果医疗劳动生产率不是没有变化，而是由于医疗器械的改良而提高了1倍，那么，医疗服务产品的价值就下降一半。因此，现在1单位医疗服务产品的相对价值量通过4件上衣表现出来，即

$$1\text{ 单位医疗服务产品} = 4\text{ 件上衣} \qquad (6.3)$$

可见，"价值量的实际变化不能明确地，也不能完全地反映在价值量的相对表现即相对价值量上"❶。式（6.2）与式（6.1）比较，医疗服务产品的价值量不变，但其相对价值量却增大了；式（6.3）与式（6.1）比较，医疗服务产品的价值量下降了一半，但其相对价值量反而增大了一倍。

上述分析提供的重要启示是：只要生产实物产品的劳动生产率的增长速度超过生产服务产品的劳动生产率的增长速度，以实物产品为等价形式的服务产品的相对价值量就一定会增大，尽管它本身的价值量不变（当其劳动生产率的增长率为零时），甚至下降（当其劳动生产率的增长率大于零时）。而实际上，由于实物生产领域与服务生产领域在提高劳动生产率方面具有不同的特点，一般说来，前者的劳动生产率的增长率高于后者，因而在单位劳动时间内，实物产品的产量增长幅度就大于服务产品的产量增长幅度，这样，在两大领域按照价值交换产品时，单位服务产品的等价物——实物产品的数量就越来越多。这一现象表现在实物生产领域劳动生产率迅速提高的西方国家中，就是服务价格日趋上涨，超过了消费物价上涨速度。❷ 如美国1977—

---

❶ 马克思.资本论：第1卷[M].中共中央马克思恩格斯列宁斯大林著作编译局，译.北京：人民出版社，1975：69.

❷ 这一现象类似工农业产品的交换。假定1000斤稻谷在基期按价值应与1台半导体收音机交换，到了计算期，若稻谷生产率提高了25%，而收音机生产率提高了400%，那么，1000斤稻谷就应与4台半导体收音机等价交换了。如果收音机价值下降80%，稻谷价格就应下降20%；如果收音机价格不变，稻谷价格就应上升300%。

2007年医疗服务价格增长439.8%，年均增长5.8%，农产品和工业品价格年均增长0.5%和1.8%。又如日本，1973—2006年社区和个人服务价格增长366%，年均增长4.8%，制造业价格增长-13.1%，年均增长-0.4%。❶ 应该说，这是价值规律在第三产业领域发生作用的结果。只有两大领域的劳动生产率提高速度趋于一致，服务价格上涨速度超过消费物价上涨速度这种现象才会消除。正因为如此，实物生产领域劳动生产率较高的国家，与生产率较低的国家相比，前者的服务产品的相对价值量要通过较多的实物使用价值表现出来，后者则表现为较少的实物使用价值；若实物使用价值的价格相同，前者的服务价格就大大高于后者。20世纪80年代，香港同胞从香港乘火车到深圳来理发一次，其费用（包括往返车费及理发费）与在香港的理发费用大致相当，为此不少人喜欢来深圳理发，同时旅游，一举两得。不少华侨华人或港澳同胞愿意来中国内地就医，除了因某些医疗水平较高之外，医疗服务产品价格低廉也是一个重要的原因。而中国内地的医疗服务产品价格之所以低廉，撇开优惠价格（即低于价值的价格）不提，就是由于实物生产领域的劳动生产率水平较低，因而具有相同价值量的服务产品的相对价值量较低[如式（6.1）]；反之，实物生产领域较高水平的劳动生产率就使服务产品的相对价值量表现为较多的实物使用价值[如式（6.2）]。可见，服务产品的相对价值量的变化的理论分析是有实践依据的。

服务产品相对价值量的变化规律的研究，对确定实物使用价值与非实物使用价值的合理的交换比例，具有指导意义。由于实物生产领域的劳动生产率增长速度快于劳动密集型服务领域，因而在相同的劳动时间内，实物产品的产量增加较快，劳动密集型服务产品的产量增加较慢，而二者的交换比例按等量劳动时间内生产出的产品量确定，表现在实际生活中，一小时服务产品所应交换的实物产品就越来越多。若实物产品的价格不变，服务产品价格就应提高；若实物产品的价格提高，服务产品价格提高的幅度就应更大。这似乎是服务生产领域"坐享"实物生产领域劳动生产率提高的成果，其实不然。这是由马克思

---

❶ 资料来源：euklems数据库，http：www.euklems.net。

揭示的商品的相对价值量变化的客观规律决定的，是在实物生产领域与服务领域之间交换劳动产品时贯彻等价交换原则的客观要求。若不注意相对价值量的这种发展趋势并制定服务产品的合理价格，势必使实物产品与服务产品之间的价格"剪刀差"扩大，正如农业劳动生产率提高的速度慢于工业会使工农产品价格的剪刀差有可能扩大一样。以理发服务消费品为例，1950—1979年，尽管电剪的使用使理发效率有了某些提高，但男界理发主要靠手工操作❶的情况并没有多大改变，每天8小时做15头次已相当紧张；而同期全民所有制工业企业全员劳动生产率提高近两倍。按相对价值量的变化规律，男界理发服务消费品的相对价值量应表现为更多的工业产品。但是，同期城市零售物价至少提高了近40%❷，而男界理发服务消费品的价格三十年维持不变，甚至几次降价。❸ 这就使其相对价值量下降。1979年一头次的男界理发服务消费品仅能交换到数量相当于1950年的70%的实物消费品。此外，理发服务业生产资料的价格近年上升很多❹，这就使理发物耗费用上升。在价格放开之前，理发店不靠女界电发的盈利来弥补男界，往往会亏损。那时理发界"重女轻男"，男界理发难，这是一个重要原因。改革开放以来，尤其是中国实行社会主义市场经济体制，竞争性服务业价格全面放开，发廊遍地开花，实物产品与服务产品之间的价格"剪刀差"终成历史。

---

❶ 20世纪50年代初，鉴于理发行业主要靠手工操作，曾将它划为手工业，以后才归服务业。

❷ 资料来源：《中国经济年鉴1981年刊》第Ⅳ-23页的1979年城市零售牌价指数（以1950年为基期）。

❸ 以广州的一级理发店为例，20世纪50年代初，男界理发费为4港元，后改为人民币1.20元，之后降为0.95元，"文革"期间降为0.70元，1982年为0.80元，还低于1960年的0.95元。四级店1960—1981年的价格一直维持在0.50元的水平。

❹ 据对广州市饮食服务公司的调查，1980年与1970年相比，洗头软皂、煤、毛巾、香皂、酒精和香水提价幅度分别为18%、25%、98%、100%、165%和275%。1981年10月起，营业房租增加200%~300%。

第三节 劳动价值理论与服务价值论

一、马克思关于服务价值的思想

对于服务产品的价值,马克思虽然没有详细阐述,但作了几点关键性提示。据此,笔者认为,可以确认马克思认为服务产品具有价值:第一,马克思将"维持这些服务的商品的价值"与农产品价值类比,将"这些服务本身的价值"与工业品价值类比,将服务消费品与实物消费品的总价值与斯密所说的工农业产品总价值类比,说明消费品总额由于有了服务消费品而增大,价值也大了,❶因此表明服务消费品有价值。第二,从马克思多次强调的服务与实物商品(或货币)的交换是"等价物换等价物",是"简单流通的关系",是"名副其实的交换"等论述来看,❷价值不可能从物质生产领域无偿地转移到服务领域,因此,若服务产品有价值,则一定是在服务领域创造的。第三,

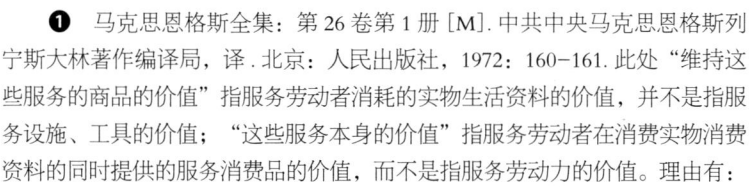

---

❶ 马克思恩格斯全集:第26卷第1册[M].中共中央马克思恩格斯列宁斯大林著作编译局,译.北京:人民出版社,1972:160-161.此处"维持这些服务的商品的价值"指服务劳动者消耗的实物生活资料的价值,并不是指服务设施、工具的价值;"这些服务本身的价值"指服务劳动者在消费实物消费资料的同时提供的服务消费品的价值,而不是指服务劳动力的价值。理由有:(1)马克思在此处所说的与斯密一样,仅局限于生活资料的范围,把工业生产资料和服务业生产资料撇开不提;(2)此处所论的服务劳动者与手工业者相仿,均是小生产者而不是雇佣劳动者,无劳动力价值;(3)此处假定服务劳动者与手工业者生产的价值与消费的价值相等,故维持这些服务的商品的价值与服务本身的价值相等。

❷ 马克思恩格斯全集:第26卷第1册[M].中共中央马克思恩格斯列宁斯大林著作编译局,译.北京:人民出版社,1972:161;马克思恩格斯全集:第46卷上册[M].中共中央马克思恩格斯列宁斯大林著作编译局,译.北京:人民出版社,1979:463,465,229;马克思.资本论:第1卷[M].中共中央马克思恩格斯列宁斯大林著作编译局,译.北京:人民出版社,1975:180;马克思恩格斯全集:第46卷上册[M].中共中央马克思恩格斯列宁斯大林著作编译局,译.北京:人民出版社,1979:317;马克思.政治经济学批判大纲:第3分册[M].刘潇然,译.北京:人民出版社,1963:87.

从马克思提到的服务产品的交换价值由生产费用决定的观点来看❶，服务产品的价值是由凝结在其使用价值中的劳动量决定的，因此是货真价实的归结为劳动时间的价值，不是"虚幻的价值"，或有价格无价值。

有的论者可能会说，马克思在好几个地方都提到服务的价值或价格由工资规律决定，可见服务产品如果有价值，只不过是劳动力的价值。笔者认为，这是马克思在特定的条件下作出的规定。这些条件为：①假定服务劳动者不从属于资本主义生产方式，不提供剩余劳动，因而他们消费的价值恰好等于他们生产的价值。②撇开服务生产所需的劳动资料不提。在这种情况下，"服务的价值"在量上的确等于劳动力价值。但马克思只是附带提到而没有详细研究这些问题。况且他已申明，服务的价值"还牵涉到别的一些不归这里考察的情况"❷。如果考虑服务劳动并入资本主义生产因而提供剩余劳动和剩余价值，并考虑服务劳动资料的折旧费问题，那么服务的价值不再由工资规律决定。从实践看也是这样，服务企业出售的服务产品的价格不可能仅仅等于服务劳动者的工资。

二、服务价值论是对劳动价值论的运用

对服务产品具有价值的观点的最流行的批评，是认为它背离了马克思主义的劳动价值理论。暂且撇开马克思本人多次提到服务有交换价值和价值不说，即使马克思没有说过服务有价值，而我们应用马克思主义政治经济学的理论、方法和观点进行分析，并作出服务劳动形成价值的论断，也不见得背离劳动价值理论。何谓劳动价值理论？劳动创造价值的理论也。笔者恰恰是毫不动摇地坚持了这一点。本书的

---

❶ 马克思.剩余价值理论：第 1 册 [M].中共中央马克思恩格斯列宁斯大林著作编译局，译.北京：人民出版社，1975；160；马克思恩格斯全集：第 46 卷上册 [M].中共中央马克思恩格斯列宁斯大林著作编译局，译.北京：人民出版社，1979：154，466.

❷ 马克思.剩余价值理论：第 1 册 [M].中共中央马克思恩格斯列宁斯大林著作编译局，译.北京：人民出版社，1975；151，435，436.

论述无非是证明：第一，服务产品的价值是人类劳动的凝结，价值仍然归结为人类抽象劳动。第二，"马克思在《资本论》里讲只有物品才有价值。"不对了。马克思在《资本论》里主要是讲物品有价值，并没有说只有物品才有价值。如前所述，客运效用就不是物品，但马克思却毫不含糊地确认它有价值。第三，即使马克思说过只有物品才有价值，我们也不能停止在对马克思主义经典著作现成"价值定义"的照搬上，而要根据现实条件，运用马克思主义的基本原理，研究新情况，解决新问题。当代工业发达国家，服务产品已占社会产品总额的60%~70%，不承认服务劳动与物质劳动一样表现为价值，就根本不能解释服务产品生产上耗费的并实现为社会劳动的抽象劳动的实质，不能解释服务产品与实物产品交换的比例，不能揭示出被物掩盖着的人与人的关系——劳动交换关系。辩证唯物主义认为，理论由实践赋予活力，由实践来修正，由实践来检验。如果一种理论不顾现实生活的发展，只固守已有的原则，而对已有原则以外的新情况、新问题，不敢去探讨、去解释、去解决，在现实面前束手无策，那么这种理论就会成为没有用处的东西。马克思的劳动价值理论是科学，它就必然要随着实践的发展而发展。列宁说得好：我们决不把马克思的理论看作某种一成不变的和神圣不可侵犯的东西；恰恰相反，我们深信它只是给一种科学奠定了基础，社会主义者如果不愿落后于实际生活，就应当在各方面把这门科学向前推进。

众所周知，马克思的劳动价值理论研究的是什么样的劳动形成价值，为什么形成价值以及怎样形成价值。答案是，在商品生产中，存在着私人劳动与社会劳动的矛盾，私人劳动不能直接表现为社会劳动，它必须通过交换得到社会的承认才能转化为社会劳动；在交换中不可能比较千差万别的具体劳动，而只能比较同一的抽象劳动，抽象劳动就必然形成价值。马克思指出："在社会劳动的联系体现为个人劳动产品的私人交换的社会制度下，这种劳动按比例分配所借以实现的形式，正是这些产品的交换价值。"❶ 劳动价值理论与商品经济中的劳动

---

❶ 中共中央马克思恩格斯列宁斯大林著作编译局. 马克思恩格斯《资本论》书信集[M]. 北京：人民出版社，1976：282.

交换问题密切联系。劳动交换的重点改变了，劳动价值理论的重点也随之改变。如果一个社会主要进行农业劳动的交换，劳动价值理论的重点就在农业领域；如果社会劳动中工业劳动占了很大比重，劳动价值理论的重点就从农业领域转移到工业领域。当社会总劳动中服务劳动占了较大比重时，劳动价值理论也就扩展到服务领域。很难设想，马克思的劳动价值理论只适用于研究只占当代发达国家的总劳动量的30%~40%的实物性劳动之间的劳动交换，一扩展和应用到实物性劳动以外就束手无策。若是这样，随着服务劳动在社会总劳动中的比重日趋增大，劳动价值理论的适用范围就越来越小，它也就不能成为具有普遍性的科学理论了。正因为如此，研究实物性劳动与服务劳动的交换，确定在新条件下劳动为什么形成价值以及怎样形成价值，恰恰不是背离而是运用和发展马克思的劳动价值理论。

三、马克思对劳动价值论的充实与启示

马克思对他的劳动价值理论，并没有采取凝固化的、一成不变的形而上学观点，而是不断充实、补充、丰富自己的劳动价值理论。众所周知，马克思在《资本论》研究中运用的是抽象法。为了在纯粹的状态下对研究对象进行考察，避免次要情况的干扰，他总是首先集中力量对典型事物进行抽象分析，撇开或舍象了次要的、具体的、复杂的因素，然后在必要的时候再考察次要因素，将一般的结论具体化，由抽象上升到具体。他研究资本主义经济，从纵的方面看，舍象了17世纪、18世纪，只研究19世纪；从横的方面看，舍象了美国、法国、德国、日本等资本主义国家，以19世纪的英国为典型。在研究社会劳动时，又撇开了非实物生产领域，首先研究实物生产领域；对实物生产领域，他也不是研究全部产业，而是以制造业为典型；对制造业，也不是全部研究，而是选纺织业为代表。在《资本论》第一卷中，他根据对19世纪英国制造业，特别是对在当时有决定意义的工业部门——棉纺织业的劳动过程的分析，阐述劳动价值理论，阐明劳动的社会性、均等性，揭示人类一般的抽象劳动形成价值这一原理。由于他集中分析的是制造业的劳动，这又使他在所用的措辞或所下的定义中或多或少带有制造业劳动的典型特点的痕迹。如他讲决定价值量的

社会必要劳动时间是"制造某种使用价值"的时间，劳动过程的产品是有"静的属性""存在的形式"的物品。❶而严格地说，农业劳动就不是制造而是生产粮食；矿业劳动也不是制造而是采掘矿藏；供电部门的产品——电流也不具有"静的属性"的存在形式，而是运动形式，并且不是如同制造业的产品那样的物品。在这一研究阶段上，他规定劳动者必须手脑并用，亲自制造物品，才生产价值。

随着马克思研究的具体化，在《资本论》第一卷第十四章中，他在考察总体工人的劳动时认为，作为局部工人的脑力劳动者，劳动只是"较间接地作用于劳动对象"，并且"不一定要亲自动手"，已参与了价值与剩余价值的创造。这是马克思基于对社会化大生产的总体劳动的新特点的考察，对以直接制造物品的劳动为例所阐述的劳动价值理论的第一次充实和修正。在这里，在一定实物生产领域内为生产某一商品所需的脑力劳动，并没有直接制造物品，就已创造价值。

在《资本论》第二卷中，当马克思的分析范围从生产过程扩大到流通过程时，通过对运输、通信等劳动的分析，并考虑到这些部门的劳动产品的特殊性——不是具有"静的属性""存在的形式"的"使用物"，他对劳动价值理论作了第二次补充。在这里，不生产物品的劳动也创造价值。❷

在《资本论》第四卷及其他著作中，当马克思的思路扩展到服务领域时，他明确肯定服务与物品的交换是"等价物换等价物"，认为服务的提供者只有付给实物产品的所有者一种等价物，才能占有后者的使用价值，而等价物无非就是具有等量价值的东西，在此就是"以服务形式存在的消费品"，所以服务劳动形成价值。❸这是他对劳动价

---

❶ 马克思. 资本论：第 1 卷 [M]. 中共中央马克思恩格斯列宁斯大林著作编译局，译. 北京：人民出版社，1975：52，205. 着重号为引者所加。

❷ 马克思. 资本论：第 2 卷 [M]. 中共中央马克思恩格斯列宁斯大林著作编译局，译. 北京：人民出版社，1975：65，66，168。

❸ 马克思. 剩余价值理论：第 1 册 [M]. 中共中央马克思恩格斯列宁斯大林著作编译局，译. 北京：人民出版社，1975：161；马克思恩格斯全集：第 46 卷上册 [M]. 中共中央马克思恩格斯列宁斯大林著作编译局，译. 北京：人民出版社，1979：464，317；马克思. 资本论：第 1 卷 [M]. 中共中央马克思恩格斯列宁斯大林著作编译局，译. 北京：人民出版社，1975：108。

值理论内容的第三次充实。

当他的视野扩宽到基础科学领域时,他认为作为科学产品的"二项式定理"有价值❶,然而,生产这一"科学价值"的劳动者,并没有被马克思规定非要作为总体工人的一个成员不可,而且很清楚,由于他们从事基础科学而不是应用科学的研究,故其劳动不同于工程师的劳动,并没有固定在总体工人生产的总产品中,但一样形成价值。

由此可见,按照由抽象上升到具体的研究方法,马克思面对以前在纯粹形态下研究时曾加以舍象而现在又进入视野的新对象,实际上是不断地依据其新特点,充实、补充、丰富和发展他自己关于劳动价值理论的抽象分析的;在一些场合,他实际上已不拘泥于原来的提法,甚至采用新的说法。如果以形而上学的观点对待马克思在《资本论》第一卷中关于劳动过程和价值增殖过程说过的话,那么,当代那些提供电子、微波、激光、远红外线等不具有"静的属性"的,因而与制造业的产品很少有共同之处的产品的劳动,以及被马克思明确肯定过形成价值的脑力劳动、保管劳动、运输劳动,是否形成价值,就要打个问号。

其实,上述特征只是制造业具体劳动而不是抽象劳动的特征,因此与创造价值的劳动无关。况且,具体劳动的形式是在发展变化的,在马克思的时代就没有驾驶飞机、制造半导体收音机的具体劳动,更没有操纵电子计算机的具体劳动。因此,即使是将马克思在当时历史条件下,对"劳动过程"作出的这些概括作为判别具体劳动的永恒不变的试金石,也是不妥当的。按照马克思的理论,创造价值的劳动不是具体劳动而是抽象劳动,而抽象劳动不创造使用价值,因此产品的形式是实物使用价值还是非实物使用价值,这同抽象劳动是没有关系的。生产交换价值的劳动,同使用价值的特殊物质无关,因此也同劳动本身的特殊形式无关。所以,认为只有生产物品的劳动才创造价值的观点,是自觉不自觉地将具体劳动当成价值的创造者了。因为只有具体劳动才有特定的目的、操作方式、对象、手段和结果,而抽象劳

---

❶ 马克思.剩余价值理论:第1册[M].中共中央马克思恩格斯列宁斯大林著作编译局,译.北京:人民出版社,1975:377.

动只是人类劳动力的耗费，其产品是无所谓实物或非实物的。可见，把是否生产物品当作是否生产价值的试金石，实际上是混淆了创造使用价值的具体劳动与创造价值的抽象劳动。由于价值实体就是劳动，所以，严格地说，是取得社会形式的劳动形成价值，而不是劳动创造价值。

综上所述，以凝固化的观点对待劳动价值理论，从理论上来看，违反了马克思研究政治经济学的科学方法；从实践上来看，必然脱离现代化大生产的实际。

马克思对其价值理论的四次充实给了人们一个极大的启示：价值作为反映商品经济中劳动交换关系的经济范畴，在社会发展的不同阶段上，不可能是一成不变的。社会劳动本身有一个发展过程，社会劳动交换的内容与重点也随之有一个变化过程，因而价值范畴也必然有一个不断丰富、发展的过程。既然马克思的再生产理论，由于现代经济中新的特点而需适当地发展和丰富，那么，马克思的劳动价值理论为什么不可以这样呢？所以，对服务产品的价值问题的考察，应看作对马克思已作过原则性提示但还来不及展开阐述的原理的进一步研究，是劳动价值理论在第三产业领域的应用。尽管马克思没有来得及对服务产品的价值问题进行详尽研究，但正是他的劳动价值论为这一研究奠定了坚实的基础。

第七章 服务产品的生产过程

在商品经济中，用来交换的服务产品的生产过程是创造非实物使用价值的劳动过程与价值形成过程的统一。这一生产过程与实物产品的生产过程相比，有相类似的共通点，也有相区别的特性。本章主要对这些共性和个性进行分析。

第一节 服务产品的生产概念

一、传统生产概念与服务生产概念

生产概念是经济科学中的重要基本概念，也是涉及第三产业的产业性和第三产业经济学的研究主线——服务产品的生产、分配、交换和消费问题的基本理论问题。

在传统的政治经济学中，"生产"一词通常指实物产品的制造，即改变生产资源的实物形态。生产与非生产的标准在于是否生产物品。基于此概念，只有工农业制造工农业产品的过程才被视为"生产"，不制造物品而从事物品的买卖的商业活动，基本上被划为"非生产"；不直接参与制造实物产品的其他经济行为，如教育服务、科学服务、医疗服务、文艺服务、生活服务等，也被称为"非生产"活动。甚至被马克思列为第四个物质生产部门的货客运输业是否从事"生产"，多年来也因此争论不休。与传统生产概念相联系，工农业劳动被划为"生产劳动"，服务性劳动被划为"非生产劳动"。20世纪80年代后，"第三产业"概念的引进使我国出现了一种奇怪的现象：人们既承认并论证第三产业是"产业"（生产性行业之意），又郑重其事地根据传统的生产概念，研究"第三产业"中的"生产部门"与"非生产部门"的划分，或是自觉不自觉地沿用从苏联引进的所谓"非生产性投资""非生产性基本建设"等术语，将对第三产业的投资和建设称为"非生产"活动，纳入非重点、被压缩之列。

其实，将"生产"一词局限于实物产品的制造，在理论上是片面的、不科学的，在逻辑上是自相矛盾的，在实践上是脱离实际的，甚至是有害的。

从理论上说，生产概念涉及的是人类用一定的资源（投入）创造一定的可以满足人的某种需要的劳动成果（产出）的方式问题。它是人类为了达到满足自身需要的消费目的，通过对人力、物力、财力等要素的组合、投入和有目的的消耗，创造或增加某一使用价值的行为。由于人们的需要既要用实物劳动成果来满足，也要用非实物劳动成果来满足，因此，人们有目的地创造的劳动成果并非只是实物产品，而是愈来愈广泛和大量地包括服务产品。这样，生产概念就应该既包括实物产品的制造，又包括服务产品的提供。所以，从第一产业、第二产业到第三产业，一切提供劳动成果的活动都是生产活动，一切提供劳动成果的部门都是生产部门。其区别仅仅在于，一些活动或部门提供的是实物形式的劳动成果，另一些提供的则是非实物形式的劳动成果。

从逻辑上说，社会经济活动是由生产、分配、交换和消费这四个环节构成的。生产是起点，消费是终点，生产为消费提供物质对象。如果有某种消费对象存在于"终点"，那么必然有相同的对象在"起点"被生产出来。在劳动成果的范围内，不可能无生产而凭空得到某种消费。所以，消费的范围划到哪里，生产的范围也应划到哪里。消费经济学的研究成果和现实生活已令人信服地证明，消费包括实物消费和服务消费两大类。既然"终点"有服务作为对象被投入消费，那么"起点"必定有服务作为对象被生产出来。而工农业并不生产服务产品，这就意味着在工农业部门以外有某些部门在生产服务产品。不然，服务消费就凭空而得，成了"无本之木，无源之水"。这不仅违反了生产决定消费的原理，而且不合逻辑。可见，只要承认有服务的消费，就得顺理成章地承认有服务的生产。

从实践上看，将"生产"一词局限于实物产品的制造，必然会推

第七章　服务产品的生产过程

导出第一、二产业"生产者"养活第三产业"非生产者"的结论。把日益增多的第三产业劳动者视为非生产者，不仅违反实物生产领域和服务生产领域之间交换劳动的实际，而且在客观上造成劳动者之间的尊贵卑贱的划分，以及对第三产业部门及其劳动的轻视。我国第三产业发展落后，除了经济条件的限制外，主观上将它划为"非生产"也是一个重要原因。

因此，劳动成果的形式（实物或非实物）不能当作划分生产与非生产的试金石，只能据以区分实物生产与非实物生产（通称"物质生产"与"非物质生产"）。至于流行的"物质生产"与"非生产"的并列法，它连逻辑规则也违反了。因为，对于正概念"物质生产"而言，负概念是"非物质生产"而不是"非生产"。

根据以上理由，传统的生产概念应予以更新。生产就是对包括实物产品和非实物产品在内的各种劳动成果的创造。只有不提供任何形式的劳动成果，才可称为非生产。

服务产品的生产，是对非实物形式的劳动成果的创造，简称服务生产。在服务生产中，生产的主体是服务生产（劳动）者，生产的客体是服务业劳动资料，生产的对象是服务产品。服务生产者借助一定的劳动资料，创造出一种服务产品供服务消费者消费。据此概念，第三产业中一切创造非实物劳动成果的活动，都是服务生产活动。在这里，生产与否不是根据是否创造物品来判断的，而是根据是否创造服务产品来判断的。例如，商业人员从事商业服务产品的生产，运输人员从事运输服务产品的生产，科、教、文、卫人员则分别从事科学服务产品、教育服务产品、文艺服务产品、卫生服务产品的生产，等等。从事服务产品创造的部门，是服务生产部门。国家统计局划分的第一、二、三、四层次的第三产业部门，基本上是服务生产部门（经济过程的复杂性使其中也混杂了一些实物产品的生产）。

由此可见，传统的生产概念与服务生产概念的主要区别在于：前者以制造有形的物品为生产，后者以提供无形的服务产品为生产。

二、对否定服务生产概念的观点的剖析

对于服务生产和服务生产部门的概念，学术界有几种颇有代表性的否定意见,在这里有必要进行分析一下。

(1)服务部门不生产物质产品,反而消耗物质产品,所以是非生产部门,或曰消费部门。

这一说法的前半句是对的,后半句却是错的。由正确的观点推导出错误的结论,问题首先在于它依据的是大前提错误的如下三段论:

大前提:只有生产物品的部门才是生产部门。

小前提:服务部门不生产物品。

结论:所以服务部门是非生产部门。

在这个三段论里,虽然小前提是真实的(撇开服务部门实际上也生产一些物品的情况不论),但大前提是不真实的,因此结论自然也不真实了。事实上,在物品的生产之外,还存在着比重越来越大、地位越来越重要的服务产品的生产。既然如此,大前提就不应是"只有生产物品的部门才是生产部门",而应是"只有生产物品的部门才是物品生产部门"。从此大前提出发,合乎逻辑的结论是:"服务部门不是物品生产部门"。然而,这只能说明服务部门是非实物生产部门(通称"非物质生产部门"),并没有否定它可以是服务产品的生产部门。在社会分工的条件下,不是物品的生产部门,当然不生产"物质产品"而要消耗"物质产品",这没什么奇怪。正如工农业部门不是服务生产部门,故不生产服务产品而要消耗服务产品一样。重要的是:服务部门虽不生产"物质产品",但生产服务产品;工农业部门虽不生产服务产品,但生产工农业产品。因而,三者均是生产部门。可见,上述推论的结果不能证明服务部门是非生产部门。

此外,笼统地说服务部门是消费部门也是不正确的。首先,服务生产过程本身虽然要消耗其他部门生产的物品(或服务),但这是对作为服务生产过程的生产资料的物品(或服务)的生产性消费,据此,不能断定它是消费部门。正如我们不能根据钢铁厂要消耗矿山生产的煤炭而断言钢铁厂是消费部门一样,除非明确所论的消费对象是煤炭。其次,服务部门的构成人员——服务工作者是在提供而不是在消费(本部门生产的)服务产品。旅店里,服务员不是在消费而是在提供客房服务;医院里,医生不是在消费而是在提供医疗服务;剧院里,演员不是在消费而是在提供文艺服务。消费这些服务的是顾客（旅客、病人和观众），而顾客根本不是服务部门的构成人员，怎可据此说服务部门是消费部门呢？其实，这是混淆生产行为与消费行为、生产者与消费者、生产领域与消费领域。这种逻辑如果能成立，我们岂不是也可以说，游客交款后可以自由采果吃的果园是消费部门，即烤即卖即食的面包作坊也是消费部门吗？某些消费者在场的第一、二产业不也成了消费部门吗？

（2）马克思在其经济著作中，多处将服务与非生产劳动相提并论，可见服务劳动是非生产劳动。

这一说法的前半句提及的确有其事，但结论同样不能成立。其原因就在于论者忽略了一个重要问题：马克思在提到服务是非生产劳动时，所使用的是什么涵义的"非生产劳动"？是生产劳动的一般定义（生产力方面的），还是生产劳动的特殊定义（生产关系方面的）？我们知道，"生产劳动一般"指的是人类在自然形态下从事的生产产品（含非实物产品）的劳动；"生产劳动特殊"指的是人们在某一特定社会形态下从事的反映该社会特性的、生产产品（含非实物产品）的劳动。如果我们仔细研究一下马克思对生产劳动问题论述较多的经济著作，就不难发现，马克思确认某些服务是非生产劳动的必要条件是：这些劳动"不同资本交换，而直接同收入即工资或利润交换"。❶例如，在《剩余价值理论》第一册中，马克思论及服务是非生产劳动的约有24处。其中有20处同时提到这些服务同收入而不是同资本交换，因而不从属于资本；❷4处以服务不固定、不物化在耐久的物品上为由称之为非生产劳动，但行文却清楚地表明这是他转述斯密的措辞，并不是表述自己的意思。❸相反，在另外4处，服务由于同资本交换而

---

❶ 马克思．剩余价值理论：第1册[M]．中共中央马克思恩格斯列宁斯大林著作编译局，译．北京：人民出版社，1975：148.

❷ 马克思．剩余价值理论：第1册[M]．中共中央马克思恩格斯列宁斯大林著作编译局，译．北京：人民出版社，1975：149-437.

❸ 马克思．剩余价值理论：第1册[M]．中共中央马克思恩格斯列宁斯大林著作编译局，译．北京：人民出版社，1975：153-165.

被他确定为生产劳动❶。在《经济学手稿（1857—1858年）》中，马克思明确提到服务是非生产劳动的约有11处，理由都是相同的——它只同收入而不是同资本交换！❷再看《直接生产过程的结果》，服务被马克思称为非生产劳动的主要有1处，原因也仅仅是——它同收入而不是同资本交换。❸

综合分析马克思对服务劳动的性质的主要论述，可以很清楚地看到，马克思并非是在"生产劳动一般"的涵义上将服务劳动划为非生产劳动的；他断定某些服务劳动是非生产劳动，不是因为它没有生产物质产品，不是因为它是"非物质生产劳动"，而是因为它不是同资本交换的劳动，从而不是增殖资本的劳动，即它没有反映资本主义生产的特征。这与当时的服务部门极少从属于资本主义生产的事实是吻合的。显然，这里依据的是（资本主义社会的）"非生产劳动特殊"的涵义，它"不是从劳动的物质规定性（不是从劳动产品的性质，不是从劳动作为具体劳动所固有的特性）得出来的，而是从一定的社会形式，从这个劳动借以实现的生产关系得出来的"。❹马克思认为，如果服务经营的条件改变了，服务"作为活的要素来代替可变资本价值和合并到资本主义生产过程中去"❺，服务劳动者直接生产资本，那么，服务劳动就是资本主义的生产劳动特殊。当代西方发达国家中从属于资本主义生产方式的第三产业的服务，就是这样一种生产劳动。这是马克思已经预见到的。进一步说，社会主义社会中属于社会主义生产方式的服务劳动，当然是（社会主义的）生产劳动特殊。

---

❶ 马克思.剩余价值理论：第1册[M].中共中央马克思恩格斯列宁斯大林著作编译局，译.北京：人民出版社，1975：150，165，432，445.

❷ 马克思恩格斯全集：第46卷上册[M].中共中央马克思恩格斯列宁斯大林著作编译局，译.北京：人民出版社，1979：229-467.

❸ 马克思.直接生产过程的结果[M].田光，译.北京：人民出版社，1964：107-108.

❹ 马克思.剩余价值理论：第1册[M].中共中央马克思恩格斯列宁斯大林著作编译局，译.北京：人民出版社，1975：148.

❺ 马克思.直接生产过程的结果[M].田光，译.北京：人民出版社，1964：107.

可见，将服务劳动与非生产劳动画等号，不是马克思的观点。在马克思看来，从生产关系的角度来考察，在"生产劳动特殊"的论域内，服务劳动可以是生产劳动，也可以是非生产劳动，关键的问题在于它是否从属于决定当时社会性质的生产方式。如果无视马克思分析"生产劳动特殊"的具体条件，笼统地推论出服务劳动（无论在何种条件下）都是非生产劳动的结论，就难免失之片面，也违反了马克思的原意。

另外，从生产力的角度来考察，在"生产劳动一般"的论域内，"以产品或某种使用价值为结果的一切劳动，一般地以某种成果为结果的一切劳动"❶，是生产劳动。服务劳动由于创造出非实物使用价值，取得非实物劳动成果，因而是生产劳动一般。第三产业经济学以服务生产的一般规律而不是在特定社会的特殊规律为研究内容，应采用生产劳动一般的概念。在这一范围内，服务劳动当然是生产劳动。这一结论同马克思关于以非资本主义生产方式经营的服务是"非生产劳动特殊"的结论，是并行不悖的。所以，将服务劳动与非生产劳动画等号是不妥当的；由此推论第三产业是非生产部门，也是难以站得住脚的。

（3）第三产业是流通部门，而不是生产部门。

不少学者在论证第三产业的地位和作用的重要性时，往往以流通对生产有反作用（或决定作用）为立论依据，似乎第三产业与第一、二产业的关系，就是流通与生产的关系；有的专著还明确地将第三产业的（狭义）服务业，如旅业、饮食业、理发业、洗染业、浴池业、照相业、修理业、家庭服务业、保育业、旅游业、公共交通业、邮电业、科技咨询业、设计业等，列为"流通部门"。❷ 为数不少的文摘资料和检索工具书，也依据第三产业属流通部门的思路，将研究第三产业的论文、资料归入"商业企业"或"财贸经济"的类别中。

---

❶ 马克思. 直接生产过程的结果 [M]. 田光，译. 北京：人民出版社，1964：106.

❷ 王绍飞，张卓元. 我国流通部门的发展战略 [M]. 北京：中国社会科学出版社，1985.

这些观点虽然在粗略和通俗的意义上可以为人们所接受，但它是不够严密、不够周全的。它依然被以实物产品为中心来划分生产、分配、交换和消费的旧观念所束缚，实际上以物品的流通概念否定了服务产品的生产概念及其独立的生产过程。

流通，是指人类的生产成果由生产领域向消费领域的运动过程。实物产品和服务产品的并存，决定了经济过程中有两种生产、两种消费和两种流通，即实物产品的生产、流通、消费和服务产品的生产、流通、消费。二者的运动对象、运动路线各不相同，但在某些环节上有交叉：部分服务产品（如商业服务、运输服务、仓储服务等）具有的实现劳动成果由生产领域向消费领域运动的功能，使得这些服务产品的生产过程同时构成其他产品的流通过程，二者环节呈交错状态。例如商业服务产品的生产过程（商业人员提供商品购销服务），同时构成实物产品的流通过程（商业服务的提供使待售实物商品由生产领域向消费领域运动），或是构成服务产品的流通过程（如游乐场的"商业人员"——售票员的门票买卖服务，使游乐服务由生产领域向消费领域运动）。但是，不能据此笼统地说，第三产业是流通部门而不是生产部门。因为创造劳动成果的部门是生产部门，促使劳动成果由生产领域向消费领域运动的部门是流通部门；所论的劳动成果不同，生产部门与流通部门的划分就不一样。以电视机的销售为例，销售电视机的商店里实际上有两种劳动成果——有形的实物产品（电视机）和无形的服务产品（商业服务产品）。如所论的是实物产品的运动，以电视机的运动轨迹为中心划分生产和流通，那么，销售中的电视机因正由生产领域（工厂）向消费领域（用户）运动，所以，当然处于流通领域中；商店不生产电视机，但实现了电视机的上述运动，所以是流通部门而不是生产部门。但在作这一判断时一定要注意：所论的是实物产品的运动。

如果所论的是服务产品的运动，以商业服务产品的轨迹为中心划分生产和流通，那么情况就不一样了。假定商店售货员专管电视机由柜台到顾客手中的运动，收款员专管售出电视机的收款，那么，售货员的上班站柜台，接待顾客，介绍商品的性能，将商品交到顾客手中，这些活动是创造商业服务产品的生产行为。从这一角度看，商店是商

第七章 服务产品的生产过程

业服务产品的生产部门。实际上，这些商业服务产品是附在电视机中一起卖给顾客的（商业服务产品的价格在实际上并不单独列出，而是附加在电视机本身的价格上）。促使商业服务产品由生产领域（商店）向消费领域（由购货的顾客构成）运动的是商店中的收款员，因此收款台（和财务室）是商业服务产品的流通部门。当然，收款员本身也在提供一种服务产品——收款服务产品或财会服务产品，而且将它卖给顾客，故收款台和财务室同时又是收款服务产品的生产部门和流通部门。这样看来，商店又是服务产品的流通部门。对于一人兼任售货员和收款员二职的情况，上述分析也是适用的，只要在理论上抽象地将其工作分为两部分便可。

运输服务也是如此。对所运的货物而言，运输公司是流通部门；对运输服务产品而言，运输公司是生产部门兼流通部门。第三产业的其他部门，一般地也是服务产品的生产部门与流通部门的结合体。因此，笼统地称之为流通部门是不妥当的。如果将商业、运输业等部门说成流通部门，虽有含混之嫌（没有指明所论的是何种产品并作不同区分），但还勉强可以说得过去的话（国家统计局对第三产业第一层次"流通部门"的划分正是基于此思路），那么将并没有实现实物产品流通的功能的服务部门，如理发、洗染、照相、修理、浴池、旅店、旅游、家务、保育、科技咨询、设计等行业，也说成流通部门，就实在是文不对题了。这些部门生产的服务产品，并非像商业服务产品那样用于满足人们对流通的需要，而是直接满足人的生理、精神需要，如理发服务产品满足美容需要，旅游服务产品满足身心享受需要，科技咨询满足智力需要等，因此，其主要职能并非是"媒介生产与消费"。在这些行业中。服务产品的生产过程和买卖过程虽同时发生，但买卖活动与创造服务产品的活动相比❶，无论是在服务人员方面，还是在劳动时间方面，比重都小得多。比如，理发员用30分钟生产一次理发服务产品，只需几秒钟的动作（收款）就可卖出它；生产一次导游服务往往要数天，而出售它（出售旅游票）很可能只需要几分钟；

---

❶ 提供买卖服务本身就是在创造服务产品，这里只是为了分析的方便才作此区分。

一个数百人的设计院，也许只需几个专管设计收费（服务买卖）的人员。可见，买卖关系在这些行业中并不占"主要地位"，这些行业的性质与商业相比，差别甚大。难道我们可以说，理发业的主要职能是"媒介"理发剪的生产与消费，旅游业的主要职能是媒介汽车、游乐场的生产与消费，旅业的主要职能是媒介床铺的生产与消费，所以它们均为流通部门吗？若是如此，岂不是也可以说，农业媒介化肥的生产与消费，钢铁业媒介铁矿和煤炭的生产与消费，电子工业媒介电子元件的生产和消费吗？这样岂不是所有部门都可以纳入"流通部门"了吗？

由此可见，将第三产业说成流通部门是不严密的、含混的。准确的说法是：第三产业是服务产品的生产部门，同时又是服务产品的流通部门；某些第三产业部门由于其服务产品具有媒介生产与消费的功能，因此又是服务产品的生产部门与实物产品的流通部门的辩证统一。

上述的论述从正反面说明了服务产品的生产概念及相应的服务产品生产部门的概念是可以成立的。

第二节 生产服务产品的劳动过程

既然服务产品的生产范畴可以成立，我们就分析其生产过程。从创造使用价值的角度考察，生产服务产品的劳动过程（简称服务劳动过程）是具体劳动创造非实物使用价值的过程，是人和人文自然及一般自然之间物质变换的过程，也是服务劳动力发挥作用的过程。

一、服务劳动过程的简单要素

与生产实物产品的劳动（简称实物劳动）过程相仿，服务劳动过程也有三个简单要素：有目的的服务活动或服务劳动本身、服务劳动对象和服务业劳动资料。

1. 服务劳动本身

马克思曾指出，劳动是人和自然之间的过程，是人以自身的活动来引起、调整和控制人和自然之间的物质变换的过程。[1] 联系上下文不

---

[1] 马克思.资本论：第1卷[M].中共中央马克思恩格斯列宁斯大林著作编译局，译.北京：人民出版社，1975：201-202.

难看出，这并非是对一切劳动所下的定义，而只是对工农业劳动的概括。人类为了在对自身生活有用的形式上占有客观对象，不仅可以使劳动力作用于他身外的自然并改变自然，而且可以使劳动力作用于他身外的人文状态❶并改变人文状态，形成某种与自然实物相区别的非实物形态的客观对象。这样，除以改变自然物质的形态为特征的工农业劳动之外，还有一种以改变"人文物质"的形态为特征的劳动。它是人与社会、自然之间的过程，是人以自身的活动来引起、调整和控制人与人之间的物质变换，改造非实物形态的客观对象的过程。我们把这一过程称为服务劳动。

服务劳动本身并不创造实物产品，它之所以成为一种物质变换过程，是由于：①服务劳动者通过他身上的自然力——臂、腿、头和手等的运动，引起他人身心状态发生变化并满足其需要的过程，实质上是服务劳动者与顾客之间的一种能量传递，这是人与人之间的一种物质变换过程（此处撇开自我服务不论，下同）；②服务劳动者的劳动力发挥作用，往往要借助某种实物形式的自然力的作用，这是人与自然间的物质变换过程；③服务劳动者向劳动过程投入劳动力和自然力，为社会提供某种产出，投入变为产出也是一种物质变换过程；④产出成果——服务产品虽不是实物，但仍属一种物质状态（参见第四章"服务产品"）。因物质不能被创造或消灭，只能由一种形式变为另一种形式，故服务产品是在物质变换中发生形态变化的。

2. 服务劳动对象

在实物劳动中，劳动对象是劳动力加于其上的客体，包括天然存在的劳动对象（如土地、矿山）和经劳动加工的劳动对象（如钢铁）。在服务劳动中，劳动对象是什么？

第一种意见认为，服务劳动对象是顾客（即接受服务者）。其理由为：服务人员面对顾客劳动，其劳动加在顾客身上。这种说法听起

---

❶ 指由人这种活的有意识的自然物构成的物质状态。马克思曾指出：人本身单纯作为劳动力的存在来看，也是自然对象，是物，不过是活的有意识的物（《资本论》第1卷第228页）。人文状态既是一种社会状态，也是一种物质状态，可称为"人文物质"，它区别于自然状态、自然物质而存在。

来蛮有道理，但仔细一分析就发现它经不起推敲。其一，劳动对象经过劳动"加工"后就变为产品，难道顾客会变成第三产业的产品吗？其二，服务劳动的目的是要生产一个能满足顾客需要的成果供顾客消费，因此这个成果必须区别于顾客而存在。如果顾客是劳动对象，那么岂不是生产出"加工"了的顾客供顾客消费吗？可见，如果承认顾客是消费者，那么服务劳动对象就不可能是顾客，而是介乎服务人员与顾客之间的某种对象。

第二种意见认为，服务劳动对象就是（服务人员要向顾客提供的）非实物使用价值。但是，这种非实物使用价值尚有待于服务劳动来创造，尚待创造的东西怎么可以说是服务劳动对象呢？况且，服务劳动成果正是非实物使用价值，如果服务劳动对象是非实物使用价值，那么它岂不是无须"加工"（即在其上施加劳动）便可以成为劳动成果吗？连劳动也不必进行了，又何来劳动对象呢？可见，服务劳动对象必须区别于服务劳动产品而存在。它应该是尚未"成型"的，有待于"加工"为成品的对象。

第三种意见认为，在商业、货运业中，服务劳动对象是所卖或所运的货物。固然，商业和货运业的劳动从其直观动作看是施加于货物上的，说货物是劳动对象似乎无懈可击。但是，如果承认货物在此是服务劳动对象，则劳动成果作为被加工了的劳动对象就只能是被出售或被搬运的货物，而不是区别于货物的服务产品。这就会推论出服务产品不可能独立存在的结论！为了理论体系的严谨，显然有必要进行理论抽象，将此类操作分解为两个阶段：服务劳动力作用于某种劳动对象上，先形成一个服务产品，然后附加在货物上。❶ 这样一来，服务劳动对象也只能是介乎于劳动者与货物之间的某种对象。

第四种意见认为，表演艺术服务、科学服务的劳动对象是某种实物载体——空白的录音带、录像带，待书写描绘的纸张，待印刷的书页等。但科研工作者、表演艺术工作者无此载体也可进行同样的劳动，

---

❶ 马克思在分析货运业时也使用这一抽象法，他认为货运业生产出场所变动的效用，效用的价值再"转移到"所运货物中去（《资本论》第2卷第66页）。

如科学家可以用大脑思考某项发明，用言语动作回复某项咨询；表演艺术家在无音像记录的舞台上的演出同样精彩。这岂不是说他们可以进行无劳动对象的劳动？不然。这一事实恰好反证了科研、表演艺术服务的劳动对象并非是上述实物载体。科研劳动力耗费在探索某种自然规律或社会规律上，文艺劳动力的发挥为的是表现某种美感。上述实物载体只不过是记录这些活动和成果的一种辅助手段。与其说它们是服务劳动对象，不如说它们是服务劳动手段，或是磁带录制厂或印刷厂工人的劳动对象。

从上面的分析可以看出，服务劳动对象并非可以轻而易举地乱说一气。弄得不好，就有可能由此否定服务产品的客观存在，第三产业经济学也失去了其理论基石。那么，服务劳动对象是什么？我们可以这样推想，服务产品是非实物劳动成果，劳动成果是无形的，决定了被加工的劳动对象也不可能是有形的。根据上述分析，服务劳动对象是介乎服务劳动者与顾客（或货物）之间的某种客观对象，而这种客观对象不可能是任何"成型"的非实物使用价值。这样，服务劳动对象就有了四个特征：①无形的；②介乎生产者与消费者之间；③尚未"成型"有待于"加工"成产品的；④服务劳动力加于其上的。根据以上特征，我们可以将服务劳动对象分为两类情况来讨论。

一类是科研服务的劳动对象。在科研活动中，科研劳动是围绕科研课题展开，并加诸其上的；有了科研课题，科研服务劳动就可以进行；而且，课题既是无形的，又是介乎生产者与消费者中间的；它也是未"成型"的：一旦"成型"，科研课题就转化为科研成果了。因此，科研课题有较多的理由被认为是科研服务劳动对象。

另一类是非科研型服务的劳动对象。在这里，服务产品是与服务过程结合在一起的。服务过程虽然寓存着服务产品，但它并不等于服务产品；过程本身是一个客体，存在于生产者与消费者之间，且采取非实物形态，也不包含与产品"成型"程度相等的意义。如果说服务过程被加工为服务产品，那么，无论是从产品与过程的时空关系、成型关系看，还是从劳动力与后二者的关系看，都易于为人们所接受。因此，服务过程有较充分的理由被认为是非科研型服务的劳动对象。

科研型服务与非科研型服务的劳动对象之所以有此区别，原因在于这两种服务劳动有差异：科研型服务劳动在很大程度上是一种脑力劳动，其成果既可以表现为服务过程，也可以体现在实物上。如果上述两个条件均不具备，它甚至可以保存在脑中，以思维形式存在。因此，课题对于科研劳动是重要的；服务过程对于科研劳动来说，却不是劳动得以进行的必备要素。非科研型服务劳动的成果则不能以思维形式存在于脑中，它自然不能以区别于服务过程而存在的课题为劳动对象了。当然，这个问题还有待进一步探讨。

在服务劳动对象中，同样存在着未经加工的劳动对象与经过劳动加工的劳动对象的区分。后者也可以在此意义上称为服务生产的原料。例如，经研究取得一定进展但尚未成功的科研课题，甚至是失败了的但从反面为人们提供了教训的课题，就是新的科研服务劳动的原料。在非科研型服务劳动中，半途而废但对后继者的劳动接续有一定作用的服务过程，阶段性服务过程，均可视为新的服务劳动的原料。此外，服务产品也可成为实物生产的原料，如在生产记录艺术演出的录音带、录像带的场合。

3. 服务业劳动资料

服务业劳动资料是人们在服务劳动过程中用以改变或影响服务劳动对象的物（含物品和服务）或物的综合体。它是服务劳动借以改造服务劳动对象的手段，也可称服务劳动手段。

传统经济理论在劳动资料问题上有两个框框：其一，劳动资料的概念只与物质生产相联系，在非物质生产领域没有劳动资料，而只有消费品。❶ 其二，只有实物才能充当劳动资料，非实物不能成为劳动资料。随着第三产业的发展，这两个框框都应该突破。对第一个框框，其实马克思已在一定程度上作了突破。虽然他在《资本论》中舍象了服务劳动，对劳动资料所下的定义只是针对工农业劳动而言的，也没有正式使用过"服务业劳动资料"的概念，但这并不意味着劳动资料的概念不可应用于第三产业。马克思就使用过"精神生产资料"❷的提

---

❶ 沙洛特科夫. 非生产领域经济学 [M]. 蒋家俊, 马文奇, 沈越, 译. 上海：上海译文出版社, 1985：57.

❷ 马克思恩格斯全集：第 3 卷 [M]. 中共中央马克思恩格斯列宁斯大林著作编译局, 译. 北京：人民出版社, 1960：52.

法；在研究服务生产时，他提及"非生产劳动者（指非物质生产劳动者——引者注）的生产资料"——提琴师的提琴❶；他还认为用于运载旅客的运输工具也是"生产资料"❷。在第三产业迅速发展的当代，大量的财力、物力投入第三产业领域，用以生产服务产品。为了研究服务劳动过程的这些客观条件，并将它与主观条件、产出成果相比较，探讨第三产业的劳动过程的规律性，我们完全可以在与实物生产作类比的意义上提出并使用服务业劳动资料这一概念。至于一件产品是当生活资料还是生产资料，不能抽象地空谈，而必须将它放在经济生活的现实中，考察其地位和作用：用于个人消费的产品是消费资料，用于生产消费的产品是生产资料。服务劳动过程存在着的物或物的综合体是为创造产品而被消耗的，即生产性地消费的，因而是生产资料而不是消费资料。

至于第二个框框，也越来越明显地被当代经济"软化"的客观现实所突破。如果劳动工具、原料等物体构成劳动过程的"硬件"，那么投入劳动过程的科学服务、信息服务、交通服务、技术服务等非实物则构成劳动过程的"软件"。在现代社会生产中，信息成为重要的战略资源，"软件"的作用越来越重要，比重也越来越大，此谓经济的"软化"。一块硅片的价值微不足道，但加诸大量科研服务、信息服务变成集成电路后，其身价顿增千百倍。因此，作为影响、改变劳动对象的物质手段，服务产品也构成实物生产和服务生产过程的劳动资料。我们所说的劳动过程中用以改变或影响服务劳动对象的"物或物的综合体"，就包括实物和服务这两类"物"。

劳动资料概念的更新，扩大了人们的视野，改变了人们的一些传统观念。

首先，投入服务生产领域用以生产服务产品的劳动设施、劳动工具和物料，包括不少过去一直被视为"消费品"的物品，均为服务业

---

❶ 马克思.剩余价值理论：第 1 册 [M].中共中央马克思恩格斯列宁斯大林著作编译局，译.北京：人民出版社，1975：180.

❷ 马克思.资本论：第 2 卷 [M].中共中央马克思恩格斯列宁斯大林著作编译局，译.北京：人民出版社，1975：66.

劳动资料。例如，从教育部门看，不仅教学大楼、课室、黑板、粉笔、桌椅和仪器设备等物品是教育服务业劳动资料，而且教学用的图书、资料，备课用的纸、笔、墨，也是服务业劳动资料。❶ 从文艺部门看，剧院、舞台、道具、布景、服装、化妆品等，均是文艺服务业劳动资料。从卫生部门看，医院、病房、病床、医疗器械等，是医疗服务业劳动资料。科研部门的仪器设备，交通部门的车、船、飞机，通信部门的通信设备，生活服务部门的旅店、客房、浴池、理发工具、维修工具等，都是服务业劳动资料。

其次，投入服务生产领域的一些有助于新的服务产品的形成的非实物劳动成果——服务产品，如科研服务、信息服务、交通服务、通信服务等，也是服务业劳动资料。不过，为了不造成混淆，用来生产服务产品的劳动资料（含实物形式和非实物形式两种）可称为服务业劳动资料；以服务形式存在的劳动资料可称服务型劳动资料，或服务劳动资料。

以上的三个简单要素，在服务劳动过程中，就这样联系起来：人的服务劳动借助服务业劳动资料，使服务过程或课题（服务劳动对象）不断转化为非实物使用价值；服务劳动物化在非实物使用价值上，创造出服务产品。与实物劳动过程不同的是：在实物劳动过程中，劳动的物化是一种实物化，即劳动凝结在实物使用价值上，"在劳动者方面曾以动的形式表现出来的东西，现在在产品方面作为静的属性，以存在的形式表现出来"。❷ 在服务劳动过程中，劳动的物化是一种非实物化，即劳动凝结、体现在非实物的使用价值上，所以，在服务劳动者方面以动的形式表现出来的东西，现在在产品方面仍作为动的属性，以运动的形式表现出来，形成了具有非实物性、非贮存性、非移动性、生产消费时空同一性等特性的服务产品。简言之，活动形式的劳动转

---

❶ 为了使教育领域里劳动力与劳动资料相结合，学校不仅应向教师提供校舍课室等劳动资料，也应提供图书等劳动资料。这正是教师在借阅图书馆图书外，有必要自行掌握适量专业书报资料费的理论原因。

❷ 马克思.资本论：第 1 卷 [M].中共中央马克思恩格斯列宁斯大林著作编译局，译.北京：人民出版社，1975：205.

化成了运动形式的使用价值。

如果从整个过程的结果的角度,即从服务产品的角度加以考察,那么,服务业劳动资料和服务劳动对象表现为服务业生产资料,服务劳动本身则表现为生产劳动。

在生产资料概念扩充后,应该注意,用来生产服务产品的生产资料(含实物形式和非实物形式两部分)是服务业生产资料;以服务形式存在的生产资料是服务型生产资料,或服务生产资料。

二、服务劳动过程的本质和特点

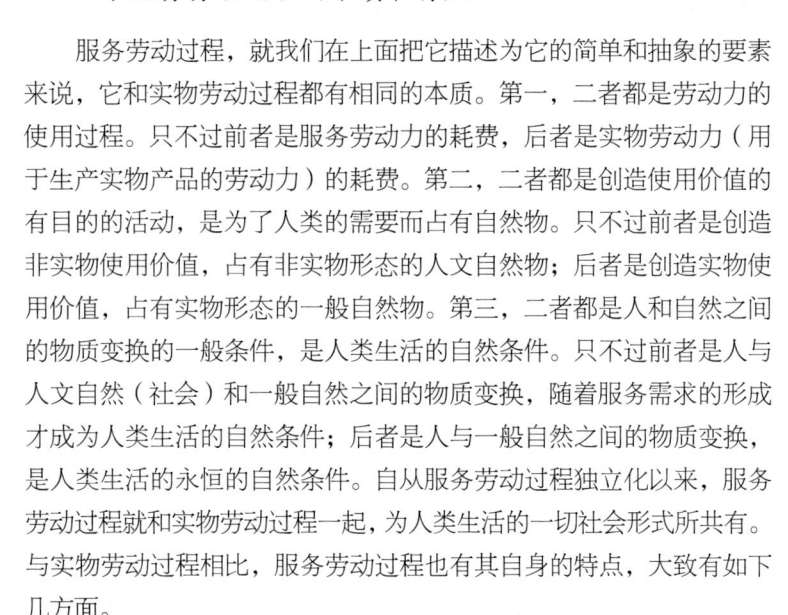

服务劳动过程,就我们在上面把它描述为它的简单和抽象的要素来说,它和实物劳动过程都有相同的本质。第一,二者都是劳动力的使用过程。只不过前者是服务劳动力的耗费,后者是实物劳动力(用于生产实物产品的劳动力)的耗费。第二,二者都是创造使用价值的有目的的活动,是为了人类的需要而占有自然物。只不过前者是创造非实物使用价值,占有非实物形态的人文自然物;后者是创造实物使用价值,占有实物形态的一般自然物。第三,二者都是人和自然之间的物质变换的一般条件,是人类生活的自然条件。只不过前者是人与人文自然(社会)和一般自然之间的物质变换,随着服务需求的形成才成为人类生活的自然条件;后者是人与一般自然之间的物质变换,是人类生活的永恒的自然条件。自从服务劳动过程独立化以来,服务劳动过程就和实物劳动过程一起,为人类生活的一切社会形式所共有。与实物劳动过程相比,服务劳动过程也有其自身的特点,大致有如下几方面。

(1)劳动阶段分期不同:生产精神型服务产品的服务劳动过程往往包含有显著区别的前期劳动阶段和后期劳动阶段。

实物劳动过程包含着诸如"机器加油"和"机器运转加工"这样的前后两个阶段。与此类似,服务劳动过程也往往包含前期劳动阶段和后期劳动阶段:前期是生产半成品的预备阶段,后期是生产可投入消费的最终产品的正式阶段。但服务劳动过程(尤以生产精神型服务产品的服务劳动过程为典型)这两个阶段的区分,与实物劳动过程相比,往往有较大差别。

从时间上看，服务劳动过程的前期劳动阶段随着最终产品的复杂程度的提高而延长，尤其是对于精神型服务产品来说，它一般不可"招之即来"，在瞬间便随意生产出来，而往往需经较为长期的酝酿、构思、探讨、摸索的劳动才可形成。相应地，前期劳动阶段就较长，甚至超过后期劳动阶段。"台上一分钟，台下几秋冬。"表演艺术家台上一个精彩动作（后期劳动中生产的），常常需经台下数天、数月甚至数年的前期劳动的探索和排练；演说家、教师几十分钟的演说、讲课，通常需要数倍时间研究、准备讲稿（腹稿或书面的），或钻研教材，准备教案（口头或书面的）；科学家提供只有几分钟的科技咨询，"手到病除"的技术服务也许凝聚了他自己几十年探索成果的精华。而实物劳动过程的前期劳动阶段，一般地说远远短于后期劳动阶段。

从地点上看，由同一服务劳动者参加的服务劳动过程的前期劳动阶段与后期劳动阶段的劳动场所往往并不相同。一般地说，前期劳动阶段的劳动场所，对于表演艺术家来说，是排练场（当然也可在舞台上彩排）；对于演说家来说，是办公室；对于教师来说，是教研室；对于科学家来说，是实验室。不仅如此，在前期劳动以脑力劳动为主的情况下，劳动场所往往延伸到脑力劳动者的家中，甚至是旅途中、工余饭后。后期劳动阶段的劳动场所，对于表演艺术家来说是舞台；对于演说家来说，是讲台；对于教师来说，是教室；对于科学家来说，是咨询处，或是应用技术的现场。而由同一实物劳动者参加的实物劳动过程的前后阶段的场所一般是相同的。

从劳动成果来说，服务劳动过程的前期劳动阶段生产的是半成品，如演员的表演心得、技巧，演说家的腹稿或书面稿，教师的教案，科学家的科技诀窍等。虽然在另外的特殊场合，这些半成品也可以实物化，以文字或图像形式变为实物形式的成品，但对于我们所论的特定的服务劳动过程来说，只有经过后期劳动的配合，这些半成品才能转化为最终产品，直接投入生活消费，或再度转化为另一劳动过程的中间产品，投入另一生产消费中。对整个服务劳动过程而言，后期劳动阶段生产的是最终产品。同时，上述服务劳动过程中前期生产的半成品对后期生产的成品的质量有举足轻重的作用。而实物劳动过程的前期劳动阶段的成果一般只起辅助作用。

从消费者的位置来说，服务劳动过程的前期劳动阶段劳动成果的半成品性质，决定了它尚不可投入消费，消费者就无必要在劳动现场出现；半成品以书面或思维形式存在，待投入后期劳动阶段后才加工为成品——服务产品。服务产品的非贮存性则决定了消费者必须在后期劳动阶段的现场出现，随时参与产品的消费（这就产生了服务劳动过程的第二个特点）。而实物劳动过程，无论是前期还是后期阶段，都不需消费者在场。可见，产品复杂的服务劳动过程的两个阶段的区分与实物劳动过程的"加油"与"运转"阶段相比，有很大的特殊性。需要指出，对于产品并不十分复杂的服务劳动过程，如理发服务、浴池服务、运输服务等，其前期劳动过程在整个服务过程中的比重并不大，故可以将后期服务过程近似地视为整个服务过程。就此而言，它与实物劳动过程有较大相同点。

（2）必要前提不同：服务产品的消费者在场是生产最终产品的服务劳动过程存在的必要前提。

实物产品的可贮存性、可转移性决定了最终产品可以在劳动过程结束后以各种合适的方式，在适当的时间内转移到消费者手中，故实物劳动过程的存在无须以消费者在场为前提。而服务产品的非贮存性、非转移性使服务产品在服务劳动过程❶结束时即告消失，如果消费者（在生产消费的场合是另一生产过程或其代表，在生活消费的场合是人或消费过程）不在服务劳动现场，服务产品也不是用于自我消费的（如艺术家唱歌自我欣赏），那么服务劳动过程就没有必要存在。当然，不排除服务业明知消费者不在场却同样耗费劳动力和劳动资料，进行徒劳无功的服务劳动的可能性，如出租车司机故意开空车，旅店故意经营空房等。这种反常现象虽然也可以抽象地认为是生产出无人消费的服务产品，但实际上无人消费的服务产品马上消失了，故对社会来说，等于没有生产出产品，或等于只是进行了无效的服务劳动。所以，消费者在场，成为正常的服务劳动过程存在的必要前提。科学咨询服务以接受咨询者在场为前提，技术服务以采纳技术的生产过程

---

❶ 这里指的是服务劳动过程中后期劳动阶段，即服务人员向顾客提供作为成品的服务产品的阶段。至于前期阶段当然不在此列。

在现场为前提，卫生、教育、演出服务则分别以病人、学生、观众的在场为前提。至于邮电服务和货运服务，其劳动过程同样是以消费者的在场为前提的。只不过因这些服务劳动过程的地域覆盖面较大（包括由邮电通信和运输的起点到终点涉及的区域），故"在场"的范围也大得多：消费者在家中或在工厂里，已有可能被上述服务劳动过程所覆盖。

服务劳动过程的这一特性，使服务产品质量难以在"出厂"前加以控制，顾客无法预先挑选服务产品，只能在现场接受服务生产的既成事实，甚至当质量低劣、不合规格的服务产品生产出来时，也不得不消费它。因此，第三产业的质量管理更加重要。不过，质量差的服务部门虽可得利于一时，却失去了顾客，将会因顾客"用脚投票"而受到惩罚。服务劳动过程这一特性，还很容易使人误以为顾客也参与服务生产过程。其实顾客是以消费者而不是生产者的身份出现在服务劳动现场的，他不是为了创造服务产品而只是为了随时消费这种稍纵即逝的产品才出场的。因此，虽然他处于服务劳动过程现场，但并不构成服务劳动过程的内在要素，并非参与服务劳动或生产过程。

（3）需求环境不同：服务劳动过程的持续性和效率直接受需求状况影响。

在实物劳动过程中，实物产品的贮存和转移会在生产和需求间起缓冲作用，使需求状况只是间接地、相对迟缓地影响劳动过程的持续性和效率。即使现时需求消失了，但上期的需求量仍能使劳动过程持续一段时间，由开工率制约的劳动效率也可暂不受影响。在服务劳动过程中，服务产品的非贮存性和非转移性使生产和需求间缺乏缓冲机制，因而服务劳动过程的持续性和效率直接地、立竿见影地受需求状况的影响。这主要表现在两个方面。

其一，服务劳动过程常因需求量不均衡而中断，转化为服务生产要素的等待状态或闲置状态。其形成过程是：服务生产要素即服务人员和服务业生产资料一经配备便处于相对稳定状态，不可能依需求量的增减而随时变化，这使服务产品的生产能力基本为一个常量。但是服务产品的需求量却是一个变量，它是时间的函数，相对集中于某些季节，或一周中的某些天，或一天中的某些时刻，形成服务需求的淡季与旺季、"淡时"与"旺时"。即使在同一天发生的服务需求量，往往也不是均衡分布的。旅游、旅业、交通、电信、饮食、娱乐等服务行业尤为突出。而服务业不能按淡季的需求量来配置生产要素，也不可能将淡季生产的过剩的服务产品贮存到旺季，或转运到需求旺盛地区。若客源不足，服务业只能让部分服务生产要素闲置起来，停工待客。这时服务劳动过程中断，转化为等待状态。这一等待状态是由服务产品非贮存性的特点决定的，在一定范围内是必要的。从需求的产生时间和满足方式看，服务部门也有必要在服务劳动过程之外保持适当的等待过程。因为：众多顾客对服务产品的需求具有统计规律性，它表现为服务需求的淡旺季（或日）；单个顾客服务需求时间大多具有随机性，但随机发生的服务需求却希望随时得到满足。如果服务部门的生产能力恰好与现时的服务消费能力相一致，那么，必然会将随机到达的新顾客拒之门外。就此而论，服务部门因服务产品不可储备而储备适度过剩的生产能力，使服务生产过程包含适度等待（顾客）时间，就如同工厂、商店保持适当的库存量一样，是必要的和正常的。

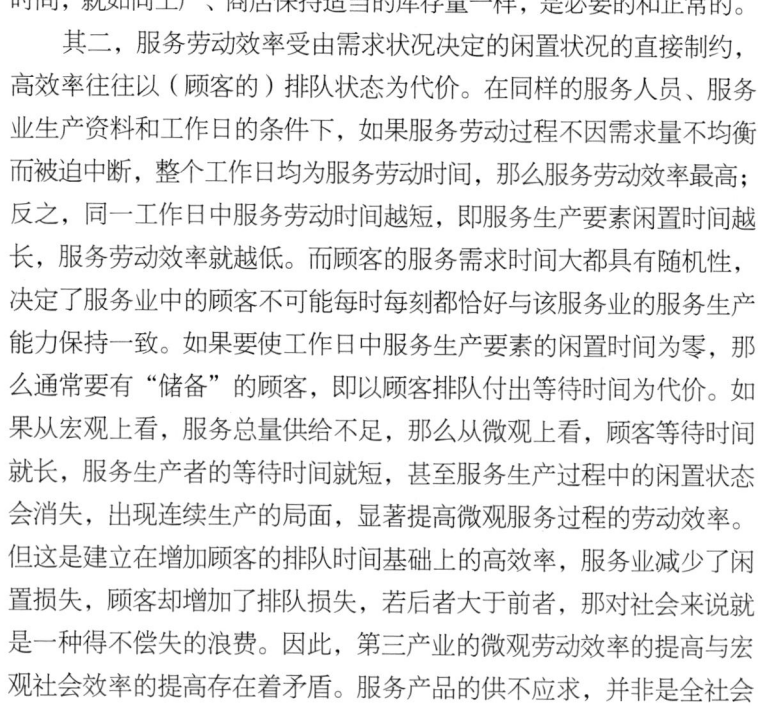

其二，服务劳动效率受由需求状况决定的闲置状况的直接制约，高效率往往以（顾客的）排队状态为代价。在同样的服务人员、服务业生产资料和工作日的条件下，如果服务劳动过程不因需求量不均衡而被迫中断，整个工作日均为服务劳动时间，那么服务劳动效率最高；反之，同一工作日中服务劳动时间越短，即服务生产要素闲置时间越长，服务劳动效率就越低。而顾客的服务需求时间大都具有随机性，决定了服务业中的顾客不可能每时每刻都恰好与该服务业的服务生产能力保持一致。如果要使工作日中服务生产要素的闲置时间为零，那么通常要有"储备"的顾客，即以顾客排队付出等待时间为代价。如果从宏观上看，服务总量供给不足，那么从微观上看，顾客等待时间就长，服务生产者的等待时间就短，甚至服务生产过程中的闲置状态会消失，出现连续生产的局面，显著提高微观服务过程的劳动效率。但这是建立在增加顾客的排队时间基础上的高效率，服务业减少了闲置损失，顾客却增加了排队损失，若后者大于前者，那对社会来说就是一种得不偿失的浪费。因此，第三产业的微观劳动效率的提高与宏观社会效率的提高存在着矛盾。服务产品的供不应求，并非是全社会公认的"坏事",从服务业的角度来考虑,它还有其存在的支撑力量。服务生产者希望服务供不应求,以减少等待顾客的闲置时间,提高服务劳动效率;服务消费者则希望服务供过于求,以减少等待服务的排队时间。社会服务产品总供给量与总需求量,正是在这两种方向相反的力量的交互作用下达到动态平衡的。在这一平衡点上,服务劳动过程因必须保持适度的闲置状态而不能达到最高效率,顾客也不可能完全避免排队状态。但对社会来说,则可达到效率的优化。对实现随机服务系统最优营运的服务员和服务窗口设置的定量分析模型,可根据运筹学的排队论求出。❶

(4)产品表现形式不同:服务劳动过程的简单要素成为服务产品的表现形式。

在实物劳动过程中,实物产品已有能被人的五官所感知的独立的实物形式,它不可能再有第二种表现形式。况且,实物产品在外观上与实物劳动过程的简单要素泾渭分明,它也不可能以后者为自己的表现形式。在服务劳动过程中,服务产品虽然从理论上说也具有某种自然形式——非实物形式,但实际上这只是一种理论抽象,并不是可被人的五官所感知的具体形式:人们只能凭抽象思维力在理性上认识其本质,并判断其存在,而无法在感性上观察其外观。与此相反,与服务产品同生共灭,不可分割地结合在一起的服务劳动过程,却可以其简单要素为人们所直接观察到。人们可以清楚地听到教师在课堂上侃侃而谈(服务劳动本身),看到投影仪播放多媒体教学课件(服务业劳动资料),也可以了解到教学的主题(服务劳动对象),却无法观察到教育服务产品的形态;哪怕学生在教室讲台上、书页里查来找去,教育服务产品总是不可捉摸的。旅业服务生产要素与旅业服务产品之间,卫生服务生产要素与卫生服务产品之间,文艺服务生产要素与文艺服务产品之间……总之,一切服务生产要素与服务产品之间,都存在着这种"现"与"隐"的对比关系。由于服务劳动过程的简单要素在很多方面与服务产品存在着正相关关系,且二者紧密结合在一起。而现实经济生活又要求无形的服务产品必须以某种有形的直观方

---

❶ 参见第九章第五节"服务供求系统中排队问题的定量分析"。

式表现其自身的存在、数量和质量，以使人们把握、估计、衡量和评价它，减少对服务产品的认知风险，于是很自然地，与服务产品结合在一起的、有独立实物形态的服务劳动过程的简单要素，就成了服务产品的现象形态；非实物的服务产品取得了实物的表现形式，原因（生产要素）与结果（服务产品）的关系，被表现为现象与本质的关系。

于是，服务劳动过程的简单要素成了象征服务产品的质量和数量的直观标志。从服务劳动看，其执行者——服务人员成了服务产品的代名词：顾客从服务人员的言谈举止、礼仪风度上判断服务产品的质量；常以服务劳动过程持续性的尺度——时间作为衡量非实物使用价值数量的尺度。从服务业生产资料看，服务设施和服务工具的数量、性能、结构，成了服务产品数量多少、质量高低的评价标尺。甚至在宏观上估计一个国家的服务产品产量，除了运用产值指标外，在很多场合下还可以以服务劳动过程的简单要素指标作为服务产品的使用价值量指标，如各类服务人员的数量、医院、病床、学校、电视台、影剧院、图书馆、书店、网络的数量及人均占有量等。为了使消费者提高对无形服务产品的信任感，服务行业必须以良好的方式向顾客展示服务劳动过程简单要素，以树立服务产品良好的具体印象。

值得注意的是，服务劳动过程的简单要素虽成了服务产品的直观表现形式，但它并不等于服务产品本身。在不少场合，本质是通过假象被歪曲地反映出来的。因此，服务人员、服务业生产资料的质量和数量，只能在有限的范围内反映服务产品的状况。

（5）两种消费不同：服务劳动过程中对服务业生产资料的消费与对服务产品的消费同时同地发生。

在实物劳动过程中，对生产资料的消费在先，对实物产品的消费在后，地点也不相同，两种消费很难混淆。在服务劳动过程中，情况就不一样了。形象地说，在每一瞬间，服务劳动都有目的地把服务业生产资料作为形成新使用价值和新产品的要素而"吞食"掉，同时"吐出"非实物使用价值——由服务劳动者、服务业生产资料组成的有机体系提供的服务产品具有的使用价值；在同一瞬间，服务的消费者将服务生产诸要素提供的这种产物——非实物使用价值（哪怕只是一个部分)"吞食"掉。这样,两种"吞食"动作——对服务业生产资料的消费动作和对服务产品的消费动作——就在服务劳动过程中同步发生,并重复进行,直到服务劳动过程结束。不过,在此过程中两种消费是不一样的:前一种是生产性消费,消费对象是服务业生产资料,消费动作的实施者是服务劳动者,其产物是服务产品。后一种可以是生活性消费(在顾客是生活性消费者时),也可以是生产性消费(在顾客是生产性消费者,如公司、工厂时),消费对象是服务产品,消费动作的实施者是顾客。以教育培训服务为例,两种消费同时发生在课堂上,教师消费多媒体教学设施,学生消费教育服务产品,其消费后果是才干增长的学生,或培训带来的生产效率升级。

这两种同时同地发生的消费极易被混淆。不少人往往认为它们是一回事。其原因是:服务产品的非实物性使人们无法直观地看到服务劳动过程"吐出"的服务产品;人们可以十分明显地感觉到的只是由服务人员和服务设施、工具、物料这些有形物所组成的综合体,并将它们视为自己所面临的消费对象,或所处的消费环境。如果缺乏抽象思维能力,服务劳动过程及其要素往往会被当作服务产品本身,消费者对服务产品的消费被直观地认为是对服务人员的劳动及服务设施、服务工具和物料的消费。从此角度观察服务劳动过程,就会觉得:不是服务劳动者在消费服务业生产资料的同时创造出服务产品供顾客消费,而是顾客自己在消费服务设施和服务工具;服务人员的作用只是"帮助"顾客进行这一消费。这样一来,"服务业生产资料"和服务生产的术语均失去了其存在的理由,因为作为生活消费者的顾客所消费的只能是生活资料而不是生产资料,而这些实物资料又是第一、二产业而不是第三产业生产的!不少论者就是根据这一思路,将第三产业划为消费领域,将服务工具、设施及辅助物料——从医院的医疗设备到学校的教学设备,从运输公司的运输工具到理发店的理发工具——均称为"生活资料"。其实这是一个错觉。产生错觉情有可原,病根在于看不清横亘在服务劳动者与顾客之间的服务产品,又是服务产品的非实物性起了引致错觉的"哈哈镜"的作用。只有像马克思那样以科学抽象法为"显微镜",才可以清楚地分辨与服务生产过程"不可分离地结合在一起的"效用——服务产品,毫不含糊地区分服务劳动过程中对生产资料的消费和对服务产品的消费（马克思的思路可参见图 7-1）。

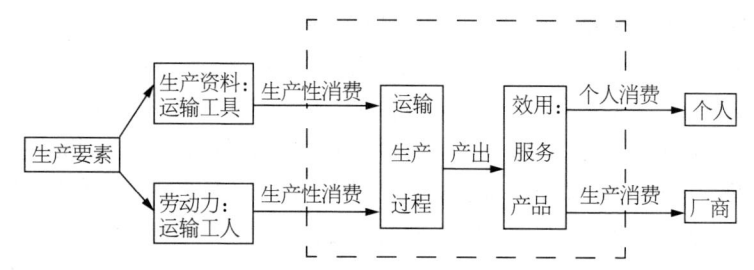

图 7-1　马克思区分服务劳动过程两种消费的思路

在马克思看来，运输工具对运输业（即使是客运业）来说是生产资料而不是消费资料（他认为用于运载旅客的运输工具也是"生产资料"❶）。这就如同水果对（水果）罐头厂来说是生产资料而不是消费资料一样，是不应该有疑问的。同理，在运输过程中，司机对运输工具的消费与乘客对运输服务产品的消费，性质也是不同的。这些分析也适用于教育、卫生、文艺及其他生活服务部门。至于生产服务部门，由于其服务产品被投入生产过程，故对服务产品的消费仍是生产性消费，以服务产品的生活性消费的性质去否定服务业生产资料的生产性消费的性质，可能性本该小得多，彼此间的混淆机会也应少得多。但不少论者仍将这些部门（特别是科研服务部门）对服务业生产资料的消费说成非生产性消费，病根相同（仍是无视无形的服务产品存在），这里就不再赘评了。

（6）劳动形态不同：创造非实物使用价值的服务劳动具有流动性与凝结性相结合的特点。

与实物劳动过程相类似，服务劳动过程也存在着劳动的三态：①潜在状态的劳动——服务劳动力；②流动状态的劳动——服务劳动力使用和发挥的过程；③凝结状态的劳动——服务劳动创造出某种非实物使用价值，体现在其上。不同之处在于：在实物使用价值生产出来时，实物劳动就由流动状态转化为凝结状态；而在服务产品的使用

---

❶ 马克思.资本论：第 2 卷 [M].中共中央马克思恩格斯列宁斯大林著作编译局，译.北京：人民出版社，1975：66.

价值生产出来时，服务劳动是由流动状态的劳动转化为流动性与凝结性相结合的劳动：一方面，这种服务劳动仍保持了流动状态的性质，并没有从"运动状态"变为"静止状态"；另一方面，这种服务劳动由于创造出非实物使用价值，表现在这种使用价值上，成为有效劳动，因此又具有凝结劳动的性质。只是要注意，不能用静止的观点去观察它，否则就会误认为它只是流动劳动。只有用动态的观点去观察动态的服务劳动，才可以了解其流动性如何与凝结性密不可分——服务劳动一方面创造出非实物使用价值，另一方面，又立即将此非实物使用价值提供给消费者消费，故当服务劳动停止时，人们是不可能看到任何凝结劳动的——它已在生产的同时被消费了。

但是，并非所有的服务劳动都具有流动性与凝结性相结合的特点。因劳动失误而无法生产出非实物使用价值的服务劳动，尽管也是脑力和体力的耗费和使用，但不体现在非实物使用价值上，所以它依然只是流动劳动而不具有凝结性。属于这一类的有：科研服务中无法提供科研成果的服务劳动；医疗服务中无法为患者诊病治病的服务劳动，或是因主客观原因造成医疗事故的服务劳动；教育服务中使学生越听越糊涂甚至误人子弟的服务劳动；运输服务中因操作失误使机车不运转的服务劳动，或使汽车掉下悬崖的服务劳动；等等。

此外，创造出非实物使用价值的服务劳动，也并非必然将实际支出的流动劳动全部转化为流动性与凝结性相结合的劳动。因为凝结劳动的量的衡量有一个社会的标准：只有用社会必要劳动的分量去创造非实物使用价值，全部流动劳动才有可能转化为流动性与凝结性相结合的劳动。例如，某剧团花费 30 天排练出一台文艺节目，而社会必要时间量的标准是 20 天（即排练同样水平的文艺节目的社会平均劳动耗费为 20 天），那么，该团 30 天的流动劳动，只有 2/3 转化为流动性与凝结性相结合的劳动。因此，在第三产业流动的服务劳动的凝结过程中同样存在着有效劳动与无效劳动的矛盾。

由于服务劳动始终带有流动性的特点，因而要克服由此导致的服务产品非贮存性所造成的对消费者在时间与地域上的限制，较常用的办法是将服务劳动过程转化为实物劳动过程。例如，将精神型服务产品当作生产资料（原料）投入音像记录的实物生产过程。这时，流动性与凝结性相结合的服务劳动就作为"死劳动"或"过去劳动",固定在音像磁带或光盘等实物载体上,其流动性也消失了。

随着科技进步,非精神型服务劳动过程可转化为实物劳动过程,如电脑将打字员的打字服务贮存于磁盘中,再借助电动打印机在不同的时空内重复这一过程,人工智能将精神型服务劳动过程转化成贮存于电脑中的应用软件,在有需要时再由服务机器人按程序提供智能化服务,或模拟出虚拟世界的服务劳动过程,整个服务过程变成电子服务,便是第三产业智能化发展的实例。

第三节 生产服务产品的价值增殖过程

我们再从创造价值的角度去考察服务产品的生产过程。用来交换的服务产品的生产过程,也是商品的生产过程。生产商品的劳动二重性,在实物型商品(实物形态的商品)的生产过程中表现为劳动过程和价值形成与价值增殖过程的统一❶,在服务型商品(服务形态的商品)的生产过程中同样如此。因此,服务产品的生产过程又是抽象劳动创造价值的过程。

一、服务生产中的价值转移与价值创造

在商品生产中,生产者之所以要生产使用价值,是因为而且只是因为使用价值是交换价值的物质基础,是交换价值的承担者。对于服务型商品来说也不例外。服务生产者同样关心下述两点:第一,他要生产具有交换价值的非实物使用价值,要生产用来出售的服务产品,即服务型商品。第二,他要使生产出来的服务型商品的价值,大于生产该商品所需要的各种生产要素即服务业生产资料和服务劳动力的价值的总和。

按照价值规律,每个商品的价值量都是由生产该商品的社会必要

---

❶ 笔者认为,并非资本主义的商品生产过程才是劳动过程和价值增殖过程的统一,社会化商品生产都有此特征。相应地,剩余劳动、剩余产品和剩余价值的概念也存在于社会化商品生产过程中。

劳动时间决定的。这一点对服务型商品生产同样适用；只是社会必要劳动时间在创新型服务生产时，变形为最快研制出该项成果的个别劳动时间（乘以创新难度系数）。

作为服务劳动过程的结果的服务产品，是服务业生产资料和活劳动结合的产物，因而在考察服务产品的价值形成时，也应从这两方面入手。与实物型商品一样，服务型商品价值的形成过程，也是生产资料旧价值的转移和活劳动创造新价值的过程。

1. 服务业生产资料旧价值的转移

在服务劳动过程中，服务业生产资料的使用价值被消费了，它们的使用形态发生变化，但其价值则被转移到新产品——服务产品的价值中去了。

我们假定生产的是私立医院的阑尾切除手术服务产品。

生产手术服务产品必须有服务业生产资料。其中，服务劳动对象——服务过程本身是没有价值的。服务业劳动资料则有价值。它主要有五大类：①医疗器械类，如无影灯、手术床、器械台、手术刀、止血钳、剪子、拉钩、手术钳、缝针等；②手术用布类，如大孔布、手术衣、血垫、床单、洗手衣裤、手术帽、口罩等；③家具类，如器械柜、衣柜等；④辅助物料类，如消毒液、生理盐水、酒精、来苏尔消毒液等；⑤其他类，如水、电、手术室。多数医疗器械的使用期通常在 1 年以下，其余的约为 3~5 年，个别可长达 8 年（按每月做 50 台手术计）；手术用布一般可重复使用三四十次；消毒药物等大都只用一次；家具约用 5 年，手术房屋约用 80 年，等等。生产一台阑尾手术服务产品，需占用上述五大类服务业生产资料约 87 种。❶

现在，医疗技术、器械、用品、物料有很多升级和改善。假定作为医疗手术服务得以正常进行条件，上述医疗器械、工具、物料等的磨损或消费，价值是 12 小时社会劳动的产物。在考察一台阑尾切除手术服务产品的价值，即生产这一服务产品所需要的劳动时间时，可以把生产医疗器械、手术用布、辅助物料等产品所必须完成的劳动过

---

❶ 根据笔者的学生潘重慈 1983 年对广州市越秀区第一人民医院的调查和计算。

程，以及最后由主刀医生和护士施行手术时所必须完成的劳动过程，看成同一个劳动过程的前后相继的不同阶段。这样，由过去的劳动形成的、包含在医疗器械等医疗服务业生产资料中的价值，就可以随着手术服务产品的形成转移到新产品中，成为一台手术服务产品价值的组成部分。

再从服务业生产资料的价值及其承担者的关系看，在服务生产中，服务业生产资料被消耗的只是它们的使用价值。由于这种使用价值的消费，服务劳动创造出服务产品。服务业生产资料的价值原先借以存在的实物使用价值虽然消失了，但只是消失在另一种使用价值——非实物使用价值上。因此，生产资料的价值以新的非实物使用价值为承担者，再现在服务产品的价值中。

不过，服务业生产资料价值要作为服务产品价值的组成部分，同样必须具备两个条件。第一，服务业生产资料必须实际上用来生产非实物使用价值，它的价值必须以一种非实物使用价值为转移的对象。如果一个门外汉乱挥手术刀，而无法提供医疗服务产品使用价值，那么磨损的服务业生产资料的价值就因无处可转移而消失。第二，服务生产中耗费的服务业生产资料的质和量，应该符合一定社会生产条件下的必要劳动时间的标准。如果超此标准，多耗费了医疗器械和辅助物料等，那么，手术服务产品的转移价值中仍只计算社会必要劳动量。

2. 服务劳动者新加的劳动形成新价值并增殖价值

现在，我们再来考察医务人员本身的劳动加在手术服务产品上的价值。

上述手术服务劳动过程通常需主刀医生、一般医生、洗手护士、巡回护士和工勤人员各一人。他们共同配合，大约在半天内完成一台阑尾切除手术的工作量。如果我们从具体劳动的角度来考察，手术医疗劳动有特殊的目的，有特殊的操作方式，其生产资料有特殊的性质，其产品有特殊的使用价值；如果从抽象劳动的角度来考察，手术服务劳动就只是"人的脑、肌肉、神经、手等的生产耗费"，它是通过劳动力的使用而凝结于产品上的劳动，同第一、二产业生产医疗器械、手术用布等物品的劳动毫无区别。只是由于这种同一性，生产医疗器械、手术用布的劳动和手术服务劳动才能成为同一个总价值即手术服务产品价值的只有量的区别的各个部分。这样，医务人员新加的这种抽象劳动形成新价值。

在服务劳动过程中，服务劳动不断由动的形式转为运动性与凝结性相结合的形式。随着手术服务劳动时间的支出，手术劳动同时表现为一定量的手术服务产品。16 工时的劳动凝结于医疗服务的非实物使用价值中。但是，只有医务人员所消耗的是社会必要劳动时间，才有可能全部实现由劳动到产品价值的转化。如果其他条件不变，医疗水平低的医院用了 20 工时的手术时间，那么也只有 16 工时的劳动形成手术服务产品的价值。

在服务产品价值形成过程中，一方面，服务业生产资料为活劳动"捉住"，转移了自身的价值；另一方面，活劳动物化在非实物使用价值中，创造了新价值。两者结合在一起，形成了一台阑尾切除手术服务产品的总价值：服务业生产资料转移的旧价值为 12 劳动小时，服务人员新加的劳动创造的新价值为 16 劳动小时，服务产品价值为 28 劳动小时。如果参加手术服务的医务人员的工资刚好与维持医务人员劳动力再生产所需的生活资料的价值相一致，那么，当 4 个医务人员平均一天仅施行一台阑尾切除手术时，其活劳动所创造的新价值只等于其劳动力价值，这时服务生产过程就只是单纯的价值形成过程。如果他们一天施行两台阑尾切除手术，那么，其价值形成过程就成为价值增殖过程，产生剩余价值（即剩余劳动的价值表现，在我国统计上归入生产税净额和营业盈余）。据中国首次第三产业普查资料，全国第三产业服务产品价值构成是：56.6C ∶ 18.8V ∶ 24.6M（M 中生产税净额 4.0，营业盈余 20.6）。M（税利率）最高的三个是金融保险业（54.5%），电信业（36.6%），邮电通信业（28.4%），最低的三个是卫生（1.1%）、政党机关（0.6%）、教育（0.2%）。❶

由此可见，①服务劳动者的具体劳动转移了 C 的旧价值，抽象劳动创造出 $V+M$ 的新价值。②在服务生产领域中，劳动力的价值和劳动力的使用价值（即劳动）在劳动过程中创造的价值也是两个不同的量。

---

❶ 全国第三产业普查办公室. 1991—1992 中国首次第三产业普查资料摘要[M]. 北京：中国统计出版社，1995：174-187.

服务劳动力同样是价值的源泉,并且是大于它自身的价值的源泉。所以,服务产品中价值与劳动力价值等价部分(V)和增殖部分(M)都是服务劳动者创造的。这正是资本家将资本投入第三产业可发财致富的秘密所在。在社会主义社会,服务企业能为社会提供大量税金、利润,价值源泉也在这里。但在价格低于价值的场合,某些服务行业(医院也常常在内)的价值增殖过程往往被歪曲地表现出来。一旦扭曲的价格得到纠正,服务产品商品化,经营企业化,这些服务行业马上可以提供税利,其价值增殖过程就可以极大的反差为人们所认识。

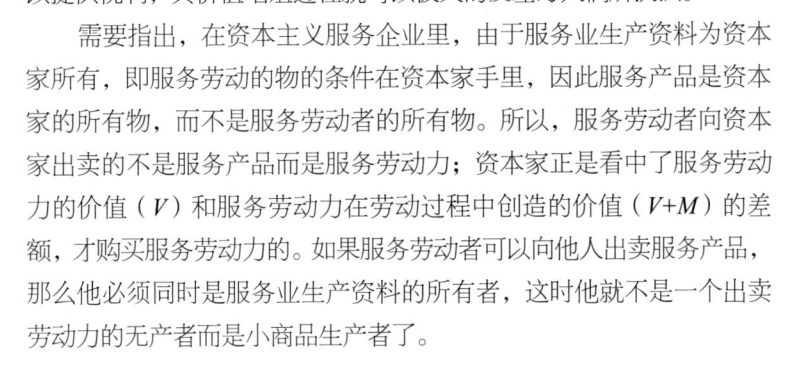

需要指出,在资本主义服务企业里,由于服务业生产资料为资本家所有,即服务劳动的物的条件在资本家手里,因此服务产品是资本家的所有物,而不是服务劳动者的所有物。所以,服务劳动者向资本家出卖的不是服务产品而是服务劳动力;资本家正是看中了服务劳动力的价值(V)和服务劳动力在劳动过程中创造的价值($V+M$)的差额,才购买服务劳动力的。如果服务劳动者可以向他人出卖服务产品,那么他必须同时是服务业生产资料的所有者,这时他就不是一个出卖劳动力的无产者而是小商品生产者了。

二、服务产品的价值形成过程的特点

同样地,服务产品的价值形成过程有不同于实物产品的特点,主要有如下六方面。

(1)因生产精神型服务产品的服务劳动过程往往包含有显著区别的前期劳动阶段和后期劳动阶段,前期劳动阶段随着最终产品的复杂程度的提高而延长,甚至超过后期阶段,所以,在前一阶段中创造的价值往往大于后一阶段。如教师讲课所生产的教育服务产品的总价值,其中相当大的比重是在备课时创造的;科学家在咨询服务时出谋划策所创造的价值,其中很大部分归功于他在接受咨询之前夜以继日的刻苦钻研。

此外,因前一阶段生产的半成品可以重复地构成后一阶段服务生产的原料,故半成品的价值不是一次而是逐批地转移到最终服务产品中。正因为如此,教师只要备好一次课(半成品),其备课劳动创造的价值就可以逐次地转移到内容相同的重复课(最终产品)中;每次课转移的备课价值与重复课的次数成反比。反过来,只讲一次的教育服务,只演出一次的文艺服务,由于备课劳动、排练劳动只能摊在仅有的一次最终服务产品上(一次课或一次演出),所以其价值也高得多。

(2)因服务产品的消费者在场是生产最终产品的服务劳动过程存在的必要前提,所以当消费者是生活性消费者时,服务产品的价值被创造出来之时,也是它被消费者个人消费而消失之际;当消费者是生产性消费者时,服务产品的价值被创造出来之时,就是它转移到新的生产过程中之际。例如,旅游者坐飞机旅游,客运服务产品的价值随着其使用价值被旅游者的消费而消失,正如牛奶的价值随着它被顾客喝入口中而消失一样。但公务旅行者坐飞机(如某厂技术员赴外地学习技术)时,客运服务产品的价值随着客运服务被公务消费而转移到该工厂生产的新产品中:工厂成本核算中明白无误地将这笔旅差费记为生产成本,便是明证。至于工厂消费的货运服务产品,更是如此。这一点,马克思早有明示:"至于这种效用(指运输效用——引者注)的消费,它也是和其他商品完全一样的。如果它是个人消费的,那么它的价值就和消费一起消失;如果它是生产消费的,它本身就是处于运输中的商品的一个生产阶段,那么它的价值就作为追加价值转移到商品本身中去。"❶

应该指出,服务产品的价值由消费者当场消费,不能成为否定服务劳动创造价值的理由。因为产品的价值被创造出来后都会在一个或长或短的时期内被消费,人们通常所说的一年内社会创造价值多少,并非在年终根据尚存产品的价值统计存量,而是根据当年共发生过多少起创造价值的事件,或多少起消费价值的事件的总和来统计流量的。若撇开延迟一年以上才消费的情况不提,只考察简单再生产,则当年生产的价值量与被消费的价值量(含生产性消费)相等。生产出来随即消费的价值和延迟消费的价值均是当年发生的消费事件中被消费的价值,既然后者可以不因它在年终统计时已被消费而被排除出当年社会创造的价值总量之列,那么前者当然也可以被包括进这一价值总量

---

❶ 马克思. 资本论:第2卷[M]. 中共中央马克思恩格斯列宁斯大林著作编译局,译. 北京:人民出版社,1975:66.

中。所以，价值在生产者与消费者之间独立存在的时间的长度，不能构成判断价值是否存在的标志。

（3）因服务劳动过程的持续和效率直接受需求状况影响，正常的服务生产过程中通常出现由服务需求特点所决定的服务生产要素的不可避免的等待时间，所以，服务生产要素的适度闲置时间，也构成制约社会必要劳动时间的"现有的正常的生产条件"。这就是说，在社会平均的劳动熟练程度下创造某种非实物使用价值所需要的劳动时间的长短，除了应以现有的社会正常的服务业生产资料状况为客观条件，还要以服务生产过程中必不可少的生产要素等待状况为客观条件，不可依据不存在等待状态的"理想条件"来衡量服务生产中的社会必要劳动量，估计服务产品价值量。

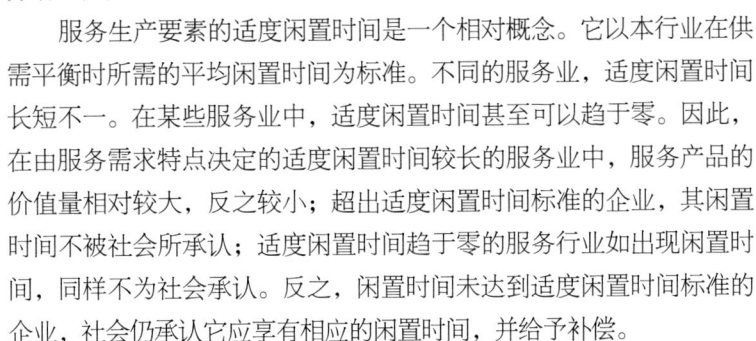

服务生产要素的适度闲置时间是一个相对概念。它以本行业在供需平衡时所需的平均闲置时间为标准。不同的服务业，适度闲置时间长短不一。在某些服务业中，适度闲置时间甚至可以趋于零。因此，在由服务需求特点决定的适度闲置时间较长的服务业中，服务产品的价值量相对较大，反之较小；超出适度闲置时间标准的企业，其闲置时间不被社会所承认；适度闲置时间趋于零的服务行业如出现闲置时间，同样不为社会承认。反之，闲置时间未达到适度闲置时间标准的企业，社会仍承认它应享有相应的闲置时间，并给予补偿。

（4）因服务劳动过程的简单要素成为服务产品的表现形式，所以，人们往往从服务劳动者的素质、服务态度和服务质量，以及服务设施、服务工具的数量质量和服务环境中，去把握和估计服务劳动所创造的服务产品价值量的大小。即使服务生产尚未开始，服务产品的价值尚未被创造，消费者也会推测造诣深、名声大的科学家提供科学服务的价值较大。一家旅舍的设施会直接影响顾客对其产品价值档次高低的印象。名牌学校设备齐全，图书资料丰富，师资力量雄厚，学生即使没有消费过其教育产品，也会凭此估计其教育服务价值大，而愿意支付较高的学费。虽然服务劳动者和服务业生产资料的状况与服务产品的价值之间，在某些场合并不是成正比变化的，但二者通常是正相关关系，故服务劳动过程的简单要素的状况成为人们购买服务产品时愿意支付较高或较低价格的重要参考因素。

（5）因服务劳动过程中对服务业生产资料的消费与对服务产品的消费同时同地发生，所以服务产品生产过程中服务业生产资料旧价值的转移与对服务产品价值的消费（在个人消费的场合）或转移（在生产消费的场合）同时发生，二者极易混淆。以上述阑尾切除手术服务产品为例，生产一台手术服务产品要消耗医疗器械和手术用布等服务业生产资料的旧价值随它们的使用价值的磨损程度，按比例地转移了。不过，不是转移到病人的伤口上，而是转移到非实物形态的手术服务产品上。医务人员消耗医疗器械的活劳动创造的新价值也并非是附在伤口上，而附在该手术服务产品上。在同一瞬间，病人将服务劳动者使用服务业生产资料创造的非实物使用价值消费掉（其消费后果是病灶被切除，伤口被重新缝合），也同时消费了服务产品的价值。换言之，服务业生产资料旧价值的每一个"原子"一转移到服务产品上，服务劳动创造的每一个"原子"的新价值一依附于服务产品上，就立即被消费者——病人所消费。因此，当手术结束时，以手术服务产品的非实物使用价值为载体的价值，既不存在于病人的伤口上，也不存在于尚未磨损的医疗器械上，而是随着服务产品的被消费而消失了。服务产品生产过程中价值形成过程又有如下特点：服务业生产资料旧价值的转移，服务产品新价值的形成，均与它们的被消费（生活性消费和生产性消费）同时发生。这一特点往往成为否定服务劳动创造价值的口实。其实，在上述服务劳动过程结束时，服务产品的价值虽然消失了，但服务劳动所创造的价值并未消失，它通过交换以医疗收费的货币形式存在于医院收费处出纳员的保险柜里。

（6）因创造非实物使用价值的服务劳动具有流动性与凝结性相结合的特点，不创造任何使用价值的服务劳动只有流动性而无凝结性，所以，服务生产过程中耗费体力和脑力等服务劳动力并不一定都会创造出价值。科研服务中无法提供科研成果的服务劳动，医疗服务中造成医疗事故的服务劳动，教育服务中误人子弟的服务劳动，运输服务中误使汽车掉进悬崖的服务劳动，虽然也是服务劳动力的支出（很可能其脑力、体力的支出并不少于他人），但并不凝结于非实物使用价值上，因而不形成价值。超过社会必要劳动时间标准而支出的流动性服务劳动，只能部分地转化为凝结劳动，即使它能创造出非实物使用价值。

在流动性与凝结性相结合的服务劳动（它已体现在服务产品的非实物使用价值中）转化为实物劳动，以克服生产与消费的时空矛盾时，服务产品成为生产实物产品的主要原料，故其价值也随之转移到实物产品中。因此，服务劳动者的劳动创造的价值在这些实物产品价值中占有重要比重。不能认为这一转化实现以后服务劳动才形成价值，或是得出诸如口授作品的作家的劳动不创造书籍的价值，只有印刷该作品的印刷工人的劳动才创造书籍的价值，歌唱家的演唱不创造歌曲音像光盘的价值，只有制造光盘的工人才创造光盘的价值之类的荒唐结论。

因生产服务产品的价值形成的增殖过程有其特点，所以其生产公式应该是

$$G-W < {A \atop P_m} \cdots P(S) - G'$$

服务生产要素的购买阶段　　服务产品的生产、流通（和消费）合一阶段

式中，P_m、A 分别代表服务业生产资料和服务劳动力；P 代表服务生产过程。由于服务产品与服务生产过程紧密结合在一起但又不等同于后者，所以这里用 S 代表服务产品，$P(S)$ 表示服务生产过程与服务产品同时存在又相互区别。它被一条代表流通过程的短横线与 G' 联系起来，表示服务产品的生产过程与流通过程同时发生（对于消费者来说也是消费过程同时发生）。服务产品的价值形成与价值增殖，在式中通过首尾的 G 与 G' 的区别显示。

第四节　对否定服务劳动创造价值典型论点的分析

对于服务劳动创造价值问题，我国学术界不少学者持否定意见。本节就对四种颇有代表性的典型论点进行分析。

一、"价值转移"说

第一种论点认为，服务有价值，但它不是由服务劳动创造的，而

是由物质生产部门转移来的。❶

因争议的焦点不在服务产品价值构成中的 C ❷，而在于 V+M，为了便于分析问题，可以将 C 撇开不论，假定服务产品的价值仅由 V+M 构成，并暂且承认它是由物质生产领域转移过来的。既然是"转移"，那么社会总价值就不变：物质生产领域里转移出来的价值，就是服务领域增加的价值。按劳动价值理论，如果生产一件产品所需的社会必要劳动时间没有减少，其价值量是不会下降的。但现在情况不一样了。假如物质生产领域投入 100 小时劳动，生产出 100 件实物产品，每件实物产品的价值是 1 小时（表现为 1 元），社会总价值就是 100 小时（表现为 100 元）。现在多了服务产品的生产，第三产业领域再投入 100 小时劳动，生产出 100 单位的服务产品，每单位服务产品耗费劳动 1 小时。由于该领域"不创造价值"，因此只能从物质生产领域转移出价值，例如，按比例由物质生产领域向服务生产领域转移 50 小时价值，虽然生产实物产品耗费的社会必要劳动时间没有减少，但实物产品的单位价值却莫名其妙地由 1 小时（1 元）下降到 0.5 小时（0.5 元），总价值由 100 小时（100 元）下降到 50 小时（50 元）！这时，价值规律也不成其为规律了，因为决定商品价值量的是另一条新"规律"，即

$$\text{单位实物产品的价值量} = \frac{\text{实物产品总量}}{\text{实物产品总量} + \text{服务产品总量}} \times \text{生产单位实物产品的社会必要劳动时间}$$

按此公式，实物产品的价值量在生产该种产品的社会必要劳动时间不变的情况下，由实物产品总量在社会产品总量（实物产品总量与服务产品总量之和）中的比重决定，并与之成正比例变化！当这一比重由 100% 分别下降到 50%、40%、30% 时，单位实物产品的价值量也由 1 分别下降到 0.5、0.4、0.3，而生产该种实物产品的物化劳动量和活劳动量并无丝毫减少！这样，劳动价值论不是被彻底抛弃了吗？

---

❶ 刘国光.关于马克思的生产劳动理论的几个问题 [J]. 中国社会科学，1982（1）：79-98.

❷ 应当注意，服务产品也可以充当服务业生产资料，因此服务产品的价值 C 也并非都由物质生产领域转移来。

不仅如此，按上述假设，有

生产每单位服务产品耗费的劳动时间＝
服务劳动时间 1 小时＋转移来的价值 0.5 小时 =1.5 小时

但其"价值"仅为 0.5 小时，实现价值后根本无法维持简单再生产。实物产品也如此，它生产上耗费劳动时间 1 小时，出售后也只能补偿其价值的 50%。

可见，"服务产品有价值，但服务劳动不创造价值"之说是站不住脚的。

此外，对于"价值转移论"来说的一个致命的问题是，它必须为这种"转移"找到一种途径。换言之，它必须证明，有这样一种场合，价值或劳动不经交换就无偿地从物质生产领域转到服务生产领域。

但是，在商品经济社会，物质生产领域和服务生产领域之间所发生的一切正常的经济关系，都是等价交换关系。马克思就不止一次地说过，服务与物品的交换是等价交换。而等价交换关系就意味着价值不能"转移"，因为"等价物交换的意思不过是说，在 A 与 B 交换以前存在于 A 手中的价值，在 A 与 B 交换以后仍然存在于 A 手中"❶。所以，在第一、二产业与第三产业等价交换时，不存在物质生产部门创造的价值白白奉送给服务领域的途径。

但是，不少教育、文艺、卫生部门不是从国家财政中得到拨款吗？这难道不是物质生产领域创造的价值的一条无偿"转移"途径吗？撇开第三产业不少企业也上缴税金、利润不提，即使财政收入全是第一、二产业创造的，也不过是社会以财政支出订购集体消费的服务产品的一种特殊的交换形式。基于集体福利的需要，有些本该由消费者个人直接购买的服务产品，往往由国家用征税取得的财政收入，以财政拨款形式支付，并以免费（或低价）形式提供给全体社会成员消费。以我国征收教育税为例，若假定交税者都是学生家长，那么这不过是将家长交学费变形为先由家长交税，再由国家"交学费"（财政拨款）。形象地说，这是将"一手交钱（学费），一手交货（教育服

---

❶ 马克思恩格斯全集：第 46 卷上册 [M]. 中共中央马克思恩格斯列宁斯大林著作编译局，译. 北京：人民出版社，1979：317.

务）",变形为"一手交钱（税金）不见货，另一手交货（教育服务）不要钱（学费）"。如果前者不是"价值转移"，那么后者当然也不会因形式的改变而变成"价值转移"。其实，由于交税者并非都有子女念书，因此，与其说征教育税是第一、二产业的价值向第三产业的转移，不如说这是第一、二、三产业生产者创造的价值向本国居民中的非劳动者（未就业的儿童和成年人、丧失劳动力的老弱病残等）或免税者和减税者的转移。因此，对服务事业的财政拨款，也并非是价值转移的渠道。

由此可见，价值不可能由第一、二产业无偿地转移到第三产业，服务产品如果有价值 $V+M$，就只能是由服务劳动创造的。

二、"服务生产价格"说

第二种论点认为，服务性劳动不形成价值，它所以能带来利润与增殖资本是因为资本主义经济中的竞争与利润平均化的市场机制的作用，使物质生产部门创造的价值以类似生产价格形成的方式，转化为服务生产价格，不仅补偿服务成本，而且无偿地给服务领域的资本家带来了一份物质生产领域的劳动创造的剩余价值。❶

这一论点听起来似乎有道理。如果它正确，那它应该与整个社会现实、日常的实际生活相符，最低限度也可以用经验来证明。但它在服务领域的资本占社会资本微不足道的比重时，就有破绽（尽管还不很明显）。如果用以说明第三产业产值比重达 60%~70% 的当代西方发达国家的经济现实，就会更难以令人信服。

首先，如果只有投入第一、二产业的资本才生产剩余价值，投入第三产业的资本不生产剩余价值，只是从第一、二产业中"瓜分"剩余价值，那么，随着第三产业比重的猛增，"生之者寡，食之者众"，平均利润率必然会急剧下降。假定社会资本总量 100（有机构成为 $80C：20V$）全投入第一、二产业时，生产利润 20，即 $\overline{P'}=20\%$；若资本 60 转移到第三产业，因留在第一、二产业的资本 40 只能生产利

---

❶ 刘诗白. 论马克思关于生产劳动和非生产劳动的理论 [J]. 社会科学战线，1982（3）：55-65.

润8，平均利润率就会降到8%。若平均利润率维持20%不变，第一、二产业的剩余价值率就要由100%增到250%。然而，这一推论从宏观上看无法得到经济史的实践证明。西方发达国家第三产业比重由"微不足道"（马克思语）发展到60%~70%，大约经历了百余年。在此期间，并无平均利润率随着第三产业比重增大而下降的趋势。从微观上看，一个城市、一个地区，也没有出现过因增开第三产业企业而使当地平均利润率下降之事。因此，这论点难以成立。

其次，如果只有第一、二产业的劳动创造价值，第三产业的劳动不创造价值，那么，随着第三产业以及"没有价值，只有价格"的服务量的迅速增长，通过"利润平均化机制"从实物产品价值中转移到服务"生产价格"中的价值将按比例增大；实物产品的"生产价格"低于其价值的差额将会扩大到足以使人怀疑这种生产价格理论的合理性的程度。假定社会资本没投入服务领域时，单位实物产品价值量为 $10（=6K+4M）$，那么，当投入服务领域的资本与实物领域的资本相等时，由于50%的剩余价值量由第一、二产业无偿转移到第三产业，于是单位实物产品的生产价格将降为 $8（=6K+2P）$。当第三产业的资本量两倍于第一、二产业的时候，因67%的剩余价值由第一、二产业转移到第三产业，实物产品的生产价格将降为 $7.3（=6K+1.3P）$：第一、二产业产品的生产价格总量将低于其价值总量37%！如果第三产业资本量再增大一倍，上述百分数将为32%！生产价格将与价值彻底"脱钩"，不随着生产商品的社会必要劳动量的变化而变化，而随着第三产业比重的增大而下降！这等于从理论上否定了价值转化为生产价格的学说。从实践上看，在西方发达国家第三产业比重急剧增大过程中，并无此类"生产价格下降律"。这只能又从反面说明上述"服务生产价格转移价值"论是经不起实践检验的。

三、"基金"说

第三种论点认为，因为马克思说过"医生和教师的劳动不直接创造用来支付他们报酬的基金"，所以服务劳动不创造价值。❶ 我们暂且

---

❶ 刘国光.关于马克思的生产劳动理论的几个问题[J].中国社会科学，1982（1）：79-98.

撇开是否可以简单地把马克思语录作为判断服务劳动是否创造价值的"理论依据"不论，仅研究这句话的涵义也可以发现，它并非否定服务劳动创造价值。

首先，根据对马克思在《剩余价值理论》中提及"基金"问题的行文❶的研究，马克思所使用的"基金"一词，指的是实物形态的总产品（物质产品）中有特定用途的某一份额的产品（这些产品作为商品，是使用价值和价值的统一）。例如他认为：总产品就是总基金；工人在总产品中获得的份额，就是资本家用来支付雇佣工人的基金；资本家、土地所有者和其他根本不劳动的人在总产品中所取得的份额，形成一个用来支付剩余价值的一切项目的基金；等等。马克思认为，服务劳动者不参加物质总产品的生产，但因他们用自己的服务同工人、资本家的收入交换，所以能够在物质生产上取得他们应受的部分。这时，一部分代表物质生产领域的工资、利润或地租的产品，形成支付服务劳动者报酬的基金，这一部分基金是具有价值和使用价值的物质总产品的一部分，即归服务劳动者"承受的部分"。

其次，从语法结构看，该句中动词"支付"的直接宾语是"报酬"，间接宾语是"他们"（医生和教师），逻辑主语是物质生产领域的工人和资本家（此处被省略），❷涵义是指物质生产领域的工人和资本家用个人收入购买服务时支付货币的行为。"支付他们报酬"的动宾结构在句中被用来修饰"基金"，说明"基金"的用途。所以，"基金"是物质生产领域的工人和资本家用来支付医生和教师的服务

---

❶ 马克思.剩余价值理论：第1册[M].中共中央马克思恩格斯列宁斯大林著作编译局，译.北京：人民出版社，1975：155，159，377；马克思.剩余价值理论：第2册[M].中共中央马克思恩格斯列宁斯大林著作编译局，译.北京：人民出版社，1975：75，264，638，640，645，660；马克思.剩余价值理论：第3册[M].中共中央马克思恩格斯列宁斯大林著作编译局，译.北京：人民出版社，1975：39.

❷ 这是理解此句的关键，不少论者将"支付"的逻辑主语误认为是服务领域的资本家或社会，甚至是医生和教师本人，由此导致错误结论：医生和教师不创造自己的工资基金。

报酬的基金,即工人和资本家的消费基金的一部分。从实物上看,它是工人和资本家手里掌握着的代表其工资和利润的物质总产品的一部分;从价值上看,它是以货币形式存在于工人和资本家腰包里的 $V+M$ 的一部分。既然这一"基金"指的是物质生产领域的工人和资本家准备用来支付医生和教师报酬的物质总产品的一部分,它当然是由物质生产工人创造的,而不是由医生和教师的劳动创造的。早在"支付"动作发出之前,即购买服务之前,这一"基金"已由物质生产工人创造出来,并存在于工人和资本家手里了。医生和教师的劳动不直接创造面包厂的 $V+M$,也不直接创造洗衣机厂的 $V+M$,这是常识。但鉴于其服务劳动会影响工人的劳动能力从而影响物质生产领域的劳动生产率,所以也会间接影响物质总产品的创造,因此马克思谨慎地说他们不"直接"创造此"基金"。

综上所述,马克思的这句话是指医生和教师的劳动不直接创造他们(在作为个体劳动者出卖服务产品时)得到的那些作为服务报酬的实物型商品的价值和使用价值。简言之,教师和医生的劳动不创造物质产品的使用价值和价值。这是众所周知的,没有争议。然而,肯定服务劳动不创造实物产品的价值,并不等于否定服务劳动可以创造服务产品的价值,正如肯定工人不创造农产品的价值,并不等于否定工人创造工业品的价值一样。所以,试图从服务劳动者"不直接创造用来支付他们报酬的基金",推论出"服务劳动不创造服务产品的价值",是不合逻辑的论证。应注意,马克思的这句话只适用于个体经营的服务生产者,而不适用于资本主义服务企业。因在后一场合,教师和医生不是由物质生产领域的工人和资本家支付报酬,而是由本领域的资本家支付的,他们的劳动直接创造资本家用来支付他们报酬的基金,即学校或医院中的 V。

四、"国民收入再分配"说

第四种论点认为,服务领域里服务劳动者和资本家的收入($V+M$)并不是服务劳动者创造的,而是通过"国民收入的再分配"由物质生产领域转移过来的。在物质生产领域的工人和资本家用其收入支付服

务费时就是如此。❶

我们不否认社会上存在着国民收入的再分配,例如高于价值的价格、不付代价的税收就可使国民收入由一部门流入另一部门,实现再分配。但是,物质生产人员用其收入到服务部门购买服务而使其货币流入服务部门,这并非是国民收入的再分配。将此视为国民收入再分配,是将产品使用价值的分配与产品价值的分配混淆起来了。在社会化商品生产中,只要不是经营自给自足的自然经济,每个生产者都要消费他人生产的使用价值,同对也将自己生产的使用价值提供给他人消费。这便是产品使用价值的分配。这一分配通常是通过等价交换实现的。交换中只是不同种的使用价值换了位,价值并没有随着交换而转移到对方去。而产品价值的分配,是指(广义)生产者依据一定的分配原则占有劳动产品的价值。如果他自己并不需要此产品,他当然可以通过出售产品让渡其使用价值,但依然占有其价值(以货币形态或另一种使用价值形态为其价值承担者)。正如马克思所说:"工业品的价值,只要它归结为收入,只要工厂主不付地租(……),就只有资本家和雇佣工人参加分配。农产品的价值在大多数情况下有三方面参加分配。"❷即由农业工人、农业资本家和土地所有者分配。前者分配农产品的价值 V,后二者分配农产品的价值 M。但是,全社会的人都要靠农产品为活,都要使用工业品,因此都参加工农业产品的使用价值的分配。这种分配是通过等价交换实现的,它与产品价值的分配是两码事。在当代发达资本主义国家,一个农民种的粮食可供 80 人生活,所以其他 79 人也参加了农产品的使用价值的分配,但他们并非都参加了农产品价值的分配。再看工业,瑞典的马尔摩烟厂每个工人年产香烟 630 箱,共 3150 万支,可供 4315 人消费一年(按每人每天抽烟 20 支计),参加香烟使用价值分配的有 4315 人,但参加香烟价值分配的只有该厂的资本家、工人,也许还应加上土地出租者和征收

---

❶ 张幼华.非物质生产部门也创造国民收入吗?[J]辽宁大学学报(哲学社会科学版),1982(5):46-48.

❷ 马克思.剩余价值理论:第 1 册[M].中共中央马克思恩格斯列宁斯大林著作编译局,译.北京:人民出版社,1975:166.

烟草税的国家等。

服务领域与工农业领域之间的"分配"也是如此。服务生产者(包括服务劳动者和服务业资本家)必定参加工农业产品使用价值的分配,但他们每取得一件实物使用价值,都按此使用价值的价值向工农业部门支付货币。反过来,工农业生产者(包括工农业劳动者和资本家、土地所有者)也参加服务产品使用价值的分配,并按其价值向服务领域支付货币。因此,服务生产者和工农业生产者只是在各自的生产领域内对其产品的价值实行分配,并无"越雷池一步"之举。

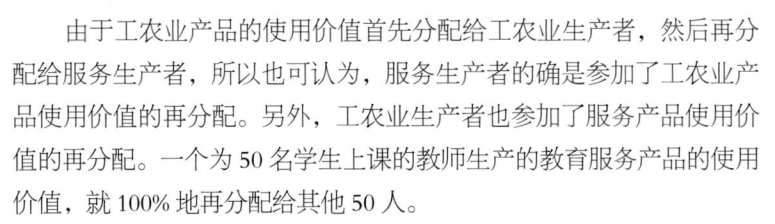

由于工农业产品的使用价值首先分配给工农业生产者,然后再分配给服务生产者,所以也可认为,服务生产者的确是参加了工农业产品使用价值的再分配。另外,工农业生产者也参加了服务产品使用价值的再分配。一个为50名学生上课的教师生产的教育服务产品的使用价值,就100%地再分配给其他50人。

由此看来,"国民收入再分配"论将工农业生产者拿着V或M去服务领域购买服务产品,说成他们将工农业创造的价值"再分配"给第三产业,实在是悖理之说。前面已提到,在这一场合发生的是交换行为而不是馈赠行为。交换前后相比,工农业生产者手里的V或M没有减少一分钱;服务生产者手里也没有因此增加一分钱!既然服务生产者按工农业产品价值支付价值而取得工农业产品,并非是在交换的假象下占有他人劳动,又怎能说以劳动为实体的价值由工农业无偿"转移"到第三产业,成为服务生产者的V或M呢?可见,上述"国民收入再分配"转移价值论就是"服务业不经交换就占有他人劳动"的另一种表述法,它根本违反了服务业与工农业交换劳动的实际情况。

从认识论来说,这种错误看法在于只以物品为中心来观察经济现象,不知道财富并不仅仅是实物产品,还包括服务产品。追根溯源,仍是为服务产品的非实物形式所迷惑,只看到工农业产品由第一、二产业向第三产业的运动,看不到等价的服务产品反方向的运动。

持此论点的论者还常常以如下三点为论据,证明"再分配"论的正确:①若不承认国民收入再分配就会导致片面扩大第三产业;②物质生产是基础,所以创造价值;非物质生产不是基础,故不创造价值;③否定国民收入再分配论会违反历史唯物论。这些理由没有一个令人信服。其一,社会商品生产的比例由第二涵义的社会必要劳动量决定,创造价值与生产比例片面扩大并无必然联系。我国社会上曾出现过洗衣机、电风扇生产比例过大,难道是因为承认其创造价值所致?其二,且不说将三大产业简单地区分为单线条的基础与非基础的说法值得商榷,就算是基础,也与价值创造与否是两码事。农业是工业的基础,难道这说明农业创造价值,工业不创造价值吗?其三,历史唯物论只涉及社会存在与社会意识谁为第一性问题,不涉及谁创造价值,与本论题风马牛不相及。

此外,关于"承认服务劳动创造价值就会造成重复计算"说,关于"商业服务不创造价值"说,也都是因看不到服务产品所致。否定服务产品及其使用价值的存在,只看到实物产品的使用价值可作价值的承担者,就自然会得出上述错误结论。认识根源同上,这里就不详加评论了。至于"只有生产劳动才创造价值"说,这既是一种试图以"悬案"为论据推导出确凿结论的尝试,又是一种类似"鸡生蛋还是蛋生鸡"的思路(有学者就提出创造价值的才是生产劳动),据此分析问题极易陷入循环论证的死胡同,故不足为凭。其实,生产劳动理论并非是价值理论的前提。只要依据马克思的劳动价值理论中关于价值的实体、形成的原因和方式的原理分析服务劳动,就可以对服务劳动是否创造价值作出判断,完全不必以它是不是生产劳动为依据。马克思在《资本论》第一卷开宗明义讨论小麦的价值时,就没有以论证种小麦的劳动是生产劳动为前提,难道可以据此认为种小麦的劳动不创造价值吗?

综上所述,服务劳动创造价值的论点,无论是从马克思的劳动价值论原理来看,还是从第三产业迅速发展的客观实践来看,都是可以成立的。

第八章　服务产品的价格

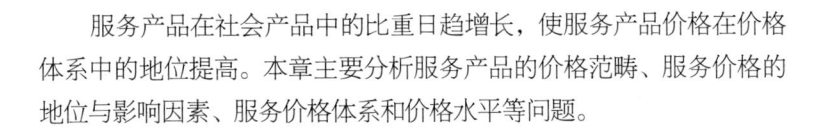

服务产品在社会产品中的比重日趋增长，使服务产品价格在价格体系中的地位提高。本章主要分析服务产品的价格范畴、服务价格的地位与影响因素、服务价格体系和价格水平等问题。

第一节　服务价格概说

服务价格是在市场条件下产生的。当服务产品作为商品投入市场进行交换时，服务产品的价值就转化为服务价格。

一、服务价格概念辨析

我国管理部门在 1998 年以前没有服务价格概念。❶ 在统计年鉴中，与工农业产品价格并列的不是服务价格，而是"非商品收费价格"，或"服务收费"。由服务价格范畴引申出的服务价格指数、服务比价和服务差价等指标，在国民经济统计中长期没有一席之地。笔者在 1985 年撰文抨击含糊不清的"服务收费"概念，1990 年在《第三产业经济学》一书中系统分析了服务价格范畴。❷ 在理论和实际工作者的呼吁下，《中国统计年鉴 1999》终于使用"服务项目价格"概念，虽姗姗来迟，但服务价格毕竟登上了价格理论研究的大雅之堂。

---

❶ 原国家计划委员会关于从 1997 年 7 月 1 日起执行全国价格信息系统监测报告制度的报告有"非商品收费价格信息"。1997 年 12 月 1 日修正的《广东省物价管理暂行条例》规定工农业品价格、交通运输价格、电话资费、学费、文娱体育票价、医疗收费等非商品收费标准。

❷ 李江帆．第三产业发展战略初探 [J]．中青年经济论坛，1985（3）；李江帆．第三产业经济学 [M]．广州：广东人民出版社，1990．

从价格管理的实践看，有几个与服务价格相关的理论问题需要弄清。

1. 价格与物价

在我国价格管理中，不少人对价格与物价不加区分，当作同义语混同使用；政府部门主管价格的机构被命名为"物价局"。这种认识其实是不全面的。价格是价值的货币表现，物价是物品的价格。两者相比，价格内涵浅，外延大；物价内涵深，外延小。从逻辑上说，价格是物价的上位概念，物价作为下位概念，无法涵盖上位概念价格。实际上，在经济活动中，除了物品的价格外，还有非物品服务的价格，而后者的比重在上升。从物价局的工作范围看，它不仅管理工农业产品价格，而且管理从车船票价、邮电资费、戏票价、入场券价，到学费、医疗费等服务价格。将价格视为物的价格，等于撇开了非实物产品服务的价格。这与我国第三产业已占50%以上的状况是很不匹配的，更不要说服务比重超六成的发达社会了。由此看来，物价局应正名为价格局。

2. 服务收费与服务价格

把"服务价格"说成"服务收费"是不妥当的。首先，收费的"收"是在卖方的角度说的，不适用于买方，因消费者购买服务时不是收费，而是付费。而价格概念站在不偏不倚的"中立"立场，对买卖双方都适用。其次，服务收费没有涵盖收费的本质、量与量的规定性，收费多少带有某种主观随意性。而服务价格概念隐含着经济学原理：从质上说，价格是价值的货币表现，服务价格与服务价值和生产成本相关；从量上说，价格受供求状况影响，服务价格围绕着服务价值上下波动；从长期和全局看，服务价格与服务价值量一致。将服务价格视为收费，不利于体现服务价格与物品价格的价格共性，在理论上是有缺陷的。❶

从理论上说，否定服务价格范畴的存在，始作俑者，是我国长期

---

❶ 西方通常用 price 指物品价格，用 fee 或 charge 指服务价格。price 和 fee "中立"于买卖双方，不含从卖方立场说的"收费"或从买方立场说的"付费"之意。charge 作动词时指"让你支付"，如 I charge you。

流行的"唯实物产品论"这一传统的"正宗的清规戒律"。不少人认为，只有实物才配称为"产品"，所以，非实物＝非产品＝非商品→无价格。这是与现代生产和消费不适应的一种旧观点。随着消费结构的演变和生产社会化、专业化的发展，社会产品日益明显地分为实物产品与非实物的服务产品两大类。价格是价值的货币表现，是各类商品与货币交换比例的指数。在实物产品与服务产品日趋频繁的交换中，服务产品取得现代商品形态，凝结于服务产品中的一般人类劳动体现为价值，其货币表现就是服务价格。因此，用服务价格概念涵盖第三产业是现代社会发展的需要。我国承认第三产业是产业，也就应合乎逻辑地摒弃与"实物产品唯一论"相联系的"服务收费"提法，采用第三产业价格或服务价格的范畴。

3. "非商品收费"

"非商品收费"是与第三产业价格范畴直接矛盾的一种说法。其立论逻辑是：大前提：只有物品是商品→小前提：服务不是物品→结论：服务不是商品（即非商品）。这里，大前提错了。因为商品是被物的交换关系掩盖着的人的劳动交换关系，不是物本身，只把物品看成商品，大前提错了，结论当然也就不对了。所谓"非商品"，适用于不当商品出售的产品、自产自销的产品，而不适用于为交换而生产的产品。商品是用来交换的劳动产品，不管是实物形态的产品，还是非实物形态的产品，只要产品用于交换，就是商品，没有什么理由说它是非商品。

4. 第三产业价格与服务价格

第三产业的产品是以服务产品为主、实物产品为辅的庞杂体系，第三产业价格与服务价格并不是完全等同的概念。第三产业价格体系实际上既包括非实物产品即服务产品的价格，也包括实物产品的价格，如饭菜、音像制品、书籍、报刊的价格。为了研究服务产品的价格（过去投放力量较少的研究课题），有必要撇开第三产业中存在的实物价格，将它留给以实物产品为研究对象的传统政治经济学去探究。在这个意义上，可以大致将第三产业价格看成服务价格。

二、服务价格分类与构成

按照服务产品的消费性能,服务价格可以大致上分为消费性服务价格和生产服务价格两大类。每大类下面各属五个小类。

消费性服务又称服务消费品,或生活服务,是满足个人消费需求的服务产品,其价格包括五个分类。

(1)(狭义)生活服务价格。这是满足个人生活需要的服务产品的价格。如旅店服务、美容服务、浴池服务、摄影服务、修理服务、保管服务的价格。

(2)流通服务价格。这是满足人(员)流、物流、商流、货币流和信息流的运动需要的服务产品的价格。如客货运服务、商业购销服务、金融保险服务、通信服务的价格。

(3)文娱消遣服务价格。这是满足陶冶情操、娱乐身心、开阔眼界需要的服务产品的价格。如文化服务、体育服务、娱乐服务、旅游服务的价格。

(4)科教服务价格。这是满足增长知识,提高智力水平需要的服务产品价格。如科普教育服务、技术咨询服务和教育服务的价格。

(5)医疗保健服务价格。这是满足增强身体素质、恢复健康、延年益寿需要的服务产品的价格。如诊断服务、治疗服务、手术服务、疗养服务、防疫服务、保健服务、环保服务的价格。

生产服务是服务形式的生产资料,是满足生产消费需求的服务产品,其价格包括五个分类。

(1)科研技术服务价格。如工程设计服务、研发服务、专利技术服务价格,技术诀窍的许可证交易价格,以及建设、生产、管理、销售、培训等专业技术服务的价格。

(2)流通服务价格。如运输、装卸、保管、仓储、包装、广告、信息、购销、金融、保险等服务的价格。

(3)维修保养服务价格。如(生产用)汽车维修、生产设备维修、道路桥梁维修等服务的价格。

(4)管理服务价格。如办公服务、出差服务、会议服务、消防服务、检验服务、环保服务等的价格。

（5）其他与生产有关的服务价格。

由于同一服务产品往往既可用于生产消费，又可用于生活消费，故上述两大类价格的区分只是相对的。

在正常经营的情况下，服务产品的价格由生产成本、税金和利润三个要素构成。它们是服务产品价值构成的反映：服务价格构成中的生产成本，是价值构成中的物化劳动 C 和服务生产者的必要劳动所创造的价值 V 的货币形态。价格构成中的税金和利润，是服务劳动者的剩余劳动所创造的价值 M 的货币形态。

生产成本是服务价格的主要部分，是制订服务价格的主要依据和最低经济界限。它包括以下几个部分：

（1）服务设施、设备、用具的折旧费用，体现生产中耗费的固定资产的价值。

（2）服务生产过程中耗费的物料的费用，体现原料、材料、燃料的价值。

（3）服务生产过程中耗费的服务的费用，体现研发、设计、管理、技术、运输、保管、修理、购销等服务的价值。

（4）工资、福利费，体现服务劳动者必要劳动创造的价值。

在特殊情况下，服务价格可以不包含税金和利润要素，甚至也不完全与生产成本相等。优惠服务价格、免费服务价格就是如此。

生产成本可根据变动状况的不同分为变动成本和固定成本。变动成本指成本总额随着服务产品量的增减而成正比例增减变化的成本，这种成本常常在实际生产过程开始后才需支付。服务生产中的直接人工和直接材料费是典型的变动成本。如教师一对一辅导人工、人手一份的教材、4D 影院立体眼镜、按乘客量分发的矿泉水等，与顾客的人数成正比例变化。固定成本指在一定时期和一定业务范围内，不受服务产品量增减变动影响而保持不变的成本。如服务机构的房屋租金、服务设施折旧费、教师授课费、高铁机车折旧费、剧院演员的演出人工、管理人员工资等，不管顾客多少，都要固定支付，与学生、乘客、观众人数无关。在服务场所容纳的一定范围内，由服务消费者分摊固定成本，所以单位服务产品的固定成本随着服务量的增大而成反比例变动。收入与支出平衡公式为：$y=a+bx$。式中，y 表示营业收入；a 表示固定成本；b 表示单位变动成本；x 表示产量。整理得，盈亏平衡产量 $x=(y-a)/b$。若营业收入 $y=1000$，固定成本 $a=100$，单位变动成本 $b=30$，则服务产品量 $x=(1000-100)/30=30$，是盈亏平衡点。当服务量为 30 人时，营业收入与成本支出平衡，这是企业的盈亏平衡点，亦是服务业的起点规模。服务产量超过此盈亏平衡点，方能盈利；低于起点规模，企业亏损，无法经营。教育培训班开班学生人数、客运乘客人数、剧团观众人数、旅游组团人数，同此理。

三、服务价格常见类型与特殊形式

在我国服务价格有三种常见类型。

第一类是全额服务价格。它与服务产品生产上耗费的物化劳动和活劳动总量大致相当。从原则上说，服务价格等于服务价值。属于这一类的有：竞争性服务消费品价格，如交通、通信、旅游、旅店业、摄影、修理、商业、金融、保险服务的价格；企业化经营的文艺、娱乐服务价格；生产服务价格。生产这些服务产品的部门通过出售服务产品可以补偿生产成本并提取税金、利润。在市场经济中，这类服务价格非常普遍。

第二类是优惠服务价格，或称低于成本的服务价格。它小于服务产品生产上耗费的物化劳动和活劳动总量，即服务价格低于服务价值。因此，出售服务产品的收入稍高于生产成本而获微利，或只能补偿生产成本的全部或部分。价格低于生产成本部分由社会消费基金或社会赞助等途径补偿，甚至因无法补偿而亏损。属于这一类的有部分教育服务（如 20 世纪 80 年代的中小学教育）、文化艺术服务、管理服务等价格。这类低于生产成本的服务价格在我国改革开放前很普遍。

据广东省教育厅计财科计算，广东省 1981 年生产一学期教育服务产品，生均耗费物化劳动和活劳动量（校舍基建投资未计算在内），小学约为 15.24~17.24 元，中学约为 37.1~40.1 元。当时小学交学费 1.50~3.50 元，优惠价格仅为全额价格的 9%~23%；中学交学费 4.00~7.00 元，优惠价格为全额价格的 10%~19%。在这里，教育服务产品价格的 80%~90% 是由国家支付的，国家每学期对每个小学生的补贴是 13.24

元，中学生为 33.10 元。❶ 如果一个家庭有两个小孩分别念小学和中学，那么，他们一年从优惠价教育服务产品中得到的额外收入是 92.68 元。这是直接用在劳动者身上的社会消费基金。由于它不是以货币的形式而是以教育服务消费品的形式分配给劳动者，而教育服务产品又是非实物产品，故它往往容易为人们所忽略。如果国家将这 92.68 元直接发给这个家庭，然后让其去购买全额教育服务产品，社会消费基金提供的这种优惠就非常清楚了。

再看卫生服务产品的优惠价格。据卫生部对北京、江苏、山东、福建、甘肃、吉林、辽宁等九个省市约三十多所医院 1979 年成本的调查，城市医院门诊成本每人次 0.64 元，实收 0.10 元；县医院门诊成本 0.44 元，实收 0.05 元或 0.10 元；公社医院门诊成本 0.38 元，实收 0.05 元。城市医院住院成本为 5.60 元，实收 0.50 元；县医院住院成本 3.70 元，实收 0.40 元；公社医院住院成本 3.10 元，实收 0.20 元。城市医院大手术成本 80 多元，实收 20~30 元；中手术成本 50 多元，实收 20 元左右；小手术成本 20 多元，实收 7~8 元。据估计，1979 年全国卫生部所属医院和公社卫生院收入低于成本 23.3 亿元，其中由国家财政补助 14.9 亿元。❷

第三类型是免费服务"价格"。从现象上看，这里不存在服务产品的出售形式和出售价格。对消费者而言，服务产品是免费提供的，价格为零。但实际上是国家以社会消费基金按等于成本的价格购买了这些服务产品，再以"免费"形式将它分配给社会成员的。由于服务产品在这里不直接出售，"服务流"与"货币流"不在时空上并存，故其劳动耗费不能从出售价格中，而需从国家财政拨款或其他渠道中得到部分补偿（国家财政往往只按 $C+V$ 拨款，而服务产品的劳动耗费是 $C+V+M$）。这些服务产品不经普通市场，似乎不是商品。但它们实际上是根据国家的"订货"生产的。而国家通过向国民征税获得财政收入用于"订货"。所以从广义上说，这些服务产品也是用于交换的产品。如果这些服务产品的生产单位实行企业化，向其产品的消费者直接出售服务产品，则其劳动耗费可以如同第一类型的全额服务产品

---

❶ 据笔者 1982 年在广东省教育厅计财科的调查。
❷ 广州医学院学报（社会科学专辑）1982 年增刊第 28 页。

一样，从其出售价格中得到补偿，而无需靠财政拨款维持。属于第三类型的主要有部分医疗服务产品（如公费医疗、公费疗养）、免费的教育服务产品（如改革开放前的免费高等教育）和文艺服务产品（如赠票）。劳动者消费的优惠价或免费的服务产品越多，等于其实际收入越高，也即提高了其实际工资。❶ 据统计，我国1978年全民所有制企业职工每人平均从国家得到的劳保福利费和各种补贴达526.7元，相当于该年平均工资的81.71%。❷ 其中就包括对公费医疗等免费服务消费品的补贴。再看教育服务产品，据统计，20世纪80年代生产一学年高等教育服务产品所耗费的活劳动和物化劳动量（按每个大学生计），约为2000元。❸ 当时，大学生消费高等教育服务产品不用支付分文。一个四年制大学生，仅是消费四年免费的高等教育服务产品，其价值就为8000元。国家培养一个大学毕业生，花费上万元。一个家庭如果有一人念大学，每年就等于多享受了2000元社会消费基金的补贴。

20世纪80年代以来，我国逐步实行付费读本科，本科教育服务价格由免费服务价格，变为低于成本的服务价格（公立大学有国家财政拨款资助教育经费，教育成本费用不完全由学费支付），或全额服务价格（私立大学通常没有国家财政拨款资助教育经费，教育成本费基本由学费支付）。攻读硕士和博士的研究生分为公费研究生和自费

---

❶ 我国统计机构在20世纪80年代对劳动者的家庭总收入的统计中，忽视了统计由社会消费基金提供的优惠价服务和免费服务这一内容。同期苏联中央统计局已将其列为家庭总收入项目之一，家庭总收入被定义为"从国营和合作社企业与组织、集体农庄、个人副业所得的货币和实物（按货币计价）收入，以及从社会消费基金获得的各种支付和优惠（包括免费教育和公费医疗）。"苏联1976年工业工人家庭总收入中"优抚金、助学金、补贴金和由社会消费基金提供的其他支付和优惠（包括免费教育、医疗及其他）"占22.3%，在集体农庄庄员的家庭总收入中，占20.7%（参见《苏联国民经济六十年》第465~466页）。2003—2005年笔者在新加坡国立大学当访问研究员时租住大学公寓，除了支付房租外，彩电、冰箱、洗衣机等电器也按其购置价的一定比例算作笔者所获的benefits（福利），在工资中予以扣除。

❷ 《中国经济年鉴1981年刊》第Ⅳ-34页。

❸ 《文摘报》1982年7月20日第42期。

研究生，教育服务价格则从免费服务价格变为低于成本的服务价格，国家对研究生辅之以奖学金形式的"明补"。

由于全额服务价格、优惠服务价格、免费服务"价格"这三类服务产品价格各异，服务部门的生产积极性也各不相同：全额服务价格能正确评价服务企业的生产经营效果，企业的生产积极性较大。随着开放，旅游、运输、旅店、理发等服务业如雨后春笋般涌现，正是基于这一原因，这类企业生产的服务产品越多，企业的收益就越大，员工的实际收入就越多。优惠服务价格与价值倒挂，在财政补贴既定不变的情况下，提供服务产品越多，服务业亏损越大，故服务业一般不愿意扩大经营。至于免费服务产品，其价格为零，故这些事业单位的经营规模、产品规格、结构，听命于给予财政拨款的上级机构的指令，不会主动扩大服务产品生产，除非是拨款增加，或被允许按收支相抵的原则另定服务价格。改革开放之初，高校纷纷开办的收费干部专修班便属此列。

服务价格有数种与实物产品价格不同的特殊形态：交融互嵌的服务价格，SaaS软件服务价格，有固定成本的演出服务价格，与消费地发达程度负相关的服务价格，广告服务的迂回价格，服务量减少反而获得欢迎的服务价格。

（1）交融互嵌的服务产品价格。在现代社会中，第三产业比重接近或超过第一、二产业，在产品体系中，实物产品与服务产品交融"互嵌"的现象很常见。

一是在实物产品中"嵌入"服务产品。如经过运输到达目的地的货物，从形态上看，是实物产品，但它不同于运输前的实物产品，是发生了位移的实物产品。我们可以抽象看作运输前的实物产品＋运输服务产品。在这里，运输服务产品不以独立形态存在，而是以"嵌入"或凝结于实物产品中，与实物产品合二而一的形式存在。位置移动的实物产品从使用价值来说，等于实物使用价值（货物）＋非实物使用价值（位移服务）；从价值来说，等于生产货物耗费的劳动时间＋运输服务耗费的劳动时间；从价格来说，等于货物价格＋运输服务价格。在货主托运货物的场合，他体验到的是两个产品的价格：货物价格＋托运服务价格。但对于在目的地买这件货物的顾客来说，他支付价格买的是一件物品，此前的运输过程他并不关注，货运服务产品及其价格已嵌入货物中，不单独存在了。经多重流通渠道到商场被顾客买走的农产品或工业品，等于原产地农产品或工业品的价格＋流通服务产品的价格。同理，生产音像或软件光盘需音像或软件服务为生产要素，成品音像或软件光盘价格包括空白光盘价格、录制价格和作为主要生产要素的服务产品的价格。盗版光盘之所以便宜，是因为其价格中不包含生产光盘所需的服务产品的成本。

二是在服务产品中"嵌入"实物产品。如民航客运服务，从产品形态上看，它是服务产品。但民航客运服务产品在生产过程中，要大量实物产品作为生产要素，如飞机、导航设备、机场、跑道、燃油等物的要素。所以，民航客运服务从使用价值来说，等于"嵌入"或凝结了多种实物使用价值的非实物使用价值；从价值来说，等于生产飞机（折旧部分）、汽油等实物产品耗费的劳动时间＋提供机务、通信、调度、导航、气象服务耗费的劳动时间；从价格来说，可以分解成飞机、燃油等生产资料的（折旧）价格和机务服务等服务的价格。用实物形态生产要素生产的服务产品，如运输服务、通信服务、网络服务需要车辆、通信器材、光纤等生产要素，都有类似"嵌入"情况，其服务价格中，就包含了实物生产要素的价格。推而广之，在现代社会，实物产品和服务产品互为生产要素，你中有我，我中有你，相互交融嵌入。实物产品价格中含有服务产品价格（如光盘价格中含有科研服务价格），服务产品价格中含有实物产品价格（如民航服务价格中含有燃油价格）。服务产品价格不仅仅影响第三产业，实际上也影响国民经济的三次产业。

（2）SaaS软件服务价格。SaaS是Software as a Service（软件即服务）的缩写，是IBM公司提出的概念，意为大型软件化整为零分拆为一项小服务出售的价格（SaaS概念本身不是没有瑕疵的，因软件本来就属于服务范畴）。研发大型软件需大量软件研发人员进行长期大兵团协同作战才能取得成功，所以制作软件除了变动成本外（如光盘等介质），还有巨大的固定成本如研发费、专利费等。如果消费者少，那么固定成本的分摊对象少，价格势必异常昂贵。"高大上"令人望洋兴叹，无法消受，或是转向低价盗版软件，让研发者的价值补偿变成"水中月"。由于软件具有可分享性,复制时只增加极小的变动成本(刻一个光盘的成本通常低于一元),甚至在网络复制不花钱。若扩大消费面,将软件作为一个个小服务提供给大量消费者使用,那么研发的巨额固定成本就分摊到大量消费者头上,软件价格将变成普罗大众可以接受的"白菜价"。这种 SaaS 服务价格模式在网络服务、手机 APP 中广泛应用。软件制作商为了让软件更令人放心地得到推广,在收取软件服务费时,还采用先试用后购买的模式,下载软件时绑定银行卡,不扣费先试用,到期后无异议则自动转为付费。有线电视节目、手机通信套餐、网络收费软件通常采用这种价格模式。

(3)有固定成本的演出服务价格。演出需要大量的固定成本,如剧目调研、策划、构思、编剧、导演、彩排等,如果只演出一场,固定成本就会全部摊在唯一演出的价格中,形成消费者难以接受的"天价";如多次演出,固定成本就分摊在多场演出中。在超过盈亏平衡点以后,增加演出只需增加变动成本,不必增多固定成本,这就形成了服务产品的"薄利多销",让营业收入有可能大大超出盈亏平衡点,获得更多的企业盈余,从而让创作人员、演员、后台演职人员获得更可观的物质利益。同理,要专门备课只讲一次的专场演讲,要作实地调研以提出个性化咨询意见的咨询性演讲,与按通用教案准备一次便可讲多次的讲课相比,服务价格更高,也是因为固定成本完全不同。

(4)与消费地发达程度负相关的服务价格。在正常情况下,经济发达地区因服务业生产资料、经营成本、生活成本、人力成本较贵,同类服务价格一般高于欠发达地区。但有些实际情况是,一些经济发达地区服务价格较低,而经济欠发达地区服务价格反而较高。这似乎违反常识和经济规律,其实不然。原因主要在于生产成本和竞争状况。其一,发达地区收入水平高,服务需求旺,服务业顾客客流量大,使服务业更容易突破盈亏平衡点获得盈利;欠发达地区顾客客流量小,不少服务业在盈亏平衡点挣扎,不得不提高服务价格。其二,发达地区客流量大,服务业顾客盈门,服务闲置时间相对少,服务效率高于欠发达地区,为服务价格降低提供了基础。其三,发达地区服务集群优势明显,服务业密集区充分竞争,消费者寻找服务的搜寻成本低。

这样看来，发达地区在服务起点规模、服务效率、服务集群和供给充分竞争方面具有优势，客流量大故价格低（薄利多销的新形式），导致服务价格低于欠发达地区不足为奇。

（5）广告服务的迂回价格。广告服务采用一种迂回补偿方式在广告商、客户和观众中实现服务产品的提供。服务订购者——广告商：为客户做电视广告，收取费用，向客户提供广告服务和免费节目。服务出资者——客户：向广告商支付广告制作费，向电视台支付广告和电视节目播放费，以生产对自己没有使用价值的服务产品。广告是提供给观众看以获得广告效果的，为使观众看不枯燥的广告，需配搭令人关注的免费电视节目，从中混播广告（广告客户喜欢的接受广告灌输的方式）。服务提供者——电视台：以获客户广告费和电视节目播放费为代价，以插播广告方式向观众播放广告，以免费方式播放精彩的电视节目，以吸引观众看节目，在观看节目中看广告，扩大广告效果。服务消费者——观众：消费广告服务（客户的目的）和电视节目（达到客户目的的手段），接受电视服务不付费（费用由广告客户支付），但要以观看广告为代价（忍受广告灌输，虽然对观众来说是一种负担而不是享受，但为了得到免费电视节目的消费，不得不接受此负担）。因此，这里看到一种有趣的"四赢"迂回服务补偿：订购者（广告商）付费订购对自己没有使用价值的、供观众消费的服务；出资者（广告客户）付费生产自己不消费的服务，转送给观众；服务提供者（电视台）：收费播放广告和电视节目；观众（广告和电视节目消费者）：以忍受广告灌输为代价消费免费电视服务。

（6）服务量减少获得欢迎的服务价格。在实物生产领域，偷工减料是消费者经常诟病的不良问题。但在有的服务生产领域，服务减量的效果却是皆大欢喜。如在教育服务产品的生产上，往往有这样的情况：因某种非主观原因，学校要减少课时，增加放假时间。服务提供者——教师工作量减少，报酬不减，求之不得；服务消费者——学生减少上课服务量，增多放假休闲时间，但不影响升级、毕业，欢天喜地；服务付费者——学生家长支付教育服务费用不减，服务量减少，但不影响毕业，少有投诉。实际上，三方皆大欢喜的原因是，某些课程多讲少讲对学生成长影响不大，若真正有用的课程被裁减，希望学知识而不是"混"文凭的学生和家长不会毫不介意。有美国的大学因新冠肺炎疫情将现场讲课改为网课，学生要求退学费，便是一例。

第二节 服务价格的地位与影响因素

一、服务价格在国民经济中的地位与作用

从世界经济发展的历史看，社会经济发展水平越高，服务价格在国民经济中的地位就越重要。

首先，在第一、二、三产业的产品交换中，服务价格与实物价格一样，成为联系社会各部门经济活动的纽带。

第三产业的劳动者生产的主要是以服务形式存在的生活资料和生产资料。在生产发展的低级阶段，第三产业并没有独立化，这使第一、二、三产业之间的产品交换还是很偶然的。一方面，劳动生产率的增进和收入水平的提高，使第三产业的产品比重大为上升。另一方面，社会分工又使得人们单一性的生产无法满足其多样性的需要。加之具有不同经济利益的经济实体的存在，使产品具有"你我之分"。这就必然发生不同部门之间的产品的交换。在经济发达的社会中，除了原有的工农业产品的交换外，还大量存在着工农业产品与服务产品之间，以及不同的服务产品之间的交换。于是，服务价格就成了第一、二产业与第三产业之间交换产品的纽带。不同形态的产品通过互相比较抽象劳动的数量差异，以价值为尺度决定交换比例，这一尺度体现在货币上就是服务价格与实物价格。可以想见，没有合理的服务价格，就会从两方面影响三大产业之间的经济联系：其一，服务价格过低，甚至为零，等于工农业对服务业"白吃白拿"，无偿调拨服务产品。这种不计劳动耗费，不讲服务成本的做法，使服务产业创造的价值无偿转到工农业，第三产业将失去再生产能力，甚至萎缩、消失。其二，服务价格过高，服务收费"漫天要价"，脱离服务生产费用和劳动耗费量，等于服务业对工农业"多吃多占"。这就会使工农业创造的部分价值无偿地转移到服务产业。这二者最终都会影响三大产业之间的平等交换，使三大产业的经济联系被破坏。随着服务产品比重的上升，

服务价格的这种纽带作用就愈加明晰。

其次,服务价格是传递第三产业经济信息的信号灯。

在第三产业的生产中,服务价格从两个方面传递经济信息。其一,从微观上说,服务企业可以通过服务成本、盈利与服务价格的比较,判断其经营水平、技术水平及生产率的高低。在供求一致的情况下,服务价格代表着社会必要劳动耗费量决定的社会价值量(这里主要指重复型服务产品)。生产经营水平差的服务企业的个别价值量大于服务的市场价格,超出市场价格部分的生产费用得不到社会承认,体现在账面上是小利、无利,甚至亏损。生产经营水平好的服务企业的个别价值量小于服务价格,少耗费的生产费用仍被社会补偿,因而可以获超额利润,中等水平的服务企业则居二者中间。这样,服务价格就成了"评选"先进与落后企业的标志,给服务企业传递了个别生产率与社会劳动生产率是否"合拍"的经济信息。其二,从宏观上说,服务企业可以通过服务价格的高低波动,了解服务产品的供需矛盾的变化。如果服务生产能力不变,而社会对服务产品的需求增大了,或者服务需求稳定不变,而服务生产能力下降了,服务产品的供不应求,就将使服务价格高于其价值;反过来,服务产品的供过于求,将使服务价格低于其价值。这样,偏高的服务价格就成了"绿色信号灯",而偏低的服务价格则成了"红色信号灯",向人们传递了增加或缩减服务生产的信息。

最后,服务价格也是调节三大产业经济利益的杠杆。

在商品交换中,价格的偏高偏低,不能增加社会财富的总量,但能造成价值的再分配。服务价格与价值的背离,调节经济利益的不同方向或不同程度的分配。若实物产品交换的服务价格低于价值,服务劳动者创造的一部分价值就通过不等价交换再分配给实物生产部门。反过来,若价格高于服务价值,就等于向购买这类服务产品的个人或单位"征收贡税",事实上增加了该服务产业的经济收益和积累能力。此外,对于每个服务部门来说,服务价格的高低,都关系到其个别劳动能否转化、在多大程度上转化为社会劳动的问题,因而与其经济利益息息相关。因此,服务价格也就成了有力的经济杠杆,调节着国民经济中不同主体所获经济利益的多寡。

毋庸讳言，在经济欠发达的历史阶段里，第三产业在国民经济中的比重小于发达国家，服务价格上述的纽带、信号灯和杠杆的地位不十分明确。这也是在过去的价格理论研究中，服务价格"难登大雅之堂"的客观原因。不过，科学的任务不在于论证现行政策的合理，而在于探索事物发展的前景，在其端倪初露之际就揭示其未来发展规律。只要看看这一比重在西方发达国家已超过六成，就可以预料，服务价格在我国国民经济中的地位将随经济、社会的发展愈来愈重要。

概括地说，服务价格在国民经济中可以起到如下作用。

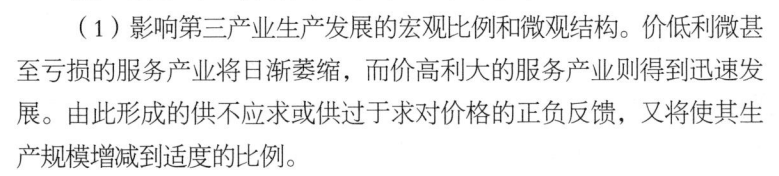

（1）影响第三产业生产发展的宏观比例和微观结构。价低利微甚至亏损的服务产业将日渐萎缩，而价高利大的服务产业则得到迅速发展。由此形成的供不应求或供过于求对价格的正负反馈，又将使其生产规模增减到适度的比例。

（2）刺激服务企业改善经营管理，采用先进技术和设备，努力提高服务生产率。生产率长期低于社会平均水平的服务企业将在价格竞争中被淘汰。

（3）产生消费导向。通过价格的调低或升高，对某种服务产品的消费，产生鼓励或限制的作用。合理的服务价格将导致合理的服务消费结构的形成。

（4）影响对服务资源的合理利用。若对服务资源稀缺的服务产品定以较高价格，对可以代换的相应服务产品或实物产品定以相对低价，则可合理节省稀缺资源。

二、影响服务价格形成的主要因素

影响服务价格形成的主要因素是服务产品的价值量、生产成本、供求关系和其他非劳动因素。

1. 服务价值量

服务价格是服务产品价值的货币表现。影响服务价格形成的主要因素是服务价值量。如前所论，服务价值是服务劳动者生产服务产品耗费的一般人类劳动时间的凝结，由服务产品生产上耗费的社会必要劳动时间决定。重复型服务产品的社会必要劳动时间是在现有的社会正常的服务生产条件下，在社会平均的劳动熟练程度和劳动强度下，生产一种标准质量的服务产品所需的劳动时间。生活服务产品、流通服务产品、娱乐服务产品和维修保养服务产品等，均属此列。

创新型服务产品只有一个成功的生产者，存在需求竞争，但不存在供给竞争，从价值补偿来说，其社会必要劳动时间不仅包括成功者的直接劳动耗费，而且包括社会上众多失败者的探索、挫折和失败所耗费的劳动时间，因失败者的劳动为唯一的成功者提供了条件。所以，生产创新型服务产品的社会必要劳动时间由最先生产出该服务产品的直接劳动耗费加创新难度系数决定。独创性科研服务、艺术创作服务等属于这一范围，如科学家设计、发明、创造，艺术家创作等。因创新型服务产品在供给中处于独家经营状态，其价格类似独一无二的珍贵古董艺术品价格，带有垄断价格的特点，在一定程度上由购买者的支付能力决定。这不仅使其生产者的劳动耗费得以完全补偿，而且可获超额利润，会激励生产者积极创新。这是服务产品价格与实物产品价格不同的显著特点之一。

确立服务理论价格以价值为基础，意味着服务价格的高低，要根据服务生产的物化劳动和活劳动的耗费量来决定，不能脱离劳动耗费量漫天要价。对于同一类产品，服务生产率提高了，劳动耗费量下降，服务价格就会下降，反之，就会上升；对于不同类的产品，社会劳动耗费量大的价格高，社会劳动耗费量小的价格低。

从长远趋势看，实物生产与服务生产有不同特点，农业和工业生产中应用自动化和智能化的程度较高，劳动生产率增长较快，导致实物产品的价值量下降较快，而第三产业生产中应用机械化、自动化和智能化的程度较低，劳动生产率增长较慢，导致服务产品价值量下降较慢。改革开放多年，手工服务生产效率提高不多，如理发服务工具只由手动推剪变为电动推剪，教育服务工具由黑板、粉笔变为多媒体投影仪，而医院护理服务基本没变。所以，以实物产品为等价形式的服务产品相对价值量迅速增大，劳动密集型服务价格全面上升。

2. 服务生产成本

服务产品的生产成本包括服务业固定资产折旧费、外购物品和服务的价格，以及服务人员的人工成本。服务售价扣除成本，是企业利润和税金。

服务业的固定资产一般指多年使用、逐年折旧的耐久性服务设施、设备、器材、工具和房产等实物。现代旅馆业有一个"千分之一规律",即房价为投资额的千分之一。❶ 如每间客房造价为50万元,则每天房价为500元。它用简洁统一的物化劳动耗费量尺度对不同旅馆设备、设施、服务条件等各种差异进行了抽象,表达了服务价格与物化劳动耗费的关系。顾客如云的小食店,仅是由于将原来简陋的门面装修得富丽堂皇,就吓跑了为数众多的老食客,因为人们从高级服务设施的装修中,推测服务价格会上涨而退避三舍。

随着生产服务的发展和生产要素的软化,服务业的固定资产也越来越多地包括服务生产过程中使用的一次性购入,且价值需逐年分摊到产品中去的专利、许可证、软件、知识产权等服务形式生产资料。

外购物品和服务是指服务生产过程中向外购买的物料、材料、燃料、电力、自来水等物品,以及客货运服务、物流服务、网络服务、检测服务、通信服务等服务。

人工成本是服务生产过程中劳动力的耗费成本。如果服务生产过程耗费较多的服务劳动,服务价格也较高。需经专业培训才能生产的服务产品,如科技服务、咨询服务、教育服务、医疗服务,因服务产品中凝结的社会劳动量较多,价格也较高。

以航空服务为例,飞机折旧费、大修费、调度设备、导航设备、气象设备等的折旧费,属固定资产折旧概念,飞机小修费、机场费、燃油费、机务、通信、调度、导航、气象、客运、货运,属外购物品和服务概念,售票、飞行、空中乘务、场务、设备、供应、清洁、机关和后勤等部门的工资、奖金和福利费,属人工成本概念。

3. 服务供求关系

在市场上,价格是供需之间的连接点。消费者通过服务价格使自己的服务需求得到最大的满足,生产者通过服务价格达到服务生产的盈利。因此,由买方与卖方产生的需求与供给的基本力量,相互作用,共同影响,制约着服务产品的均衡价格。服务需求量,是人们对服务产品有支付能力的需要量。服务需求量的大小,取决于消费者主观评

---

❶ 黄辉实. 旅游经济学 [M]. 上海:上海社会科学院出版社,1985:175.

价、收入水平、互补产品与代换产品的价格水平，对未来商品供应情况的预期和货币的储蓄状况，以及服务本身的价格。服务供给量，是服务业愿意并且能够出售给顾客的服务量。它的大小取决于服务生产成本（包括会计成本和机会成本）、对未来商品价格的预测以及服务本身的价格。当服务需求量与供给量趋于平衡时，服务价格就会在一个点上稳定下来，形成均衡价格。若其他条件不变，服务需求减少，就会导致服务价格降低，供应趋向减少；反之，需求量增加，一般会引起服务价格的提高，也影响着服务供给量增加。若其他条件不变，如果服务供给量加大，服务价格就下降，从而使服务成交数量加大；如果服务供给量减少，服务价格就升高，从而使服务成交额减少。

由于服务供求关系直接影响服务价格的变动，因此，制定服务价格时必须重视供求关系。一般地说，对于供求关系紧张的服务产品，服务价格应较高，以鼓励服务供给量的增大，相对限制服务需求量，缓和供求矛盾。对于供过于求的"长线"服务产品，价格应合理降低，以刺激消费，限制生产。对劳动耗费量大，社会效益大，但价格因需求不足而偏低的服务产品，则应着重刺激需求，以诱导价格提高，鼓励其扩大生产。例如科技服务就亟须通过提高企业素质，增大企业对科技的需求来提高其价格。

4. 其他非劳动因素

在现实生活中，服务价格还受到非劳动要素的制约，因而不可片面地、唯一地强调以劳动耗费量为终极决定力量。除供求关系外，还包括如下非劳动因素。

（1）服务资源的丰度。服务资源丰度高的服务产品，其价格可以与劳动耗费量同步变化；服务资源稀缺的服务产品，即使劳动耗费不大，价格也应较高。从理论上说，稀缺的服务资源需要较多的修缮、维护费用，必须在价格中有所反映；更重要的是，较高的服务价格会引致对稀缺服务资源的珍惜和合理利用，避免滥用糟蹋。

以旅游服务为例，自然界中地理环境和生物所构成的，吸引人们进行旅游活动的天然景观，是旅游服务的自然资源，它包括地貌、水文、气候、动植物等；古今人类社会活动的记录和结晶构成旅游服务的人文资源，它包括历史古迹和文物、宗教圣地、文化传统、风土人情等。这些旅游资源中的相当部分，并非是劳动要素，但旅游服务价格中都应包括它们。不能因为名山大川是"天公赐物"而使之在价格构成中"不名一文"。再以高等教育服务为例，高等教育服务需要高级人才，在文化技术落后的国家中，这是极为珍贵的服务资源。高教服务价格，不仅要包含教师劳动耗费因素，还要充分考虑高教服务资源的稀缺性而适当提高。高等教育采取收费制的价格形式，这是克服我国知识、智力劳动和知识分子"不值钱"现状的重要举措。它限制了对稀缺资源的消费需求，但同时刺激了它的供给，缓和了供求矛盾。

（2）服务产品生命周期。不同时期的服务价格可以采取不同的定价策略。在服务产品"介绍期"，因新型服务产品在市场上奇货可居，可以采取比成本高很多的"撇油价格"，在短期内将钱赚回来。这时非劳动要素在服务价格中就占相当大的比重。在服务产品的"成长期"，生产方式稳定，生产批量大，顾客剧增，可以采取稍高于成本的"满意价格"，以扩大销售额。在服务产品的"成熟期"和"衰退期"，可以采取很低的"渗透价格"，以进一步扩大市场，并抑制竞争者进入该市场。这种"赚头蚀尾"的定价策略，是依据服务消费心理、需求变动规律制定的，并不一定要时时处处以劳动耗费量为服务价格的严格尺度。

（3）币值。服务价格与实物价格一样，它作为商品价值量的指数，是商品同货币的交换比例的指数。货币本身的价值若有变化，即使服务产品本身的价值不变，服务价格也必然要发生相反方向的变化：币值上升，服务价格会下降；币值下降，服务价格会上升。如果币值与服务价值发生同方向但不同幅度的变化，也会引起服务价格的相应变化。当市场流通的是纸币时，纸币所代表的是市场商品流通所需要的一定量的金属货币量的价值，若通货膨胀，则纸币所代表的价值必然下降，使价格上涨，服务价格也随之上升。

（4）实物商品价格。其一，服务产品以实物为生产要素，实物产品的价格通过生产成本影响服务价格。其二，实物商品的价格与服务价格存在比价关系，前者的变动会引起后者的变动。其三，如果实物商品价格提高，盈利增加，就会使服务产品的机会成本上升，引起其价格上涨，反之，则会使其价格下降。

此外，税率、信贷状况和政策因素也影响着服务价格。此不详述。

第三节 服务价格体系

我国价格学研究重视第一、二产业价格问题，但对服务价格体系的系统阐述还不多见。这一方面因为长期以来受"唯物质产品观"的影响，不承认第三产业生产的无形产品也有价格现象和价格运动规律，只是称为"服务收费"或"非商品收费"，价格范畴在第三产业的实践和理论中缺位，自然谈不上服务价格体系了。另一方面，在现实经济活动中，我国第三产业比重正在增大，服务价格体系处在形成和发展完善的过程中。这种状况反映在理论上，对于服务价格体系的研究也就不足了。

在国民经济价格体系中存在着服务价格体系，主要包括三部分内容：其一，同一种服务商品按流通的环节、地区、季节、质量，形成的不同价格之间的差价体系；其二，按第三产业各部门的服务型商品价格及其比例关系，形成的不同服务商品之间的比价体系；其三，按第三产业的服务型商品与第一、二产业的实物型商品的价格及其比例关系，形成的不同的服务商品与实物商品的比价体系。

一、服务差价

服务差价是指同种服务产品由于生产地区、产销时间、产品质量或产销环节不同而形成的价格差额。服务差价主要有五种：地区差价、季节差价、质量差价、购销差价、批零差价。

1. 服务产品的地区差价

服务产品的地区差价是同种服务产品在不同地区、同一时间内的价格差额。它形成的原因主要有两个。

（1）不同地区的服务生产条件不同使服务产品的生产成本出现差异。服务产品具有生产与消费的同时性、不可贮存性，因而生产带有区域性，它不可能在大范围的市场内展开价格竞争。因此，往往由本地区服务部门的平均生产条件为标准决定其价格。在服务稀缺的条件下，甚至以"只此一家，别无分店"的服务企业的个别价格加垄断利润为市场价格。而不同地区的服务生产条件，如服务劳动者的素质、服务设施、工艺水平、服务的社会环境与自然条件，往往不相同。由此产生的不同服务生产率，使服务产品成本各异，就形成了有差异的地区性服务价格。一般说来，城市比农村，文化发达地区比不发达地区的服务劳动者的劳动熟练程度高；人口密度大、收入水平高的地区，对服务的需求量大，这使服务企业的一次性服务容量大，有可能实行大型化、专业化经营，且不易于出现供过于求，故服务成本较低。不同地区气候条件的差异对服务生产所需的燃料、动力、辅助材料和活劳动量有不同的要求，生产同类服务产品的成本也随之变化。这是形成服务的地区差价的重要原因。

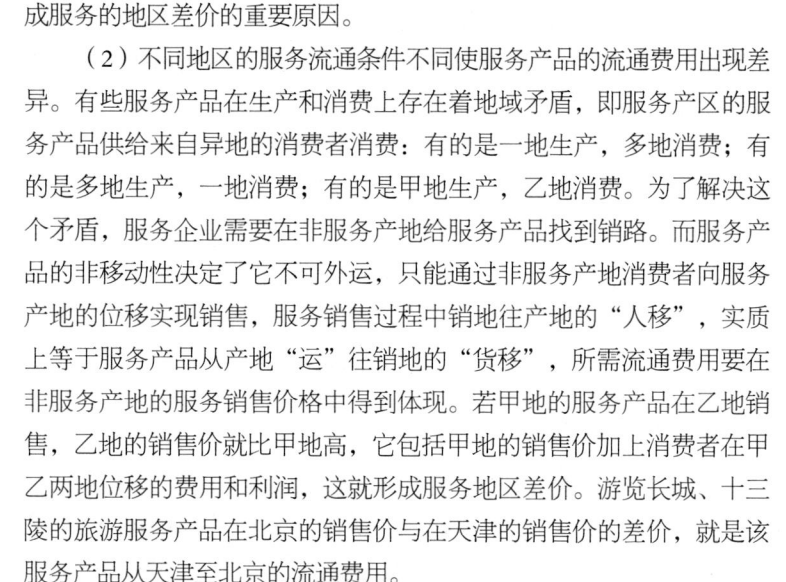

（2）不同地区的服务流通条件不同使服务产品的流通费用出现差异。有些服务产品在生产和消费上存在着地域矛盾，即服务产区的服务产品供给来自外地的消费者消费：有的是一地生产，多地消费；有的是多地生产，一地消费；有的是甲地生产，乙地消费。为了解决这个矛盾，服务企业需要在非服务产地给服务产品找到销路。而服务产品的非移动性决定了它不可外运，只能通过非服务产地消费者向服务产地的位移实现销售，服务销售过程中销地往产地的"人移"，实质上等于服务产品从产地"运"往销地的"货移"，所需流通费用要在非服务产地的服务销售价格中得到体现。若甲地的服务产品在乙地销售，乙地的销售价就比甲地高，它包括甲地的销售价加上消费者在甲乙两地位移的费用和利润，这就形成服务地区差价。游览长城、十三陵的旅游服务产品在北京的销售价与在天津的销售价的差价，就是该服务产品从天津至北京的流通费用。

服务产品的地区差价大小是通过市场形成的。过大的地区差价，会助长服务经营企业盲目组织服务货源进行"长途贩运"，造成浪费，会加重消费者的负担。过小的地区差价，则会使服务生产率悬殊的地区服务生产不是萎缩就是过度膨胀，影响其合理比例以至居民的服务消费，使服务经营企业因无法补偿流通费用或无利可图而丧失积极性，不利于合理调剂服务生产区与消费区之间的服务生产与消费。

2. 服务产品的季节差价

服务产品的季节差价是同种服务产品在同一市场、不同季节的销售价格之间的差额。它形成的主要原因有两个。

（1）某些服务产品的生产与消费在时间上存在较大矛盾。有的服务产品的生产是常年进行的，而其消费需求却因自然气候条件、社会风俗习惯、节假日等因素而集中于某些季节。服务需求量大的季节就是服务旺季，反之是服务淡季。如海滨旅游在暑期形成热潮，交通需求在春节期间达到高峰，电话通信在午夜大为减少，等等。但是服务设施、服务人员不可能随旺淡季骤增骤减。服务旺季的服务需求量骤增使服务往往供不应求，服务淡季的服务需求量锐减使服务通常供过于求，这是对服务均衡生产的严重影响。而服务生产的均衡性是服务设施、人员能够获得充分利用的条件。为了缓和供求矛盾，就需要用有差别的淡旺季价格对需求（和生产）进行刺激：服务价格在旺季相对提高，以抑制或推迟消费，并刺激服务企业发掘服务潜力，扩大服务生产；在淡季，相对降低服务价格，以鼓励、刺激消费。服务的淡旺季差价与农产品的淡旺季节差价的涵义及其作用点是不同的：农产品按客观生产能力的大小区分旺淡季，生产力大者为旺季，小者为淡季，旺季价低，淡季价高，以促使旺季多销，淡季多产；服务则按客观需求的大小区分旺淡季，需求大者为旺季，小者为淡季，旺季价高，淡季价低，以促使旺季多产（同时减少需求），淡季多销。不过，二者的目标都是相同的：通过价格杠杆，分别从生产和消费两个侧面促进供求平衡。此外，服务产品的特性使服务产品若要"贮存"，只能以服务生产能力的备用为条件，因此，服务淡季因服务设施、人员、资金的闲置形成的闲置损失，实质上等于旺季上市的服务产品在淡季的"贮存"费用。如果它分摊于淡季服务价格上，价格的提高就会使淡季更"淡"，故它只能通过分摊于旺季服务产品价格上得到补偿。这就是形成服务季节差价的原因。旅游业在旅游淡季实行折价，计时电话服务在深夜降价，理发服务价格在除夕前提高，都是服务季节差价的形式。

（2）在不同季节生产同种服务产品所花费的物化劳动和活劳动是不同的。例如，旅馆要提供温度宜人的客房所耗费的燃料、物料，冬季与夏季相比就有很大差别。交通企业在风和日丽时运营，每吨（人）公里运输周转量的耗能水平比冰天雪地时低。以不同季节的服务生产成本为基础制定服务销售价，也会形成同种服务在不同季节之间的价格的差异。在服务产品的销售中实行季节差价有利于淡季"减淡"，旺季多产，使服务产品均衡上市，提高服务设施的利用率，加速服务资金的周转。它对服务企业提高经济效益，消费者满足服务需要，都有一定的作用。服务季节差价设计须着眼于平衡服务生产和市场需求，引导消费，调节供求和促进服务企业降低闲置率。

3. 服务产品的质量差价

服务产品的质量差价是同类服务在同一市场、同一时间内因质量不同而在价格上形成的差异，其内容可分为等级差价、品种差价、规格差价等。

等级差价是同种服务由于物料、人力耗费及设施、服务水准等不同而形成的不同等级的价格差额。高铁、动车、汽车、轮船、飞机、影剧院的座位等级，理发美容店的店级，旅馆的星级，客房的普通级、豪华级、总统级等，都反映了服务的等级差价。这是第三产业中最常见的质量差价。

品种差价是同一类服务产品中不同品种之间的价格差额。如烫发服务中的冷烫服务与热烫服务，洗衣服务中的干洗服务与湿洗服务，就属不同品种的服务，其价格也各不相同。

规格差价是同种服务产品因为服务范围、时间、程度、要求等规格不同而在价格上形成的差异。如照相服务中的慢相、快相和立等可取服务；幼婴保育中的全托、日托、时托服务；医疗服务中的一般门诊、专科门诊与教授门诊；饮食服务中的大众厅、雅座与贵宾厅服务；高等教育服务中的普通班、函授班、电大班教学服务等。它们因服务规格不同，价格就存在差别。

除了自然条件对服务产品质量的影响外，形成服务产品质量差别的基本原因在于：一是服务生产中人工、物料的消耗不同，二是服务劳动者的劳动技能、技术水平不同。这两方面的原因形成的服务质量的优劣都归结为服务生产上的劳动时间的差别。由于生产质量较优或较差的服务产品所需的社会劳动时间较多或较少，因此，它们与标准质量的服务产品在价格上就保持一定的差异。

4. 服务产品的购销差价、批零差价

在通常情况下，服务产品的销售与生产是同时进行或相继发生的：或是预售后即生产（如先售火车票再发车），或是先生产后销售（如先开客房后结账），或是边生产边销售（如公共汽车上边行车边售票）。生产与销售的紧密相连性，使生产服务产品与销售服务产品这两项职能往往由同一个服务生产企业完成，服务产品的销售费用（如售票耗费的物力、人力）就包含在该企业的服务零售价中。所以，在大多数场合下，服务产品的生产者与消费者之间没有独立化的商业中介者，也不存在服务的购销差价。但在某些特定场合，由于作为生产、消费媒介的"中介者"独立化，所以出现购销差价。如消费者有时需要购买多项综合服务，如果他们逐一与多个服务生产企业打交道，就势必浪费过多的时间和精力，而服务的生产者也不可能远离自己的生产地到处去招徕消费者。这就需要专门从事服务产品销售业务的企业作"中介者"。一方面，它以订购方式向众多的服务企业购进服务产品，另一方面，它通过广告、宣传等形式向消费者介绍服务产品性能，将合乎一定组合结构的综合服务产品系列出售给消费者。如旅行社组织包价旅游，实际上是先订购了运输服务、旅业服务、饮食服务、游乐服务、导游服务、网络服务等多项服务，再将它们一次过售给旅游者。这些专营服务产品销售的特殊"商业"，在组织服务产品流通过程中所耗费的流通费用，要通过在服务购进价上加价得到补偿。同一时间、同一产地的同一服务产品的购进价格与销售价格之间，便存在一定的差额，这就形成服务产品的购销差价。

服务产品由于购销环节不同，有某些场合也存在着批发价格与零售价格之间的差额，形成批零差价。如运输公司的售票总站是兼营零售业务的"批发商"，下设的售票分站是"零售商"。总站批发给分站的车票的价格必须低于零售价。这是因为服务的零售企业从批发企业购进服务商品供应消费者的过程中，需要耗费一定的流通费用并取得利润，这二者须加到零售企业的"进货价格"中，在出售服务时得到补偿。团体包场看影剧，购买团体票，往往可以享受折扣优惠价，实际也是服务批零差价的表现形式。

二、服务比价

商品比价是在同一市场和同一时间内,不同商品价格之间的比例。为交换而生产的服务产品投入市场,必然使商品比价的范围不仅包括农产品比价、工业品比价、工农业产品比价,而且包括服务产品比价、服务和货物比价(即服务产品和工农业产品比价)。

服务产品比价是在同一市场上和同一时间内,不同服务产品价格之间的比例。其实质是不同服务产品价值量之间的比例关系。不同服务产品的价格应当保持合理的比价,以补偿服务劳动耗费,正确地指导生产方向,协调服务产品之间的比例关系,促进服务生产根据社会需要按比例发展;正确指导消费,合理使用资源,平衡市场供求。

服务比价问题所涉及的并非是所有服务产品的比价,而是在生产或消费中有联系、有影响,或能够互相代替使用的服务产品的比价。主要包括如下几点。

1. 半成品服务和成品服务的比价

在服务生产过程中,当一些服务产品构成另一些服务产品的生产要素时,前者可视为半成品服务,后者则是成品服务。二者的比价关系往往存在于某一服务生产过程的互相依存的前后生产环节之间。例如在游乐服务生产中,存在着游乐设计服务、游乐器械安装维修服务等半成品服务的价格,与成品服务即游乐服务价格之间的比例关系问题;在文艺服务生产中,存在着编剧服务、导演服务、布景服务、道具服务、灯光服务等半成品服务,与成品服务即文艺演出服务之间的比价关系;在交通服务中,存在着车辆维修保养服务、养路服务、管理服务与运输服务的比价关系。这种比价的合理化,有利于前后生产环节补偿劳动耗费并获得合理利润,以促进它们的平衡协调发展,并由此会影响二者的生产比例。若半成品价低,其比重就会减少,以致供不应求;反之就会供过于求。二者均不利于半成品服务与成品服务的配套发展。有的剧种剧本老掉牙,其原因之一是将编剧服务摆在很次要的位置上,重演出、轻编剧,编剧服务价格低,编剧人员待遇低,一级演员与一级编剧,在分房、出国、医疗待遇等方面差别悬殊,它间接反映了二者的比价不合理。

2. 在使用中可以互相替换的服务产品的比价

可替换服务很多，常见的有：水陆路与航空运输服务；电话、微信与电邮；公交车、电车、小汽车与地铁客运服务；交通服务与通信服务；科研服务与信息服务；公园、游乐园、动物园与植物园服务；电影、戏剧、舞蹈、杂技与相声演出；等等。它们在功能上有大致相同之处，因此可以在一定范围内互相代替。其代换方向取决于它们各自价格水平。要实现其比价合理化，就必须全面考虑这些服务产品的社会必要劳动耗费量、使用价值量、供需情况和资源情况，使比价关系有利于鼓励生产者多生产资源丰富、成本较低、使用价值较大、市场需求量大的服务产品，并刺激消费者多购买资源丰富、生产潜力大、市场供应较为充裕的服务产品。又如水运与铁路运输相比，水运不占农田，建设投资省，船舶装载能力大，航行阻力小，可节省能源。在水陆并行地区，铁路运价一般应高于水运运输，以鼓励货主使用水运服务。在交通紧张而出差人员"满天飞"的情况下，提高邮电服务产品的现代化水平，达到迅速、准确、有效，可以通过电话、微信解决远距离公务问题，将大量交通消费转化为通信消费，既减轻对运输服务的压力，又大大节省能源和社会劳动。

此外，还有同类服务的比价，如不同地点的旅游服务价、不同旅馆的房价、不同电影院的票价等。

3. 自动化生产的和手工生产的同种服务产品之间的比价

这种比价应当有利于合理利用现有的社会生产力、服务资源和满足社会需要。对于社会迫切需要，服务基础设施又比较齐备的服务产品，比价既要有利于发挥自动化服务生产的生产潜力，又能促进手工服务生产的发展。对于机器生产潜力较大而服务配套设施不足的服务产品，比价应当有利于机械化服务生产的发展。如有些道路狭窄、机动车辆很充足的城市，机动车与人力车互争道路而后者运输效率低，运输服务的比价就应有助于鼓励机动车运输服务的发展，限制人力车运输服务的发展。从发展战略目标来考虑，比价关系应有利于自动化生产的服务产品逐步取代手工生产的服务产品。

4. 生产要素相同的服务产品之间的比价

有些不同的服务产品在生产上往往可使用相同的劳动力、设备、土地和资金。如果这类在生产上相关的服务产品比价不合理，生产者就倾向于把劳力、设备、土地和资金投放在价高利大的服务产品上，其结果往往是：国家规划要发展的服务产品，因价低利微或亏本而减少；要限制发展的某些服务产品，因价高利大而盲目增加，使第三产业内部生产比例失调。公共汽车服务与出租小汽车服务，市区交通服务与旅游服务，中小学教育服务，浴室服务与商业、旅业服务等相关服务产品，都存在合理比价问题，应该使服务生产者在劳动复杂程度、资金装备率和经营水平相近、市场供求平衡的情况下，生产不同的服务产品都能获得大体平均的收益。如果性质相同的劳动力，在上述条件下生产相同档次的不同服务产品，人均日净产值悬殊，就说明它们之间的比价不合理。

5. 低档服务产品与高档服务产品的比价

高低档服务产品的区分是相对的。低档服务产品是指满足居民衣、食、住、行等基本生存需要的服务产品，如日用商品的销售服务、一般生活用品的维修服务、个人生活方面的其他必需服务等。高档服务产品是指满足居民较高层次的发展需要和享受需要的服务产品，如奢华的宾馆服务、提供山珍海味的饮食服务、延年益寿的保健服务、高等教育等。一般说来，低档服务价格从低，薄利多销，高档服务价格从高，与消费者较高的支付能力和需求层次相适应，满足不同层次的需要。为了避免因价格悬殊苦乐不均而使高档服务盲目发展，或使低档服务"断档缺货"，还要通过税收杠杆调节生产，对低档服务减税免税，对高档服务课以高税，使生产经营高低档服务的企业均能获得大体平均的利润。

此外，还有互补服务比价，即一系列在消费中互相补充、互相牵连的服务产品的比价。如旅游服务、旅业服务、商业服务、饮食服务、交通服务、游乐服务的比价。

三、服务、货物比价

服务与货物比价是同一时期、同一市场内服务产品与实物产品之间的价格比例。它表示服务劳动者用一定数量的服务产品所能换回的工农业产品的数量，或工人农民用一定数量的工农业产品所能换回的服务产品的数量。研究服务与货物的比价，是为了考察二者的交换比例是否与各自的价值比例相适应，变化趋势如何，等等。

服务与货物比价有两种：服务与货物的单项比价以及服务与货物的综合比价。

1. 服务与货物的单项比价及其指数

这一比价是在同一时间、同一市场内，某种服务产品价格同某种农产品或工业品价格的比例。

服务与货物的单项比价，主要在以下产品之间进行计算、对比。

（1）服务型生产资料和以它为生产要素的物品之间的比价。如科技成果与应用这种科技成果的工农业产品的比价；运输服务与长途运销的煤炭的比价；仓储服务与所储藏的食品之间的比价；写作服务与书刊的比价等。在这一情况下如果服务型生产资料价格偏高，使产量增大到超过物品对它的需求量，它就无法出售；而服务价格偏低，使产量减少到小于物品对它的需求量，也就使物品无法生产。合理制定这一比价，可以避免服务产品与实物产品价格偏高或偏低，以利于服务产品或货物的生产。

（2）互相代替的服务与货物之间的比价。如文艺演出服务与电视机的比价，保健服务与滋补药品的比价，推拿服务与药品的比价，交通服务与交通工具的比价，洗衣服务与洗衣机的比价，音乐演奏服务与录音带的比价，教育服务与教科书、教学音像光盘的比价等。合理制定这一比价，可以引导消费流向，缓和供求矛盾和合理利用资源。

（3）具有互补性或引致性的服务与货物的比价。有一类服务与货物的使用价值的功能不同但有联系，因而在使用中构成互相依存、互相补充的关系；人们在消费一种产品的同时（或接近同时），也消费另一种产品与之配合。这些产品是互补性产品。如饮食行业中的食品与餐厅服务，信息业中的图书、资料与图书馆服务，旅游业中的交通服务、导游服务、游乐服务与食品、衣物、纪念品、工艺品等的关系。另一些产品间则存在因果链的关系。对一种产品的消费将引起以后对其他产品的消费。这是有引致性关系的产品。如电视机与电视机维修服务，教育服务与校舍、文具、保健、食品、交通工具等的关系。对互补产品来说，如果其比价不合理，价格过低或过高都会引起生产比例失调的连锁反应。如旅游中交通服务价格过高，游客减少，就会使饮料、食品的消费量下降，即使后两者价格降低。对有引致关系的产品来说，起引致作用的产品价格过高，会影响被引致产品的消费；反之亦是。若诊断服务价格昂贵使人不敢问津，诊断处方所开列的药品即使很便宜也难以销售。某种牌号家用电器维修服务价格过高，会使人们对此家用电器的购买欲望受到抑制。

（4）实物型生产资料与以它为生产要素的服务产品之间的比价。如汽油与汽车运输服务的比价，煤炭与铁路运输服务的比价，电影拷贝与放映服务的比价，供水与泳池服务的比价，化妆品与美容服务的比价，游乐器械与游乐服务的比价，等等。实物型生产资料价格偏高，会增加服务成本，不利于服务生产；货物价格偏低，则会影响服务生产过程中物料的供应。

服务与货物的单项比价的计算公式有两种。

（1）服务产品换工农业产品的交换比价。这时，服务产品是交换品，工农业产品是被交换品。其计算公式是

$$\text{服务产品与工农业产品的交换比价} = \frac{\text{某种服务产品的价格}}{\text{某种工农业产品的价格}}$$

（2）工农业产品换服务产品的交换比价。这时，工农业产品是交换品，服务产品是被交换品。其计算公式是

$$\text{工农业产品与服务产品的交换比价} = \frac{\text{某种工农业产品的价格}}{\text{某种服务产品的价格}}$$

据每头次理发服务价格与每公斤白菜价格，可知理发服务换白菜的单项比价。将一人次的文艺演出服务价格与一个电视机的价格作对比，可知文艺演出服务换电视机的单项比价。服务产品与工农业产品的单项比价，反映了服务产品与工农业产品相互交换的比率，可称为服务产品与工农业产品的交换率。

服务与工农业产品单项价格指数反映某服务产品与某种工农业产品的交换率在报告期与基期对比的变化动态，其计算公式是

$$\text{服务产品换工农业产品的单项比价指数} = \frac{\text{报告期服务产品与工农业产品的交换率}}{\text{基期服务产品与工农业产品的交换率}} \times 100$$

$$\text{工农业产品换服务产品的单项比价指数} = \frac{\text{报告期工农业产品与服务产品的交换率}}{\text{基期工农业产品与服务产品的交换率}} \times 100$$

2.服务与货物的综合比价指数

这一比价是指同一时期、同一市场内全部服务产品的价格指数与全部工农业产品价格指数之间的比例关系。它对服务与货物这两大类商品的价格指数进行比较，并且用指数表示。这种指数可从动态上观察第三产业的产品与第一、二产业的产品总的交换比例的全貌及其变化趋势，能为合理的三次产业产品比价提供依据。

服务与货物的综合比价指数分为正指数和逆指数。

（1）正指数。服务产品换工农业产品的综合比价指数，反映服务产品交换到的工农业产品的数量变化情况。它是以工农业产品价格总指数为基数（100）而计算的，说明报告期同基期相比，第三产业用同等数量的服务产品交换到的工农业产品是增加了还是减少了。其公式为

$$\text{服务产品换工农业产品的综合比价指数} = \frac{\text{服务价格总指数}}{\text{工农业产品价格总指数}} \times 100$$

例如，若2019年同2017年相比，服务价格总指数为118.5，工农业产品价格总指数为102，则服务产品换工农业产品的综合比价指数为116.2，即第三产业劳动者用同量的服务产品，2019年比2017年可以多换到16.2%的货物。

（2）逆指数。工农业产品换服务产品的综合比价指数，反映工农业产品交换到的服务产品的数量变化情况。它是以服务价格总指数为基数（100）而计算的，说明报告期同基期相比，第一、二产业用同等数量的工农业产品交换到的服务产品是增多了还是减少了。其公式为

$$\text{工农业产品换服务产品的综合比价指数} = \frac{\text{工农业产品价格总指数}}{\text{服务产品价格总指数}} \times 100$$

如果2020年同2000年相比，服务产品价格总指数为200，工农业

产品价格总指数为 150，那么，工农业产品换服务产品的综合比价指数为 75。它说明，第一、二产业用同等数量的货物，2020 年比 2000 年少换到 25% 的服务产品。

在服务价格全面放开后，服务比价，服务、货物比价关系除了国家定价的以外，大多由"看不见的手"即市场机制自动调节，政府这"看得见的手"对服务价格的干预越来越少了。

四、服务、货物价格剪刀差

在计划经济时代，我国的服务、货物价格剪刀差是一个很突出的问题。1993 年中共十四届三中全会作出《中共中央关于建立社会主义市场经济体制若干问题的决定》后，随着第三产业价格的逐步放开，中国的服务、货物价格剪刀差与工农业产品价格剪刀差一样，已成为历史。为了记录我国历史上的特殊现象及其分析逻辑，本书保留这部分内容，作为历史资料，供学界参考。

在学术界，人们对工农业产品价格剪刀差已给予应有的关注。但对服务产品与实物产品的价格剪刀差，尚未认识或不注意。随着第三产业在国民经济中的比重的上升，服务产品与实物产品的价格剪刀差问题愈来愈尖锐地展现在人们面前。

服务产品与实物产品价格剪刀差，又可称服务、货物价格剪刀差。与工农业产品价格剪刀差相类似，它是指服务同货物交换时，前者价格低于价值，后者价格高于价值，二者的价格相对于各自价值量的运动轨迹呈剪刀状。它形成的原因在于服务生产领域与实物生产领域之间的生产率发展速度存在着差距。在服务劳动生产率的增长落后于实物劳动生产率的增长时，单位实物产品的价值量相对和绝对地变小，而单位服务产品的价值量虽也绝对缩小，但相对增大了。如果发生下列情况，就会使服务换货物的比价与二者的价值量比例变得不相符，从而形成服务与货物之间的价格剪刀差：①服务与货物的价格均不变化，或同方向、同幅度升降；②货物价格上升，服务价格下降或不变；③服务价格上升的幅度不超过货物价格上升幅度；④服务价格上升幅度大于货物价格上升幅度，但仍不足以抵消二者相对价值量的增减；⑤服务价格上升，货物价格下降，但二者升降幅度未达到与各自相对价值量增减幅度相抵消的程度。我国存在的服务与货物的价格剪刀差，基本上由上述的①、②、③情况所致。

与工农业产品价格剪刀差相比，服务货物价格剪刀差有其特点：一是隐蔽性。工农业产品形态的实物性，二者交换的直观性，工农业产值、价格、价格指数和比价指数统计的系统连贯性，使我国工农业产品价格剪刀差具有相对显露性。只要将工农业产品的比价与各自的劳动生产率变化所造成的价值量变化作比较，工农业产品价格剪刀差就可一目了然。服务与货物的价格剪刀差则不然。由于服务产品具有非实物形态，服务与货物的交换没有直观性，只能凭抽象思维力来认识，不如工农业产品的交换来得显露，因此，它们的交换及其比价，在人们的视野中似乎并不存在。农民在出售农产品时，很自然联想起一担粮食可换回多少工业品。但汽车司机载运工人农民时，却很少有人想到每人公里的客运服务能换回多少粮食或工业品。加之我国第三产业长期被打入"另册"，《中国统计年鉴》中长期不设第三产业的产品、产值、价格、服务价格指数、服务换货物的比价指数等指标；相当部分服务价格严重扭曲，甚至无价格形式、服务劳动生产率，全国服务劳动者人数统计，也属子虚乌有。这样，服务价格指数动态变化如何？服务与货物的比价如何？同量服务所交换的实物产品是增多还是减少？它们各自的价值量变化动态如何？与比价变化是否协调？这些涉及服务货物价格剪刀差的重要参数，只能凭经验猜测估计，而不可能在统计年鉴中查到。正是服务产品的非实物性和政策上的偏颇，造成了服务与货物的价格剪刀差的隐蔽性。长期以来，它既无定性概念，也无定量分析，无论在学术界还是在统计部门，都没有一席之地。笔者在1982年撰文提出这个问题，指出，"物价管理部门制定计划价格时，不仅要注意解决工农业产品价格剪刀差的问题，而且要知道工农业产品与服务消费品之间，也存在价格剪刀差问题，如掉以轻心，或漠然处之，必将受到客观经济规律的惩罚而影响服务消费品的生产，最终也会影响人民生活"。但文章发表时，这些论点被删除了。❶ 人们

---

❶ 李江帆.论服务消费品[D].广州：华南师范大学，1982；李江帆.论服务消费品的相对价值量和价格[J].价格理论与实践，1984（2）.

不了解或不重视服务、货物价格剪刀差，原因也在于其隐蔽性颇能迷惑人。

二是假象性。工农业产品价格剪刀差的相对显露性，使人们易于看清真相：透过农业的产出率，及其对国民收入的贡献率偏低的现象，看到工农业产品的不等价交换使农民创造的一部分国民收入以工商业税利的形式无偿地流入工业部门的本质。而服务与货物的价格剪刀差的隐蔽性，以及否认服务劳动创造国民收入的传统偏见，使得人们不仅看不到在服务同货物的交换中，由于服务价格低于价值，货物价格高于价值，第三产业创造的一部分国民收入通过价格剪刀差无偿地流入第一、二产业领域，反而误认为第三产业出售服务产品所获得的全部收入，都是第一、二产业创造的国民收入对第三产业部门的"再分配"。如果说，工农业产品价格剪刀差只是将农民对国民收入的"大贡献"歪曲成"小贡献"，将农民创造的国民收入由农业向工业的流动说成"原封不动"，那么，服务与货物的价格剪刀差则走得更远。它将第三产业劳动者对国民收入的"正贡献"歪曲成了"负贡献"，将第三产业创造的国民收入由第三产业流向第一、二产业，说成由第一、二产业流向第三产业，似假乱真之势更为厉害。可见，服务货物价格剪刀差不仅将本质隐蔽着，而且以同真相截然相反的假象愚弄着人们。我国决策部门对服务货物价格剪刀差的确认程度如此之低，恐怕与它的假象性不无关系。

三是严重性。价格剪刀差形成和扩大的原因在于互相交换的两类产品的劳动生产率增长率的差距。单位产品价值量与劳动生产率成反比变化，使劳动生产率提高较快的产品，价值量减少较快，反之价值量减少较慢。如果二者价格不变或按同方向同幅度变化，那么，其价格剪刀差的严重程度，就取决于它们的生产率增长率的差距：差距越大，剪刀差越严重；差距越小，剪刀差越小；差距消失，剪刀差为零（假定起点无剪刀差）。由于服务生产多以手工操作，机器应用受到了限制，所以现阶段服务生产率的增长率通常极低，甚至在相当长的时期内为零。这样，它落后于货物生产率的增长率的差距，比农业生产率的增长率落后于工业生产率的增长率的差距，往往大得多。这就必然使服务与货物的价格剪刀差比工农业产品价格剪刀差严重得多。

为促进第一、二、三产业比价合理化,有必要增设统计指标,对服务货物价格剪刀差进行定量分析。首先,要计算报告期与基期相比的服务价格指数和货物价格指数,再以二者相除求出服务换货物的综合比价指数;其次,通过将三大产业劳动力折算成统一的、能直接比较的劳动力,按各自可比劳动力的比重计算三大产业所创造的社会价值在国民生产总值中的份额;或通过比较货物生产率和服务生产率的变化率求出货物和服务的社会价值量的动态变化率;最后,比较服务与货物的价格与价值的背离程度,求出服务货物价格剪刀差。

服务货物价格剪刀差虽然产生于资本主义社会的初期,但它并不存在于发达的资本主义国家中,反倒成为采用中央计划经济体制国家曾存在的严重问题。

在人类早期的纯粹自然经济中,相当部分服务生产是与实物生产结合在一起,作为后者的附属部分而存在的。如生产设计服务、运输服务、商业服务就与农业和手工业结合在一起。有的则表现为自我服务或非市场服务,如家族成员义务承担的家务服务、家庭教育等。这时,服务只是偶然通过市场进行交换。由于当时货物生产和服务生产的发展水平都很低,二者提高的速度也相差甚微,因而还无所谓价格剪刀差。

后来第三产业独立化使服务生产从实物生产中分离出去了。但交通不便造成市场狭小,故实物生产者与服务生产者相互很熟悉,买卖双方都清楚地了解生产两种产品所必需的劳动时间,二者实行的是等价交换。如私塾先生施教,民间医生行医,都从服务的消费者手中取回适量的实物产品作为代价。

历史进入了资本主义社会,资本主义生产关系首先在实物生产领域得到了发展,但它当时很少涉足第三产业。这是因为服务的个体生产性使资本家不易组织服务的大批量生产,服务的生产消费同时性也使资本家难以充当二者的中介。这样,仍处于小商品经济发展阶段的第三产业就难以利用资本主义生产社会化的成果,因而生产率提高缓慢。而资本主义化的第一、二产业的生产率迅速增长,二者逐渐拉大了差距,这就产生了服务货物价格剪刀差存在的生产条件。在流通领域,分散、弱小的服务业无力与大资本企业抗衡,在价格竞争中只能接受大资本相对压低服务价格的压力，无法使服务价格随其相对价值量提高而提高。于是，服务货物价格剪刀差因具备流通条件而形成。

在当代资本主义国家中，资本主义生产关系也渗透进第三产业并确立了其统治地位。站在货物与服务背后的都是势均力敌的大资本，平均利润率规律的作用使第三产业领域的资本也按等量资本获取等量利润的原则，瓜分三大产业共同创造的社会剩余价值。服务价格水平迅速提高，超过了货物价格提高的速度。于是，服务与货物交换中的价格剪刀差在完善的市场机制作用下基本消除了。日臻兴旺的第三产业比起"夕阳工业"来说，甚至是盈利水平较高的行业。

在中华人民共和国成立以前，不仅第三产业中的资本主义生产关系不发达，就算在第一、二产业中，资本主义经营方式也不占统治地位。因此，价格体系中服务与货物的比价就有不合理之处。中华人民共和国成立以后，形成服务货物价格剪刀差的生产条件即货物生产率与服务生产率增长速度的悬殊仍存在。另外，政策上的偏颇又加剧了这一剪刀差。①重物质生产，轻服务生产，片面强调增加"生产人员"，压缩所谓"非生产劳动"，使第三产业停滞不前；②片面强调服务行业的"福利性""非盈利性"，将本应由整个社会负担的福利开支，通过降低或冻结服务价格，转嫁给第三产业负担；③对相当多的精神产品的生产，只讲为社会服务，不讲生产成本，不考核劳动生产率，以国家调拨取代市场等价交换，使其价格形式消亡；④"恐商病"殃及第三产业，将服务生产贯彻价值规律的要求及服务产品商品化视为见利忘义，服务产品市场尚未完全形成。因此，在第三产业生产率增长速度大大慢于第一、第二产业的情况下，使第三产业价格总水平处于基本稳定、稍有上升的状况，这就扩大而不是缩小了服务货物价格剪刀差。这是耐人寻味的。我国的第三产业价格水平偏低，并非是社会主义制度优越性的标志，而是计划价格工作的失误所致。本来希望服务的低价制能给人民以实惠，但好心办了坏事，反而形成了恶性循环：第三产业价格水平偏低→无利可图甚至亏本→服务生产萎缩→服务生产率停滞不前→服务货物价格剪刀差扩大→第三产业发展更缺乏内在动力→第三产业愈加不发展。它给社会生产和居民生活带来的不良影响现已众所周知。

因此，在服务生产率的增长率较慢，社会价格总水平有所上升的情况下，第三产业的"物价稳定"是不正常的。要采取措施，逐步缩小以至最后消灭服务货物价格剪刀差。具体措施有两方面：

从生产领域说，加速以新技术、新设备装备第三产业，向服务自动化、办公室自动化的目标迈进，提高服务劳动生产率的增长速度，这是消除服务货物价格剪刀差的根本途径。作为配套措施，第三产业所有部门，无论企业还是事业单位，都应核算劳动生产率，物化劳动和活劳动消耗量，核算固定资产占用率、利用率及折旧率，计算生产成本和产值指标。

从流通领域说，较大幅度地提高非自动化服务产品的价格，控制自动化程度较高的服务产品的涨价。对于影响面较大的服务，如出于非经济因素的考虑暂定不能提价的，在税收上要给予优惠，以鼓励企业多生产。国家统一定价的服务产品，也应随第一、二、三产业生产率的提高动态和供求状况，适当调价，以保持服务与货物的适当比价。

第四节　第三产业价格总水平与变化趋势

第三产业价格水平是第三产业价格动态的反映。价格水平包括单项商品价格水平、分类商品价格水平和价格总水平。按第三产业产品的自然属性，第三产业分类商品价格水平可分为生活服务价格水平、生产服务价格水平，以及消费性实物价格水平、生产性实物价格水平。或可分为生活服务价格水平、流通服务价格水平、文娱消遣服务价格水平、科教服务价格水平、医疗保健服务价格水平、科研技术服务价格水平、维修保养服务价格水平和管理服务价格水平等，以及部分实物消费资料价格水平、实物生产资料价格水平等。还可按照生产要素的特点分为劳动密集型服务价格水平、智力密集型服务价格水平和资金密集型服务价格水平。

第三产业价格总水平是第三产业内全部产品价格动态的综合平均反映，它是以第三产业内各类服务、实物价格指数加权平均的总指数表现出来的。

一、影响第三产业价格总水平的因素

第三产业价格总水平与第三产业产品的价值、供求状况、资源稀缺程度、实物生产率的增长率及币值等因素存在密切相关的关系。这些因素作用的方向、程度既有相同或相近的一面，又有完全相反的一面。

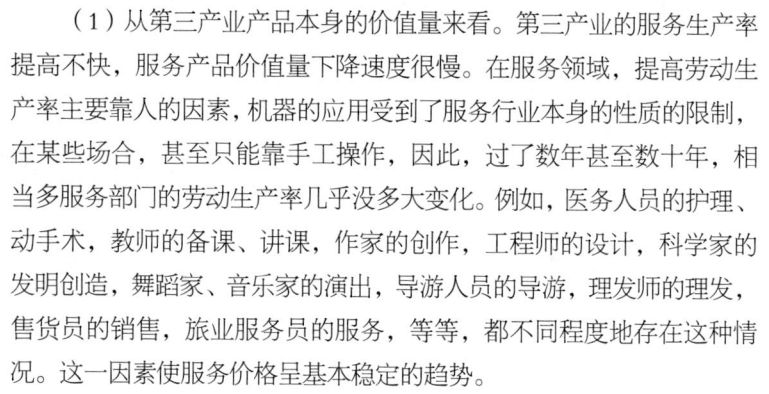

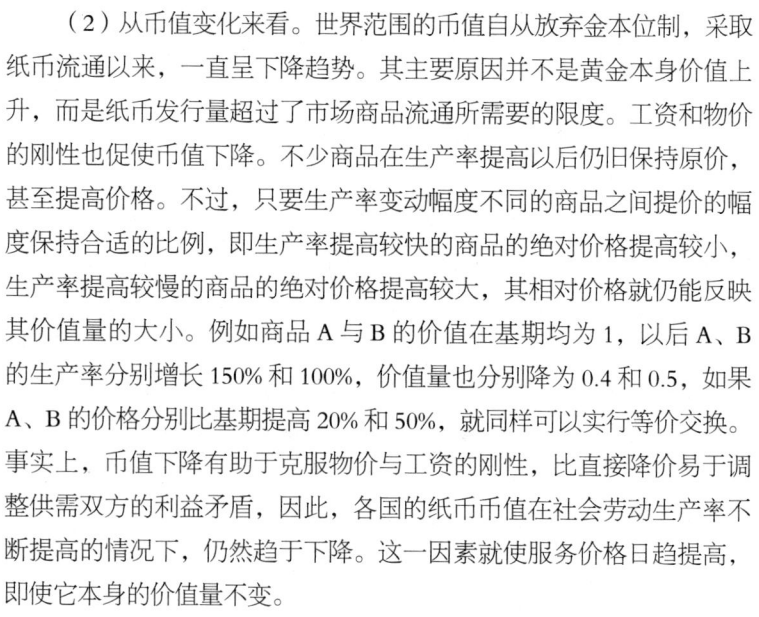

（1）从第三产业产品本身的价值量来看。第三产业的服务生产率提高不快，服务产品价值量下降速度很慢。在服务领域，提高劳动生产率主要靠人的因素，机器的应用受到了服务行业本身的性质的限制，在某些场合，甚至只能靠手工操作，因此，过了数年甚至数十年，相当多服务部门的劳动生产率几乎没多大变化。例如，医务人员的护理、动手术，教师的备课、讲课，作家的创作，工程师的设计，科学家的发明创造，舞蹈家、音乐家的演出，导游人员的导游，理发师的理发，售货员的销售，旅业服务员的服务，等等，都不同程度地存在这种情况。这一因素使服务价格呈基本稳定的趋势。

（2）从币值变化来看。世界范围的币值自从放弃金本位制，采取纸币流通以来，一直呈下降趋势。其主要原因并不是黄金本身价值上升，而是纸币发行量超过了市场商品流通所需要的限度。工资和物价的刚性也促使币值下降。不少商品在生产率提高以后仍旧保持原价，甚至提高价格。不过，只要生产率变动幅度不同的商品之间提价的幅度保持合适的比例，即生产率提高较快的商品的绝对价格提高较小，生产率提高较慢的商品的绝对价格提高较大，其相对价格就仍能反映其价值量的大小。例如商品 A 与 B 的价值在基期均为 1，以后 A、B 的生产率分别增长 150% 和 100%，价值量也分别降为 0.4 和 0.5，如果 A、B 的价格分别比基期提高 20% 和 50%，就同样可以实行等价交换。事实上，币值下降有助于克服物价与工资的刚性，比直接降价易于调整供需双方的利益矛盾，因此，各国的纸币币值在社会劳动生产率不断提高的情况下，仍然趋于下降。这一因素就使服务价格日趋提高，即使它本身的价值量不变。

（3）从实物生产领域的生产率来看。实物生产领域提高劳动生产率主要依赖生产技术因素，如科学技术的发展和运用，生产资料的有效使用，技术装备程度的提高，某项新技术的采用，或某种自动化新设备的投产，往往可以成倍甚至数倍地提高生产率。例如，电子技术的发展使生产电子计算机的生产率的提高突飞猛进。因此实物产品的价值下降较快。在服务产品与实物产品的交换式中，服务产品处于相对价值形态，实物产品处于等价形态；服务产品以实物产品作为表现服务价值的材料。在服务价值不变时，它的相对价值量的增减，与实物产品的价值变化成反比。服务价值不变，实物价值下降，这就使得以实物产品为等价形态的服务产品相对价值量增大。这一因素直接导致服务价格的提高。不仅如此，当实物产品生产率上升较快而价格因刚性保持不变甚至提高时，实物生产的盈利增大了，这就使继续将资源投放在服务的生产上的企业的机会成本增加，也会引起服务价格的上升。

（4）从资源的稀缺程度来看。非再生性自然资源会因人类的开发逐趋减少，成本相应上升；人力资源则会因开发而日益丰富。因此，较多地利用自然资源的服务产品如客货运服务、通信服务、旅游服务的价格会随资源的稀缺而上升；对人力资源的依赖较强的服务产品如科教服务、技术信息服务、文艺服务的价格基本不会随自然资源的稀缺而上升。

（5）从服务产品的供求关系来看。在市场经济中，服务的供求矛盾会通过市场自发地得到解决，因此，供不应求或供过于求只会局部地、暂时地影响第三产业价格水平，不会对第三产业的价格总水平发生长期的、全局的重大影响。

二、第三产业价格水平的变化趋势

上述五种因素的交互作用，就使第三产业的分类价格水平发生如下变化。

1. 劳动密集型服务的价格水平将迅速上升

这类服务的特点是使用劳动力较多，且因生产上的特点，不宜或不易实现自动化，故在相当长的时期内仍将实行手工操作，服务生产率难以有突飞猛进的提高。而社会的进步、实物生产率的迅速发展以及社会消费水平的提高的交互作用，将使人力费用腾贵。由于这个原因，劳动密集型服务的价格水平将继续上升。理发服务、美容服务、导游服务、维修服务、护理服务、保管服务、幼婴保育服务、家庭服务等，属这种情况。

但也存在着遏制其价格水平迅速上升的相反因素。劳动密集型服务产品分为必需品和奢侈品两大类。一般来说，必需品需求弹性小，奢侈品需求弹性大。因为必需品不可缺少，对价格变动反应小，价格水平的提高基本不会减少其需求量；而奢侈品则可买可不买，价格升高则需求量小，价格降低则需求量大。当劳动密集型服务价格水平上升后，必需的服务产品需求量虽然基本不减，但相当部分会转向自我服务。如理发服务价高了，则自己购买理发工具理发。洗衣服务价高，会促进自己洗衣。这必然会减少通过市场的服务需求量，延缓其价格上升的速度。奢侈性的服务则会因价高而大减需求，这对价格也产生阻滞上升的作用。服务企业对付需求趋减的办法是：①尽量减少服务人员，改变服务生产人力构成比重高的状况。超级商场自我选购，汽车、地铁自我售票，自助餐厅自我服务，均能减少人力费用，降低服务成本，吸引服务需求。②实行产品替代，将对服务的需求引向对可替代的实物的需求，如将洗衣服务改为出租洗衣机；将洗碗服务改为使用一次过的碗、筷、碟，用完即扔，免了洗涤工序。这些措施会节省人力，但也会带来一些副作用：增加了服务生产的物耗，而不少物资均属不可再生产的资源，耗费了不可从地球上再得。因此，从劳动力来看节约了，但从自然资源来看，是过于挥霍了。服务费用昂贵使发达国家出现修旧不如买新的现象，例如手表坏了扔掉，垃圾箱里可以捡到只是显像管坏了的电视机。这些浪费资源的现象正是托夫勒在《第三次浪潮》中所说的"相对不经济定律"所致，然而也无可厚非。

2. 智力型服务的价格水平将上升

这类服务的特点是使用劳动力不多，但要求劳动者智力水平、知识水平较高，通过脑力劳动生产服务产品。因此生产中往往进行"脑力操作""个体劳动",产品中凝结的智力劳动的比重大。且由于智力劳动有其自身的特点,不可能迅速提高生产率,故智力型服务的价格水平也日益上升。如科研服务、教育服务、艺术服务、医疗服务,以及与智力劳动密切相关的书籍、报纸、杂志、音像带、电影拷贝等,价格将比现在高。一般地说,这类智力型服务和实物的价格在发达国家比在落后国家高,在经济发展的高级阶段比在低级阶段高。究其原因,也在于社会劳动生产率的高水平使得自动化的产品单位成本降低,因而手工劳动和非自动化的服务的相对价格增大。这是一个规律。它的作用会使社会形成尊重知识、尊重智力劳动、尊重知识分子的风气。社会越发达,对知识越尊重;社会越落后,知识越不值钱。这正是基于上述规律的作用。

不过,随着科技的发展,智力劳动也有可能实行自动化、智能化。人工智能使机器人能应付复杂的设计,电脑可以确诊病症,电子计算机可以合成音像演出。但它们不能从根本上取代人的智力劳动,而且消费心理使人们倾向于消费人提供的智力服务。因此,上述情况会在一定程度上遏制智力型服务的价格水平的提高。

3. 资金密集型服务的价格水平稳中有降

这类服务的特点是服务设施量大价高,生产过程物耗大,活劳动耗费小。因此,服务生产率可以依赖服务设施的自动化、电脑化、程序化而有长足的进步。故其价格水平在今后将稳中有降。例如,大型游乐服务、火车、飞机、轮船、大客车等流通服务的价格在币值稳定时将趋于稳定,在币值下降时将稍有上升。若其服务生产率的增长率超过实物生产领域,其价格水平将稍有下降,但幅度不大。这是因为经济的发展将引起钢铁、煤炭、石油及其他矿产资源的减少,致使价格上升。这会波及这些耗用自然资源较多的资金密集型服务的价格水平。

从上述三方面的分类服务价格水平的发展趋势来看,由于第三产业服务产品中劳动密集型和智力密集型产品所占的比重较大,其价格水平的上升将导致第三产业价格总水平的迅速上涨。西方发达国家的教育、医疗、文艺、家务、电影、保安、法律等各项"手工劳动"的非自动化服务的价格水平相当高，是符合这一发展趋势的。正如托夫勒在《第三次浪潮》中指出的："商品的生产越自动化，单位成本也就越低，反之手工劳动或非自动化劳务的相对价格也就越高。""出于这个原因，预期在今后几年内，许多劳务的价格将继续像火箭般地直线上升。"❶ 这正是价值规律、纸币流通规律在第三产业领域发生作用的结果。它具有普遍性的适用意义。"工业较发达的国家向工业较不发达的国家所显示的，只是后者未来的景象。"❷ 马克思的这一预言也适用于揭示第三产业的价格水平的变化趋势。在实物产品生产率的增长率高于服务产品生产率的增长率的情况下，即使实物产品的价格不变，服务产品的价格也要逐步提高；如果实物产品价格提高，服务产品价格就要以更大的幅度调高。例如，1970 年代至 2010 年代，美国、日本、德国、法国国内生产总值价格年均增长率是 1.6%~4.9%，专业科技行政和支援服务是 2.5%~5.6%，社区社会和个人服务是 3.2%~6.4%，其中教育是 3.1%~7.1%，健康和社会工作是 2.7%~6.4%，均高于国民经济价格增长率。❸ 再看我国 1952—2018 年价格指数（见图 8-1），第一产业增长最快（大大高于 GDP 价格指数增长率），其次是第三产业（高于 GDP 价格指数增长率），最慢是第二产业（低于 GDP 价格指数增长率）。❹ 其背景是，70 年来我国三次产业生产率的提高速度，第二产业最快，第三产业其次，第一产业最慢。

---

❶ 托夫勒. 第三次浪潮 [M]. 朱志焱，潘琪，张焱，译. 北京：生活·读书·新知三联书店，1984：367.

❷ 马克思. 资本论：第 1 卷 [M]. 中共中央马克思恩格斯列宁斯大林著作编译局，译. 北京：人民出版社，1975：8.

❸ 资料来源：http://www.euklems.net/eukISIC4.shtml#top。

❹ 根据国家统计局《中国统计年鉴 1999》和《中国统计年鉴 2019》数据计算整理。

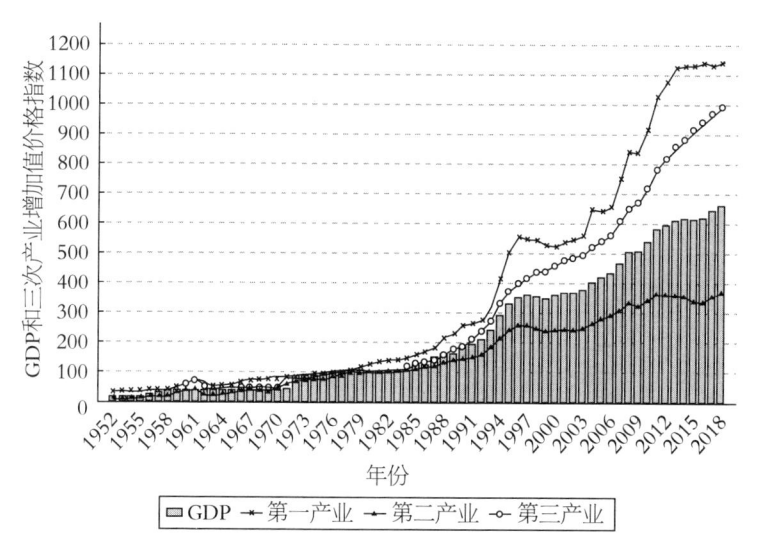

图 8-1　1952—2018 年中国 GDP 和三次产业增加值价格指数（1978 年 =100）

数据来源：根据国家统计局《中国统计年鉴 1999》《中国统计年鉴 2019》数据计算整理。

第九章 服务产品的需求与供给

服务产品的非实物性决定了服务产品不可贮存、不可转移，只能在生产的同时投入消费，这使服务生产与服务消费间缺乏时空缓冲机制，因此，服务产品的需求与供给及其平衡问题显得特别重要。它成为第三产业运营机制研究中亟待深入探讨的问题。本章要讨论服务需求与供给及其弹性、服务供求平衡的规律性，以及第三产业发展状况的评估与衡量，并对随机服务系统中涉及服务产品供求平衡的概率规律性和最优运营的排队问题，进行定量分析。

第一节 服务产品的需求

从许多方面看，决定服务部门独立化及其盈利能力的首要因素是市场上对服务产品的需求。不论企业的服务生产过程如何高效，也不论管理人员多么能干，要是服务产品没有需求，服务企业就不可能经营得好（甚至根本不可能存在）。事实上，服务企业全部计划活动的关键是对未来服务需求的估计：波动的服务需求迫使企业生产要素时而作用，时而闲置，甚至不得不转产；稳定的服务需求使企业能进行长期、连续的生产；日益增长的服务需求则要求企业增加投资，扩大人员。正因为服务需求对第三产业经营如此重要，研究服务需求理论，考察决定服务需求的重要因素，分析服务需求弹性及客观条件变化对服务需求的影响，是很必要的。

一、服务需求的涵义

服务需求，即对服务产品的需求，是指消费者在某一时期内和一定条件下，愿意而且能够购买的服务产品量。服务需求产生于人们要利用服务产品满足自身需要的愿望。形成服务需求有两个条件：第一，消费者愿意购买；第二，消费者有支付能力。仅有第一个条件，只形成对服务产品的欲望或需要，而不是服务需求。服务需求分为两种：其一，最终服务需求，即对作为最终产品的服务的需求，亦称生活服务的需求；其二，派生的服务需求，即对服务型生产资料的需求，亦称生产服务的需求，它是从最终消费品的需求中派生出来的。在商品经济中，服务消费需求通常通过市场表现出来。但公共决定的某些服务，如公立学校教育服务、公共设施服务，由公共集团集中提供给社会集体消费，在特定的场合下可能较为有效，故通常不是通过市场，而是通过财政渠道来决定其取舍的。我们先研究通过市场的生活服务消费需求。

消费者对一定量服务产品愿意支付的价格，称为服务需求价格。消费者对服务产品的不同数量有相应的不同需求价格。换言之，每一个消费者在不同的价格条件下，所要购买的服务产品量是不同的。把服务产品不同的价格及对应的服务需求量的关系用表格表示出来，就构成了服务价格—需求表（通常简称为服务需求表）。将这种关系在以价格 P 为纵坐标，需求量 Q 为横坐标的直角坐标系中表现出来，就有服务价格—需求曲线（通常简称为服务需求曲线）。根据某个消费者的需求情况可得服务的个人需求表和个人需求曲线；将所有消费者对某一种服务的需求表综合起来列表并作图，就可得服务的市场需求表和市场需求曲线。本章所说的服务需求表与需求曲线一般是指市场需求。以购买旅游服务为例，假定已知某旅游包团服务需求如表 9-1 所示，可据此绘出相应的服务市场需求曲线，如图 9-1 所示。

表 9-1　某旅游服务需求

价格（美元）	756	688	625	563	506
需求量（万人次）	18	30	50	70	98

注：此表数据大致按照价格每变动 1%，需求量反向变动 4% 的原则假定。

图 9-1 某旅游服务需求曲线

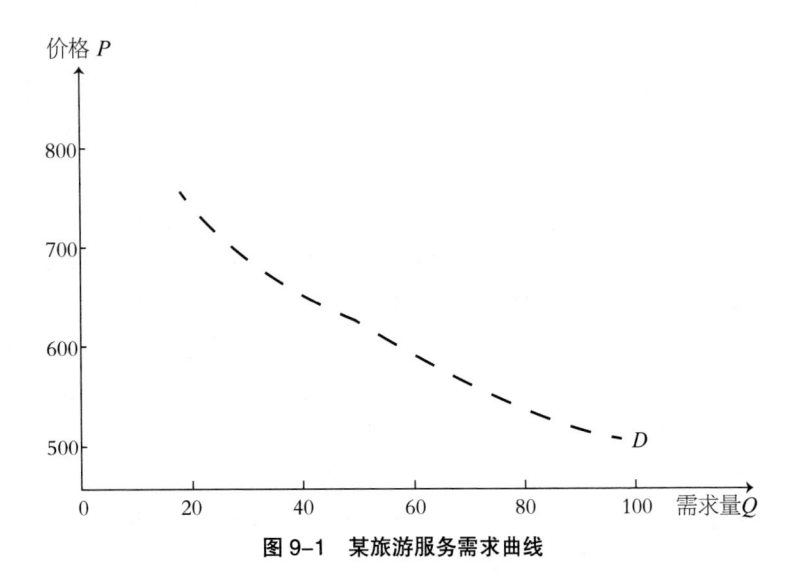

从图 9-1 可以看出，旅游服务需求曲线由左上方向右下方倾斜。这表明随着服务价格的逐渐上升，旅游服务需求量将逐渐减少。大多数服务产品的需求都是如此。

二、服务需求规律

服务需求的形成与变化是有规律可循的。一般地说，生活服务需求量与服务价格、消费者的收入水平和闲暇时间的占有量存在着相关关系。后三个因素的变化会引起服务需求量的有规律的变化。

（1）服务需求量与服务价格（P）通常存在着负相关的关系。对绝大多数服务产品来说，服务价格的上升导致服务需求量减少，服务价格的下降导致服务需求量的增加。服务价格愈低，服务需求量就愈大；服务价格愈高，服务需求量就愈小。

服务需求量随服务价格的下降而增大，通常被认为是边际效用递减律作用的结果。人们购买产品是为了从中得到欲望的满足。一般地说，他得到的越多，他的欲望就越能得到满足，但是每次购买时欲望满足率是递减的（某些嗜好除外）。这就是边际效用递减律。举例来说，头一次到某景点旅游，人们会感到很满意；第二次去，认为还可以；第三次去，就可能无动于衷了。若欣赏够了以后再去第四次，大概就会感到索然无味，甚至厌烦了（想一想导游员一个月"游览"同一风景区二三十次的感受）。所谓边际效用，就是增加最后一个消费单位时所增加的效用或满足。消费同一种服务的数量越大，其边际效用越小。在市场上，一个人决定他的钱花在哪里，主要取决于当时这个商品的价格和这个商品对他的边际效用之间的比较。如消费者认为服务价格小于边际效用，他就买。而边际效用的递减显然会使消费者对增加着的服务的需求价格递减：他购买第二单位服务的需求价格比第一单位低，第三单位比第二单位低，其余类推。假定上例中，消费者主观评价第一次旅游服务的边际效用为1000，第二次为600，第三次为100，第四次为0。如果其价格为652，那么，消费者第一次游览感到合算，第二次就划不来了，只有服务价格下降到600以下，即价格低于边际效用，才会刺激他去第二次。价格降到100以下，刺激他去第三次，至于第四次，因其边际效用为0，消费者连一分钱也不愿出了。需求价格随着购买量的增加而递减，购买量随着价格的降低而递增。这就使服务需求曲线向右下方倾斜。

但有些服务产品的需求并不随着价格的提高而减少。这是服务需求规律的例外：第一，某些服务的价格削减，需求会变小。如豪华宾馆的总统套房服务象征着最高社会地位的人的享受，如果其价格下降（但尚未降到其他旅客的支付能力范围），它的最高权威和豪富象征就可能消失，导致其需求量减少。第二，某些服务价格提高，需求会增大。如教授门诊服务价格提高，往往会被认为是医术高明所致，其需求量可能会增大。这两种情况的服务需求曲线会向右上方倾斜。此外，某些服务的价格变化，不会引起其需求量的变动。如殡葬服务的需求量与人类的生理状况相关，与殡葬服务价格无关，其服务需求曲线与纵轴 OP 平行。第三产业经济学所要研究的是与服务价格呈反方向变动的服务需求，将上述特例撇开不论。

应该指出，图9-1以影响服务需求量的其他因素不变为条件，如果这些因素发生了变化，那么服务需求曲线就会发生位移，同一服务价格下的服务需求量也随之变化，如图9-2所示。

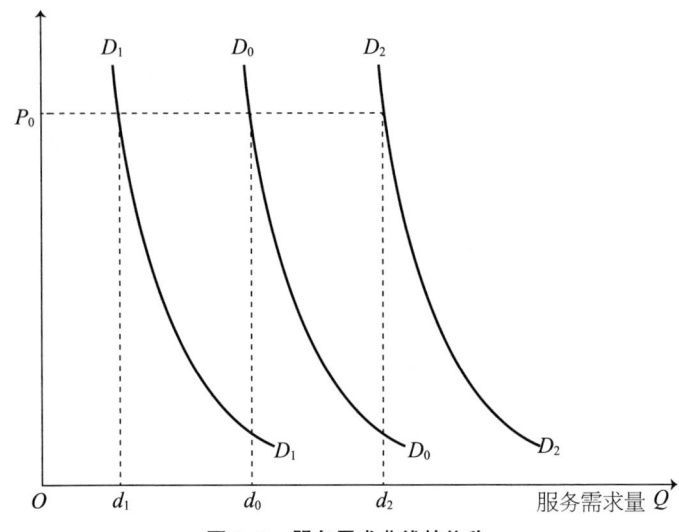

图 9-2 服务需求曲线的位移

举例来说,假定曲线 D_0D_0 是其他因素不变时某景点旅游服务需求曲线,价格为 P_0 时需求量为 d_0。如果某个促进服务需求的因素发生作用,例如电视台报道该旅游区新发现一个世界罕见的大瀑布,需求可能会因此剧增,需求曲线右移至 D_2D_2,这时服务价格 P_0 相应的需求量增至 d_2。反之,如果某个抑制服务需求的因素发生作用,例如电视台报道民航客机在旅游航线上撞山失事,游客遇难,需求可能会因此锐减,需求曲线左移至 D_1D_1,这时服务价格 P_0 相应的服务需求量降到 d_1。收入水平、其他产品价格、消费者偏好、预期价格和供应、人口状况以及政治、历史、法律等其他因素,也会使服务需求曲线发生位移。

(2)服务需求量与消费者的个人收入(I)和财富量通常存在正相关的关系。一般地说,个人收入越高,服务需求量越大;个人收入越低,服务需求量越小。这是因为服务需求的形成与消费者的支付能力有关,而支付能力在其他条件相同的情况下,取决于个人可支配的收入。收入增多了,某些服务需要就可以转化为服务需求,对同一价格水平的服务需求会随之增大。反之,如果收入水平下降,某些服务需求因支付能力不足,会转化为服务需要,对同一价格水平的服务需求会随之减少。以图 9-3 为例，当收入水平 I（income）由 I_2 升到 I_3 时，服务需求量 Q 也由 Q_2 增到 Q_3；当收入由 I_2 降到 I_1 时，服务需求量则由 Q_2 减到 Q_1。

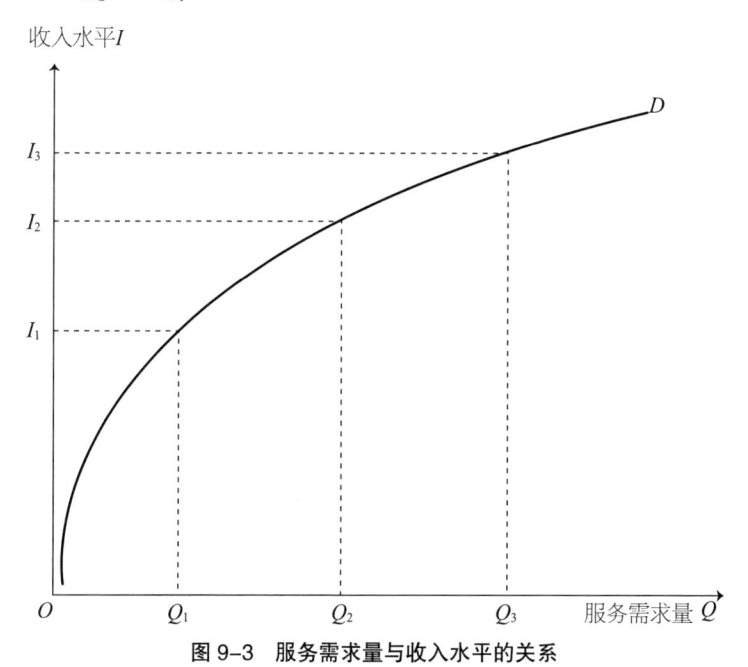

图 9-3　服务需求量与收入水平的关系

由于收入水平与社会生产率和就业人口占总人口的比重相关，因此，服务需求量与生产率水平正相关，与就业人口占总人口的比重正相关。

但某些低档服务产品的需求量会随收入水平的提高而减少。客轮提供的有简易座位而无床位的五等舱、旅店中的集体房、电影院中的四等票，在一定的条件下便属此列。收入水平提高使服务需求转向档次较高的服务，如从五等舱转向四等舱，从集体房转向单人房，或从四等票转向二等票，于是低档服务的需求量便减少甚至消失。这些低档通称为"次品"。此外，某些服务产品的需求量不随收入水平的提高而增大，如小手术服务、殡葬服务（如收入水平低到连对此类服务也无支付能力则另当别论）。所以，上述服务需求规律只是在一定的范围内起作用。当我们考察服务需求与收入水平的关系时，可以将这些例外撇开不论。

（3）服务需求量通常与闲暇时间量（L）存在正相关的关系。如闲暇时间增多，整个社会的服务需求量会随之增大；如闲暇时间减少，需求量会随之减少。其原因在于相当多服务消费品，如艺术服务、在职教育服务、体育服务、旅游服务、美容服务、交际服务、娱乐服务、恋人服务、礼仪服务、健康服务、长寿服务、嗜好服务（包括"收集嗜好"和"手艺嗜好"）、外餐服务、购买服务、信息服务等，其消费需占用较多闲暇时间，如闲暇时间不足，即使服务价格下降，收入水平提高，对这些服务产品的需求量仍不能增大。反之则可促进上述服务需求的形成或增长。用 L 表示闲暇（leisure）时间量，就可以用图 9-4 表示服务需求量 Q 与闲暇时间 L 构成正相关关系。

因闲暇时间与社会生产率（E）存在正相关的关系，由此也可以推导出服务需求量与社会生产率水平正相关。

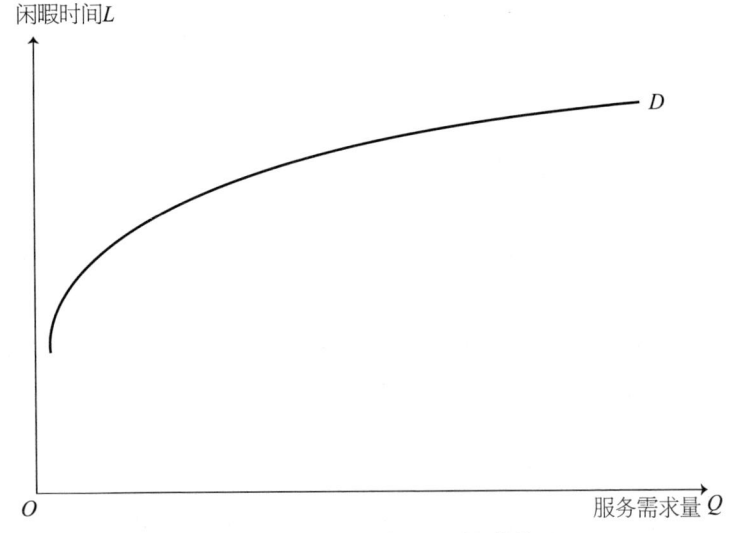

图 9-4 服务需求量与闲暇时间的关系

综上所述，生活服务需求规律可以概括为：在影响服务需求的其他因素不变的情况下，服务需求量与服务产品的价格成负相关变化，与收入水平和闲暇时间量成正相关变化。由于收入水平和闲暇时间量都与社会生产率正相关,故服务需求量与社会生产率水平正相关。若不考虑服务价格,服务需求量随着社会生产率的提高而增大。这是一个重要结论。

三、影响服务需求的其他因素

我们在上面对服务需求规律的分析中将问题简化了,只考虑了服务价格、收入水平和闲暇时间这三个基本因素。而经济过程远非如此单纯,它是一个各种因素互相联系、互相制约的错综复杂的过程。除上述三因素外,还有一系列其他因素在影响着服务需求,大致上有如下几方面。

(1)替代产品(P_r)和互补产品(P_e)的价格。服务产品的需求量与其替代产品的价格正相关,与其互补产品的价格负相关。以替代产品为例,如果航空票价提高,人们就会减少对航空客运服务的消费,增加对高铁客运服务的消费,使其需求量增大。反之,民航票价降低,会引起高铁客运服务需求量减少。同理,电视机价格下降,会引起看电影需求量减少;面授教育服务需求的减少,则有可能是由网络多媒体教学服务价格下降造成的。对于互补产品来说,交通服务产品价格的上升,会引起旅游服务需求的减少;而干洗服务需求量的增大,则有可能以西装的大降价为动因。

(2)收入效应(I_e)的因素。有些与服务产品风马牛不相及的产品的价格变化,也会影响服务产品的需求量。例如,若房地产大涨价,而收入没有增加,买了房子后,购买出国旅游服务产品的钱就少了,则会引起某些服务需求量减少。这相当于收入水平下降对服务需求量有影响。此外,银行利率降低导致货币储蓄的减少,会增大服务需求。

(3)消费者的偏好(H)。不同的消费者对同一种服务产品的主观评价是大不相同的。"萝卜青菜,各人所爱。"同样,是看京剧、越剧、粤剧,还是跳迪斯科,是听流行音乐,还是听古典音乐,也往往见仁见智。这必然会影响其需求量。因消费者的偏好受市场信息和广告的影响,故后二者也通过消费者的心理知觉影响服务需求量。

(4)消费者对将来供应状况和价格的期望(E)。如果消费者认为,由于某种原因,今后某种服务产品的供应要减少,或价格要提高,那么，对该种服务产品的现时需求量就会增加。长江三峡因建水库将淹没自然奇观的消息，使"告别三峡游"游客大增；而医院就诊人数在数周内突然剧增，导火线是卫生局关于公费医疗的部分费用将由患者自付的通知。反之，如果消费者估计将来某种服务产品的供应会变好，或其价格将要下降，就会推迟对其消费，使其现时需求量减少。

（5）人口的数量构成和特点（P_o）。一个国家、一个地区的总人口数量的变化，人口的都市化程度和密集程度，人口的年龄构成、职业构成和性别构成，家庭人口状况，人口的文化水平和社会习俗，都会通过消费者偏好，对服务需求产生程度不同的影响。

此外，政治、法律、自然、历史等因素也会对服务需求起促进或抑制作用，此不详述。

综上所述，可以将生活服务产品的需求量与影响这一需求量的诸因素之间的关系，写成如下的生活服务需求函数：

$$Q_{dl} = G(P, I, P_r, P_c, I_e, H, E, P_o, F_e)$$

式中，Q_{dl} 表示对生活服务产品的需求量；P 表示该种服务产品的价格；I 表示收入水平；L 表示闲暇时间；P_r 表示替代品的价格；P_c 表示互补品的价格；I_e 表示收入效应因素；H 表示消费者偏好；E 表示预期供应和价格；P_o 表示人口状况；F_e 表示其他因素；G 表示上述因素是 Q_{dl} 的自变量。

该式表明，对生活服务产品的需求量取决于等式右边括号内的所有变量。这就要求人们必须用全面的、联系的和发展的而不是片面的、孤立的和静止的观点来分析服务需求。

应该指出，我们论及上述诸因素均是影响服务需求量的因素，并不意味着它们可以等量齐观。因为上述因素中，一些是影响 Q_{dl} 的主要因素，另一些则是次要因素。在不同的范围或不同的时期内，主次因素的区分也是在变化的。

对整个社会的生活服务需求量来说，影响 Q_{dl} 较显著的因素是收入水平、闲暇时间、消费者偏好和人口状况。这四个因素在中短期内会保持相对稳定，随着社会发展会向促进服务需求量增长的方向运动。所以，从长时期看，对服务产品的社会需求量必然会趋于增长。

对生产同一类服务产品的企业来说，影响服务需求量较显著的因素是服务价格、其他产品的价格、收入效应和预期情况。这些因素变化方向和变化程度并不稳定：它们时而会促进服务需求量，时而会抑制服务需求量。所以，尽管服务需求总是趋于增大，但对特定企业的服务需求则不一定如此。它既可能增长，也可能削减，并无定势。这就需要对服务需求进行预测，并作出灵活反应的生产决策。政治、法律等其他因素对宏观服务需求和微观服务需求均有影响，其显著性的估计比较复杂，此处就不作分析了。

研究服务需求时，为了使服务需求量的预测精确，应考虑尽可能多的影响因素，特别是那些对 Q_{dl} 有显著作用的因素不能有所遗漏。但是，为了预测方便，提高稳定性，服务需求函数中又应包括尽量少的自变量，特别是对 Q_{dl} 作用不显著的自变量应予剔除。解决这一矛盾的方法是采用逐步回归方法，检验自变量对 Q_{dl} 作用的显著程度，按显著程度，从大到小地将其依次逐个引入服务需求函数的回归方程中，随时剔除或拒绝作用不显著的自变量。

以上讨论的是生活服务的需求规律。对生产服务（亦称服务型生产资料）的需求来说，影响因素是服务价格、服务效率、社会分工、第三产业水平、投入软化状况。

（1）服务价格（P）与服务需求量负相关。服务价格愈低，服务需求量就愈大；服务价格愈高，服务需求量就愈小。其理论分析同生活服务。

（2）服务效率（E）指使用生产服务的效率，与生产服务需求正相关。生产服务业独立后，生产效率会出现提高、不变、下降三种变化。时间节约规律的作用会使生产服务业的形成、分化、重新组合过程，朝着节约时间、提高效率的方向进行。如果服务业独立化使服务效率不变或下降，那么混生状态的服务就缺乏动力独立化。如果服务行业独立化使服务效率提高，混生状态的服务就会转化为专业性服务。所以，生产服务效率增长越大，服务行业就越趋于独立化。服务效率高成了生产服务业独立化的动力和条件。服务效率越高，混生状态的服务转化为专业性服务越多；服务效率越大，对服务型生产资料的需求就越大。

（3）社会分工（D）状态与生产服务需求正相关。社会分工使生产者和生产工具专门化、单一化，大大提高效率，也使一人独任的工作，变为数人、数业分任的工作，一个生产过程分解为数个独立化的局部生产阶段，一个实物产品分解成数个独立存在的非实物产品，如设计服务、生产服务、管理服务、物流服务、维修服务等，这些服务就构成软生产要素。所以社会分工使生产服务业独立化。社会分工程度越高、越细，独立化的软生产要素就越多。

（4）第三产业水平（T）与生产服务需求正相关。第三产业的发展，改善生产服务的供给状态，推动三次产业投入软化趋势，使服务形式的生产资料品种多样化、数量增加，服务方式优化。在经济发达国家，生产资料软化程度比较高，处于软化程度稳定的状态。在欠发达国家，生产资料软化程度较低，处于软化提速状态。因此，第三产业发展水平对生产服务的需求也起着推动作用。

（5）投入软化状态（S）与生产服务需求正相关，是世界经济发展的大趋势。生产服务规模的扩大和发展为三次产业提供了更为充裕的软要素供给。全球服务经济大潮推动了生产服务的壮大、国际服务贸易的发展以及生产服务型企业的全球化。生产要素投入中硬生产要素比重趋于下降，而软生产要素比重趋于上升，国民经济逐渐呈现投入软化的趋势。

（6）替代产品和互补产品的价格。服务产品的需求量与其替代产品的价格正相关，与其互补产品的价格负相关。

综上所述，可以将生产服务产品的需求量与影响这一需求量的诸因素之间的关系，写成如下的生产服务需求函数：

$$Q_{dp} = G(P, E, D, T, S, P_r, P_c)$$

式中，Q_{dp} 表示对生产服务的需求量；P 表示生产服务价格；E 表示生产服务效率；D 表示社会分工状况；T 表示第三产业发展水平；S 表示投入软化状况；P_r 表示替代品的价格；P_c 表示互补品的价格；G 表示上述因素是 Q_{dp} 的自变量。

该式表明，对生产服务产品的需求量取决于等式右边括号内的所有变量。

对整个社会的生产服务需求量来说，影响 Q_{dp} 较显著的因素是服务效率、社会分工、第三产业水平、投入软化状况。这四个因素在一个时期内会保持相对稳定，随着社会发展，会朝着促进服务需求量增长的方向运动。所以，从长时期看，对生产服务产品的社会需求量及其比重必然会趋于增长。生活服务需求规律和生产服务需求规律的合力，形成服务需求比重上升律。

对生产同一类生产服务产品的企业来说，影响服务需求量较显著的因素是服务价格、其他产品的价格。这些因素变化方向和变化程度并不稳定：它们时而会促进服务需求量，时而会抑制服务需求量。所以，尽管服务需求总是趋于增大，但对特定企业的服务需求则不一定如此。

四、服务需求弹性

服务需求弹性是测定服务需求量对其自变量的反应程度的一个尺度，它是指一个自变量的值每变动百分之一所引起的服务需求量变化的百分率。其公式为

$$\text{服务需求弹性} = \frac{Q\text{变化的百分率}}{X\text{变化的百分率}} = \frac{\Delta Q/Q}{\Delta X/X}$$

式中，Q 表示服务需求量；X 表示影响服务需求量的任何一个自变量；Δ 表示变量的变化量。

所以，服务需求函数中的每一个自变量都有一个弹性，可称为服务需求的价格弹性、收入弹性、闲暇弹性、人口弹性等。甚至某些服务需求的气候弹性也是存在的。

服务需求弹性分为点弹性与弧弹性。点弹性是函数某个点上的弹性（一个需求函数的弹性通常在函数的不同点上有所变化）。其计算公式为

$$\text{服务需求点弹性} = \varepsilon_x = \frac{\partial Q}{\partial X} \cdot \frac{X}{Q}$$

式中，ε 表示点弹性；$\dfrac{\partial Q}{\partial X}$ 表示函数对 X 的偏导数。

换言之，服务需求的点弹性是服务需求函数一定点上的偏导数与该点上的比率 X/Q 的乘积。

弧弹性是函数某一区间的平均弹性。其计算公式为

$$\text{服务需求弧弹性} = E = \frac{\Delta Q / \bar{Q}}{\Delta X / \bar{X}} = \frac{\dfrac{Q_2 - Q_1}{(Q_2 + Q_1)/2}}{\dfrac{X_2 - X_1}{(X_2 + X_1)/2}} = \frac{\Delta Q}{\Delta X} \cdot \frac{X_2 + X_1}{Q_2 + Q_1}$$

式中，ΔQ、ΔX 分别表示 Q、X 的增量；X_2 与 X_1、Q_2 与 Q_1 分别表示 X、Q 的变化区间；$\bar{Q}$、$\bar{X}$ 分别表示 Q、X 的平均值。

因此，只要有 Q 两个点及相应的 X 两个点的数据，就可以估计服务需求函数在此区间的弧弹性。

下面分析三种最常见的服务需求弹性：价格弹性、收入弹性和交叉弹性。

1. 服务需求的价格弹性

服务需求的价格弹性❶是用来衡量服务需求量对于该种服务的价格变化的反应程度的尺度。它的值等于服务需求量变化的比率与服务价格变化的比率之间的比值。

设 e_P 表示服务需求的价格弹性系数，P 表示服务价格，ΔP 表示服务价格变动量，Q 表示服务需求量，ΔQ 表示服务需求相应的变动量。服务需求的价格弹性公式为

$$e_P = \frac{\Delta Q}{Q} \div \frac{\Delta P}{P} = \frac{\Delta Q}{\Delta P} \cdot \frac{P}{Q}$$

因为多数服务产品的需求是朝着与价格变动相反的方向变动的，所以服务需求的价格弹性一般是负值。为了方便起见，实际运用只取其绝对值。

服务需求的价格弹性将服务产品需求的变化和该产品价格的变化联系起来了。

如果 $|e_P| > 1.0$，则表明该种服务的需求富有价格弹性❷，服务需求

---

❶ 准确地说，应称为服务需求的自价格弹性，它反映服务需求量依自身价格变化而变化的函数关系。服务需求量还依其他产品价格的变化而变化，这一函数关系以服务需求的交叉价格弹性来表示。见下文分析。

❷ 将服务需求的价格弹性无限大（即 $|e_P| \to \infty$），或完全无弹性（即 $|e_P| = 0$）这两种罕见情况撇开不提。

量变动的幅度大于服务价格变动的幅度。若服务价格提高,销售量更大幅度的下降会使销售总收益(=服务价格×服务销售量)减少;若服务价格降低,销售量更大幅度的增加会使销售总收益增加。

如果$|e_p|<1.0$,则表明该种服务的需求缺乏价格弹性❶,服务需求量变动的幅度小于服务价格变动的幅度。服务价格的降低(或提高)会使销售总收益减少(或增加)。

如果$|e_p|=1.0$,则表明该种服务的需求为单位(价格)弹性,服务价格变化与需求变化正好相抵消,结果使销售总收益不变。

表 9-2 是若干产品的需求价格弹性。

表 9-2 若干产品的需求价格弹性

产品	报纸杂志	法律服务	医生服务	住房	警卫服务	公共教育	收音机电视机	冰箱	新汽车	运动器械船舶飞机	航空旅行	国外旅行
价格弹性	0.1	0.5	0.6	0.9	1.0	1.1	1.2	1.2~1.6	1.2~1.5	1.3	2.4	4.0

资料来源:雷诺兹.微观经济学:分析和政策[M].马宾,译.北京:商务印书馆,1982:121.

医生服务的需求价格弹性为 0.6,这表明当医生服务的价格上升 1% 时,其需求量只减少 0.6%。而国外旅行服务的价格下降 1% 时,其需求量增大 4%,故其需求价格弹性为 4.0。

服务产品会有不同的需求价格弹性,是由下面一些不同的因素决定的。

(1)服务产品对消费者生活的重要程度。生活必需品在消费者生活中的重要程度较高,不管价格高低都得买,故需求价格弹性较小;奢侈品、高档服务的需求价格弹性则较大。在表 9-2 中,医生服务就属必需品(保健服务很可能是奢侈品),而国外旅行服务是奢侈品。不过,必需品与奢侈品的区分具有历史性、地域性,同一服务产品在不同国家或不同时期的需求价格弹性往往是不一样的。

(2)替代品的状况(替代品的种类及替代程度)。如果一种服务产品有许多替代品，替代程度较高，那么它的需求价格弹性就较大。因为在这种情况下，当这种服务价格上涨时，不少消费者会转而购买各种替代品；反之，当这种服务价格下降时，原购买它的替代品的很多消费者将会转向购买这种服务。如果一种服务产品没有替代品，那么消费者可能不管其价格如何都得买，故其需求价格弹性就会较小。内科医生治疗服务的需求缺乏价格弹性，就是因为当疾病袭来时，除了找医生没有别的方法（当然，如果治疗服务价格过高，许多病情轻的人就减少甚至不去就诊，故其需求不是完全无弹性）。

（3）该种服务产品的消费支出在消费者总支出中所占的比重。如果所占比重小，消费者对其价格变化的反应就较小，故其需求价格弹性也就小；如果所占比重大则反之。例如，价格很低的自行车保管服务，便缺乏需求价格弹性。相反，动辄数万元的国外旅游服务的需求价格弹性就较大。

（4）考察时间的长短。消费者对变化了的新价格作出需求上的反应需一定的时间，称为"反应时间"。在考察时间大大短于反应时间时，消费者来不及对新价格作出需求反应，故需求的价格弹性较小，反之则较大。例如，对国外旅游服务所需的反应时间较长，人们一旦决定出国旅游并办理好一系列准备工作，他们就不会因价格的上涨而轻易放弃其计划。相反，即使去国外旅行的价格下降了，人们在短期内也来不及调整其计划。据称，美国人对出国旅游服务的价格弹性在短期内为 0.7，而在长期内则为 4.0。因此，考察时间越长，需求越有弹性。

（5）服务产品的可自给程度的大小。可自给程度大的服务产品价格升高，会使一部分通过市场获得的服务转向自我服务，故需求价格弹性大，如保姆服务、饮食服务、洗衣服务等。反之，可自给程度小的服务产品，如信息服务、医疗手术服务等，其需求价格弹性就较小。

掌握服务需求的价格弹性，对于服务企业做出正确的定价决策是很有用的。服务企业只有选择在其服务需求曲线的高弹性区间降价，或在其低弹性区间升价，才可能通过价格变动增大其销售总收益。否则，试图通过提价来增大总收益，会导致需求量更大幅度下降，引起总收益下降，结果适得其反。

2. 服务需求的收入弹性

服务需求的收入弹性是用来衡量服务需求量对于消费者收入水平变化的反应程度的尺度。它的值等于服务需求量变动的比率与消费者收入水平变动的比率之间的比值。

设 e_I 表示服务需求的收入弹性系数，I 表示收入水平，ΔI 表示收入水平变动量，Q 表示服务需求量，ΔQ 表示服务需求相应的变动量。服务需求的收入弹性系数是

$$e_I = \frac{\Delta Q}{Q} \div \frac{\Delta I}{I} = \frac{\Delta Q}{\Delta I} \cdot \frac{I}{Q}$$

服务需求的收入弹性因服务产品的不同而有差异。属生活必需品的服务产品的需求收入弹性较小，属奢侈品的服务产品的需求收入弹性较大。消费者货币收入的增加导致奢侈类服务的消费量较大幅度的增加，但引起生活必需类服务的消费量的增加幅度则较小。大多数被称为正品的服务产品的需求收入弹性是正值，这意味着其需求量会随着经济的发展和国民收入的增长而发生程度不同的增长。但也有某些被称为"次品"的服务产品的需求收入弹性是负值，这意味着消费者收入水平的提高将导致这种服务的消费量下降。例如城市居民在收入提高后可能会少坐公共汽车而多坐出租车。表9-3是若干产品的需求收入弹性。

表 9-3 若干产品的需求收入弹性

产品	燃料	电、煤气	食品	药物	烟草	住院治疗	医生服务	衣服	理发	住房
收入弹性	0.38	0.50	0.51	0.61	0.64	0.69	0.75	1.02	1.03	1.04
产品	电话	宗教和慈善事业	收音机电视机	购买用餐	牙科服务	书籍	酒	娱乐服务	新车	家庭教育
收入弹性	1.13	1.14	1.22	1.40	1.42	1.44	1.54	1.57	2.45	2.46

资料来源：雷诺兹.微观经济学：分析和政策[M].马宾，译.北京：商务印书馆，1982：124.

认识服务和其他产品的需求收入弹性，对预测消费结构的发展具有重要作用。如果某种产品的需求收入弹性 $e_I < 1$，那么该产品的生

产部门将不能按比例分享国民收入增长额，它在消费结构和产业结构中的相对比重将趋于下降。而如果某种产品 $e_I>1$，那么该产品的生产部门将在国民收入的增长额中得到一个超比例份额，它在消费结构和产业结构中的比重趋于上升，在国民经济中的地位日趋提高。根据表9-3，食品、衣服和家庭教育的需求收入弹性分别为0.51、1.02和2.46，这意味着国民收入每增加1%，食品需求只增加0.51%，衣服需求增加1.02%，而家庭教育服务需求增加2.46%。因此，食品生产在产业结构中的比重相对下降，衣服生产的比重缓慢增大，而家庭教育服务生产的比重迅速增大。

另外，需求收入弹性对企业及政府机构制定方针政策也有重要意义。需求收入弹性高的服务行业，在国民经济上升期间有良好的发展机会，但易被经济衰退打击；需求收入弹性低的服务企业基本上不怕萧条，但因不能充分分享国民经济成长的利益，故其资源会向其他部门转移。例如收入弹性为0.69的住院治疗服务就属后者，而收入弹性为1.57的娱乐服务就属前者。此外，需求收入弹性还可以在服务企业的销售活动中起重要作用。提供高收入弹性服务产品的企业，如致力于向收入逐趋增长的阶层作广告宣传，将有利于增大其未来服务产品的销售量。

3. 服务需求的交叉价格弹性

许多服务产品的需求受其他产品的价格的影响。公路运输服务的需求量与一种几乎相同的替换品——铁路运输服务的价格相关。随着铁路运输服务价格的上涨，消费者对公路运输服务的需求量在增加，因为他们会以公路运输取代价格变高的铁路运输服务。又如，旅游服务的需求量与其互补品客运服务的价格相关，随着客运服务价格的下降，旅游服务的需求量在增加。服务需求的交叉（价格）弹性，就是用来衡量某一种服务的需求量对其他产品价格变化的反应程度的一个尺度。它可表示为

$$e_{PB} = \frac{\Delta Q_A}{Q_A} \div \frac{\Delta P_B}{P_B} = \frac{\Delta Q_A}{\Delta P_B} \cdot \frac{P_B}{Q_A}$$

式中，A 表示服务产品；B 表示另一种产品（服务或货物）；e_{PB} 表示服务产品A的需求的交叉弹性，它反映服务产品A的需求量对另一种

产品 B 的价格变化的反应程度。服务 A 需求的价格弹性等于服务 A 的需求量变动的比率与产品 B 的价格变动的比率的比值。

服务需求的交叉弹性的大小，反映了服务产品 A 与其他产品之间的不同关系。如果 $e_{PB}>0$，那么 A 与 B 是互代品。A 的需求量与 B 的价格按同方向变化。例如，我国短途铁路运输价格上升，就使汽车短途运输的需求量增大。如果 $e_{PB}<0$，那么 A 与 B 是互补品❶，A 的需求量与 B 的价格按反方向变化。例如民航客运服务价格上升，会使某些旅游服务的需求量减少，如果 $e_{PB}\approx 0$，那么 A 与 B 互不相关，B 的价格变化对 A 的需求基本无影响。

服务需求的交叉弹性概念对于第三产业经营的主要作用如下：

第一，服务企业了解本企业服务产品的需求交叉弹性，有利于以联系的观点，认识本企业产品的需求对其他行业或部门的相关产品价格变化可能产生的反应，以制定正确的服务定价决策。这对于生产多种产品以及各种产品之间存在着明显的互代关系或互补关系的服务企业来说，特别重要。

第二，服务企业可以利用服务需求的交叉弹性来估计和预测部门之间的相互关系。举例说，即使一个企业是某个市场上某种服务产品的唯一供应者，但如果该服务产品与其他部门的产品（服务或货物）之间存在着较大的正值交叉弹性，那么这个企业要是提高其服务产品价格，就会将其销售额丢给其他相关企业。

服务需求的价格弹性、收入弹性和交叉弹性，都可以用点弹性系数或弧弹性系数表示。

第二节　服务产品的供给

服务产品的供给，是影响服务供求平衡的另一方面的因素。研究服务供给的意义也很重要。人们已越来越清楚地认识到，大量传统服务的需求正在增长，不少新兴服务的需求迅速形成，并作出大力发

---

❶ 互代品和互补品的概念，参见第五章第二节关于消费替代性、消费互补性和消费引致性的分析。

展第三产业的重大战略决策，但一些服务产品的供给量却增长不大。对服务供给理论缺乏研究，不了解影响服务供给的因素及服务供给形成与发展的机制，以致未能采取有效措施促使这些因素向着刺激服务供给增大的方向发展，是很重要的原因。这说明，如果对服务供给缺乏了解，即使弄清了服务需求及其形成机制，还是无法实现服务供求平衡的。因此，除了从消费者的角度分析服务产品的需求外，还有必要从生产者的角度讨论服务产品的供给。下面就对决定服务供给的诸种重要因素、服务供给弹性以及客观条件变化对服务供给的影响进行研究。

一、服务供给的涵义

服务供给，即对服务产品的供给，是指服务生产者在某一时间内和一定条件下愿意而且能够出售的服务产品量。形成服务供给要具备两个条件：第一，生产者有出售愿望；第二，有供应能力。两者缺一不可。与实物产品的供给不同，服务产品的供给只包括生产中的产品，不可能包括过去生产的"存货"。

生产者为提供一定量服务产品所愿意接受的价格，称为服务供给价格。因生产服务产品的成本差异问题，生产者对不同数量的服务产品有相应的不同的供给价格。换言之，每一个服务生产者在不同的价格条件下，愿意提供的服务产品量是不同的。把这些价格与供给量的关系用表格表示出来，就构成了服务价格—供给表（通常简称为服务供给表）。以图示法将这种关系在以价格 P 为纵坐标，供给量 Q 为横坐标的直角坐标系中表示出来，可得服务价格—供给曲线（通常简称为服务供给曲线）。根据个别生产者的供给情况可得出个别厂商的服务供给表和供给曲线；将所有生产者对某一种服务产品的供给表综合起来列表并作图，就可得服务的市场供给表和市场供给曲线。本章所说的服务供给表与供给曲线一般是指市场供给表和市场供给曲线。

以旅游服务为例，假定某景区旅游服务的供给情况如表 9-4 所示，我们便可据此绘出其供给曲线，如图 9-5 所示。

表 9-4　某景区旅游服务供给

价格（美元）	756	688	625	563	506
供给量（万人次）	63	56	50	44	39

注：此表数据大致上是按照价格每变动 1%，供给量同向变动 1.2% 的原则假定的。

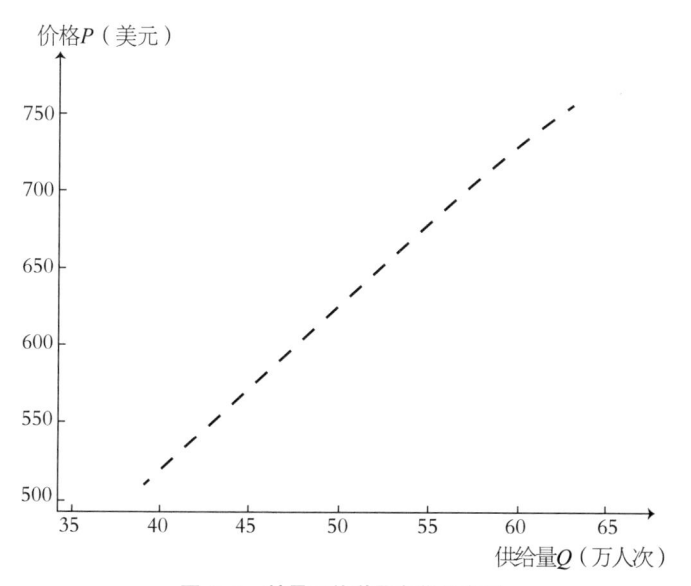

图 9-5　某景区旅游服务供给曲线

从图 9-5 可以看出，旅游服务供给曲线由左下方向右上方倾斜，这表明随着价格的逐渐上升，旅游服务供给量逐渐增加。大多数服务产品的供给都是如此。

二、服务供给规律

服务供给的形成与变化，也是有规律的。一般地说，服务供给量与服务价格和服务生产成本相关。后两个因素的变化会引起服务供给量的有规律的变化。

（1）服务供给量与服务价格通常存在着正相关的关系。在其他条件相同时，服务价格的上升会导致服务供应量的增加，服务价格的下降会导致服务供给量的减少。

服务供给量随服务价格的提高而增大,是物质利益规律发生作用的结果。正如第一、二产业的生产者从事经济活动是为了实现其经济利益一样,第三产业的生产者为社会提供服务产品,其经济动力就在于从服务销售价格中实现的经济利益。这种经济利益实现的方向和程度,指挥着服务企业投产的方向和规模。而服务生产者的经济利益实现的状况,受服务的边际成本❶与服务价格的影响。一般地说,服务边际成本会随着服务供给量的变化而变化:它先是随服务供给量的递增而递减;超过一定点后,开始随之递增。当服务的边际成本不大于服务价格时,增加服务供给所获的收益增量会等于或大于所花费的成本增量,服务生产者因之可获得正常或超额盈利。这通常使市场机制作用下的服务供给量增大到大致维持其边际成本与服务价格相等的点上。这时服务边际成本随服务供给量的增大而递增。如果服务价格上升,服务价格就会高于现供给量的边际成本,形成差额。它表明:增加供给是合算的,它可获得一个正常或超额盈利的增量;即使服务边际成本会因之提高,但只要它不大于提高后的服务价格,就不会碍事。反之,如果服务价格下降,服务边际成本大于服务价格就使维持原有供给量不合算了。只有将服务供给量减少到使服务边际成本下降到与降低后的服务价格大致相等的点上,才可维持正常的盈利水平。可见,在物质利益规律和市场机制的作用下,服务价格愈高,服务供给量就愈大;服务价格愈低,服务供给量就愈少。这就使服务供给曲线向右上方倾斜。

服务供给曲线会因服务价格以外的因素变化而发生位移,称为服务供给的变动。这时,同一服务价格下的服务供给量发生了变化。如图 9-6 所示,假定曲线 S_0S_0 是其他因素不变时旅游服务供给曲线,价格为 P_0 时供给量为 Q_0。如果某个促进服务供给的因素发生作用(如交通线路的改善使游客集散方便了),供给可能会因此增大,供给曲线于是右移至 S_1S_1。这时服务价格 P_0 相应的供给量增至 Q_1。反之,如果某个抑制服务供给的因素发生作用(如相关旅店因故接待能力下降),

---

❶ 边际成本是生产最后增加的那个单位产品所花费的成本(此处包括企业正常的盈利在内),它等于总成本的增量与产品的增量之比。

供给就会因之减少，供给曲线于是左移至 S_2S_2，服务价格 P_0 相应的供给量减至 Q_2。

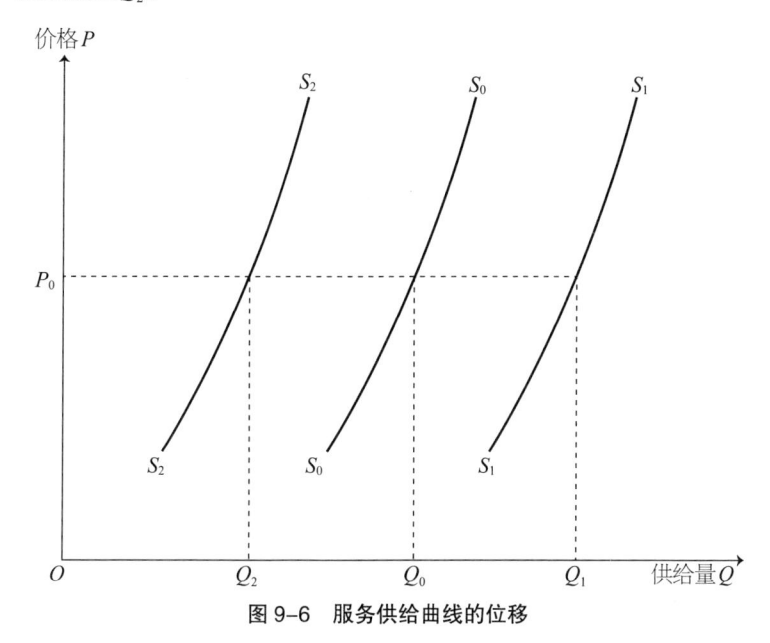

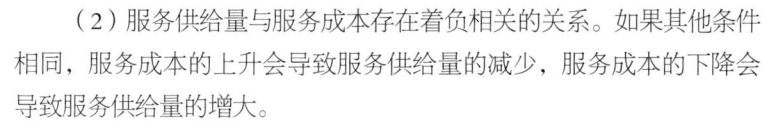

图 9-6　服务供给曲线的位移

（2）服务供给量与服务成本存在着负相关的关系。如果其他条件相同，服务成本的上升会导致服务供给量的减少，服务成本的下降会导致服务供给量的增大。

从企业的角度看，成本是企业投入服务生产的生产要素的价格。因利润是服务收益大于成本的差额，故服务利润与服务价格正相关，与服务成本负相关。如果服务价格不变，服务成本越低，生产者的盈利越大，他们愿意提供的服务量就越多；服务成本越高，生产者的盈利越小，他们愿意提供的服务量就越少。可见，服务成本也是通过物质利益的作用机制对服务供给施加影响的。

具体地说，凡是影响服务成本的因素都会间接影响服务供给。这些因素主要有：

（1）服务生产要素的价格。无论是服务设施的价格，还是服务生产过程所需的物料、燃料、辅助材料的价格，或是服务生产所需投入其他服务型生产资料的价格，都会通过服务成本间接影响服务供给。

如果将服务劳动者的工资看作服务劳动力的价格,将贷款利息看作投入服务生产的资金的价格,那么服务劳动工资及它所影响的消费物价,以及银行利率的变动也会影响服务供给。

(2)服务生产的技术状况。技术状况的改善,一方面,降低服务生产成本,强化服务生产者增大服务供给的愿望;另一方面,现实地提高单位时间内服务的供给量,增大服务生产者的供给能力。

(3)服务生产要素移作他用的产出值。这涉及服务生产的机会成本,下面再详述。

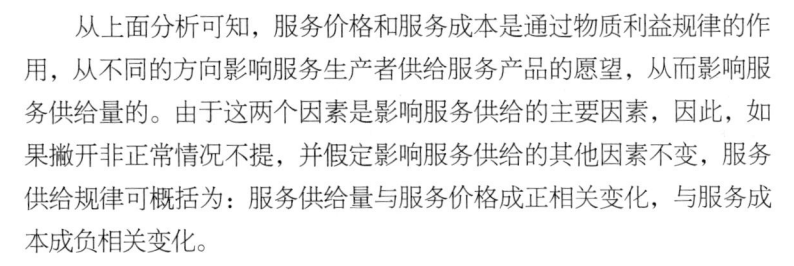

从上面分析可知,服务价格和服务成本是通过物质利益规律的作用,从不同的方向影响服务生产者供给服务产品的愿望,从而影响服务供给量的。由于这两个因素是影响服务供给的主要因素,因此,如果撇开非正常情况不提,并假定影响服务供给的其他因素不变,服务供给规律可概括为:服务供给量与服务价格成正相关变化,与服务成本成负相关变化。

三、影响服务供给的其他因素

除上述两个主要因素外,相关产品的收益状况、企业的经营目标及其未来预测、技术状况等因素,也会不同程度地影响服务供给。下面就对此作进一步的分析。

1. 相关产品收益状况

从社会的角度看,同样的资源可生产多种产品,这些产品被称为相关产品。由于资源是稀缺的,所以当它们被投入某一特定服务生产中去时,就失去了移作他用的机会。投入特定服务产品生产中的生产要素若移去生产另一相关产品的收益值,就是这一服务产品的机会成本。假定相关产品的收益状况改善了,如价格升高、利润率提高,或税收减少等,那么继续生产该服务产品的机会成本就会增加。这会引起资源从特定服务生产到相关产品生产的转移,使该服务产品的供给量下降。旅游专线车的开辟及其收益水平的提高,使市区公共汽车转产搞旅游,服务供给量下降,便是一例。反之,相关产品的收益下降,会降低服务生产的机会成本,导致资源从相关产品的生产向该服务产品的生产转移,引起服务供给量的增大。例如,某些似乎与第三产业毫不相干的滞销工业品生产部门的收入水平的相对下降，竟会间接促进了城市第三产业劳动力的供给。劳动力从第一产业到第二产业、第三产业的转移，在很大程度上也是由此所致。

2. 服务企业的经营目标

从根本上说，服务企业提供服务产品的目的是为了实现其自身经济利益。但就近期而言，企业可以有不同的经营目标，这往往会影响服务供给量。如果企业的经营目标是占有市场，那么它就倾向于根据市场需求量，最大限度地发挥其服务生产要素的功能，大量供给服务产品。如果企业的经营目标是取得最大利润，那么其服务供给量就只会增大到使其价格与边际成本相等的数量。如果企业的经营目标是为本企业某些高档服务产品创造质高量少的形象，以形成独一无二的垄断地位，它就严格控制此类服务产品的供给量，防止它增大到有损于特殊声望的程度。豪华宾馆的总统套房的供给量通常不会随意扩大，这就是重要原因之一。可见，服务企业经营目标的不同会对服务供给量产生影响。

3. 企业对其产品未来价格变化的预测

从长期看，价格的高低最终会导致供给的增减。但从短期看就有所不同。如果撇开企业通过投资量的增减来调节供给的情况不提，我们可看到：在实物生产中，如果产品价格看涨，因企业倾向于贮存产品，待价格升高后才出售，故现时市场供给量会减少；如果产品价格看跌，企业就不仅不再贮存最近的产品，而且抛售过去的存货，故现时市场供给会增大。在第三产业中，虽然服务产品的非实物性妨碍了企业在短期内通过改变"存货"量来调节供给，但是这并不意味着服务供给量是无法进行短期调节的。如有必要，服务企业可以通过闲置服务生产要素来减少服务供给，通过满负荷甚至超负荷运营方式来增大服务供给。不过，对于不同的服务产品来说，实施上述方式的必要性是不同的。

我们先分析消费者必须天天重复消费的服务产品。这种产品的客源趋于无限大，故其现时供给状况基本上不会影响未来的同类服务需求量。如城市职工天天要乘公共汽车上班，今天给上班乘客提供的客运服务量增多，不会造成明天市区客运需求量的减少。家务服务、幼儿保育服务、普通电信服务等也是如此。这样，当这种服务的价格看涨时，服务生产者就不可能通过减少现时服务供给量来增大未来服务需求量。当其价格看跌时，也没有什么服务"存货"急于脱手而造成供给增大。所以，从短期看，这种服务产品价格的预期变化对其供给量几乎没有影响。例如，公共汽车票价将下降的消息，不会使客运公司通过抛售"服务存货"来增大现有的客运量；飞机票价将提高的传闻，不会使民航公司将航空服务推迟到提价后才供给市场。

我们再分析顾客源（顾客总体）有限的服务产品。因这种产品的客源是有限的，故其现时供给量的增加或减少，会显著地影响以后的同类服务需求量，从而影响其供给的实现状况。如某地45岁以下的不具有初中以上文化水平的职工必须分批接受某种技术培训。由于这批对象数量有限（假定新参加工作的职工都具有高中以上文化水平），因此，如果本学期向其中部分职工提供了这种技术培训服务，就会减少下学期以至以后几年对此类服务的需求量。所以，如果这类客源有限的服务价格看涨，服务机构就可能会通过闲置服务生产要素，程度不同地减少现时服务供给，以相对增大以后的服务需求。当然，服务生产要素是否闲置，闲置期多长，是依经济上是否合算为转移的。因为在生产要素投入量不变时，减少现时服务供给会造成生产要素的闲置损失，如果这一牺牲可相对增大未来服务供给能力和需求量，并且未来的服务供给（因价格上涨）取得的收入增量大于闲置损失，那么暂时闲置服务生产要素对服务企业来说，仍是有利可图的。收入增量大于闲置损失的差额越大，闲置期就越有可能延长。例如，技术培训、夜校培训的统一定价将会提高的估计，可能会使学校暂停签订新的代培合同，直到新的定价标准实施后为止，宁可让教学设施暂时闲置。反过来，服务价格看跌可能会刺激服务企业充分发挥现有生产要素的潜力，加班加点，以满负荷甚至超负荷运营方式，最大限度地增大现时服务供给量。除夕期间理发店日夜加班，原因之一就在于节后理发服务价格将降回正常水平。说到底，这两种情况还是物质利益这只"看不见的手"在调节服务供给。

4. 技术状况

服务产业技术水平高，用相同的人、财、物力的投入就有较多的服务产出。因此，企业技术水平如果在某项先进服务设施的应用中，或在某种操作"工艺"的改善中得到提高,服务供给能力就会增大。如果某种因素如人员素质、设备状况等变劣,使企业技术水平下降,服务供给能力就会下降。

综上所述,可以将某种服务产品的供给量与影响这一供给量的诸种因素之间的关系,写成如下的服务供给函数:

$$Q_s = G(P, C, I_r, O_b, P_f, T)$$

式中,自变量 P、C、I_r、O_b、P_f、T 分别表示服务产品的现价、成本、相关产品的收益状况、经营目标、未来服务价格、技术状况;G 表示服务供给量与影响因素的函数关系;服务供给量 Q_s 取决于等式右边括号内的所有变量。这说明影响服务供给的因素同样是复杂的。

在上述众多的因素中,服务产品本身的价格和成本是决定服务供给的主要因素。就价格来说,社会的发展使服务的需求增长较快,较大的需求强度就有可能使服务产品的价格坚挺;实物生产率的增长率大大超过服务生产率的增长率,使服务产品的相对价值量以及相对价格有上升趋势。这两个因素作用于服务价格上,使服务产品的社会供给量及其比重必然趋于增长,形成服务供给比重上升律。它适应了服务需求比重上升律的要求。二者共同作用的结果,就使第三产业比重趋于增大。

从理论上说,服务供给比重上升律,是通过相关产品的收益相对下降这一物质利益机制来发生作用的。第三产业能不断增大,从经济利益上说,就是因为第三产业的生产者能取得相对高于第一、第二产业的收益。反过来,如果出现了第一、二产业部门的收益状况优于某些服务部门的情况,那么后者将不可能得到进一步发展。

四、服务供给弹性

服务供给弹性是测定服务供给量对其自变量反应的灵敏程度的一个尺度,它是指影响服务供给量的每一个因素(自变量)的值每变动百分之一所引起的服务供给量变化的百分率。服务供给弹性也可分为点弹性和弧弹性,其公式与服务需求弹性公式相似,只是将需求量改为供给量,将影响需求量的因素相应地改为影响供给量的因素便可。

下面先分析服务供给的价格弹性。

服务供给的价格弹性（又称自价格弹性）是用于衡量服务供给量对该种服务的价格变化的反应程度的尺度。它的值等于服务供给量变化的比率与服务价格变化的比率之间的比值。

设 e_p 表示服务供给的价格弹性系数，Q 和 P 分别表示服务供给量和服务价格，ΔP 和 ΔQ 分别表示服务价格变化量和服务供给变化量。服务供给的价格弹性系数是

$$e_p = \frac{\Delta Q}{Q} \div \frac{\Delta P}{P} = \frac{\Delta Q}{\Delta P} \cdot \frac{P}{Q}$$

因服务产品的供给量通常与其价格构成正相关关系，所以服务产品的供给弹性一般是正值。

如果撇开服务供给量的供给弹性无限大（即 $e_p \to \infty$）或完全无弹性（即 $e_p = 0$）这两种罕见情况不论，服务供给的价格弹性通常有三种情况。

其一，服务供给的价格弹性系数大于1。服务供给量变动的幅度大于价格变动的幅度。这称为供给的价格弹性大。对这类服务来说，提价可以大幅度地增大其供给量，削价则相反。

其二，服务供给的价格弹性系数等于1。服务供给量与价格成正比例变化。这称为单位弹性。

其三，服务供给的价格弹性系数小于1。服务供给量变动的幅度小于价格变动的幅度。这称为供给弹性小。

服务供给的价格弹性大小主要取决于以下两点。

第一，改变服务供给量的难易程度或所需时间的长短。从长期说，改变服务供给量一般并不困难，其难易程度也无多大差异。但从短期来说，改变不同种类的服务产品的供给量的难易程度是不同的。劳动密集型服务产品的供给量变动比较容易，而资金密集型服务产品和技术密集型服务产品则相反。我们可以从下面分析中了解其原因。

（1）劳动密集型服务产品以具有一般劳动能力和简单技能的普通服务人员为主要生产要素，对资金、设备和技术的要求相对较低。扩大或缩减供给只需增减普通劳动者，没有很多专用服务设施需兴建或停产处理。由于这些条件较易迅速达到，因此，这种服务生产规模变

动比较容易。农贸市场上小商贩的商业服务，旅游胜地的行李搬运、保管服务，办公楼的清洁服务等劳动密集型服务产品就是这样。

（2）资金密集型服务产品的主要生产要素是以服务设施形式存在的资金，扩大供给必须营造建设周期相对较长的服务设施，缩减供给又面临着大量专用服务设施难以挪作他用的难题，因此在短期内变动生产规模比较困难。这类服务产品价格上升，一般地只能刺激企业兴建相关服务设施，如修铁路、造宾馆、建游乐场等，不能使短期内服务供给量猛增。相反的价格变动也难以使这些行业通过拆除服务设施来缩减生产。以非再生性自然景观为欣赏对象的旅游服务的供给变动情况也与此相仿。

（3）技术密集型服务产品的生产需要特定的技术，而技术成果的取得，掌握特定技术的专业人才的培养，均不可在短期内一蹴而就。例如，要获得大学讲师的资格，一般要经19年培养和2年教学实践的努力，因此，高等教育服务的供给量在短期内是难以大幅度增大的。医疗服务、艺术服务、管理服务等也有类似情况。所以，变动不同种类的服务产品的供给量的难易程度是不同的。如果改变供给量的困难程度较大，其供给的价格弹性就较小；困难程度较小的，其供给弹性就较大。

也正是因为这个缘故，服务价格变化引起服务供给量的变化在短期内可能很小，但是随着时间的延长，这种反应可能加强。假定旅游服务的价格上涨50%，旅业服务公司可能很快作出反应，招收更多的服务员，购买更多的床上用品。但他们发现，这样做只能使旅业服务量通过"加铺"增加10%，供给弹性仅为0.2。这是因为旅业服务量的增长受到客房数量的限制。客房及其内外设施是旅业公司的主要服务设施，兴建宾馆或改装、扩大现有客房通常需要数年时间。如果旅业服务公司认为旅业服务价格增长50%将是持久的，那么就会兴建新宾馆。假定三年后客房床位量增长100%，那么供给弹性就为2.0。在此例中，服务供给量在服务价格上涨后的短期内虽然缺乏弹性（0.2），但在三年后却变得相当有弹性（2.0）。

一般说来，资金密集型和技术密集型服务产品的供给弹性在长期内要比短期内大。因为这些行业中投入的大量资金变为服务设施需要较长的基建期，投入的技术熟练的服务人员需要很长的培训期，所以这些行业供给弹性的大增需要很长的时间。铁路运输服务、航空运输服务、高等教育服务、电视维修服务等的供给就是这样。相反，像擦窗、擦鞋、家庭服务等劳动密集型服务产品往往因无需什么技术和设备，只需简单劳动力，因而增加供给所需时间很短，所以其供给弹性在长期内比短期内只有微小的增加。就此而论，提高我国教育服务价格，即使在短期内不能造成教育服务供给的大幅度增大，也可以鼓励相当多劳动力选择教师为职业。其长期后果是，改善我国劳动力文化技术素质低的状况，与我国的现代化长远目标相适应。

第二，变动产量后生产成本的变动情况。如果产量的增加导致生产成本较大幅度的增长，那供给的价格弹性就较小；如果在产量的增大过程中，生产成本增长幅度较小，供给的价格弹性就较大。例如，假定清洁服务的价格上涨了220%，再假定农村中存在着相当多由农业劳动中解脱出来的劳动力，因而清洁服务公可只要稍微提高工资就可以招收更多的清洁工。如果增加工人后每个服务人员的平均服务量没有下降，清洁服务生产就会因成本的增长幅度比价格的增长幅度小得多而更加有利可图，因而服务公司对价格的反应将是较大地提高产量，服务供给的增加将超过20%。所以其供给是有价格弹性的。

对于某些服务产品来说，还可能存在着服务供给的收入弹性。服务供给的收入弹性是用于衡量服务供给量对服务供给者收入变化的反应程度的一个尺度。它表示因服务供给者收入的变动引起的服务供给的相应的变动率。例如，城乡居民在收入水平低时，往往将自有住房中的空余房间出租，提供类似旅业服务的服务产品。如果居民收入水平提高了，这些房间可能转为自用，于是这类"旅业服务"的供给就有负值的收入弹性。又如，在社会收入水平低的情况下，一些被看为社会地位低的服务劳动，往往有不少人愿意干。但随着收入水平的提高，这些服务的供给者可以通过其他渠道获得收入，就不再从事这类服务。因此在服务价格没有发生变化的情况下，这些服务的供给也会随收入水平的提高而减少，因而也具有负值的供给收入弹性。随着我国城乡经济的发展和生活水平的提高，城市中保姆服务的供给趋于紧张，就是这类服务供给的收入弹性所致。

第三节 服务产品的供求矛盾与供求平衡

一、服务产品的供求矛盾

在现实经济生活中,服务产品的供给与需求之间往往存在矛盾,主要表现如下。

从供求总量上看,服务产品的总供给量与总需求量不一致,或是总供给量大于总需求量造成供过于求,服务生产要素闲置,或是总需求量大于总供给量,导致供不应求,服务产品短缺。原因在于服务产品供给或需求一方或双方发生了变化,打破了原有的供求平衡。或是服务需求没有变化,而服务供给却因生产技术的提高,以及新的自动化服务设施的问世而增大,形成供过于求;或是服务需求随着收入水平的提高迅速增大,但服务生产规模却维持原样,出现供不应求;或是服务供给与需求虽然均发生同方向的变化,但二者变动的幅度不一致,形成新的供求失衡。以北京火车站为例,1959 年 9 月建成时是中国最大的客运车站,设计生产能力为,客运量每天 5 万人次,候车室客容量 7000 人。1987 年,每天客运量达 18 万人次,高峰期 24 万人次。1960 年每天进出列车 30 对,1987 年是 79 对,最多时 100 对。全国列车编组设计标准是 12~14 节车厢,北京站已扩大到 18~20 节。一位售票员以前每天卖 300 张票,1987 年是 2000 张。为了缓解买票难的问题,售票窗口由 78 个增加到 150 个,还增加了电话订票、函购车票、团体预订车票、售票员上车办理中转签票等业务。为了缓解候车难的问题,走廊、墙角、职工俱乐部都利用上,把候车席位增加一倍,并实行提前检票上车等办法,最长提前达 2 小时。在问询处,服务员像扫机枪似地回答一个个问题,10 分钟回答了 63 个人(据 1987 年 8 月 23 日《文摘报》)。在 20 世纪 80 年代,人们抱怨北京站买票难、候车难、检票难、出站难、问事难、退票难、托运难,根本原因是服务产品总需求大于总供给,交通服务需求量大大超过设计供给能力。随着中国高铁的大规模建设,以及民航、高速公路等多种交通方式的发展，这种供不应求的现象基本消除了。

从供求结构上看，即使产品总供给量等于总需求量，也可能出现服务产品的结构性供求矛盾：一些特定种类、规格或档次的服务产品供过于求，另一些则供不应求。影响不同服务产品的供给和需求的诸因素的差异性及其不同方向或不同幅度的变化，是引致服务产品结构性供求矛盾的基本原因。从供方看，价高利大、收益水平高的服务产品供给增长较多，供过于求；价低利微或无利可图、收益水平低的服务产品生产趋于萎缩，供不应求。从需方看，在社会收入水平迅速提高的时候，需求收入弹性大的服务产品需求迅速膨胀，造成供不应求；需求收入弹性低的服务产品需求增长较小，少有此类短缺。服务的结构性供求矛盾很常见。公交车人满为患时，出租车空空如也；低档旅店门庭冷落时，高级宾馆旅客络绎不绝；传统服务业门可罗雀时，新兴服务业人头涌动。

从供求时间上看，服务产品的非贮存性，使第三产业的服务产品的供给时间与需求时间不一致形成的供求矛盾，比第一、二产业中的实物产品要突出。一些服务产品需求集中于特定的季节、月份或时段，而服务供给能力如无特殊情况通常是持续、稳定的。在服务需求的旺季或"旺时"，服务供不应求是普遍现象；在服务需求的淡季或"淡时"，服务产品供过于求屡见不鲜。在第一、二产业中的供求时间矛盾，可通过产品贮存来解决。但在第三产业中无法通过服务产品贮存来缓解此矛盾。因此，服务产品在供求时间上的矛盾是由第三产业内在特性决定的一个具有普遍性的、客观的供求矛盾。

从供求空间上看，服务产品的非移动性使第三产业的服务产品因供给与需求地域不一致性引起的供求矛盾，也比第一、二产业要突出得多。在三大产业中，生产资源分布相对于人口分布往往是不均衡的。从供给看，在资源丰富地区，以相关资源为生产要素的产品供给充足。第一、二产业中的农业、林业、渔业、牧业、矿业等广义"采掘业"的产品供给，形成于农村、林区、渔区、牧区和矿区。与此类似，第三产业中的名胜古迹旅游服务、海滨游泳和疗养服务、冰封地区的溜冰滑雪服务等，需要特定的自然资源和人文资源为生产要素的服务产品，只能在名胜地区、海滨、冰雪地带形成供给。从需求看，三次产业的产品，无论是实物产品，还是服务产品，都是由人来消费的，需求都来自人口，直接或间接形成于有支付能力的人群中。越是人口稠密地区，对产品的需求量就越大。所以，实物产品和服务产品的主要需求地，是人口稠密的居民区。这样形成的供给地与需求地不一致的地域矛盾，在第一、二产业中，可以通过产品由供给地向需求地的转移来解决。在第三产业中，由于服务产品不可移动，服务在供求地域上的矛盾，也是第三产业内在特性决定的一个客观矛盾。

二、调节服务供求平衡的价格机制

1.服务供求平衡的形成

在市场经济中，市场机制不断调节着服务的供求矛盾，使服务供给与服务需求趋于平衡，使服务产品的均衡价格得以形成。服务均衡价格是指服务产品的需求价格与供给价格相一致时的市场价格。这时服务需求量与供给量也相等，称为均衡数量。

下面以图 9-7、图 9-8 和图 9-9 来说明这一调节过程。在图 9-7 中，服务需求曲线 DD 与服务供给曲线 SS 相交于 E 点，这时服务供给与需求达到均衡。均衡数量为 OM，均衡价格为 ON。在其他条件不变的情况下，服务供给和需求的所有变动，都向着这一均衡点 E 趋近。

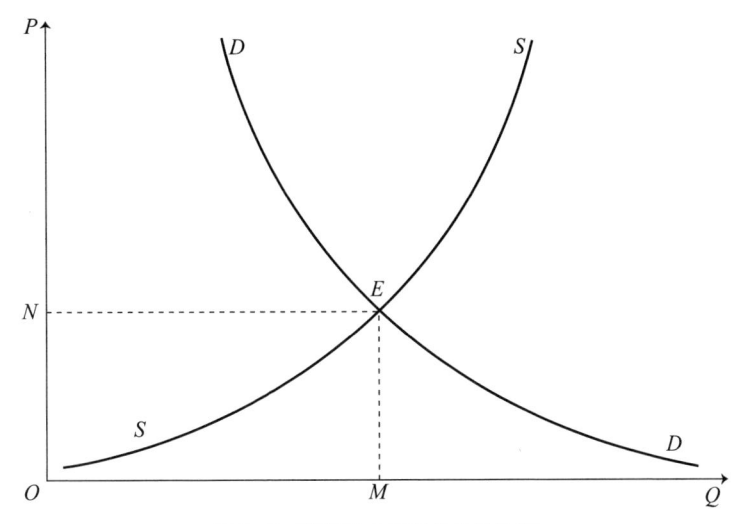

图 9-7 服务需求与服务供给均衡

先看如图 9-8 所示的第一种情况。假定服务的市场价格为 OH，高于均衡价格 ON。这时生产者觉得增加供给很合算，就扩大服务生产（它表现为服务生产能力的扩大），服务生产者愿意并可能提供的服务量增至 OM_2。而消费者觉得价格并不理想，不愿多买，需求量降到 OM_1。这样一来，服务产品的生产能力就超过了需求量（$OM_2-OM_1 = M_1M_2$ 是服务供给过剩部分，它表现为闲置的服务生产资料和服务劳动力）。生产者为了减少供过于求造成的服务生产要素的闲置损失，争相降低服务价格，吸引需求。如果其他条件不变，随着服务价格的下降，服务需求量逐渐上升，而生产者愿意供给的服务量逐渐减少（最终导致服务生产能力的减少）。当市场价格下降到 ON 时，服务供给与需求才恢复均衡。

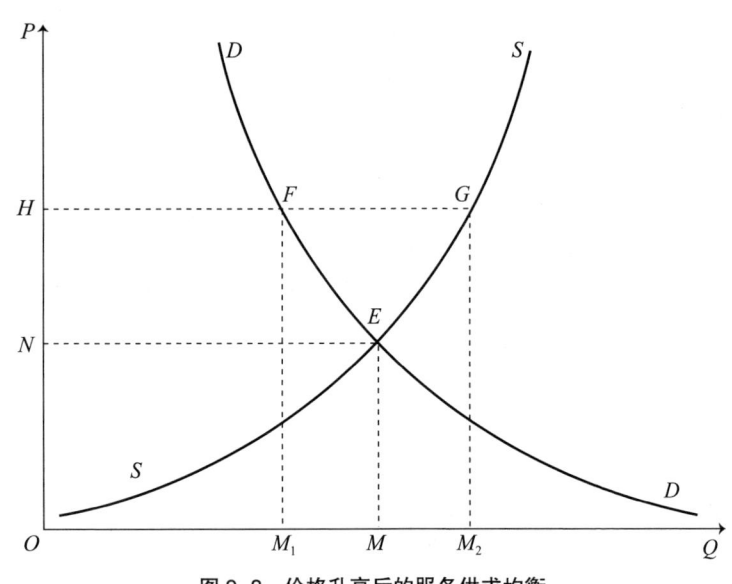

图 9-8 价格升高后的服务供求均衡

再看如图 9-9 所示的第二种情况。假定服务的市场价格为 OL，低于均衡价格 ON。这时生产者减少生产量至 OM_2，而需求量却增到 OM_1，于是服务需求量超过供给量（$OM_1-OM_2 = M_1M_2$，为供给不足部分）。由于供不应求使消费者的需要满足不了，买者之间就会展开竞争，为了消费服务产品宁愿多出钱。这样一来，服务价格就会回升。随着价格上升,生产者愿意供给的服务量逐渐增多,而消费者的需求量逐渐减少。这两种力量的交互作用使服务价格回升到 ON,服务供给和需求又恢复到均衡点 E 上。

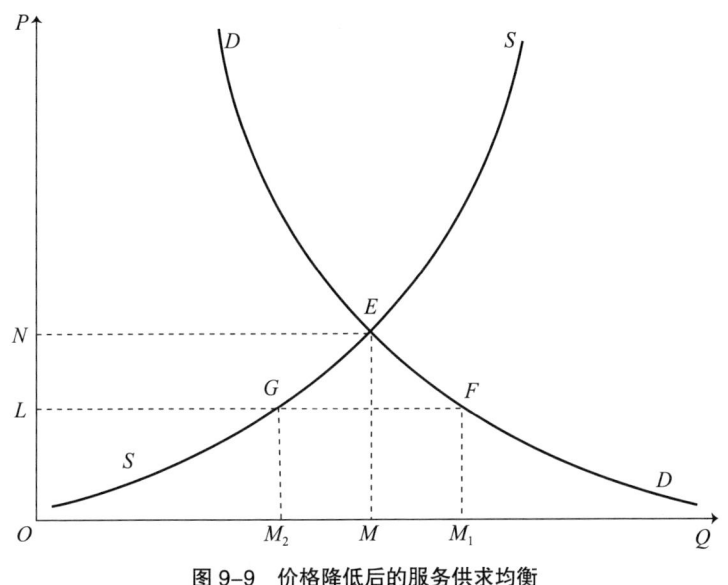

图 9-9 价格降低后的服务供求均衡

上述价格机制从总量和结构上调节着服务供求平衡。此外,第三产业价格体系中的差价体系,包括地区差价、季节差价、质量差价、购销差价、批零差价等,调节着服务供求在地域上、时间上和结构上的平衡,前一章已论及,此不重述。

2. 服务供求平衡的动态变化

市场上服务价格与数量的均衡是由服务需求与供给这两种力量所决定的,因此任何一方的变化都会引起均衡的变化。

下面先来说明服务需求的变化对服务供求平衡的影响。

在图 9-10 中,D_0 是原来的服务需求曲线,D_0 与服务供给曲线 S 相交于 E_0,决定了服务均衡价格为 ON_0,均衡数量为 OM_0。如前所述,在价格以外还有许多因素(如收入水平、闲暇时间、相关产品价格、收入效应、消费者偏好等)也会影响服务需求曲线的变化。如果出现某个因素使服务需求曲线由 D_0 右移到 D_1,就意味着在同样的价格条件下，需求量增加了。这引起消费者之间购买的竞争，于是服务价格上涨，刺激服务供给量增加，直到 D_1 与 S 的交点 E_1 上，才达到新的供求平衡。这时均衡价格由 ON_0 上升到 ON_1，均衡量由 OM_0 增大到 OM_1。这表明由于服务需求的增加，服务均衡价格上升了，服务均衡数量也增加了。

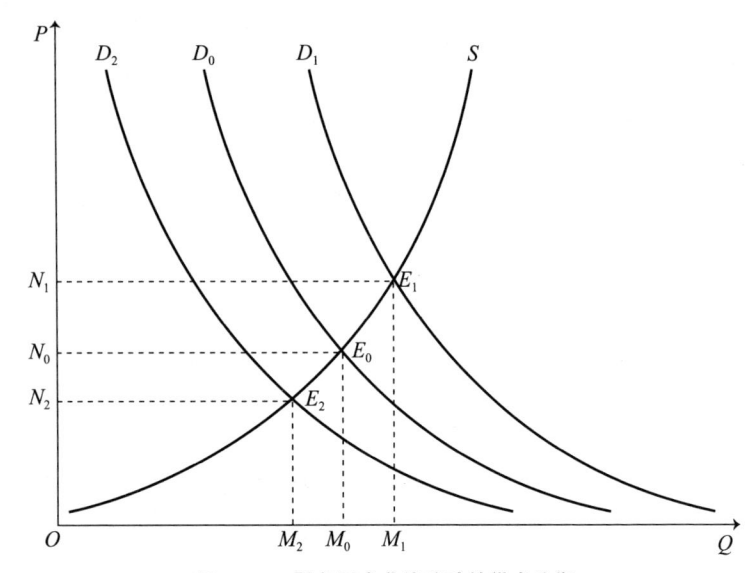

图 9-10 服务需求曲线移动的供求均衡

如果出现某个因素使服务需求曲线由 D_0 左移到 D_2，就意味着服务需求的减少。这时 D_2 与 S 相交于 E_2，决定了新的均衡价格为 ON_2，均衡数量为 OM_2。这表明由于服务需求的减少，服务均衡价格下降了，服务均衡数量也减少了。

不过，从长期来观察，上述服务均衡价格和均衡数量因需求的增加（或减少）而增大（或减少）的情况不一定会持续下去。因为生产者很可能要对价格作出反应，增大（或减少）其生产能力，使供给曲线会向右（或向左）移动，导致均衡价格的再度下降（或上升），均衡量的再度增大（或减少）。

下面再用图 9-11 说明服务供给的变动对服务均衡的影响。

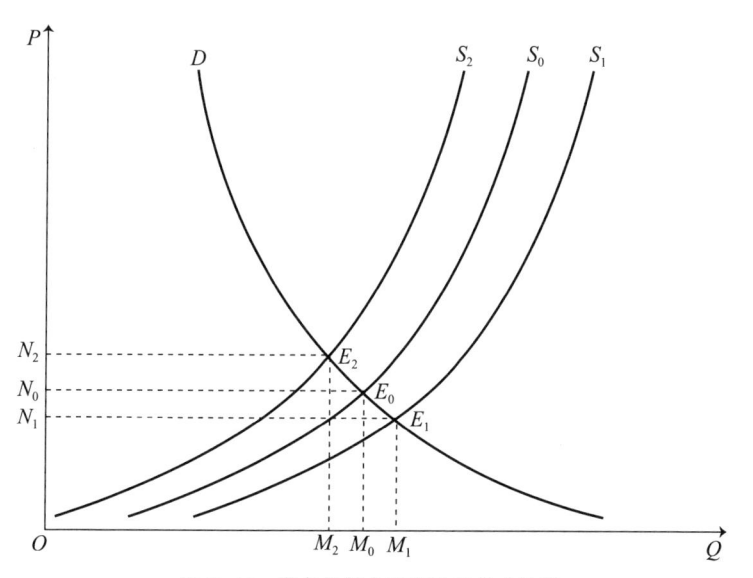

图 9-11　服务供给曲线移动与供求均衡

在图 9-11 中，S_0 是原来的服务供给曲线，E_0 是原来的均衡点。如前所述，在价格以外还有许多因素（如服务生产成本、相关产品的收益状况、经营目标等）也会影响服务供给曲线。假如出于某种原因，如服务成本降低，使服务供给曲线由 S_0 右移到 S_1，就意味着在同样的价格条件下，服务供给量会增加。供给者为了卖出服务产品，就会互相竞争降价，直到新的均衡价格 ON_1 上，服务供求达到新的平衡量 OM_1。这表明由于服务供给的增加，服务均衡价格下降了，服务均衡量增加了。

假如出于某种原因，如服务成本增加，使服务供给曲线由 S_0 左移到 S_2，就意味着在同样的价格条件下，服务供给会减少。这时 S_2 与 D 相交于 E_2，决定了新的均衡价格为 ON_2，均衡数量为 OM_2。这表明由于供给的减少，服务均衡价格上升了，均衡数量减少了。

从以上分析可以得出这样的结论：市场调节供求的规律不仅作用于第一、二产业，而且作用于第三产业。服务供求规律可概括为：

（1）服务需求的变动，在短期内将引起服务均衡价格和均衡数量同方向变动，但在长时期内则不一定。

（2）服务供给的变动，将引起服务均衡价格反方向变动，引起服务均衡数量同方向变动。

3. 价格干预状态下的服务供求关系

在现代社会中，各国政府为了达到某种目的，常常制定包括支持价格和限制价格在内的法定价格，以行政干预的方式使某些产品的价格脱离市场供求力量形成的均衡价格状态。支持价格是指政府为了扶持某一行业而规定的该行业产品的最低价格，它通常高于该产品的均衡价格；限制价格是指政府为了防止价格上涨而规定的某种产品的最高价格，它通常低于该产品的均衡价格。我国的服务行业，特别是理发、洗澡等居民生活服务业、客运业、通信服务业、演出服务业和医疗服务业，在改革开放前长期实行低价制（它远低于服务均衡价格，当价格放开后，这些服务价格迅速上涨便是明证），实际上是一种限制价格。

实行限制价格会对服务产业的供求关系产生如图 9-12 所示的后果。

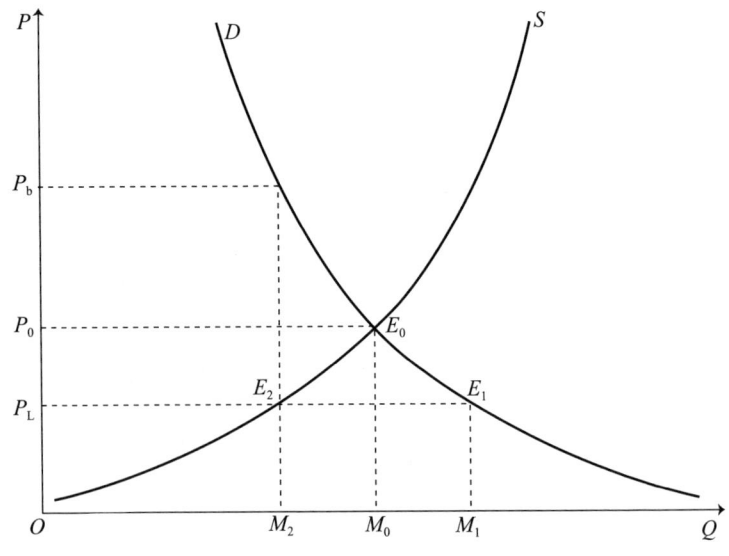

图 9-12 限制价格对服务供求关系的影响

在图 9-12 中，在没有价格干预时，服务供给曲线与需求曲线在 E_0 点相交，均衡价格为 P_0，服务供给量和需求量恰好都达到均衡数量 OM_0。现在政府通过法令规定服务限制价格为 P_L。服务市场价格由 P_0 降到 P_L，低于均衡价格。由于服务价格下降，消费者的服务需求量由 OM_0 增加到 OM_1（P_L 与服务需求曲线 D 的交点 E_1 的横坐标值），而生产者所愿意提供的服务量由 OM_0 降至 OM_2（P_L 与服务供给曲线 S 的交点 E_2 的横坐标值）。这表明在服务的限制价格上，服务需求量大大超过服务供给量（其值为 $M_2M_1 = OM_1 - OM_2$）。这样就会产生以下几种结果。

第一，排队抢购服务产品（如排队购入场券、火车卧铺票、飞机票、挂号就诊等）。购买量有时受限制（如排队者只许买两张票等），有时不受限制。到后来队越排越长，许多时间花费在排队上。但是，这并不能解决服务供不应求的问题，因为当服务产品卖完时，排在后面的人总是买不到。排队抢购的一种变形就是接受服务时的争先恐后，落后者将购买不到服务产品。

第二，政府不得不实行服务产品的配给制。根据居民的级别或职业等条件发给某种购买服务产品的优待票证。某些高档疗养服务、某些精彩的演出服务、某些精湛的医疗服务、民航服务、火车软硬卧乘车服务等，往往要凭某种"优待券"才能购买得到。与配给制并存的"走后门"现象，也是一种凭票（人情、关系）供应。这些非金钱因素就将服务购买量限制在与供给量相适应的数量上。

第三，出现服务产品的黑市交易。由于服务产品供求缺额很大，服务产品的短缺变成长期存在的问题，某些人势必长期无法消费某种限价服务产品。为了解除缺乏服务的不便和困苦，他们宁愿出高价购买服务。这时服务产品黑市价格最低达 P_b，不仅高于 P_L，而且高于 P_0。

无可否认，对服务产品的价格干预是处理短暂的紧急状况的有效手段，但是，价格干预使价格机制失灵，它执行的时间越长，在服务供求关系上造成的偏差就越大。我国对第三产业实行的"低价制"导致服务产品的长期短缺就是明证之一。服务产品供求的长期均衡，必须通过价格机制的作用才能稳定地实现。

三、促进我国第三产业发展中的服务供求平衡

我国在改革开放前第三产业长期发展缓慢，比重偏低。1952—1980年，第一、二、三产业增加值比例由50.5∶20.8∶28.7变为29.6∶48.1∶22.3，就业比例由83.5∶7.4∶9.1变为68.7∶18.2∶13.1。1980年，第三产业就业比重仅为13.1%，在126个国家和地区中排第106位；1982年增加值比重为22.2%，在93个国家和地区中排倒数第2位。❶ 这固然与我国经济水平低有关，但与很多失误是分不开的：一是理论失误，不了解第三产业概念及其增长规律，把服务业打入"另册"，划为"非生产部门"，使投入受阻。二是发展战略失误，没有及时提出第三产业发展战略，以协调三次产业发展。三是政策失误，把服务当作资本主义因素批判，长期实行服务低价制，挫伤了发展第三产业积极性。一系列失误使我国服务产品长期供不应求，全面短缺。

改革开放促进了我国第三产业迅速发展，改变了服务产品供不应求状况。1980—2020年，第一、二、三产业增加值在GDP中的结构由29.6∶48.1∶22.3变为7.7∶37.8∶54.5（见图9-13），就业结构由68.7∶18.2∶13.1变为23.6∶28.7∶47.7（见图9-14）。第三产业增加值已超半壁江山。究其原因，第三产业理论指导，政府决策和政策支持，多渠道增加投入，市场准入机制改革，提升市场活力和企业动力，服务业对外开放，都促进了我国服务产品的供给增长。

在发展第三产业成为我国重大战略决策后，在如何促进服务产品的供求平衡上，出现了一些值得注意的新问题。

---

❶ 世界银行《1984年世界发展报告》。

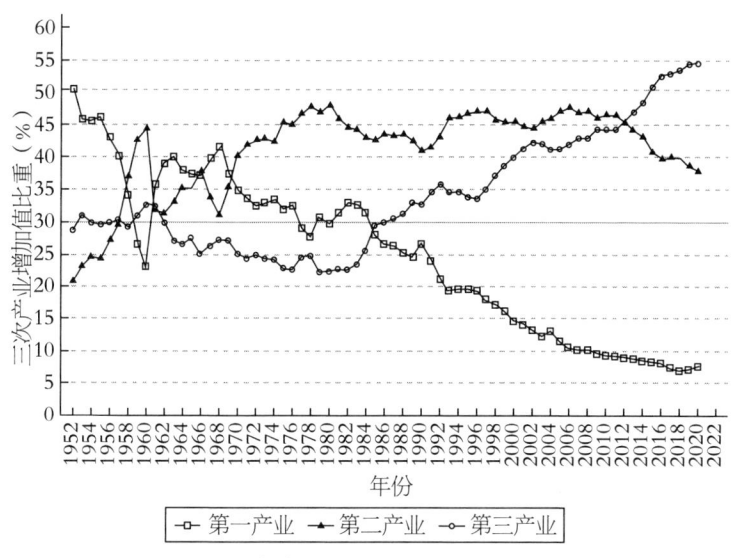

图 9-13 1952—2020 年中国三次产业增加值占 GDP 比重（当年价）

数据来源：根据国家统计局数据计算整理。

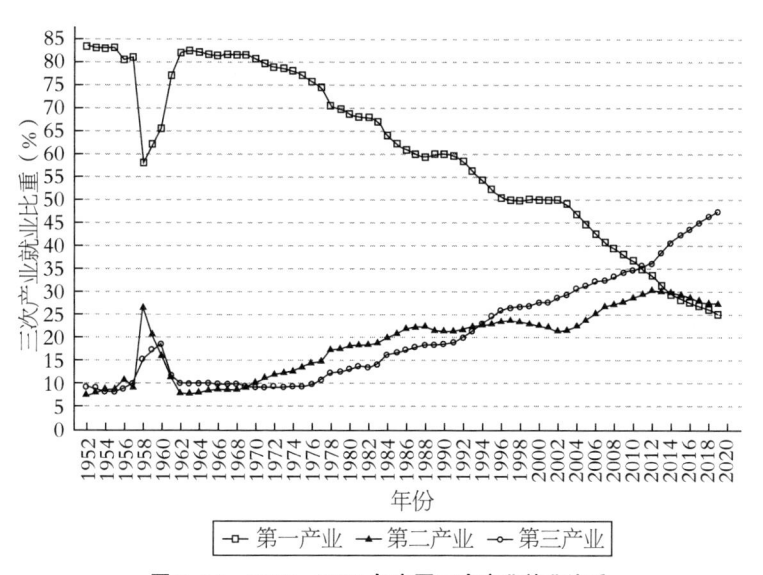

图 9-14 1952—2020 年中国三次产业就业比重

数据来源：根据国家统计局数据计算整理。

政府部门普遍把第三产业产值比重和就业比重作为发展第三产业的政绩考核指标,相比以前只关注工农业总产值来说是一个进步,但作为宏观经济决策部门,鲜有人了解人均服务产品占有量、服务密度等绝对指标对衡量第三产业发展真实水平的重要性。有的地方政府甚至提出要压低工业发展速度,目的是提高第三产业比重,以体现发展第三产业的"政绩"。有的政府重视发展与GDP和政绩相关的生产服务业,但忽视在GDP统计中显示度不高的生活服务业。

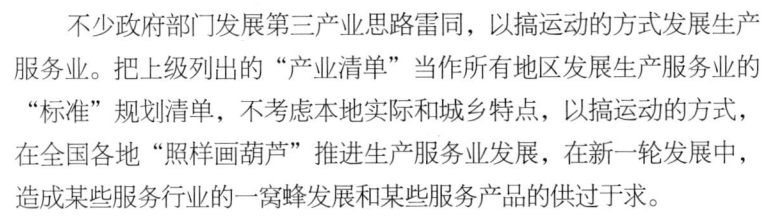

不少政府部门发展第三产业思路雷同,以搞运动的方式发展生产服务业。把上级列出的"产业清单"当作所有地区发展生产服务业的"标准"规划清单,不考虑本地实际和城乡特点,以搞运动的方式,在全国各地"照样画葫芦"推进生产服务业发展,在新一轮发展中,造成某些服务行业的一窝蜂发展和某些服务产品的供过于求。

不少政府部门按发展工业的套路发展生产服务业。以往发展工业的模式是搞工业园区。新增工业企业集中在工业园区,具有工业集群外部正效应,可降低成本获得竞争优势。新增工业生产服务企业在服务园区也可获服务业集群的外部正效应。但不少生产服务企业,是对工业生产环节和流通环节的改造、优化、升级,或是工业"跨界"兼营生产服务,需在空间上与工业企业紧密结合,利用原有厂房和办公室就可以提供服务,不一定要集中在服务园区。不少生产服务可以借助网络技术扩大服务半径,实现远程服务,如无必要,不一定需集中在一个办公楼或一个园区。政府工作重点应是帮助它们改善运营环境,如解决市场准入和融资困难,减轻税负,而不是重点新建显示政府政绩的标志性成果的服务业"集聚区",更没有必要一个镇建一个生产服务业密集区。

有政府部门按"供给决定论"发展生产服务业。在工业领域,很多新建企业是生产技术成熟、有遍及世界的完善销售网络的跨国集团的制造环节,政府只要解决投资、工业用地、厂房和人员招聘等生产要素的供给问题,销往全世界的工业品的需求问题几乎可以忽略不计。确实是"政府指向哪里,就打向哪里",可以说是"供给决定论"。但在服务领域,如不考虑服务输出,服务产品是满足本地消费的,服务供给规模受服务需求的严格制约。如果服务需求不足,即使政府有能力解决生产服务业的投资、用地、办公楼和人力资源等服务供给问题，生产服务也可能因少人光顾而无法开业，更不可能得到发展。因此，应按"供需决定论"来推进生产服务业发展。既要考虑有没有服务供给条件，更要考虑有没有服务需求条件，服务需求半径实际有多大，服务需求量是否达到足以支撑服务业独立化的起点规模。如果不理解服务产品非实物性使服务供求间缺乏缓冲机制，决定了服务需求对发展第三产业特别重要，忽略研究当地是否具备与服务供给相适应的服务需求，片面强调"高起点""高标准""超前"发展现代服务业，就可能导致第三产业"产能过剩"，其表现是到处设服务业密集区，城市商业中心、文化中心、办公楼等商业地产的大量空置。

凡此种种，都是我国第三产业发展中涉及服务产品供求的不正确倾向，需要在发展中加以克服。实现服务产品的供求平衡是国民经济健康发展的必要条件，也是居民服务消费需求和企业的生产服务需求得到充分满足的重要前提。我国在改革开放前服务产品长期供不应求，改革开放以来出现的服务产品生产过剩的教训，使服务供求平衡显得尤为重要。根据我国第三产业的历史、现状与发展特点，应该从以下三个层面加以努力。

第一，从宏观经济决策者的层面看，政府要发挥"看得见的手"和"看不见的手"的作用，加强第三产业发展规划，充分利用市场机制，发展新兴现代服务业，淘汰落后产能，促进服务产品在新条件下的新的供求平衡。

关于发展第三产业的政绩考核指标，要全面理解第三产业发展水平的相对指标和绝对指标，淡化把第三产业比重作为经济发展考核指标，提高人均服务产品占有量在发展规划中的地位，用服务密度指标规划城市发展用地，根据资源优势，全面协调三次产业发展，宜农则农，宜工则工，宜服（务）则服（务），不应该为了突出第三产业比重而故意压制工业发展速度。其实，如果用人均服务产品占有量指标这个"干货"作为考核指标，人们也就犯不着通过压制第二产业速度来拉升第三产业比重这个相对指标了。

关于发展现代服务业重点项目，不能只关注服务供给能力的提升，更要特别关注支撑服务供给的服务需求，加强对本地服务产品需求分析，研究外地对本地的服务需求，本地向外地输出服务的可能性、输出能力和服务半径。对服务供给地区来说，如本地需求不足，又没有足够的外来需求，过多的服务供给就会导致供过于求。供求的地域矛盾或通过需求者从服务需求地向供给地的位移，或通过服务人员和服务生产要素带动的服务产品从供给地向消费地的输出，或通过技术手段扩大服务半径来解决。

要加强对发展第三产业的科学规划，防止在发展现代服务业的口号下，形成服务产品的生产过剩。要转变政府职能，将"唯GDP"考核机制转变为长期目标与短期目标相互平衡的综合考核机制，以新的财富观为指导，全面谋划现代产业的科学发展，积极引导民间资本向服务业领域的投入，既发展提高国民经济效率的生产服务业，也不能忽视增强居民生活便利和幸福感的生活服务业，增强新兴的生产服务业和生活服务业的供给能力，生产服务和生活服务两手抓。

第二，从经营者的层面看，服务企业要以联系、发展的辩证观点，做好服务需求预测，把握服务需求形成的时空特点，利用价格机制促进服务供求平衡，立足服务产品的非实物性、生产与消费同时性的特征，促进服务业在疫情常态化条件下的供求平衡。

服务产品的非实物性、非贮存性和非转移性使服务生产的适销对路尤其重要。服务业要搞好经营管理，开拓新领域，就需要加强第三产业市场调查研究，摸清服务需求情况。具体地说，要做到"四看""三考虑"。

"四看"是：从互补产品或引致产品的相关情况来看，究竟缺少哪些门类？有哪些门类已饱和或过剩而需要转向？从影响服务需求的收入水平的分布情况来看，哪些地方、哪些居民缺什么？哪些地方、哪些居民过剩什么？从服务需求形成的时间、季节特性来看，哪些时候缺少什么服务品种？哪些时候过剩什么品种？服务需求的淡旺季的起始时间及其需求极值情况如何？从服务需求的收入弹性大小来看，哪些服务项目急需上马兴办？哪些要等到社会收入水平提高到一定程度，服务需求增长到一定数量才考虑分期分批发展？

"三考虑"是：一要考虑替代产品的状况。替代产品的替代性能好，替代成本低，就有可能吸引本企业的一部分服务需求。因此预测需求时须考虑这一因素。二要考虑本地区、本行业的服务供给能力。三要考虑国家、地方和消费者对新产品开拓的承受能力。

实现服务供求平衡,要发挥价格机制在调节服务供求方面的作用,定价要体现服务产品的质量差别、地区差别、时间差别,拉开档次级差,以促使三大产业结构、第三产业内行业结构、服务产品结构和规格结构的合理化,克服服务产品供求在产品结构、产需时空上的矛盾。

就服务需求形成的时间来说,很多服务需求存在着明显的、有规律的高峰期,在需求高峰期及时投入尽可能大的生产能力,往往可以有效地消除随即可能出现的排队现象。工厂、学校饭堂在下班、下课时,炊事员哪怕是迟了两分钟开始卖饭服务,也往往会由此堆积起一条条排队"长龙"。公共汽车到总站后,如非发车时不开门,往往会使得候车乘客越来越多。只要提前让乘客上车,就会及时疏散人流,不致出现争先恐后的现象。

需要指出,用价格调节服务产品供求平衡,从短时期看,可抑制或刺激服务需求以适应供给变化,通过减少或增加临时服务人员和非常设服务设施调剂供给能力以适应需求。从长时期看,价格提高对服务供给临时增加的刺激,会演变为相关服务人员的培养和服务设施的兴建,形成服务供给能力的长期提升。价格降低对服务供给暂时减少的刺激,最终会演变为相关服务人员转行,高校相关专业的萎缩、消失,以及服务设施的闲置和"转行"。从价格信号"闪亮",到投资兴建,再到设施形成供给能力,形成供给的实际增加,在不同的服务业,需长短不同的反应时间。科技密集型专业技术服务业(如医疗机构、高校教育等),以及资金密集型服务业(如高铁),供给反应所需的反应时间大于劳动密集型服务业(如家务服务、普通护理公司)。

2020年以来的新冠肺炎疫情重创了全球第三产业,给服务产品的供给和需求带来严重打击。从服务需求看,疫情期间,多地发布居家令,顾客担心感染,不敢出门光顾面对面的服务业,需求量大降。从服务供给看,为控制疫情传播,多地封城封店,限制营业,迫使服务供给减少甚至中断。从服务效率看,餐饮、电影院、游乐场、客运业等经济规模服务业,本来需要尽量多的顾客分摊固定成本,以最大限度利用服务设施,但被强制保持社交距离,在设计能力以下接待顾客,等于人为限制客需求量，浪费服务空间，无法达到经济规模而产生亏损，甚至达不到起点规模而倒闭。从服务特性看，服务产品不能贮存、无法移动，停止服务会产生"手停口停"的生存危机，停业数周甚至数月，企业将难以为继。从服务业国际化看，多国因疫情封关，对入境者进行14天隔离，等于切断服务业的国际化产业链和服务出口通道。凡此种种，很多措施虽属无奈之举，但对第三产业非自动化服务造成重大打击是显而易见的。

但是，疫情并非重创了所有服务行业，它也促进了一些服务需求增长。一是数字消费服务：户外活动受限使流量服务需求异军突起（如视频点播）；娱乐选择变窄使视频游戏和电视收视率提高；虚拟健康保健成为非急诊护理导向，远程健康服务发展。二是虚拟商务互动（B2B）：个人会议转向虚拟主机平台，远程合作工具加强；虚拟工具使临床研究能力持续，虚拟临床试验拓展；数字创新增长需更严格安全协议，使网络空间安全需求加强。三是线上市场服务：方便、健康的食物和杂货递送上门和紧固包装盒需求增多；更多小商户转向电子商务，使POS机解决方案需求增长；宅家消费使食物配送需求增强。

具体地说，有三种不同情况。

一是受到疫情打击的服务业，主要是近距离的面对面现场服务业，如餐厅、酒吧、影院、博物馆、主题公园、零售、出租车、舞厅、美容、美发、健身、餐饮、旅游、线下教育、非不可少手术、群体会议、商务旅游、群体活动、现场活动、群体体育、奢华项目销售、新产品开发、现有产品升级服务等。

二是受疫情影响不大的服务业，如金融、证券、投资、房地产、"猎头"公司、活动能力服务等。

三是因疫情获得发展机会的服务业，包括：远距离线上服务，如网购、快递、电子商务、跨境电商、跨境物流、远程咨询、线上教育、物流、网络图书/游戏、虚拟平台、消息应用程序、网上订购日常用品；居家服务，如居家锻炼、居家烹饪；抗疫服务，如医疗保健咨询、抗疫药品供应、疫情检测、消毒、健康和环境卫生、医疗服务、医疗保险业等；部分生产服务，如非接触式商务、客户保持焦点、折扣服务、自动规划服务、新的虚拟投递方法、虚拟合作工具、领导交互服务、关键人员识别服务等。

在疫情常态化要打持久战的条件下,企业应对服务产品供求失衡的主要对策是:①改变现有面对面的传统服务业的服务产品供给方式,减少线下服务和现场服务,增多线上服务和远程服务。如零售业的网购,餐饮业的网上订餐、送餐,交通业的网上订票,游览业的网上预约订票等。②发展与顾客不直接接触的新兴高科技服务业,如医疗业的线上诊断和手术,咨询业的远程企业咨询诊断,人群不聚集的网上会议。③利用电子技术和模拟技术,发展服务产品的变相"贮存",应对服务产品供给时间与需求时间不一致形成的供求时间矛盾,如电视录播、电视回放、手机视频。④利用虚拟现实(Virtual Reality,VR)、人工智能(Artificial Intelligence,AI)、服务机器人、电子服务等技术,发展服务产品远程线上服务和服务产品输出,应对服务产品供给地域与需求地域不一致形成的服务供求地域矛盾。

第三,从服务需求者的层面看,主要是优化满足需求的方式。其一,把握服务供求关系变化的规律性,在"经济时间"内提出服务需求,尽量避开服务需求高峰期,使服务费用节约(淡季服务往往有价格折扣),等候服务时间节约(免了排队),感染概率减少。诚然,对消费者来说,淡季服务并非全是好处。淡季顾客少,服务供给者对此非常清楚,其合乎逻辑的博弈是在淡季减少服务供给。在太"淡"的季节,服务供给能力减少,甚至到濒临取消边缘,顾客会遇到服务供给不足的问题,如常规服务点被取消,服务车次减少,服务缩水,甚至无处吃饭等。消费者需权衡利弊加以选择。其二,避免在需求对象选择上"单打一",在功能相同的前提下,优先选用供大于求或供求矛盾缓和的替代品。其三,改变服务方式,优选网上服务、远程服务。这些都有利于促进服务产品的供求平衡。

第四节　第三产业发展状况的评估与衡量

本节分析与第三产业发展状况相关的需求因素以及发展水平的衡量。

一、第三产业发展状况的评估依据

在我国各地制定第三产业发展战略的过程中普遍存在着一个问题，怎样评估当地第三产业的发展状况——是发展不足还是发展过头了？将来要发展到什么水平？有什么判断依据？一些地区往往不注意研究这些重要问题，而是从脱离社会需求的攀比目标出发，或是从计划经济"拍脑袋"式的官定目标出发，对第三产业作出规划。这就难有好的效果。

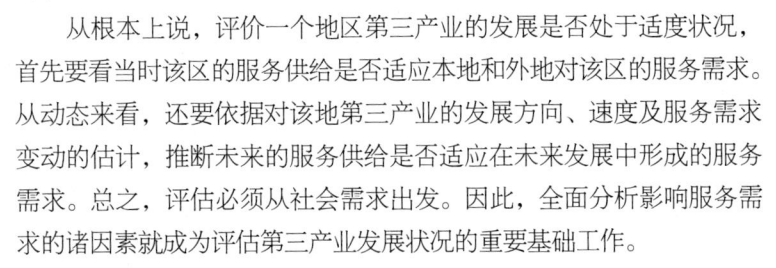

从根本上说，评价一个地区第三产业的发展是否处于适度状况，首先要看当时该区的服务供给是否适应本地和外地对该区的服务需求。从动态来看，还要依据对该地第三产业的发展方向、速度及服务需求变动的估计，推断未来的服务供给是否适应在未来发展中形成的服务需求。总之，评估必须从社会需求出发。因此，全面分析影响服务需求的诸因素就成为评估第三产业发展状况的重要基础工作。

影响第三产业需求的主要因素是：人均国内生产总值、城市化水平、人口密度、服务产品的输出状况。

1. 人均国内生产总值

人均国内生产总值是影响服务需求的最重要的关键因素。就生活服务需求来说，在相当多服务产品的需求收入弹性高于实物产品，社会收入水平已达到基本解决温饱问题的高度并持续提高，闲暇时间存在并不断增长的条件下，服务需求会以快于货物需求的速度增长。就生产服务需求来说，生产向信息化发展，使与信息的产生、传递和处理有关的生产服务的需求以超过实物型生产资料的速度增长；生产的社会化、专业化发展，使企业在生产经营中的纵向和横向联系加强，相互依赖程度加深，引起对商业、金融、保险、运输、通信、广告、咨询、情报、检测、维修等服务需求量迅速上升。因此，在服务高需求收入弹性、收入水平提高和闲暇时间增多、生产信息化、社会化和专业化的条件下，服务需求趋于上升。进一步说，促使服务需求增长的上述5个经济条件主要与国民经济发展水平、社会生产率水平和人均收入水平相关。国民经济发展水平和社会生产率增长到一定高度，使收入达到基本解决温饱问题的水平，才使相当多服务产品的需求收入弹性大于实物产品；国民经济的不断发展，使社会收入水平不断提高，引起高收入弹性的服务需求以更快的速度增长；以生产率的提高为基础的国民经济的发展，使闲暇时间得以存在和增长，从而导致有关服务需求的出现和增长；与生产的信息化、社会化、专业化的高水准相伴而生的国民经济的高水平，又支撑着相关生产服务的高需求。由于人均国内生产总值（或国民生产总值）综合反映了社会生产率、生产总量、消费者与生产者的比例、人口、收入水平以至整个国民经济发展水平等方面的总体状况，因此，它成为影响服务需求的关键因素。

根据笔者1989年拟合的三次产业产值结构模型和就业结构模型可知，三次产业的比重与国民经济发展水平存在着相关关系。其中，第一、二、三产业在GDP中的比重与人均国民生产总值（GNP）分别构成幂函数、三次曲线函数和对数函数型相关关系。第一、二、三产业的就业比重与人均GDP则分别构成对数函数、二次曲线函数和幂函数型相关关系。随着人均GDP的上升，第一产业比重持续下降，迄今为止的最低点约为3%；第二产业比重逐步增大到40%~45%即呈饱和状态，随后缓慢下降；第三产业比重逐渐增大，其就业比重增幅显著高于产值比重。❶

2. 城市化水平

城市化水平是影响服务需求的第二个因素。首先，城市是第三产业的基地，它集中了第三产业的大部分劳动力，提供大部分第三产业产值。城市化水平高，说明第三产业的发展基地多。其次，从城市功能来看，城市者，"城中之市"之谓也。它具有组织城乡商品流通，向外辐射流通服务的功能，是市场和商业相对发达的地区。而商业是第三产业中比重很大的行业。城市比重大，意味着城乡居民对流通服务的需求大。最后，为生产和生活服务的服务业是第三产业的最主要行业。在中国的农业生产服务需求比较弱、农民收入水平比较低的现状下，生产服务业的主要对象是城市企事业单位，生活服务业的主要

---

❶ 李江帆.中国第三产业发展研究[M].北京：人民出版社，2005：31-35.

顾客是城市居民，也涉及城市流动人口。城市化水平高，说明较多农村人口已转化为城市人口，他们需要的各类服务也相应增多了。此外，城市人口密集，有利于生产与消费同时进行的第三产业的发展。由于这些原因，在人均 GDP 相同的情况下，城市化水平高的地区的服务需求量必然较大。

3. 人口密度

人口密度是影响服务需求的第三个因素。首先，服务需求来自人口，而服务产品的生产、交换与消费的同时性，使服务行业的需求只能来自服务的产地，而不是外地（本地劳动密集型服务的"输出"实际上只是外地顾客来本地消费服务，或是服务人员的输出），人口密度高，其服务需求聚集在有限的地域，就容易达到支撑第三产业行业形成和发展的起点规模。其次，人口密度高，使单位时间内的服务需求相对密集，因而，随机服务系统中的服务设施和服务人员的使用率高，闲置待客形成的闲置损失少，服务效率相对高，服务业易于经营。与此相反，人口稀少地区的同量服务需求量，因分散形成于较长时间内，就使服务生产要素常常要闲置待客，实际上只相当于较少量的需求量。最后，由于人口通常由欠发达地区向发达地区流动，经济发展水平相对高的城市也是人口密集地区，因此，在同一国家内，人口密度高地区通常是经济发达地区，特别是在中国，东部人口稠密地区是发达地区，西部人口稀少地区是欠发达地区，故人口密度高与第三产业发达有较强的相关性。这样，人口密度高除了其自身会引起服务的高需求外，还会因与之相随的经济较发达因素而使服务需求较大。不过，从中国数据得出的这一结论不能不加修正地外推到国与国之间。就世界范围来说，人口密度高的国家通常是第三产业欠发达国家，而人口密度低的国家往往是第三产业发达国家。究其原因，发展中国家大多是人口密度高的国家（如中国、印度等），而发达国家大多为人口密度低的国家。与其说其第三产业的差别由人口因素造成，还不如说它主要由经济因素所决定。只有剔除经济差异去比较纯粹的人口因素，才能准确地说明问题。

4. 服务产品的输出状况

影响服务需求的第四个因素是服务产品的输出状况。在一个封闭的系统中,服务的需求全部来自该系统内。但在现代化社会经济中,经济系统是开放的:系统内外经常发生实物产品、服务产品、信息、能量、人员等的输出和输入交流。服务产品虽然不能移动,但是本地服务部门可以派服务人员外出,或是通过某些技术扩大服务半径,为外地顾客服务;外地人也可以来本地消费服务,如旅游、商业贸易、运输邮电、教育、科技、信息等。这可称为服务输出。本地人消费外地的服务则称为服务输入。如果服务输出大于输入,就有服务的净输出。这时一部分服务需求就不是来自本地,而是靠外地的支撑。随着电脑和网络技术的发展,很多知识密集型和信息密集型服务产品可以通过电子手段变相贮存和远距离运输,也加入服务产品的输出或输入行列。因此,若其他条件相同,则一个地区的服务产品输出比重高,服务需求量也较大。

综上所述,一个地区的第三产业发展状况应由服务的社会需求决定,而人均GDP、城市化水平、人口密度和服务的输出状况是影响服务需求的主要因素。因此,根据以样本地区这些因素为自变量拟合的回归方程求出服务需求量的理论值,就可以评估该地当时的第三产业状况,并预测其未来发展趋势。

二、第三产业发展水平的衡量

第三产业发展状况的评估依据确定后,下面再来讨论其衡量指标。

1. 第三产业比重

近年来,各地政府在制定经济发展战略时,非常关注第三产业指标,通常用第三产业就业比重、产值比重指标来衡量第三产业的发展状况。这比起只懂得以工农业总产值来考核干部政绩当然是一个进步。一般地说,第三产业比重指标可以大体上反映第三产业的发展状况。从世界经济发展的潮流看,第三产业比重随着经济发展水平的提高而日趋增大。经济越发达,居民越富裕,第三产业的比重就越高。

不过也有例外。因为产业比重只是相对指标,反映的是三次产业之间此消彼长的对比关系。第三产业比重高,并不一定意味着发展水平高。假定某地第三产业处于落后状况,而工业更不发达,第三产业因工业比重低就有可能占据较高的比重。反之,甲乙两地第三产业本来同样发达，但其后甲地一个大型工业项目上马了，其第三产业比重当即下降。显然不可据此断定甲地的第三产业倒退了。因此，第三产业比重指标在某种程度上带有一定的片面性，不可一概而论。一些山区贫困县第三产业发展水平实际上很低，但其工业落后使第二产业比重低，第三产业因此就有可能占较高的比重。这种现象可称为第三产业比重的"虚高"。与此相反，珠江三角洲地区一些制造业在全国很有影响的经济强市，外向型工业发达，第二产业比重超过50%，其第三产业比重相对低，甚至有可能低于上述山区贫困县。但这并不意味着这些经济强市的第三产业发展水平也低于山区。正如笔者在1994年就提出的，要全面衡量第三产业的发展状况，除了使用第三产业发展水平的相对指标——增加值比重和就业比重外，还要辅之以第三产业发展水平的绝对指标——人均服务产品占有量和服务密度。❶

2. 人均服务产品占有量

人均服务产品占有量指标（元/人）等于第三产业增加值除以一个地区的总人口，可以用来衡量第三产业发展的绝对水平。人均服务产品占有量高，标志着第三产业发展的绝对水平高。它可用来消除比重指标的片面性缺陷。例如，有的地区人均服务产品占有量大，但因为第二产业很发达，故第三产业比重就显得小。如分析其人均服务产品占有量，就可以确定其第三产业发展水平处于高水平。

不过，此指标也有缺点，就是不反映第三产业对第一、二产业的关系及其相互适应程度。例如，某发达地区的人均服务产品占有量与欠发达地区相比虽遥遥领先，但与本地的经济发展高水平形成的服务高需求相比，仍有可能处于滞后状况。这是因为该地区居民高收入水平形成的对生活服务的高需求，产业发展高水平形成的对生产服务的高需求，都需要在本地得到满足，故要求该地区第三产业发展的绝对水平大大高于欠发达地区。而服务产品具有的生产消费同时性、非转移性，决定了这些服务产品只能由本地服务业在本地供给或外来服务业在本地供给（即服务产品输入本地）。因此，与欠发达地区相比显

---

❶ 李江帆.第三产业的产业性质、评估依据和衡量指标[J].华南师范大学学报，1994（3）.

得较高的人均服务产品占有量,相对于该发达地区服务产品的高需求来说,还是处在供给不足状态。人均服务产品占有量一万元对于贫困山区来说简直是天文数字,但对于现代化国际大都市来说却无异于杯水车薪,就是此理。服务产品供给的这种相对不足可以在第三产业的低产值比重和低就业比重中发现端倪。因此,需要辅之以第三产业的相对指标来对第三产业发展状况作综合判断。

3. 服务密度与产业密度

服务密度是单位土地面积的第三产业增加值,等于第三产业增加值与该地区的总面积之比。对应的还有农业密度(单位土地面积的第一产业增加值)、工业密度(单位土地面积的第二产业增加值),三者统称产业密度(单位土地面积的GDP)。它们可用来分析第三产业与第一、二产业的空间布局状况和土地利用效率。从我国情况看,产业密度主要与人口密度相关,在一定程度上也涉及国民生产率和产业发达程度。在我国经济社会和城市发展过程中,要提高土地的综合利用率,产业密度是非常重要的衡量指标。产业密度低、单位土地的产出量低、占用土地相对多的产业,适于在土地资源丰富、地价低廉的地区如城郊或乡村发展;产业密度高、单位土地的产出量高、占用土地相对少的产业,适于在土地资源紧缺、地价昂贵的地区如城市特别是中央商务区发展。近年来,我国不少大中城市产业结构调整的"退二(产)进三(产)",其实就是用服务密度高的第三产业部门取代城市中工业密度低的第二产业部门。这是提高城市产业密度的重要方法。推而广之,在产业结构、产业布局调整和经济社会发展规划中,不仅要对经济总量、经济结构作规划,而且应该对产业密度作分析规划。

4. 全面评估第三产业发展状况

可见,在评估第三产业发展水平时,必须综合考察第三产业的相对指标和绝对指标。如果只注意第三产业比重,忽略服务产品占有量和服务密度指标,就有可能产生认识偏差。评估我国第三产业的发展状况应该坚持两点论: 无视第三产业比重日趋增大的客观规律,把服务业比重的增大视为资本主义寄生性的突出表现,当然是不正确的。但是,若把第三产业的高比重当作评估经济发展水平的唯一"标志性成果",搞"第三产业比重拜物教",把第三产业的比重看得比人均服务产品占有量和服务密度更重要,那也是不可取的片面看法,需要加以纠正。以广东为例,2003年广东省汕头市第三产业占GDP的比重41.9%,佛山市仅为39.1%。看起来似乎汕头市第三产业发展水平比佛山市高。其实情况恰恰相反。比较第三产业绝对指标就可以知道,佛山市人均服务产品占有量1.58万元,是汕头市(0.46万元)的3.4倍。佛山市人均服务产品占有量高但第三产业比重相对低,原因就是该市作为国际制造业的重要基地,其工业相当发达而处于高比重,在一定程度上"挤占"了第三产业的比重。如果只以第三产业比重作为衡量城市经济社会发展水平的唯一指标,就难免使工业发达的经济强市领导忧心忡忡,甚至想方设法压低工业发展速度以抬高第三产业的比重了。❶再如,2010年西藏第三产业增加值比重高达54.16%,位居全国第三,仅低于北京(75.11%)和上海(57.28%),但其第三产业增加值仅为274.82亿元,全国倒数第一,人均服务产品占有量0.91万元,低于全国平均水平1.29万元。❷

　　近些年有的省提出基本实现现代化要求第三产业比重达到50%,第三产业比重提高是符合产业结构升级趋势的,但这指的是全省第三产业比重平均达到50%,而并非要求每个市、县、区、镇的第三产业比重都达到50%。各地区第三产业的发展要结合本地区的资源禀赋和经济特点进行科学规划,要区分国家现代化与城市现代化,确定现代化的不同标准。一些地方以"一刀切"的方式提出基本实现现代化的第三产业比重标准,以国家现代化的标准要求城市和农村的第三产业比重到同样的目标,实际上把大、中、小城市与农村都当作匀质对象看待。这种看法是不科学的。它导致大城市都以为第三产业发展得差不多了(城市第三产业比重本来就应该高),离现代化仅有一步之遥;农村地区则感到实现第三产业的高比重目标无从下手(农村第三产业比重本来就不应该与城市一样高),离现代化遥遥无期。实际

---

❶ 李江帆.中国第三产业发展研究[M].北京:人民出版社,2005:26.

❷ 李江帆,陈泽鹏.服务产品流与服务输出研究[J].中山大学学报(社会科学版),2012(4).

上，如果说农村是第一产业的基地，那么城市就是第三产业的基地。城市第三产业发展水平应该高于全国平均水平，更应大大高于农村平均水平。城市现代化要求的第三产业比重应该高于国家现代化标准的20%~30%。国家基本现代化要求第三产业占GDP的50%，城市基本现代化则要求第三产业占GDP达60%~70%。

改革开放促进了我国第三产业发展指标大为改观。第三产业占GDP比重从1978年的24.6%上升到2018年的53.3%。2018年，有15个省市第三产业比重超过50%，其余的在40%以上；人均服务产品占有量，北京、上海、天津等大城市分别高达11.4万元/人、9.4万元/人和7.1万元/人，其余在1.7万~5.9万元/人之间；服务密度，北京、上海、天津等大城市分别为1.49亿元/公里²、3.26亿元/公里²和0.93亿元/公里²，而全国最低的两省区青海、西藏仅为18.7万元/公里²和5.9万元/公里²。可见，必须综合考察第三产业发展的相对指标和绝对指标，来评估第三产业发展水平，如表9-5所示。

表9-5 中国第三产业比重与人均服务产品占有量、产业密度（2018年）

地区	第三产业比重（%）	人均服务产品占有量（万元/人）	服务密度（万元/公里²）	工业密度（万元/公里²）	农业密度（万元/公里²）	产业密度（万元/公里²）
北京	81.0	11.4	14971.7	3443.7	72.4	18487.8
天津	58.6	7.1	9266.5	6394.8	145.1	15806.4
河北	46.2	2.2	880.9	849.6	176.8	1907.3
山西	53.4	2.4	573.6	452.4	47.3	1073.3
内蒙古	50.5	3.4	73.8	57.5	14.8	146.1
辽宁	52.4	3.0	895.7	677.4	137.4	1710.5
吉林	49.8	2.8	400.4	342.1	61.9	804.4
黑龙江	57.0	2.5	197.2	85.2	63.4	345.9
上海	69.9	9.4	32632.8	13903.6	149.1	46685.5
江苏	51.0	5.9	4600.9	4020.3	403.7	9024.9
浙江	54.7	5.4	3018.1	2309.0	193.2	5520.3
安徽	45.1	2.1	966.2	988.7	188.4	2143.3

续表

地区	第三产业比重（%）	人均服务产品占有量（万元/人）	服务密度（万元/公里²）	工业密度（万元/公里²）	农业密度（万元/公里²）	产业密度（万元/公里²）
福建	45.2	4.1	1305.8	1389.7	191.9	2887.4
江西	44.8	2.1	590.6	614.2	112.5	1317.2
山东	49.5	3.8	2411.0	2141.4	315.1	4867.6
河南	45.2	2.3	1301.3	1319.5	256.8	2877.6
湖北	47.6	3.2	1007.5	919.3	190.8	2117.6
湖南	51.9	2.7	891.8	682.4	145.6	1719.8
广东	54.2	4.6	2933.9	2263.4	213.1	5410.3
广西	45.5	1.9	391.2	341.1	127.6	859.8
海南	56.6	2.9	772.9	309.5	282.5	1365.0
重庆	52.3	3.4	1293.2	1010.8	167.3	2471.3
四川	51.4	2.5	430.6	315.3	91.1	837.0
贵州	46.5	1.9	391.6	327.0	122.7	841.3
云南	47.1	1.7	216.0	178.4	64.1	458.5
西藏	48.7	2.1	5.9	5.1	1.1	12.0
陕西	42.8	2.7	507.8	590.7	88.9	1187.5
甘肃	54.9	1.7	99.8	61.6	20.3	181.8
青海	47.1	2.2	18.7	17.3	3.7	39.7
宁夏	47.9	2.6	267.3	248.5	42.1	558.0
新疆	45.8	2.2	33.6	29.7	10.2	73.8

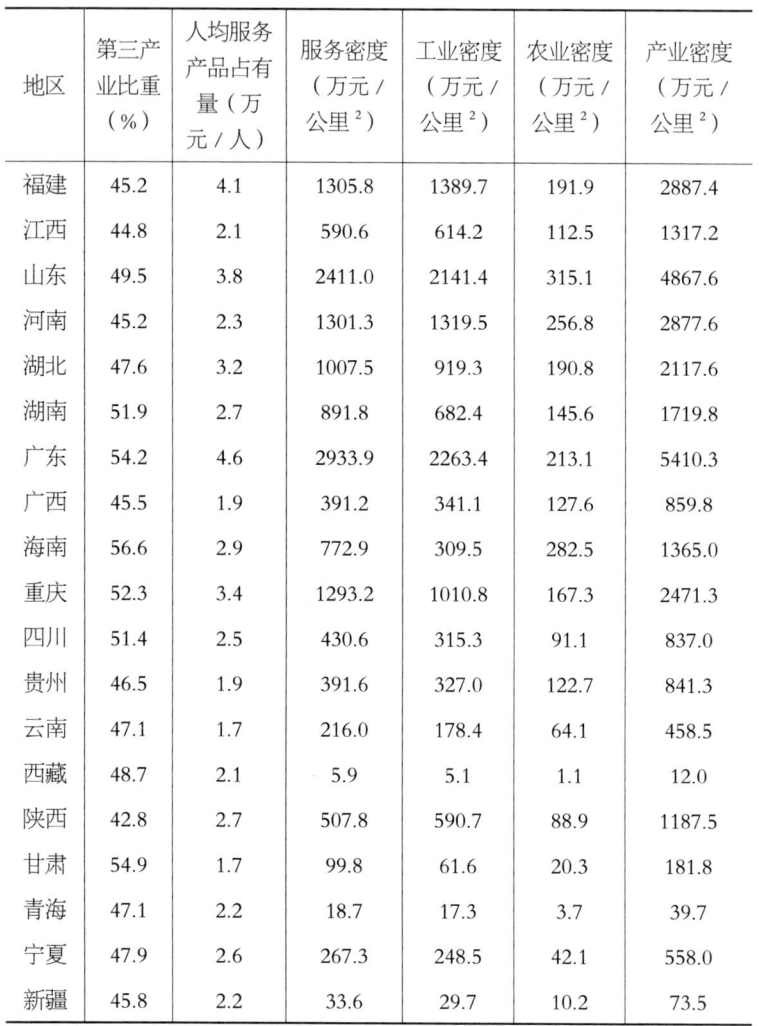

资料来源：《中国统计年鉴2019》。

表9-6显示，我国人均服务产品占有量大幅度增长，由1970年的99美元增至2019年的5303美元，增长53.57倍。中国人均服务产品占有量占世界水平的比例，由1970年的3.3%，增至2000年的19.2%，2010年的44.9%，2019年的75.0%。第三产业发展水平与世界差距正在缩小。

表9-6 人均服务产品占有量的国际比较（2015年美元，美元/人）

项目	1970年	1975年	1980年	1985年	1990年	1995年	2000年	2005年	2010年	2015年	2019年
世界	3015	3330	3756	3996	4355	4590	5105	5584	6006	6549	7069
中国	99	110	148	277	400	647	981	1575	2696	3952	5303
亚洲	647	800	1003	1147	1347	1590	1798	2167	2680	3304	3902
欧洲	5840	6753	7854	8738	9970	11525	13257	14696	15781	16773	18037
美国	20442	22426	25705	28365	32017	33766	38762	42084	42239	45234	48636
日本	7578	9454	12475	14339	17594	20200	21291	22702	22510	23766	24706
韩国	1376	1840	2479	3527	5335	7614	9420	11497	13934	16029	17946
印度	97	105	118	141	180	230	310	418	560	783	1017
巴西	1925	2865	3722	3706	3944	4126	4210	4439	5356	5492	5387
南非	2115	2384	2406	2454	2411	2333	2532	2934	3318	3518	3491
俄罗斯						2659	2905	3769	4926	5272	5492
中国对世界（%）	3.3	3.3	3.9	6.9	9.2	14.1	19.2	28.2	44.9	60.4	75.0

数据来源：根据联合国贸易和发展会议（UNCTAD）数据库计算整理。

第九章 服务产品的需求与供给

对比中印人均服务产品也能看出差距（见表 9-6）。从 1970 年到 2019 年，中国从 99 美元增至 5303 美元，占世界水平的比例从 3.3% 升至 75.0%；印度从 97 美元增至 1017 美元，占世界水平的比例从 3.2% 升至 14.4%；中国人均服务产品从印度的 1.02 倍，升至 5.21 倍（均为 2015 年美元可比价）。从图 9-15 可以更直观地看到 1970—2019 年中印人均服务产品及其占世界平均水平的比重的变化。

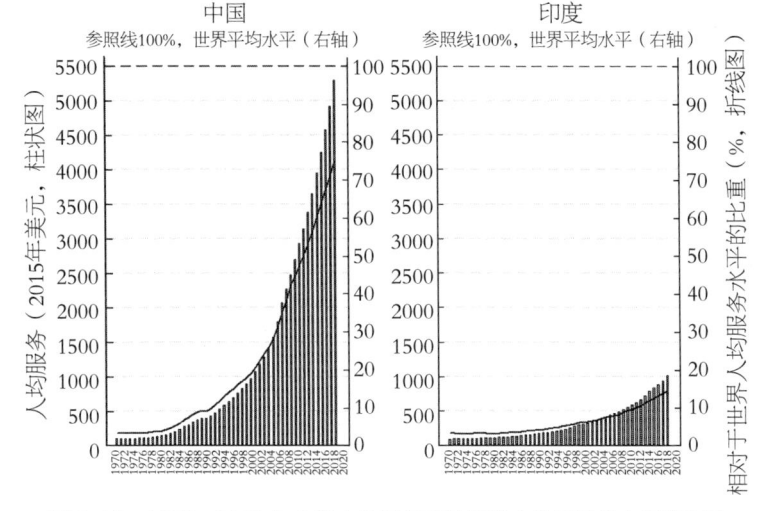

图 9-15　1970—2019 年中印人均服务产品及其占世界平均水平的比重

数据来源：根据联合国贸易和发展会议（UNCTAD）数据库计算整理。

第五节　服务供求系统中排队问题的定量分析 *

本章第三节讨论了价格机制对服务供求矛盾的调节。在服务行业中，服务供求矛盾是经常产生的，而服务价格具有相对稳定性，它不可能每分钟在变化，以调节供求，加之价格机制发生作用也有一个滞后期，因此，在服务生产过程中存在于随机服务系统中的即时的、瞬

---

* 本节排队论内容的撰写参考了李德等的《运筹学》（清华大学出版社，1982）和陆凤山的《排队论及其应用》（湖南科学技术出版社，1984），谨致谢忱。

态的（以时、分、秒为单位）服务供求矛盾，主要不是通过价格机制来调节，而是通过服务生产要素的闲置（减少即时服务供给量）或顾客的排队（减少即时服务需求量）来调节。那么，前来接受服务的顾客在服务台前是否要等待？要等待多久？服务台工作人员的忙闲程度怎样？以什么样的速率提供服务，设多少个服务台才使服务系统供求费用最省？这些从微观角度提出的服务供求问题，涉及随机服务系统中的排队问题，需要运用排队论来回答。

一、服务供求系统中的排队现象与排队论

排队是服务供求过程中经常出现的现象。如旅客到车站买票，病人到医院看病，顾客到理发店理发，都可能要排队。服务系统中出现排队现象的原因就在于：在某个时刻，服务系统中的顾客数量（它代表着服务需求量）超过了服务机构的服务供给能力，致使到达该系统的一些顾客不能立即得到服务，不得不排队等候（如果排队是可能的话）。打电话的占线，出故障的机器或家用电器停用待修，火车、船舶或飞机的等待进站、靠岸或着陆，都是有形或无形的排队现象。排队论通常把要求服务的人和物统称为"顾客"，把为顾客提供服务的人员和设备，统称为"服务机构"或"服务台"。在随机服务系统中，顾客到达时间和服务时间是随机的，所以排队现象几乎是不可避免的。表9-7就是服务供求过程中各式各样的排队现象。

表 9-7 各种排队现象

到达的顾客	要求服务的内容	服务机构
1. 出故障的家用电器	修理	修理技工
2. 修理技工	领取修配零件	发放零件的管理员
3. 病人	诊断或动手术	医生（或手术台、病床）
4. 文稿	打字	打字员
5. 电话呼唤	通话	交换台
6. 提货单	提取存货	仓库管理员
7. 到达机场上空的飞机	降落	跑道
8. 学生	解答疑难问题	辅导教师
9. 家庭主妇	送货上门	送货员
10. 货车	装卸	装卸机械

对服务供求过程中的排队现象,服务供求双方的看法通常是不一致的。服务的供方如果仅着眼于提高服务设施和服务人员的利用率,就会或多或少、或明或暗地希望服务供给过程中存在排队现象,因为需方的排队可以成为供方提高服务劳动效率的条件。

服务需方则期望随时得到方便的服务,厌恶并希望完全消除排队现象。这就产生了矛盾:在同样的需求状况下,服务行业如果增加服务人员和服务设施,虽然可以缓解以致消除排队现象,但一要增加投资,二会降低服务机构的利用率,甚至造成服务生产能力过剩,引起或加大服务机构的闲置损失。反过来,服务系统的服务台过少,虽然可以提高服务机构的利用率,但会使排队现象严重,浪费顾客大量时间,造成排队损失,还会失去顾客。如何从社会总体经济利益出发,把供求双方的利益协调起来,建立某种平衡关系?这就是运筹学的排队论所要探讨的问题。排队论(queuing theory),也称随机服务系统理论,是为解决服务系统中排队问题而发展起来的一门学科。它的研究内容有下列三个方面。

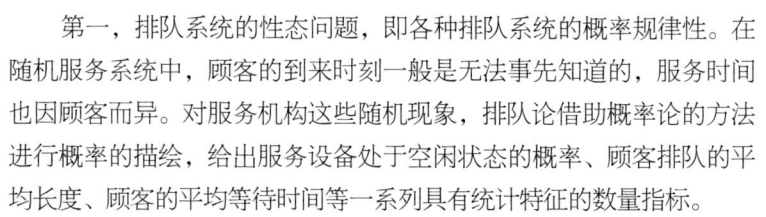

第一,排队系统的性态问题,即各种排队系统的概率规律性。在随机服务系统中,顾客的到来时刻一般是无法事先知道的,服务时间也因顾客而异。对服务机构这些随机现象,排队论借助概率论的方法进行概率的描绘,给出服务设备处于空闲状态的概率、顾客排队的平均长度、顾客的平均等待时间等一系列具有统计特征的数量指标。

第二,排队系统的最优化问题,分为静态最优和动态最优。前者指利用上述统计规律性指标,结合具体条件求得服务机构的最合适规模,即进行最优设计;后者指现有排队系统的最优运营,即对影响排队模型的要素进行适时控制,以期取得较好的经济效益。如排队买票,当来买票的顾客特别多时,就需增设窗口,反之则减少窗口。再如,到达港口的船舶大大超过港口的吞吐能力时,就不应接受新的船舶,而应采取分流的办法,将它们疏散到其他港口装卸,否则会造成港口的堵塞,损失更大。

第三,排队系统的统计推断,即判断一个给定的排队系统符合哪些模型,以便根据排队理论进行分析研究。

总之,如何合理地设计与控制排队系统,使它既能满足顾客的服务需求，又能使服务的供给花费最省，使顾客与服务机构两者利益之间达到合理平衡，这就是排队论研究的最终目的。

二、排队模型的组成和分类

图 9-16 是排队系统的一般模型。顾客由顾客源（总体）出发，到达服务机构（服务台、服务员）前排队等候接受服务，服务完了就离开。图 9-16 中，排队结构指队列的数目和排列方式，排队规则和服务规则说明顾客在排队系统中按怎样的规则、次序接受服务。虚线所包括的部分称为排队系统。

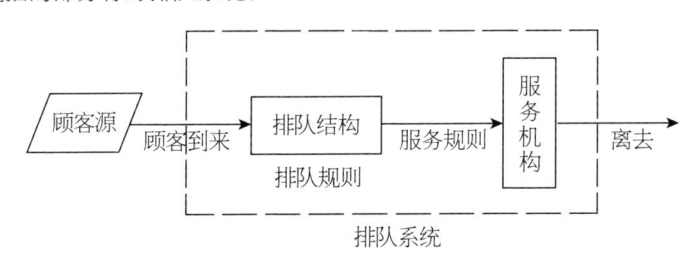

图 9-16　排队系统的一般模型

一般的排队系统都有输入过程、排队规则和服务机构三个基本组成部分。

（1）输入过程：指各种类型的顾客按什么样的规律来到请求服务。顾客可能是一个个到达的，也可能是成批到达的。顾客相继到达的间隔时间可以是确定型的，也可以是随机型的。如定期运行的班车、班轮、班机的到达就是确定型的，而到商店购物的一般顾客、到医院诊病的病人、通过路口的车辆的到达是随机型的。

（2）排队规则：它规定了到来的顾客按怎样的次序接受服务。在不同的服务系统中，排队规则有所不同。

在损失制服务系统中，如所有服务台都被占用，后到的顾客一概遭拒绝而离去（损失了），因此没有排队队列，也无所谓排队规则。如打市内电话遇忙线时，顾客即自动消失。

在等待制服务系统中，即使所有服务台都被占用，后来的顾客也不会被拒绝，而是一律排队等待。排队时执行的规则通常有四种：

①先到先服务：用 FCFS（First Come，First Served）表示，即按到达次序接受服务，这是最常见的情况。②后到先服务：用 LCFS（Last Come，First Served）表示。如乘用电梯的顾客常是后入先出的。仓储服务业中叠堆存放的厚钢板是后存先取（服务）的。在情报系统中，最后到达的信息往往是最有价值的，因而常采用后到先服务（被采用）的规则。③随机服务：用 RSS（Random Selection for Service）表示，指服务员从等待的顾客中随机地选取其一进行服务，而不管到达的先后。如电话交换台接通呼唤电话就是如此。④优先服务：用 PR（Priority）表示。如医院对急诊病人优先给予治疗，加急电报可优先发出。

在混合制服务系统中，一部分先到的顾客可以排队等待服务，排队规则同等待制系统；后到的顾客则遭拒绝，不再等待。很多服务部门属此类系统。如顾客到达理发店时，服务员没空，但有排队座位，他就排队；如排队座位也满座了，顾客就立即离去，不再回来。

（3）服务机构：这是指同一时刻有多少服务设备可以接纳顾客，以及每位顾客需要服务多少时间。

就服务台的设置来说，服务机构的结构形式如表 9-8 所示。

表 9-8　排队系统的结构和实例

排队系统的结构	图示	实例
单队单台	○○○○→□→	理发店中只有一个理发师的情况
单队多台并列	○○○○＜□→ 　　　　　□→	理发店中有几个理发师的情况
多队多台并列	○○○○→□→ ○○○○→□→	医院分科挂号的情况
单队多台串列	○○○○→□→□→	医院中逐科接受体检的情况
单队多台串并列	○○○○＜□→□→ 　　　　　□→□→	有若干个营业员和多个收款处的商店的情况

就服务时间来说，它也可以是肯定型或随机型的。例如电脑印相机对每张彩色照片冲印（服务）的时间就是确定型的。但绝大多数的服务时间是随机型的。例如银行办理一次存款或取款业务，商店营业员接待一名顾客，医生诊断一名病人的病情等，所需的服务时间就是随机变量。

排队模型可以按照相继顾客到达间隔时间的分布、服务时间的分布和服务台的数量这三个主要特征进行分类。其分类模型用四个符号表示，在符号之间用竖线隔开，即 $A|B|C|N$。A 表示顾客到达间隔时间的分布律；B 表示服务时间的概率分布；C 表示并列服务台的数量；N 表示服务系统的最大容量（$1 \leqslant N \leqslant \infty$）。当 $N=1$ 时，服务系统为损失制；当 N 为有限整数时，为混合制；当 $N \to \infty$ 时，为等待制（这时 ∞ 省略不写）。此外，用 M 表示负指数分布；D 表示确定型；E_K 表示 K 阶爱尔朗分布；GI 表示一般相互独立的随机分布；G 表示一般随机分布。

三、排队模型的状态概率与运行指标

解排队模型的目的，是研究排队系统运行的效率，估计服务质量，确定服务系统的最优参数，以判断服务系统的运营结构是否合理，研究设计改进措施等。这就需要求出排队模型的状态概率和用以判断系统运行优劣的运行指标。

排队模型的状态概率是指服务系统空闲的概率和服务系统在任意时刻 t 的状态为 n（系统中有 n 个顾客）的概率 $P_n(t)$，即排队系统中有 n 个顾客的概率。它们决定了排队模型的各种运行指标。我们用 P_n 表示服务系统中有 n 个顾客的概率，用 P_0 表示系统空闲（没有顾客）的概率，用 P_b 表示系统处于繁忙状态的概率。

排队模型的运行指标包括：

（1）系统内顾客平均数 ❶（队长）L_s。

（2）系统内排队等待服务的顾客平均数（队列长）L_q。

（3）每个顾客在系统中的平均逗留时间 W_s。

---

❶ 排队论的"平均数"系指概率论中的数学期望，即随机变量的理论平均值，下同。

（4）每个顾客在系统中的平均等待时间（排队时间）W_q。

（5）系统损失概率 P_L——对损失制系统而言，是系统满员的概率；对混合制系统而言，是服务员都在忙着，而排队位置满座的概率。

（6）平均到达率 λ——单位时间内平均到达的顾客数。

（7）平均服务率 μ——单位时间内被服务完的顾客平均数。

（8）服务强度（服务能力利用率）ρ——刻画服务效率和服务机构利用程度的重要指标，其值等于相同时间区间内顾客到达的平均数与能被服务的顾客平均数之比，或等于相同顾客数服务时间之和的期望值与到达间隔时间之和的期望值之比。

对不同的服务系统来说，上述运行指标的意义各不相同：系统损失概率是损失制系统的基本运行指标；顾客排队时间是等待制系统研究的中心问题；服务系统的容量和顾客在系统内的逗留时间等，是混合制系统的重要指标。在机器故障问题中，因机器停工时间等于服务时间与排队时间之和，故顾客关心的是逗留时间；而一般购物、诊病、理发等问题中仅排队问题是顾客们所关心的。

求出了排队模型的状态概率和运行指标以后，就可以据以合理规划服务机构和计算服务能力。下面给出若干类型排队模型的状态概率和运行指标公式。❶

1. 单服务台 $M/M/1$ 模型

$M/M/1$ 模型是指适合下列条件的排队系统。

（1）输入过程——顾客源是无限的，顾客单个到来，相互独立，一定时间的到达数服从泊松（旧称普阿松）分布（指顾客的到达完全不受时刻和此时刻以前的情况的影响），到达过程已是平稳的。

（2）排队规则——单队，对队长没有限制，先到先服务。

（3）服务机构——单服务台，对各顾客的服务时间是相互独立的，服从相同的负指数分布（指连续不断有要求服务的顾客）。

这一模型虽然较简单，但比较实用。实际经济过程中，即使其中有一个因素不同，也可用这个模型的计算公式求出大致符合要求的答案。否则，要用数学模拟的方法解决，计算会很复杂。

---

❶ 推导过程从略，可参阅《排队论》专著。

该模型的状态概率和主要运行指标如下：

$$
\left.\begin{aligned}
&(1)\ \rho = \frac{\lambda}{\mu},\ \rho < 1 \\
&(2)\ P_0 = 1-\rho,\ P_b = \rho \\
&(3)\ P_n = (1-\rho)\rho^n,\ n \geq 1 \\
&(4)\ L_s = \frac{\rho}{1-\rho} = \frac{\lambda}{\mu-\lambda} \\
&(5)\ L_q = L_s - \rho = \frac{\rho^2}{1-\rho} = \frac{\rho\lambda}{\mu-\lambda} \\
&(6)\ W_s = \frac{1}{\mu-\lambda} \\
&(7)\ W_q = W_s - \frac{1}{\mu} = \frac{\rho}{\mu-\lambda}
\end{aligned}\right\} \quad (9.1)
$$

其相互关系为

$$L_s = \lambda W_s,\quad L_q = \lambda W_q,\quad W_s = W_q + \frac{1}{\mu},\quad L_s = L_q + \frac{\lambda}{\mu} = L_q + \rho$$

上述指标可用于分析服务系统的服务质量、服务生产能力和服务机构的利用率。排队队列 L_q 或排队时间 W_q 的数量增大，反映了服务行业中排队顾客多，排队时间长，意味着服务质量下降。平均服务率 μ 表明服务机构提供服务产品的速率。服务强度 ρ 则反映了服务生产能力的利用率（负荷率）。增大 ρ 固然提高服务台的利用程度，但往往会使 L_q 或 W_q 急剧增大。这是需要权衡利弊的。

下面以理发业为例说明 $M/M/1$ 排队模型的求解方法。

某单人理发店，顾客到达服从泊松分布，平均每小时到达 3 人，理发时间服从负指数分布，平均时间 15 分钟。求：（1）顾客来到理发店不必等待的概率；（2）理发店内顾客平均数；（3）排队顾客的平均数和平均排队时间。

已知：平均到达率 $\lambda = 3$（人/小时），平均服务率 $\mu = 60/15 = 4$（人/小时），故服务能力利用率为 $\rho = \lambda/\mu = 3/4 = 0.75$。

所以
$$P_0 = 1 - \rho = 1 - 0.75 = 0.25$$

$$L_s = \frac{\lambda}{\mu-\lambda} = \frac{3}{4-3} = 3\ （人）$$

$$W_s = \frac{1}{\mu - \lambda} = \frac{1}{4-3} = 1 \text{（小时／人）}$$

$$L_q = \frac{\rho\lambda}{\mu - \lambda} = \frac{0.75 \times 3}{4-3} = 2.25 \text{（人）}$$

$$W_q = \frac{\rho}{\mu - \lambda} = \frac{0.75}{4-3} = 0.75 \text{（小时）}$$

计算结果表明，顾客来到该店不必等待就可理发的概率为 0.25，理发店内顾客平均数为 3 人，平均逗留时间为 1 小时，排队顾客平均数 2.25 人，排队时间为 0.75 小时。如果改变一下条件，顾客平均到达率增大为 $\lambda = 3.6$ 人／小时，但理发员未增加，平均服务率 μ 不变，这样，服务能力利用率 ρ 由 75% 提高到 90%，而排队人数 L_q 由 2.25 人增到 8.1 人，排队时间增至 2.25 小时。这么严重的排队现象通常令顾客难以容忍。为此，店主有必要考虑增加理发员。这个例子从数学角度说明，当服务生产能力的利用率已较高时，如再提高一步，则必须以排队人数和排队时间的大量增加为代价。

2. 单服务台、容量有限的 $M/M/1/N$ 模型

系统的容量有限制（N）的 $M/M/1/N$ 模型与 $M/M/1$ 模型唯一不同在于：该模型的系统最大容量为 N，排队等待的顾客最多为 $N-1$，如果某时刻一顾客到达时，系统中已有 N 个顾客，那么这一顾客就被拒绝进入系统。当 $N=1$ 时，是损失制；当 $N \to \infty$ 时，是 $M/M/1$ 模型；当 $1 < N < \infty$ 时，是混合制，兼有等待制和损失制的特征。

在此模型中

$$
\begin{aligned}
&(1)\ P_0 = \frac{1-\rho}{1-\rho^{N+1}},\ \rho \neq 1 \\
&(2)\ P_n = \frac{1-\rho}{1-\rho^{N+1}}\rho^n,\ n \leq N,\ \rho \neq 1 \\
&(3)\ L_s = \frac{\rho}{1-\rho} - \frac{(N+1)\rho^{N+1}}{1-\rho^{N+1}} \\
&(4)\ L_q = L_s - (1-P_0) \\
&(5)\ W_s = \frac{L_s}{\mu(1-P_0)} \\
&(6)\ W_q = W_s - \frac{1}{\mu}
\end{aligned}
\quad (9.2)
$$

此外，还由于在此模型中，当系统已满（$n=N$）时，到达率为 0（顾客被拒绝了），因此需要求出有效到达率 λ_e：

$$\lambda_e = \lambda(1-P_N) = \mu(1-P_0)$$

系统损失概率（在有可能到来的顾客中不等待就离开的比例，亦即系统中有 N 个顾客的概率）为

$$P_N = \frac{\lambda - \lambda_e}{\lambda}$$

这一模型在第三产业中也很常见。下面以医疗服务为例加以说明。

某医院有一台心电图机，要求做心电图的病人按泊松分布到达，平均每小时 5 人。每个病人做心电图服从负指数分布，平均每人 10 分钟。设心电图室有四把等候用的椅子，当病人到达无椅子时，将自动离去，去其他医院就诊。

依题设条件，易知这是一个 $M/M/1/5$ 模型。$N=5$ 为系统中最大顾客数。

已知：$\lambda=5$（人/小时），$\mu=60/10=6$（人/小时），故 $\rho=5/6$。病人一到达就能做心电图的概率为

$$P_0 = \frac{1-\rho}{1-\rho^{N+1}} = \frac{1-5/6}{1-(5/6)^6} = 0.25$$

在心电图室内的病人平均数为

$$L_s = \frac{\rho}{1-\rho} - \frac{(N+1)\rho^{N+1}}{1-\rho^{N+1}} = \frac{5/6}{1-5/6} - \frac{(5+1)\times(5/6)^6}{1-(5/6)^6} = 1.98 \text{（人）}$$

排队等待的病人平均数为

$$L_q = L_s - (1-P_0) = 1.98 - (1-0.25) = 1.23 \text{（人）}$$

病人平均逗留时间为

$$W_s = \frac{L_s}{\mu(1-P_0)} = \frac{1.98}{6\times(1-0.25)} = 0.44 \text{（小时）}$$

病人平均排队时间为

$$W_q = W_s - \frac{1}{\mu} = 0.44 - \frac{1}{6} = 0.27 \text{（小时）}$$

有效到达率为

$$\lambda_e = \mu(1-P_0) = 6\times(1-0.25) = 4.5 \text{（人/时）}$$

该心电图室的系统损失概率（由于无等候座椅而自动离去的病人占有可能到来的病人总数的比例），也就是系统中有5个病人的概率为

$$P_5 = \frac{\lambda - \lambda_e}{\lambda} = \frac{5 - 4.5}{5} \times 100\% = 10\%$$

如果心电图室只有两张等候座椅，那么因系统闲置概率为

$$P_0 = \frac{1 - 5/6}{1 - (5/6)^3} = 0.396, \quad \lambda_e = 6 \times (1 - 0.396) = 3.62（人/时）$$

故系统损失率为

$$P_3 = \frac{5 - 3.62}{5} \times 100\% = 27.6\%$$

这表明，在其他条件不变的情况下，$M/M/1/N$ 排队模型系统容量的减少会使系统闲置的概率和系统损失率增大。

3. 多服务台 $M/M/C$ 模型

$M/M/C$ 模型是单队并列的多服务台（服务台数 C）、队长无限制的排队模型。除服务台数量外，该模型的各种特征与 $M/M/1$ 相同。另外规定各服务台工作相互独立（不搞协作），且平均服务率相同 $\mu_1 = \mu_2 = \mu_3 = \cdots = \mu_c = \mu$。

于是整个服务机构的平均服务率为 C_μ，只有当 $\frac{\lambda}{C_\mu} < 1$ 时才不会排成无限队列。令

$$\rho = \frac{\lambda}{C_\mu}$$

称它为这个系统的服务强度或称服务台的平均利用率。

其状态概率为

$$P_0 = \left[\sum_{K=0}^{C-1} \frac{1}{K!} \left(\frac{\lambda}{\mu}\right)^K + \frac{1}{C!} \cdot \frac{1}{1-\rho} \cdot \left(\frac{\lambda}{\mu}\right)^C \right]^{-1}$$

$$P_n = \begin{cases} \dfrac{1}{n!} \left(\dfrac{\lambda}{\mu}\right)^n P_0 & (n \leqslant C) \\ \dfrac{1}{C! \, C^{n-c}} \left(\dfrac{\lambda}{\mu}\right)^n P_0 & (n \geqslant C) \end{cases} \quad (9.3)$$

其运行指标为

$$L_q = \frac{(C\rho)^C \rho}{C!(1-\rho)^2} P_0$$

$$L_s = L_q + C\rho$$

$$W_q = \frac{L_q}{\lambda}$$

$$W_s = W_q + \frac{1}{\mu} = \frac{L_s}{\lambda}$$

下面以银行服务为例说明。

一家银行有三名出纳员为顾客服务，顾客以每分钟 4 人的平均速率按泊松分布到达，排成一队等待服务。出纳员为顾客服务的时间服从负指数分布，均值为 1/2 分钟。这就是一个 $M/M/C$ 型的排队系统。其中 $C=3$，$\lambda=4$（人/分钟），$\mu=1/0.5=2$（人/分钟），$\frac{\lambda}{\mu}=2$，$\rho=\frac{\lambda}{C\mu}=\frac{2}{3}$（<1），符合要求条件，代入式（9.3）得出纳柜台空闲概率为

$$P_0 = \left[\sum_{K=0}^{C-1} \frac{1}{K!}\left(\frac{\lambda}{\mu}\right)^K + \frac{1}{C!} \cdot \frac{1}{1-\rho} \cdot \left(\frac{\lambda}{\mu}\right)^C\right]^{-1}$$

$$= \left(\frac{2^0}{0!} + \frac{2^1}{1!} + \frac{2^2}{2!} + \frac{1}{3!} \times \frac{2^3}{1-2/3}\right)^{-1} = 0.111$$

排队顾客平均数为

$$L_q = \frac{(C\rho)^C \rho}{C!(1-\rho)^2} P_0 = \frac{\left(3 \times \frac{2}{3}\right)^3 \times \frac{2}{3}}{3! \times \left(1-\frac{2}{3}\right)^2} \times 0.111 = 0.888 \text{（人）}$$

在系统内顾客平均数为

$$L_s = L_q + C\rho = 0.888 + 3 \times \frac{2}{3} = 2.888 \text{（人）}$$

平均排队时间为

$$W_q = \frac{L_q}{\lambda} = \frac{0.888}{4} = 0.222 \text{（分钟）}$$

平均逗留时间为

$$W_s = W_q + \frac{1}{\mu} = 0.222 + \frac{1}{2} = 0.722（分钟）$$

计算表明，如果其他条件相同，单队 C 台的 $M/M/C$ 型排队系统比 C 个单队单台的 $M/M/1$ 型排队系统，无论是就服务台空闲的概率、顾客必须等待的概率指标，还是就平均队列长、队长、逗留时间和排队时间指标而言，都有明显的优越性。为此，在安排排队方式时，应尽量将 C 个 $M/M/1$ 系统变为一个 $M/M/C$ 系统，既可降低服务台空闲的概率，又可同时降低顾客必须等待的概率，并减少队列长、队长、逗留时间和排队时间。

四、排队系统的最优化决策

排队系统的最优化决策分为系统设计的最优化（静态优化）决策和系统控制的最优化（动态优化）决策，这里只介绍静态优化决策。

在一般情况下，提高服务水平（增大服务业生产能力，减少以至消除排队现象）自然会降低顾客的等待费用（损失），但却常常增加了服务机构的成本（提供等量服务产品所需投资增大，服务生产要素的闲置率增大），排队系统最优化目标之一是使两者的费用之和为最小，确定达到这个目标的最优的服务水平（注意，这是对供求双方而言的最优服务水平，不是只对某一方面而言的单方面最优服务水平）。另一个常用的目标函数是使纯收入或使服务利润为最大。

各种费用在稳态情形下，都是按单位时间来考虑的。一般情况下，服务费用是可以确切计算或估计的，它包括：（1）不随服务产量增减而变动的固定成本，如借入资金的利息，租用房地和设备的租金，与时间推移有关的折旧费、财产税，减产期间不能解雇的职工的工资等；（2）随服务产量增减而变动的变动成本（主要是服务操作费用），如服务生产过程中耗费的物料、辅助材料费用，与使用服务设备有关的折旧费、水电费等的可变部分，随服务量增减而变动的服务员工资和其他投入要素的成本。至于顾客的等待费用有许多不同情况，像机械故障问题中的等待费用（机械待修而使生产遭受的损失）是可以确切估计的，但像病人就诊的等待费用（拖延治疗使病情恶化所受的损失），顾客排队买票的等待费用（因排队减少了闲暇时间所受的损失），或由于队列过长而失掉潜在顾客所造成的营业损失，只能根据统计的经验资料来估计（见图 9-17）。

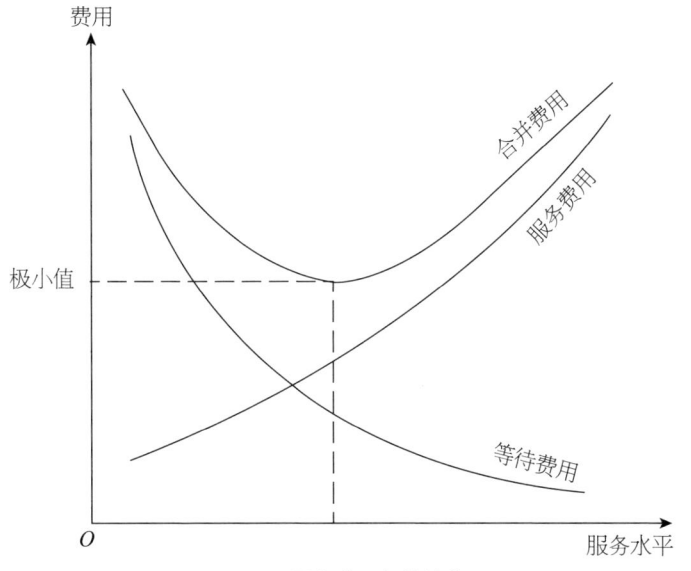

图 9-17 服务费用与等待费用

服务水平可以用不同形式来表示，主要的是平均服务率 μ（表示服务机构的服务能力和经验等），与此相关的服务能力利用率 ρ，还有服务设备，如服务台的个数 C，队长最大限制数 N 等。

1. 确定 $M/M/1$ 模型的最优服务率

确定 $M/M/1$ 模型的最优服务率 μ，目的是使服务成本与顾客在系统逗留费用之和达到最小。

取目标函数 Z 为单位时间服务成本与顾客在系统逗留费用之和（合并费用）的期望值：

$$Z = C_s\mu + C_w L_s$$

式中，C_s 表示当 $\mu=1$ 时服务机构单位时间的费用；C_w 表示每个顾客在系统停留单位时间的费用。

因为

$$L_s = \frac{\lambda}{\mu - \lambda}$$

所以
$$Z = C_s\mu + C_w \frac{\lambda}{\mu - \lambda}$$

为了求 Z 的极小值，先求 $\dfrac{dZ}{d\mu}$，然后令它为 0。

$$\frac{dZ}{d\mu} = C_s - C_w\lambda \cdot \frac{1}{(\mu - \lambda)^2}$$

令
$$C_s - C_w\lambda \cdot \frac{1}{(\mu - \lambda)^2} = 0$$

解出最优服务率
$$\mu^* = \lambda + \sqrt{\frac{C_w}{C_s}\lambda} \tag{9.4}$$

当平均服务率 $\mu = \mu^*$ 时，该排队系统的合并费用为最小。

以汽车运输公司为例。某汽车运输公司为本公司汽车建造了一个自动加油站。汽车到达按泊松分布，平均每小时到达 4 辆，加油站给一辆汽车加油的时间服从负指数分布，平时每小时 μ 辆。若汽车停留一小时的费用为 3 元，一辆汽车的加油服务费用为 6 元，加油站合理加油能力 μ 应为多少？

已知：$\lambda = 4$ 辆/小时，$C_w = 3$ 天，$C_s = 6$ 元，代入式（9.4）得
$$\mu^* = \lambda + \sqrt{\frac{C_w}{C_s}\lambda} = 4 + \sqrt{\frac{3}{6} \times 4} = 4\sqrt{2} = 5.4 (辆/时)$$

即加油站加油能力定为每小时 5.4 辆，可使合并费用最低。

2. 确定 $M/M/1$ 模型的最佳服务强度 ρ

在排队系统中，服务强度 ρ 是衡量服务机构负荷水平、服务生产能力的利用率的重要指标。服务强度越大，服务设施的闲置损失越小，而顾客的排队损失就越大。为了使这两种损失减至最小，也可用求极值方法确定 $M/M/1$ 模型的最佳服务强度 ρ。

取目标函数 E 为服务系统顾客排队损失和设备闲置损失之和的期望值：

$$E = \left[L_q C_q + (1-\rho)nC_I\right]T$$

式中，E 表示总费用；L_q 表示排队顾客的平均数；C_q 表示顾客排队单位时间的费用（损失）；C_I 表示服务机构单位闲置时间的费用（损

失）；$(1-\rho)$ 表示服务台空闲的概率；n 表示服务台个数；T 表示计算费用的时间。

通常只需计算服务一个顾客的费用，即

$$E_1 = \frac{E}{N}$$

式中，N 表示在 T 时间内到达的顾客平均数。

如果顾客排队费用不大（尤其是顾客的排队时间不值钱时），则排队顾客很多；反之，排队顾客会很少。这是服务机构的设备增加，服务供给增大，顾客排队时间减少的必然结果。为了确定排队服务系统的合理负荷水平，可以先求 $\dfrac{dE}{d\rho}$，然后令它为零，求出驻点；若二阶导数 $\dfrac{d^2 E}{d\rho^2} > 0$，则 E 有极小值。

对 $M/M/1$ 型，单位时间的总费用（排队损失和闲置损失之和）为

$$E_1 = L_q C_q + (1-\rho) C_I$$

而

$$L_q = \frac{\rho^2}{1-\rho}$$

所以

$$E_1 = \frac{\rho^2}{1-\rho} C_q + (1-\rho) C_I$$

$$\frac{dE}{d\rho} = \frac{2\rho(1-\rho) + \rho^2}{(1-\rho)^2} C_q - C_I = 0$$

解之，得最优服务强度为

$$\rho^* = 1 - \sqrt{1 - \frac{C_I}{C_q + C_I}} = \frac{\sqrt{1 + \dfrac{C_I}{C_q}} - 1}{\sqrt{1 + \dfrac{C_I}{C_q}}} \quad (9.5)$$

当 $\rho = \rho^*$ 时，最小总费用为

$$E_{\min} = 2 C_q \left(\sqrt{1 + \frac{C_I}{C_q}} - 1 \right)$$

3. 确定 $M/M/C$ 模型中最优的服务台数 C

设 $M/M/C$ 模型在稳态情形下，单位时间全部费用（服务成本与等待费用之和）的期望值为

$$Z = C_s' \cdot C + C_w \cdot L(C)$$

式中，C 表示服务台数；C_s' 表示每服务台单位时间的成本；C_w 表示每个顾客在系统停留单位时间的费用；L 表示系统中顾客平均数 L_s 或排队顾客平均数 L_q。

因为 C_s 和 C_w 都是给定的，唯一可以变动的是服务台数 C，所以 Z 是 C 的函数 $Z(C)$。采用边际分析法，可得

$$L(C^*) - L(C^*+1) \leqslant \frac{C_s'}{C_w} \leqslant L(C^*-1) - L(C^*) \quad (9.6)$$

依次求 $C=1，2，3，\cdots$ 时 L 的值，并作两相邻的 L 值之差，根据已知数 C_s'/C_w 落在哪个不等式的区间里就可定出 C^*。

例如，某检验中心为各工厂服务，要求作检验的工厂（顾客）的到来服从泊松分布，平均到达率 λ 为每天 48 次，每次来检验由于停工等原因损失为 6 元。服务（作检验）时间服从负指数分布，平均服务率 μ 为每天 25 次，每设置一个检验员成本（工资及设备损耗）为每天 4 元。其他条件适合 $M/M/C$ 模型。已知：$C_s' = 4$ 元/检验员，$C_w = 6$ 元/次，$\lambda = 48$，$\mu = 25$，$\dfrac{\lambda}{\mu} = 1.92$。设检验员数为 C，代入式（9.3），整理得

$$P_0 = \left[\sum_{K=0}^{C-1} \frac{(1.92)^K}{K!} + \frac{1}{(C-1)!} \cdot \frac{1}{C-1.92}(1.92)^C \right]^{-1}$$

$$L_s = \frac{(1.92)^{C+1}}{(C-1)!(C-1.92)^2} P_0 + 1.92$$

令 $C=1，2，3，4，5$，依次代入上式，得表 9-9。

表 9-9　某检验中心检验员设置与每天总费用的关系

检验员数 C	来检验顾客数 $L_s(C)$	$L(C) - L(C+1) \sim L(C) - L(C-1)$	每天总费用 $Z(C)$
1	∞		∞
2	24.481	21.845~∞	154.94
3	2.645	0.582~21.845	27.87（*）
4	2.063	0.1111~0.582	28.38
5	1.952		31.71

因为 $C'_s/C_w = 0.667$ 落在区间（0.582~21.845）内，所以 $C^* = 3$，即设 3 个检验员可使总费用最小。

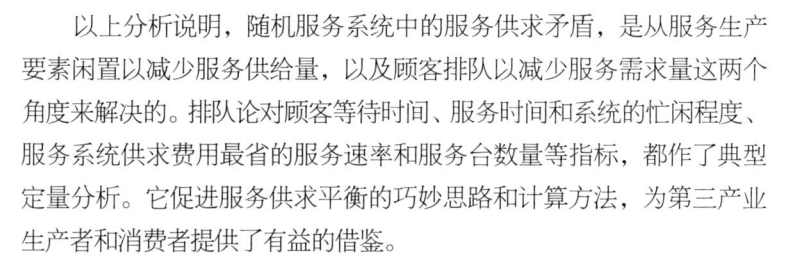

以上分析说明，随机服务系统中的服务供求矛盾，是从服务生产要素闲置以减少服务供给量，以及顾客排队以减少服务需求量这两个角度来解决的。排队论对顾客等待时间、服务时间和系统的忙闲程度、服务系统供求费用最省的服务速率和服务台数量等指标，都作了典型定量分析。它促进服务供求平衡的巧妙思路和计算方法，为第三产业生产者和消费者提供了有益的借鉴。

第十章　服务产品的再生产和流通

当代第三产业的迅速发展给人们提出了一系列涉及服务产品再生产和流通理论的问题：第三产业的崛起对社会再生产和流通及其宏观平衡有什么影响？第三产业比重日趋增大的原因是什么？第三产业再生产的宏观比例有无规律可循？其优化界限何在？本章将对这些问题进行分析。

第一节　服务再生产和流通及其宏观平衡

一、服务再生产研究的理论前提

要研究服务再生产问题，首先要对传统再生产理论作重新认识。

19世纪中叶，当马克思撰写《资本论》第二卷，建立再生产理论时，主要资本主义国家的第三产业，无论是在就业人数上，还是在生产总值中，都占较小的比重❶，加之资本主义关系在这些部门中还不很发展，为了在纯粹的状态下进行考察，避免次要情况的干扰，马克思在社会生产的两大部类、简单再生产和扩大再生产的图式及其平衡条件的分析中，都舍象了第三产业和服务产品问题。时至今日，发达国家的第三产业比重已超过第一、二产业的总和。2017年第三产业在GDP中的比重，高收入国家69.8%，上中收入国家55.3%，中收入国家

---

❶ 就业结构（%）：英1841年：农22.7，工44.7，服32.6。法1886年：农43，工38，服19。德1882年：农39.1，工36.2，服24.7。意1871年：农62.4，工25.6，服11.9。美1840年：农68.8，工14.9，服16.1。加拿大1891年：农48.3，工28.4，服23.3。澳1871年：农44.2，工26.7，服29.8。日1872年：农84.8，工4.8，服10.2。资料来源：CLARK C.The conditions of economic progress[M]. London：Macmillan, 1940.

54.2%,低收入国家 40.3%,中国 52.5%。❶ 第三产业成为国民经济中不可忽视的重要组成部分。这就很有必要把马克思当年舍象的第三产业因素引进社会再生产理论中,对社会再生产的理论前提作适合当代现实的重新界说。

其一,是社会总产品的重新界说。社会在一定时期内生产的包括实物劳动成果和非实物劳动成果在内的劳动成果的总和,构成社会总产品。

其二,是社会生产和再生产的重新界说。社会对实物使用价值和非实物使用价值的创造,都属社会生产;每一个社会生产过程,无论是实物生产过程,还是服务生产过程,从它的周而复始和不断更新来看,同时也就是再生产过程。因此,与实物产品再生产过程并存的,是服务产品的再生产过程(简称服务再生产过程)。

其三,是社会产品构成的重新界说。社会产品的使用价值构成和价值构成的划分中,须体现服务产业和服务产品的存在。具体地说,与实物产品一样,服务产品从价值形式上看,分为 $C+V+M$ 三个部分,C 是服务生产资料旧价值的转移部分,V 是服务人员必要劳动创造的部分,M 是剩余劳动创造的部分。从物质形式(使用价值)上看,服务产品也分为生产资料和消费资料两大类。为了反映第三产业及服务产品的存在,社会再生产的两大部类下设四个副类:生产生产资料的部类即第一部类,下设生产实物生产资料的 I_a 副类和生产服务生产资料的 I_b 副类;生产消费资料的部类即第二部类,下设生产实物消费品的 II_a 副类和生产服务消费品的 II_b 副类❷。I_a 和 II_a 组成第一、二产业,I_b 和 II_b 组成第三产业。

为了概念清晰,我们把服务形式消费品称为服务消费品,或服务消费资料、生活服务、软消费品;把服务形式生产资料称为服务生产资料,或生产服务、软生产资料;把实物形式生产资料称为实物生产资料,或硬生产资料;把第三产业所需的生产资料(包括实物生产资

---

❶ 资料来源:https://data.worldbank.org/indicator/NV.SRV.TOTL.ZS,中国国家统计局数据。

❷ 参见第四章第二节关于"服务产品与两大部类"的内容。

料和服务生产资料）称为第三产业生产资料，或服务业生产资料。

需要指出，"I_a副类"（实物生产资料）在外延上大于传统理论的"第一部类"，因它多了用于第三产业的实物生产资料；而"II_a副类"（实物消费资料）在外延上小于传统理论的"第二部类"，因投入第三产业生产的实物产品，被划归第三产业生产资料，不再属于消费资料。按逻辑来说，中间产品，即不是用于最终生活消费的产品，只要具有实物形态，就被划入I_a副类。用于服务生产的实物产品，由于是中间产品，故全划归I_a副类。例如，一套结婚礼服，如果用作表演道具（生产文艺服务产品的中间产品），就属于生产资料I_a副类；如果是新娘结婚穿的，就属于消费资料II_a副类。而按传统理论，无论在何场合，它只能被划入消费资料部类即第二部类。同样，现被划入生产资料I_a副类中的第三产业所需的生产资料，在传统理论中也是被划入第二部类的。

服务再生产的顺利进行，必须以服务产品的实现为条件。一方面，服务产品必须实现价值补偿：服务产品的价值组成部分 C、V、M 都要全都转化为货币；另一方面，服务产品必须实现物质补偿：服务产品的再生产所需要的各种使用价值，都必须按质（不同种的使用价值）和按量（不同比例）买到。虽然从单个服务企业的微观角度来看，服务产品的价值补偿和物质补偿的条件可以存而不论，但从三大产业再生产的宏观角度来看，情况则不同。第三产业的产品卖给谁（需求者）？能卖出多少（需求量）？第三产业的生产要素和生活资料向谁买（供给者）？能买到多少（供给量）？这些影响服务再生产的宏观平衡的服务产品补偿问题，都必须逐个予以回答。

二、服务简单再生产的图式和流通渠道

在具体分析服务再生产和流通的图式和平衡问题之前，先假设几个条件：①所有生产资料的价值在一年内部全部转移到产品中去；②产品都按其价值量进行交换；③价格保持不变；④没有对外贸易。

由于第三产业生产的服务产品也供给第一、二产业使用，而第三产业本身再生产所需的产品中有第一、二产业生产的实物产品，因此，

服务产品的价值补偿（出售服务产品）和物质补偿（购买所需产品）所涉及的必然不仅是第三产业内部各行业之间的经济关系，而且包括与第三产业外部各相关行业的经济联系。这样，服务的再生产图式就不可能只是一个孤立地反映第三产业内部的服务产品生产情况的封闭图式，而是一个反映三大产业相互联系、相互依赖、相互交换的关系的开放图式。就此而论，离开了对整个社会再生产图式的分析，服务再生产的图式及其平衡条件的讨论就无法进行；对服务再生产条件的探讨，实际上也就是对包含服务再生产在内的社会再生产条件的探讨。所以，服务简单再生产的图式必须联系整个社会的再生产图式来研究。

下面就将第三产业的再生产置于社会再生产的背景中，通过分析第三产业内外的经济联系，探讨服务产品的简单再生产的图式及其平衡的内部和外部条件。所举的虽然是资本主义经济的例子，但所揭示的社会再生产原理，也适用于分析社会主义经济。

与传统再生产图式不同，包含服务产品再生产在内的现代再生产图式，还须以一定的方式将人们的消费结构和生产结构中对服务产品的需求反映出来。

在现代社会中，供居民消费的消费品不仅包括实物消费品，而且包括服务消费品。如果把服务产品看作"软件"，把实物产品看作"硬件"，则可以把居民消费的服务消费品占他们消费的消费品总量的比重，称为消费软化系数，用 S_c 表示。实物消费品占消费品的比重，称为消费硬化系数，其值等于 $(1-S_c)$。资本家的收入水平高，消费服务产品较多，故其消费软化系数一般高于工人阶级。不过为了简化计算，在再生产图式中，可以假定工人和资本家的消费软化系数相同，设均为 40%，即他们所需的消费品中，40% 是服务产品，60% 是实物产品。

同样，现代社会生产不仅需要实物生产资料，而且需要服务生产资料。生产过程所需的服务生产资料占所需生产资料总量的比重，称为生产软化系数，用 S_p 表示。实物生产资料占生产资料的比重，称为生产硬化系数，其值等于 $(1-S_p)$。一般地说，高技术行业因消费科技服务等服务产品较多，生产软化系数较大，以自然资源为主要原料的行业生产因消费物料等实物产品较多,软化系数较小。为了简化计算,在再生产图式中,假定所有行业的生产软化系数相同,均为40%,即三大产业所有行业生产所需的生产资料中,40%是服务生产资料,60%是实物生产资料。消费软化系数和生产软化系数的加权平均,称为国民经济软化系数,用S_n表示。国民经济软化系数等于社会总产品中服务产品所占的比重。它由消费软化系数和生产软化系数决定,并反映二者的变化。社会产品中实物产品所占的比重,称为国民经济硬化系数,其值等于$(1-S_n)$。

再假定第一部类资本总量为12500,其中I_a副类(实物生产资料副类)为7500,I_b副类(服务生产资料副类)为5000;第二部类资本总量为6250,其中II_a副类(实物消费品副类)为3750,II_b副类(服务消费品副类)为2500;两大部类的资本有机构成$C:V$均为4:1,剩余价值率M'均为100%。这样,全年的社会总产品为22500。如不分副类,可用图式表示如下:

$$\left.\begin{array}{l} I \quad 10000C + 2500V + 2500M = 15000 \\ II \quad 5000C + 1250V + 1250M = 7500 \end{array}\right\} 22500$$

按生产软化系数和消费软化系数均为40%的假定,上图式可分4个副类,如图10-1所示。

$$I \begin{cases} I_a & 6000C + 1500V + 1500M = 9000 \text{(实物生产资料)} \\ I_b & 4000C + 1000V + 1000M = 6000 \text{(服务生产资料)} \end{cases}$$

$$II \begin{cases} II_a & 3000C + 750V + 750M = 4500 \text{(实物消费品)} \\ II_b & 2000C + 500V + 500M = 3000 \text{(服务消费品)} \end{cases}$$

图10-1 实物产品与服务产品在两大部类三大方面的交换

其中第一、二产业产品为13500($= I_a + II_a$),第三产业产品为9000($= I_b + II_b$)。

为了使第二年的再生产能够照常进行,重新生产出22500的社会总产品，两大部类产品的各个部分都必须通过如图 10-1 虚线表示的三大方面的交换，在价值上得到补偿，在使用价值形态上得到替换。

两大部类四个副类的产品交换是通过 10 条渠道进行的。用 C_t 表示社会产品中应以实物生产资料替换的部分（t 是 tangible 的缩写，代表有形产品）；用 C_s 表示应以服务生产资料替换的部分（s 是 service 的缩写，代表服务产品）；V_t 和 V_s 分别表示必要产品中应以实物消费品和服务消费品替换的部分。M_t 和 M_s 分别表示剩余产品中应以实物消费品和服务消费品替换的部分。至于这些产品在交换以前的形态和用途，则由它们所处的部类和副类决定：处于 I 部类的是生产资料，处于 II 部类的是消费资料；处于 a 副类的是实物产品，处于 b 副类的是服务产品。上述交换可用图 10-2 表示，①～⑩代表 10 条流通渠道。

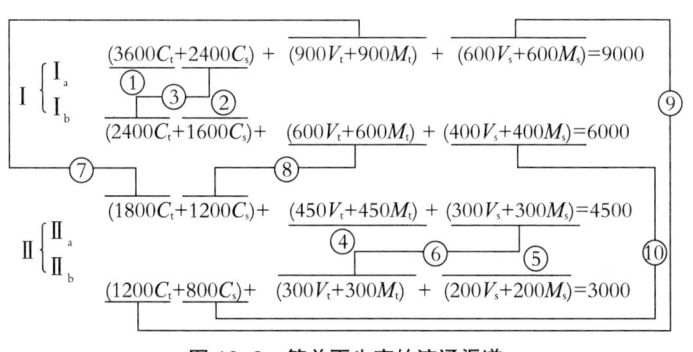

$$\text{I} \begin{cases} \text{I}_a \\ \text{I}_b \end{cases} \begin{array}{l} \overline{(3600C_t + 2400C_s)} + \overline{(900V_t + 900M_t)} + \overline{(600V_s + 600M_s)} = 9000 \\ \overline{(2400C_t + 1600C_s)} + \overline{(600V_t + 600M_t)} + \overline{(400V_s + 400M_s)} = 6000 \end{array}$$

$$\text{II} \begin{cases} \text{II}_a \\ \text{II}_b \end{cases} \begin{array}{l} \overline{(1800C_t + 1200C_s)} + \overline{(450V_t + 450M_t)} + \overline{(300V_s + 300M_s)} = 4500 \\ \overline{(1200C_t + 800C_s)} + \overline{(300V_t + 300M_t)} + \overline{(200V_s + 200M_s)} = 3000 \end{array}$$

图 10-2　简单再生产的流通渠道

第一方面，第一部类（生产资料）内部的交换，有三个渠道：

① I_a 副类（实物生产资料）内部的交换。I_a 副类的 $3600C_t$ 是由实物生产资料构成的，代表着本副类内已经消费掉的实物生产资料的价值，因此，它只能在本副类内实现交换。如汽车厂生产汽车留作自用，或与钢厂、煤矿、机械厂交换。

② I_b 副类（服务生产资料）内部的交换。I_b 副类的 $1600C_s$ 是由服务生产资料构成的，代表着本副类内已消费的服务生产资料的价值，只能在本副类实现。如科技服务公司提供的科技服务，既可以在本公司内应用，也可与货运服务、仓储服务、信息服务等交换。

③ I_a 副类（实物生产资料）与 I_b 副类（服务生产资料）的交换。

I_a副类的$2400C_s$是由实物生产资料构成的,代表着本副类消耗的服务生产资料的价值;而服务生产资料中,只有I_b副类的$2400C_t$因代表着本副类消耗的实物生产资料的价值,需以实物生产资料补偿。因此二者恰好交换。如机械设备、燃料、物料与科技服务、情报服务、货运和仓储服务之间的交换。

第二方面,第二部类(消费品)内部的交换,也有三个渠道:

④II_a副类(实物消费品)内部的交换。本副类中的($450V_t + 450M_t$)是由实物消费品构成的,代表着本副类用于实物消费的收入,因此可在本副类内实现。

⑤II_b副类(服务消费品)内部的交换。本副类中的($200V_s + 200M_s$)是由服务消费品构成的,代表着本副类用于服务性消费的收入,因此可在本副类内实现交换。教师坐公共汽车,司机住旅店,医生看文娱演出,演员上美容院,理发师就诊等,就属此类交换。

⑥II_a副类(实物消费品)与II_b副类(服务消费品)的交换。II_a副类的($300V_s + 300M_t$)是由实物消费品构成的,代表着本副类用于服务消费的收入。而服务消费品中,只有II_b副类的($300V_t + 300M_t$)因代表本副类用于实物消费的收入,需以实物消费品替换。这样,两者通过交换就可实现价值补偿和物质替换。例如,医生购买音响设备与音响公司员工就诊,农场组织旅游与旅游宾馆向农场购买农副产品,就属此例。

第三方面,两大部类(生产资料与消费资料)之间的交换,有四个渠道:

⑦I_a副类(实物生产资料)与II_a副类(实物消费品)的交换。I_a副类中的($900V_t + 900M_t$)代表本副类用于实物消费的收入的实物生产资料。而在实物消费品中,只有II_a副类的$1800C_t$因代表着本副类消耗的实物生产资料的价值,需以实物生产资料替换。二者恰好交换。

⑧I_b副类(服务生产资料)与II_a副类(实物消费品)的交换。I_b副类中的($600V_t + 600M_t$)是由服务生产资料构成的,代表着本副

类用于实物消费的收入。而在实物消费品中，只有II_a副类的$1200C_s$因代表着本副类消费的服务生产资料的价值，需以服务生产资料替换。二者也恰好交换。如科技开发公司为农场提供的科技服务与农产品交换。

⑨ I_a副类（实物生产资料）与II_b副类（服务消费品）的交换。I_a副类中的（$600V_s+600M_t$）是由实物生产资料构成的，代表着本副类用于服务消费的收入。而服务消费品中，只有II_b副类的$1200C_t$，因代表着本副类消费的实物生产资料的价值，需以实物生产资料替换，二者也恰好交换。游乐器械厂生产的游乐器械与游乐服务的交换，电器公司出品的舞台灯光设备与文艺表演的交换等，就属这一渠道。

⑩ I_b副类（服务生产资料）与II_b副类（服务消费品）的交换。I_b副类中的（$400V_s+400M_s$）是由服务生产资料构成的，代表着本副类用于服务消费的收入。而服务消费品中，只有II_b副类的$800C_s$因代表着本副类消费的服务生产资料的价值，需以服务生产资料替换。二者也恰好交换。如为旅店运送物资的货运服务与旅业服务的交换，科技服务与应用科技的教育服务的交换等。

经三方面10个渠道的交换，社会总产品的各个部分，在价值上得到补偿，在物质上得到替换：生产者买到了再生产所需的实物生产资料和服务生产资料，消费者买到了自己所需要的实物消费品和服务消费品，下一年的简单再生产就可以正常进行了。可以看到，服务简单再生产的实现，与上述②、③、⑤、⑥、⑧、⑨、⑩的流通渠道直接有关，与①、④、⑦的流通渠道间接有关。

三、服务简单再生产的宏观平衡条件

服务简单再生产的宏观平衡条件可以从部类间的平衡和产业间的平衡这两个角度来讨论。

下面先讨论服务简单再生产中两大部类间的平衡条件。假定实物产品再生产也是简单再生产。

从上面分析中可以看到，包括服务产品在内的社会总产品的各个部分的交换之所以都能实现，关键是在上述第三方面（第一、二部类之间的交换）⑦、⑧、⑨、⑩渠道的交换中，第一部类产品中的$V+M$

部分，即 $2500V+2500M$，同第二部类产品中的 C 部分，即 $5000C$，在使用价值形态上可以互相替换，在价值上恰好相等，可互相补偿。所以，服务简单再生产中两大部类间平衡的基本条件是：第一部类的必要产品和剩余产品之和必须等于第二部类的生产资料。用公式表示❶为

$$V_I + M_I = C_{II} \qquad (10.1)$$

式（10.1）表明了两大部类交换的消费资料与生产资料在总量上平衡的条件，没有揭示二者在产品形态构成（实物或非实物）上平衡的条件。而总量平衡可以与产品构成不平衡并存，因此，当 $V_I+M_I=C_{II}$ 时，也有可能存在着服务产品或实物产品的过剩或不足问题。特别当第三产业发展到较高水平时，国民经济软化系数较大，服务产品比重较大，仅满足上述基本条件，已不足以使简单再生产条件下的社会产品全部实现了。所以，有必要根据服务产品在社会产品中比重日趋增大、服务产品与实物产品交换日趋频繁的现实，补充反映两大部类交换中服务产品与实物产品都实现供需平衡的条件。

假定所有社会成员的消费软化系数相等，所有行业的生产软化系数也相等❷，据上述流通渠道⑨、⑩、⑦、⑧的交换内容和要求，可以得出服务简单再生产中两大部类间平衡的四个补充公式。

（1）实物生产资料与服务消费品的平衡条件：

$$S_c \left(V_{I_a} + M_{I_a} \right) = \left(1 - S_p \right) C_{II_b} \quad \cdots\cdots 反映流通渠道⑨的平衡 \qquad (10.2)$$

式（10.2）要求第一部类 a 副类（实物生产资料）中必要产品量和剩余产品量之和与消费软化系数的乘积（即实物生产资料副类对服务消费品的需求量），必须等于第二部类 b 副类（服务消费品）所需生产资料量与生产硬化系数的乘积（即服务消费品副类对实物生产资料的需求量）。交换前，左边是"硬件"，右边是"软件"，二者恰好都需对方替换。它反映了 I_a 副类对服务消费品的需求量，须等于 II_b

---

❶ 在政治经济学中，此平衡条件写作 I（$V+M$）= II C。为避免部类的字母与系数混淆，表示部类或副类的字母 I、II、I_a、I_b、II_a、II_b，均移为 C、V、M 的下角标。

❷ 设这些系数各不相等当然比较符合客观经济实际，但公式比较复杂。

副类对此的供给量；并且，后者对实物生产资料的需求量，须等于前者对此的供给量。

（2）服务生产资料与服务消费品的平衡条件：

$$S_c\left(V_{I_b}+M_{I_b}\right)=S_pC_{II_b} \quad \cdots\cdots 反映流通渠道⑩的平衡 \quad (10.3)$$

式（10.3）要求第一部类 b 副类（服务生产资料）中必要产品量和剩余产品量之和与消费软化系数的乘积（即服务生产资料副类对服务消费品的需求量），必须等于第二部类 b 副类（服务消费品）所需生产资料量与生产软化系数的乘积（即服务消费品副类对服务生产资料的需求量）。二者交换前是各不相同的"软件"，都需对方替换，刚好实行交换。它反映了 I_b 副类对服务消费品的需求量，须等于 II_b 副类对服务消费品的供给量；并且，后者对服务生产资料的需求量，须等于前者对此的供给量。

（3）实物生产资料与实物消费品的平衡条件：

$$(1-S_c)\left(V_{I_a}+M_{I_a}\right)=(1-S_p)C_{II_a} \quad \cdots\cdots 反映流通渠道⑦的平衡 (10.4)$$

式（10.4）要求第一部类 a 副类（实物生产资料副类）中必要产品量和剩余产品量之和与消费硬化系数的乘积（即实物生产资料副类对实物消费品的需求量），须等于第二部类 a 副类（实物消费品副类）所需的生产资料量与生产硬化系数的乘积（即实物消费品副类对实物生产资料的需求量）。二者交换前是各不相同的"硬件"，都需对方替换。它反映了 I_a 副类对实物消费品的需求量，要等于 II_a 副类对此的供给量；并且，后者对实物生产资料的需求量，要等于前者对此的供给量。

（4）服务生产资料与实物消费品的平衡条件：

$$(1-S_c)\left(V_{I_b}+M_{I_b}\right)=S_pC_{II_a} \quad \cdots\cdots 反映流通渠道⑧的平衡 \quad (10.5)$$

式（10.5）要求第一部类 b 副类（服务生产资料副类）中必要产品和剩余产品数量之和与消费硬化系数之乘积（即服务生产资料副类对实物消费品的需求量），必须等于第二部类 a 副类（实物消费品副类）所需生产资料量与生产软化系数的乘积（即实物消费品副类对服务生产资料的需求量）。交换前，左边是"软件"，右边是"硬件"，二者刚好需对方替换。它反映了 I_b 副类对实物消费品的需求量,须等于 II_a 副类对此的供给量;并且,后者对服务生产资料的需求量,须等于前者对此的供给量。

将上述四个补充条件相加,就得到实现简单再生产的基本条件 $V_I + M_{II} = C_{II}$。

这四个补充条件既是基本条件的分解,又是基本条件的进一步的约束。在服务简单再生产中,只有同时具备这一基本条件和至少三个补充条件(这意味着另一个补充条件也必具备),两大部类间才可以既在产品总量上,又在产品形态结构上实现宏观平衡。

在存在服务再生产和流通的情况下,社会简单再生产的实现条件可以用以下两组派生公式来表示。

(1) 社会对生产资料的供需平衡条件:

$$\left. \begin{array}{ll} 总量平衡 & C_I + C_{II} = C_I + V_I + M_I \\ 且软件平衡 & S_p(C_I + C_{II}) = C_{I_b} + V_{I_b} + M_{I_b} \\ 或硬件平衡 & (1 - S_p)(C_I + C_{II}) = C_{I_a} + V_{I_a} + M_{I_a} \end{array} \right\} \quad (10.6)$$

它表明,实现服务简单再生产,不仅要求社会所需的生产资料总量必须等于第一部类的总产量,而且要求社会所需的服务生产资料总量,须等于 I_b 副类的总产量,或社会所需的实物生产资料总量,须等于 I_a 副类的总产量。如果后两个条件有一个达不到,那么,即使 $C_I + C_{II} = C_I + V_I + M_I$,也不会使社会已消耗的生产资料全部得到相应的补偿。

(2) 社会对消费资料的供需平衡条件:

$$\left. \begin{array}{ll} 总量平衡 & V_I + M_I + V_{II} + M_{II} = C_{II} + V_{II} + M_{II} \\ 且软件平衡 & S_c(V_I + M_I + V_{II} + M_{II}) = C_{II_b} + V_{II_b} + M_{II_b} \\ 或硬件平衡 & (1 - S_c)(V_I + M_I + V_{II} + M_{II}) = C_{II_a} + V_{II_a} + M_{II_a} \end{array} \right\} \quad (10.7)$$

它表明,实现服务简单再生产,不仅要求社会所需的消费资料总量须等于第二部类的总产量,而且要求社会对服务消费品的总需求量,须等于 II_b 副类的总产量,或社会对实物消费品的需求量,须等于 II_a

副类的总产量。如果后两个条件有一个不具备，也会在社会消费品总供给等于总需求的情况下，使实物消费品的过剩与服务消费品的不足并存，或反之。

下面再讨论服务简单再生产中第一部类内部、第二部类内部的平衡条件（见图10-2）。

第一部类内部的交换：①渠道 I_a 副类（C_t），②渠道 I_b 副类（C_s），可以在各自副类内实现价值补偿和物质替换，因此，关键是③渠道所示的 I_a 副类（C_s）与 I_b 副类（C_t）间的交换，平衡条件是：

$$S_P C I_a = (1-S_P) C I_b \quad \text{……反映流通渠道③的平衡} \quad (10.8)$$

式（10.8）表示，I_a 副类（实物生产资料副类）所需生产资料与生产软化系数的乘积，必须等于 I_b 副类（服务生产资料副类）所需生产资料与生产硬化系数的乘积。换言之，I_a 副类的服务生产资料需求量等于 I_b 副类的服务生产资料供给量，而 I_b 副类对实物生产资料的需求量，等于 I_a 副类的实物生产资料的供给量。

第二部类内部的交换：其中 II_a 副类的（V_t+M_t）和 II_b 副类的（V_s+M_s）可以分别通过④渠道和⑤渠道在各自副类内实现价值补偿和物质替换，因此，关键是 II_a 副类与 II_b 副类之间的交换。按渠道⑥，可导出实物消费品与服务消费品平衡条件：

$$S_C (V_{II_a}+M_{II_a}) = (1-S_C)(V_{II_b}+M_{II_b}) \quad \text{……反映流通渠道⑥的平衡}$$
$$(10.9)$$

式（10.9）表示，II_a 副类（实物消费品副类）必要产品和剩余产品数量之和与消费软化系数的乘积，必须等于 II_b 副类（服务消费品副类）必要产品和剩余产品数量之和与消费硬化系数的乘积。交换前，左边是"硬件"，右边是"软件"，二者刚好需与对方交换。它反映了 II_a 副类对服务消费品的需求量，必须等于 II_b 副类对服务消费品的供给量，而前者对实物消费品的供给量，必须等于后者对实物消费品的需求量。

上面讨论了服务简单再生产中两大部类间的宏观平衡条件。现在再来探讨服务简单再生产过程中以第三产业为主体的宏观平衡条件。

将图10-2的 I_b、II_a 副类的排列位置对调，使a副类（实物产品）

和 b 副类（服务产品）分别集中，就可得出三大产业的简单再生产和流通图式（见图 10-3，具体数字略）。

$$\begin{array}{c}
\text{第一、二产业}\begin{cases} \text{I}_a \\ \text{II}_a \end{cases} \\
\text{第三产业}\begin{cases} \text{I}_b \\ \text{II}_b \end{cases}
\end{array}$$

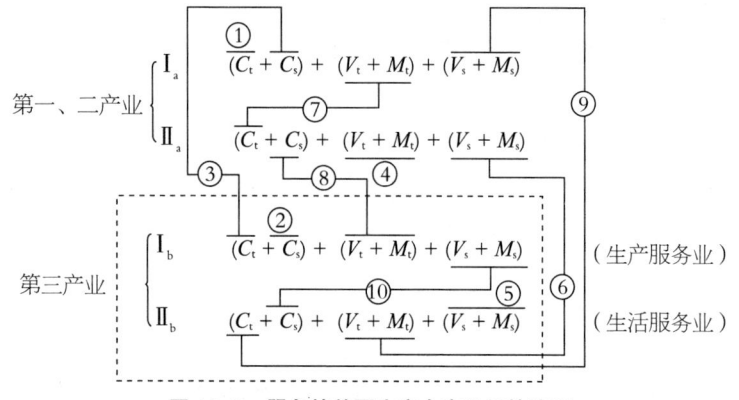

图 10-3　服务简单再生产中产业间的流通

图 10-3 中 I_a、II_a 构成第一、二产业，生产实物产品；I_b、II_b 构成第三产业，生产服务产品，其中 I_b 是生产服务部门，II_b 是生活服务部门。流通渠道的编号①~⑩及其内容，同图 10-2。虚线框内的②、⑤、⑩的交换是第三产业内部的交换；虚线框外的③、⑧、⑥、⑨的交换是第三产业与第一、二产业之间的交换，①、⑦、④则是第一、二产业内部的交换。从图 10-3 可知，要使第三产业的服务简单再生产顺利进行，一是要在第三产业内部实现平衡，二是要在其外部实现平衡。

先分析内部平衡。由于 I_b 副类（生产服务副类）的 C_s 和 II_b 副类（生活服务副类）的 (V_s+M_s) 可以分别通过渠道②、⑤在各自副类内实现价值补偿和物质替换，因此，第三产业内部平衡的关键问题在于第三产业的两个副类间的平衡。据渠道⑩，可导出第三产业内部生产服务部门与生活服务部门的平衡条件为

$$S_c(V_{\text{I}_b}+M_{\text{I}_b})=S_p C_{\text{II}_b} \quad \text{……反映渠道⑩的平衡} \quad [\text{同式（10.3）}]$$

它要求第三产业内部的生产服务部门与生活服务部门间交换的服务生产资料与服务消费品，在量上必须相等。其说明同式（10.3）。

再讨论外部平衡条件。从图 10-3 可知，要实现服务简单再生产，

在第三产业外部必须同时存在下述 4 个平衡条件。

（1）实物生产资料与服务生产资料的平衡（渠道③）：
$$S_p C_{I_a} = (1-S_p) C_{I_b} \qquad [\text{同式}（10.8）]$$

（2）实物消费品与服务生产资料的平衡（渠道⑧）：
$$S_p C_{II_a} = (1-S_c)(V_{I_b} + M_{I_b}) \qquad [\text{同式}（10.5）]$$

（3）实物生产资料与服务消费品的平衡（渠道⑨）：
$$S_c (V_{I_a} + M_{I_a}) = (1-S_p) C_{II_b} \qquad [\text{同式}（10.2）]$$

（4）实物消费品与服务消费品的平衡（渠道⑥）：
$$S_c (V_{II_a} + M_{II_a}) = (1-S_c)(V_{II_b} + M_{II_b}) \qquad [\text{同式}（10.9）]$$

这就是服务简单再生产中的第三产业外部平衡的详细条件。

合并式（10.8）、式（10.5），得
$$S_p(C_{I_a} + C_{II_a}) = (1-S_p) C_{I_b} + (1-S_c)(V_{I_b} + M_{I_b})$$

令 $C_a = C_{I_a} + C_{II_a}$，$S_c = S_p = S_n$，整理得
$$S_p C_a = (1-S_n)(C_{I_b} + V_{I_b} + M_{I_b}) \qquad (10.10)$$

式（10.10）要求第一、二产业所需的生产资料量与生产软化系数的乘积，必须等于第三产业中生产服务部门的总产量与国民经济硬化系数的乘积。它说明，要实现服务简单再生产，第一、二产业对服务生产资料的需求量与第三产业生产服务部门对此的供给量之间，以及第三产业生产服务部门对实物产品的需求量与第一、二产业对此的供给量之间，都必须保持数量相等。

合并式（10.5）、式（10.2），并令
$$V_a = V_{I_a} + V_{II_a}, \quad M_a = M_{I_a} + M_{II_a}, \quad S_n = S_c = S_p$$

得
$$S_c(V_a + M_a) = (1-S_n)(C_{II_b} + V_{II_b} + M_{II_b}) \qquad (10.11)$$

式（10.11）要求第一、二产业所需的消费资料量与消费软化系数的乘积，必须等于第三产业中生活服务部门的总产量与国民经济硬化系数的乘积。它反映了在服务简单再生产的情况下，第一、二产业对服务消费品的需求与第三产业生活服务部门对此的供给之间，以及后者对实物产品的需求与前者对此的供给之间，也应保持数量平衡。

式（10.10）和式（10.11）可称为实现服务简单再生产的产业外部平衡的简化条件。

将式（10.10）、式（10.11）合并，令

$$S_n = S_c = S_p, \quad W_a = C_a + V_a + M_a, \quad W_b = C_b + V_b + M_b$$

则有

$$S_n W_a = (1 - S_n) W_b \tag{10.12}$$

式（10.12）要求第一、二产业产值与国民经济软化系数的乘积，必须等于第三产业产值与国民经济硬化系数的乘积。它表明，要顺利实现服务简单再生产，第一、二产业对"软件"（服务生产资料和服务消费资料）的需求，与第三产业对此的供给之间，以及后者对"硬件"（实物生产资料和实物消费资料）的需求，与前者对此的供给之间，都应保持数量平衡。这就是服务简单再生产的产业外平衡的基本条件。

四、服务扩大再生产的宏观平衡条件

服务扩大再生产的源泉在于第三产业自身的积累，即第三产业的剩余价值转化为资本❶。但在现实第三产业中，服务的免费和低价制使不少服务部门（如科教文卫等）的营业收入趋于零，或远小于其服务产值。因此，在这些行业中，不仅其剩余产品湮灭在扭曲的价格体系中，甚至连其必要产品以至服务产品似乎也消失了；依靠自身积累扩大服务再生产，被歪曲地表现为依靠工农业的积累扩大服务再生产。为了从本质上分析服务扩大再生产，研究时必须对这些出现假象的"服务事业"单位予以舍象，假定所有服务部门都按正常的价格出售服务产品，其剩余产品都可以通过价格充分地表现出来。分析的典型也应选取以全额价格出售服务产品的、企业化经营的第三产业部门，如旅业、运输业、电信业、旅游业等。

---

❶ 笔者认为剩余价值是商品经济的一般范畴，而不是资本主义经济的特殊范畴。第三产业既然创造服务产品的价值，也就有可能创造以服务产品的使用价值为物质承担者的剩余价值。

假定扩大再生产发端的第一年，社会总产品由下列各个部分组成：

$$\text{I} \begin{cases} \text{I}_a\ 6000C + 1500V + 1500M = 9000 \\ \text{I}_b\ 4000C + 1000V + 1000M = 6000 \end{cases} 15000$$

$$\text{II} \begin{cases} \text{II}_a\ 2400C + 600V + 600M = 3600 \\ \text{II}_b\ 1600C + 400V + 400M = 2400 \end{cases} 6000 \quad \Bigg\} 21000$$

设两大部类资本有机构成 $C:V=4:1$，消费软化系数 S_c 和生产软化系数 S_p 均为 40%。追加投资时上述参数保持不变。现根据第二部类的积累率适应第一部类给定的积累率的原则，安排社会总产品的重新组合。

假定第一部类 a、b 副类均将剩余价值的 40% 用于积累，则：

（1）按资本有机构成和生产软化系数，可得 I_a、I_b 副类追加不变资本 ΔC_t、ΔC_s 和追加可变资本 ΔV_t、ΔV_s。

（2）依消费软化系数，可知这两个副类剩余价值中用于实物消费的部分 M_{t_x} 和用于服务消费的部分 M_{s_x}（角标 x 表示用于消费）。

（3）按两大部类间生产资料的供给量与需求量应相等的原则可知，I_a 副类（实物生产资料）或 I_b 副类（服务生产资料）供给的实物生产资料（$V_t + \Delta V_t + M_{t_x}$）或服务生产资料（$V_s + \Delta V_s + M_{s_x}$）与第二部类相应副类（参见图 10-2 标明的渠道⑦ C_t、⑧ C_s、⑨ C_t、⑩ C_s 交换渠道）所需生产资料替换量（需求量）之差，便是 II_a、II_b 应追加的不变资本 ΔC_t 和 ΔC_s。

（4）据资本有机构成，可求出这两个副类应追加的可变资本 ΔV_t 和 ΔV_s。

（5）扣除用于积累的剩余产品后，按消费软化系数，可求出 II_a、II_b 副类剩余价值中用于实物消费的部分 M_{t_x}，用于服务消费的部分 M_{s_x}。

这样，社会总产品重新组合如表 10-1 所示。

表 10-1　扩大再生产条件下社会总产品的重新组合

部类	C_t F	C_t Δ	C_s F	C_s Δ	V_t F	V_t Δ	V_s F	V_s Δ	M 积累率	M 积累部分 总量	M 积累部分 C	M 积累部分 V	M 消费部分 总量	M 消费部分 M_{t_x}	M 消费部分 M_{s_x}	产值
I_a	3600	288	2400	192	900	72	600	48	40%	600	480	120	900	540	360	9000
I_b	2400	192	1600	128	600	48	400	32	40%	400	320	80	600	360	240	6000
II_a	1440	72	960	48	360	18	240	12	25%	150	120	30	450	270	180	3600
II_b	960	48	640	32	240	12	160	8	25%	100	80	20	300	180	120	2400

注：F 表示原有（former）的，Δ 表示追加的。

通过 I_a、I_b 副类的（$C_t + \Delta C_t$）在第一部类内部的交换，II_a、II_b 类的（$V_t + \Delta V_t + M_{t_x}$）+（$V_s + \Delta V_s + M_{s_x}$）在第二部类内部的交换，以及 I_a、I_b 副类的（$V_t + \Delta V_t + M_{t_x}$）或（$V_s + \Delta V_s + M_{s_x}$）与 II_a、II_b 副类的（$C_t + \Delta C_t$）+（$C_s + \Delta C_s$）在两大部类间的交换，服务产品与实物产品都得到实现，社会扩大再生产就可顺利进行。

经过积累和社会总产品的价值补偿和物质替换，社会资本由 17500 增大到 18750，增长 7%。第二年的生产就可以按扩大的规模进行。如果剩余价值率不变，年终社会总产品将由 21000 增到 22500，增长 7%。

$$I \begin{cases} I_a\ 6480C + 1620V + 1620M = 9720 \\ I_b\ 4320C + 1080V + 1080M = 6480 \end{cases} 16200$$

$$II \begin{cases} II_a\ 2520C + 630V + 630M = 3780 \\ II_b\ 1680C + 420V + 420M = 2520 \end{cases} 6300 \Bigg\} 22500$$

从上面分析可以看到，扩大再生产的三方面的交换也是按照简单再生产条件下的十个流通渠道进行的。不同的是交换的对象略有变化：简单再生产时的 C_t、C_s、V_t、V_s 分别变成了扩大再生产时的（$C_t + \Delta C_t$）、（$C_s + \Delta C_s$）、（$V_t + \Delta V_t$）、（$V_s + \Delta V_s$）；M_t、M_s 则相应变为 M_{t_x}、M_{s_x}。这是因为扩大再生产条件下不变资本和可变资本的各个部分均因追加资本的存在而不同程度地增大了一个 Δ 量,用于生活消费的剩余价值都由于积累的存在而减少了。

据此分析,简单再生产的宏观平衡条件[式(10.1)~式(10.12)]只要给 C、V 增加一个 Δ 量,使 M 减为 M_x,就可以改为扩大再生产的宏观平衡条件,由此可得共 12 个新公式。这里仅择其要点列出。

扩大再生产情况下第三产业内部生产服务部门与生活服务部门的平衡条件(I_b 与 II_b 平衡,渠道⑩):

$$S_c\left(V_{I_b} + \Delta V_{I_b} + M_{I_{b_x}}\right) = S_p(C_{II_b} + \Delta C_{II_b})$$

第三产业与第一、二产业平衡的详细条件(I_a 与 I_b 平衡,渠道③)如下。

(1)实物生产资料与服务生产资料的平衡:

$$S_p(C_{I_a} + \Delta C_{I_a}) = (1 - S_p)(C_{I_b} + \Delta C_{I_b})$$

(2)实物消费品与服务生产资料的平衡(II_a 与 I_b 平衡,渠道⑧):

$$S_p(C_{II_a} + \Delta C_{II_a}) = (1 - S_c)(V_{I_b} + \Delta V_{I_b} + M_{I_{b_x}})$$

(3)实物生产资料与服务消费品的平衡(I_a 与 II_b 平衡,渠道⑨):

$$S_c\left(V_{I_a} + \Delta V_{I_a} + M_{I_{a_x}}\right) = (1 - S_p)\left(C_{II_b} + \Delta V_{II_b}\right)$$

(4)实物消费品与服务消费品的平衡(II_a 与 II_b 平衡,渠道⑥):

$$S_c\left(V_{II_a} + \Delta V_{II_a} + M_{II_{a_x}}\right) = (1 - S_c)\left(V_{II_b} + \Delta V_{II_b} + M_{II_{b_x}}\right)$$

第三产业外部平衡的简化条件如下。

生产服务部门与第一、二产业的平衡(I_b 与 I_a 和 II_a 平衡,渠道③~⑧):

$$S_p(C_a + \Delta C_a) = (1 - S_n)\left(C_{I_b} + \Delta C_{I_b} + V_{I_b} + \Delta V_{I_b} + M_{I_{b_x}}\right)$$

生活服务部门与第一、二产业的平衡(II_b 与 I_a 和 II_a 平衡,渠道⑨~⑥):

$$S_c\left(V_a + \Delta V_a + M_{a_x}\right) = (1 - S_n)\left(C_{II_b} + \Delta C_{II_b} + V_{II_b} + \Delta V_{II_b} + M_{II_{b_x}}\right)$$

第三产业外部平衡的基本条件：

$$S_n W_a = (1 - S_n) W_b$$

上式中，第一、二产业产值：$W_a = C_a + \Delta C_a + V_a + \Delta V_a + M_{a_x}$

第三产业产值：$W_b = C_b + \Delta C_b + V_b + \Delta V_b + M_{b_x}$

以上公式字母涵义与式（10.1）～式（10.12）相同，不同之处：Δ 表示追加，角标 x 表示用于个人消费部分。

可见，第三产业崛起使社会再生产和流通的产品概念得到扩充，从实物产品扩展到服务产品，因而其宏观平衡条件倍增，比过去更严格。

第二节 服务再生产的宏观规模及其发展规律

服务再生产的宏观规模会随着社会的发展而日趋扩大。本节将通过定性分析说明，这是服务需求上升律和服务供给上升律共同作用的结果。

一、服务需求上升律对服务再生产宏观规模的影响

1. 服务需求上升律的涵义

服务需求上升律是指在一定历史阶段里对服务产品的总需求量的增长速度随着人类社会的发展而相对上升的客观规律。我们可以从以下三个要点把握这一规律的涵义。

（1）服务需求上升，指的是对作为整体的服务产品的总需求量的上升，并不意味着所有类型、规格的服务产品的需求量日趋上升。因为整体服务产品总需求量的上升，往往是伴随着个别陈旧过时的服务产品需求量的衰退，以至消失而存在的，二者并行不悖。在各类服务产品需求的形成、增长、饱和或衰落的沉浮起落中，服务需求的增长量超过了其衰减量，使其总需求量呈现增长态势。

（2）服务需求上升，指的是服务需求量的增长速度的相对上升。随着社会生产率的增进，生产领域的开拓和收入水平的提高，人类对服务产品和实物产品的需求量都在绝对地增长。但是，在一定的

经济条件和一定的历史时期内，对服务需求量的增长速度，快于对实物产品需求量的增长速度。这称为服务需求量相对于实物需求量的上升。

（3）服务需求上升具有概率规律性，它指的是一种发展趋势。客观规律包括与确定性现象相联系的必然性规律，以及与随机现象相联系的概率规律（统计规律）。服务需求上升律属后者。它只能通过对大量的、长期的需求现象的观察而被发现，而不可能在每次需求行为中都得到证明。因为需求行为是人参与的经济活动，而每个人的经济活动受其主观意志支配，所以，即使其他条件完全相同，每个人对服务的需求方向、大小、强度，也不可能完全确定、划一，而是有很大的随机性，似乎杂乱无章。但是，从宏观上看，由数量足够多的单个需求者的需求合力所决定的社会对服务的需求，却是有规律可循的。只要将观察的次数增多，把观察的时间扩大到一个历史时期，观察的范围由个人扩大到一国、数国以至人类社会，就可以看到，单个个人对服务的需求所具有的随机性在集体的作用下被相互抵消了，人类的服务需求呈现出上升的趋势。

2. 服务需求上升律的存在条件

服务需求上升律是在一定的经济条件下和一定阶段内形成并发生作用的。这些经济条件可以从生活服务需求的上升与生产服务需求的上升这两方面来分析。

（1）就生活服务需求来说，服务需求上升律的存在必须具备如下三方面的经济条件。

其一，相当多服务产品的需求收入弹性高于实物产品。

不少服务产品的需求收入弹性高于实物产品，原因就在于这些服务属享受资料或发展资料。恩格斯把人类的生活资料分为生存资料、享受资料和发展资料三大类。产品性质不同，它在人类需求层次中所处的地位就不相同。按美国心理学家马斯洛的划分，人类有五种主要的需求：①生理需求，以解除饥渴为主；②安全需求，保障身体和财产不受侵害；③社会需求，进行社会交往；④尊重的需求，包括自我尊重和社会尊重；⑤自我实现需求，实现自我理想。这些需求依次排成一个个由低到高的层次，低层次的需求获基本满足后，才有可能发展高一层次的需求。由于各人动机结构发展的情况不同,这五种需求在个体内所形成的优势位置亦不同。但任何一种需求并不因为下一个高层次的发展而消失,各层次的需求相互依赖和重叠,高层次的需求发展后,低层次的需求继续存在,只是对行为的影响退居次要地位。从上述三类生活资料本身的特性来看,生存资料用于满足最低级、最基本的需求,而享受资料和发展资料则用以满足社会需求、尊重的需求和自我实现的需求。当人们的收入水平很低时,满足需求的手段相当落后和有限,绝大部分收入不得不用以满足生存资料的需求。当社会生产率和收入水平的提高使投入消费的生存资料增长到基本满足低层次的生理需求和安全需求时,收入的增量就主要用以购买享受资料和发展资料,满足较高层次的需求。因此,①同一种产品在不同的收入水平区间,或不同收入水平的国家中,其需求的收入弹性是不同的:生存资料的需求收入弹性在低收入区间大,在高收入区间小;享受资料和发展资料的需求收入弹性则反之。②在同一收入区间,处于不同需求层次的不同产品的需求收入弹性是不同的:在高收入区间,享受资料和发展资料的收入弹性大,生存资料的收入弹性小;在低收入区间则反之。

从服务产品本身的消费功能看,虽然不少服务产品也属基本生存资料,如衣食住行中必要范围内的洗衣服务、饮食服务、旅业或公寓服务、上下班交通服务,以及涉及衣食住行的商业服务等,但是,相当多服务产品属享受资料和发展资料,如满足美食欲的珍馐佳肴饮食服务,满足审美欲的华丽服饰的洗涤服务、文艺服务、旅游服务,满足物质和精神享受欲的豪华宾馆旅业服务,就属享受资料;而延年益寿的保健服务,有助于体力发展的体育服务,能延长或扩大人的各种感官,提高人的智力和认识能力的信息服务、广播电视服务、高等教育服务、科研服务等,属发展资料。因此,在社会收入水平较高的基点上,这些服务的需求的收入弹性高于属生存资料的实物产品(尤其是食品)。

图 10-4 是 1995—2014 年中美居民消费结构变化,分析可得有用信息。

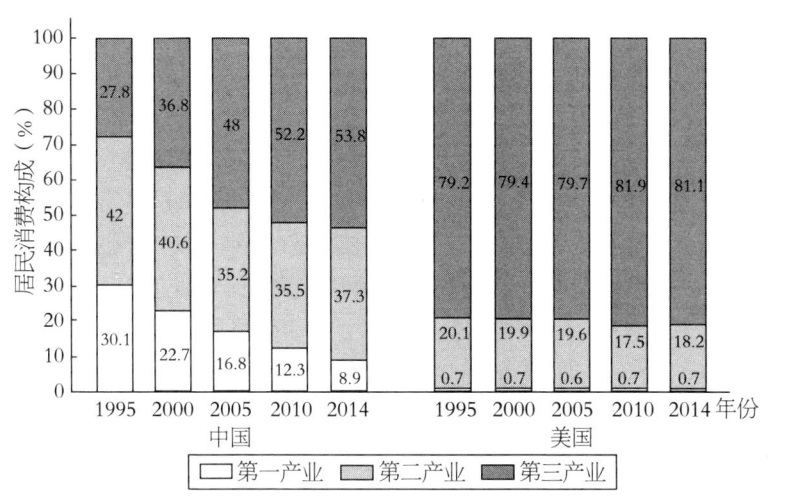

图 10-4　1995—2014 年中美居民消费结构变化

数据来源：根据 WIOD 数据库计算整理。

纵向比较显示，1995—2014 年，中国居民对服务（第三产业）消费比重从 27.8% 增到 53.8%，对农产品（第一产业）的从 30.1% 降到 8.9%，对工业品（第二产业）的从 42% 降到 37.3%。美国居民对服务（第三产业）的消费比重从 79.2% 增到 81.1%，工业品（第二产业）从 20.1% 降到 18.2%，农产品（第一产业）0.7% 不变。这说明，20 年来中美消费结构都在软化：服务消费比重都在提高，实物消费比重都在下降；中国软化速度比美国大，因中国原来的消费结构比较"硬"。

横向比较显示，1995—2014 年美国服务消费比重比中国高 51.4~27.3 个百分点，工业品低 21.9~19.1 个百分点，农产品低 29.4~8.2 个百分点。这提示：较高收入的发达国家的服务消费比重高于较低收入的发展中国家，实物消费比重则低于后者；随着中国收入水平的提高，中美消费结构的差距正在显著地缩小。这也佐证了：从总体上说，服务产品需求的收入弹性大于实物产品。❶

应该注意的是，服务消费品的需求收入弹性并非比所有实物消费

---

❶ 这也佐证了中美两国产业结构在软化，中国的软化速度比美国大，因中国原来产业结构比较"硬"。

品都大。一般地说，服务消费品的需求收入弹性的平均值，在发达国家中，虽比半耐用品、非耐用品的大，但还不如耐用品的大；在发展中国家，它甚至不及半耐用品的大。不过，实物消费品的需求收入弹性的平均值一般低于服务消费品，其原因在于发展资料和享受资料在二者各自的内部构成上所占的比例不同。此外，服务的需求收入弹性平均值大于实物产品这一经济条件，并不是在所有历史发展阶段中都存在的。在经济发展水平低，人们的温饱问题尚未解决时，因低层次的需求还未满足，收入的增量就基本用于满足食品、衣物或用品的需求，所以食品、衣物和家具的需求收入弹性会相对大些，而服务需求收入弹性相对小些，甚至可能趋于零。只有生存资料的需求基本得到满足后，才可能出现服务的高收入弹性。因此，服务的需求收入弹性的大小，与社会生产率的发展水平及其制约的社会收入水平的绝对值密切相关。这就意味着，服务需求上升律发生作用，还必须具备收入水平方面的条件。

其二，社会收入水平已达到基本解决温饱问题的高度，并不断提高。

社会收入水平达到基本解决温饱问题的高度，可使不少服务产品的需求收入弹性开始大于实物产品，所以它也是服务需求上升律得以存在的必要经济条件。但是，如果仅存在着服务产品的需求的收入弹性和收入水平相对高的条件，还不可能形成服务需求上升律。因为当收入水平停滞或下降时，服务需求的增长率就会降为零，甚至为负数。服务需求的高收入弹性必须与社会收入水平提高这一条件相配合，服务需求量才会以快于物品需求量的速度增长。

从人类社会的较长历史时期看，由于人类改造自然的能力不断提高，生产斗争的知识技能不断丰富，社会生产率是不断增长的。单位工作时间内生产的劳动成果的数量和质量的增长，使一切社会的所有成员的收入水平，从长期看，总是趋于提高的。用不着十分渊博的学识，也无须进行庞杂的论证，只要尊重历史发展和社会进步的基本事实，就不难了解，虽然个别年份的社会收入水平可能因战争、灾害或经济危机等影响而停滞甚至下降，但不可能出现本世纪收入水平不如上世纪的情况。即使在收入分配不均等的剥削制度下，被剥削阶级的实际收入水平也会随着生产的发展而趋于提高。至于论证无产阶级的收入水平在经济增长的条件下也越来越低，以致形成贫困的积累，那是违反历史发展的辩证法的。

社会收入水平虽然总是趋于增长，但增长幅度是不相同的。这主要取决于社会生产率增长的速度，后者又为科技的发展及其在生产上的应用程度所决定。每当科技出现新的突破，由此导致的生产率的大大提高，最终总是推动社会收入水平的大幅度增长，这就会引起高收入弹性的服务需求更大幅度的增长；而收入水平的停滞则会令服务需求的增长陷于停顿。因此，服务需求上升律在收入水平增长缓慢的条件下表现并不明显，但在收入水平迅速提高的年代，则会以引人注目的面貌呈现在人们面前。正因为如此，在生产率提高缓慢的古代和近代，社会收入的低水平和发展的低速度使服务需求上升律的作用很微弱。在当代，新的科技革命的相继问世使社会生产率成倍、数十倍地增长，迅速地增长着的收入水平使得战后各发达国家中的服务需求以快于货物需求增长的速度增长。

其三，闲暇时间的存在和不断增多。

相当多服务产品需求的闲暇弹性大于实物产品，所以闲暇时间的存在和不断增多，也是服务需求上升律得以形成的重要经济条件。

闲暇时间是非工作时间扣除生理时间（睡眠、休息）、通勤时间（上班）和家务时间以外的可以自由支配的部分。它的存在和不断增多，是社会生产率提高引致的工作时间减少的直接结果。生产率的提高就是劳动时间的节约，而劳动时间的节约会导致非工作时间的延长，从而使闲暇时间的增多。在远古时代极其低下的生产率水平下，人们将一天中生理时间以外的时间全用于采集和狩猎劳动，也几乎无法维持自己的生命，这时闲暇时间趋于零。随着生产率的提高，闲暇时间开始存在，但在前资本主义时期，它的增长微乎其微。近代产业革命提高了生产率，闲暇时间增大了，但其绝对值还是很小的。1802年，英国国会通过《学徒健康与道德法》，规定每班工作不许超过12小时，可见当时日工时普遍达12小时以上，才有必要立法限制。

近百年来，随着科技革命的兴起，社会生产率迅速提高，加上社会道德、工会势力、人道主义力量、政界和社会领袖及有远见的雇主的影响,世界上发达资本主义国家的周劳动时间缩减了一半,从每周72小时(12小时×6天)减到35小时(7小时×5天)。在美国,每周劳动时数从1850年的70小时,下降到1900年的60小时、1940年的44小时、1950年的40小时、1960年的37.5小时。五一国际劳动节起源于1886年美国芝加哥工人的示威游行,为每周六天八小时工作制的目标而奋斗;1945年世界工联第一次代表大会,各国代表提出的则是应普遍采用五天工作制(每周40小时)。联合国国际劳工局1985年统计,在150个成员方中,有80个国家的周工作时间不到48小时,其中大部分国家为40小时,少数国家的个别行业已减至30~35小时。世界上工时最短的北欧挪威等国,平均周工时只有30小时,每年还有五周带薪休假。❶我国自1995年5月1日起实行五天工作制。1999年将春节、五一、十一的休息时间与前后的双休日拼接,形成7天长假。2008年五一长假被取消,增加了清明、端午、中秋三个中国传统节日,出现5个3天小长假,2个7天长假。随着闲暇时间增多,人们对休闲、旅游、商业、餐饮、娱乐、文化、艺术、体育、电影、展览等服务消费品的需求大大增加,从而引起服务需求上升律发生作用。

　　值得指出,上述三方面经济条件的出现,都与社会生产率提高有关。生产率提高到一定高度,使收入水平解决温饱问题,才使相当多服务的需求收入弹性大于实物产品;生产率的不断增长,使社会收入水平不断提高,使高收入弹性的服务需求以更快的速度增长;生产率的提高,又使闲暇时间得以存在和不断增长,引起相关服务需求的出现和增长。因此,在社会发展的历史长河中,在社会生产率的增进过程中,人类总会经历这样一个不可逾越的历史阶段,在这个阶段里,生产率的发展使导致服务需求上升律发生作用的上述三个经济条件同时存在,使服务需求上升律发生作用。这是我们称之为规律的原因。纵观世界,发达国家大致在20世纪初开始进入这一阶段;发展中国家在"二战"后重走发达国家走过的路,这不是偶然的。

　　比较图10-5的2005—2015年中美消费软化系数可以看出:第

---

❶ 资料来源:《世界经济导报》1986年9月29日。

一，从横向看，发达国家（以美国为代表）的消费软化系数较大，发展中国家（以中国为代表）的消费软化系数较小，差距在缩小中，由 2005 年 28.32 下降到 2015 年的 27.36。美国消费软化系数大于中国 28.32~27.36 个百分点，提示：从纵向看，中美消费软化系数都在增大。中国消费软化系数从 2005 年的 47.2% 增大到 2015 年的 50.12%，美国从 2005 年的 75.52% 增大到 2015 年的 77.48%。这佐证了服务需求上升律发生作用导致对服务消费品消费比重上升。

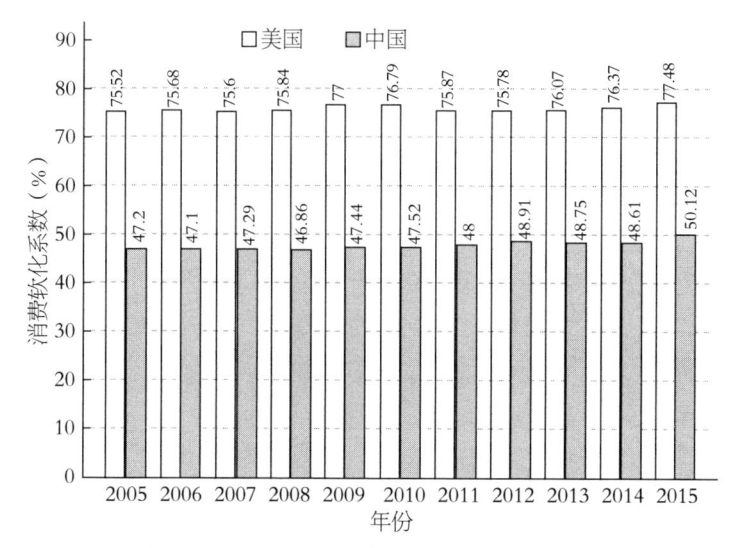

图 10-5 2005—2015 年中美消费软化系数比较

数据来源：根据 OECD 数据库计算整理。

需要说明，人类对实物消费品和服务消费品的需求量会随着经济水平的提高而增长，在一定的历史阶段内和一定的条件下，对服务消费品的需求增长速度会快于实物消费品的需求增长速度，使服务在消费结构中的比重增大。但服务比重不可能无限增大，以至于使实物消费品趋于零，达到一个势均力敌的饱和点后，两者比重就趋于稳定。如果出现新的技术状况和需求状况，就在新的条件下形成新的平衡点。因此，生活服务需求上升只是相对的不是永恒的、绝对的。

（2）就生产服务需求来说，服务需求上升律是在如下两方面的经济条件下形成的。

一方面是生产向信息化发展。

经济过程包括物质或能源的转换和信息从某种模式向另一种模式的转换。在生产中，这两种转换互相交错，不可分割：物质或能源的操作必须有相应的知识、计划、调整和控制的信息；而信息的生产、处理、流通也需要某些起码的物质和能源。在人类生产发展的低级阶段，生产主要靠物质和能源等生产要素的投入，信息投入较少。随着社会的发展，科技的进步及其在生产中的应用，信息在生产中的地位越来越重要，生产中所需的信息资源有逐步增长的趋势。如组织现代企业必须有研究开发、经营决策、信函书写、发票归档、资料处理、电话联系、章程和报告草拟等信息；需要运用打字机、复印机、终端机、电子计算机、电话、交换台、互联网、卫星天线、传真等处理、操作、传递信息的仪器设备；需要研究人员、工程人员、设计人员、制图工、管理人员、秘书、文书、会计师、律师、宣传人员、通讯员等信息工作者的服务。这就引起生产投入中信息资源比重的上升。生产向信息化发展，就使与信息的产生、传递和处理有关的服务生产资料的需求的增长速度有可能超过实物生产资料。

另一方面是生产向社会化、专业化的发展。

生产的社会化、专业化通过社会分工，使专业化企业操作技术熟练，操作设备完善，操作人员专门化，有效地提高生产效率，因此，人类生产必然循着由封闭型的"小而全""大而全"向开放型的社会化、专业化的轨道发展。而生产的社会化、专业化分工和协作，使企业内外经济联系大大发展，从原料、能源、半成品到成品，从研究开发、协调生产进度、产品销售到售后服务、信息反馈，越来越多的企业在生产上存在着纵向和横向联系，其相互依赖程度日益加深。这就会导致对商业、金融、银行、保险、海运、空运、陆运，以及广告、咨询、情报、检验、设备租赁维修等服务生产资料的需求量迅速上升，从而也使服务需求上升律发生作用。

据对世界投入产出数据库（WIOD）的计算整理，1995—2014年美国国民经济的中间投入构成中，服务投入占比总体上呈现上升趋势，从1995年的52.9%，演变为2005年的59.6%、2010年的61.5%、2014年的59.1%，同期实物投入占比大体呈下降趋势，分别为47.1%、

40.4%、38.5%、40.9%；第三产业生产服务占中间投入的比重提升得最大，从 73.8% 升到 77%。这佐证了生产的信息化、社会化、专业化发展，使三次产业的中间投入中服务生产资料比重增大，实物生产资料比重下降，生产服务需求的上升推动服务需求上升律形成和发展（见图 10-6）。

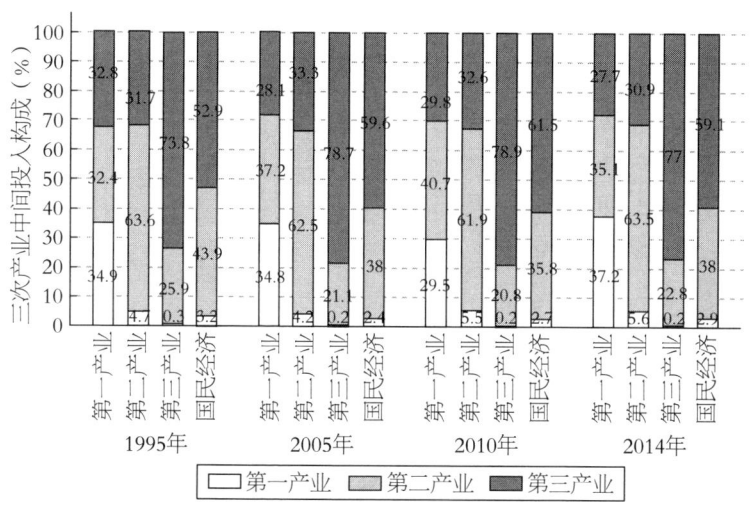

图 10-6 1995—2014 年美国三次产业中间投入构成

数据来源：根据 WIOD 数据库计算整理。

上述两方面的经济条件也是在经济发展进程中或迟或早都要出现的。在当代，服务需求上升律的作用得到大大加强。

比较图 10-7 的 1998—2015 年中美生产软化系数可以看出：第一，从横向看，发达国家（以美国为代表）的生产软化系数较大，发展中国家（以中国为代表）的生产软化系数较小，差距有所扩大，由 2005 年 34.6% 增大到 2015 的 37.59%。第二，从纵向看，中美消费软化系数都在增大。中国生产软化系数从 2005 年的 22.95% 增大到 2015 年的 28.11%，美国从 1998 年的 53.64% 增大到 2015 年的 65.7%。这佐证了服务需求上升律发生作用导致对服务生产资料消费比重上升。

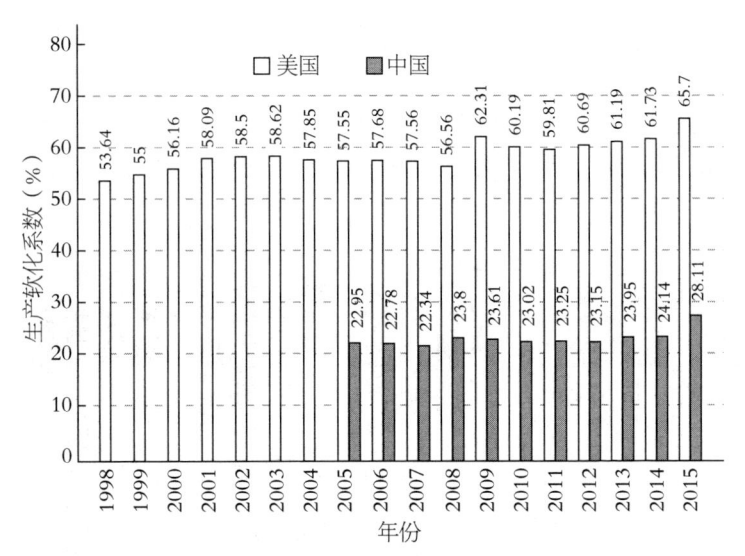

图 10-7 1998—2015 年中美生产软化系数比较

数据来源：根据 EU KLEMS 和 OECD 数据库计算整理。

需要说明，人类对实物生产资料和服务生产资料的需求会随着经济水平的提高而增长，在一定的历史阶段内和一定的条件下，对服务生产消费的需求增长速度会快于实物生产资料的需求增长速度，使服务在生产投入结构中的比重增大。但是，服务比重不可能无限增大，以至于使实物生产资料趋于零，达到一个势均力敌的饱和点后，两者比重就趋于稳定。如果出现新的技术状况和需求状况，就在新的条件下形成新的平衡点。因此，生产服务需求上升也是相对的，不是永恒的、绝对的。

3. 服务需求上升律的作用后果

服务需求上升律是通过价格机制发生作用的。在其他条件不变的情况下，服务总需求的上升将使服务均衡价格上升，引起服务总供给的增大；不同服务的需求收入弹性的差异又使高收入弹性的服务价格坚挺，低收入弹性的服务价格疲沓，从而使不同种服务的增长速度不一，形成服务产品的种类结构。

服务需求上升律的作用结果，必然要求服务再生产的宏观规模日趋扩大。

一方面,服务需求上升律作用于消费结构,使人们对服务消费品的需求增长速度快于实物消费品,整个社会的消费软化系数 S_c 趋于增大。另一方面,服务需求上升律作用于生产结构,使三大产业对服务生产资料的需求以快于实物生产资料的速度增长,整个社会的生产软化系数 S_p 逐趋增大。

消费软化系数 S_c 和生产软化系数 S_p 的增大,决定了国民经济软化系数 S_n 也趋于增大,如表 10-2 所示。

表 10-2 国民经济软化系数 S_n

单位:%

年份	中国	日本	美国	墨西哥	德国	意大利	俄罗斯	巴西	英国	印度
1970	9.9	43.8	59.0	56.8	40.6	46.3	—	49.3	53.0	32.9
2000	39.8	65.9	73.1	57.8	61.4	62.7	49.7	58.3	66.4	41.3
2018	52.2	69.1*	77.4*	60.2	61.5	66.1	54.1	62.6	70.5	49.0

资料来源:1995 年、2002 年、2019 年《国际统计年鉴》,国家统计局。
* 2017 年数据,S_n 即服务业增加值占国内生产总值比重。

根据第一节的式(10.12),可推知第三产业再生产宏观规模:

$$W_b = \frac{S_n}{1-S_n} W_a$$

国民经济软化系数 S_n 日趋增大,使 $\frac{S_n}{1-S_n}$ 增大,这就要求第三产业再生产宏观规模应予增大。将表 10-2 中德的国民经济软化系数代入上式,可知:1970 年中国第三产业宏观规模 W_b 仅占第一、二产业总值的 11%,2018 年已增为 1.1 倍;2018 年德国第三产业宏观规模为第一、二产业总值 W_a 的 1.6 倍。

综上所述,服务需求上升律发生作用的结果,使服务需求绝对和相对地增大,这就要求第三产业再生产宏观规模得到相应的增大。

二、服务供给上升律对服务再生产宏观规模的影响

1. 服务供给上升律的涵义

服务需求上升律只是从消费者的角度对服务再生产宏观规模的扩大提出了要求,第三产业宏观规模的扩大,还必须通过服务供给上升律对于生产者的作用才能实现。

服务供给上升律是指人类对服务产品的总供给的增长速度,在一定的历史阶段内,会随着人类社会的发展而相对上升的规律。

第一,与服务需求上升律类似,服务供给上升律是指整体服务产品的总供给的上升,并不意味着所有服务产品的供给都日趋上升;第二,它指的不是服务供给量的绝对增大,而是指其增长速度对实物供给增长速度的相对增大;第三,它是在服务需求上升律发生作用的基础上形成的概率规律。

2. 服务供给上升律存在的经济条件

服务供给上升律是在如下的经济条件下形成并发生作用的。

(1)服务需求上升律形成并发生作用。在第三产业中,服务产品的供给是以消费者为对象的,因此,它必须依服务需求量的变化而变化。服务需求的形成,要求与之相适应的服务供给;服务需求的上升,使服务供给的上升成为必要。从总体上说,服务供给必然或迟或早适应增长着的服务需求而趋于上升。因此,不仅服务需求上升律的形成并发生作用构成服务供给上升律存在的直接经济条件,更深一层说,服务需求上升律形成的经济条件,也构成服务供给上升律发生作用的间接经济条件。

(2)物质利益机制对服务需求和供给的反应灵敏、不失真。服务需求上升律揭示了消费者愿意并且能够购买的服务量的相对上升趋势,但单凭服务需求增大,还不足以构成服务供给扩大的充分条件。要使生产者也愿意并且可能出售数量越来越多的服务,其间必然还有一条联系供需双方,使服务供给与服务需求同方向、同幅度变动的纽带。虽然任何社会服务生产的客观的最终目的,都是为了取得非实物使用价值来满足人类的服务需求,但是,就一个个具体的服务企业而言,

它们之所以从事服务生产，并非是以满足他人对服务的需求为目的，而是以实现自身的利益为动机。它们是在追求自身经济利益中，间接满足他人的需求的。因此，社会必须以某种纽带将服务生产者自身利益的实现和增长，与服务的供给及其增大联系起来，从而客观上使社会成员对服务相对上升的需求得以实现。就此而论，说服务生产者"主观为自己，客观为他人"，是合乎经济规范的。社会的这一纽带就是物质利益机制。它兼有"裁判员""执罚点"和"颁奖台"的三合一作用，对服务生产者的供给行为作出评价和奖罚。它必须做到：第一，使服务生产者获得的物质利益，灵敏、及时地对服务供给状况的变化作出反应：服务生产者适应服务需求上升律的要求增加了服务供给，就应及时地取得相应的物质利益增量；第二，使物质利益的获得量，不失真地对服务供给状况作出反应：物质利益与服务供给的变化，既要在方向上一致，又要在幅度上相当，还得在限度上相同（比如超出需求上升的限度增加服务供给，就不能得到物质利益的增量）。物质利益机制对服务供给的影响可用图 10-8 表示。

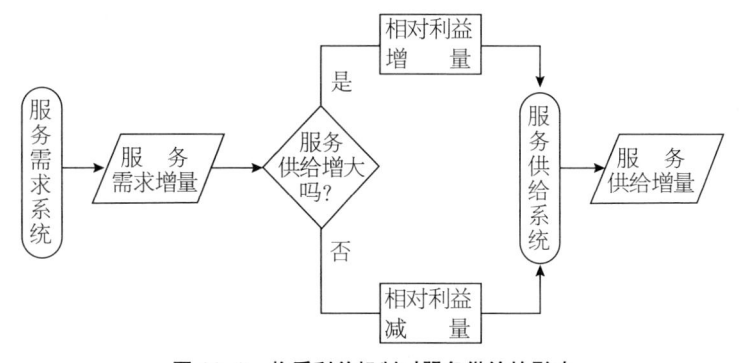

图 10-8 物质利益机制对服务供给的影响

在市场经济中，调节服务供给的物质利益机制是以服务价格体系为媒介的。在收入水平、闲暇时间量均增长的情况下，属享受资料和发展资料的服务产品需求量上升，使其均衡价格提高；但这些服务又是需求的价格弹性大的产品，其价格提高会大大降低其需求量，这就出现了促使其均衡价格下降的因素。二者形成动态平衡过程。只要牵动服务价格上升的牵引力（它由收入水平的绝对高度和增幅、闲暇时

465

间量的绝对值及增幅、服务需求的收入弹性的大小等因素决定），大于拉动服务价格下降的牵引力（它由服务需求的价格弹性的大小、服务价格的升幅等因素决定），服务均衡价格就可以在两个方向相反的作用力的动态牵拉中向上移动，从而使服务供给的增大具有了物质利益方面的经济条件。在现实中，第三产业比重日趋增大，也反证了第三产业有某些吸引人、财、物力的因素——由服务需求的收入弹性大决定的服务价格坚挺或上升带来的相对高的经济利益。

在非市场经济或不完全市场经济部门，如免费服务或部分收费的供给单位中，调节服务供给的物质利益机制主要是通过财政税收、财政拨款等形式实现的。服务需求的上升，辅之以对相关服务行业的财政支持的增大，就促成服务供给的上升。

至于服务生产资料，因其需求随着社会经济向信息化的过渡，社会化、专业化生产的发展迅速增大，加之其需求的价格弹性小（因没有或少有替换品），故其供给可以在其价格的提高中迅速增大。

（3）实物生产领域生产率的迅速提高。实物生产领域生产率的迅速提高，从而形成第一、二产业生产能力的相对过剩，是服务供给上升律得以发生作用的基础条件。服务需求上升为服务供给上升提供了必要性；第三产业的相对利益大，为服务供给上升提供了动力；第一、二产业的生产高效率，为服务供给上升提供了可能性。只有这三个经济条件同时具备，服务供给上升律的存在，才有充分必要条件。如果第一、二产业生产率水平很低，低收入水平形成的服务低水平的需求就不要求服务供给上升，这自不必细述。退一步说，即使服务需求仍迅速上升，并使第三产业相对利益增大，从而要求增加投入服务生产的人力、财力、物力，但由于第一、二产业生产率低且发展缓慢，故社会只能牺牲第一、二产业生存资料的生产，去发展第三产业的享受资料和发展资料的生产，这就使产品结构违反需求层次的要求，造成生存资料的不足，享受资料和发展资料的过剩。而这种情况就会把服务价格拉下来。这说明服务业相对高的利益不可能人为地制造，而需以第一、二产业的高生产率为条件。

按照需求层次理论，社会首先将绝大部分物化劳动和活劳动量投入满足最低需求层次的产品的生产，当这一生产的效率大为提高，腾出了过剩劳动量以后，部分劳动才可转入次高层次的生产；然后这一生产率的提高和劳动的转移又在更高的需求层次上重演。因农产品主要充当生存资料，工业品的相当部分充当享受资料和发展资料，服务产品的大部分构成享受资料和发展资料，所以，劳动力依次投入第一、二、三产业，并随着前一产业生产率的提高依次转移到后一产业，并使后者供给相对上升，这是符合需求结构的发展规律的。这样看来，实物生产领域生产率的迅速提高，就成了服务供给上升律得以发生作用的重要经济条件。

3. 服务供给上升律的作用机制和作用后果

服务供给上升律是通过如下的作用机制实现服务供给的增大的。在服务需求曲线右移的情况下，服务供求平衡点上升：服务需求↑→服务价格↑→第三产业相对利益↑→社会劳动的转移→服务供给量↑。服务供给上升律的作用后果，是服务再生产宏观规模现实地扩大，第三产业在就业比重和产值比重上都趋于增大。由于服务价格与相对利益的关系前已论及，这里着重讨论一下服务供给上升律导致的社会劳动向第三产业的转移。

服务产品的供给规模，取决于社会对它的数量、结构（品种）和质量的需求。需求扩大，要求供给规模扩大。

供给规模的扩大即产量的增加可以通过两个途径来实现：增加投入的劳动量和提高劳动生产率。

首先假定生产服务产品的劳动生产率不变。这样，只有增加投入第三产业的劳动量才能使服务产量增加。但是，在一定时期内，社会拥有的劳动总量是一定的。如果生产物品的劳动时间不能减少，生产服务的劳动时间就不能增加，而在物品产量保持不变的情况下，只有实物生产领域的劳动生产率提高了，才能腾出劳动力转移到服务的生产上。因此，服务的供给规模的扩大受实物生产领域劳动生产率的制约；实物生产领域劳动生产率的提高使工农业生产耗费的劳动时间逐趋缩短，这才使社会总劳动中越来越大的份额有可能投入服务领域，直接导致服务供给规模的扩大。

从农业来看，社会为生产小麦、牲畜等等所需要的时间越少，它所赢得的从事其他生产、物质的或精神的生产的时间就越多。据统计，西方16个经济发达国家的农业劳动力在1870年平均占社会总劳动力的比重为50%左右。随着农业劳动生产率的提高,现代农业劳动力每人每年已可生产10多万斤粮食、1000多斤棉花、1万多斤肉类、5万多斤奶类或2000多斤蛋类,供养人口达五六十人,因而农业劳动时间锐减,使农业劳动力比重下降(甚至绝对人数减少),到1976年平均只占8%,有的只占2%~3%。以美国为例,1950年全国农场耗费151亿工时生产的农产品,到1977年仅用32.5亿工时便可生产出来,农业生产率提高了365%,农业劳动力在就业结构中的比重从12.5%降为3.6%。而这一比重在1900年为40.4%,在1800年曾高达73.9%。

从工业来看,战后各国农业就业比重都出现不同程度的下降,而工业(包括矿业、制造业、建筑业)劳动力的就业比重的变动却比较复杂,大致可分为三种类型:第一类,工业就业比重下降,第三产业就业比重上升。一些经济上早已发达的资本主义国家,如美国、英国、法国、瑞典、加拿大、挪威、澳大利亚等属于这类。第二类,工业部门劳动者的增长速度慢于第三产业。属于这一类的大都是战后经济起飞较快、经济比较发达的国家,如日本、德国、瑞士、捷克、芬兰、意大利、新西兰、阿根廷等。第三类,工业部门劳动者的增长速度超过第三产业。一些中等发达国家和多数发展中国家属于这种类型。如匈牙利、保加利亚、罗马尼亚、墨西哥、委内瑞拉、菲律宾、伊朗、泰国、中国等。❶经济发达的第一类国家一百多年就业结构变化的历史表明,这些国家的工业就业比重经历了增大、饱和、下降三个阶段。第一阶段中,农业劳动力过剩,主要向工业转移;第二阶段,工业劳动力增长平缓,农业过剩劳动力主要转移到第三产业;第三阶段,工业劳动力过剩,也转移到第三产业。因此,这实际上是从第三类型过渡到第二类型,然后过渡到第一类型。概括地说,劳动力首先由农业向工业转移,然后由工业向服务业转移。这是就业结构变化的必然趋势。所以,随着工业劳动生产率的提高,第二、第三类型的国家最终也必将从工业部门解脱出大批劳动力,投入第三产业。

可见,工农业劳动生产率的提高,必将使物质生产领域中转移出

---

❶ 中国人民大学人口理论研究所,林富德,沈秋骅. 世界人口与经济的发展(统计汇编)1950—1978[M]. 北京:中国人民大学出版社,1980:179.

大批劳动力投入服务产品的生产。第三产业劳动力的迅速增长，使服务的生产规模有可能大大扩大。在一些经济发达国家中，服务产品的生产甚至比实物产品的生产增长得快。

需要指出，农业生产率提高到一定程度后，因土地收益递减，农业生产率增长减缓，不一定再有很高增速，加之农业劳动力已大为减少，不太可能有剩余劳动力转移到非农产业。这时第二、三产业的劳动力增长主要来自三次产业的全球大分工。中国加入世贸组织以来，制造业发展迅速，包揽了发达国家以至世界制造业的大量供给；发达国家制造业比重低，与发展中国家承担了全球制造业的大量供给不无关系；发达国家向发展中国家输出大量服务产品。这说明劳动力在国际范围内存在着第一、二、三产业之间的分工和转移。

上面讨论了生产服务产品的劳动生产率保持不变，而工农业劳动生产率不断增长的情况。如果生产服务产品的劳动生产率也不断提高，是否也存在社会劳动由物质生产领域转移到服务领域去这一趋势呢？

假定社会劳动总量不变，而社会对物品和服务的需求以同样的速度增长，换言之，社会要求两种产品的产量按同样的速度增长，那么，只要生产物品的劳动生产率的增长速度快于生产服务的劳动生产率的增长速度，社会劳动也必将以日趋增大的份额投入服务领域。道理很清楚，如果投入的劳动量不变的话，劳动生产率增长较快的部门，其产品的增长速度必将较快，从而出现相对过剩，而劳动生产率增长较慢的部门，产品增长速度将较慢，因而，显得相对不足。因此，劳动生产率提高得比较快的部门只有转移出一部分劳动力到劳动生产率提高得较慢的部门去，二者的生产规模才会以协调的速度扩大。

事实上，物质生产领域与服务领域的劳动生产率的增长，各有不同的特点。物质生产领域提高劳动生产率主要依赖生产技术因素，如科学技术的发展和运用、生产资料的有效使用、技术装备程度的提高。某项新技术的采用，或自动化新设备的投产，往往可以成倍甚至数倍地提高劳动生产率。但是，在现阶段，服务领域提高劳动生产率通常主要靠劳动者的个人因素，当然机器的使用是不断扩大的，但总的来说受到了服务行业本身性质的限制。由于服务的对象是人，在某些场合，甚至只能靠"手工操作"，因此，往往过了数年甚至十多年，劳动密集型服务产品的劳动生产率的提高并不显著。医务人员的护理工作，教师的备课、讲课、批改作业，旅游服务人员的导游，理发师的理发，舞蹈家、音乐家的演出、演奏，等等，都有这种情况。这样看来，在过往的科技水平下，第一、二产业劳动生产率的提高比第三产业快。这就使社会劳动年复一年地从第一、二产业转移到第三产业。

根据服务需求上升律，社会对实物产品和服务产品的需求不是以同样的速度增长，而是以后者快于前者的速度增长的。既然社会对服务的需求的增长速度超过对实物的需求，而实物产品的生产率的提高速度大大快于服务产品，那么，社会劳动力从工农业生产部门向服务生产部门的转移，就是特定历史时期内的一个大趋势。

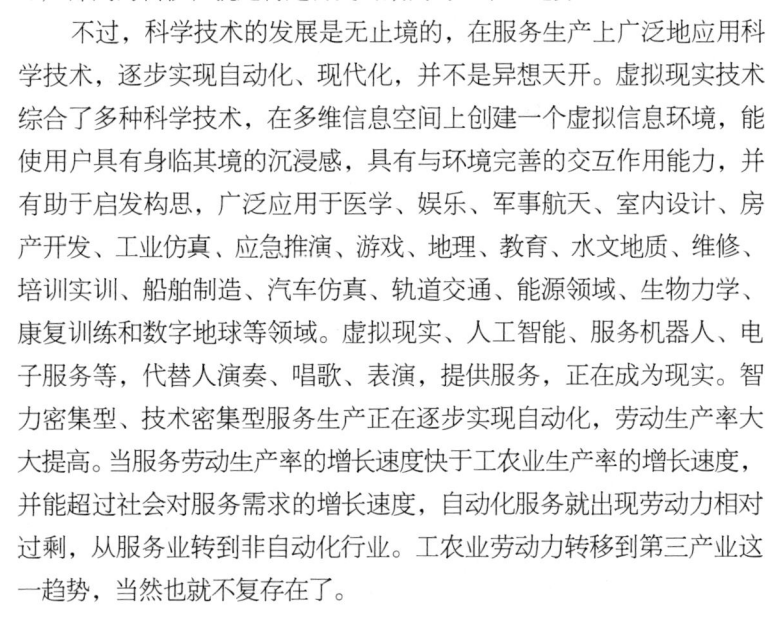

不过，科学技术的发展是无止境的，在服务生产上广泛地应用科学技术，逐步实现自动化、现代化，并不是异想天开。虚拟现实技术综合了多种科学技术，在多维信息空间上创建一个虚拟信息环境，能使用户具有身临其境的沉浸感，具有与环境完善的交互作用能力，并有助于启发构思，广泛应用于医学、娱乐、军事航天、室内设计、房产开发、工业仿真、应急推演、游戏、地理、教育、水文地质、维修、培训实训、船舶制造、汽车仿真、轨道交通、能源领域、生物力学、康复训练和数字地球等领域。虚拟现实、人工智能、服务机器人、电子服务等，代替人演奏、唱歌、表演、提供服务，正在成为现实。智力密集型、技术密集型服务生产正在逐步实现自动化，劳动生产率大大提高。当服务劳动生产率的增长速度快于工农业生产率的增长速度，并能超过社会对服务需求的增长速度，自动化服务就出现劳动力相对过剩，从服务业转到非自动化行业。工农业劳动力转移到第三产业这一趋势，当然也就不复存在了。

综上所述，在服务需求上升律发生作用的基础上，服务供给上升律发生作用，必然使第三产业比重日趋提高，形成第三产业比重增大律。

第三产业比重增大律，是指第三产业就业比重和产值比重，在社会经济发展的条件下，在一定的历史阶段中趋于增大的规律。

如表 10-3 所示，据世界银行统计，1960 年以来的半个世纪，世界上高收入国家、中等收入国家和低收入国家的第三产业在国内生产总值和就业人口中所占的比重都在增大。其中，1960—2017 年第三产业占 GDP 比重：高收入国家从 54% 增到 69.8%（大增 15.8 个百分点），中等收入国家从 46% 增到 54%（稍增 8 个百分点），低收入国家从 25% 增到 40.2%（大增 15.2 个百分点）；1960—2019 年第三产业就业比重：高收入国家从 44% 增到 72%（大升 28 个百分点），中等收入国家从 23% 增到 37.8%（大升 14.8 个百分点），低收入国家从 14% 增到 25.4%（大升 11.4 个百分点）。

表 10-3　收入水平不同的国家第三产业比重增大趋势（1960—2017/2019 年）

单位：%

国家类型	占国内生产总值的比重						占社会劳动力的比重					
	第一产业		第二产业		第三产业		第一产业		第二产业		第三产业	
	1960年	2017年	1960年	2017年	1960年	2017年	1960年	2019年	1960年	2019年	1960年	2019年
低收入	49	24.5	26	25.7	25	40.2	77	59.1	9	10.9	14	25.4
中等收入	24	8.5	30	31.8	46	54.0	62	32.1	15	23.1	23	37.8
高收入	6	1.3	40	22.7	54	69.8	18	3.1	38	22.9	44	72.0

资料来源：世界银行《1984 年世界发展报告》；世界银行数据库 https://data.worldbank.org/。

与此同时，第一产业占 GDP 比重：高收入国家从 6% 降到 1.3%（小降 4.7 个百分点），中等收入国家从 24% 降到 8.5%（大降 15.5 个百分点），低收入国家从 49% 降到 24.5%（大降 24.5 个百分点）；第一产业就业比重：高收入国家从 18% 降到 3.1%（大降 14.9 个百分点），中等收入国家从 62% 降到 32.1%（大降 29.9 个百分点），低收入国家从 77% 降到 59.1%（大降 17.9 个百分点）。

第二产业增加值比重：高收入国家从 40% 降到 22.7%（大降 17.3 个百分点），中等收入国家从 30% 升到 31.8%（略升 1.8 个百分点），低收入国家从 26% 降到 25.7%（略降 0.3 个百分点）；第二产业就业比重，高收入国家从 38% 降到 22.9%（大降 15.1 个百分点），中等收入国家从 15% 升到 23.1%（稍升 8.1 个百分点），低收入国家从 9% 升到 10.9%（稍升 1.9 个百分点）。

这些统计数据佐证了第三产业比重增大律在一定条件下发生作用。

还要指出，凭常识可知，第三产业的就业比重和产值比重不可能无限增长，使第一产业和第二产业比重下降到零。在现代社会，人既需要服务产品，也需要实物产品；既需要第三产业，也需要第一、二产业。第三产业的需求和供给，在一定的历史阶段和一定条件下，随着经济水平的提高而上升。一旦达到三次产业比重势均力敌的某个均衡点后，三次产业比重就趋于相对稳定。因此，第三产业比重也有一个均衡点和饱和点。如果出现新的技术状况和需求状况，就可能在新的条件下形成新的均衡点。所以，第三产业比重增大规律只是在特定条件和特定历史阶段发生作用，并不是永恒规律。对第三产业比重的饱和点和平衡点，可以依据发达国家三次产业现状和走势，作出大致估计：世界第三产业就业比重的饱和点可能在 60%~70%，增加值比重饱和点在 70%~80% 之间。❶

第三节　第三产业宏观规模的定量分析

2014 年，广州电视台《都市在线》听说我在《第三产业经济学》中对我国第三产业比重的预测很准确，便派人来华南师范大学和中山大学采访，详细了解我研究第三产业经济学的过程，播出了 15 分钟电视节目《岭南名家系列：经济学人李江帆》。电视节目是以我对第三产业的预测为"噱头"导入这"传说"中的故事的："2013 年广州 GDP 超过 1.1 万亿元，服务业的贡献超过 60%，这一数据牵动着无数经济学家的神经，俨然，第三产业的时代已经来临。但是在 30 多年前，这一预测是一个笑话。转折源于一本书《第三产业经济学》，它的作者就是李江帆……"

我告诉采访记者，他们想了解的其实就是我国第三产业宏观规模的日趋增大问题，预测确有其事，这是一个有趣的故事。为便于对比，先抄录我 30 年前在《第三产业经济学》中对我国 2000 年第三产业就业比重的预测，再分析此预测，最后根据新数据作进一步的定量分析。

---

❶ 参见第十三章第四节关于"产业软化的程度与饱和点"的内容。

下面是 1990 年版的《第三产业经济学》第十章第三节"第三产业宏观规模的定量分析"原文。

加快第三产业的发展，提高它在整个国民经济中的比重，这既是形成新的经济发展格局的一项战略措施，也是发展商品经济的一项重大改革。为了发展第三产业，我们应该对第三产业的宏观规模有大致的数量估计。

一、样本数据与第三产业模型

第一、二节的分析已经说明，第三产业的宏观规模日趋扩大是在服务高需求收入弹性、收入水平提高和闲暇时间增多、生产信息化、社会化和专业化的条件下形成的服务需求上升律，与在实物生产领域的生产率迅速提高等条件下形成的服务供给上升律的共同作用下实现的。上述经济条件又主要与社会劳动生产率和人均收入水平两个因素有关。要综合考虑这两个因素，选取人均国内生产总值指标为样本数据较为合适。因为粗略地看

$$人均国内生产总值 = \frac{国内生产总值}{总人口} = \frac{国内经济劳动生产率 \times 就业劳动力数量}{总人口}$$

因此：

（1）在就业人口率（就业劳动力占总人口的比重）不变时，它与劳动生产率成正比；

（2）在国内生产总值不变时（即劳动生产率与劳动力不变），它与总人口成反比；

（3）在劳动生产率与总人口不变时，它与劳动力数量成正比。

故人均国内生产总值综合反映了社会劳动生产率、生产总额、消费者与生产者的比例、人口、收入水平等方面的指标，与第三产业有某种内在的联系。

从发展与借鉴的意义来考虑，由于第三产业的发展是全球性的历史发展趋势，工业较发达的国家向工业较不发达的国家所显示的，只是后者未来的景象，考察发达国家发展第三产业走过的道路，对于我国不无借鉴意义。

从经济运转机制来考虑，中央集权的计划经济国家行政干预经济

较多，第三产业的发展可能会因人为的因素发生扭曲，不易暴露其一般发展规律；而在市场经济状况下，价值规律自发调整第一、二、三产业的比重，通常会更真实地反映其演变规律。故应选取西方发达工业国家的历史资料为分析数据，苏联、东欧的数据只宜作佐证。

从我国的统计资料的情况来看，中华人民共和国成立30多年来，长期没有建立各部门（按行业）就业人数的统计资料，统计资料很不齐全，难以作历史比较。为此，这里选取发达资本主义国家的经济合作与发展组织的16个国家1870—1976年的统计资料作样本数据（见表10-4），其优点是具有连续性、历史可比性、自发性，易于从中发现规律性。

表10-4　16国人均国内生产总值（X）与第三产业就业比重（Y）的关系

X：1970年美元；Y：%

国家	1870年 X	1870年 Y	1950年 X	1950年 Y	1960年 X	1960年 Y	1970年 X	1970年 Y	1976年 X	1976年 Y
澳大利亚	1340	32.0	2363	48.9	2799	48.4	3840	53.6	4301	60.8
奥地利	491	15.8	1132	30.6	1992	36.1	3000	40.9	3771	47.5
比利时	939	19.4	1901	43.1	2411	46.3	3713	53.3	4615	58.5
加拿大	619	17.0	2401	42.2	2892	54.4	4042	63.0	5014	64.6
丹麦	572	—	1923	41.6	2445	46.1	3642	51.7	4102	59.9
芬兰	402	19.1	1374	26.3	2015	32.8	3226	43.0	3871	52.3
法国	627	23.0	1693	36.8	2418	42.4	3732	47.6	4602	52.4
德国	535	21.8	1374	34.8	2667	38.0	3859	43.1	4414	48.9
意大利	556	15.0	1016	26.0	1673	31.5	2666	37.9	3026	42.1
日本	248	—	567	29.1	1181	41.3	2967	46.9	3752	52.0
荷兰	830	34.0	1773	45.9	2434	49.8	3589	55.3	4203	60.7
挪威	489	27.0	1866	37.0	2408	44.7	3584	50.4	4563	57.5
瑞典	416	—	2234	38.9	2924	42.5	4263	53.5	4752	58.3
瑞士	786	—	2262	37.1	3110	38.4	4220	43.4	4241	48.4
英国	972	35.0	2095	48.4	2641	48.1	3287	52.7	3671	57.9
美国	774	25.6	3223	53.7	3720	59.7	4789	64.7	5412	68.1
平均	662	23.7*	1825	38.7	2483	43.8	3651	50.1	4269	55.6

资料来源：Lrving Leveson and Jimmy W. Wheeler, *Western Economies in Transition: Structural Change and Adjustment Policies in Industrial Countries*, Westview Press, 1980, p.46.

注：统计口径：国内生产总值是以美国1970年美元价格折算的；第三产业指除了农林渔、采矿、制造、煤气、电力、水、建筑业以外的所有其他各业，私人的和政府的（不包括军队）。

*丹麦、日本、瑞典、瑞士除外。

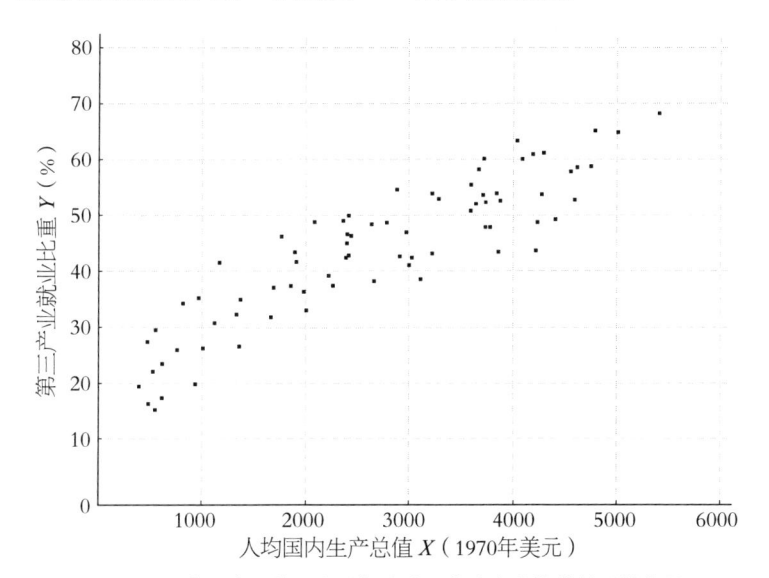

根据表 10-4 的样本数据，以 X 为因素数列，Y 为结果数列，在平面直角坐标系上作图，可得如图 10-9 所示的散点图。

图 10-9　第三产业就业比重与人均国内生产总值的关系散点图

根据对散点图的观察，可以选用合适的曲线类型，拟合下述三个回归方程：

（1）线性回归方程

$$Y = 20.68 + 0.00844X，相关系数 r = 0.896386$$

（2）指数函数型回归方程

$$Y = 57.6e^{-576/x}，相关系数 r = -0.8684$$

（3）幂函数型回归方程

$$Y = 1.15X^{0.464}，相关系数 r = 0.908$$

比较一下三个方程在线性化之后的相关系数 r，初步看出，幂函数型的回归方程应该说是拟合较好的。再依三个方程分别计算各年数据的平均值的回报拟合差（略），可见：三个回归方程中，线性方程低端拟合不好；指数型方程高端拟合不好；而幂函数型方程拟合得比较均衡。再根据各年数的平均值，依次计算三个方程的平方误差均值、绝对误差均值和相对误差均值，幂函数型方程的误差均为最小。为此，

可以确定，第三产业的就业比重与人均国内生产总值的关系是非线性的幂函数型的相关关系，其回归方程为

$$Y = 1.15X^{0.464}$$

式中，X 表示按人口平均的国内生产总值（1970年美元）；Y 表示第三产业在就业结构中的比重（%）。

相关系数 $r = 0.908$，剩余标准差 $S = 5.4$。

由于这一方程反映了国民经济的发展水平与第三产业就业比重的关系，所以我把它称为第三产业就业方程。

根据第三产业就业方程，可以在图10-10描出第三产业就业曲线 $Y = 1.15X^{0.464}$。

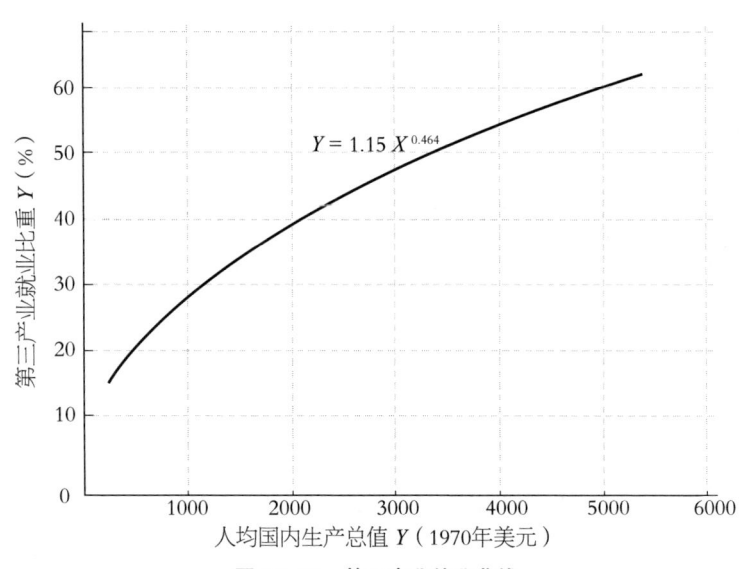

图 10-10　第三产业就业曲线

根据这一曲线，当人均国内生产总值 X 由 500 美元提高到 3000 美元、5000 美元时，第三产业的就业比重也相应地由 20.6% 提高到 47.2% 和 59.8%。从这一幂函数型曲线可以看出，第三产业就业比重与人均国内生产总值之间，的确存在着客观联系。通过应用回归分析方法进行研究，可以进一步清楚地从量的规定性上看到随着人均国内生产总值的提高，第三产业的就业比重日趋增长的发展趋势。

实践是检验认识真理性的唯一标准。回归方程作为相关变量之间的数量关系的刻画以及作为预测预报的手段，其权威性受到预测实践的考验。为此，必须作出试报，以考察其效果。比如说，上面据以估计第三产业就业方程未知参数的样本数据是经济发达的资本主义国家的统计资料，如果在社会主义国家，在发展中国家或其他国家，这一回归方程是否适用？这就必须通过试报来验证。但在试报时必须充分考虑实际过程的概然的随机的性质。这就是说，必须估计到已形成的和可能有的趋势与占统治地位的趋势的背离，必须估计这些趋势可能有的差别：

（1）选点必须撇开那些因特殊国情而使第三产业大大膨胀或过分紧缩的国家。

（2）为了进行国家比较，须将本国货币折为美元，再折为1970年美元价格。而折算计量上不可避免的误差，发展中国家与发达国家的物价差异，以及统计口径的不完全一致，会带来很多不可比的因素，影响预测的准确性。

（3）数理统计常识告诉我们，使用回归方程作预测预报时，只有在建立方程时所使用的因子值（X_i）的范围之内才是合适的，并能达到一定的精度。因子值作小范围的外延有一定的参考价值；外延幅度大，则预报精度显著下降。以致与实际相差甚远，甚至根本没有实际意义。因此，不能随心所欲地将 X_i 往外推。比方说，若将 X 值取为20000，则 $Y=114$，即第三产业比重达114%，显然是荒唐的。当然，实际 X 值不是没有可能发展到20000，不过，到那时，可以根据新的 X 值及与之相对应的 Y 值，拟合新的回归方程。

根据第三产业就业方程 $Y=1.15X^{0.464}$，对上述16个国家以外的12个国家的第三产业比重进行试报，效果如表10-5、表10-6两组数据所示。

由试报可知，第三产业就业方程大致上是适用于不同类型的国家的。它表明，第三产业的比重依人均国内生产总值的提高而增大，这是全球性的发展趋势。苏联、东欧和中国过去由于片面强调控制非物质生产部门的发展，所以此比重一般略小于试报值。

表 10-5　5 个市场经济的资本主义经济体第三产业试报（1978 年）

国家		西班牙	爱尔兰	葡萄牙	韩国	泰国
人均国内生产总值 X（美元）		2435	2287	1106	782	295
第三产业就业比重 Y（%）	试报	42.9	41.6	29.7	25.3	16.1
	实际	42.5	46.3	33.8	32.1	17.1

表 10-6　7 个中央计划经济的社会主义国家第三产业试报（1976 年）

国家		民主德国	捷克斯洛伐克	苏联	保加利亚	匈牙利	罗马尼亚	中国
人均国内生产总值 X（美元）*		2883	2624	1886	1578	1558	991	280
第三产业就业比重 Y（%）	试报	46.4	44.4	38.1	35.0	34.8	28.2	13.7
	实际	42.9	35.9	39.0	32.5	34.8	22.6	9.7

资料来源：《各国概况（1979 年版）》，世界知识出版社，第 1571~1573 页。《世界经济统计手册》，中国社会科学出版社，1981 年，第 22~24 页。《中国劳动工资统计资料 1949—1985》，中国统计出版社，1987 年，第 8 页。ILO：*Year Book of Labour Statistics*，1980，pp.160-165。

＊由当年价折算的 1970 年美元不变价。根据《世界经济》1981 年第 5 期第 78 页推算，以 1970 年为基期的美元物价指数为：1976 年，146.36；1978 年，164.24。

二、对我国产业结构的预测

依据第三产业就业方程，可以对未来的产业结构作出预测。

按照世界银行《1978 年世界经济发展报告》的估计，我国 1976 年人均国民生总值为 410 美元，❶若折为 1970 年美元为 280 美元。若年均递增率为 4.47%~5.45%，到 2000 年将达 800~1000 美元。据 $Y=1.15X^{0.464}$ 模型，预测结果如表 10-7 所示。

---

❶　缺国内生产总值统计，以此代之。当年价。《各国概况》编辑组. 各国概况（1979 年版）[M]. 北京：世界知识出版社，1979：1572.

表 10-7　2000 年中国第三产业就业比重预测

年份	人均国内生产总值 X（美元）		第三产业就业比重预测 Y（%）		
	方案 I	方案 II	方案 I	方案 II	实际值 ❶
1976	280	280	15.7	15.7	9.7
1979	319	328	16.7	16.9	12.6
1983	380	406	18.1	18.7	14.2
1985	415	451	18.9	19.6	16.8
1990	516	588	20.9	22.2	18.5
1995	643	767	23.1	25.1	24.8
2000	800	1000	25.6	28.4	27.5

说明：方案 I 以人均国内生产总值 800 美元为目标，年均递增 4.47%；方案 II 以人均国内生产总值 1000 美元为目标，年均递增 5.45%。

测算结果表明：

（1）如果人均国内生产总值年均递增 4.47%，到 2000 年为 800 美元（1970 年美元不变价，下同），则 1990 年、1995 年、2000 年的第三产业就业比重应分别为 20.9%、23.1%、25.6%。

（2）如果人均国内生产总值年均递增 5.45%，到 2000 年达 1000 美元，则 1990 年、1995 年、2000 年第三产业就业比重应分别为 22.2%、25.1%、28.4%。

（3）1979 年第三产业就业比重（11.4%）低于测算值 5.3~5.5 个百分点，按当年社会劳动者 40580 万人算，第三产业就业劳动者缺少 2151 万~2232 万人，缺口率为 31.7%~32.5%。

（4）1983 年第三产业就业比重（13.0%）低于测算值 5.1~5.7 个百分点，第三产业劳动力缺少 2346 万~2622 万人，缺口率降为 28.2%~30.5%。

（5）1985 年第三产业就业比重（16.4%）低于测算值 2.5~8.2 个百分点，缺少劳动力 1247 万~1596 万人，缺口率再降为 13.2%~16.3%。

---

❶　1990 年、1995 年和 2000 年第三产业就业比重实际值在 1988 年 8 月本书（第一版）完稿时未发生，故留空，是 2021 年再版时据《中国统计年鉴》填上的。

这些均可作为现阶段发展第三产业的数量界限。

据林富德测算，如果以 1980 年总人口 982.55 百万为基数，以当前的生育水平为起点，使城镇—农村—少数民族的总和生育率分别逐步降低到 1985 年的 1%—1.7%—3%，人口发展趋势如下：1990 年达 1117 百万人；1995 年达 1166 百万人；2000 年达 1199 百万人。❶ 若在业人口率（在业人口占总人口之比重）保持 47.7% 的水平（1985 年），而第一、二产业就业比重，参照日本第三产业就业比重达 26% 时（1948 年）的水平，分别假定为 52%、22%，则三次产业人数及比重可估算如表 10-8 所示。

表 10-8　2000 年我国产业结构的测算

年份		1985	1990	1995	2000	年均递增率（%）
人口（百万人）		1045	1117	1166	1199	0.92
各产业就业人数（百万人）	总计	498.73	533.09	556.48	572.22	0.92
	一	311.87	315.59	309.96	297.56	-0.31
	二	105.24	115.15	121.87	125.89	1.20
	三	81.62	102.35	124.65	148.78	4.08
各产业就业比重（%）	总计	100	100	100	100	
	一	62.5	59.2	55.7	52	-1.22
	二	21.1	21.6	21.9	22	0.28
	三	16.4	19.2	22.4	26	3.12

需指出的是，本节对 20 世纪末三次产业的比重及人数的预测，与刘景义运用另一方法得出的预测值比较接近。他的预测结果为：2000 年我国社会总就业人数 510.13 百万人，其中第一产业 275.52 百万人，占 54.01%；第二产业 112.28 百万人，占 22.01%；第三产业 122.33 百万人，占 23.98%。❷

又通过对世界银行《1984 年世界发展报告》所统计的世界 126 个国家（地区）、7 种类型国家三次产业的就业结构绘制散点图观察，可看到三次产业就业比重之间存在线性相关的关系。经计算，拟合如

---

❶ 资料来源：林富德《关于实现人口发展目标问题的探索》，"公元 2000 年的中国"学术讨论会论文，中国未来研究会，1983 年黄山。

❷ 资料来源：刘景义《2000 年的国民收入预测》，"公元 2000 年的中国"学术讨论会论文，中国未来研究会，1983 年黄山。

下三个回归方程（式中 A、I、S 分别为第一、二、三产业的就业比重，单位：%）。

（1）第一产业（A）与第二产业（I）之间为线性负相关关系：
$$A = 88.84 - 1.87I \quad (10.13)$$
$$r = -0.953$$

（2）第一产业（A）与第三产业（S）之间也为线性负相关关系：
$$A = 101.79 - 1.78S \quad (10.14)$$
$$r = -0.961$$

（3）第二产业（I）与第三产业（S）之间为线性正相关关系：
$$I = -1.84 + 079S \quad (10.15)$$
$$r = 0.834$$

测算表明：与国际水平比较，我国第三产业比重偏低；第一产业和第二产业比重偏高。

假定 20 世纪末我国第三产业就业比重达 25.6%，根据式（10.14），有
$$A = 101.79 - 1.78S = 56.2$$

另依式（10.13），得 $I = \dfrac{A - 88.84}{-1.87} = 17.45$

考虑到我国第二产业比重原来偏高 8 个百分点，到 2000 年，还可能偏高 5~6 个百分点，故 I 修正值可定为 22%~23%，A 相应地降为 51%~52%。

2000 年我国三次产业就业比重与国际可比水平的比较如表 10-9 所示。

表 10-9　2000 年我国三次产业就业比重与国际可比水平的比较

测算方法	产业 A	产业 I	产业 S	备注
实际值	69	19	12	据《世界银行 1980 年度报告》
以 A 为基础，测 I、S	—	10.6	18.4	据式（10.13）、式（10.14）
以 I 为基础，测 A、S	53.3	—	26.4	据式（10.13）、式（10.15）
以 S 为基础，测 A、I	80.4	11.4	—	据式（10.14）、式（10.15）

因此，20世纪末我国第一、二、三产业的就业比重将有可能分别达51%~52%、22%~23%、25%~26%的水平。

对第三产业宏观规模的定量分析告诉我们：第三产业的比重依人均国内生产总值的变化而变化的规律，不以社会制度和经济发展水平的差异为转移；第三产业方程间接反映出，国民经济发展水平与服务产品的再生产规模之间存在着一种正相关的关系。随着国民经济的发展，服务产品再生产的宏观规模日趋扩大。这与我们在第二节中对第三产业比重增大律的定性分析是吻合的。

三、1988年预测被验证效果好的趣闻

以上是1990年版《第三产业经济学》第十章第三节的原文。据此可知，当时我根据第三产业就业方程 $Y = 1.15X^{0.464}$，预测我国2000年第一、二、三产业的就业比重为51%~52%、22%~23%、25%~26%，在表10-7中，预测第三产业就业比重在25.6%~28.4%之间。书稿于1988年8月10日完成后，交广东人民出版社编辑出版。1989年3月起，我出国访问，先后在英国雷丁大学、剑桥大学当高级访问学者。1990年2月该书出版，4月我在英国收到出版社寄来的几本样书，送了一本给剑桥大学图书馆，然后于6月回国。

过了十年后，到2001年，我终于有机会检验其预测了。据官方统计，我国2000年第一、二、三产业就业比重实际值是50.0%、22.5%、27.5%。2000年第三产业就业比重，国家统计局统计的是27.5%，世界银行计算的是25.68%，两者平均为26.59%，而我据第三产业就业模型 $Y = 1.15X^{0.464}$，用自变量人均GDP1000美元（现价）预测的是26.4%，两者高度吻合。

列宁说："神奇的预言是童话。科学的预言却是事实。"[1]事实验证了我1988年拟合的第三产业就业方程对2000年中国第三产业就业比重的预测效果出乎意料得好。让我当个"事后诸葛亮"分析一下吧。这有四个原因：

一是回归模型的样本数据人均GDP分布较广，来自16个样本国

---

[1] 资料来源：列宁全集第34卷（电子版）：441，中文马克思主义文库。

虽是发达国家（经济合作与发展组织），但时间跨度为106年（1870—1976年），可覆盖经济发展的较低水平（如1870年人均GDP 662美元，与20世纪末中国大致相当），到较高水平（如1976年人均GDP 4269美元）。据此拟合的回归方程适应的经济发展水平级差大，适应性强。

二是样本数据第三产业就业比重分布具有从低到高的级差，5个时期平均值为：1870年23.7%，1950年38.7%，1960年43.8%，1970年50.1%，1976年55.6%，覆盖第三产业就业比重从23.7%到55.6%，适用于预测第三产业比重的阶梯式提升。可以想象，如果样本数据人均GDP虽有很大差别，可以涵盖不同发展水平的国家，但对应的第三产业比重没大太大差别，那么预测结果必然是无论经济发展水平有多高，第三产业比重也差不多，那就不准确了。

三是定量分析方法好，选取的回归模型类型比较合适。笔者计算并比较过待选的线性回归方程、指数函数型回归方程和幂函数型回归方程，最后选定的幂函数型回归方程，无论是在高端、中端，还是在低端，对样本数据的拟合程度都比较好（调整后的 R^2 最大，具体为0.8228）。

四是预测目标中国20世纪末发展水平（800~1000美元）在建立回归方程使用的自变量的范围内（平均值为662~4269美元），没作外推预测，这是预测精度高的重要原因。如果预测目标为人均GDP 20000美元，超出样本数据的范围4~5倍，预测精度就必然谈不上，根本没有参考价值。

从回归分析的原理说，建立回归方程是用最小二乘法模拟一条趋势线，令它的每一个点与相应样本点的距离为最小值，就可以得出反映所有样本点分布规律的趋势线。通俗地说，这相当于把样本点的"平均值"视为趋势线。所以，有什么样的样本数，就有什么样的趋势线，有什么样的预测值。30多年过去了，第三产业就业模型依然有效。只要目标值大致在600~4000美元（1970年美元）的范围内，模型的统计归纳性质就仍然稳健，预测值就仍会有较高置信度（见图10-11的第三产业就业方程散点图和趋势线）。

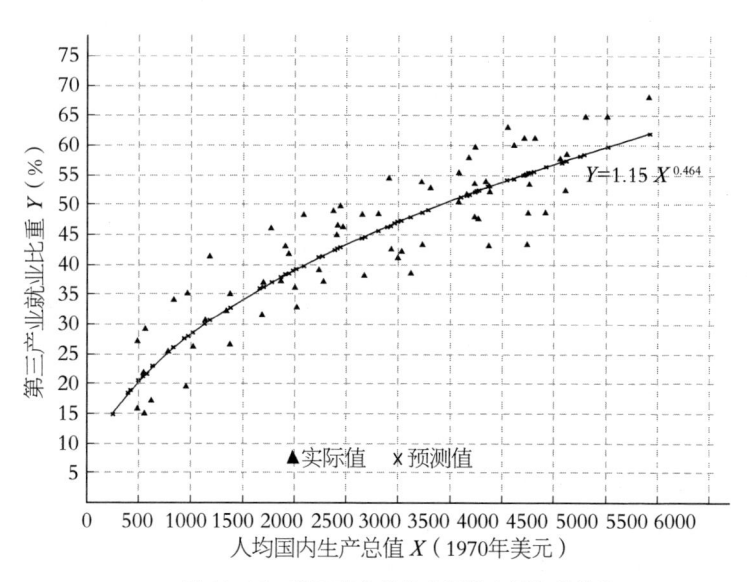

图 10-11　第三产业就业方程散点图和趋势线

提到第三产业就业方程散点图和趋势线,应该讲一则趣闻。

我的《第三产业经济学》是在硕士学位论文的基础上写成的。硕士论文原没有定量分析部分,幸运的是,我得到贵人相助,才有了定量分析一章。

那是 1981 年,我为写硕士论文北上访学,计划拜访的专家之一是南开大学世界经济专家易梦虹教授。其实我并不认识他,只是在南开招收研究生目录上看到他的招生方向,就想向他请教世界第三产业发展经验。那时易老师和很多教授一样没住宅电话,我无法用电话联系他,就在 9 月 16 日出发访学前给他写了封信,告知拜访来意。10 月 12 日,当我从广州坐火车上北京,去沈阳,赴长春,再折回天津,来到南开大学,找到易老师家门口时,他正巧拿着一封信准备出门寄给我。他见我登门拜访,就把信交给我,请我进屋谈谈。他在信中写道:"本来应当欢迎您来访,但我近来实在太忙,除了在校内校外都有讲课的任务外,还有长达两个月的接待外宾的任务,一点空闲时间都抽不出来。……我对第三产业的理论问题所知有限,不过,我极愿意仔细拜读您的打印稿《略论服务消费品》,等我抽空读完之后,再将个人的浅见寄上,这也和面谈差不多了。"尽管很忙,他还是对我提的疑难问题作了详细回答，很多观点振聋发聩，给我留下深刻印象。最后他拿出一本英文书 Western Economies in Transition: Structural Change and Adjustment Policies in Industrial Countries（《西方经济在演变中：工业化国家的结构变化和政策调整》）说是刚到图书馆的新书，里面的一些数据对毕业论文有帮助。我如获至宝，当即拿去复印。回到广州后，我发现复印的章节还不够，就去信请易老师帮忙复印其他相关章节，他很乐意。不久，他把复印件寄给我，还退回复印费余额3.16元。想到一位老先生步履蹒跚地帮忙去复印资料，我对他充满感激之情。

我回校研读该英文复印件时，不知如何译一个英文词，便去请教华南师范学院（现华南师范大学）数学系的苏天视副教授。苏老师翻看复印件后告诉我，这是一个数学术语，叫"散点"。他指着英文书中的散点图说，这个散点图分布很有规律，可以作个回归分析揭示其规律。那时我还不知什么叫回归分析，而苏老师恰好是数学系数理统计教研室主任，回归分析是他的强项。我听了苏老师的讲解，认真啃了他借给我的小册子《回归分析方法》❶，弄懂了回归分析的原理和方法。苏老师还教我用笔算拟合回归方程，并借给我一个广州8031型函数计算器。我仔细看了说明书，发现它可以快捷地作回归分析，就赶紧告知苏老师，因他还没发现他这个"宝贝"有作回归分析的功能。

我用计算器对散点图作相关分析提高了效率，在苏老师的指导下，经对拟合的线性函数、指数函数型和幂函数型回归模式的误差作一步步烦琐笔算进行比较分析，最后确认：第三产业就业比重与人均GDP构成幂函数型相关关系，第三产业就业方程为 $Y = 1.15 X^{0.464}$。这就从统计学上证明了一个经济学规律：随着国民经济发展水平的提高，第三产业就业比重逐步增大。这样，我的硕士论文才有了定量分析一章。

在20世纪80年代，我国大学里师生们都没有电脑，华南师范学院的大计算机还是用纸带打孔的档次。我的一个理工科出身的经济学研究生同学获悉我搞出了第三产业模型，很感兴趣，说是全国首创，

---

❶ 中国科学院数学研究所数理统计组.回归分析方法[M].北京：科学出版社，1975.

建议我用学校计算机房的计算机算一次,开个证明,以证明其权威性。我知道计算机处理大量数据效率高,可以试算大量回归模型,不过做幂函数回归模型的效果与手持计算器效率虽不同,但结果没有差别,更重要的是去学校计算机房用计算机并不容易,便没去。不过5年后,我在写《第三产业经济学》拟合服务消费结构方程时,因计算量很大,除了使用CASIOfx-3600P电子计算器对数据进行了对数函数回归和幂函数回归分析,还利用一元线性和非线性回归分析程序、多元线性全回归和逐步回归程序、一元二次、一元三次、一元四次回归程序,在学校的VAX 8350电子计算机上对各种可能类型的曲线进行了试算,共拟合回归方程63个,并选定了合适的消费结构方程。

后来,我写进《第三产业经济学》的这个第三产业就业方程,数据来自易梦虹老师推荐的英文书,回归分析方法得益于苏老师的指教。1988年,我在《第三产业经济学》中用这个回归方程预测中国2000年第三产业就业比重。奇妙的是,2000年我国第三产业比重果然如此。这成为我在第三产业研究中的一个趣闻。我深深感谢仙逝多年的易梦虹教授和苏天视副教授对我研究第三产业的帮助和指导。我相信他们在天之灵对第三产业就业方程获得好的预测效果一定会感到高兴。我还要感谢易老师推荐的英文书的作者Lrving Leveson和Jimmy W. Wheeler,他们提供了能证明第三产业就业比重随人均GDP增长而增大规律的堪称完美的散点图。不过不知何故,他们未拟合第三产业模型,似乎是把"出彩"的机会留了给我,以至于苏老师一眼就看出可以对散点图作回归分析以揭示其规律。

长于计量经济学的孙得将博士对此有个解释:"那本书的作者没有再挖一下,可能与20世纪70年代计量经济学没有普及有关。其实您遇到苏老师,很早采用定量分析,是很大缘分,80年代我国大概也没太多人掌握回归分析。从一定程度上说,数据处理技术会改变人的思维。克拉克时代,计量经济学处于草创阶段。其实也很有意思,美国有一个'富二代'考尔斯,好奇心很强,他怀疑金融刊物的作者发表的言论是胡说八道,于是就出资雇很多数学家,几乎是手工整理和计算,证明他的猜测是对的还是错的。于是,各种检验的方法就提出来并付诸实践,这样才推动定量分析成为一门学问。早期的计量分析由于手工计算耗时耗力，所以基本是富人玩的东西。现在，由于计算机和计量分析知识的普及，基本上本科生都会作回归分析了。说话讲数据证据，普通人都能接受这个标准了。"

回顾往事可以发现，我在第三产业研究中有很多神奇的机遇。我读研究生时（1979—1982年），统计数据很难找，中国没有统计年鉴，没有互联网，更难查到世界各国资料。为了提高查资料的效率，我请华南师范学院资料室通融让我进去一本一本杂志查。1981年，我北上访学时在北京图书馆用索书条查到一本书很好，但当天来不及复印，次日再去借，就借不到了，可能在回放书架途中。后来到上海图书馆再查，有此书，但不在书库中。故此我见到易老师推荐的书，如获至宝。不过，如果我收到易老师的信，也许不会去打搅他，就得不到这些堪称完美的数据了。如果不是因读这本英文书不懂如何译一个词而去请教苏老师，他也就无法一眼就看出这个散点图的规律性，提醒我作回归分析。如果该书作者作了回归分析，建立了回归模型，那也没我什么事了。

实际上，第三产业就业比重是很难预测的，因为第三产业比重不只是由第三产业决定的，还由第一产业和第二产业的发展速度和份额及其影响因素决定。如第一、二产业发展慢，所占份额小，第三产业比重就会上升，反之就会下降。所以，我写好《第三产业经济学》后，实际上没太关注第三产业比重的实际值一天天逼近我的预测值。2014年电视台来采访时，我告诉他们这是个奇妙的巧合。我后来修改书稿查统计年鉴才发现预测值居然是如此之准。

一切仿佛在冥冥中有上天安排，真是天（或许这"上天"是马克思，因他的服务思想火花打开了我的思路❶）助我也。这里用得上《哈佛大学商学院亲历记》中引述的一段名言："人生成功的诀窍是：当机会来临的时候，你早已作好了准备。"

---

❶ 我从事第三产业研究，最初是从马克思关于服务消费品的提法中得到启发的。我系统研读《资本论》和《马克思恩格斯全集》第23、24、25、26、46、47卷，从马克思对服务业及其产品的思想火花中汲取了营养。参见本书第二章关于"马克思对服务业及其产品的分析"的内容。

四、16国、30国和中国第三产业模型研究*

现与1870年"低端"样本数据相距已有150年,与1976年"高端"数据相比,也有近40年之遥,世界第三产业在这100多年间发生了翻天覆地的变化。此外,那些样本数据均是发达国家的,没有发展中国家。还有用1970年美元为基准的回归模型作预测,须把现价转换成1970年美元才具有可比性。虽然在统计上说可以按价格指数作换算,但一个多世纪里,产品种类、内容、结构、价格都有很大变化,算出来的可比价美元虽符合统计学,但真实可比性如何,实际上不好说。很多在21世纪才出现的现代服务,如虚拟现实、人工智能等服务,在一百多年前根本不存在。其价格应该是多少?如何计算与传统服务的美元可比价?凡此种种,不一而足。由此看来,采用更多样本国的更多的、更新的、以近年不变价为基准的样本数据,来拟合新的第三产业就业方程,可以为第三产业发展提供更多借鉴。

为区别于新拟的回归模型,笔者把第三产业就业方程 $Y=1.15X^{0.464}$ 称为16国第三产业就业模型(简称模型A)。式中,X 表示人均国内生产总值(1970年美元);Y 表示第三产业就业比重(%)。

下面选择30大经济体(G30)数据建立回归模型。样本国有30个,包括:16个发达国家,即 USA 美国、JPN 日本、DEU 德国、FRA 法国、GBR 英国、ITA 意大利、CAN 加拿大、ESP 西班牙、AUS 澳大利亚、KOR 韩国、BEL 比利时、NOR 挪威、NLD 荷兰、SWE 瑞典、CHE 瑞士、AUT 奥地利;14个发展中国家,即 CHN 中国、IND 印度、BRA 巴西、RUS 俄罗斯、MEX 墨西哥、TUR 土耳其、IDN 印度尼西亚、SAU 沙特阿拉伯、POL 波兰、IRN 伊朗、NGA 尼日利亚、ARG 阿根廷、ZAF 南非、THA 泰国。

样本数据优点是:以2010年美元为基准,比1970年美元现实感强;时间跨度为1991—2018年,可反映近30年变化;16个发

---

* 承蒙孙得将博士用G30数据为本节拟合多个第三产业模型并作了大量统计分析,选定最优模型。在此谨致深深谢意。

达国家和 14 个发展中国家 1991—2018 年 GDP 之和占全球 GDP 的 86.0%~87.9%，波动幅度小，平均值为 86.9%，对全球经济具有很强的代表性；人均 GDP 最小 576 美元，最大 92078 美元，平均 26987 美元；服务业比重最小 18.7%，最大 81.5%，平均 61.6%。

其缺点是：样本国服务业比重最小值 18.7%，最大值 81.5%，似有较大代表性，但各年平均中位数在 60% 以上。无疑，G30 反映大经济体状况，但不能反映 G30 之外的中小经济体特别是小国第三产业状况。如果说 G30 对全球经济具有很强的代表性，那么很难说它对全球第三产业经济也如此，毕竟还有 163 个国家没被包括在内。尽管这样，因第三产业发展水平与国民经济发展水平正相关，大经济体代表的是全球第三产业的发展方向，因此有必要通过对 G30 样本的分析进一步揭示第三产业发展规律。

G30 服务业就业比重箱线图（见图 10-12）表明，30 大经济体服务业就业比重逐年上升趋势是非常明显的。

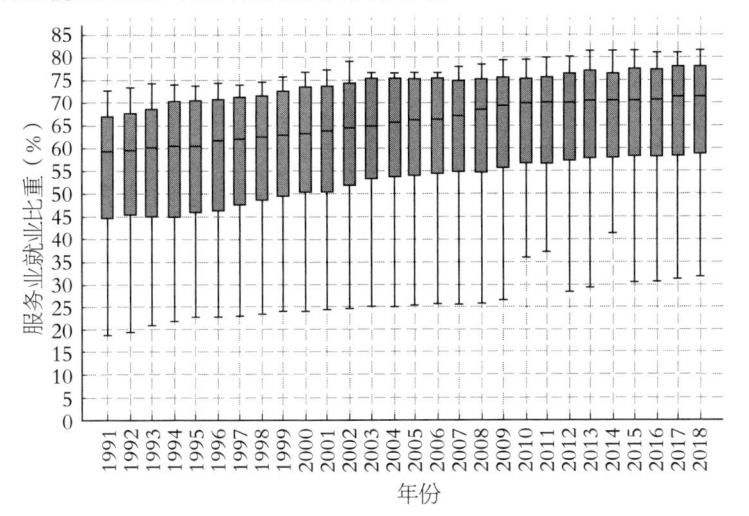

图 10-12　1991—2018 年 30 大经济体服务业就业比重箱线图

数据来源：根据世界银行数据计算整理。

注：箱线图中线的端点代表最高值和最低值。箱的上下端代表上下四分位点，亦称四分位数，即一组数据排序后处于 25% 和 75% 位置上的值。箱中间横线代表中位数。

观察 1991—2018 年 30 大经济体人均 GDP 与服务业就业比重散点图（见图 10-13），可拟合多个回归方程作为待定第三产业就业模型。

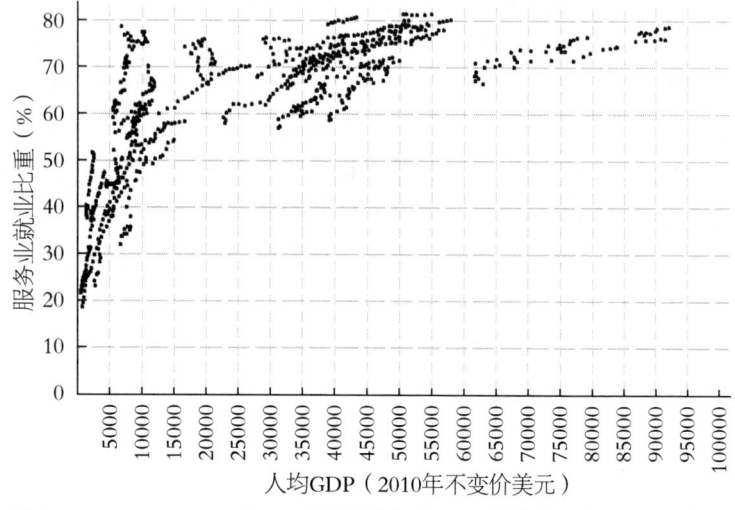

图 10-13　1991—2018 年 30 大经济体人均 GDP 与服务业就业比重散点图

资料来源：根据世界银行数据计算整理。

1. 线性回归模型

对固定效应模型与随机效应模型进行 Hausman（豪斯曼）检验，p 值为 0.0441，在 5% 水平下显著，说明两者的回归系数存在系统性差别，故选用固定效应模型进行回归分析。结果为

$$Y = 42.99 + 0.00069X$$

X 系数的 t 值为 23.07，p 值为 0.000，模型 $F(1, 809) = 532.40$，回归系数在 95% 的置信区间为 [0.0006311, 0.0007485]。

据联合国统计司美国 GDP Implicit Price Deflators（国内生产总值隐含价格缩减指数）数据，1970 年 GDP 价格指数为 20.7，2010 年 GDP 价格指数为 91.78，可推知 2010 年美元购买力为 1970 年的 22.6%。目前的回归系数（0.00069）仅为 1990 年的线性回归方程 $Y = 20.68 + 0.00844X$ 系数（0.00844）的 8.2%，剔除美元购买力变化因素后，仅为那次回归系数的 36.2%，或者说那次回归系数剔除美元购买力变化因素后（0.00190744）也超出这次回归系数置信区间的上界

（0.0007485），说明两次回归参数发生了显著变化，即本次回归系数显著低于 1990 年的回归系数。回归线斜率下降的现象一方面提示线性回归模型不能对数据作最佳拟合，另一方面揭示随着人均 GDP 的提高，人均 GDP 推动第三产业就业比重的提升的效果具有边际递减性质。从散点图可直观看到，散点分布更符合曲线模型，Y 的斜率是递减的，即 $Y'_X > 0$，$Y''_X < 0$。

2. 指数函数型回归模型

对固定效应模型与随机效应模型进行 Hausman 检验，p 值为 0.3327，说明两个模型的回归系数不存在系统性差别，故选用随机效应模型进行回归分析。结果为

$$\ln Y = 3.7789 + 0.0000112X$$

$$Y = 43.77 \times 1.0000112^X$$

X 系数的 z 值为 16.85，p 值为 0.000，模型 Wald chi2(1) = 283.77，回归系数在 95% 的置信区间为 [0.00000986，0.0000125]。

本次回归的指数函数方程的底数为 1.0000112，1990 年分析过的指数函数型回归方程 $Y = 57.6e^{-576/X}$（以下简称为 1990 年方程）为 1.0002216，如把底数扣除 1 后理解为增长率，那么本次回归的增长率为 0.0000112，1990 年方程的增长率为 0.0002216，前者仅为后者的 5.05%，剔除美元购买力变化因素后，仅为 1990 年方程回归系数的 22.3%，或者说 1990 年方程的增长率剔除美元购买力变化后（0.0000500816）也超出了本次回归系数 95% 的置信区间的上界（0.0000125），因此本次回归系数显著低于 1990 年方程的回归系数。与线性回归模型相比，回归系数与 1990 年方程的差距更大，进一步说明回归方程必须满足边际递减规律要求，否则模型误差将随着 X 的增大而增大。由于指数函数的底数（a）大于 1，$Y'_X > 0$，$Y''_X > 0$，严重背离 $Y'_X > 0$，$Y''_X < 0$ 的条件，所以即使剔除美元购买力变化后指数函数前后回归系数的差距大于线性回归系数（线性函数的隐含条件是 $Y'_X > 0$，$Y''_X = 0$），故不可用。

3. 幂函数型回归模型

对固定效应模型与随机效应模型进行 Hausman 检验，p 值为

0.0000，在 1% 水平下显著，说明两个模型的回归系数存在系统性差别，故选用固定效应模型作回归分析。结果为

$$\ln Y = 0.4222 + 0.377 \ln X$$

$$Y = 1.525 \, X^{0.377}$$

X 系数的 t 值为 51.12，p 值为 0.000，模型 $F(1, 809) = 2612.88$，回归系数在 95% 的置信区间为 [0.3627905, 0.3917659]。

此幂指数 0.377 是第三产业就业比重对人均 GDP 的弹性，表示人均 GDP 每增长一个百分点，第三产业就业比重增长 0.377 个百分点。0.377 相当于模型 A 的回归系数（0.464）的 81.3%，虽然其也在降低，且模型 A 的回归系数（0.464）也超出本次回归系数 95% 置信区间的上界（0.3917659），但相对于两个模型回归系数的对比，幂指数已表现出很高的稳定性，原因是若幂指数（a）满足 $0<a<1$ 的条件，则幂函数回归方程满足 $Y'_X > 0$，$Y''_X < 0$ 的要求。

用线性方程、指数函数型方程、幂函数型方程拟合第三产业就业比重与人均 GDP 的关系存在一个潜在缺陷是，第三产业就业比重拟合值随着人均 GDP 的提高会超出 100%。

4. 考虑国别效应与因变量滞后项的线性回归模型

国别效应通过国别虚拟变量来处理；选取滞后项的标准使人均 GDP 回归系数 t 值最大（p 值最显著）的情况下尽量保留最多样本，现取滞后 4 期的因变量作为自变量放入回归方程。

回归方程为

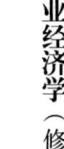

$$y_{it} = \alpha_i + \beta_1 x_{it} + \beta_2 y_{i(t-4)} + \varepsilon$$

式中，i 表示第 i 个国家；t 表示年份；α_i 表示第 i 个国家的总截距项；β_1 表示自变量（人均 GDP）的回归系数；β_2 表示滞后 4 阶的 y_{it} 的回归系数；ε 表示随机扰动项。

回归分析结果：方程的 F 值为 2264.42，p 值为 0.0000，调整后的 R^2 为 0.9899，说明能解释 98.99% 的数据之间的差异，拟合优度非常高。

回归方程为

$$y_{it} = \alpha_i + 0.0000625 x_{it} + 0.8154637 y_{i(t-4)}$$

式中，y 表示第三产业就业比重（%）；x 表示人均 GDP（2010 年美元）；i 表示第 i 个国家；t 表示年份；α_i 表示第 i 个国家的总截距项。

模型说明：回归方程含有因变量的滞后项，故本质是迭代模型，具有非线性特征。由于因变量滞后项的回归系数 0.81546<1，说明过去的第三产业就业比重虽然对本期比重贡献为正，但不足以支撑其持续增长，只有人均 GDP 对第三产业就业比重的贡献（$\beta_1 x_{it}$）大于因变量滞后项带来的衰退效应即（$1-\beta_2$）$y_{i\,(t-4)}$ 时，第三产业就业比重才能增长。并且，第三产业就业比重的越高，因变量滞后值所带来的衰退效应越大，即使维持原来的就业比重也需要更高的人均 GDP 增量，因此该模型符合边际递减规律的要求。

带滞后项的迭代模型虽然预测拟合程度好，但引入了时间变量，求解须假设人均 GDP 年增长率和滞后年份，而人均 GDP 年均增长率涉及目标期的 X 值，如人均 GDP 增长率不同，第三产业就业比重对应的人均 GDP 也不同，这相当于把要求证的目标当作前提来假设，存在逻辑问题。滞后年份的确定主观性较强，也影响了模型的客观性。

5. Logistic 曲线回归模型 ❶

设 Logistic 曲线回归方程为

$$Y = \frac{k}{1 + me^{-aX}}$$

据服务业就业比重的定义，Y 的极限为 100，故令 k=100。

对原方程进行线性变换　　$Y' = a_0 + a_1 X$

其中　　　　$Y' = \ln\left(\dfrac{k}{Y} - 1\right)$，$a_0 = \ln m$，$a_1 = -a$

再对线性变换后的方程进行回归分析。

为便于深入分析，将除中国以外的国家分别设置虚拟变量，进行回归分析，并把虚拟变量对应的个性截距项记为 α_i（中国对应的 α_i 为

---

❶ Logistic 曲线（逻辑斯谛曲线）是一种常见的 S 形函数，是皮埃尔·弗朗索瓦·韦吕勒在 1844 年或 1845 年在研究它与人口增长的关系时命名的。广义 Logistic 曲线可以模仿一些情况人口增长（P）的 S 形曲线。起初阶段大致是指数增长，然后随着开始变得饱和，增加变慢，最后达到成熟时增加停止。

0），那么

$$Y' = (0.8406216 + \alpha_i) - 0.0000349X$$

X 系数的 t 值为 -20.75，p 值为 0.000，模型 $F(30, 563) = 535.30$，调整后的 $R^2 = 0.9643$。

将线性变换后的回归结果代入参数转换等式，得

$$m = e^{(0.8406216 + \alpha_i)} = 2.3178e^{\alpha_i}, \quad a = 0.0000349$$

Logistic 曲线回归方程为

$$Y = \frac{100}{1 + 2.3178e^{\alpha_i - 0.0000349X}}$$

式中，Y 表示第三产业就业比重（％）；X 表示人均 GDP（2010 年美元）。

比较上述 5 个回归方法，确定 Logistic 曲线回归方程为 30 国第三产业就业模型（简称模型 B）。

Logistic 曲线回归方程拟合效果如图 10-14 所示。

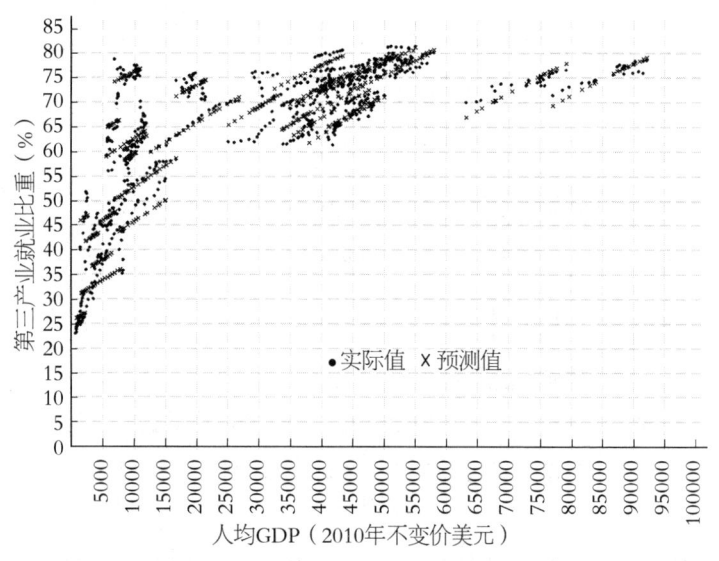

图 10-14　Logistic 曲线回归方程拟合效果

选择说明：将 Y 的实际值与预测值（回报值或测算值）之间误差平方的平均数的平方根定义为均方根误差（Root Mean Square Error，

RMSE）。均方根误差越小，模型的预测精度越高（见表10-10）。

表10-10 各回归模型的均方根误差

模型编号	模型1	模型2	模型3	模型4	模型5
均方根误差	11.30	12.97	15.05	1.48	3.40

按此标准比较5个模型，模型4预测精度最高，但因引入因变量Y的4阶滞后项，隐含地引入了时间变量，作外推预测需假设X的年增长率，故带有主观性。模型5的均方根误差也较小，预测精度较高，自变量客观可测，且因变量有最高上界约束，不会发生其他模型那样的若X增到很大会导致Y值超100%定义域而使模型"爆炸"。

1991—2018年30大经济体人均GDP与服务业就业比重描述性统计如表10-11所示。

表10-11 1991—2018年30大经济体人均GDP与服务业就业比重描述性统计

变量		平均数	标准差	最小值	最大值	样本数
服务业就业比重（%）	总体	61.60652	15.35641	18.707	81.481	$N=840$
	组间		14.9209	25.69261	76.79979	$n=30$
	组内		4.511193	46.10888	75.32434	$T=28$
人均GDP（2010年美元）	总体	26987.12	21822.9	575.5015	92077.58	$N=840$
	组间		21783.83	1123.907	82524.52	$n=30$
	组内		4120.048	6252.01	37434.57	$T=28$

根据模型A和B测算中国人均GDP和第三产业就业比重，如表10-12所示。

表 10-12　中国人均 GDP 与第三产业就业比重测算（据模型 A+B）

X	据模型 A （1970 年美元）	106	471	1129	2098	3394	5028	—	—	—
	据模型 A （2010 年美元）	469	2084	4996	9283	15017	22247	—	—	—
	据模型 B （2010 年美元）	-38871	-15635	-191	12469	24086	35704	48364	63808	87044
Y	第三产业就业比重（%）	10	20	30	40	50	60	70	80	90

注：已知第三产业就业比重 Y，据模型 A、B，反求 X 人均 GDP，据模型 B 反求时根据中国的参数设定。

模型 A 即 16 国第三产业就业模型 $Y=1.15X^{0.464}$，取值范围：X 值为 106~5028（1970 年美元），469~22247（2010 年美元），Y 值为 10%~60%。

模型 B 即 30 国第三产业就业模型 $Y=\dfrac{100}{1+2.3178e^{\alpha_1-0.0000349X}}$，取值范围：X 值为 12469~87044（2010 年美元），Y 值为 40%~90%。

由表 10-12 可发现：

（1）据 16 国第三产业就业模型（A），按 2010 年美元算，在经济发展初期（第三产业就业比重 50% 以下），第三产业比重随着人均 GDP 增长迅速提高，推动第三产业就业比重增加 40 个百分点（从 10% 增到 50%），需要人均 GDP 增大 14548 美元（469~15017 美元）。平均每增大一个百分点需增加 364 美元。因这一阶段第三产业比重变幅较大，预测第三产业比重高低对国民经济发展比较重要。

（2）据 30 国第三产业就业模型（B），按 2010 年美元算，在经济发展的高级阶段（第三产业就业比重 50%~80%），人均 GDP 增长驱动第三产业比重的提高的边际速度减慢，推动第三产业比重增大 30 个百分点（从 50% 增到 80%），需要人均 GDP 增长 39722 美元（24086~63808 美元），平均每增大一个百分点需增加 1324 美元。因这一阶段已进入后工业或服务化社会，第三产业就业比重提高对国民经济发展的影响力下降。

（3）据30国第三产业就业模型（C），按2010年美元算，到国民经济发展的极高阶段（16国第三产业就业比重80%~90%），第三产业就业比重接近饱和❶，人均GDP增长对第三产业就业比重的边际推动进一步减缓，人均GDP增长23236美元（63808~87044美元），仅驱动第三产业就业比重增长10个百分点，平均每增大一个百分点需增加2324美元。第三产业就业比重是高还是低几个百分点，变得不再那么重要。

比较图10-11、图10-14和表10-12可发现：16国第三产业就业模型$Y=1.15\ X^{0.464}$（模型A）的测算范围在500~20000美元内，拟合程度好，如大之则属外推预测，精度下降，甚至不可接受（超100%），故较适合预测第三产业就业比重在10%~50%的变化。X值超20000美元（均为2010年美元），比重超60%的预测是外推预测，精度下降，甚至无解。30国第三产业就业模型$Y = \dfrac{100}{1+2.3178\mathrm{e}^{\alpha_i - 0.0000349X}}$（模型B）的优点是在中高端（Y值为50%~80%，X值为20000~80000美元）拟合较好，缺点是在低端拟合不好，Y为10%~30%时，X为负数，不可接受，故较适合预测第三产业就业比重在50%~80%，X在24000~64000美元的变化。式中，Y表示第三产业就业比重（%）；X表示人均GDP（均为2010年美元）。

可见，16国第三产业就业比重模型依据1870—1976年样本拟合，多数数据值处于低层次，在样本数据范围内预测目标值精度很高，即使现在也是如此，只要预测范围不超出样本数据范围，预测就是稳健准确的，但向上作外推预测精度下降。30国第三产业就业模型依据1991—2018年样本拟合，高值数据多，低值数据很少，故在高级阶段拟合精度较高，但倒推（回报）低层次目标值则无意义（负值）。

---

❶ 这只是就数论数。据世界银行数据库，1991-2019年纵贯29年的数据，主要经济体服务业就业比重达70%左右时，再提高就比较慢，美国徘徊在78.7%上下，要突破80%，连美国都比较困难。80%估计是第三产业就业比重饱和点。资料来源：https://data.worldbank.org/indicator/SL.SRV.EMPL.ZS？view=chart。

模型 A 和模型 B 类似作分段回归分析得出的两个回归方程，A 管低值目标，B 管高值目标，两者形成互补关系，循着第三产业就业比重的运动曲线，从低级阶段（人均 $X=500$ 美元，$Y=10\%$）走向高级阶段（$X=87000$ 美元，$Y=90\%$）。

考虑到现中国数据尚属低值数据，而模型 B 对低值数据预测不可接受，故用模型 A 回报（或预测）中国第三产业 1980 年、1990 年、2000 年、2030 年指标，结果如表 10-13 所示。

表 10-13　中国人均 GDP 与第三产业就业比重的测算（据模型 A）

项目		1980 年	1990 年	2000 年	2019 年	2030 年
X	实际值（2010 年美元）	347.1	729.2	1767.8	8254.3	—
	据模型 A 测算（2010 年美元）	379.1	803.2	1628.3	5836.8	13676.6
Y	测算值（%）	12.4	17.4	26.4	53.7	68.9
	实际值（%）	13.1	18.5	27.5	46.4	—

资料来源：中国 1980—2019 年人均 GDP 来自联合国统计司。中国第三产业就业比重来自国家统计局。

注：1. X 表示人均 GDP（美元）；Y 表示第三产业就业比重（%）。

2. 2030 年：按年均增长 5% 推算 2030 年人均 GDP（1970 年美元），用 16 国第三产业就业模型测算出第三产业就业比重，再按就业比重反推人均 GDP（2010 年美元）。

从表 10-13 可看出，1980—2000 年的测算值与实际值的绝对误差较小，在 0.7~1.1 之间，但 2019 年测算值（53.9%）比实际值（46.7%）高 7.2 个百分点，相对误差为 15.4%。这可能反映了在样本数据的高端，16 个样本国的第三产业就业比重比中国水平要高得多（如 1970—1976 年平均值为 50.1%~55.6%），或因中国在加入 WTO 后的 2001—2019 年迅速发展的制造业挤压第三产业就业空间。由此看来，用中国数据拟合第三产业就业模型预测中国第三产业的未来，会比 16 外国数据拟合的模型更切合中国国情。

下面用 1990 年回归分析优选出的幂函数模型，对 1970—2019 年中国国家统计局的第三产业就业比重和世界银行的中国人均 GDP（2010

美元）作回归分析，拟合中国版第三产业就业模型。由幂函数模型的设定可知，幂指数实质上是第三产业就业比重对人均 GDP 的弹性系数，即 Y 变化的百分比与 X 变化的百分比之间的回归系数，因此理论上它不会随着自变量度量单位的不同而变化。

回归分析结果为：

$\ln Y = -0.013877 + 0.434082 \ln X$，回归系数的 t 值为 36.62，p 值为 0.000，调整后的 R^2 为 0.9647，模型解释效果非常好，回归系数 95% 置信区间为 [0.4102507, 0.4579133]。与 16 国第三产业就业模型的回归系数（0.464）相比，本次回归系数 0.434 变小了，且 1990 年模型回归系数 0.464 超出本次回归 95% 置信区间的上界（0.4579），进一步验证了要测度的第三产业就业比重方程具有边际递减性质。

回归结果还原为幂函数，得中国第三产业就业模型（简称模型 C）。

$$Y = 0.98622 X^{0.434082}$$

式中，X 表示人均 GDP（2010 年美元）；Y 表示第三产业就业比重（%）。

此模型预测值与实际值误差平方的平均数的平方根为 2.07，调整后的 R^2 为 0.9647，对中国数据的拟合效果优于 16 国模型 A，也优于 30 国模型 B。

图 10-15 是中国第三产业就业模型的样本数据散点图和回归曲线。遵循这一回归曲线，人均 GDP（均为 2010 年美元）由 1970 年的 163，增加到 1980 年的 387，1990 年的 857.2，2000 年的 2136.4，2010 年的 3626.4，2019 年的 7488.5，中国第三产业就业比重（回报值）相应地从 10.4%，提高到 12.5%、17.2%、25.3%、38.2%、49.4%（回报值），相应的实际值是 9.0%、13.1%、18.5%、27.5%、34.6%、47.7%。可以清楚地看出第三产业就业比重随人均 GDP 的增大而逐步提高的发展趋势。据图 10-15 和工作表数据（略）可知，此回归曲线的转折点在 2006 年（X=3073 美元，Y=32.2%），此前回报值略小于实际值，此后预测值略大于实际值。由此可推知，用此模型预测高端数值，预测值会被高估，略高于实际值，应适当下调。

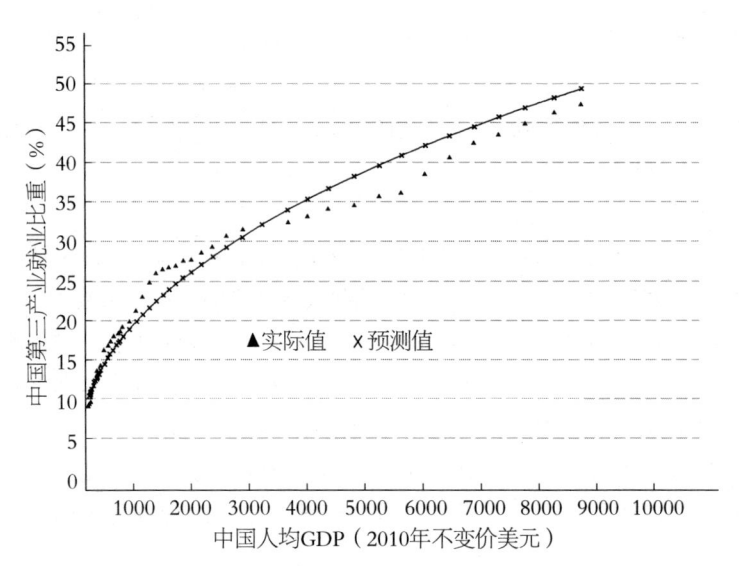

图 10-15 中国第三产业就业模型的预测值（回报值）与实际值比较

数据来源：人均 GDP 来自世界银行，第三产业就业比重根据国家统计局数据计算。

要对 2030 年中国第三产业的发展远景作估计，可选择 16 国模型、30 国模型和中国模型作 10 年预测。因预测目标 X 已超出 16 国模型样本数据最高端，而 30 国模型样本数据多处于高端，用于预测 2030 年中国目标会明显偏高（如 2019 回报值比实际值高 7.2 个百分点，相对误差 15.4%，可推知 2030 年偏离会更严重），中国第三产业就业模型根据中国数据拟合，比起 16 国和 30 国模型更适合中国国情，可用作小范围外推预测。先假定 X 值即 2030 年人均 GDP，再根据中国第三产业就业模型测算第三产业就业比重。这里重要参数是人均 GDP 年均增长率，因不同增长率导致不同的人均 GDP，而不同的人均 GDP 测算出不同的第三产业就业比重目标。表 10-14 给出的人均 GDP 年均增长率、2030 年人均 GDP 和第三产业就业比重的多个假定。假定 2019—2030 年人均 GDP 年均增长率分别是 2%、3%、4%、5%、6%，可求出 2030 年中国人均 GDP 分别达 10263 美元、11426 美元、12707 美元、14118 美元、15669 美元，再代入中国第三产业就业模型，可知 2030 年中国第三产业就业比重分别为 54.3%、56.9%、59.6%、62.4%、65.3%。

表 10-14　2030 年中国人均 GDP 与第三产业就业比重测算（模型 C）

人均 GDP 年均增长率（%）	2030 年人均 GDP（2010 年美元）	2030 年第三产业就业比重（%）
6	15669	65.3
5	14118	62.4
4	12707	59.6
3	11426	56.9
2	10263	54.3

根据对未来发展前景有利和不利因素的估计，将 2019—2030 年中国人均 GDP 年均增长率取值为 5%，那么，2030 年人均 GDP 将达到 14118 美元。按中国第三产业就业模型，2030 年中国第三产业就业比重将达到 62.4%（见表 10-15）。

表 10-15　中国人均 GDP 与第三产业就业比重的测算（据模型 C）

	项目	1970 年	1980 年	1990 年	2000 年	2010 年	2019 年	2030 年
X	实际值（2010 年美元）	228.5	347.1	729.2	1767.8	4550.5	8254.3	—
	模型 C 测算（2010 年美元）	163.0	387.0	857.2	2136.4	3626.4	7488.5	14118
Y	测算值（%）	10.4	12.5	17.2	25.3	38.2	49.4	62.4
	实际值（%）	9.0	13.1	18.5	27.5	34.6	47.4	—

注：模型 C 即中国第三产业就业模型 $Y = 0.98622 X^{0.434082}$，X 表示人均 GDP（2010 年美元）；Y 表示第三产业就业比重（%）。

考虑到模型 C 在高端（人均 GDP3000~8000 美元区间）的预测值高于实际值 3~4 个百分点（据图 10-15），以及第三产业就业比重对人均 GDP 弹性的边际递减规律（参数在高端逐渐变小的规律性），中国面临复杂多变的国际环境，新冠肺炎疫情常态化等因素，可能对人均 GDP 增速和产业结构升级产生负面影响，故在模型 C 预测的基础上调低 3~4 个百分点，预测 2030 年中国第三产业就业比重可能在 57.4%~60.4% 之间，比 2019 年实际值 47.4% 提高 10~13 个百分点。

我们也可以用另一方法估算。根据模型 C 的回归参数对 2030 年的第三产业就业比重作个保守估计。回归常数项 95% 置信区间的下限

为 −0.1850412，回归系数95%置信区间的下限为0.4102507。以2019年为基期，Y_{2019}=47.4，令2019—2030年之间Y的增长幅度为$\Delta Y/Y$，X的增长幅度为$\Delta X/X$，假设此期间X的年均增长率为5%，则$\Delta X/X$=71%，$\Delta Y/Y$ = 0.4102507 × $\Delta X/X$ × exp（−0.1850412）=0.2421，ΔY = 0.2421 × Y_{2019} = 0.2421 × 47.4 = 11.5。Y_{2030} = Y_{2019} + ΔY = 47.4+11.5=58.9。就是说，估计我国2030年第三产业就业比重为58.9%，这也在上面估计的57.4%~60.4%之间。

第四节　研究服务再生产规律的实践意义

以上讨论了简单再生产和扩大再生产条件下服务产品再生产和流通及其宏观平衡，分析了服务产品的供求平衡和第三产业比重增大律，并对第三产业宏观规模作了定量分析。这些研究对我国经济建设有重要的实践意义。

一、在第三产业内外部平衡中发展第三产业

改革开放前，社会上很多人把服务人员看成不创造价值，不创造社会财富的"非生产人员"，是靠"物质生产部门"养活的，动辄批评他们"一不会种田，二不会做工"，又"吃农民的饭，穿工人的衣"，似乎是靠"物质生产领域"的布施或馈赠过活的，不生产实物产品简直有如做了亏心事一般。传统政治经济学理论将产品局限于物品的范围，否认"非物质生产劳动者"生产产品，这是上述谬论得以流行的一个理论渊源，也是中国第三产业发展缓慢的重要原因。

第三产业经济学的分析表明，社会产品包括实物产品和服务产品两大类，第三产业为社会提供服务产品，服务人员消费实物形式的生活资料和生产资料，是通过为物质生产领域提供服务产品而获得的。他们获得工农生产的"饭"和"衣"，是以向对方提供生产与消费同时进行的服务产品为代价的。两种产品的交换的背后，是等量劳动的交换，不是馈赠的关系。服务人员一不会种田，二不会做工，就如同工人农民一不会教书，二不会治病一样，是社会分工，各司其职的必然结果，没有什么理由要加以非议。把服务产品的生产领域看成只有

消费没有生产的"消费领域",是错误的。

用服务产品理论分析服务再生产和流通可进一步知道,社会产品的再生产,不仅包括实物产品的简单再生产和扩大再生产,而且包括服务产品的简单再生产和扩大再生产。第三产业再生产所需的生产资料由实物生产资料和服务生产资料组成,所需的消费资料由实物消费品和服务消费品组成,其中,实物产品即"硬产品"来自第一、二产业,服务产品"软产品"来自第三产业。要实现它们的价值补偿和物质替换以顺利进行第三产业再生产,不只是第三产业内部的事,而且是三次产业之间的事;不仅涉及服务产品再生产,而且涉及实物产品再生产;不仅涉及第三产业内部生产服务业与生活服务业(I_b与II_b)的平衡,而且涉及第三产业与第一、二产业的平衡,包括第三产业外部的实物生产资料与服务生产资料(I_a与I_b)的平衡,实物消费品与服务生产资料(II_a与I_b)的平衡,实物生产资料与服务消费品(I_a与II_b)的平衡,实物消费品与服务消费品(II_a与II_b)的平衡。在现代社会中,生产资料和消费资料由软产品或硬产品组成,使软产业与硬产业之间"你中有我,我中有你"。貌似只是服务产品再生产的第三产业再生产,实际上演变成社会产品的再生产,涉及整个国民经济三次产业再生产。第三产业再生产,只不过是以第三产业为主体变换的社会再生产表式。

第三产业的扩大再生产,不仅要追加实物生产资料和实物消费品,而且要追加服务生产资料和服务消费品。随着生产软化和消费软化,整个国民经济在一定的历史阶段中逐步软化,服务产品在社会产品中的比重趋于增大,软产品在生产资料和消费资料中的比重逐步提高,直至饱和点。1979年改革开放前,我国国民经济软化系数仅为22.3%,经40年发展,到2019年已升至53.9%。在我国社会总产品中,第三产业已超过一半,软产品的比重已超过硬产品,整个社会迈入后工业社会的门槛,因而社会总劳动中分配到第三产业的部分在增大。

根据此趋势,发展国民经济,不仅要考虑实物生产资料与实物消费品的生产之间比例关系的平衡,而且要考虑实物产品与服务产品之间、生产服务与生活服务的生产之间比例关系的平衡。若只考虑工农业的比例关系而忽视了工农业与服务业的比例关系以及服务业内部的平衡,也会造成国民经济的比例失调。因此，制定国民经济的长远规划时，掌握服务产品的再生产趋势和就业结构的演变规律是十分必要的。

研究服务再生产和流通理论，可以给人们五点启示。

（1）国民经济软化系数 S_n，以及由它所决定的消费软化系数 S_c 和生产软化系数 S_p，是反映第三产业宏观规模的重要标志，也是决定是否应将第三产业及服务产品因素引入再生产理论的重要因素。按第三产业外部平衡的基本条件 $S_n W_a = (1-S_n) W_b$，$W_b = \frac{S_n}{1-S_n} W_a$。当国民经济软化系数 S_n 趋于零时，$\frac{S_n}{1-S_n}$ 也趋于零，第三产业产值 W_b 趋于零，社会再生产的产品实现问题可以说仅限于实物产品的价值补偿和物质替换。当 $S_n = 10\%$ 时，$\frac{S_n}{1-S_n} = \frac{1}{9}$，第三产业产值 W_b 等于第一、二产业产值 W_a 的 1/9，第三产业宏观规模很小，撇开或舍象服务产品的实现问题来讨论社会再生产，失真度还可以容忍。当国民经济软化系数增大到 60% 时（当代西方发达国家的大体情况），$\frac{S_n}{1-S_n} = 1.5$。第三产业产值 W_b 等于第一、二产业产值 W_a 之和的 1.5 倍，第三产业在国民经济中的比重和意义举足轻重。如撇开服务产品，把社会再生产的实现问题局限于实物产品，就把产品实现问题大大缩小了。这使再生产理论与国民经济现实严重背离。因此，根据现实经济运动中国民经济软化系数的变化，用服务产品的理论丰富和发展马克思的再生产理论，是发展第三产业和现代服务业的应有之义。

（2）服务产品直接构成第一、二、三产业的生产要素，这从第一部类 b 副类生产的服务形式的生产资料分别充当第一、二部类 a 副类的实物生产过程中的生产资料，以及第一、二部类 b 副类的服务生产过程中的生产资料，就可以看到。社会上的生产资料不仅包括实物生产资料，而且包括服务生产资料：社会所需的服务生产资料量等于 $S_p(C_I + C_{II})$（简单再生产时），或 $S_p(C_I + \Delta C_I + C_{II} + \Delta C_{II})$（扩大再生产时）。仅从这一点便可知，断言第三产业是消费行业就悖理了。要充分认识第三产业的重要组成部分生产服务业，发挥生产服务业对提高国民经济效率的作用,促进工农业的升级换代,也让第三产业本身在应用生产服务的过程中,提高自身素质和服务水平,实现第三产业的自我增强和发展。

(3)服务产品直接构成社会成员的消费对象,这从第一、二部类 a、b 副类中工人和资本家收入的一部分均用于购买第二部类 b 副类生产的服务消费品,可清楚地看到。社会上的消费品不仅包括实物消费品,还包括服务消费品:社会所需的服务消费品量等于 $S_c(V_I+M_I+V_{II}+M_{II})$(简单再生产时),或 $S_c(V_I+\Delta V_I+M_{I_x}+V_{II}+\Delta V_{II}+M_{II_x})$(扩大再生产时)。若少了第二部类 b 副类,不仅无法满足社会成员的不可缺少的一部分消费需求,还会使第一、二部类的产品的价值实现受到严重影响。因此,匡算社会商品可供量、货币回笼量和居民生活需求的对象,在现代社会有了全新概念,仅仅考虑实物消费品是远远不够的,必须将服务消费品包括在内。扩大内需的重要方面是扩大对服务消费品的需求。

(4)当社会服务生产发展到较高水平时,如果仅仅满足 $I(V+M)=IIC$ 的条件,或 $I(V+\Delta V+\dfrac{M}{X})=II(C+\Delta C)$ 的条件,已不足以使简单再生产或扩大再生产条件下的社会产品全部顺利实现了。要顺利实现再生产,必须使第一部类内部、第二部类内部,以及两大部类间的服务产品与实物产品的比例协调,同时满足使实物生产资料与服务生产资料、实物消费品、服务消费品的比例,服务生产资料与实物消费品、服务消费品的比例,实物消费品与服务消费品的比例协调的条件。要顺利实现扩大再生产,必须全盘考虑第一、二、三产业及其增量的比例关系,将它们全纳入经济社会发展战略中。

(5)工农业生产总值指标将第一、二部类的两个 b 副类的服务产值排除在外,不能真实地反映服务生产已占相当大比重的现代社会生产全貌,这是它被抛弃,代之以全面反映第一、二部类四个副类的生产情况的国民生产总值指标的原因。社会产品通过三大方面、十个渠道的交换而实现的事实说明,服务产品已在日趋频繁的产品交换中取得了社会性和抽象等同性,并表现为价值。服务劳动者不创造价值和靠国民收入再分配取得收入的说法,已清楚地被证明是站不住脚的。

二、在与第三产业协调中发展第一、二产业

必须尊重服务再生产规律，在与第三产业协调中发展第一、二产业。

改革开放前，我国学术界和决策层对第三产业缺乏了解，不认识第三产业比重增大是产业结构演变的规律；官方编写的经典著作辅导材料，引经据典，把"非生产劳动者"比重增大视为"资本主义寄生性和腐朽性的突出表现"。

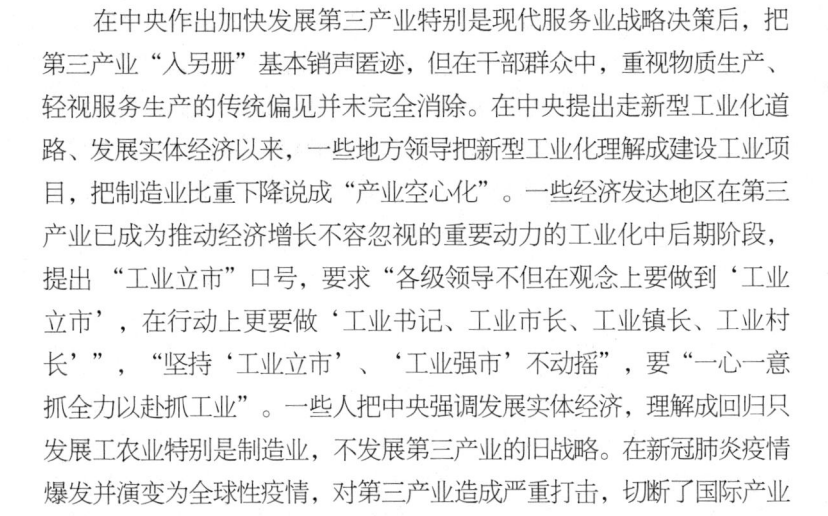

在中央作出加快发展第三产业特别是现代服务业战略决策后，把第三产业"入另册"基本销声匿迹，但在干部群众中，重视物质生产、轻视服务生产的传统偏见并未完全消除。在中央提出走新型工业化道路、发展实体经济以来，一些地方领导把新型工业化理解成建设工业项目，把制造业比重下降说成"产业空心化"。一些经济发达地区在第三产业已成为推动经济增长不容忽视的重要动力的工业化中后期阶段，提出"工业立市"口号，要求"各级领导不但在观念上要做到'工业立市'，在行动上更要做'工业书记、工业市长、工业镇长、工业村长'"，"坚持'工业立市'、'工业强市'不动摇"，要"一心一意抓全力以赴抓工业"。一些人把中央强调发展实体经济，理解成回归只发展工农业特别是制造业，不发展第三产业的旧战略。在新冠肺炎疫情爆发并演变为全球性疫情，对第三产业造成严重打击，切断了国际产业链的联系时，对第三产业比重增大规律产生怀疑，把中国在全球性危机中屹立不倒的原因归结为有完整制造业体系，忽视了第三产业对工业体系的支撑是不可缺少的重要条件，认为疫情当下还是发展制造业稳当。

这些忽视第三产业在国民经济中的重要作用的认识偏差，需要通过对服务再生产规律的研究、学习和普及来纠正。

对服务再生产的宏观规模及其发展规律的研究表明，第三产业崛起有其必然性，是由在服务需求上升律和服务供给上升律的作用下形成的第三产业比重增大律决定的。在相当多服务产品的需求收入弹性高于实物产品，社会收入水平已达到基本解决温饱问题的高度并不断提高，闲暇时间的存在和不断增多，生产向信息化、社会化、专业化

发展的条件下，服务需求上升律形成并发生作用。在此基础上，在物质利益机制对服务需求和供给的反应灵敏、不失真，实物生产领域生产率迅速提高的条件下，服务供给上升律形成。服务需求上升律和服务供给上升律的共同作用，使第三产业比重日趋提高，形成第三产业比重增大律，即在一定的历史时期和一定的社会经济发展的条件下，第三产业就业比重和产值比重趋于增大。

从统计学的角度说，无论是经济发达国家经合组织16国，或是包括发达国家和发展中国家的30大经济体，还是中国的统计数据，都明白无误地表明：第三产业就业比重与人均GDP之间存在正相关关系，第三产业就业比重在一定的范围内，随国民经济发展而上升是全球的规律：16国第三产业就业模型反映的是依据经合组织1870—1976年数据揭示的第三产业就业比重与人均GDP之间幂函数型规律，30国第三产业就业模型反映的是依据30大经济体1991—2018年数据揭示的第三产业就业比重与人均GDP之间的Logistic曲线规律，中国第三产业就业方程反映的是依据我国1970—2019年数据揭示的第三产业就业比重与人均GDP之间的幂函数型规律。

可见，第三产业比重在达到其饱和点之前趋于上升是一个规律。不管在发达国家，还是在发展中国家，不管人们是否认识它、喜欢它，它都按既有的逻辑运行。顺应此客观规律而行，国民经济将顺利发展；逆此客观规律而动，国民经济将付出代价。这已被我国和世界上大量例证所佐证。

从新型工业化看，新型工业化以信息化带动工业化，以工业化促进信息化，正在走一条科技含量高、经济效益好、资源消耗低、环境污染少、人力资源优势得到充分发挥的新道路。这与加快发展第三产业并行不悖；新型工业化并不意味着放弃发展第三产业的方针，恰恰相反，它将会推动科技、环保、信息、通信、教育、文化、娱乐、卫生、保健、体育、旅游、休闲服务等全面提高居民素质的服务部门以至第三产业在国民经济中比重的增大。

至于"产业空心化"，实际上是用旧产业观来看问题，只把工农业看成产业部门，不承认服务业也是产业所致。实际上，在产业结构高级化过程中，制造业比重下降与服务业比重增大是相继发生的，有形产业退出造成的"空心"被无形产业填补,并非是产业空心化,而是产业的软化。

关于"工业立市",工业资源禀赋具有优势的地区,提"工业立市"是可以理解的。但就中国这样一个大国而言,三次产业需要协调发展,不能把工业作为经济发展的唯一目标。工业化是指以现代工业部门的发展为核心,以机器体系为特征的先进的物质技术基础取代以手工劳动为特征的落后的物质技术基础,以社会化大生产的生产方式取代个体生产的生产方式,从而使社会劳动生产率和社会生产能力不断提高,非农产业部门逐渐取代农业部门在国民经济中的主导地位的国民经济结构发生根本性变化的过程。❶工业化并不是只发展工业,而是优化国民经济结构,协调发展三次产业的过程。所以,工业化不等于第二产业"一花独秀",把第一、三产业撇在一边搞工业孤军独进。走新型工业化道路并不排斥各地因地制宜,充分利用资源优势发展相关产业,宜农则农,宜工则工,宜服(务)则服,宜轻(工)则轻,宜重(工)则重。在全国第三产业已超半壁江山之时,还把国民经济发展归结为发展工业,把占比超过一半的第三产业抛于主政者脑后,显然是不全面的。

关于实体经济,把有形产业与实体经济画等号,把第三产业与虚拟经济画等号,以为强调发展实体经济,就是回归只发展工农业的老路,放弃第三产业发展的战略决策,也是一种误解。实体经济是指实物产品和服务产品的生产和流通所形成的经济。第三产业除了金融证券市场和房地产市场的炒作部分,都属实体经济。产生误解的原因是把实物产品与实体经济、非实物产品与虚拟经济混为一谈。

至于新冠肺炎疫情的影响,世界疫情促使各国重构制造业与服务业的产业链,以应对疫情造成的国际产业链断裂带来的新问题,一些发达国家重新审视制造业的国际分工,吸引关系国计民生的部分重要制造业回归国内,是可以理解的。而中国全力以赴发展被西方封锁断供的高端服务业,更是理性的选择。新冠肺炎疫情全球化说明在全球产业链断裂的情况下,中国有完整制造业体系能实现国内产业循环的

---

❶ 曾国安.试论工业化的含义[J].当代经济研究,1998(3).

重要性，但不能据此推断第三产业对国民经济发展可以缺位，更不能以此为据否定第三产业比重趋于上升的客观规律，嘲讽服务业比重高、制造业比重低的发达国家。

讲到底，现代产业体系是三次产业协调发展的体系，产业发展必须讲协调，讲比例，讲配套。无论哪个产业，都不可能离开其他产业的协调配合而单枪匹马发展。若没有第三产业和现代服务业的有力支撑，片面发展制造业，不仅难以发展起来，而且会导向体制僵硬、经济效率低下、居民需要难以满足的困境。

世界经济发展的趋势表明，产业结构遵循配第—克拉克定律揭示的方向趋向高级化。在第一、二产业比重下降的同时，第三产业比重日趋提高。世界第三产业迅速崛起，已成为经济增长的主要动力。只有顺应第三产业再生产规律，全面认识第三产业再生产中的产业协调关系，对我国就业结构的变化趋势作定量分析和预测，对服务产品再生产的发展加强预见性，减少盲目性、主观性，确定第三产业发展的合理规模和速度，调整不合理的产业结构和就业结构，才能促进第三产业的健康发展。

政府根据对第三产业比重增大律，加强宏观管理是很有必要的。对竞争性服务业，要借助市场力量，引导企业按市场规则和第三产业再生产规律投资；对公益性非营利服务业，要靠财政力量进行政府投资。企业投资和政府投资，都要加强预见性，减少盲目性、主观性，确定第三产业发展的合理规模，避免作脱离市场、搞拍脑袋的投资。

三、在国民经济的基础上发展第三产业

要促进第三产业再生产的合理发展，必须尊重服务再生产规律，协调三次产业发展，不能脱离国民经济基础片面发展第三产业。

任何生产都有其自身的客观规律，服务产品的生产也如此，这是不以人的意志为转移的。就需求层次来说，人们对物质资料的需求是第一位的。正如马克思指出的："我们首先应当确定一切人类生存的第一个前提也就是一切历史的第一个前提，这个前提就是：人们为了能够'创造历史'，必须能够生活。但是为了生活，首先就需要衣、食、住以及其他东西。因此第一个历史活动就是生产满足这些需要的

资料，即生产物质生活本身。"[1] 与此相适应，社会劳动的投放也应首先满足实物资料的生产要求。第一层次的需求满足了，社会才将多余的劳动力投放到为满足第二、三层次的需求而进行的生产上。常识告诉人们，在极端的情况下，如果第一层次的需求都受到威胁，其他需求就会被"堵死"。如果因天灾人祸而不得不减少生产，首当其冲的也是非实物使用价值的生产。在这种意义上说，服务产品的生产是第二位的，而实物产品的生产则是第一位的。物质生产领域的劳动生产率的提高是服务产品生产规模扩大的基础。

随着生产力的发展，在现代产业中，物质生产与服务生产这种第一、第二位的关系，已发展为三次产业之间相互依赖、相互制约、互为因果的辩证关系。第一、二产业为第三产业提供实物形式的消费品和生产资料，第三产业为第一、二产业提供服务形式的消费品和生产资料。在现代国民经济的产业链中，三大产业间存在着互为条件、互为前提、互为"上游产业"的辩证关系，工农业可以成为服务业的上游产业，服务业也可以成为工农业的上游产业。三大产业必须协调发展而不能片面强调谁先谁后。我们既应看到一些第一、二产业部门是第三产业的"上游产业"，因而需要在时序上先发展，也应看到不少第三产业部门是第一、二产业的"上游产业"，因而需要在时序上先发展。在现代生产系统中，不论是少了实物生产，还是少了服务生产资料，生产都无法正常进行；在现代消费系统中，无论是缺少实物消费品，还是服务消费品，人们的消费需求都无法得到充分满足。因此，要按照投入产出原理，全面地而不是片面地考虑和处理三大产业的辩证关系。

在 16 国第三产业就业模型 $Y = 1.15 X^{0.464}$、30 国第三产业就业模型 $Y = \dfrac{100}{1 + 2.3178 e^{\alpha_i - 0.0000349 X}}$ 和中国第三产业就业模型 $Y = 0.98622 X^{0.434082}$ 中，X 是综合反映社会劳动生产率、生产总额、消费者与生产者的比例、人口、收入水平等指标的人均国内生产总值，Y 是由 X 所决定并依 X 的变化而变化的第三产业就业比重；X 是自变量，Y 是因变量（或称目标函

---

[1] 马克思恩格斯选集：第 1 卷 [M]. 中共中央马克思恩格斯列宁斯大林著作编译局，译. 北京：人民出版社，1972：32.

数）。这就用数学语言说明了 Y 对 X 的依赖关系，X 是 Y 的基础。

在一般函数关系中，自变量和因变量可以互相调换，存在着互为反函数的关系，但在相关关系中，虽然在数学形式上也可以将自变量和因变量互相调换，但在实践中这种调换往往会失去实际意义。因人均国内生产总值的大小可以影响、决定服务业的比重，从而成为后者的基础，但第三产业的比重却不能决定人均国内生产总值的水平。以表 10-15 为例，依据模型 C，当 $X=857$ 美元时，Y 测算值为 17.2%，当 X 增大为 7489 美元时，Y 随之升为 49.4%。但是，如果人为地把 Y 由 17.2% 提高到 62.4%，X 绝不会相应地由 857 美元提高到 14118 美元。超越国民经济的发展水平而过快地发展服务产品的生产，不仅不能促进国民经济的发展，反而会阻碍甚至破坏 X 的发展，损害三次产业在国民经济中的合理比例关系，必然使 Y 的发展也会落空。

当然，第三产业比重增大是经济发展的趋势，并不意味着第三产业可以无限制发展。第三产业就业比重为人均 GDP 所决定、所制约。如果有人说，经济发达国家第三产业比重已达 60%~70%，我国也可以效法，扩大第三产业就业比重到 60%，那我们可以老实告诉他：这只是"东施效颦"，违反第三产业就业模型反映的第三产业就业规律，是行不通的。根据中国第三产业就业模型，要达到此水平，X 必须发展到 14118 美元的水平，按我国经济发展水平和速度，大概要 10 年努力。脱离社会需求片面发展第三产业，或迟或早栽跟头。中央确定发展第三产业的重大战略决策以来，一些地区在第三产业比重上盲目搞攀比，以搞运动的方式发展第三产业，"大干快上"，脱离社会需求搞"高起点、高标准、超前发展"，在生产服务业领域造成第三产业的产能过剩，便是深刻的教训。

根据第三产业就业模型，可以估计我国第三产业宏观发展规模及其未来发展，避免第三产业的"过犹不及"。

看过去，笔者用第三产业就业模型预测 20 世纪末我国第三产业就业比重得到实践验证。当年我国处于经济发展的初级阶段。按 16 国第三产业就业模型，在经济发展初期，第三产业比重随着人均 GDP 增长迅速提高，第三产业就业比重每增大一个百分点需人均 GDP 增加 300 多美元。因这一阶段第三产业比重变幅较大，预测第三产业比重高低对国民经济发展比较重要。

看现在，2019年我国第三产业就业比重为47.4%，已进入中高级发展阶段。按30国第三产业就业模型，人均GDP增长驱动第三产业比重提高的边际速度减慢，推动第三产业比重每增大一个百分点需人均GDP增加1000多美元。这一阶段已进入后工业或服务化社会，第三产业就业比重提高对推动国民经济的边际收益下降。

看未来，按中国第三产业就业模型，考虑面临错综复杂的大环境，如2019—2030年我国人均GDP年均增长率为5%，到2030年人均GDP将达14000多美元，估计2030年我国第三产业就业比重可能在57.4%~60.4%之间。未来10年，我国第三产业就业比重将可能提高10~13个百分点。这可以成为我国发展国民经济十年规划的参考指标之一。

需要指出，第三产业就业方程反映的第三产业就业比重的演变规律，只是统计规律、或然规律，不是必然规律，只能通过对大量、长期的统计数据的统计分析而被发现，而不可能在每次统计中都得到证明。运用第三产业就业方程对第三产业就业比重作预测也是如此，拟合第三产业就业回归方程的每一个散点（它代表样本国在特定时点的人均GDP和第三产业就业比重）都有其存在的客观性和合理性，正是大量与回归曲线有差异的散点的"合力"，才塑造（拟合）出第三产业运动的总趋势线。不能认为每个散点必须与趋势线保持一致才是合理的、合乎规律的。

运用第三产业就业方程作预测也是如此。预测值只是依据第三产业就业方程隐含的统计规律提供的"参考消息"和"近似值"，如果试图依据参考指标计算出准确的第三产业比重值和发展速度值而不考虑大量的主客观因素，那就可能犯脱离实际的错误。更何况第三产业比重不只是由第三产业状况决定的，还由第一产业和第二产业的发展速度和份额及其影响因素决定。如第一、二产业发展慢，所占份额小，第三产业比重就会上升，反之就会下降。可以说，第三产业就业模型指出的只是第三产业发展的一个大方向，其预测精度需要实际来证明。这是需要说明的。

总之，随着我国国民经济的稳步发展，服务产品在社会产品中的比重在一定的历史时期内日趋增大，因此，掌握第三产业再生产的演变规律对于经济建设是十分重要的。

第十一章 服务产品的分配

服务产品的分配,是连接服务产品的生产和消费的中间环节。它不仅影响着社会成员对服务的使用价值的消费,而且通过服务价值的实现状况,制约着第三产业的再生产规模及其发展水平。本章分析服务产品分配的性质、分配方式和分配水平等问题。

第一节 第三产业分配的性质

第三产业分配的性质问题,在通行"物质产品平衡体系"的社会主义国家里,是一个长期被颠倒的问题,有必要予以澄清。

一、服务产品分配的两重性

从现实再生产过程看,服务产品的生产、分配、交换和消费通常是同时进行的,但这并不妨碍我们借助"慢镜头"作出理论抽象,在逻辑上对这"四环节"作出先后次序的分解:生产出来的服务产品,先要按照一定的原则,分归服务生产的当事人——服务劳动者、管理者、服务业生产资料(包括资本和土地)的所有者等,然后依据生产结构和消费结构的要求(它体现为国民经济软化系数等),在相关社会集团或社会成员间交换,最后才投入消费。服务产品分归服务生产当事人的过程,就是服务产品的分配。

由于服务产品具有使用价值与价值两因素,因此服务产品的分配具有两重性:一方面,它是服务使用价值的分配。非实物使用价值先分配给服务生产当事人,然后再分配给包括第一、二、三产业人员在内的全体社会成员。这一再分配大部分通过交换渠道进行,小部分通过非交换渠道进行。另一方面,它又是服务价值的分配,即服务产品所体现的价值在第三产业内部的各生产当事人之间进行分配。根据前几章对服务产品的使用价值和价值及其创造过程的性质和特点的阐述可以确认：若将服务价格高于价值或营业欺诈之类视为特例撇开不提，只考察市场经济条件下的情况，那么第三产业的分配，实质就是对服务价值的分配，即第三产业的生产当事人依据一定的原则，对第三产业的服务劳动者借助服务生产资料，通过服务劳动生产的服务产品本身的价值的获取和占有。这就是第三产业分配的性质。据此性质，第三产业的劳动者、资本家以及提供服务场地的土地出租者等获得收入，均是对第三产业内部的服务价值的分配，而不是对第一、二产业劳动者创造的实物产品价值的"再分配"。

服务产品的分配具有两重性，并不意味着服务产品可以被分配两次。它只表明，服务产品的同一分配过程，从两个角度看，有两种不同的属性。其中，服务使用价值涉及社会需求的满足问题，其初次分配在第三产业内部的服务生产当事人之间进行，其再分配则通过交换渠道❶或其他途径在三大产业以至全社会中展开，解决全社会对服务型生产资料和服务消费品的需求问题。而服务价值涉及服务生产耗费的补偿、物质利益在服务生产当事人间的实现问题。如果我们舍象掉国家财政关系，并撇开第三产业对第三产业以外的社会集团或成员的无偿奉献、馈赠、赞助不提，那么服务价值只在第三产业内部分配，而不在第三产业外部进行分配或再分配。因服务价值的分配要以服务使用价值的初次分配和再分配为基础，故它发生在服务的交换环节之后：服务业只有出售了其产品，才有可能分配货币收入。而服务使用价值的初次分配，发生在服务的交换环节之前。这样，服务再生产四环节的排列次序，对服务使用价值而言，是生产——分配——交换——消费；对服务价值而言，则是生产——交换——分配——消费。二者次序不同，但内容是等价的。

二、第三产业分配的物质基础

第三产业分配的物质基础，是指第三产业的生产当事人所分配的价值的物质承担者。换言之，它从价值与使用价值的辩证统一中考察

---

❶ 参见第十章第一节对服务再生产的10条流通渠道的分析。

第三产业的分配对象，涉及第三产业所分配的价值的来源问题。

一般地说，第三产业的服务劳动者不直接创造实物产品。在传统政治经济学中，有论者据此认为服务劳动者分配的是物质生产领域创造的、体现在实物产品中的国民收入 $V+M$。❶ 这是一种"只知其一，不知其二"的片面看法，是不正确的。核心问题在于：劳动产品不仅包括实物产品，而且包括服务产品，使用价值除了实物使用价值以外，还包括非实物使用价值。不创造实物产品，不等于不创造其他产品；不创造体现在实物产品中的 $V+M$，不等于不创造体现在服务产品中的 $V+M$。正如马克思所说的，分配本身是生产的产物。就对象说，能分配的只是生产的成果。由于服务劳动者在服务生产中以具体劳动创造了非实物使用价值，以抽象劳动创造了以非实物使用价值为物质承担者的服务价值，因此，第三产业分配的物质基础是非实物使用价值，第三产业生产当事人通过分配取得的货币，代表着他们生产的、社会所需的一系列运输服务、通信服务、商业服务、生活服务、文艺服务、教育服务、卫生服务、科学服务、体育服务、技术服务等的非实物使用价值。它们均以服务的形态存在着，不易为人们直观觉察，但是其客观存在是不容置疑的。其数量及结构，毫不含糊地直接影响着生产和消费状况。如果被"唯实物产品论"引致"视觉功能障碍"，对非实物使用价值视而不见，就容易沿袭苏联的传统成说，将第三产业的分配说成对工农业创造的国民收入的再分配。然而，这是经不起实践检验的。例如，公共汽车公司开车载客，向市民提供非实物使用价值（客运服务），才取得客运营业收入。试想，有什么理由将他们载客的服务劳动成果及其体现的价值量一笔勾销，声称客运收入只是工农业创造的价值（国民收入）的再分配呢？若是如此，国民收入为什么不"再分配"给病休的司机、拒客的司机呢？更进一步说，价值既然已被分配给工人农民而没有被取消，它又怎么可以一而再，再而三，神奇般地被"再分配"多次呢？如果工人农民拿这货币不是去买客运服务，而是去买饼干，难道这价值就"再分配"给食品公司吗？

---

❶ 张幼华. 非物质生产部门也创造国民收入吗？[J]. 辽宁大学学报，1982（5）.

如果同一价值可以重复地被分配无数次（如在工人乘汽车、司机就诊、医生理发、理发员旅游、导游员上夜校等场合），岂不是价值不灭吗？社会岂不是无需扩大产品再生产，只要增加"再分配"的次数便可以万事大吉了吗？这种无限可分的"价值"难道有可能存在吗？它与劳动价值理论及其阐述的以使用价值为载体的价值，难道有丝毫的共同之处吗？不难看出，传统政治经济学关于所谓"国民收入再分配"的论点与价值实体是人类劳动的理论，是多么的牛头不对马嘴。

将第三产业分配的物质基础说成工农业产品，或实物使用价值，在理论上至少是对马克思关于运动形态的使用价值、非实物形态的产品，以及非实物使用价值可充当价值的物质承担者的重要思想❶缺乏了解，自觉不自觉地以商品拜物教的观点，将价值实体错误地看成物品，而不是正确地看成商品生产者之间相互交换劳动的社会关系。事实上，使用价值是三大产业分配的物质基础：如果对通货膨胀存而不论，那么可以说，工农业生产领域中每一元货币收入的背后，都有与之相适应的实物使用价值为物质基础；同样，服务生产领域的每一元货币收入的背后，也包含着与之数量相关的、充当其物质基础的非实物使用价值的运动。一分钱一分货，第三产业也不例外。只是这里的"货"不是物品而是服务。在服务与物品价格均不变的条件下，第三产业分配量的多寡，取决于第三产业生产的非实物使用价值量的大小，而不是决定于第一、二产业向第三产业的"施舍"量。第三产业取得的收入量，只不过是第三产业生产和出售非实物使用价值量多寡的一种凭证或标志，绝非是第一、二产业"施舍"量的尺度。如前所述，"国民收入再分配论"，是将使用价值的分配与价值的分配混淆起来了。❷如果说工人农民拿货币购买车票，代表着由工农业产品的供给量大于工农业自身对此的需求量而形成的工农业剩余产品的使用价值向第三产业的再分配，那么，不可否认的是，同一过程也代表着由服务产品的供给量大于服务业自身对此的需求量而形成的服务业剩余产品的使用价值向第一、二产业的再分配。

---

❶ 参见第五章第五节"服务产品使用价值是交换价值的物质承担者"。

❷ 参见第七章第四节"关于'国民收入再分配'说"的内容。

第三产业创造的服务总产品,称为服务总量,它同样分为 $C+V+M$ 三个部分。其中,C 是补偿服务生产资料消耗的产品部分,构成第三产业的补偿基金;$V+M$ 是第三产业所创造的净服务产品,称为服务净值,构成第三产业创造的国民收入;服务劳动者的必要劳动创造的服务产品部分 V,称为必要服务产品,是第三产业必要劳动的物质体现;服务劳动者的剩余劳动创造的服务产品部分 M,称为剩余服务产品,是第三产业剩余劳动的体现。如果用 C_1 表示生产设备的折旧费,用 C_2 表示外购的物品和服务,那么,第三产业的 C_1+V+M 称为服务增加值。三大产业各自增加值 C_1+V+M 之和,称为国民生产总值(GNP)或国内生产总值(GDP)(前者以国籍为限,后者以国境为限)。在简单再生产的条件下,净服务产品 $V+M$ 构成第三产业的消费基金;在扩大再生产的条件下,剩余服务产品 M 的一部分与必要服务产品构成第三产业的消费基金,M 的另一部分则构成第三产业的积累基金。第三产业创造的服务总产品,首先分为第三产业的补偿基金与国民收入;第三产业的国民收入再进一步分为消费基金与积累基金。由此可知,第三产业分配的物质基础,只是第三产业生产的非实物使用价值。换言之,第三产业创造的非实物使用价值,充当了第三产业所分配的价值的物质承担者。如果第三产业没有创造出非实物使用价值,那它就没有价值对象可以被分配。不提供服务使用价值的服务人员(如不开业的旅店服务员、不开车的出租司机、关门拒客的理发员等),连一分钱也不可能从第一、二产业中得到,就是此理。

三、第三产业工资的性质

有一种观点认为,①满足社会需要的服务人员的工资是物质生产领域的剩余产品一部分的表现形式;②满足直接物质生产者的个人需要的服务人员的工资,则来源于物质生产领域的个人消费基金(必要产品)或社会消费基金(免费服务时)。❶

这种论点根据服务活动满足的不同需要来分析服务劳动工资问题,

---

❶ 沙洛特科夫.非生产领域经济学[M].蒋家俊,马文奇,沈越,译.上海:上海译文出版社,1985:216.

比起笼统地将第三产业工资视为工农业创造的剩余价值的一部分的论点，所包含的合理成分要多。但是，它将第三产业的工资定性为对第一、二产业创造的净产品 $V+M$ 的瓜分，而不是对服务劳动者自己创造的价值的分配，是不正确的。

第三产业劳动者取得工资，是对第三产业创造的价值的自食其力的分配，还是接受第一、二产业"恩赐"或"布施"？其实，这是不难弄清的。

从价值实现的角度考虑问题，所有产业都必须出售自己的产品，实现价值补偿，才可以给本产业的劳动者发工资，或补偿预付工资。如果就此而论，说生产消费品的产业的工资是靠产品需求者的个人消费基金或社会消费基金来实现价值补偿的，并无不妥。但是，如果据此把本产业的工资所代表的价值，说成由产品的购买者创造的（或是"再分配"来的），那就是天方夜谭了。众所周知，在产品买卖中，买者不是向卖者恩赐价值，而是支付与产品价值等价的货币。交换后，买卖双方的使用价值换了位，但二者手中的价值量并不发生增减。买者不损失价值，卖者也不增加价值。❶ 第三产业的服务消费品和其他服务的出售也是如此。除非干脆否认工人、农民买票坐公交车、看戏是一种以货币为媒介的交换（工农业产品与客运服务、演出服务的交换），否则就不可能从此找到论证司机或演员的工资是工农业创造的 $V+M$ 的一部分的论据。马克思说得好，"不错，对老板（指生活服务业的老板——引者注）本身来说，这些服务是由公众的收入支付的，但同样不错的是，一切产品，只要它们用于个人消费，情况也完全是这样"❷。钢铁工人以工资收入购买了饮料，才使饮料厂有钱发工资，难道可以说饮料厂的工资是钢铁厂的必要产品的一部分吗？

至于在服务产品免费提供给社会成员，服务业以国家财政经费维持的场合，第三产业也并非是接受社会剩余产品的恩惠。因为这时服务事业单位得到的财政拨款，只不过是国家用社会消费基金订购以

---

❶ 这里将产品流通过程中因商业服务的创造而形成的价值增殖撇开不提。

❷ 马克思.剩余价值理论：第 1 册 [M].中共中央马克思恩格斯列宁斯大林著作编译局，译.北京：人民出版社，1975：158.

后将"免费"供应给居民的服务产品所支付的费用的变形;已被学术界接受的"明补"与"暗补"的提法清楚地表明,无论是"明"还是"暗",实际上获社会消费基金补贴的不是服务事业,而是免费消费服务产品的居民。至于部分经费需国家维持的,以低价供应给居民的服务消费品更是如此。一旦对消费者的"暗补"变为"明补",谁获剩余产品的恩惠就十分清楚了。如果说"明补"(如国家将公费医疗费纳入工资发给工人,工人再按市价购买医疗服务)时,服务人员创造自己的收入,那么怎能说"暗补"(如国家将上述医疗费改拨医院,工人免费就医)时,就变得不创造自己的收入呢?如果据此断言服务事业的工资是对社会消费基金的分配,岂不是也可以说,任何产品的生产部门,只要接受社会消费基金的资助,就变得不再创造其工资收入,其工资也变成对社会剩余产品的分配吗?照此逻辑,难道空投到灾区的免费供应的救灾物资,如饼干、药品、衣服等,其生产者的工资也因此变成了不是他们自己创造的价值的一部分,而是对中国财政部甚至是国际红十字会的救灾基金的瓜分吗?在当代的福利国家中,不少工农业产品也是靠财政拨款的支持而免费供给居民消费的,难道生产这些产品的第一、二产业也不创造其工资收入的价值吗?可见,这类说法的要害是没将"暗补"的受惠者弄清楚。

综上所述,无论服务产品以何种形式实现,第三产业的工资都不是工农业创造的价值的分配或再分配。第三产业劳动者取得的工资是他们自己创造的,其实质是对必要服务产品的分配。

在社会主义公有制的服务企业和事业中,服务劳动者尽其所能地劳动,为社会创造出服务产品,社会则按其服务劳动的质量和数量,以工资形式将个人消费品分配给他们。服务劳动者创造的服务产品越多,其报酬就越多。因此,按劳分配原则也通行在第三产业领域。

四、第三产业利润和地租的性质

在传统政治经济学教科书中常可看到如下流行观点:商业资本家、银行资本家和土地所有者取得的商业利润、银行利润或地租,实质上是对物质生产领域创造的剩余价值的瓜分;商业职工、银行职员的工资,也是对物质生产领域创造的剩余价值的分割(因为这些工资据认为是由这一剩余价值补偿的）❶。无需讳言，这些观点的理论支点是马克思的《资本论》。但是，对马克思的观点也不能搞"凡是"。根据劳动价值理论在第三产业领域的运用所得出的第三产业经济学关于服务价值源泉的原理，以及当代第三产业迅速发展的现实，上述传统观点应该加以突破。

第一，从马克思的论证来看，他对商业（指纯粹商业，下同）劳动不创造价值问题，并没有作过论证，只是以"流通过程不创造价值"这一有待证明的论点为依据，断言商业不创造价值。而根据劳动价值理论，价值的实体是人类劳动，服务（包括商业服务）劳动创造出劳动产品（非实物产品），这产品具有使用价值，又投入交换，因此没有什么理由认为它不具有价值。马克思的断语似乎过多地着眼于与重商学派的错误作"矫枉过正"式的论战，以及偏重于对实物生产中剩余价值的源泉的求证，以致忽视了服务生产领域这一剩余价值的源泉。从理论上看，马克思虽然在经济学手稿中提出了"运动形式的使用价值"，非实物形态的"产品"等范畴，但未及展开阐述，在《资本论》的分析中也没有加以具体应用，以致他认为商业等服务不创造使用价值，也不生产产品，因而自然也认为它们不创造价值了。

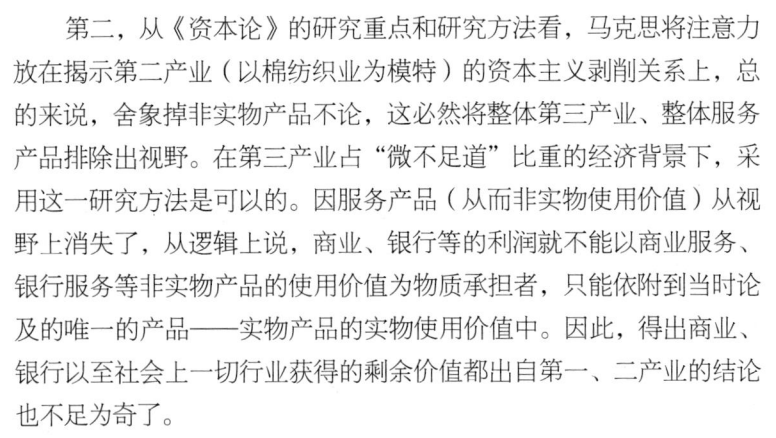

第二，从《资本论》的研究重点和研究方法看，马克思将注意力放在揭示第二产业（以棉纺织业为模特）的资本主义剥削关系上，总的来说，舍象掉非实物产品不论，这必然将整体第三产业、整体服务产品排除出视野。在第三产业占"微不足道"比重的经济背景下，采用这一研究方法是可以的。因服务产品（从而非实物使用价值）从视野上消失了，从逻辑上说，商业、银行等的利润就不能以商业服务、银行服务等非实物产品的使用价值为物质承担者，只能依附到当时论及的唯一的产品——实物产品的实物使用价值中。因此，得出商业、银行以至社会上一切行业获得的剩余价值都出自第一、二产业的结论也不足为奇了。

第三，从马克思对商业的职能的抽象看，他假定有一种只引起商

---

❶ 于光远，苏星. 政治经济学（资本主义部分）：上册[M]. 北京：人民出版社，1973.

品价值的形式交换的商业，"在现象纯粹地进行的情况下"，这种形式交换当然并不包含价值量的改变。但因商品价值是以使用价值为承担者的，所以现实商业并不是履行只与价值形式变换有关的职能，而同时实现使用价值的运动，因此，与马克思假定的纯粹商业不同，现实商业应该创造价值。银行业也有类似情况。

可见，上述流行观点的形成有其理论原因和历史原因。但是，这并不意味着它是不准加以讨论的"禁区"，是不可加以修正、发展以至突破的"终极真理"。概括地说，将第三产业的分配说成第三产业对第一、二产业创造的价值的分配，问题在于：①从哲学上说，等于否定第三产业发展的动力在于其内因，而以外因决定论来解释事物的变化和发展。②从观念上说，必然导致贬低、抹杀第三产业和服务劳动在社会产品产出中的作用，引起并强化第一、二产业养活第三产业的偏见，甚至将第三产业人员视为与剥削者相类似（占有剩余价值）的寄生阶层。③从经济体制上说，会导致从人、财、物上压抑第三产业生产发展，阻碍社会劳动向第三产业转移的历史进程，造成生产结构和消费结构的失调（这在通行"第三产业瓜分剩余价值"说的社会主义国家尤为明显）。这说明，在第三产业地位迅速提高的当代，对第三产业分配性质的上述论点，不应该继续沿袭，而应该加以扬弃。这是根据历史的发展对马克思的某些明显不合时宜的观点的修正，也是对传统分配理论和观念的更新。如果不是以形而上学的观点将马克思的经济学说视为僵化的教条，而是看作随实践的发展而发展的科学，也就不至于将此斥为离经叛道之举。

事实上，商业、银行职工的收入是通过对必要服务产品的分配取得的，而商业资本家、银行资本家和商业用地、银行用地的土地所有者的地租收入则是通过对剩余服务产品的瓜分取得的。传统政治经济学理论说商业资本、银行资本在剥削本行业剩余劳动的同时，又剥削工业的剩余劳动，是连形式逻辑也说不通的。工业剩余劳动不可被多次占有；工业产品出厂时，并没有剩余服务产品附加其上，只有商业服务人员创造出商业服务产品，商业资本家才可无偿占有其中的剩余服务产品。工业资本家与商业资本家之间只存在着买卖关系，而买卖关系中不可能有剩余产品的"让渡"发生。银行资本同此理。推而广之，在资本主义社会第三产业中的交通运输业、邮电通信业、饮食服务业、物资供销和仓储业、保险业、房地产业、公用事业、居民服务业、旅游业、咨询信息业、技术服务业、科学、教育、文化、卫生、体育等行业，在服务劳动者对必要服务产品的价值进行分配的同时，本行业的剥削者（含第三产业资本家和第三产业用地的所有者）则对剩余服务产品的价值进行瓜分。在社会主义条件下，营利性服务企业提供的税利同样来自剩余服务产品；服务事业转化为服务企业后，也可靠自身服务提供税利。其价值源泉同样在第三产业本身而不是外部。

综上所述，第三产业的分配，无论是对补偿基金、消费基金、积累基金的分配，还是对必要服务产品、剩余服务产品的分配，实质上只是对第三产业的服务产品的价值的分配。一言以蔽之，第三产业的分配并非是接受外来"恩赐"，而是对自己生产的服务产品的占有过程。

第二节　服务产品的分配方式

服务产品的分配方式包括双重涵义：一是指服务产品的使用价值如何分配给社会成员消费和利用，从广义上说，包括非实物使用价值在第三产业内部的初次分配，以及在第三产业外部的再分配的具体方式；二是指服务产品的价值怎样为第三产业的服务生产当事人所占有，涉及第三产业的价值补偿问题。服务分配方式可以从多种角度进行考察，如分配原则、分配的尺度、分配途径、分配的手段等，本节仅从分配渠道角度分析服务分配方式。

纵观现代社会，服务分配方式主要有如下三种。

一、服务的市场分配方式

服务的市场分配方式是指服务产品的使用价值和价值均通过市场实行分配的方式。这种分配方式中包含市场机制的作用。在第三产业中实行这种分配方式的主要有营利性服务。营利性服务是以取得利润❶为目的的、以企业方式经营的服务业向市场提供的、包含一定利润的

---

❶ 这里的利润是广义的利润，包含企业盈利、税金等。

服务产品。大部分服务生产资料和部分服务消费品，如专业技术服务、运输服务、通信服务、商业服务、饮食服务、旅业服务、仓储服务、旅游服务、美容服务等，通常属营利性服务。

从使用价值来说，营利性服务消费品和服务生产资料分配或再分配给其需求者，必须通过市场，以需求者向服务企业支付等于服务成本加利润的货币为代价。

从价值来说，营利性服务的生产当事人是通过市场出售服务产品，取得服务销售收入，以收抵支，并获盈利，从而实现服务价值的分配的。一般地说，这种服务的营利性质，与国家以课征税金的形式对营利性服务的部分价值进行的再分配，是互为条件、同时并存的。

营利性服务的市场分配方式在实质上与大部分实物产品的分配方式并无任何区别。但就形式来说，服务产品的非实物性，使服务使用价值向社会成员的分配往往显得不可捉摸。而消费者购买服务所支付的货币的实物性，使服务营业额由顾客向服务企业的流入，进而在服务生产者之间的分配，均一目了然。使用价值分配的非直观性与价值分配的直观性，正是第三产业分配被误认为第三产业对第一、二产业的价值再分配的重要原因。

二、服务的半市场和非市场分配方式

服务的半市场和非市场分配方式是服务产品的使用价值和价值通过不完全的市场，或完全不通过市场进行分配的方式。❶ 在这两种分配方式中，市场机制的作用受到一定程度的限制，甚至被完全排斥。在第三产业中，实行这两种分配方式的主要有非营利性服务。

非营利性服务是不以取得利润为目的，而以满足某种社会需要为目的的，不包含利润的服务产品❷。部分服务生产资料，如基础理论科研服务、城市基础设施服务等，部分服务消费品，如文化、教育、卫

---

❶ "半市场分配方式"概念中的"半"字只是泛指市场因素与非市场因素的混合，并不是指各占一半。

❷ 这里只是指价格形式中不含利润，如果它有价格的话。至于其劳动耗费也可以由 $C+V+M$ 构成，只是价格中不体现 M。

生、保健、公务服务等，通常属非营利性服务。

非营利性服务的半市场或非市场分配方式通常是在财政关系即国家为实现其社会职能而形成的分配关系的干预下形成的。一方面，特定社会成员分得非营利性服务的使用价值，只需通过不完全市场支付等于或低于服务成本的费用，或可以完全不需通过市场直接向服务业支付任何费用。另一方面，非营利服务业的生产当事人分配服务价值，可以不必通过完全的市场。对低价服务业来说，需在通过市场出售服务，取得服务销售收入的同时，靠财政、企业或私人以及其他非市场渠道的支持，补偿收不抵支部分，进而实现价值分配。对免费服务业来说，主要靠国家财政、企业或私人的经济支持，或其他非市场渠道，实现价值补偿。市场经济中通行的"一手交钱，一手交货"的原则在此部分或全部失效了。

由于国家用以支持非营利服务行业的财政经费是通过征收营业税、销售税、所得税、财产税等方式，从社会成员中取得的，"羊毛出在羊身上"，因此，追根溯源，非营利服务是由社会成员通过税金的上缴而间接支付的，如图 11-1 所示。

不过，这与营利性服务的分配方式比，不仅有形式上的区别，而且包含着内容上的差别。由于这里服务流与货币流不直接挂钩，纳税人与税收的实际受惠人（低价或免费服务的享用者）不完全同一，因此，尽管全体社会成员消费的非营利服务归根结底是由全体社会成员支付的，但对具体的个人来说，纳税者（支付者）与服务消费者之间、纳税量（支付量）与服务消费量之间，有可能脱节，甚至完全不相干。这意味着国民收入在不同阶层的社会成员间的再分配（但并非是在服务的买者与卖者间的转移）。

非营利服务部门的半市场和非市场分配方式，决定了这些部门的工资收入的一部分，甚至是全部，是从非销售收入中取得的。因此，服务价值的分配，被程度不同地歪曲为对国家财政支出的分配。

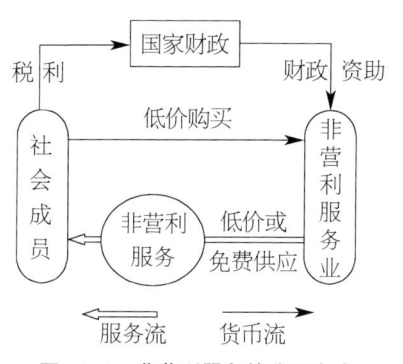

图 11-1　非营利服务的分配方式

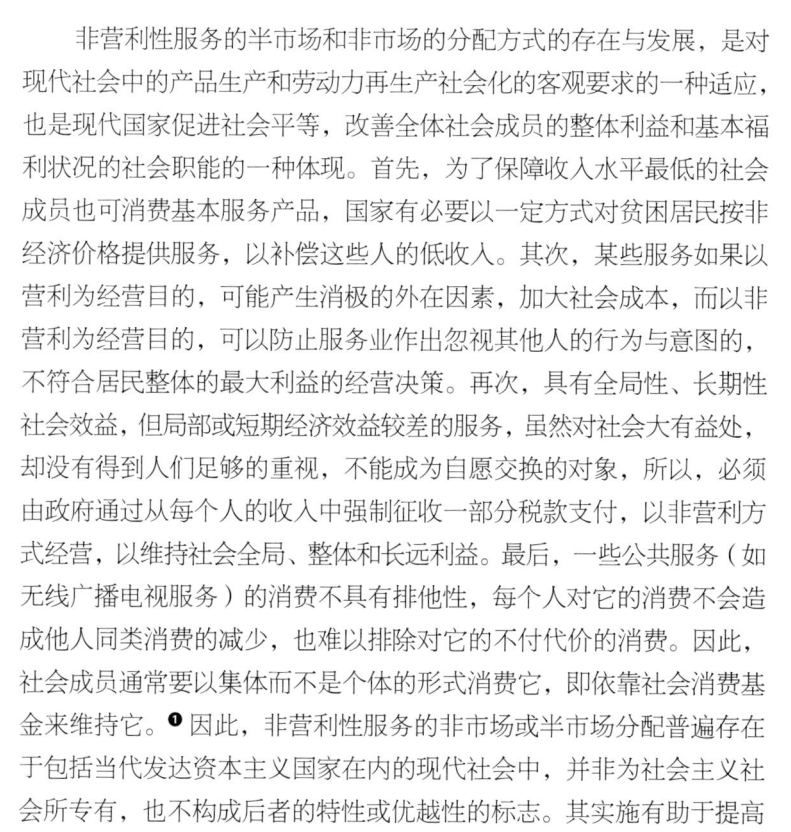

非营利性服务的半市场和非市场的分配方式的存在与发展，是对现代社会中的产品生产和劳动力再生产社会化的客观要求的一种适应，也是现代国家促进社会平等，改善全体社会成员的整体利益和基本福利状况的社会职能的一种体现。首先，为了保障收入水平最低的社会成员也可消费基本服务产品，国家有必要以一定方式对贫困居民按非经济价格提供服务，以补偿这些人的低收入。其次，某些服务如果以营利为经营目的，可能产生消极的外在因素，加大社会成本，而以非营利为经营目的，可以防止服务业作出忽视其他人的行为与意图的，不符合居民整体的最大利益的经营决策。再次，具有全局性、长期性社会效益，但局部或短期经济效益较差的服务，虽然对社会大有益处，却没有得到人们足够的重视，不能成为自愿交换的对象，所以，必须由政府通过从每个人的收入中强制征收一部分税款支付，以非营利方式经营，以维持社会全局、整体和长远利益。最后，一些公共服务（如无线广播电视服务）的消费不具有排他性，每个人对它的消费不会造成他人同类消费的减少，也难以排除对它的不付代价的消费。因此，社会成员通常要以集体而不是个体的形式消费它，即依靠社会消费基金来维持它。❶ 因此，非营利性服务的非市场或半市场分配普遍存在于包括当代发达资本主义国家在内的现代社会中，并非为社会主义社会所专有，也不构成后者的特性或优越性的标志。其实施有助于提高

---

❶　这些论点部分地受英国学者 K. J. 巴顿的《城市经济学：理论和政策》（商务印书馆，1984 年，第 156~157 页）的启发。

服务分配中的公平程度。英国政府1970年代末对住宅、环境服务、科学、教育、艺术、保健、个人和社会服务、其他公共服务业财政支持达27577百万英镑，占财政支出计划总数的61.7%。从1948年起实行包括农民和在英国居住一年以上的外籍人的全民公费医疗。瑞典实行九年制义务教育，大学基本上也是免费教育，甚至在校大学生也拿工资。丹麦、挪威、德国、日本等国在教育、医疗和社会服务业等方面，也提供大量优惠价或免费服务。在社会主义国家中，服务的半市场或非市场分配的比例相当大。据统计，2018年我国对国防、公共安全、教育、科技、文化体育与传媒、社会保障和就业、医疗卫生与计划生育、节能环保、交通运输、资源勘探信息、商业服务业、金融等服务部门的财政支出为146454.88亿元，占一般性公共预算66.3%。❶这些都属服务的半市场或非市场分配方式。

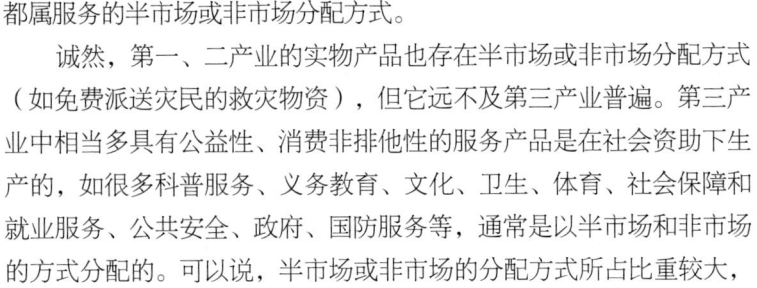

诚然，第一、二产业的实物产品也存在半市场或非市场分配方式（如免费派送灾民的救灾物资），但它远不及第三产业普遍。第三产业中相当多具有公益性、消费非排他性的服务产品是在社会资助下生产的，如很多科普服务、义务教育、文化、卫生、体育、社会保障和就业服务、公共安全、政府、国防服务等，通常是以半市场和非市场的方式分配的。可以说，半市场或非市场的分配方式所占比重较大，是第三产业区别于第一、二产业的重要特点。

三、三种分配方式的利弊评价

上述三种分配方式各有不同的特点。营利性服务的市场分配方式通常有助于提高服务经营效率，但往往以服务分配中的公平的一定程度的牺牲为代价；非营利性服务的半市场和非市场分配方式，有助于服务分配中的公平程度的提高，但往往以服务经营效率一定程度的损失为条件。尽管人们期望效率与公平在服务分配中得到兼顾，但二者往往有如"鱼与熊掌不可兼得"。❷

---

❶ 资料来源：《中国统计年鉴2019》（光盘版）表7-3。

❷ 这里仅指企业外部的社会分配服务产品，并不是指企业内部对员工的分配。

三种分配方式的利弊可以从以下五个方面来分析。

第一,从影响第三产业分配状况的服务价值补偿方式看。由于服务的市场分配方式是从服务销售收入中实现服务价值补偿的,而服务销售收入不仅与服务劳动状况、服务经营管理状况、服务产量质量和结构有关,而且与市场需求状况、服务价格紧密相连,因此,营利性服务业的分配水平与服务劳动状况、经营水平和市场需求等直接挂钩。这就鞭策服务企业努力改善经营管理,不仅增大服务劳动投入量和服务产量,而且注重市场营销和市场竞争研究,面向市场安排生产,使服务产品适销对路,以改善分配状况。而半市场和非市场分配方式在很大程度上是依赖国家财政拨款、社会团体或个人的赞助实现服务价值补偿的。国家财政预算支出一经确定,即相对稳定,不会像服务销售收入那样随时依服务产量和质量的变化而变化。社会赞助也大致如此。这样,在低价或免费制下,非营利服务业因收不抵支形成的亏损,在服务增产时将会增大,并且得不到追加财政拨款等的补偿。因此,服务劳动量增大引起服务产量的增大,若超出财政补贴范围,就有可能导致服务收益下降。加之固定财政补贴可使非营利性服务业在任何市场需求状况下都能"旱涝保收",削弱了其竞争意识,因此,非营利性服务业要改善其分配状况,较多地注重的必然不是服务劳动的投入量、服务产量和市场需求、市场竞争,而是国家财政拨款和社会赞助量的增大,期望工资政策、税收政策、财政预算、国家法规等发生对本部门有利的变化。"服务事业"争投资、争经费、争设备、争工资,由此而来。一般地说,经营观念、市场观念和竞争观念的强度,依服务的市场分配方式、半市场分配方式和非市场分配方式的顺序递减,这是三种分配方式的显著区别之一。

第二,从服务分配中市场机制的作用程度看。服务的市场分配方式要通过市场销售实现价值分配,市场机制对其生产经营的作用必然较大。而市场机制的基本点是通过产品价格变动调整生产者的物质利益,这就会使营利性服务业在服务经营中注重服务价值指标,如服务固定成本、变动成本、边际成本、服务利润,以及与之联系的服务生产率、服务设备利用率、折旧率、资金占用率、开工率、服务经济规模,努力提高服务生产率,以实现服务利润的最大化。服务的半市场或非市场分配方式主要不是或完全不是通过市场销售实现价值分配的，市场机制的作用受到一定程度的限制，甚至完全被排斥，因此，其服务生产中普遍存在着服务价值观念淡薄问题，不重视服务成本、服务投入与产出的比较、服务资金与设备的利用率等指标，这就有可能导致服务生产率不被重视。我们不否认非营利服务业中有办事效率极高的情况，中国政府在2019—2020年抗击新冠肺炎阻击战中表现出来的优于西方国家的高效率也证明了这一点。不过，从总体上说，服务效率低，人浮于事，办事拖沓、推诿，机构臃肿等"帕金森现象"出现的可能性，在非营利性服务业中显然要比营利性服务业中大。无论是社会主义社会的第三产业，还是资本主义社会的第三产业，都有这种现象。很难想象，对服务价值漠不关心的"服务事业"，能创造出比"斤斤计较"服务成本和价值的服务企业更高的效率。一般地说，价值观念和效率观念在服务的市场分配方式、半市场分配方式和非市场分配方式中依次减弱，这也是上述三种分配方式的重要区别之一。

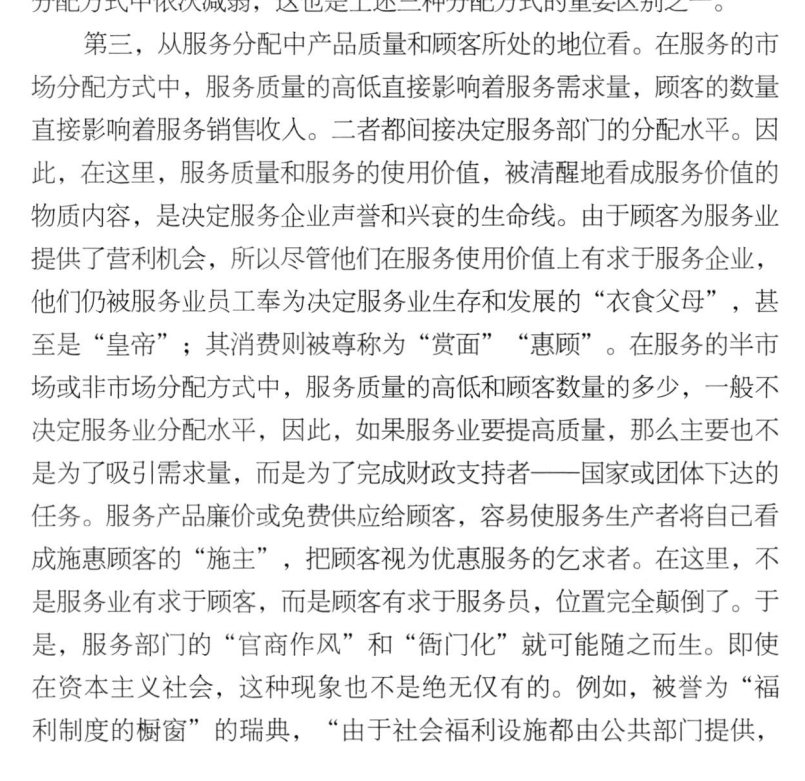

第三，从服务分配中产品质量和顾客所处的地位看。在服务的市场分配方式中，服务质量的高低直接影响着服务需求量，顾客的数量直接影响着服务销售收入。二者都间接决定服务部门的分配水平。因此，在这里，服务质量和服务的使用价值，被清醒地看成服务价值的物质内容，是决定服务企业声誉和兴衰的生命线。由于顾客为服务业提供了营利机会，所以尽管他们在服务使用价值上有求于服务企业，他们仍被服务业员工奉为决定服务业生存和发展的"衣食父母"，甚至是"皇帝"；其消费则被尊称为"赏面""惠顾"。在服务的半市场或非市场分配方式中，服务质量的高低和顾客数量的多少，一般不决定服务业分配水平，因此，如果服务业要提高质量，那么主要也不是为了吸引需求量，而是为了完成财政支持者——国家或团体下达的任务。服务产品廉价或免费供应给顾客，容易使服务生产者将自己看成施惠顾客的"施主"，把顾客视为优惠服务的乞求者。在这里，不是服务业有求于顾客，而是顾客有求于服务员，位置完全颠倒了。于是，服务部门的"官商作风"和"衙门化"就可能随之而生。即使在资本主义社会，这种现象也不是绝无仅有的。例如，被誉为"福利制度的橱窗"的瑞典，"由于社会福利设施都由公共部门提供，因而服务方面的官僚主义非常严重，引起了人民的不满"❶。所以，服务质量观念和顾客至上观念的强弱，也构成上述三种分配方式的区别。

第四，从社会成员对服务使用价值的分配状况看。服务的市场分配方式通过市场，借助服务价格向全体社会成员分配服务使用价值。由于服务的市场价格综合反映了服务生产成本、资源稀缺程度、服务效用大小等情况，同时，顾客消费服务一般须以其劳动获得的收入的支出为代价，因此，这种价格机会诱导营利性服务的消费结构的合理化、稀缺服务资源的有效利用、对个人劳动与收益的正相关关系的确认。服务生产成本高、服务资源稀缺、供不应求的服务产品因市场价格高，其消费受到市场价格机制的约束；具有相反特性的服务则因价廉，其消费得到鼓励。同时，社会成员的劳动贡献与服务消费量被紧密地联系起来，劳动者向社会提供的劳动量越大，他有资格消费的服务产品的数量就越多。因此，这种分配方式不仅促进服务消费效率的提高，而且刺激着三大产业的生产者的劳动积极性和经营热情，促进生产效率的提高。但是，由于在这里通行"一手交钱，一手交货""一分钱一分货"的原则，收入水平低的社会成员对基本服务产品（如谋生所必需的教育服务，维持生命必需的医疗服务）的消费就会受到影响，这就形成了事实上的不平等。

半市场或非市场分配方式主要通过税收支付服务，以非经济价格向社会成员分配服务使用价值。它可以满足低收入水平居民对基本服务的需要，在一定程度上促进了社会平等。但是，它付出了效率降低的代价。由于非营利服务的非经济价格主要不是根据服务生产成本、资源稀缺程度和服务效用大小制定，而是依据社会平等的道德和政治原则制定的，过低的价格发出的失真的价格信号，有可能诱导人们过多地消费服务成本大、资源稀缺程度高但价格低的服务产品，造成服务资源和服务产品的滥用浪费，消费结构的不合理，以及社会效率的下降。同时，服务的半市场或非市场分配的扩大必然要求税收量扩大，

---

❶ 赵立人，李憬渝．各国经济福利制度［M］．成都：四川人民出版社，1986：94．

而过高的税收会割断人们的劳动与其分配收益的联系,形成"泄气效应";非营利服务分配范围的扩大,也意味着不劳动者和少劳动者也可以享受大量服务产品,就会滋生懒汉思想。这二者都会造成效率的下降。这种现象在以讲效率著称的资本主义社会同样存在。例如,在资本主义高福利的典型——丹麦,包括提供大量优惠、免费服务在内的过头的福利政策就使人们希望少劳动,多享受。一周号称五个工作日,实际只工作三天;患病带薪休息和医疗全部免费,造成泡病号和医药浪费现象,工作效率和劳动积极性下降。❶ 由此看来,在服务的市场分配方式、半市场分配方式和非市场分配方式中,效率依次递减,公平依次递增。这是一个发人深思的矛盾现象,也是这三种分配方式的重要差别之一。

第五,从经济效益与社会效益的关系看。经济效益是有用劳动成果与劳动耗费、资金占用的比较,与效率概念涵义相近。社会效益是指有用劳动成果对社会需求的满足程度。一般地说,市场机制的充分作用使服务的市场分配方式有利于服务业经济效益的提高。但市场需求的"指挥棒"通常会将服务企业的生产引导到盈利大、周转快、短期的或微观的经济效益较大的服务产品的生产上,以长期的或宏观的经济效益较大的服务生产的相对削弱为代价。而服务的非营利性分配方式,由于不以营利为经营目的,无需听从"看不见的手"的指挥,故有经济条件将社会效益摆在首位,可以按照代表社会整体利益的、提供资金资助的国家机构或社会团体的要求,从事短期或微观经济效益低,但长期或宏观经济效益高的服务生产。这有利于从长远的、全局的目标上提高服务产品对社会需要的满足程度,取得较好的长期或全局的社会效益。当然,在服务的市场分配方式中,产品的实现受市场需求的制约,决定了经济效益的提高须以服务产品满足社会需求为前提,因此不可能出现经济效益高而社会效益为零的情况。只是这里的社会效益往往具有短期的、微观的、速效的性质。这样看来,如果希望服务行业具有较好的(长期或全局的)社会效益,以实行服务的

---

❶ 赵立人,李憬渝.各国经济福利制度[M].成都:四川人民出版社,1986:108.

非市场分配方式为宜；如果要求服务行业取得较高的经济效益，就应考虑实行服务的市场分配方式。二者具有矛盾，往往不可兼得。至于半市场分配方式，则处于二者的"中庸"地位。以科研服务为例，如果取消对科研服务事业单位的国家财政补贴，市场需求的方向必然迫使其科研选题转向"短、平、快"的应用研究，放弃"长、高、慢"的基础理论研究。文艺服务也是如此。一方面要求实行服务的市场分配方式的剧团通过市场实现服务价值分配，另一方面又强调"将社会效益放在首位"，看来是一种自相矛盾的做法。它产生于对服务的市场分配方式与非市场分配方式的对立特点的缺乏了解，忽视了分配方式对生产方式的巨大反作用。

可以看出，以上的分析基于分配状况左右着生产积极性和生产效率的假定。但这一假定并不总是成立的，因此上述分析并不排除一大批具有高度的为社会献身精神的服务人员，可以在报酬甚低甚至一文不名的情况下，忘我地从事高效率的非营利性服务活动。因此，不能笼统地将非市场或半市场分配方式、非营利服务业与低效率画等号，而必须具体地分析其效率的不同激励机制、经济根源、心理根源及其形成条件，注意将先进分子与一般群众、意识形态激励机制与经济利益激励机制区分开。只有在以经济利益激励为服务生产的唯一激励机制的情况下，上述利弊分析才可以成立。

应该指出，服务产品的这三种分配方式是可以互相转化的。如营利性服务企业实行事业化经营，接受财政资助，其服务的市场分配方式就会相应地转化为半市场、非市场分配方式。非营利服务业，如改为半企业化经营，将服务的免费供应改为低价供应，同时接受国家财政补贴，其服务的非市场分配方式就相应地转化为半市场分配方式。如果将服务的低价供应改为按营利价供应，不再接受国家财政补贴，并向国家缴税，其服务的半市场分配方式就相应地转化为市场分配方式。如把公共服务因具有公共产品性质只能采取非市场分配方式撇开不论，可以说，服务分配采取何种方式，与其说是由服务产品本身的客观特性决定的，不如说是由包含很大的人为因素的社会经济政策和经济体制决定的。在现代社会中往往有这样的情况，国家的一纸法令，在一夜之间就可使服务的分配在市场方式与非市场方式间发生切换。

因此，同一服务产品的属性可在非营利服务与营利服务间相互转化，这是不足为奇的。分配方式改变后，它所制约的效率与公平状况当然也会发生相应变化。

四、我国服务分配方式的改革方向

由于服务产品使用价值的分配包括服务生产资料在三大产业直接生产过程中的分配，以及服务消费品在全体社会成员的个人消费过程中的分配，服务价值的分配包括服务业资本、利润、工资在第三产业内部的分配，因此，服务分配方式完善与否，不仅关系到第三产业本身的经济利益、发展动力是否正常，服务再生产能否健康发展的问题，而且涉及第一、二产业的生产条件是否具备，实物再生产能否顺利进行，整个国民经济能否协调运转，居民的消费需求能否正常合理地满足的问题。所以，探讨我国服务分配方式的改革方向有很大的现实意义。

在具体讨论我国服务分配方式的改革方向之前，有必要简单回顾近现代社会中先后出现的资本主义和社会主义的分配制度的某些特征及其演变方向。用公平与效率观去对比这两种分配制度，不难发现：资本主义初期的分配制度，注重了社会生产的高效率，抛弃了公平原则，导致贫富两极分化，分配的严重不均等。社会主义社会是在否定资本主义的基础上建立起来的。在马克思平等观的指导下，以劳动人民的共同富裕为目标，取消了生产资料的私有者在分配中的特权，建立了较为平等的分配制度。可是，社会主义社会的发展史使人们认识到，平等的过分强调却使社会主义各国的分配制度普遍地演化为"铁饭碗""大锅饭"的平均主义的分配方式，致使国民经济低效率运转。这是马克思主义创始人始料不及的。与此同时，资本主义初期的不平等的分配制度虽大大提高了效率，但不平等加剧了劳资斗争，带来了社会动荡，严重地影响着资本主义社会的整体利益。这使当代发达资本主义国家对资本主义初期建立的只讲效率、不讲平等的分配制度作了很多校正，实行了不少有助于社会平等的福利措施，其中不少方面已远远超过《共产党宣言》中提出的措施（如征收高额累进税，对一切儿童实行公共的和免费的教育等）。总的来说，这是以效率的一定程度的牺牲为代价，换取社会公平程度的提高的。与此相反，社会主义国家到了 1980 年代，努力通过改革解决平均主义的分配制度所带来的低效率问题。如我国在改革开放之初提出要使一部分人先富起来，究其实质，就是承认并通过分配差距的拉大（平等的削弱）的方式刺激效率的提高。总的来说，这是以公平的一定程度的损失为代价，换取社会效率的提高的。这说明，无论是社会主义还是资本主义，在分配方式中都面临着公平与效率的利弊权衡问题，现代政府都试图将二者摆到合适的位置上。资本主义分配制度由效率向公平的演化，社会主义分配制度由公平向效率的演化，反映了当代分配制度的演变方向，其中不能不说是隐含了某种"趋同"规律性的。

对社会主义分配制度的演变方向的分析告诉我们，改革、完善我国服务分配方式的方向在不同的历史阶段有不同的任务。二十世纪八九十年代改革的总方向是重点解决平均主义大锅饭导致的低效率问题。

据粗略估计，我国的服务产品在 20 世纪 80 年代约有一半是以半市场或非市场的方式分配的（1982 年数据，按就业比重计）。❶一般地说，在服务的非市场分配方式、半市场分配方式和市场分配方式中，效率依次递增，公平程度依次递减。为了提高我国第三产业以至整个国民经济运转的经济效率，能否完全取消我国政府对第三产业的财政补贴，把所有非营利性服务业都改为营利服务业，完全按市场分配方式来分配所有服务产品呢？

实践证明，这一设想是行不通的。

从一部分服务产品的性质看，它们具有全局性、长期性社会效益，或消费的非排他性，但生产成本高，短期或微观经济效益差，市场价格会很高。而消费者通常不会以自己的钱购买这类产品去满足他人的或将来的需要。如果按市场原则分配，由消费者自由选购，这类服务

---

❶ 据《中国统计年鉴 1985》（第 205 页）计算。统计上没有营利与非营利服务业的划分，这里粗略地将地质勘探和普查业、住宅管理、公用事业管理和居民服务业，卫生、体育和社会福利事业，教育、文化艺术事业，科研和综合技术服务事业等行业，划为非营利服务；将其他服务业划为营利性服务业。

的市场需求就会很小，这就可能导致其消亡。但是，这些服务产品对社会的全局和长期利益所具有的重要意义，决定了它不应该被淘汰，这就需要社会出面来"购买"，通过财政拨款支持其生产。这就是国家对某些服务业的财政资助必须存在的原因。

从当代各国经济发展的现状和趋势看，即使在市场经济发达程度居世界前列的美国、日本、欧洲等国中，发达程度远高于我国的市场经济，也没有将这些国家的全部服务产品的分配都卷入市场分配方式中；相当大比重的非营利性服务业在各国政府或社会集团的财经支持下得到维持和发展。对现代世界各国更广一层的考察表明：没有一个国家不通过财政预算支持科、教、文、卫等服务业的。为什么？如果用偶然的巧合之类理由来解释这类现象的存在，显然不能说通。实际上，这是现代社会所共有的规律在发生作用，是现代政府的社会职能，社会产品和劳动力再生产的社会化趋势的要求所致。科、教、文、卫服务的受益面大且作用深远，但成本高，生产周期长。受益面大表明受益的不仅仅是个人，而且包括整个社会；受益作用深远，意味着对社会的长远发展意义大；而成本高则表示个人全费购买服务有困难。这就决定了这些服务的生产费用需由受惠者——社会支付一部分以至全部。"哥德巴赫猜想"之类基础理论研究是这样，属"阳春白雪"的高雅艺术服务也是如此，被誉为"百年树人"的教育服务更是如此。况且，当代社会的道德观念和平等观念的发展已使社会舆论普遍认为，具有社会职能的国家有责任通过福利制度，将所有公民都培养成为有基本身体素质、基本科学文化水平的人（不管他们向社会提供的劳动量多少），以构成现代人谋生的基本条件。这就需社会出资支持科教文卫服务业。西方国家在发达市场经济的条件下维持非营利服务业的这些做法，值得我国借鉴。

可见，我国对特定服务业的财政支持不应该也不可能取消；我国的非营利性服务业不可能全部改为营利性服务业；我国服务的市场分配方式、半市场分配方式和非市场分配方式，应该长期并存。这样，提高经济效率就不可能以完全按市场方式来分配所有服务产品为途径。

根据我国的情况，改革服务分配方式大致上可以分为改革开放之初的20世纪90年代和现在两个阶段，实现不同的改革重点。

在 20 世纪 90 年代改革之初的基本思路是：在服务产品分配中增大市场分配的比重，缩小半市场、非市场分配部分；国家财政补贴在形式上作出有利于市场机制起作用的改变；在三种服务分配方式中都引进或强化市场机制。

第一，社会需求量大，服务经济效益高，社会效益好的服务事业，实行从非市场分配到半市场分配，从半市场分配到市场分配的体制转换，走企业化经营的道路，最终取消财政补贴，完全通过市场实行服务分配。从服务生产资料看，应用科学研究服务业、技术服务业、咨询信息服务业，打破依赖财政拨款的局面，面向市场需求，提供服务，通过营利性服务的市场销售，实现服务价值的分配；与生产相关的货运服务、电信服务逐步实现市场方式的分配。再从服务消费品看，一批原采取半市场、非市场方式分配的服务消费品，如单位内部招待所服务、疗养服务、电影服务、演出服务、客运服务等，实行市场分配方式，也可大大提高效率。这都说明服务市场分配方式对国民经济效率提高有很大促进作用。

第二，国家对非营利服务业的财政资助形式要加以改变，着眼于引进或加强市场机制的作用。我国 20 世纪 90 年代对第三产业的财政资助有三个问题：一是资助经费不足，无论是相对数量还是绝对数量，都处于世界落后水平，远不能适应社会的需要，阻碍了第三产业的发展。二是资助经费固定，不随服务产出量浮动，客观上使服务事业中多生产者受罚（经费更不足），少生产者受奖（经费有节余）。三是"暗补"的财政资助形式，使服务业只能按非经济价格提供服务，妨碍了市场机制对服务经营的调节。因此从两方面实行改革。

将"暗补"变为"明补"，逐步推行服务产品的商品化或部分商品化，国家将拨给服务事业的经费（对消费者的暗补）的一部分或全部，直接补助给消费者，服务产品则变免费为低价，或变低价为市价，通过市场出售给需求者。这一改革的特点是在非营利服务生产和分配中引进市场机制、竞争意识，会导致分配关系的明显变化：服务产品使用价值可由调拨变为市场买卖；服务价值补偿由主要通过财政渠道变为通过市场，与劳动成果、市场需求和管理状况挂钩；服务业的分配状况与财政拨款状况脱钩，与市场营销挂钩。这一改革有利于促使服务业面对市场需求安排生产，使服务适销对路，随行就市，减少至消除供求脱节现象，有效地促进效率的提高。可维持分配上的平等关系：对于低收入阶层，社会补贴仍以"明补"形式发到他们手上；对于享受"明补"的任何社会成员，社会补贴量将是平等的，不再随消费量的增大而增大，可抑制对免费或低价服务的滥用浪费，消除消费越多、享受国家补贴（暗补）越多的不合理现象；服务分配部分或全部进入市场，服务营业收入与服务销售量挂钩，也可有效地缓解第三产业经费不足问题。

因条件或产品性质限制不能将"暗补"变为"明补"者，仍维持"暗补"，但要按服务产出量调拨财政补助，并使之随服务量增减上下浮动。因为，如果经费不补足，就等于将社会的福利开支或社会基金开支转嫁给第三产业负担，实际上是抽走第三产业创造的价值来补贴社会消费（含生产消费），这是不合理的。另外，如果经费不浮动，如前所述，等于奖懒罚勤，对提高效率将起负效应。

第三，三种服务分配方式都要引进或强化市场机制。①对营利性服务业来说，它本来是通过市场实现服务使用价值和价值的分配的，应存在市场机制的作用。但长期以来，不少营利性服务的市场价格在僵化的旧体制下被压低、冻结，实际上并不包含利润。这使营利服务徒有其名，服务企业发展无内在动力。强化这些行业中的市场机制的作用，关键问题首先是将这些服务价格放开搞活，让它反映服务供求关系和服务劳动耗费；其次是将服务人员的分配状况与通过市场实现的服务成果联系起来，使市场供求状况直接影响分配状况，进而促进服务业提高效率，降低成本，提高收益。②对于低价制服务业来说，如是为了社会平等的原因仍需通过财政补贴维持的，由于财政经费不足，"少米下锅"，应该鼓励服务人员"找米下锅"，多渠道、多方式地兼营营利性服务，通过服务—创收—营利—增收来实行市场分配方式，在分配方式中引进市场原则，提高分配水平，弥补国家财政经费资助的不足。③还有一部分非营利服务业因社会平等的要求，需维持免费供给服务，享受财政补贴的，也要参照营利性服务业，建立服务成本、价格和虚拟利润指标❶，以提高效率。

我国正是遵循着服务的非市场分配到市场分配的变革方向进行的。市场机制的引进使这些变革促进社会经济效率的提高。

随着我国社会主义市场经济体制的建立和完善，我国在服务产品分配中的平均主义大锅饭导致的低效率问题逐步得到解决，但出现了贫富差距扩大问题，因此服务产品的分配方式的改革方向应由效率优先兼顾公平，转向效率与公平并重。

一方面，从公平的角度看，以促进社会公平为目标，实行公共产品的均等化，扩大对低收入群体实施的服务产品的半市场分配方式和非市场分配方式。

改革开放以来，我国第三产业迅速发展，1980—2018 年人均服务产品占有量增长近 35 倍（按 2015 美元可比价算）。❷ 公共产品的供给水平也有很大提高，社会保障体系覆盖面扩大，由城镇居民医保和新型农村合作医疗逐步整合为全国统一的城乡居民医保制度。据估算，我国公共服务指数以 1978 年为 100，2019 年增至 4564。这意味着，2019 年我国公共服务产品总量约是 1978 年的 45.64 倍。剔除同期我国人口增长 46.5% 因素，2019 年人均公共服务指数为 3116，即 2019 年我国人均占有公共服务产品数量是 1978 年的 31.16 倍（以上均按不变价算）。

服务的分配方式能够反映特定时期一个国家如何处理政府与市场的关系：政府介入多，则公共服务多，政府介入少，则市场服务和半市场服务多。把中国财政收支占 GDP 比重与英国、美国、德国、日本政府支出占 GDP 比重作横向比较，可大致估计服务产品的半市场和非市场分配方式的占比；再对中国人均财政收支作纵向比较，可看出服务产品的半市场和非市场分配方式绝对量的变化趋势，如图 11-2 和图 11-3 所示。

---

❶ 在免费服务业中，服务劳动者提供物化劳动和活服务劳动量为 $C+V+M$，但国家一般以免纳税利为条件，只按服务成本 $C+V$ 免费服务业拨款。这类服务若按市场原则出售时，价格将为 $C+V+M$，包含利润。因此，在这些服务免费供应时，有一个虚拟利润 M 提供给消费者或社会了。

❷ 参见第九章第三节关于"促进我国第三产业发展中的服务供求平衡"的内容。

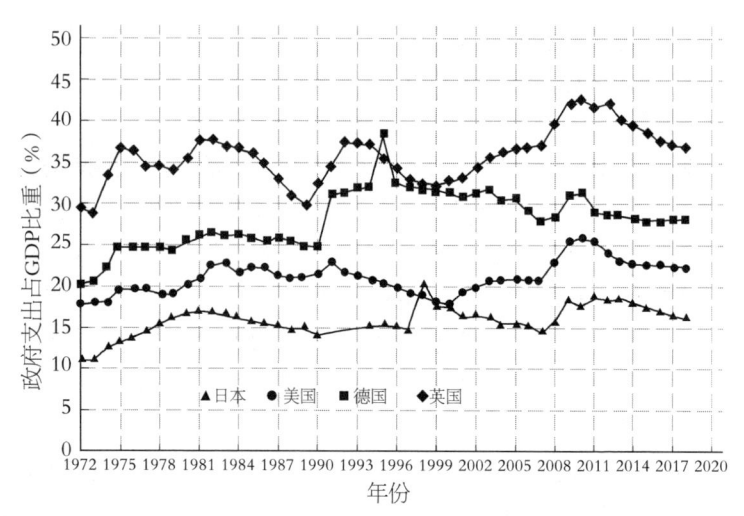

图 11-2　1972—2018 年美国、英国、德国、日本政府支出占 GDP 比重

数据来源：根据世界银行数据计算整理。

图 11-3　1952—2019 年中国财政收支占 GDP 比重及人均财政收支

数据来源：根据国家统计局数据计算整理。

观察图 11-2 四国政府收支占 GDP 比重，英国、德国最高，美国、日本最低。这与英国和德国实行高福利政策，美国和日本福利水

平较低有关。从变动趋势看，西方国家的公共服务占比随着国家干预经济政策的变化而波动。如 1970 年代主要发达国家都奉行凯恩斯主义，财政支出占比和公共服务占比有上升趋势，而 1980 年代在滞胀的经济环境下产生出自由化市场化经济思潮，各国先后采取自由化市场化的改革措施，英国、德国和日本的财政支出占 GDP 比重出现下降趋势，美国在 1990 年代有显著下降趋势。

比较图 11-2 和图 11-3，中国财政收支占 GDP 的比重在 1950—1980 年代约为 30% 上下，大致高于同期日本和美国（约 15%~20%），低于德国和英国（约 30%~35%）；在 1980 年代急剧下降（与改革开放初期时间吻合），由 1978 年的约 30% 急降到 1996 年的 11%（谷底，此时低于四国水平），再逐步回升至 2017 年的新高（约 22%~25%）；近年大致居这四国的平均水平。

图 11-3 中国财政收支和公共服务占 GDP 比重能够说明中国在 1952—2019 年经历经济体制向市场经济体制的完整转换周期：① 1952—1978 年处于典型的计划经济体制阶段，财权高度集中统一，公共服务占比提高。② 1979—1992 年处于改革开放探索期，1993—1998 年处于市场经济体制建设期，逐步放权让利、搞活市场，市场和半市场服务占比提高，公共服务占比相对下降。③ 1999 年以来的市场经济体制完善期，市场失灵的地方需要财权集中，公共服务占比提高。

从人均财政收支绝对量看，中国人均公共服务一直呈上升趋势，即使在中国大幅简政放权阶段（1978—1998 年），人均公共服务绝对量也仍在快速提高，进入 21 世纪后急剧上升，未随财政收支占 GDP 比重的跌宕起伏而变化。值得注意的是，人均占有公共产品的水平在 1952—2002 年缓慢提高，2002—2019 年急剧增大，反映了中国加入 WTO（2001 年）对中国经济，进而对半市场和非市场分配的人均服务产品的促进作用。

另一方面，从效率的角度看，以提高国民经济效率为目标，继续加强市场机制在服务的市场分配方式、半市场分配方式和非市场分配方式中的作用。

服务的市场分配方式本身就有在市场竞争中获得高效率的特点，按市场原则办事会强化此特点，促进国民经济效率的提高。服务的半市场分配方式和非市场分配方式本身具有公平程度高的优点和效率低的缺点，可以通过引进市场机制的作用来加以不同程度的优化。对于具有全局性、长期性社会效益，但局部和短期经济效益不高，因而企业不愿意投资生产的服务产品，可以采取非营利领域的市场化运作模式，通过政府采购方式，鼓励企业按市场原则来竞标立项，按市场效率原则进行生产。从其采购方式来说，具备相应资质，有较强实力、和较高效率的服务业，才有可能在同类服务业的竞标中取胜。服务采购方与服务供应商是按市场交易原则决定服务价格的（采购价格）。对服务供应商来说，它承接政府采购的并非是学雷锋做好事，而是要获得商业利益，可以说，生产的是包含企业利润的服务产品，当然要以它按社会必要劳动时间生产服务产品为条件。从服务产品的生产过程来说，不管是营利性服务企业还是非营利性服务事业单位，其生产者面对横向竞争者的压力和政府采购合同的约束，必须按照社会必要劳动时间的要求，尽可能节省人力、物力和财力进行服务生产，才可能在政府既定的采购价格中补偿生产成本并获得利润（或称企业盈余）。这就获得与服务的市场分配方式类似的高效率。从产品的使用价值来说，政府采购这些高效率生产出来的服务产品，是用于满足维持社会利益、社会目标的需要（如传染病的预防和治疗的公共卫生服务，维护国家安全的公共产品，有助于国家科技进步的科研攻关服务等）。

以市场方式订购和生产公益性服务产品，实际上也就是非营利领域的市场化运作模式。这一模式的核心是通过导入市场机制提高社会福利资源的配置效率，基本主题是重新确立非营利组织（NPO）在组织福利服务中的主体地位，政府则扮演社会管理和服务购买者的角色，在政府与非营利组织之间引入招投标机制，创造人造市场，促使非营利组织在竞争的压力下，提高运作效率。要通过界定概念、建立规则、适当运用市场化原则、加强研究等方法，推动我国非营利组织的发展。❶

---

❶ 李江帆，杨望成. 非营利领域的市场化运作模式及其启示 [J]. 学术研究，2004（8）：62-66.

（1）明确界定非营利组织的内涵和外延，克服目标错位。迄今为止，我国国民经济统计体系、产业政策体系和社团管理体系，从总体上说，都没有使用非营利组织概念，对其内涵、外延没有作出明确规定。这使相当多实际上属于非营利组织的服务部门，如教育、卫生、文化、艺术、图书馆、博物馆、社会福利业、社会保障业的发展，发生两方面目标错位。一是不清楚非营利组织具有的非牟利目标，把企业追逐利润最大化的营利目标当作非营利组织的发展目标，把非营利组织办成与营利企业毫无二致的"趋利动物"。二是不清楚非营利组织的利润非分配特性，以为非营利组织就是不能有任何营业盈余或利润，把政府部门在财政资助支撑下的公共目标当作营利组织的发展目标，不计成本，不讲效率，把非营利组织办成赔钱业、亏损业，使之陷入萎缩再生产。这两种目标错位都影响了我国非营利组织的健康发展，必须通过在我国产业组织体系、工商行政管理体系和民政管理体系对非营利组织的"正名"和广泛宣传予以克服。

（2）必须建立游戏规则，解决非营利组织价值补偿渠道和发展动力问题。目前主要应建立三个规则：一是社会赞助非营利组织的免税规则，以免税收方式，鼓励企业、社会团体和个人向非营利组织捐助发展经费，扩大其价值补偿的渠道和资助资金。二是非营利组织业务的免税规则，以免税方式，鼓励非营利组织通过向社会提供货品和服务的合法经营获得非分配利润，用于促进该组织发展。三是非营利组织人力资源配置的市场配置原则。主要克服非营利组织工作人员必须不计报酬或少计报酬，以无私奉献方式为非营利组织提供人力资源的片面观点，按照市场原则决定的工资水平聘用专业人士和服务人员从事非营利组织工作，并以社会责任感和自我实现感激励非营利组织的工作人员在发展非营利组织的工作中作出贡献。

（3）适当运用市场机制，推动非营利组织效率提高。主要包括按照市场经济原则，在非营利组织的治理上实行董事会制度，董事会选择、监督和领导非营利组织的首席执行官，例如非营利医院的院长、非营利学校的校长。运用法人制度、利润非分配制度、董事会－首席执行官治理结构以及相关的免税制度，为非营利组织的有效运行奠定坚实的制度基础。采用政府订购服务，在政府与非营利组织之间引入招投标机制,在非营利组织和营利性公司之间建立竞争局面,形成非营利组织不仅要面临同类竞争,还要与异类抢食的有效市场竞争机制,迫使非营利组织提高效率。

(4)加强对非营利组织运行机制的经济学研究,探索其发展规律,指导我国非营利组织的发展。高校要通过在经济学和管理学科增设非营利组织专业、对口招生等方法,培养非营利组织工作人员和管理人才。国家社会科学基金和自然科学基金要加大对非营利组织的研究项目资助强度,引导科研人员开展非营利组织研究,以促进我国非营利组织的健康发展。

第三节 第三产业的分配水平

第三产业的分配水平是指第三产业的生产当事人通过市场或非市场渠道出售服务产品所获得的收入的水平。它分为营利性服务企业的服务盈利水平、非营利性服务事业的服务成本补偿水平、服务劳动者的工资水平和福利水平等层次。第三产业的分配水平是影响服务再生产的方向与规模、社会产业结构的格局的重要因素。

一、影响第三产业分配水平的主要因素

第三产业的分配水平可以按不同的服务分配方式,分为第三产业的市场分配水平、半市场分配水平和非市场分配水平。对不同的服务分配方式来说,影响第三产业分配水平的因素是不同的。

我们先分析影响第三产业的市场分配水平的主要因素。

第三产业的市场分配水平,是指第三产业中以市场分配方式经营的服务企业的分配水平,即这些服务企业的生产当事人通过完全的市场,按市价出售服务产品所获的收入的水平。因此,它首先与服务生产状况、市场状况相关,其次与服务企业内不同的生产当事人之间的力量对比状况相关。具体地说,它主要受以下因素影响。

(1)服务产品的质和量。从量上说,服务企业的营业收入在其他条件相同时,与服务产量成正比例变化。服务产品的量影响第三产业

的市场分配水平是不言而喻的。❶更进一步说，服务劳动、资源和资本的投入量因一般地与服务产量正相关，也影响着第三产业的市场分配水平。这样，市场分配方式就与服务企业的劳动状况、经营状况和服务企业的收入水平密切地联系起来。从质上说，服务产品本身的质的规定性，决定了它在需求层次中的不同地位及其需求弹性。生活必需的服务产品，因其需求的收入弹性小，即使在吸入较高且迅速增长阶段，其需求增长也是呆滞的；在经济衰退、收入下降时期，需求下降则较缓慢。因此，生产生活必需的服务产品的企业的收入水平不会随经济繁荣而同步增高，也不会在经济衰退的打击下猛降。奢侈性服务产品，因其需求的收入弹性大，会具有相反的倾向：消费者的收入在经济繁荣时期的增长，会引致服务企业收入水平的大幅度提高，在经济衰退时期的减少，则会造成服务企业收入水平的大幅度下降。这样，经营不同质的服务产品，就已决定了服务企业的收入水平的变动有不同的特点，这与服务劳动、管理状态的关系甚小。

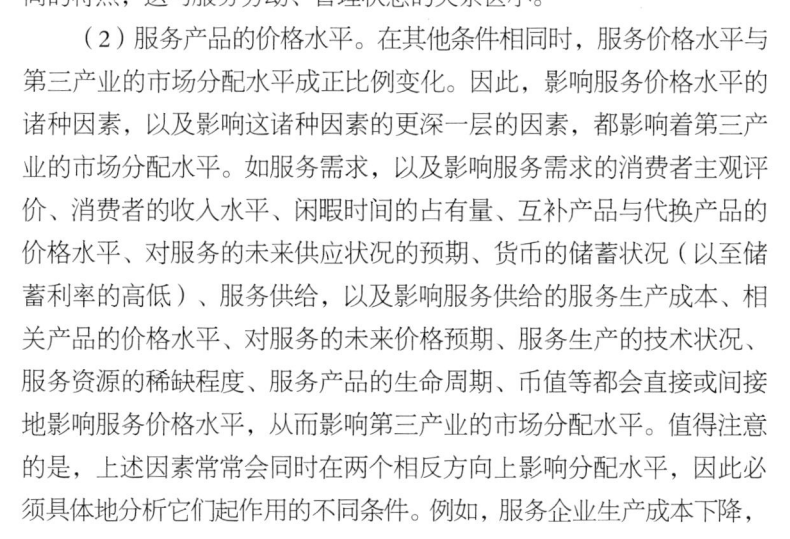

（2）服务产品的价格水平。在其他条件相同时，服务价格水平与第三产业的市场分配水平成正比例变化。因此，影响服务价格水平的诸种因素，以及影响这诸种因素的更深一层的因素，都影响着第三产业的市场分配水平。如服务需求，以及影响服务需求的消费者主观评价、消费者的收入水平、闲暇时间的占有量、互补产品与代换产品的价格水平、对服务的未来供应状况的预期、货币的储蓄状况（以至储蓄利率的高低）、服务供给，以及影响服务供给的服务生产成本、相关产品的价格水平、对服务的未来价格预期、服务生产的技术状况、服务资源的稀缺程度、服务产品的生命周期、币值等都会直接或间接地影响服务价格水平，从而影响第三产业的市场分配水平。值得注意的是，上述因素常常会同时在两个相反方向上影响分配水平，因此必须具体地分析它们起作用的不同条件。例如，服务企业生产成本下降，

---

❶ 这里指的是服务部门的总收入。在正常情况下，投入较多生产要素，要体现在较多的产出上，服务部门的总收入当然会增大。不过，收入水平是人均收入的概念，服务业总收入增大不等于人均收入水平也必然增大。但企业总收入增大为人均收入水平增大提供了基础。若假定其他条件不变（如参与分配的人数不变，企业实行得利分享的分配方式等），总收入增大往往意味着人均收入增大。

一般会使服务企业盈利水平上升,但如果生产成本的下降使服务供给增大到引起服务价格下降的程度,就另当别论了。

除此之外,对第三产业的课税率、信贷状况、价格限制或支持等,也会通过服务价格这一中介影响第三产业的市场分配水平。

以上所论的两大因素,是通过影响服务营业总收入($C+V+M$)而对第三产业的市场分配水平起作用的。如果上述两个因素不变,即以货币衡量的服务总值已确定,那么,影响第三产业中的服务净值$V+M$的分配水平的主要因素是服务生产率。

(3)服务生产率。服务生产率是服务生产中产出与投入的比较,可以从单位服务生产要素所产出的服务量,或单位服务量内所包含的服务生产要素的投入量这两个角度来考察。因服务生产要素包含服务劳动、服务资源和资金三个方面,每一方面的投入量都可以与服务产出量作比较,故服务生产率可以从服务劳动生产率(单位服务劳动投入所产出的服务量)、服务资源生产率(单位服务资源投入所产出的服务量)和服务资金生产率(单位服务资金投入所产出的服务量)这三个方面来分析。由于服务生产率提高,可以在服务总值相同的情况下,相对减少补偿基金(C)部分,相对增加国民收入($V+M$)部分,故生产率的提高会提高第三产业分配水平。反之相反。

诚然,①生产率提高会使个别价值量小于社会价值量,使生产率提高的企业获得超额利润;②生产率提高后,单位服务产品中C和V的比重会因成本下降而下降;③生产率提高后,服务总量也增多了,故"其他条件"不会相同。①和②导致M量增大,③则会因服务总量增大影响价格水平。

进一步看,影响服务生产率的所有因素,同样影响着第三产业的分配水平。这些因素主要有:

1)服务企业的规模。不同的服务企业,有不同的经济规模。按经济规模进行生产,服务生产率最高,低于或超出此范围,生产率会下降。

2)服务企业的地理位置。地理位置状况会对服务生产要素的运输成本、客源状况(它影响服务效率)、服务资源的占有状况(其反面就是服务资源的闲置状况)产生影响,从而影响服务生产率。地理位置优越的服务企业可以有较高的服务生产率。

3)服务的一次性容量。有些服务产品只能逐次地向顾客单独提供,服务的一次性容量小,如理发服务、手术服务等;有些服务产品则可以成批地、一次过地同时提供给众多的顾客,服务的一次性容量大,如教学服务、文艺服务、导游服务等。一次性容量大的服务产品生产中需投入的劳动和其他生产要素相对较少,可以在较高的服务生产率下生产出来。服务的一次性容量越大,服务生产率有可能越高。如同样的一个教师,给 100 个学生讲课就比给 10 个学生讲课的效率高得多。电影院放映一场电影,观众为 200 人就比 10 人效率高。因为固定成本(教师费用、电影拷贝租金、放映员费用等)分摊在一次性容量大的服务产品中,服务产品的每个份额分摊到的服务成本就较低。反之亦是。

4)顾客的状况。顾客的状况包括:①随机服务系统中顾客的到达状态概率,它会影响随机服务系统的服务能力利用率。②顾客的素质和合作态度。在门诊中,医生诊病的效率就与病人的自诉病情的清晰度有关;学校中,教师的教学效率则与学生的素质有关:学生机敏聪明有助于提高教学效率,反应迟钝会降低教学效率。

5)服务生产的技术状况。服务生产者的科学文化素质和技术熟练程度、机器的应用程度也与服务生产率密切相关,其作用已众所周知,此处不作详述。

综上所述,在服务产量和价格不变,从而服务总值($C+V+M$)不变的情况下,服务企业的规模、地理位置、一次性容量、顾客状况和技术状况等多种因素的变化,也会通过对服务生产率的影响,引起相同服务总值中服务净值($V+M$)比重的增减,从而使该企业的盈利水平和工资福利水平发生变化。

如果服务总值和服务净值均不变化,那么第三产业的盈利水平、地租水平和工资福利水平会构成相互消长的矛盾关系,其水平取决于服务生产当事人各方力量对比和服务生产要素的供求状况。

(4)服务生产当事人各方力量对比和服务生产要素的供求状况。进行服务生产必须投入劳动、资本和资源这三种生产要素,同时要为这三种稀缺要素的使用支付代价。第三产业的工资,是服务劳动的使用价格;服务企业利润,是第三产业资本的使用价格;服务企业的地租,则是第三产业土地的使用价格。对三种生产要素的有偿使用,取决于其稀缺的性质,并不取决于其生产费用。这有利于社会以要素价格调节、促使稀缺生产要素的合理配置和高效利用,并非是私有制区别于公有制的特征。不同社会的区别,实际上不在于是否要为生产要素的使用支付代价,而在于将此代价支付给谁。由于第三产业的企业利润、工资、地租,在服务总值和服务净值既定的情况下,构成相互消长的矛盾关系,各个生产要素的所有者为自身利益而提出增大其要素价格的要求,就意味着对他方利益的削弱和一定程度的否定。这三种互相矛盾、互相掣肘的关系,就使服务净值分割为服务企业工资、利润和地租的比例,实际上由生产要素所有者各方力量的对比决定。在其他条件相同时,劳方力量的增大有助于服务业工资水平的提高。第三产业中建立了力量强大、组织严密、影响广泛的全国性工会机构的服务行业,由于工会在与资方、政府三方的工资谈判中处于较有利的地位,并能有效地抑制过多劳力流入本行业,避免服务劳动的供给过大,其工资水平就明显地高于工会组织不健全、势力弱,甚至不存在的服务行业。而资方势力的强大,有利于维持高利润水平。第三产业中垄断组织的力量就使垄断性服务部门的利润水平通常高于非垄断部门。地租水平也如此,随土地所有者势力的增大而提高。因此,在第三产业的市场分配方式中,工资水平、利润水平和地租水平分别与第三产业部门的工会化程度、服务企业的垄断化程度和土地所有者的势力正相关。

第三产业生产当事人各方的收入水平不仅受各方的主观力量的影响,而且受服务生产要素的客观供求状况的影响,甚至各方主观力量在一定程度上也是以要素供求状况为后盾的。生产要素稀缺程度的加深,会增大其所有者在服务净产值分配中的实力,促使该要素价格提高,分配水平增长。生产要素若不稀缺,可近乎阳光、空气一样无限制地供给,其使用价格就趋于零。在服务劳动力供给不足的国家,供给量远不能满足社会需求的专业人才的工资水平较高;繁华市区中心的商业用地"寸土寸金",地租大大高于郊区;服务业银根紧缩时利率较高。这就是明证。

在第三产业的产业工资水平相同时,不同服务行业、企业、个人的工资水平的差异,主要取决于服务劳动者的劳动状态。

(5)服务劳动者的劳动状态。作为服务劳动的使用价格,服务劳动者的工资只与其服务劳动状态有关。反映服务劳动者潜在劳动状态的文化水平、年龄、性别、工龄,服务劳动者流动劳动状态的劳动工时、劳动强度和技术熟练程度,以及服务的凝结劳动状态的服务量、顾客人次及其需求满足程度等因素不同,服务的行业工资、企业工资以及个人工资水平就不相同。在其他条件相同时,高学历的服务部门的工资水平往往高于低学历部门,主要由妇女从事的服务行业的工资水平常常低于以男性服务员为主的服务行业,工时长的服务企业的工资水平高于工时短的企业。这些均根源于服务劳动状态的差异。由于以市场分配方式经营的第三产业企业的工资水平与服务劳动成果的质量和数量紧密挂钩,因此无可否认,无论是在社会主义社会,还是在资本主义社会,这些企业的服务劳动者都是依据按劳分配的原则,取得其工资收入的。

有人说,社会主义与资本主义的分配原则的根本区别在于按劳分配与按资(本)分配,怎能说资本主义社会的服务劳动者实行按劳分配呢?笔者认为这一比较是不合逻辑的。此命题的提出者已偷换了"分配"的概念,将关于劳动者的分配原则的论题偷换为关于非劳动者(资本家)的分配原则的论题,违反了同一律。众所周知,在资本主义社会,只是剩余价值按资分配,难道劳动者也按资分配吗?要比较,就要将同类对象放在一起比,如将服务生产资料的所有者及其分配比,将雇佣工人与社会主义劳动者及其分配比,不能将不同类对象混为一谈。有人说,资本主义雇佣工人是按劳动力价值分配的,怎能说按劳分配呢?笔者认为,这一提法也不确切。我们知道,分配是众多生产者对一定量的社会产品的分配。必须先确定有多少东西可分,才谈得上按什么原则或尺度来分割它。劳动力价值理论只是从总量上抽象说明归全体工人阶级分配的价值量应与其劳动力的再生产费用相等,并没有表明各个具体的工人按什么尺度分得自己应得的一份工资。如果认为工资以劳动力价值为分配尺度,那么工人就可以按其赡养家属的数量、本人及全家的"饭量",以及教育费用的支出凭据来向资本家索取工资了,这简直就有"按需分配"的味道了。实际上,资本家只是因为使用了服务劳动这一稀缺生产要素才交付工资作为使用的代价的。使用一小时,支付一小时;使用一周,支付一周;停止使用,则停止支付。他不会因工人的家属人口多,子女需上大学而白白支付较多的工资。要多得工资,雇佣工人就得付出较多的劳动。显然,工人的劳动量与工资量正相关,有什么理由否定这是按劳分配呢?较合逻辑的解释是,应对两个层次的分配加以区分:第一层次的分配——社会国民收入($V+M$)分为社会剩余价值总量与社会工资总量两大块,依据的原则是按社会传统认可的企业盈利水平与劳动力价值水平分配,既不是按资分配,也不是按劳分配。第二层次的分配——社会剩余价值在各资本家之间的分配是按资本量分配,社会工资总量在各工人之间的分配是按劳分配。可见,劳动力价值只是假定了应投入全体工人分配的社会产品总量的理论值(它具有弹性大、极难定量把握的不确定性,仅有理论意义而无应用意义;它能否实现还要依劳资双方的力量对比而定),工人对这一社会产品的分配,还得以劳动为尺度。因此,否认资本主义社会第三产业以及第一、二产业的劳动者也是实行按劳分配,是讲不通的。更进一层说,在社会主义社会也有一个类似劳动力价值之类的理论指标规定平均工资水平,因此按劳动力价值分配也构不成资本主义分配特征。

我们再分析影响第三产业的非市场分配水平的主要因素。

第三产业的非市场分配水平,是指第三产业中以非市场分配方式经营的服务事业的分配水平,即这些服务事业的生产当事人通过财政或其他非市场渠道,向国家财政部门或其他社会团体取得的、从事免费服务的生产的经费收入的水平。因此,它与市场状况无关,并不取决于"消费者选票",与服务生产状况一般也无直接联系。具体地说,直接影响第三产业的非市场分配水平的主要因素如下:

(1)国家财政部门的财政拨款。国家对非营利性服务事业如科教文卫的财政拨款,通常按国民生产总值的一定百分比确定。因此,影响这一百分比的财政政策、投资政策、财政预算支出计划,以及国民生产总值绝对量,都会影响第三产业的非市场分配水平,特别是这些服务行业的服务成本补偿水平。以非市场分配方式经营的服务事业较多关心的必然是国家的财政政策,而不是市场需求状况和服务价格状况。向上申请更多拨款,通过社会舆论宣传本行业的重要性,以影响国家财政等作出有利于本行业的变化,是这些服务行业提出服务成本补偿水平的重要手段。

（2）国家的工资政策和福利政策。第三产业中以非市场分配方式经营的服务业的工资水平和福利水平，往往与其服务劳动成果不直接挂钩，而由国家的工资政策和福利政策决定。这就使服务劳动者将提高工资水平的希望主要寄托在提高职务级别和工资标准上。

（3）社会团体、个人的赞助。某些营利性经济实体或财富的拥有者，为了一定的目的，会程度不同地给第三产业中的非营利部门，特别是公共服务事业资助经费。这也是影响第三产业的非市场分配水平的一个因素。作为回报，这些服务业通常要提供一些有利于提高或增大赞助单位声誉和影响的服务，尽管这些服务的成本不必与赞助经费相等。

（4）服务事业的工会化程度和社会对服务事业的重视程度。主要通过政府财政政策、工资政策的影响来决定服务分配水平。

除了这些直接因素外，还有一些间接因素也影响着第三产业的非市场分配水平。如服务业生产资料的价格指数和服务人员的生活费用价格指数、社会消费水平等因素，影响着国家对第三产业的财政拨款量和工资政策；服务部门向社会提供的免费服务量，也是确定财政拨款量的重要依据。因此它们与第三产业的非市场分配水平间接有关。

至于第三产业的半市场分配水平，是指第三产业中以不完全的市场分配方式经营的服务行业的分配水平，即这些行业的服务生产当事人一方面通过不完全的市场，按低价出售服务产品获得的营业收入水平，与另一方面通过非市场渠道取得的国家财政拨款或民间赞助的经费收入水平的总和。这种分配方式决定了影响其分配水平的因素既包括服务生产状况、市场状况等，也包括国家财政状况和民间赞助状况等。这两方面因素的影响程度依这种分配方式中市场分配方式与非市场分配方式各自所占的比重的变化而变化。各种因素同上分析，此处不再赘述。

二、第三产业分配水平的变动机制

第三产业分配水平可以从绝对水平和相对水平两方面考察。前者指第三产业分配的价值量或使用价值量的绝对值；后者指第三产业相对于第一、二产业的分配水平，或某一第三产业分支行业相对于其他行业的分配水平。一般地说，如果影响分配水平的诸种因素及其作用程度均相同，不同产业或不同行业的相对分配水平应该相近。否则，分配水平就会在一定的条件下发生变动，直到相对平衡时为止。我们可以把在特定因素的相同作用程度下第三产业应达到的相对分配水平，称为第三产业的均衡分配水平。

第三产业的均衡分配水平是通过劳动、资金、资源三要素在第三产业内外的转移，影响服务供需关系而实现的。但是对不同分配方式的服务行业来说，其均衡分配水平的实现机制是不同的。

我们先分析第三产业的市场分配水平如何达到均衡分配水平。

第三产业的市场分配水平的变动，是通过劳动、资金、资源三要素在第三产业内外的转移，影响服务供求关系和服务均衡价格而实现的。其变动机制可表示为：

┌→生产要素投入量的变动 ──→ 服务供给的变动 ──→ 服务价格的变动──┐
└─服务生产者利益的变动 ←── 服务分配水平的变动 ←── 服务销售收入的变动←┘

假定服务分配水平因某种原因下降，减少了服务生产者的既得利益，那么服务生产者就会减少这类服务产品的生产，使其供给下降，这就会刺激服务价格的上升，引起服务销售收入的提高和服务分配水平的回升。反之则相反。可见，有一种客观机制在控制着第三产业的市场分配水平。这样看来，生产要素投入第三产业的数量能否变动，即劳动、资金、资源能否自由顺利地流进或流出第三产业，决定了第三产业的平均分配水平变动的可能性的大小及其方向、幅度和速度。生产要素进入与退出第三产业（或分支服务部门）所受的制约因素及其作用程度的差异，使生产要素在不同部门的"进""退"难易程度往往不同。如果某一部门生产要素"易进易出"，那么其分配水平就容易借助供求对价格的影响而变动到均衡分配水平。若"易出"，其分配水平就不会过低，"难出"则相反；若"易进"，其分配水平就不会过高，"难进"则相反。这一分析也适用于第三产业的非市场分配水平的变动。

此外，市场价格对供求状况反应灵敏，也是第三产业的市场分配水平得以随时变动的一个条件。

由此看来，第三产业的市场分配水平要达到和维持均衡分配水平，必须同时具备以下条件。

（1）劳动力有自由选择职业的权利，以及改变职业所需的技术素质。这是实现劳动力自由转移的条件。一般地说，在劳动力市场已较完善的国家中，劳动力的转移受非经济因素的影响较少，自由选择职业的权利得到充分尊重。相对地说，只是技术因素成为改变职业的主要障碍。而在强调劳动者"当家做主"进而否定劳动力由市场调节的国家中，劳动力转移受到的限制，尤其是非经济因素的限制反而很大。这就使得某些服务行业的分配水平长期低于均衡水平。所以，与劳动力择业自由相联系的条件是劳动力市场发育完备，至少是劳动力的"部门所有制""单位所有制"被打破以及就业培训基本普及。在一些国家里，劳动者因户籍、行政关系、工资关系的限制，不易转移出某些服务行业，就使得这些行业往往只能维持低工资水平。某些服务行业因行业工会势力不大，或技术要求不高，大量劳力较易涌入，也会处于低工资水平。

（2）资金进出第三产业的壁垒不高。这是实现资金自由转移的条件。决定资金进出壁垒高低的因素之一是固定资产装备率的高低。固定资产装备率高的行业，新办企业需要的最低投资量大，停业处理大量固定资产所需的手续也多，故资金转移的壁垒相对地高；反之相反。因此，资金密集型第三产业如果已取得较高分配水平，则在短期内不易降低到均衡水平。决定资金进出壁垒高低的因素之二是资金市场完善的程度。如果资金市场完善，股份经济发达，资金转移通过抛售股票马上可以实现，无需进行旷日持久的资产设备拍卖，这就决定了资金转移的壁垒相对较低。所以，在资金管理、投资决策等方面实行"条条专政"、行业部门界线森严的国家，资金转移的高垒就有可能阻碍第三产业均衡分配水平的实现。在市场经济发达的资本主义国家中，情况往往相反。

（3）资源配置无行业特权或行业歧视。这是实现资源自由转移的条件。它意味着在资源配置上各产业（或行业）具有平等的权利，既不享受特惠，也不横遭歧视：资源的流向服从高效率、高效益、高收入的原则，哪些行业分配水平高就流向哪些行业。如果某些行业在资源配置上得到优惠，其分配水平将有可能因此优势而高于均衡水平；反之，将难以从低分配水平升到均衡分配水平。在重物质生产、轻服务生产的计划经济年代，对"物质生产"实行资源的优先供应，就使服务生产不得不承受严重的资源约束。这是那时第三产业分配水平相对低的原因之一。

（4）竞争充分、对供求矛盾反应灵敏的开放性市场体系已形成。它为实物商品和服务商品的供给竞争提供了市场条件。形成这一市场体系有三个相关条件：一是所论的物品和服务均已实行商品化，物品市场和服务市场已开放并基本完备；二是这两类商品的价格能及时地依其供求状况变动，且其供求状况又能显著地影响价格的升降；三是市场信息畅通，交通条件良好，使各类生产者的供给有可能及时对市场需求和价格状况作出反应。如果市场只是部分开放，某些服务产品的供给不受市场调节，其价格对供求关系反应迟钝，或其生产者的收入水平与市场销售状况脱钩，那么这些行业的分配水平就难以通过市场调节达到均衡分配水平。如果不允许展开营业竞争，只按指令进行划一生产，结果也就往往如此。

可见，第三产业的市场分配水平主要是通过市场机制的作用达到均衡水平的。市场开放得越广泛，市场价格与市场供给的相关程度越高，变化的相互依存度越深，市场机制的作用越充分，第三产业及其分支行业的市场分配水平就越不可能长期超过或低于均衡分配水平。

第三产业的非市场分配水平也是可以达到均衡分配水平的。不过，这主要不是通过市场机制的作用而实现的，而是通过劳动、资金、资源三要素在第三产业内外的转移，影响服务产品的供应状况，并通过此影响社会舆论和国家财政、工资政策而实现的。其变动机制可表示为：

```
┌─► 生产要素投入量变动 ──► 服务供给变动 ──► 服务需求满足程度变动 ┐
│   服务生产者       服务分配    国家财政、        社会舆论反应  ◄──┤
└── 利益变动    ◄── 水平变动 ◄── 工资政策变动 ◄──                
```

如果服务分配水平过低，服务生产者的相对低利益就使他们通过生产要素投入量的减少来削减这类服务供给，这就引起社会对这类服务需求的满足程度的下降。问题积累到一定程度，会引起社会舆论的反应，对国家政策施加影响。政策的变化可使服务分配水平回升。所以，生产要素能否顺利地在第三产业内外转移，是这类服务部门能否达到均衡分配水平的第一个关键条件。与市场分配方式的第三产业部门不同的是，在这些非市场分配方式的第三产业部门的资金、资源的转移中，市场机制的作用程度较弱：行业内的资金、资源通常是由政府或某些民间团体和个人拨给，并被规定了特定投向和用途的，一般不随市场行情和经济收益状况变劣而转移出该行业。所以在此生产要素的转移，主要地表现为劳动力的转移，以及资金、资源的进入。劳动力具有选择职业的自由、改变职业所需的技术素质，以及与此相关的开放型户籍管理制度的形成，是这些服务部门达到均衡分配水平的主要条件之一。

这类服务部门达到均衡分配水平的第二个关键条件是社会舆论对这些服务产品的供小于需的状况应有较强烈的反应，并足以左右国家的财政政策和工资政策。应该看到的是：①因服务需要的满足程度的评价涉及社会消费方式、社会传统、习惯、民族、风俗、地域气候、社会经济发展水平和文化发展水平等多种因素，故这些因素的变化会导致社会舆论对服务供需状况的评价的改变，从而间接影响服务分配水平的变动。②因服务产品在此以免费形式提供给公众，服务需要一般不受消费者的收入水平制约，不表现为有支付能力的需求，所以社会舆论对这些服务的供应与需要的适应程度的判断尺度有较大弹性。一般地说，人们会将同时、同类服务的市场分配水平作为参照物，衡量非市场分配的服务的供需矛盾的程度。就此而论，相关服务业的分配水平也间接影响非市场分配的服务业的分配水平。③社会舆论基于其地位，往往站在服务消费者一边，故对非市场分配的服务的供小于需的反应比较敏感，对服务供大于需则通常持赞许态度（因这会减少顾客等待服务的排队时间，实际上是提高服务质量，尽管这以服务费用的增大、服务机构利用率的下降为代价）。因此，它一般地只是敦促国家机构增大对免费服务业的财政资助，提高其工资水平，鲜有主张政府应减少财政资助或降低工资水平的。就此而论，社会舆论通常只有拉高这类服务业分配水平的功能，而无拉下的机制。财政支出的增长通常是在国民经济发展水平的制约下，通过国家预算收入不敷预算支出的矛盾产生的阻力而得到约束的。

可见，第三产业的非市场分配水平是通过市场机制和政治机制的共同作用，在行政手段干预下达到均衡水平的。一方面，服务劳动者越是容易转移进出第三产业，第三产业的非市场分配水平就越不可能长期偏离均衡水平。另一方面，政治体制越是民主，新闻舆论媒介越是自由，社会舆论和国民对相关服务的供需状况越是关心，对国家政策的影响力越大，第三产业及其分支行业的非市场分配水平就越不可能长期低于均衡分配水平，甚至有可能超过均衡分配水平。

三、我国第三产业分配水平的问题与解决

我国20世纪90年代在第三产业分配水平方面存在如下问题。

其一，我国整个第三产业的相对分配水平长期低于第二产业，影响了第三产业扩大再生产的发展速度，使不少服务产品长期短缺，产业结构的合理化进程受阻。

第三产业比重增大律的分析说明，第三产业的就业比重和产值比重的迅速增大，是以第三产业相对高的经济利益为动力的。第三产业的相对高的分配水平，诱导着社会劳动、资金和资源由农业、工业向服务业转移。如日本1970年和1982年第三产业的平均工资就为第二产业的100.3%~104.0%，而第一产业仅为第二产业的42.1%~44.8%。第三产业中除商业的平均工资略低于制造业（为制造业的93.5%），其他各类服务业均高于制造业。如1982年交通、邮电、仓库业，金融保险业，不动产业和服务业（狭义）的平均工资分别比制造业高11.6%、36.1%、15.4%和15.3%。1982年与1970年的就业人数相比，全社会增长10.7%，第二产业增长8.0%，第三产业增长31.0%，第一产业则减少38.1%。新增加的544万和从第一产业中转移出来的338万劳动力，约有83.5%到第三产业就业，只有16.5%到第二产业就业。❶但我国30多年来，第三产业的平均工资水平一直低于第二产业（见表11-1）。

从表11-1可见，以第二产业平均工资为100%的我国第三产业的相对工资水平，从20世纪50年代末到60年代，仅为90%左右；70

---

❶ 根据《国际经济和社会统计资料（1950—1982）》（中国财政经济出版社，1985年，第436、427页）数据计算。第一产业平均工资是由农业男工日工资按每月24天折算为月工资的。

年代中期一度升到历史最高点的96.8%；80年代起降到93%左右。第三产业平均工资在32年间，除70年代略为超过平均工资水平外，一直低于社会平均工资水平。第三产业的相对工资水平低于第二产业，使我国第三产业发展缓慢：1952—1984年，第二产业人数年均递增率达15.0%，几乎为同期社会劳动者年均递增率7.2%的两倍；而第三产业人数的年均递增率仅为11.4%。❶这一方面反映了我国经济仍处于工业化阶段，并未发展到服务需求坚挺并占相对重要地位的水平；另一方面也说明，如果希望我国第三产业有速度较快的新发展，解决服务长期供不应求问题，就必须提高其相对分配水平。如果忽视物质利益机制对我国产业结构的格局的决定作用，侈谈发展第三产业，那就会变成毫无作用的空话。

表11-1　中国三大产业职工的相对工资水平（第二产业＝100）

单位：%

年份	平均	第一产业	第二产业	第三产业
1952	85.9	72.8	100	79.4
1957	92.7	73.8	100	89.2
1962	90.3	59.4	100	89.8
1965	91.6	63.3	100	91.0
1970	93.7	67.6	100	93.8
1975	96.2	75.3	100	96.8
1980	95.0	78.2	100	93.0
1984	95.2	77.0	100	93.2

资料来源：国家统计局社会统计司.中国劳动工资统计资料1949—1985[M].北京：中国统计出版社，1987：153，119。

注：按各部门职工平均工资（现价）计。以部门工资总额为权数加权平均。农村人口未计算在内。

其二，精神生产部门的相对分配水平低于非精神生产部门。脑力劳动报酬水平低于体力劳动，阻碍着智力型第三产业部门的发展，隐

---

❶ 根据《中国社会统计资料1987》（中国统计出版社，1987年，第41页）数据计算。

育着我国国民经济和社会发展的潜在危机。

根据对影响第三产业分配水平的主要因素的分析，劳动者的文化水平和技术熟练程度应与其分配水平正相关。在其他条件相同时，高学历的、技术人员比重高的行业的工资水平应高于低学历的、技术人员比重低的行业。一方面，因为文化技术水平高的劳动者的高素质有利于创造数量多、质量高的产品，另一方面，社会也必须以高工资补偿劳动者的智力投资及受教育的机会成本。但我国20世纪80年代的情况与此原则基本相反，技术文化水平大大高于社会水平的部门，工资水平反而大大低于社会平均水平（见表11-2）。

表11-2　中国全民所有制单位各部门文化技术水平与工资水平的对比（1984年）

部门		总计	工业	建筑业、资源勘探	农、林、水利、气象	运输邮电	商业、饮食业、服务业	公用事业	科教文卫	金融保险	机关团体
自然科技人员占职工人数的比重	‰	88	55	73	68	44	12	33	297	8	69
	指数	100	62.5	83.0	77.3	50	13.6	37.5	337.5	9.1	78.4
工资水平	指数	100	103.6	122.7	77.1	113.8	92.6	98.5	92.6	100.9	95.9
	元	1034	1071	1269	797	1177	957	1019	957	1043	992

资料来源：国家统计局社会统计司.中国劳动工资统计资料1949—1985[M].北京：中国统计出版社，1987：157，93，28-29.

从表11-2可见，科学、文教和卫生部门的自然科学技术人员占职工人数的比重达297‰，居九个行业的第一位，超过社会平均水平两倍多，但其工资水平却居倒数第二位，仅高于农、林、水利和气象部门；在第三产业中与商业、饮食业、服务业并列末位。脑力劳动与体力劳动报酬"倒挂"的现象，反映的是我国智力型第三产业的相对分配水平低，智力劳动、知识分子和知识不值钱的严峻现实。不少有识之士惊呼：不重视教育和科学，在10年之内就会产生社会危机！

其三，某些第三产业部门分配水平偏高，刺激着它盲目发展，可能形成某些服务的供过于求。

我国自1979年实行改革开放以来，特别是中央从1984年起明确了大力发展第三产业的方针以来，随着第三产业价格的逐步放开，一些需求收入弹性较大的、企业化经营的服务产品的低价制被取消了，其价格在几年内随市场需求的增大扶摇直上，连翻数番。高价格水平提高了这些服务业的分配水平，引起了遍及全国的某些服务供过于求。中央虽三令五申，控制这些服务项目上马，但收效不大，其原因就在于这些服务价格近年居高不下，使经营者有丰厚利润可图。而一些服务价格高的原因，一是需求收入弹性大，收入水平的提高使需求迅速增大，导致价格坚挺；二是国内社会集团购买力和消费标准提高；三是国外高消费水平的消费者入境冲击；四是这类服务的供给价格弹性具有短时期内较小、长时期内较大的特点，价格的上涨在短期内只促使服务设施的兴建，不能马上引起服务供给量的增大。这就使其价格因供给上不去，缺乏下拉的力量而居高不下。但是，若干年后，当建好的新服务设施投入营业时，服务供给的猛增将有可能引起供过于求和价格下跌。

对于上述问题，根据第三产业的市场分配水平和非市场分配水平的变动机制的原理，从其制约因素、变动条件入手加以解决。

（1）进一步开放服务产品市场，放活服务价格，加强市场机制，让供不应求的短缺服务产品在市场营销中提高价格，促进服务销售收入的提高以及服务分配水平的增长，以刺激生产要素投入第三产业领域。

（2）开放服务劳动力市场和服务业资金市场，在户籍、行政关系和工资关系管理等方面创造条件，使劳动者可以现实地在第三产业内外自由择业、转业，通过金融市场上有价证券的买卖、转让、贴现，使资金自由地在第三产业内外转移，并取消对第三产业在资源配置上的歧视，通过服务供给的减少来冲击第三产业的低工资制，通过服务供给的增大和竞争来抑制第三产业的高于均衡水平的分配。在此意义上说，企图通过鼓吹"要使教师成为最受人羡慕和尊敬的职业"来提高中小学教师的地位，只是善良的幻想；而三令五申"稳定中小学教师队伍"，阻止教师转行，因造成和强化了阻碍中小学教师退出教育部门的高壁垒,反而会成为中小学教师生活待遇长期低下的一个条件。在20世纪80年代,广东省某些沿海开放县市,"三资企业"的高工资使很多中小学教师"跳槽",迅速地促成了当地中小学教师分配水平的提高,证明了生产要素若易退出某部门,其分配水平就不会过低。

(3)加强社会舆论对非营利服务业作用的宣传和支持,促使国家机构制定相应的政策法令,解决脑力劳动与体力劳动报酬倒挂的问题。作为配套措施,一是广泛宣传并普及第三产业分配性质的理论,破除我国学术界和人们意识中存在的服务部门无产值,是"消费性部门"的旧观念。二是对脑力劳动与体力劳动、复杂劳动与简单劳动的换算比例进行历史、现状、国内的和国际的比较研究,确定第三产业的智力型服务部门的工资水平的定量模型,作为制定财政政策和工资政策的理论依据。在财政政策和工资政策未及改变之时,要放宽政策,鼓励脑力劳动者向社会提供有偿服务,以提高其收入水平。

(4)充分利用税收、信贷等经济杠杆调节第三产业的分配水平,解决苦乐不均问题。对于价高利大、有可能形成供过于求的服务生产,主要通过提高税率,降低其分配水平,以"釜底抽薪"的办法控制其过度发展;尽量避免滥发"禁建楼堂馆所"之类笼统的、治标不治本的行政通知。对于价低利微、社会急需的服务产品,则在税收、信贷上应从优,以扶持其生产。

(5)第三产业管理人员要加强对需求预测的研究,尤其是供给弹性长短期变化特性的研究。国家则应定期发布资源、劳动、资金在第三产业内投入或退出状况,某类服务产品的中长期需求和供给状况预测,服务价格指数及其变动预测等经济信息,指导第三产业投资的宏观平衡,以"淡化"第三产业分配水平因供需矛盾而产生的大波动。

随着社会主义市场经济体制的建立和中国加入WTO,影响第三产业分配水平的因素大为改善:市场经济体制逐步建立和完善;普遍实行聘任制,保障了劳动力自由选择职业的权利;高等教育基本普及提高了劳动者改变职业所需的技术素质;资金在国内不同产业间自由转移;资源配置的行业特权或歧视消失;竞争充分、对供求反应灵敏的开放性市场体系形成;政治体制改革,新闻舆论开放。这一切终使中国第三产业的分配水平在20世纪80年代低于第二产业的状况到21

世纪初得到根本扭转,第三产业工资水平逐步提高,现已超过第一、二产业。

据国家统计局统计,2003—2018年,以第二产业为100的平均工资,第三产业从2003的118.7,升到2010年的126.9、2018年的133.4;第一产业从2003年的53.6,降到2010年的52.0,再回升到2018年的53.4;全国相对工资水平由2003年的108.0,升到2010年的112.9、2018年的117.7。15年间相对工资水平提高9.7个百分点,是由第三产业相对工资水平提高14.7个百分点拉高的。

表11-3显示2019年城镇单位不同行业相对工资:农、林、牧、渔业41.7,采矿业96.5,制造业82.8,信息传输、计算机服务和软件业171.0,科学研究、技术服务和地质勘查业141.4,金融业139.2,卫生、社会保障和社会福利业115.4,文化、体育和娱乐业114.1,教育103.5,交通运输、仓储和邮政业102.8。收入水平高的第三产业部门已成为高校毕业生就业的热门选择。

表11-3 中国城镇单位平均工资和相对工资(2019年)

单位:平均工资,元;相对工资,公共管理和社会组织=100

行业	平均工资	相对工资
城镇单位就业人员	90501	95.9
农、林、牧、渔业	39340	41.7
采矿业	91068	96.5
制造业	78147	82.8
电力、燃气及水的生产和供应业	107733	114.2
建筑业	65580	69.5
交通运输、仓储和邮政业	97050	102.8
信息传输、计算机服务和软件业	161352	171.0
批发和零售业	89047	94.4
住宿和餐饮业	50346	53.4
金融业	131405	139.2

续表

行业	平均工资	相对工资
房地产业	80157	84.9
租赁和商务服务业	88190	93.5
科学研究、技术服务和地质勘查业	133459	141.4
水利、环境和公共设施管理业	61158	64.8
居民服务和其他服务业	60232	63.8
教育	97681	103.5
卫生、社会保障和社会福利业	108903	115.4
文化、体育和娱乐业	107708	114.1
公共管理和社会组织	94369	100

数据来源：国家统计局数据库。

第十二章　服务产品的消费

服务产品的消费，简称服务消费，是服务产品在第三产业生产总过程的最后一个环节的运动。服务消费包括服务的生产消费和生活消费。本章分析服务产品消费的概念、属性、方式和社会功能，以及服务的生活消费。下一章再研究服务的生产消费。

第一节　服务消费概述

一、服务消费的概念

消费是客观存在的经济现象，指人们把生产出来的对象有目的地使用、消耗掉。因生产的对象包括实物产品和服务产品两大类，故消费也分为两大类——实物产品的消费和服务产品的消费。服务消费，是人们为了满足某种需要而有目的地消耗服务产品的行为。从广义上说，包括生产消费和生活消费两方面。服务的生产消费，是指实物生产过程或服务生产过程中有目的地对服务产品的使用、消耗；服务的生活消费，是指个人生活过程或社会生活过程中有目的地对服务产品的使用、消耗。服务生产资料被投入生产消费，服务消费品则被投入生活消费。从狭义上说，服务消费仅指服务产品的生活消费。

消费概念由物品消费到服务消费的拓宽，是社会发展的必然，也是第三产业异军突起的结果。回顾历史，农业社会的消费观注重的是农产品的消费，重农学派甚至将不生产农产品的工业部门划为"非生产部门"；工业社会的消费观将对工业品的消耗也视为消费；后工业社会，或服务社会，则在更大程度上更新了消费观，把对无形产品的消费也纳入社会消费的范畴。据此消费观，对工农业产品的消耗固然是消费，对第三产业生产的服务产品的消耗同样是消费：顾客坐在理发椅子上接受理发，是对理发服务的消费；乘客乘坐飞机，是对航空服务的消费；观众欣赏文艺演出，是对文艺服务的消费；厂商通过互联网查询科技信息和市场信息，是对信息服务的消费；旅客在旅馆舒适的床铺上进入梦乡，也处于对服务——旅业服务的消费过程中。而据将所有消费现象统统归结为对实物产品的消费的传统的"唯实物产品"消费观，在上述第三产业部门中存在的并不是以服务产品为对象的消费，而只是以物品为对象的消费，即顾客对理发椅子、理发剪子的消费，对飞机的消费，以及对剧场、互联网和旅馆床铺的消费；第三产业部门则被说成"帮助"顾客消费物品的部门。有论者认为，人们通常讲的消费，是物质产品的消费，因而消费总是要有物质产品作为物质前提的；离开物质产品的"消费需要"，不属于再生产过程的"消费"概念。❶ 这些否认存在着与物品消费有区别的服务消费的观点是不正确的。如果说它们在小农经济占优势的社会中还不至于受到太多诘难的话，那么在服务经济发达的现代社会里，它们实在是难有立足之地了。

　　服务消费概念的确立使不少似乎是天经地义的传统观念面临着挑战。以社会公务服务为例，居民将税金上交国家，使非营利性的公共服务人员可在办公中使用、消耗由来自税金的国家财政收入购置的办公楼、办公桌椅、文具、电力、燃料等。按传统观念，这是公务人员对税金、对物品的最终消费。但按服务生产与消费概念，社会公务人员也因此生产出价值为 $C+V+M$ 的公务服务，如管理职务、教育服务，供社会成员集体消费。所以，办公楼、办公桌椅、文具等的价值没有被公务人员最终消费，而是转移到公务服务产品中，被社会公众最终消费了。有人问，这样岂不是有两次"消费"吗？其实并不奇怪。任何生产性消费都只是一种中间消费，其后还会存在另一种消费——对最终产品的消费，即最终消费。电冰箱厂的技术设计人员不也在使用、消耗办公设备、文具、文件吗？但这些设施和物料损耗的价值是被计入产品成本，构成电冰箱价值 C 的一部分，由消费者最终消费的。所以，前一消费是生产性消费，后一消费是生活性消费。社会公务服

---

❶ 余鑫炎.关于生产劳动问题的浅见 [J].中国经济问题，1985（5）.

务也同此理（假定它全是用于生活消费的）。既然如此，就需重新认识以国家税收支持的公共服务消费了：不是公共服务人员消费这些上缴的税金，而是免费或低价接受社会公共服务的社会成员或集团消耗掉这些体现为公共服务的税金。因后一消费是一种难以直观观察的服务消费，人们往往因此忽视其存在，误将公共服务人员生产公共服务时的中间性消费说成最终消费。这一错觉即使在西方发达国家中也难免不会出现。西方统计口径将政府对一般公共服务、教育、卫生保健、经济服务等财政开支列为"政府最终消费支出"，便是一例。

二、服务消费的属性

与物品消费一样，服务消费具有一般消费的共同属性。

第一，它也是以产品的自然形态及其有用属性满足人的需要的过程。服务产品虽无实物形态，但有其运动形态和有用属性，可在消费中满足人的需要。如文艺服务以其光声形态刺激人的感官，产生视觉和听觉上的艺术美感；教育服务以声像形态作用于人脑，促进人的认识能力和水平的提高；医疗服务借助生理、化学、物理等形式对人的肌体、器官或组织施加影响，维持或恢复其正常功能；运输服务通过动能向位能的转换，使人体或物件产生位移；科学服务具有的揭示未知规律的属性，则会改善生产或生活条件，间接或直接满足人的需要等等。

第二，它也是产品在原有形态上消失的过程，是客体向主体或另一客体的转化过程。对生活服务消费来说，是客体转化为主体的过程，即区别于消费者的服务产品被消费者同化的过程（马克思称之为"物的人化"）。如教育服务消费中，随着教师深入浅出的讲授形态的消失，教育服务转化为学生知识素质的提高；旅业服务中，服务员提供的宾至如归的旅业服务，转化为旅客的充沛精力；精湛的美容服务转化为顾客的容光焕发；安全快捷的航空服务转化为乘客的位移等等。对生产服务消费来说，是一个客体转化为另一客体的过程，即作为生产要素的服务产品形态，转化为新产品形态的过程。如服务产品在运输服务、通信服务、科学技术服务等形态上消失了，但在以服务为生产要素的钢铁、布匹、粮食、娱乐、教育、医疗等形态上再现出来。

第三，它也既是社会再生产总过程的终点，又是其新起点的媒介。

作为"终点",服务消费通过人们在生产或生活中获得并消耗、使用的各种服务产品的数量、质量和结构,反映第三产业再生产总过程中的生产、分配、交换和消费诸环节运转的总状态、总效率和总成果。作为新起点的"媒介",它一是根据对以往的三环节运转状况的评价,向新的服务生产环节发出控制信息,促使第三产业按服务消费结构来调整服务供给结构;二是通过生产消费构成新的生产,或是通过生活消费构成人的再生产。

第四,它也同样存在着是否符合道德规范的矛盾。消费行为产生于人的欲望和需要。而某些欲望或需要通常被社会舆论认为是违反法律或道德规范的,尽管这与消费者本人的价值判断往往不一样。这就使服务消费或物品消费都有可能存在违反法律或道德规范的问题。萨伊指出:"和道德标准相符合的消费是得宜的消费,而违反道德规范的消费,往往造成公众或个人的灾难。"❶ 无论是物品消费还是服务消费,都是如此。吸毒者对海洛因的消耗和歹徒对杀人凶器的使用所带来的灾难,绝不会比对庸俗、淫秽、诲淫诲盗"服务"的消费所造成的恶果小。因此,任何社会都需根据一定的法律和社会道德规范制定消费法规,取缔这类消费。本书所论的服务消费不包括此类内容。

上面所述的是服务消费与物品消费的共通之处。但从另一方面看,服务消费又具有一系列区别于物品消费的特性。

第一,服务消费过程中用于满足人的需要的消费对象——服务产品是无形的。如果缺乏科学抽象力,就会由此产生两个错误的判断:其一,明明是通过购买并消耗服务产品满足了自己的需要,却以为自己并没有消费什么;不是将支付的服务费看成自己的服务消费量的等价物,而是看成对自己收入的一种"扣除",❷ 对服务消费采取"不认账"态度。如有论者就认为,物质生产劳动者用于支付服务费用的那部分价值没有被自己消费掉,而是由服务劳动者用来购买物质商品并

---

❶ 萨伊.政治经济学概论[M].陈福生,陈振骅,译.北京:商务印书馆,1963:450-451.

❷ 巴加图利亚,维戈茨基.马克思的经济学遗产[M].贵阳:贵州人民出版社,1981:62.

消费掉的。❶其二，服务消费对象不能用感官直接感知到，而服务消费的后果可以清晰地被消费者感觉到，这使承认服务消费存在的论者也极易将服务的消费后果误认为服务消费对象本身。如顾客美观的发型、学生增长了的才干、病人康复了的身体、观众欣赏艺术表演后的愉快心情、旅客乘搭飞机后身体的位移，或厂商利用科技信息后增加的收益等服务消费后果，往往被误认为理发行业、教育部门、医疗单位、艺术表演部门、交通部门或科技信息服务部门提供的产品。而物品消费过程中用于满足人的需要的消费对象的实物性，使人们绝不可能否认自己进行了物品消费，也不可能将进食滋补品后体质的增强、穿着西装显示的潇洒风度，或添置家用电器形成的生活便利等消费后果，与滋补品、西装或家电等消费对象混为一谈。

第二，服务消费对象的消耗和消失过程，以及它由客体到主体或另一客体的转化过程也是无形的。既然人们无法用感官直接观察服务产品的产生和存在，也就不可能直观地看到其消耗和消失，以及服务消费中客体向主体或另一客体的转化过程。服务产品的使用和消耗过程被表现为服务劳动力和服务劳动资料的使用和消耗过程；服务产品在消费中转化为消费者的主体或另一生产过程的产品要素，被表现为服务劳动者以其动作供消费者消费，或是服务劳动者"协助"消费者消耗服务设施、工具。而物品消费过程中，物品从多到少的消耗，从有到无的消失，从客体向主体或另一客体的转化，均可以清楚地被观察到。这是物品消费行为被众所周知，而服务消费行为难以被人们所确认的认识论根源，也是服务生产部门往往被视为"消费部门"的原因。

第三，服务消费与服务生产具有时空同一性。人们可以在服务生产进行时而不可能在生产完成后消费服务产品。这一特性产生于服务产品的非实物性及由此形成的非贮存性、非转移性等属性。❷不过，服

---

❶ 胡先来.服务劳动创造价值吗？[J].经济理论与经济管理，1986（1）.

❷ 随着现代科学技术特别是信息技术、数字技术、网络技术、人工智能和虚拟技术的发展，服务的传统特征正在发生演变和突破。现代社会许多服务可以用电子技术来变相贮存，其生产与消费不一定同时进行，可以借助电信和网络技术远距离传输。参见第四章第三节关于"服务产品传统特征的突破"的内容。

务消费所具有的与服务生产的时空同一性,只是在粗略的、大致的意义上了解才是正确的。不少服务生产过程存在着类似工厂开工前给机器加油的"预备阶段",以及类似停机后清理机器的"后续阶段",在此期间可能不发生直接的服务消费行为。如旅业服务员在旅客入住前对床铺、房舍的清扫,电影放映结束后服务员对电影场的打扫,就先于或后于服务消费发生。对于智力型服务产品,如技术服务、教育服务的生产来说,这一"预备阶段"(研究技术、备课)的时间更长。但是,如果把研究技术的记录、绘图,以及写讲稿的过程视为生产实物产品——技术方案、图纸、讲稿的过程,把技术服务(咨询、示范)、教学服务(教学)视为以技术方案、图纸、讲稿等实物成果为生产要素进行的服务生产过程,那么后者确是与服务消费同时同地发生的。至于上述旅店、电影场中的"预备"服务生产,也只有在服务消费行为发生时,才成为现实的服务生产。如果清扫干净旅店或放映场而没有顾客,虽然也可说是生产了无人消费的服务产品,但实际上它并不成为现实的服务生产。就此而论,服务消费是与现实的服务生产同时存在的。

  应该指出,现代科学技术的发展在某种程度上突破了服务消费与服务生产的时空同一性。许多服务可以用电子技术来变相贮存。艺术家的歌舞演出、音乐家的演奏、运动员的体育比赛、教师的讲课,可以借助音像技术和电脑技术录制和再现,科学家的科研可借助电脑技术编程存储,医生的诊断和手术可以通过人工智能贮存、模拟和再现。知识密集和信息密集型服务产品可用电子方式保存其信息内容而变相贮存,音乐家、舞蹈家可能将自己生产的服务产品变相贮存供自己或他人日后消费。科学技术的发展正在打破服务产品的非贮存性。不过这时贮存的是服务产品的物质外壳实际上已是实物产品,而不是非实物的服务产品本身。一些服务产品的非贮存性被打破,就使这些服务的生产与消费可以不一定同时进行。服务产品可以先生产,后消费,如电视台先录制电视节目,后播出成为常态。电视回放功能实际上是多个观众各自在限定时间内回放录制好的节目,实际上是消费被贮存在网络上的服务产品的光声信号,更突破了服务的生产和消费的时空同一性。

第四，服务消费对物品消费既有依存关系，又有超越关系。一般地说，人类历史上先有物品消费，后有服务消费。但服务消费发展到一定阶段，可能以快于物品消费的速度增长；到后工业社会，甚至在比重上超过物品消费，形成后来居上的超越态势。

第五，服务消费中以公共消费方式进行的消费较多，如国防服务、警察服务、政府服务、社会安全服务、传染病防治服务、电视电台播放服务、互联网服务、义务教育服务、科普服务等公共产品消费，而物品消费中以此方式进行的消费较少。这是由服务产品与实物产品的性质差异及社会条件决定的。相当多公益性服务产品消费没有排他性，且难以实现付费消费。而工农业产品的消费，即便是救灾的食品、矿泉水、衣服等，也具有消费排他性，要通过灾民的个人消费进行，难以实行公共消费。

概而言之，服务消费所具有的一般消费的共性，产生于服务产品与实物产品作为劳动产品的共同属性；服务消费所具有的区别于物品消费的个性，则产生于服务产品与实物产品的形态与性质的差别。

三、服务消费的方式

服务消费方式是指人们消费服务产品的方法和形式。服务消费的方法取决于服务产品的自然形态及其有用属性的表现形式。具有声音形态的服务如演奏服务，要通过听觉器官来消费；具有图像形态的服务如舞蹈表演，要通过视觉器官来消费；具有气味形态的服务如"气味电影"的消费，离开了嗅觉器官就难以进行。此外，一些服务的有用属性要通过时间或空间形式作用于消费者，故需要消费者以某部分机体或组织消耗其服务形态。如主要与空间形式有关的美容、医疗、客运、旅业服务，就分别作用于人的头部、脸部或人体的某个空间部分，以至整个人体；主要与时间形式有关的信息、技术服务、生活便利服务等，则作用于生产过程或生活过程的时间因素上，引起生产时间或生活时间耗费的节省。服务消费的形式是指消费服务产品的社会形式，它不仅取决于服务产品本身的自然形态及其有用属性的表现形式，而且取决于一定的社会经济条件。经济发展水平和社会消费习俗不同的社会，往往有不同的服务消费形式。

就服务满足的消费需要的性质来说，服务消费形式可以主要分为三类。

（1）个人生活性服务消费形式：指社会成员以某种方式取得服务消费品，用以满足个人生活消费需要的形式。

（2）企业生产性服务消费形式：指企业（含服务企业）以某种方式取得服务生产资料，用以满足企业的实物生产或服务生产对服务形式的生产要素的需要的形式。

（3）社会公共性服务消费形式：指社会公共团体或机构通过财政方式，为社会公众取得所需的服务消费品或服务型生产资料，免费或低价提供给公众消费，以满足某种社会公共需要的形式。

就获得所需的服务消费对象的方法来说，服务消费形式可以分为四类。

（1）市场型服务消费形式：通过市场按服务的价格支付等价而取得的服务消费。

（2）调拨型服务消费形式：通过财政渠道资助服务生产而以非价格形式取得的服务消费。

（3）自给型服务消费形式：服务需要者以自我提供服务的方法进行的服务消费。

（4）义务型服务消费形式：服务需要者不需付任何形式的经济代价取得的、由服务生产者自愿提供的服务的消费。

上述两种划分方法既有区别，又有联系和交叉。如个人生活性服务消费既可以市场型服务消费形式取得（如购票看戏），也可以调拨型服务消费形式实现（如享受公费医疗），或是通过自给型服务消费形式（如自己驾车外出），或义务型服务消费形式（如家长辅导孩子学习）获得；而企业生产性服务消费虽然不是没有可能通过义务型服务消费形式（如接受某些团体的义务服务），或调拨型服务消费形式（如免费消费国家提供的基础设施服务）取得，但主要是通过市场型服务消费形式（如外购服务）和自给型服务消费形式（如本系统内的运输车队提供的自我服务）实现的。一般地说，随着生产社会化、专业化的发展，自给型服务消费和义务型服务消费的比重趋于缩小，而市场型服务消费的比重趋于扩大。社会福利制度的强化，则使生活消费中，个人生活性服务消费的比重缩小，社会公共性服务消费的比重扩大；反之则小。不少服务产品具有对每个人和整个社会都有益的消费功能，但生产成本高昂，且不易以个体形式被分散消费，因此通常由非营利机构经营，以社会公共性服务形式或调拨型服务形式提供社会消费。这是服务消费方式与物品消费方式的重要区别。

市场型服务消费量和调拨型服务消费量可以分别根据服务的市场营业额和对服务事业的财政资助额的统计求得。自给型服务消费量中用于企业生产的部分，则可以在企业生产总值中以中间投入量的形式得到反映。但自给型服务消费量中用于个人生活消费的部分和义务型服务消费量，主要分散于家庭生活中，没有以产业活动的形式实现，也无价值形式，难以统计，所以一般没有在第三产业统计资料中反映出来，也不包括在本章论及的第三产业所提供的服务消费量的范围之内。下文论述的服务消费的社会功能和服务消费结构，涉及的主要也是通过社会化、专业化的服务生产提供的市场型服务消费量和调拨型服务消费量。如果服务消费总量没有变化，但消费方式改变了，上述自给型服务消费或义务型服务消费部分或全部转化为市场型服务消费，统计资料上的社会服务消费总量就会增大，尽管人们的实际服务消费量并无增大。

第二节 服务消费的社会功能

本节通过讨论服务消费的社会功能，分析第三产业在国民经济中的重要地位和作用。

一、消费功能、产品性质与产业地位

消费功能是指消费对象通过消费发挥的作用、效能或功用等。它分为基本功能、辅助功能、必要功能与过剩功能等。产品的消费功能是由产品的性质决定的。产品的质不同，意味着产品的内容、形式、自然属性、使用价值特性不同，这使产品的主要用途、消费目的、消费后果、作用等也不相同。如生产资料的消费功能是满足生产消费的需要，创造出产品；消费资料的消费功能是满足生活消费的需要，维

持和再生产出人类自身；粮食的基本消费功能是充饥，辅助消费功能是充当工业原料；衣服的基本消费功能是御寒，辅助消费功能是使仪容美观；科学技术的基本消费功能是完善生产的客观和主观条件，提高人的生活质量等。不同质的产品按不同的比例组成的不同产品结构，使社会产品的消费功能结构不同，其地位也有差异。农产品在产品结构中占有重要地位，使农产品的消费功能在社会上举足轻重；工业品在产品结构中比重增大，使工业品的消费功能地位大为提高；服务产品在产品结构中比重超一半以上，则使服务产品的消费功能格外重要，以至于国民经济特征的描述中要引入服务概念，称为服务化经济。

产品的消费功能决定了相应产业的地位。人们常说：农业是国民经济的基础，工业是国民经济的主导。且不评论此命题合适与否，仅就"基础"与"主导"地位而言就可看出，其决定因素就在于农产品具有的维持人类生存和非农产业发展的基本消费功能，以及工业品具有的构成机械化、现代化的重要硬件的基本消费功能。因此，产品性质、消费功能与产业地位三者间，构成密切相关的关系。在这种意义上可以说，产品消费功能就是产业职能和作用的同义语。

根据上述分析，第三产业在国民经济中的地位，取决于由服务产品性质决定的服务消费的社会功能。如果服务消费的基本功能只是满足帝王将相、社会富豪的穷奢极欲的享用需要，那么第三产业在社会再生产中必然处于无关重要的地位。如果服务消费的基本功能不仅是满足全体社会成员结构不同的生存、发展和享受的需求，而且是构成社会再生产与发展的基本条件和决定因素，那么第三产业就会在国民经济中占据不可忽视的重要地位。如果服务消费功能进一步发展为在质和量上都较之物品消费功能重要，第三产业就跃居国民经济的"首席地位"，成为后工业社会的决定性产业。一般地说，在第三产业形成之初的古代，第三产业是处于上述无关紧要地位的；在第三产业蓬勃发展的当代，在大多数国家中，处于不重要地位到"首席地位"；在经济发达国家中，则已处于"首席地位"。

在当代，正是服务产品充当社会再生产的重要软件和社会生活不可缺少的消费对象的消费功能，使第三产业脱离了相对于工农业的次要地位，取得了越来越重要的产业地位。从静态上说，服务产品在不少国家中已超过社会产品的一半比重;从动态上看,由服务消费功能决定的服务需求的高收入弹性,使第三产业的服务需求在国民收入水平增长时可以以更大的幅度增长;在供求状况对价格的影响下,第三产业因需求坚挺且增长速度快、幅度大,就容易维持较高的价格,形成相对高的收入水平,引起社会劳动由第一、二产业向第三产业的转移,使第三产业以快于国民经济的平均增长的速度增长,产值比重和就业比重日趋增大,在国民经济中的地位日益加强。因此,当代第三产业在社会再生产中,与第一、二产业相互依存、相互决定,成为服务化国民经济的支柱产业。而由农产品的消费功能决定的农产品需求的低收入弹性,使农产品的需求以低于国民经济发展的速度发展。农产品需求的相对下降,使农业在价格上处于不利地位,造成农业相对收入水平低,农业劳动力流出农业部门。农业在国民经济中的地位相对下降,成为经济发展过程中的一种普遍现象,这就是一个重要原因。

  由此可见,正确认识第三产业在国民经济中的地位和作用,关键问题是要充分了解服务产品消费的社会功能。一些学者虽然也想证明第三产业的重要性,但囿于传统的"唯实物产品论"的束缚,没有从服务产品的消费功能决定其产业地位的理论高度出发,而是沿袭第三产业为第一、二产业服务的思路,论证第三产业的地位和作用,这就使其理论分析难以跳出窠臼:在其结论中,无论第三产业被说得有多么重要,它总是摆脱不了围绕着第一、二产业团团转,"协助"第一、二产业的配角地位,总是在国民经济和社会评价中陷于比第一、二产业低几个档次的地位。而按产品的消费功能的思路分析,第三产业的服务产品的消费功能使服务产品与实物产品一样,一方面作为消费对象直接进入人类生活消费过程,另一方面作为生产要素直接进入本行业或他行业的生产消费过程。就此而论,第三产业具有与第一、二产业平等的经济地位。如果把为他人提供生活资料或生产要素视为"服务"或当"配角"的话,那么三大产业间存在的是"我为人人,人人为我"的相互服务、互为配角的伙伴关系、合作关系,并非是第一、二产业和以其为中心的第三产业之间的主辅关系,或主角与配角的关系。由此看来,第三产业与第一、二产业相比,其产品外形的区别,是不可能引起其产品的消费功能及产业地位的本质不同的;没有理由将三大产业之间互相提供中间产品（生产要素）和最终产品（消费资料）的关系描述成第三产业单方面充当第一、二产业的"助手"的关系。

不仅如此，随着国民经济的发展，社会生产和消费中对"软件"（服务产品）的需求比重增大，决定了在以实物生产为基础的经济向以服务业为基础的经济的过渡中，第三产业的地位和作用越来越重要。芬兰著名经济学家亚科·洪科教授指出，1980年美国28%的劳动力使用在工业（制造业）上。到2000年，这一比例将为10%，到2030年就仅仅为3%了。与此同时，在各种服务行业就业的人数将急剧增加。他认为，同现在的工业化社会相比，今后的情况将发生根本的变化，各种服务将是处于首位的，而（实物）商品本身则处于从属地位。❶ 在这种意义上可以说，如果在第三产业比重极小的时代，将第三产业视为从属于第一、二产业的产业，还无可厚非的话，那么在第三产业比重已超过一半以上的时代还持此种观点，就难以不遭物议了。

顺便指出，第三产业的非实物产品被称为"服务"，是第三产业被视为处于"仆从"地位的语义原因。在英文中，"服务"一词"service"源于有"侍候""服役"涵义的词根serve；由同一词根衍生的不少单词就含有仆从的意味，如servile 奴隶的、卑屈的、奴隶、奴仆；servility 奴隶根性、卑屈、屈从；servitude 奴役、服役；servant 仆人、佣人。❷ 在中文中，服务一词也带有伺候、服侍、服役等意义。它被引进经济学后，词义虽有很大更新，但毕竟难以完全消除"旧痕迹"。一提起"服务"，人们脑海里往往会浮现出仆人对主人毕恭毕敬的神情。这样看来，以"服务"为非实物产品命名，就容易导致第三产业是为"伺候"第一、二产业而存在的歧义，故并非是最优方案。比如，称"服务"就不如萨伊称"无形产品"来得贴切。因为它一方面明确了产品形态，可免去许多诸如书、报、画等是不是"服务"的无谓争论，另一方面消除了仆从意味。不过，既然"服务"一词在经

---

❶ 资料来源：《经济参考》1985年10月22日。

❷ 张伯棣，施大鹏，林志诚.活的记忆法：英语分解式词汇表[M].北京：商务印书馆，1960：185.

济学中至少已使用了三百年,成为一个流行术语,那我们就不妨以"旧瓶装新酒"的方式继续沿用它,但赋予它以准确的涵义——非实物产品;或加上"产品"后缀,称之为服务产品,以强调其产品属性。这对于正确认识服务消费功能及第三产业地位,是不无裨益的。

下面就对服务消费的主要社会功能进行分析。需要说明的是,这里论及的消费,是指合法的、合乎社会道德的、合理的和适度的消费,相反的情况是存而不论的。

二、服务消费的协调功能

服务消费的协调功能,是指服务产品的消费具有的协调国民经济关系的作用。它形成于运输服务、网络通信服务、商业服务、金融服务和管理服务等的消费功能的综合释放。

与实物产品一样,服务产品被有目的地使用、消耗,必然产生相应的消费后果。实物产品的消费后果影响的范围一般较小,往往只限于本企业、事业、单位或某些社会成员内,而相当多服务产品的消费后果波及的地域或空间较大:从纵向看,涉及再生产的生产、分配、交换和消费领域;从横向看,牵连到同一再生产环节的相关协作部门。这样,服务消费就有可能从纵横两方面发挥协调国民经济关系的社会功能。

首先,运输服务被厂商或旅客消费时,会通过能量转换,使货物和旅客发生预定目标的位置移动。人们对它的消费量越大,运量和运距,以及以吨(人)公里为计量单位的运输周转量就越大,就越有能力克服越远距离对越大数量的货物和人员的联系的障碍。因此,运输服务的消费,可以协调国民经济系统在原料、燃料、半成品、成品、人员方面的经济联系和协作,这使运输业在国民经济中发挥输送人力、物力的动脉作用。

其次,网络通信服务被消费时,会通过电磁波、电流或某些实物等信息载体的运动,使特定信息按消费者的意愿发生定向、定距和适时的传递、接收,以消除或减少对有关消息的不肯定、未知和疑义。通信服务消费量越大,国民经济各系统中的信息联系就会越密切,其经济关系就越有可能协调。因此,网络通信服务、信息服务的消费功能，使通信、信息业在协调国民经济关系中发挥神经作用。

再次，管理服务的被消费，可使相关系统在人力、物力和财力等方面得到有效的计划、组织、指挥、监督和调节，以便正常高效地运转。它的消费功能决定了管理部门在协调微观经济和宏观经济中起着大脑作用。

至于商业服务与金融服务的消费所形成的对国民经济的协调作用，也是很明显的。商业服务具有的实现产品从生产领域到消费领域的运动的消费功能，决定了商业部门一方面协调生产系统与消费系统的关系，另一方面协调分配系统与消费系统的关系，在国民经济中起着桥梁作用。金融服务的消费具有的促使货币在国民经济的生产、分配、交换和消费循环中正常流通的功能，使金融业在市场经济的条件下对国民经济各系统的协调中起着跨时空配置资源和风险的动脉作用。

总之，服务产品的消费对国民经济系统中的人流、物流、信息流、商流和货币流的推动、控制和调节，决定了服务消费具有协调国民经济系统的经济联系的社会功能。

服务消费的协调功能对社会化、专业化的国民经济系统的正常运行有很大意义。在"小而全""万事不求人"的自然经济系统中，生产与消费的地域狭小，且互相覆盖，"世外桃源"基本无须与系统外交换原料、半成品或成品，系统内外间的人、财、物、信息、商品和货币的交流趋于零。系统内部因范围狭小、规模小、组织简单，所需的经济协调也较少。所以，自然经济系统对服务消费的协调功能要求极低，对相应服务产品的消费量也很小。在以出售产品为目的的市场经济中，特别是在社会化、专业化分工发达的市场经济系统中，生产与消费在地域上往往分开，地域差和时差都变大了，在生产、分配、交换与消费的经济循环中，系统内外需进行的人、财、物、信息、商品和货币的交流的数量和距离都大为增加。如果某个环节甚至某个环节中的一项决策发生"失耦"纰漏，就有可能对国民经济全局产生重大影响。在国际化市场经济中，情况更是如此。跨国公司为了有效经营，就必须有良好的信息源和极佳的通信手段。国际互联网、专线通信网、远程电视系统、计算机网络成为它迅速、有效的管理、决策工作所不可缺少的重要设备；全球范围内的物流、商流和金融流的畅通和高效率的运动，也是它正常营业的必备条件。因此，服务消费所形成的对国民经济以至世界经济关系的协调功能变得十分重要。市场经济越发达，社会化、专业化程度越高，社会对运输服务、网络通信服务、商业服务、金融服务和管理服务的消费量就越大。近年来，我国经济体制改革的深入开展促进的市场经济的迅速发展，横向经济联系的日益加强，使全国的信息、人员、资金货物交流量急剧增加，网络服务、客货运服务、金融服务和商业服务的消费量迅速增长。这些都是服务产品的消费所具有的协调国民经济关系的功能所致。

三、服务消费的效益功能

服务消费的效益功能，是指服务产品的消费具有的提高实物生产和服务生产的效率或效益，使同量劳动耗费和资金占用量的投入，能产出更多有用劳动成果的作用。它主要取决于科学服务、教育服务、信息服务等的消费功能的发挥，也建基于服务产品的协调功能和闲暇功能的作用。

应该说，效益功能并非是服务消费的独有功能，某些实物产品的消费也具有此功能。如新原料、新材料、新能源和新工具的发现、发明及利用，就可大大提高生产率。但追根溯源，这些实物产品的消费，通常是科学、教育、网络、信息服务的效益功能发挥的结果。不仅如此，物品消费的效益功能的发挥，有赖于服务消费功能的释放；其作用的范围、程度和时效，也往往不及后者。

服务消费的效益功能是通过两方面表现出来的。

其一，通过科学服务、网络信息服务在生产过程的消费，完善生产的客观条件，提高生产效益。科学技术服务和信息服务被厂商消费，会使消费者在不同程度上认识自然界或人类社会的规律，扩展关于周围世界的知识，掌握应用规律的方法、工艺和途径；在此消费基础上，新的劳动对象被利用，高效率的劳动工具被创制，生产工艺、技术被改进，生产效率得以提高。

其二，通过教育服务在生活过程的消费，或在生产过程的消费（接受在职培训或现场技术指导），完善生产的主观条件，以提高生产效益。教育服务被人们消费，可使受教育者的文化水平和专业知识水平、技能和智力素质得到提高，从而促进生产效率的提高。

此外，服务产品的协调功能使社会再生产的经济关系协调，系统联系密切，避免了人、财、物的浪费，也会有助于生产效益的提高。

服务消费的效益功能对促进当代国民经济的增长，有很大的意义。

长期以来，科学与物质生产似乎是平行发展的。一方面，科学的发展还没有达到能够直接和急剧地影响和改造物质生产的程度；另一方面，物质生产还没有达到尖锐地感到只是依靠经验知识已经不够，迫切需要直接利用基础科学和应用科学主要成就的水平。例如，19世纪末以前的发明活动和工业劳动一般还是凭经验。但是，在20世纪特别是中叶，情况有了重大变化。物质生产力的发展，大机器生产的进步，迫切需要物质生产的一切因素都要有革命性变化，即在直接利用科学发展的主要成果基础上才可能有的变化。正如马克思所指出的，"随着大工业的发展，现实财富的创造较少地取决于劳动时间和已耗费的劳动量，较多地取决于在劳动时间内所运用的动因的力量，而这种动因自身——它们的巨大效率——又和生产它们所花费的直接劳动时间不成比例，相反地却取决于一般的科学水平和技术进步，或者说取决于科学在生产上的应用"❶。事实证明，国民经济发展水平越高，社会对科学服务、网络信息服务和教育服务的消费量就越大，服务消费的效益功能就越明显。

从动态上说，发挥服务消费的效益功能，也显得越来越迫切。现代科学技术日新月异的发展，引起知识量的爆炸性增长。为了胜任新的专业工作，即使是已受过相当水平教育的就业人员，也得不断接受继续教育和培训。这样，扩大科学服务和教育服务的消费量，不仅对在学学生，而且对在职职工加强教育训练，使之具备适应现代化大生产所需的新技术技能，就成了提高经济效益的一项重要措施。经济发达国家特别重视职工的在职培训问题，甚至出现了终身教育的局面，原因也在于此。显而易见，如果工人的教育服务消费量，仍像十七、十八世纪那样仅占"微乎其微"的分量，那么他就根本不能从事现代

---

❶ 马克思恩格斯全集：第46卷下册[M].中共中央马克思恩格斯列宁斯大林著作编译局，译．北京：人民出版社，1980：217.

化的生产，更谈不上提高生产率了。正是由于科学、教育服务的消费有助于提高生产者的素质，比起单纯增加生产设备和劳动数量，更有利于提高生产率，增加社会财富的生产，因此，经济发达国家生产教育服务产品的劳动力的增长速度，比社会劳动力增长速度往往要快得多。这正是科教服务的效益功能起作用的反映。

此外，服务消费的闲暇功能对经济效益也有促进作用，这将在下文论及。

四、服务消费的闲暇功能

服务消费的闲暇功能是指服务产品的消费具有增加闲暇时间的作用。

首先，服务消费的闲暇功能建基于服务消费的效益功能。服务消费的效益功能可使服务产品的消费促进生产率的提高。如果其他条件不变，服务消费的效益功能发挥得越充分，生产率越高，工作时间就越有可能缩短，居民的闲暇时间就越有可能增多。在此意义上说，科学服务、信息服务在生产领域的消费，以及教育服务在生活领域的消费，都会或迟或早地导致闲暇时间的增多。在近现代史上，以纺织机、蒸汽机的发明为标志的第一次技术革命，以电力、化学品、内燃机的发明为主要标志的第二次技术革命，以电子计算机、原子能和雷达等的发明为主要标志的第三次技术革命，以及以信息技术、生物技术和新材料技术为标志的第四次技术革命，都使突破性地发展着的科技服务在生产领域中被越来越广泛地消费，使高水平的教育服务在劳动者中被越来越普遍地消费，引起了生产率的成倍增长，进而导致一个世纪以来闲暇时间占有量的迅速增加，就说明了科研服务和信息服务既有效益功能，又有闲暇功能。

其次，服务消费的闲暇功能形成于社会化生活服务和科学服务在生活领域的消费功能的发挥。社会化生活服务因人员专业化、设备专门化、操作专门化，一般比自我服务、义务服务效率高。对居民来说，在生活消费中以社会化生活服务消费取代自我服务、义务服务的消费，通常可节省劳动时间或服务费用。随着家庭服务的社会化，居民工余时间从事家务劳动的繁重负担可以逐步减轻，闲暇时间就会相对增多。

社会化生活服务的消费量越多（它意味着自我服务的消费量越少），闲暇时间就越多。因此，社会化生活服务的消费，不仅有满足居民特定生活消费需求的基本功能，还有促进闲暇时间增多的派生功能——闲暇功能。同时，科学服务在生活服务业或居民家庭生活过程中的消费，可以提高生活服务业或居民的服务效率，这也会直接减少居民用于家庭服务的时间，增加其闲暇时间。

上述分析说明，特定服务产品的消费，可以间接或直接地引起居民闲暇时间的增加，因而具有闲暇功能。

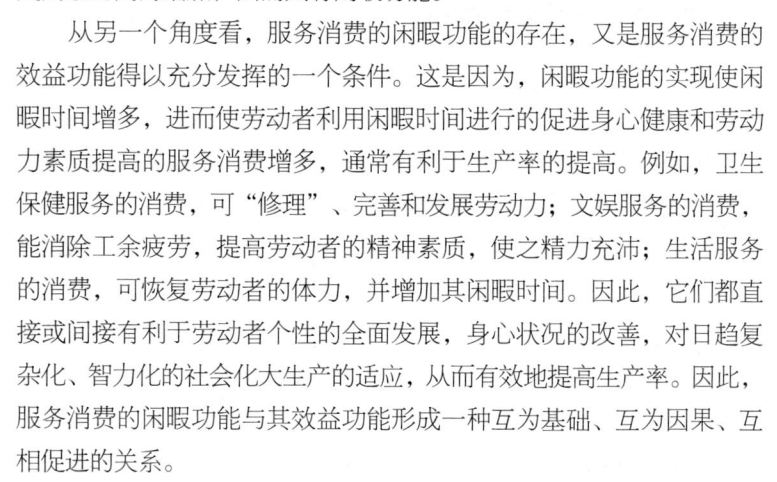

从另一个角度看，服务消费的闲暇功能的存在，又是服务消费的效益功能得以充分发挥的一个条件。这是因为，闲暇功能的实现使闲暇时间增多，进而使劳动者利用闲暇时间进行的促进身心健康和劳动力素质提高的服务消费增多，通常有利于生产率的提高。例如，卫生保健服务的消费，可"修理"、完善和发展劳动力；文娱服务的消费，能消除工余疲劳，提高劳动者的精神素质，使之精力充沛；生活服务的消费，可恢复劳动者的体力，并增加其闲暇时间。因此，它们都直接或间接有利于劳动者个性的全面发展，身心状况的改善，对日趋复杂化、智力化的社会化大生产的适应，从而有效地提高生产率。因此，服务消费的闲暇功能与其效益功能形成一种互为基础、互为因果、互相促进的关系。

纵观历史，社会经济发展水平越高，服务消费的闲暇功能对社会的意义就越大。这是因为闲暇时间本身成为经济发达社会的高生活水平、高生活质量、高消费水平的尺度，也构成发达社会财富的重要内容之一。

从闲暇时间的性质和内容看，闲暇时间作为人们所占有的时间，具有数量有限、稍纵即逝、一去不复返的性质，加之它具有有利于人们进行休息、娱乐、锻炼、自修、个人爱好或创造性活动的内容，因此，从本性上说，人们不仅要求占有闲暇时间，而且期望它越来越多。

但是，人们对闲暇时间的占有欲望直接受经济发展水平的制约。因为闲暇意味着对收入的放弃，工作则意味着收入的获取和闲暇的放弃。在经济发展的低水平阶段上，个人收入水平很低，极其有限的收入用以满足对食物以至基本生存资料的需求，尚觉拮据，收入的高边际效用就使得提高收入水平成为最迫切的任务，因而人们倾向于通过工时的增加，闲暇的放弃来增加收入，追求消费物品的增多，而不可能通过放弃工作和收入（这等于牺牲对基本生存资料的消费）来获得闲暇时间的增多。在经济发展的高水平阶段，个人收入水平已达到相当高的程度，基本消费物品的满足程度已达饱和状态，故提高货币收入水平的边际效用下降，迫切性减弱，但放弃闲暇造成的牺牲相对增大：一方面，生产率和收入水平越高，人们对时间价值的评价越高，时间越宝贵、越值钱；另一方面，经济发达社会对个人的享受、发展标准的评价提高了，而这些享受、发展需要通过增大闲暇时间的占有量才能实现。因此，放弃同量的闲暇所造成的时间价值损失和个人享受、发展的损失大大高于经济不发达社会。这样，在经济发达社会中，闲暇时间本身就成了一种消费对象，成为人们追求的目标，成为高生活质量、高消费水平的一个标志。如果甲、乙两人的货币收入水平相同，家庭财产、居住条件、家用设施状况也相同，甲的闲暇比乙的闲暇多，社会就会认为甲的生活质量比乙的生活质量高。人们宁可放弃加班加点带来的收入增长，以维持闲暇时间的一定占有量，就与发达经济条件下闲暇时间的高社会评价有关。大学教师尽管工资收入不算最高，但仍被很多人青睐，闲暇时间较多是一个很重要的原因。FIRE（Financial Independence，Retire Early，财务自由，提早退休）族成为很多人追求的一种生活方式。

由此看来，服务消费的闲暇功能是随着闲暇时间在人们生活中的地位的提高而增大的。如果它在当今中国已有很大的现实意义，那么随着我国经济的迅速发展，它必然会愈来愈深刻地显示更为深远的历史意义。

五、服务消费的福利功能

服务消费的福利[1]功能，是指服务产品的消费具有的满足人的生

---

[1] "福利"通常在两种涵义上使用：一是指居民免费获得货物或服务，或工资收入以外的物质利益，如社会福利事业、工资福利、福利国家等。二是指人的满足、快乐、幸福、健康、利益。李特尔. 福利经济学评述 [M]. 陈彪如，译. 北京：商务印书馆，1965：90-91. 这里取其第二涵义。

活需要，提高生活质量，增进人的快乐、健康和幸福的作用。

服务消费的福利功能形成于服务消费品的消费功能的综合发挥。各类服务消费品投入居民生活消费领域中，为人们所消费，就可发挥出满足人的衣、食、住、行、学（习）、玩（乐）、知（信息）、医（疗）等方面需要的功能。生活的便利、生活质量的提高，建基于对商业服务消费品、个人生活服务消费品的消费；智力水平的提高，起因于对科教服务消费品的消费；身体素质的培养、改善、恢复，形成于对医疗、保健和体育服务消费品的消费；生活的快乐，离不开对文艺服务消费品、娱乐服务消费品、消遣服务消费品的消费等等。服务消费品的消费，有助于人们生活水平和质量、人生快乐、健康和幸福的增进，因此具有福利功能。

由于人类需求结构朝着服务需求比重上升的方向发展，因此，服务消费的福利功能随着服务产品比重的增大日趋重要。

应该指出，人的需要及其满足，是人类一切生产（包括实物生产和服务生产）的归宿点和最终目标；所有生产，都并非是人类经济活动的目的，而不过是到达上述"归宿点"的途径，或实现上述"最终目标"的手段。因此，所有产品的消费，都应最终达到促进福利功能的实现的目标。没有理由本末倒置，将发展"物质生产"（手段）看作比满足人的需要（目标）更为终极、更为重要、更为基本的东西，看作后者存在的理由，似乎第三产业的一切活动都是为了发展"物质生产"，而人本身通过服务消费直接获得的满足，反倒变成了发展物质生产的手段，甚至唱歌、跳舞、看戏、旅游、理发、洗澡等服务也只有在被证明对"物质生产"有所促进的意义上才有必要存在。基于这样的理由，说明服务消费品的消费功能及其重要性，只需分析它作为消费品具有的满足人类（包括非劳动者）的生活需要的作用，就已从这类服务生产的"归宿点"和"最终目标"上把关键问题论透了，完全不必以它对劳动力再生产，进而对物质生产有多么重要为论据。

消费美容服务、舞蹈服务有助于顾客快乐、幸福、满意感的增进，这就够了；至于它是使美容者、跳舞者"精神更饱满地投入物质生产"（不一定如此），还是使他们因服务消费耽误了上班（时有发生），或是与"物质生产"沾不上边（如儿童、失业者、病休者、退休者、第三产业人员为顾客时），对于我们讨论的服务消费的福利功能的存在与大小，是完全无关的。如果非要绞尽脑汁，给所有生活性服务消费都弄上一个冠冕堂皇的诸如"促进物质生产"的存在理由不可，就难免不变成"运动就是一切，目的是微不足道的"翻版了。

由上面的分析可以看到，服务消费的协调功能、效益功能主要与服务型生产资料的消费功能有关，其闲暇功能、福利功能则主要与服务消费品的消费功能有关。概括地说，服务消费的社会功能无非是服务产品作为生产要素或消费要素在生产消费和生活消费中发挥出来的两方面的功能的总和。当然，这些功能的区分不是绝对的。如高效益须以良好协调为条件，而闲暇的增多会改善福利状况。因此四者存在着一定程度的相关和交叉。在一定意义上可以说，效益功能是以协调功能为基础的，而闲暇功能只不过是福利功能的内容之一。更进一步说，协调功能和效益功能的发挥有助于闲暇功能和福利功能的实现，后者的加强又会间接促进前者。所以，前者与后者一方面是手段与目的的关系，另一方面又是互相促进的关系；但归根结底，协调功能和效益功能必须落实到闲暇功能和福利功能上。

此外，服务产品的非实物性引起的非贮存性、非转移性，以及生产、交换、消费的同时性，还可形成服务消费的稳态功能，即服务的大量（高比重）消费可缓和国民经济因供求不适应出现的周期性经济波动的功能。限于篇幅，这里就不分析了。

第三节 服务消费结构

从广义上说，消费结构包括生活消费结构和生产消费结构。服务的生产消费结构指人们生产消费过程中对不同类型的生产资料的消费比例及其组成关系。服务的生活消费结构指人们在生活消费过程中对不同类型的消费资料的消费比例及其组成关系。本节研究生活服务消费结构。

现代社会中消费品由实物消费品和服务消费品构成的现实，以及服务消费品的比重日渐增大的趋势,都在越来越清晰地展示着这样一个简单的道理:要建立合理的产业结构,促进整个国民经济的良性循环,满足居民日趋增长和丰富的生活消费需求,提高生活质量,增进福利,就不能只研究物品消费结构,而要全面探讨服务消费结构问题。

一、服务消费结构影响因素

服务消费结构,从狭义上说,就是人们在服务消费过程中对不同的服务消费品的消费支出占服务消费总支出的比例及其相互关系;从广义上说,它还包括服务消费总支出在生活消费支出中所占的比例,以及服务消费支出与物品消费支出的相互关系。前者涉及不同类型的服务消费品的关系,可称为服务消费的内部结构;后者则牵涉到服务消费品与实物消费品的关系,可称为服务消费的外部结构。由于自我服务、义务服务和调拨型服务的消费量一般难以用价值形式统计,故服务消费结构指标通常只限于人们以货币支出为代价取得的服务消费量范围内。

服务消费结构与服务需求结构既有联系,又有区别。由于服务消费主要是通过服务购买实现的,而服务消费品的非实物性决定的服务的生产、交换与消费的同时性,使服务的购买行为与消费行为同时发生,因此,影响、决定和制约着消费者愿意并且能够购买的服务产品量——服务需求量和服务需求结构的诸因素,如收入水平、价格水平、闲暇状况、人口状况等,同样影响和决定着服务消费结构。就此而论,将服务消费结构视为服务需求结构的同义词未尝不可。但是,因消费者愿意并能够(有支付能力)购买的服务产品量,会受到供给因素的制约,不一定等于服务产品的实际购买量,所以服务需求及需求结构与服务消费及消费结构,有可能不一致:前者是可能的消费量及其比例关系,后者是现实的消费量及其比例关系。如果只考虑现实发生的需求量,即假定所有服务需求都可变为服务购买,撇开无法购买的情况不论,那么二者在数量上是相等的。

由于前面几章已对服务需求的影响因素、运动规律作过详细分析❶，而这些阐述和结论在原则上也适用于服务消费及服务消费结构，为避免重复，这里只提纲挈领地列出影响服务消费结构的主要因素。

（1）国民经济的发展水平。这是影响服务消费结构的最重要因素。国民经济发展水平的提高，意味着与服务需求量正相关的收入水平和闲暇时间占有量增长，会导致服务消费比重的上升。随着国民经济水平的增长，服务消费的外部结构和内部结构均发生变化：从外部结构看，需求收入弹性低的实物产品如食品的消费支出比重持续下降；而收入弹性由高变低的实物产品，如家具、摆设、住宅设施、衣着、日用品的消费支出比重先升后降；收入弹性高的实物产品如住宅、燃料、电力、交通工具、通信工具、滋补药品，总的来说收入弹性高的整体服务产品，其消费比重都持续上升。从内部结构看，收入弹性高的服务消费比重相对上升，而收入弹性低的服务消费比重相对下降。另外，国民经济发展的高水平对居民文化科技素质的要求提高，也导致科学、教育、信息服务消费品的消费比重相对增大。基于这样的原因，反映国民经济发展水平的通用指标——人均国民（内）生产总值的大小，就直接影响着服务消费结构的变化。德国统计学家恩格尔通过在1857年对德国萨克森地方的家庭收入和支出的关系的调查❷得出的关于一个家庭收入越少，用来购买食物的支出占家庭总支出的比重就越大的"恩格尔定律"，一直被认为是消费结构变化规律的权威解释，就是因为它正确地揭示了国民经济发展水平对服务消费内外结构的影响。

（2）人口特点。因服务消费是人对服务产品的消费，消费者的状况就直接影响服务消费结构。人口构成中老龄人口比重大，会增大对医疗保健服务的需求；学龄人口比重大，会增大对教育服务的需求；女性人口比重大，会增大对美容、妇幼保健等服务的需求。人口的文

---

❶ 参见第九章第一节、第十章第二节。

❷ 马歇尔.经济学原理：上卷［M］.朱志泰，译.北京：商务印书馆，1964：135.

化水平构成、职业构成、人口的都市化程度等，也会影响相关服务产品的消费比例。

（3）地理状况。直接影响有助于克服地域距离障碍的交通、通信服务的消费结构。一般地说，疆域广阔、居民分布面大的国家，比地理面积小的国家消费的交通服务、通信服务比重大。

（4）相对价格水平。由于消费结构是以货币支出量衡量的，因此，即使产品消费量及其比例没有改变，只要相对价格水平变化了，以货币衡量的服务消费结构也会变化。相对价格提高得较快的产品，在消费结构中所占的份额将趋于上升；反之则反。服务产品的相对价格上升较快的趋势，会导致服务消费比重的增大。

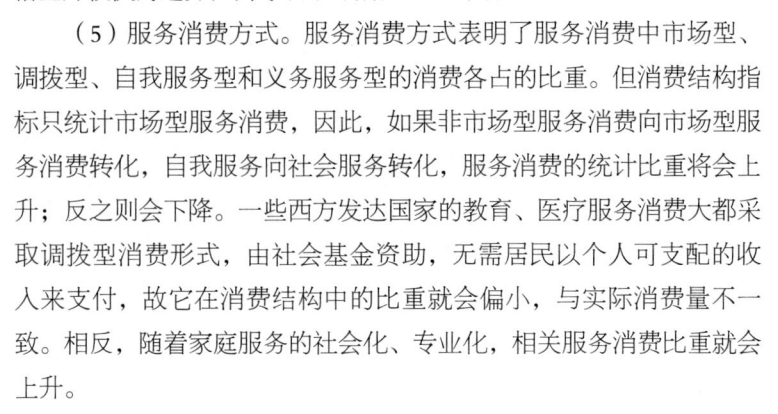

（5）服务消费方式。服务消费方式表明了服务消费中市场型、调拨型、自我服务型和义务服务型的消费各占的比重。但消费结构指标只统计市场型服务消费，因此，如果非市场型服务消费向市场型服务消费转化，自我服务向社会服务转化，服务消费的统计比重将会上升；反之则会下降。一些西方发达国家的教育、医疗服务消费大都采取调拨型消费形式，由社会基金资助，无需居民以个人可支配的收入来支付，故它在消费结构中的比重就会偏小，与实际消费量不一致。相反，随着家庭服务的社会化、专业化，相关服务消费比重就会上升。

因此，判断一个国家或地区的服务消费结构是否合理，主要看它是否与当时当地的国民经济发展水平、人口特点、地理状况等因素的要求相适应。与这些因素相比的滞后或超前的服务消费结构，都是不合理的。

二、服务消费结构演变模型

服务消费结构的发展规律，可以通过建立数学模型来揭示。

1. 样本数据的选择

据上述分析可知，服务消费结构主要由收入水平和相对价格决定，而消费品种类繁多，价格估算牵涉的因素众多，困难很大，难以找到现成的分类统计资料,因此这里主要通过对服务消费结构与收入水平的相关关系的计算拟合服务消费结构的数学模型。

从原则上说,如果选用中国的历史资料为样本数据建立数学模型,将有可能使经济模型除了反映收入水平对服务消费结构的决定作用外,还可以较多地反映中国的价格结构、人口特点、地理状况和服务消费方式的沿革。但这会遇到四个主要问题。

第一,中国相当多服务在计划经济年代以免费或低价方式消费,在居民个人生活消费的货币支出项目中无充分反映,而服务产品商品化的推行将使今后大量非市场型服务消费转化为市场型服务消费,故未来发展与历史资料缺乏可比性。

第二,20世纪50~70年代,我国推行压抑服务生产和消费的政策,造成服务消费结构的逆向变动,服务消费比重与国民经济发展水平负相关。以这些有悖于服务消费发展规律的历史资料为样本拟合的数学模型,是对服务消费结构逆向变动的历史模拟,据此预测未来,必然会得出国民经济发展水平越高,服务消费比重越低的结果。严重失真的预测就有可能导致错误决策。

第三,回归分析方法表明,当外报预测时,若给定的自变量X_0远离样本数据平均值$\bar{X}$,则置信区域逐渐加宽,置信度和预测精度明显下降,以致根本不能反映客观现实。而充当预测自变量X_0的我国2000年的人均收入水平预计比1980年的样本自变量最大值将增长3倍,即使样本数据完全符合规律,回归方程拟合得也很好,也难免不因外推过大而失去应用价值。上述三方面的因素就使以我国现有历史资料为依据建立的服务消费结构的数学模型难以有好的预测结果。如有学者以1954—1981年我国家庭人均生活费支出资料为样本数据,拟合文化服务消费的直线回归方程并预测:我国农民的文化服务消费在消费结构中占的比例,1990年为1.867%;2000年将降为1.7%(1954—1981年已大都接近3%);城镇居民的这一比例则由1990年的4.82%,降到2000年的3.24%(而20世纪60年代初已达12.2%,1982年也为6.6%)。对此连预测者本人也持怀疑、否定态度,认为:"看来与实际情况相比,这个数字偏低","预测结果偏小"。❶笔者认为,服务消费比重随国民经济的发展呈下降趋势,这样的预测结果显然是不可信的。从方法论上分析,不可信的预测结果是由样本数据的错误选择造成的。选取因经济水平低,服务消费被压抑的1954—1981年作为样本数据建立回归方程作外推预测,只能得出服务消费比重越来越低的结果。

第四,我国经济统计年鉴中长期以来缺少对不同类型服务消费的分类统计。与第三产业有关的只笼统地列有"文化生活服务支出"一项。服务消费中文教、卫生、交通、通信等的资料并未分类统计。据此,充其量只能分析服务消费的外部结构,根本不可能建立服务消费内部结构的数学模型。

根据上述情况,笔者在1988年选用美国、日本、英国、联邦德国、法国、印度、墨西哥1970—1982年的数据为样本数据(见表12-1),建立服务消费结构的数学模型。这至少有三个优点。

就第三产业经济运行机制看,这些国家实行市场经济,对服务的生产和消费的人为干预相对较少,其统计资料对服务消费结构变化的客观规律性的反映可能相对较多。

就经济发展水平来看,这些国家分属发达国家或发展中国家,其人均国民生产总值分布值由200美元到12000多美元,样本数据的覆盖面大,足以将我国现有的和20世纪末将达到的收入水平包含在回归方程的样本自变量内,有助于避免因外推预测造成的置信度和精度的显著下降。

就统计分类方法看,这些国家对服务消费内部结构的统计资料较为齐全,易于拟合分类消费结构模型,从中找出规律性。

---

❶ 刘方棫.消费经济学概论[M].贵阳:贵州人民出版社,1984:142-149. 刘方棫教授是受人尊重的著名消费经济学家,在中国第一个招收消费经济学博士生。1990年《第三产业经济学》出版后,我送了一本给他,在扉页上写道:"我在第12章有对服务消费结构的预测,与您的预测不同,请指正。"后来我偶然发现,刘方棫教授很喜欢这本《第三产业经济学》,把它列入"北京大学教授最喜欢的十本书"。他热情鼓励与自己观点不同的年轻学者勇于探索的高风亮节令我非常感动。

表 12-1 消费结构与国民经济发展水平的关系

国家	美国			日本			英国			印度		
年份	1970	1975	1982	1970	1975	1982	1970	1975	1982	1970	1975	1982
人均国民生产总值（x）	10387	11193	12495	6260	7362	9398	7627	8349	8993	209	218	240
食品、饮料和香烟支出（y_1）	19.0	18.0	15.7	30.4	28.4	24.2	26.3	24.2	20.8	68.4	65.2	57.6
衣着支出（y_2）	8.2	7.5	6.2	7.7	8.1	6.6	8.8	8.0	6.6	7.1	8.6	9.2
房租、燃料和电费支出（y_3）	18.6	19.4	21.7	16.2	15.6	19.3	17.5	18.8	22.3	7.0	6.2	8.3
家具摆设及住宅设施和维修支出（y_4）	7.4	6.6	5.7	7.7	6.4	5.5	7.8	7.7	7.0	3.0	3.7	4.3
卫生保健支出（y_5）	9.5	10.95	13.3	7.9	9.0	10.3	0.9	0.8	1.0	2.1	2.2	2.1
交通和通信支出（y_6）	15.3	15.8	15.9	7.8	9.6	9.3	12.6	13.8	15.5	5.0	6.5	10.3
文化娱乐、教育支出（y_7）	8.6	8.5	8.1	9.2	8.8	9.3	8.7	9.3	9.5	3.6	3.2	3.8
其他劳务和日用品支出（y_8）	13.5	13.2	13.3	13.1	14.2	15.4	17.4	17.4	17.2	3.9	3.9	4.3
劳务总计（y_9）	44.5	45.7	50.0	42.4	43.9	50.9	38.0	39.6	43.4	13.8	14.3	19.5

国家	泰国			联邦德国			法国			墨西哥		
年份	1975	1982	1970	1975	1982	1970	1975	1982	1970	1975	1982
人均国民生产总值（x）	571	753	9125	9928	11724	8132	9501	11107	1552	1804	2142
食品、饮料和香烟支出（y_1）	55.9	48.3	29.9	27.2	25.7	27.1	24.2	21.1	39.7	41.3	34.7
衣着支出（y_2）	8.6	10.2	10.8	10.3	8.8	8.6	7.9	6.5	11.5	10.6	11.1
房租、燃料和电费支出（y_3）	6.7	6.3	16.2	17.5	19.2	14.5	15.1	17.0	12.2	10.1	8.5
家具摆设及住宅设施和维修支出（y_4）	5.2	5.9	12.1	11.9	11.0	10.0	10.5	9.3	12.4	11.6	13.0
卫生保健支出（y_5）	5.7	4.7	2.5	2.8	2.9	9.8	11.4	13.1	2.9	3.2	4.7
交通和通信支出（y_6）	8.1	11.7	14.0	14.5	15.9	11.6	12.1	13.9	7.6	8.5	10.9
文化娱乐、教育支出（y_7）	8.7	4.3	7.4	8.1	7.9	6.1	6.5	6.5	4.7	4.8	5.5
其他劳务和日用品支出（y_8）	1.1	8.6	6.9	7.8	8.6	12.2	12.3	12.6	8.9	9.7	11.7
劳务总计（y_9）	18.9	19.4	…	…	…	34.0	35.2	38.6	31.4	30.7	34.5

注：x 表示人均国民生产总值（美元），y 表示消费结构（%）。

第十二章 服务产品的消费

因统计资料或其口径所限,与中国现有或预期经济水平相仿的发展中国家的资料未能更多地使用;苏联、东欧的数据完全无法使用;人均 GNP 在 2000~6000 美元区间内的资料空缺,形成样本"断层"。这是资料分布方面的缺陷。不过,我国 2000 年的预期人均 GNP 目标值为 800~1000 美元,故"断层"对预测精度的影响是不大的。

2. 数据处理的方法和回归方程类型的选用

为了以上述样本数据建立一个拟合程度较好的服务消费结构数学模型,笔者在 1988 年除了使用 CASIOfx-3600P 电子计算器的固化软件程序对数据进行了对数函数回归和幂函数回归分析,还利用一元线性和非线性回归分析程序❶、多元线性全回归和逐步回归程序、多项式(一元二次、一元三次、一元四次)回归程序,❷在 VAX8350 电子计算机上对各种可能类型的曲线进行了试算,共拟合回归方程 63 个(略),试算的回归方程类型有 11 种。

(1)直线回归方程　　　　　$Y = a + bX$

(2)双曲线回归方程　　　　$Y = \dfrac{X}{aX + b}$

(3)幂函数回归方程　　　　$Y = aX^b$

(4)指数函数回归方程 I　　$Y = ae^{bx}$

(5)指数函数回归方程 II　 $Y = ae^{b/x}$

(6)对数函数回归方程　　　$Y = a + b\ln X$

(7)S 曲线回归方程　　　　$Y = \dfrac{1}{a + be^{-x}}$

(8)多元线性回归方程

$Y = b_0 + b_1X_1 + b_2X_2 + b_3X_3 + b_4X_4 + b_5X_5 + b_6X_6 + b_7X_7 + b_8X_8$

(9)一元二次方程　　　　　$Y = b_0 + b_1X + b_2X^2$

(10)一元三次方程　　　　　$Y = b_0 + b_1X + b_2X^2 + b_3X^3$

---

❶ 马志民,陈锡林. 微型计算机在预测决策中的应用 [M]. 成都:四川科学技术出版社,1985:29-40.

❷ 华南师范大学计算中心蔡永煌工程师提供了这些程序,苏兆丰女士上机操作输入数据得出结果,谨致谢意。

（11）一元四次方程　　$Y = b_0 + b_1 X + b_2 X^2 + b_3 X^3 + b_4 X^4$

选用回归方程的步骤为：首先，从 63 个回归方程中选出相关系数（或相关指数）和 F 值大，剩余标准差小的曲线；主要有上述（3）、（6）、（9）、（10）类型。其次，在坐标纸上描出样本数据散点图与回归方程曲线图；分析、比较不同曲线的拟合特点，选择较优者。观察表明，一元三次或四次回归曲线在样本数据区间内，常出现两个极值点而呈 S 状，在实践中难以对此图形作出解释，而且，其外推值明显偏离样本数据的运动主趋势线。故拟合一元三、四次方程时，其曲线明显呈现 S 状的，以幂函数、对数函数或一元二次函数取代之，拟合程度通常会变好。此外，幂函数回归方程与对数回归方程的曲线变动趋势大致相同，但幂函数在起始区间升幅小或降幅大；在终极区间则升幅大或降幅小。对数函数的变动幅度恰好相反。因此，若选用幂函数，在低端的预测值通常会低于对数函数，在高端则相反。对数函数则相反。

需要说明的还有，样本数据中被我列为服务消费开支的"卫生保健开支""交通和通信开支""文化娱乐和教育开支"，据估计可能也包含一部分物品开支，特别是充当服务劳动资料的物品，如药物、交通工具、通信工具和文化用品的开支；而"其他劳务和日用品开支"一项，措辞已表明包含物品支出。为了分析服务消费结构的状况，按理应将这些物品开支剔除后才作回归分析。但既定的统计口径使其不可能做到。因此，模拟的服务消费的内部结构模型，就有可能不是纯粹"内部"的，只能在粗略的意义上了解才有意义。此外，因经营、消费方式的差异，文化娱乐消费若能与教育消费分开统计，定量分析可能会更有参考价值。

3. 服务消费外部结构数学模型的选定

服务消费外部结构的数学模型主要包括下述 5 个回归方程。

式中，Y 表示该项消费占个人最终消费支出的百分比；X 表示人均国民生产总值，按 1980 年美元价计；r 表示相关系数；S 表示剩余标准差；R^2 表示相关指数；F 表示 F 检验值。

（1）食物（含饮料和香烟）消费方程（见图12-1）

$Y_1 = 123.105 - 10.9982 \ln X$

$r = -0.985017$

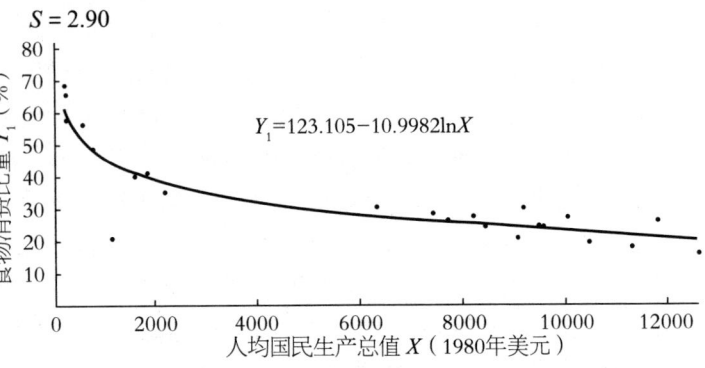

$S = 2.90$

图12-1　食物消费方程曲线图

（2）衣着消费方程（见图12-2）

$Y_2 = 9.3230 + 1.408 \times 10^{-4} X - 3.316 \times 10^{-8} X^2$

$R^2 = 0.51187$

因为 $8.9135 = F > F_{0.01}(2, 17) = 6.11$，所以回归高度显著。

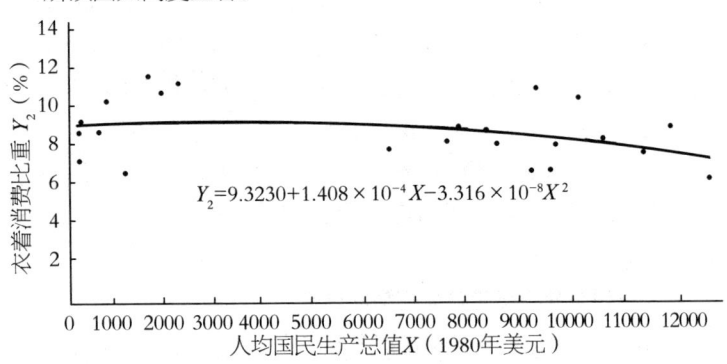

图12-2　衣着消费方程曲线图

（3）房舍（合燃料、电力）消费方程（见图12-3）

$Y_3 = 6.0873 + 0.002596 X - 2.268 \times 10^{-7} X^2 + 8.848 \times 10^{-12} X^3$

$R^2 = 0.883747$

因为 $48.1454 = F > F_{0.01}(3, 19) = 5.01$，所以回归高度显著。

$$Y_3 = 6.0873 + 0.002596X - 2.268 \times 10^{-7}X^2 + 8.848 \times 10^{-12}X^3$$

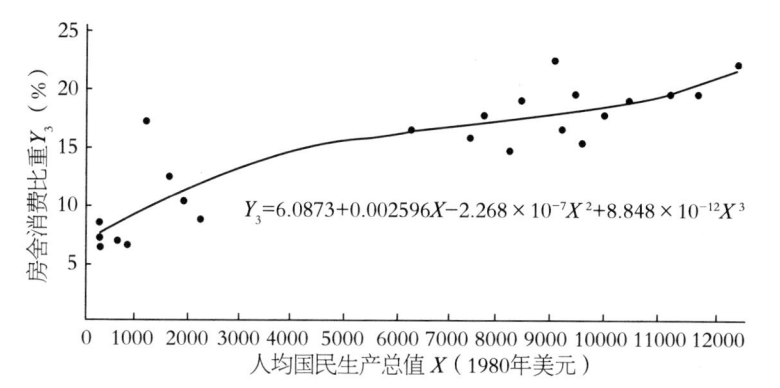

图 12-3　房舍消费方程曲线图

（4）家具（含摆设、住宅设施和维修）消费方程（见图 12-4）

$$Y_4 = 3.4890 + 0.004950X - 8.361 \times 10^{-7}X^2 + 3.831 \times 10^{-11}X^3$$

$R^2 = 0.368196$

因为 $5.01 = F_{0.01}(3, 19) > F = 3.691 > F_{0.05}(3, 19) = 3.13$，所以回归显著。

$$Y_4 = 3.4890 + 0.004950X - 8.361 \times 10^{-7}X^2 + 3.831 \times 10^{-11}X^3$$

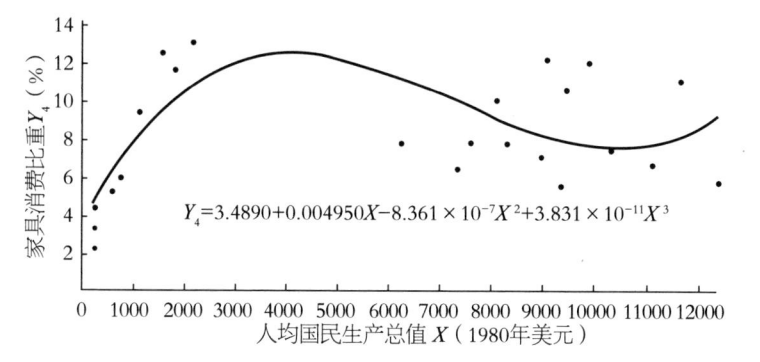

图 12-4　家具消费方程曲线图

（5）服务消费方程（见图 12-5）

$Y_9 = -25.2112 + 7.4075 \ln X$

$r = 0.933136$

$S = 4.302$

$Y_9 = -25.2112 + 7.4075\ln X$

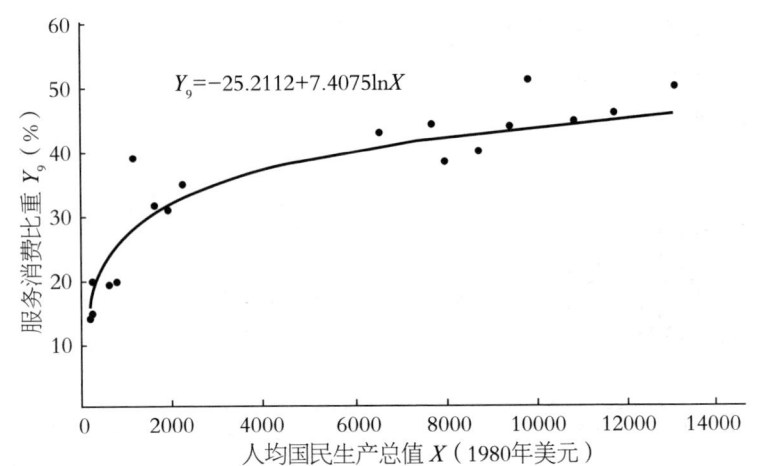

图 12-5 服务消费方程曲线图

上述方程的曲线和样本数据散点图如图 12-1、图 12-2、图 12-3、图 12-4、图 12-5 所示。可以看出，随着人均国民生产总值的上升，食物消费比重持续大幅度下降；衣着消费、家具消费比重先升后降；房舍消费比重则持续上升。

4. 服务消费内部结构数学模型的选定

服务消费内部结构的数学模型主要包括下列 4 个回归方程。

（6）卫生保健消费方程 I（见图 12-6）

$$Y_5 = 2.3266 + 0.001748X - 3.293 \times 10^{-7} X^2 + 2.004 \times 10^{-11} X^3$$

$$R^2 = 0.309627$$

因为 $F_{0.10}(3, 19) = 2.40 < F = 2.8405 < F_{0.05}(3, 19) = 3.13$，所以在 0.10 水平上回归显著。

该方程的相关指数较小，应该是由相当部分医疗服务实行免费制或低价制所致。从散点图可以看到，在人均 GNP 为 7000~12000 美元的区间内，有 6 个散点（英国和联邦德国）的 Y 值仅在 3% 以下，明显低于同类收入水平的其他散点。英国、联邦德国的卫生保健消费比重偏低，与这两国实行的全民公费医疗和广泛的疾病保险、疗养制有关。因此，此方程适用于卫生保健服务的非市场消费方式比重较大的情况。如果剔除这 6 个散点，就可拟合卫生保健消费方程 II。

$Y_5 = 0.2410 X^{0.4079}$

$r = 0.9277$

此方程曲线与其余散点的拟合程度较高,适合于医疗保健服务市场化程度较高的情况。

图中:
Ⅰ $Y_5 = 2.3266 + 0.001748X - 3.293 \times 10^{-7} X^2 + 2.004 \times 10^{-11} X^3$
Ⅱ $Y_5 = 0.241 X^{0.4079}$

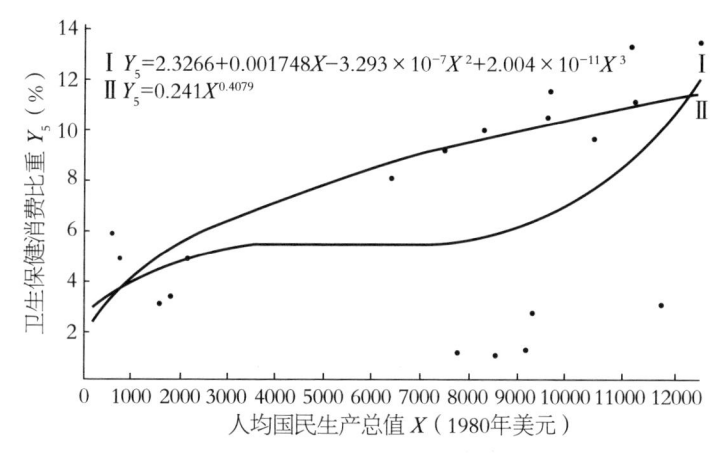

图 12-6 卫生保健消费方程曲线图

(7)交通和通信消费方程(见图 12-7)

$Y_6 = 8.1248 + 3.095 \times 10^{-4} X - 1.014 \times 10^{-9} X^2 + 2.501 \times 10^{-12} X^3$

$R^2 = 0.675124$

因为 $13.16 = F > F_{0.01}(3, 19) = 5.01$,

所以回归高度显著。

$Y_6 = 8.1248 + 3.095 \times 10^{-4} X - 1.014 \times 10^{-9} X^2 + 2.501 \times 10^{12} X^3$

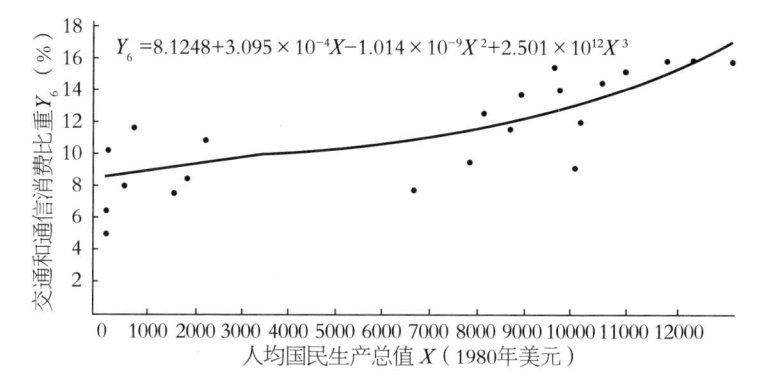

图 12-7 交通和通信消费方程曲线图

（8）文教（含文化、娱乐、教育）消费方程（见图12-8）

$$Y_7 = 3.940 + 0.001167X - 9.224 \times 10^{-8} X^2 + 1.787 \times 10^{-12} X^3$$
$$R^2 = 0.609553$$

因为 $9.887 = F > F_{0.01}(3, 19) = 5.01$，

所以回归高度显著。

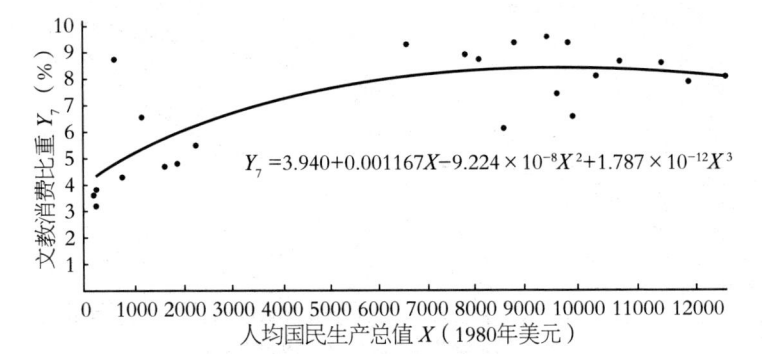

图12-8　文教消费方程曲线图

（9）其他服务和日用品消费方程（见图12-9）

$$Y_8 = 3.879 + 0.002869X - 1.803 \times 10^{-7} X^2$$
$$R^2 = 0.8294$$

因为 $41.325 = F > F_{0.01}(2, 17) = 6.11$，

所以回归高度显著。

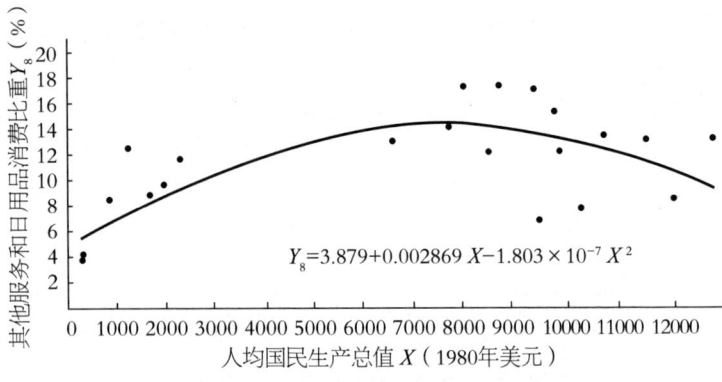

图12-9　其他服务和日用品消费方程曲线图

上述回归方程的曲线和样本数据散点图如图12-6、图12-7、图12-8、图12-9所示。可以看出，随着人均国民生产总值的上升，服务产品消费比重增长很快，但服务消费的内部结构的各要素，变化却不尽相同。①交通和通信消费比重的增长幅度最大，这与信息社会对通信的需求量的增大，以及交通和通信产品主要以市场形式消费有关，故在个人消费开支中有明显反映。②卫生保健消费和文化、娱乐、教育消费比重的增长状况与人们的经验期望似乎矛盾很大：卫生保健消费比重增长缓慢，文教消费则约以人均GNP8000美元为转折点，缓慢地先增后降。看来这种状况根源于服务消费方式的改变，而不是服务实际消费量的相对下降。可以设想，在经济发展过程中有一转折点（照上述散点图与曲线的对比，很有可能为人均GNP8000美元左右），经济水平处于在此阶段之前的样本国家，教育和卫生保健消费在很大程度上以市场型消费方式进行（经济水平越低，越无可能实行免费义务教育和全民公费医疗）；在此之后，经济福利制度的发展较为迅速，教育和卫生保健消费中越来越大的部分由市场型消费方式转为调拨型消费方式，这就在居民实际消费的教育、卫生服务量相对增长的同时，牵制了二者所占个人生活消费支出的比重的增长速度，甚至引起其下降。③其他服务和日用品的消费比重也以人均GNP8000美元为转折点，急剧地先增后降。因资料口径所限，无法判断其比重的下降是由"其他服务"引起的，还是由"日用品"引起的，或是二者兼而有之。

综上所述，可以把居民个人的服务消费结构的变化趋势概括如下：

对服务消费的外部结构而言，随着人均国民生产总值的增长，服务消费比重增长，物品消费比重下降。在物品消费比重下降、食物消费比重持续大幅度下降的同时，房舍（含燃料、电力）消费比重较快提高，衣着消费比重缓慢下降，家具（含摆设、住宅设施和维修）消费比重先升后降。

对服务消费的内部结构而言，随着人均国民生产总值的增长，在服务消费比重迅速增大的同时，交通和通信消费比重迅速增大；受免费和低价服务制的牵制，居民个人支付的卫生保健的消费开支比重缓慢增长，文教（含文化、娱乐和教育）的货币消费开支比重缓慢地先升后降。其他服务和日用品消费比重急剧地先升后降,原因不明。

三、我国服务消费结构预测

1988年,笔者撰写《第三产业经济学》时,根据上述9个回归方程,对2000年我国服务消费结构作初步预测,试图为制定合理的生产决策和消费决策提供参考。

假定我国到2000年人均国民生产总产值达800~1000美元(1980年价格),将X=800,X=1000分别代入上述9个方程,得到表12-2、表12-3的预测结果。

表12-2　中国2000年服务消费的外部结构预测

单位:%

人均GNP		服务	物品	食物	衣着	房舍	家具
低估	800美元	24.3	75.7	49.6	9.4	8.0	6.9
高估	1000美元	26.0	74.0	47.1	9.4	8.5	7.6
校正值	800美元	—	—	51.3	9.7	8.3	7.1
	1000美元	—	—	48.9	9.8	8.8	7.9

注:1. 统计口径:食物=食品、饮料、香烟;房舍=房租、燃料、电力、家具=家具、摆设、住宅设施和维修;美元:1980年价格。

2. 校正值系各子项预测值占两表子项的总和的百分数。

需要指出,由于本预测是以外国为样本数据国(以下简称样本国)的,而我国与外国有许多不尽相同的地方,因此,即使人均GNP水平达到预期目标,消费结构要符合上述预测,还要受到不少条件的约束,主要有:

(1)住房商品化程度要与样本国相近;

(2)卫生保健和教育消费中市场型消费方式与调拨型消费方式的比例要与样本国相近;

(3)消费品的相对价格水平(比价)要与样本国相近;

(4)服务产品市场化的程度要与样本国相近。

表 12-3　中国 2000 年服务消费的内部结构预测

单位：%

人均GNP		服务	卫生保健	交通和通信	文化、娱乐、教育	其他服务和日用品
低估	800 美元	24.3	3.5	8.4	4.8	6.1
高估	1000 美元	26.0	3.8	8.4	5.0	6.6
校正值	800 美元	—	3.6	8.7	5.0	6.3
	1000 美元	—	3.9	8.7	5.2	6.8
各子项占本表合计的百分比（1000 美元时）		100.0	15.9	35.4	21.1	27.8

注：1. 美元：1980 年价格。

2. 校正值系各子项预测值占两表子项的总和的百分数。

事实上，上述约束条件总是难以同时具备，这就会影响预测值。例如，如住房商品化进程过慢，那么房舍消费比重就会偏小；如大部分卫生保健和教育服务由非市场分配方式、半市场分配方式向市场分配方式转变，以至超过样本国的水平，那么它们在消费结构中的比重就会比预测值大；如某种消费品的相对价格水平远低于样本国，其消费比重必小；而服务产品商品化的进程若过慢，那么服务消费比重将不可能达到预测水平。因此，本章对我国服务消费结构的预测，只是一种以具体数字形象地展示我国第三产业发展远景的尝试。不过，如果说其预测值还有待于实践发展的证实，那么它揭示的服务消费比重随国民经济发展而增大的趋势，早就已经无需再等未来来证明了。

在本书第一版写完的 1988 年，在我国城镇居民服务消费比重仅为 8.16% 时 ❶，笔者预测在 2000 年我国服务消费比重将达 24.3%~26.0%。在《第三产业经济学》问世 31 年后，我发现，2000 年我国服务消费实际比重为 27.56%，与我的预测值非常接近。❷

---

❶ 资料来源：《中国统计年鉴 1990》。

❷ 据投入产出基本流量表（最终使用部分），按当年生产者价格计算，1997 年我国居民服务消费比重为 24.49%，2000 年 27.56%，2007 年 47.48%，2015 年 50.90%，2017 年 53.16%。到 2020 年，在我国第一、二、三产业占 GDP 比重为 7.7%、37.8%、54.5% 的情况下，居民服务消费比重增至 50.1%。

本来我只是做一个"以具体数字形象地展示我国第三产业发展远景的尝试",没想到,对服务消费比重的预测有较好效果。总结一下有四个原因。

一是样本数据人均 GNP 选用 1970—1982 年美国、日本、英国、联邦德国、法国、印度、墨西哥,来自发达国家和发展中国家,分布较广,可覆盖经济发展的较低水平(如印度 209 美元)到较高水平(如美国 10495 美元)。

二是样本数据服务消费比重分布具有从低到高的级差,从印度的 13.8% 到英国的 50.9%,适用于预测服务消费比重的提升。

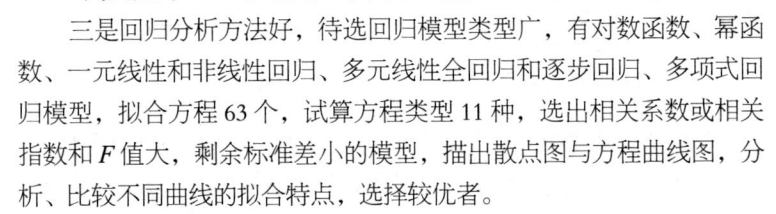

三是回归分析方法好,待选回归模型类型广,有对数函数、幂函数、一元线性和非线性回归、多元线性全回归和逐步回归、多项式回归模型,拟合方程 63 个,试算方程类型 11 种,选出相关系数或相关指数和 F 值大,剩余标准差小的模型,描出散点图与方程曲线图,分析、比较不同曲线的拟合特点,选择较优者。

四是预测目标中国在 20 世纪末经济发展水平(人均 GDP800~1000 美元)在样本国的范围内(209~10495 美元),没作外推预测,这是预测精度高的重要原因。如果预测目标超出样本数据的范围,预测精度必然谈不上。

实际上,服务消费结构除了主要受国民经济的发展水平影响,还受人口特点、地理状况、相对价格水平、服务消费方式影响,样本国中包含美国、印度等人口和地域大国,中国市场化改革使服务相对价格水平和消费方式接近样本国,也是很重要的。

具体来说,有四个因素对我国消费结构影响很大。

一是国民经济迅速发展推动服务消费量增长。1988 年城镇居民家庭人均生活费支出 1103.98 元,其中学杂费 18.71 元,保育费 4.58 元,文娱费 3.28 元,邮电费 0.97 元,交通费 9.12 元,医疗保健费 4.07 元。❶ 到 2019 年,全国居民人均支出:教育、文化、娱乐 2513 元,交通和通信 2861.6 元,医疗保健 1902.3 元。❷ 即使剔除通胀因素,服务消费绝对量大增长也是毫无疑问的。

二是居住条件改善和住房商品化,使居住消费比重迅速提高。农

---

❶ 资料来源:《中国统计年鉴 1990》表 8-12。

❷ 资料来源:《中国统计年鉴 2020》表 6-1。

村和城市人均居住面积：1990 年 17.8 米²/人和 6.7 米²/人；1999 年 24.23 米²/人和 9.78 米²/人；2010 年 24.8 米²/人和 20.3 米²/人。❶ 2019 年全国居民人均消费支出 21558.9 元，服务消费 9886 元，占消费支出的 45.9%，居住消费 5054.8 元，占服务消费的 51.1%。❷1998 年房地产完全推向市场后，出现了持续近 20 年的房价暴涨。

三是服务产品市场化改革使服务产品价格升幅大于实物产品，服务产品的相对价格升高。这是人们都深切感受到的。

四是调拨型消费方式在市场化改革中转变为市场型消费方式，教育、卫生保健服务价格大提高，使服务消费的个人开支增加。

上述四个因素中，第一个是服务消费绝对量的增长，第二个兼有服务消费绝对量和相对量的增大，第三、第四个只是价格上涨，导致的比重提高不等于服务消费量的绝对增长。还要说，我在 1988 年提出的 4 个约束条件（住房商品化、消费方式、价格水平、市场化程度）是有远见的。一些因素是在我预测后发生的（如房价快速上涨），我虽然提到了可能性，但实事求是地说，不可能估计 10 年后的增幅。所以，还要庆幸我的运气好，预测值碰巧"耦合"实际值。

服务消费比重如第三产业比重一样，是相对概念，此消彼长，易被其他因素干扰（如房地产价格暴涨）。这如同有省区第三产业比重高居全国前列，不是因为第三产业发达，而是因为工业欠发达。因此需要综合比较相对指标和绝对指标（人均服务产品占有量、人均服务产品消费量等），才能看清真相。可以说，服务消费比重预测对经济发展水平低的国家有特别重要的意义，因可遥望远景。在服务消费比重不足 10% 时，预测消费比重将增大 20 个百分点，对产业政策、生产决策和消费政策的制定无疑有重要参考价值。如今中国服务消费比重已超 50%，众所周知，因存在实物消费，服务消费比重不可能等于 100%，将进入饱和状态。在饱和状态下估计服务比重增减多少个百分点，意义已下降，更重要的是服务消费的质，服务消费结构的内容、品质等定性指标。服务消费演化的终极趋势不是百分之几的数字之争，而是服务消费与产业融合的新趋势，比数字型预测更有生命力。

---

❶ 资料来源：《中国统计年鉴 1990》《中国统计年鉴 1999》《中国统计年鉴 2010》表 10-1。

❷ 资料来源：《中国统计年鉴 2020》表 6-1。

第十三章　服务生产消费

　　服务产品的消费包括服务产品的生活性消费和服务产品的生产性消费。第十二章研究服务产品的消费和生活性消费，第十三章专论服务产品的生产性消费。这就从逻辑上将涵盖生活服务和生产服务的服务产品的研究构成一个从服务生产、服务交换、服务分配到服务消费的闭环。

　　更进一步说，服务消费既是再生产总过程的终点，又是其新起点的媒介。作为终点，服务消费通过在生产和生活中使用的服务产品，反映服务产品的生产、分配、交换和消费诸环节运转的状态和成果。作为再生产新起点的媒介，它通过对服务消费品的生活性消费构成人的再生产，还通过对服务型生产资料的生产消费构成新一轮农业生产、制造业生产和服务业生产。在此意义上说，服务消费又是新的生产的起点。

　　服务产品的生产消费，是服务产品投入农业、工业和服务业被有目的地消耗，进而构成农业、工业和服务业的生产过程。本章研究与服务生产消费存在逻辑关系的5个问题：服务生产消费与生产服务，服务生产消费与第三产业生产服务，服务生产消费与产业效率，服务生产消费与产业服务化，服务生产消费与投入软化。

　　生产服务、投入服务化、服务外包、模块化生产等概念，都与软生产要素密切相关。生产服务是软生产要素，投入服务化是投入的软生产要素替代硬生产要素，服务外包是软生产要素取自内部（服务内置）变为取自外部（服务外置），模块化生产是将生产过程要素"切割"成软要素（服务）和硬要素（实物）的标准模块，以便在生产中作电脑插板式"拼装"。

第一节　服务生产消费与生产服务 *

服务生产消费的消费对象是生产服务。服务生产消费与生产服务是从不同角度观察的两个互相关联的现象。前者是从消费角度观察对服务产品的生产性消费，后者是从产品角度观察生产性消费的对象。

一、生产服务的概念与发展趋势

生产服务，亦称服务型生产资料❶，或生产者服务（producer service），是与消费者服务（consumer service）相对的概念，指向生产者而非消费者提供的、参与货物和服务生产的服务。❷ 随着第三产业比重日益提高，生产者概念由工农业生产者扩展到服务业生产者，生产服务越来越多地被作广义的理解，指在三次产业生产实物产品或服务产品过程中被作为生产要素投入的服务。按服务对象，生产服务可分为农业生产服务（面向第一产业的生产服务）、工业生产服务（面向第二产业的生产服务）、服务业生产服务（面向第三产业的生产服务）。❸

在一定的历史时期内，三次产业对生产服务的需求呈增长趋势，第一、二、三产业消耗服务形式生产要素占生产要素的比重趋于上升。从横向看，发达国家三次产业消耗的生产服务占消耗的全部生产要素

---

* 本节是以我主持完成的教育部哲学社会科学研究重大课题攻关项目"加快发展我国生产服务业研究"研究成果为依据改写的。感谢课题组成员的群策群力，经6年攻关，为完成课题作出了重大贡献。魏作磊，李江帆. 第一篇　发展总报告 [M] // 李江帆，等. 加快发展我国生产服务业研究. 北京：经济科学出版社，2018：1-7，3-140，647-652.

❶ 李江帆. 第三产业与两大部类的关系试析 [J]. 体制改革探索，1986（3）.

❷ 服务生产资料的概念参见第五章第二节关于"服务产品使用价值的分类及其消费功能"的内容。

❸ 李江帆. 推进广东生产服务业的发展 [N]. 羊城晚报，2008-08-17.

的比重高于发展中国家；从纵向看，三次产业消耗生产服务占消耗的全部生产要素的比重随着经济发展水平的提高而上升。

展望我国第三产业日趋发展，三次产业社会化、现代化程度逐步提高的前景，参照发达国家状况，可以推断：现阶段我国第一、二、三产业对生产服务的需求量正呈上升趋势，生产服务业在我国国民经济中的地位日趋提高。我国产业结构转型所处的关键时期与全球以信息技术和制造技术深入融合为主要特征的新一轮技术革命的历史交汇，凸显了生产服务业的战略性地位。我国生产服务业总量将趋于增大，供给和消费结构日趋优化。

二、生产服务业的发展意义

我国生产服务业相对于产业结构存在结构性滞后，相对于发达国家和新兴经济体，特别是相对于我国经济发展提质增效的动态需求，存在明显或潜在的滞后。主要表现在：具有产业价值链高端控制作用的新兴生产服务业的发展尚处于起步阶段，与信息传输服务、信息技术服务、电子商务支持服务等相关的新兴服务出现下降趋势，与生产性租赁服务、商务服务、研发设计服务、检验检测服务、节能环保服务、生产性专业技术服务等相关的新兴服务在低位徘徊，生产服务业发展水平不仅滞后于发达国家和新兴经济体，而且滞后于世界平均水平。生产服务业不同维度和层次的滞后发展，已成为影响生产服务业自身的突出问题，开始凸显为影响我国产业升级和经济结构转型的重要战略性问题。

（1）我国经济面临的多重冲击使得加快发展我国生产服务业，促进产业转型升级的紧迫性空前提高。要素成本上升的冲击，压缩了我国产业经济微薄的盈利空间，提升产业附加值促进产业转型升级的任务刻不容缓。新冠肺炎疫情在全球蔓延，全球经济进入长期波动和低速增长的冲击，加剧了我国产业转型升级战略实施的阵痛，加快发展生产服务业攀升全球产业价值链高端环节，成为我国产业升级战略的重要举措。长期以来，外资经济与内资经济之间"服务割裂"导致的技术割裂、资金割裂和市场割裂等顽疾，在短期冲击的突袭之下继续恶化。加快发展生产服务业，有助于改变我国产业经济尤其制造业在全球产业价值链中处于低端地位，跳出高要素成本时代发展的低位均衡与低端锁定。在内外部多重冲击下工业化结构性加速阶段隐含的投资结构扭曲、产业结构畸形、消费水平不高等问题显现，多重叠加效应促使我国改变传统经济增长方式，加快发展生产服务业，增加三次产业的服务生产要素投入，充分发挥生产服务业对我国产业转型升级的战略推动器作用。

（2）我国进入产业结构和经济发展方式转型的关键时点后亟须加快发展生产服务业。我国经济发展所处阶段正处于工业化的中后期，很多学者和政府工作人员习惯将当前经济发展中存在的问题归于工业，而忽视生产服务对这些问题的影响。事实上，工业化过程本身乃是一个包含投入产出结构、价值链结构、区域布局结构和技术结构不断发展变化的过程。推进工业化过程遇到的诸多问题，在很大程度上不是源自农业和工业生产，而是因为生产服务对它们的配套、引领不足。发达国家的发展经验表明，在工业化进入一定阶段后，生产服务将成为产业转型升级的主导力量。产业转型升级实质上就是生产服务作用日益增强的过程。生产服务业在先进生产系统中的角色，已由20世纪50~70年代的管理功能（"润滑剂"效果），提升为70~90年代的促进功能（"生产力"效果），以及90年代的战略功能（"推进器"效果）。我国现已进入迫切需要实现产业结构和经济发展方式转型和生产服务发展的关键时点。具体表现在：没有生产服务的深度介入，以高投入、高能耗、高污染和低效益为显著特征的传统经济增长方式将难以转型，它带来的资源、环境、劳动力、社会等多方面的压力，将对国民经济发展目标构成严重挑战。离开生产服务的均衡发展，提高制造企业的技术创新能力、改变制造业过多依赖技术引进和贴牌生产模式等就成了"无源之水"，我国将无法实现从制造业大国向制造业强国转变。不大力发展生产服务业，就无法缓解我国庞大的制造业生产体系面临的巨大的出口压力，更无法解决大量出口低附加值带来的贸易失衡与摩擦问题。

（3）破解我国生产性服务业发展滞后的成因，探索加快发展的模式、路径和对策，对促进我国产业升级具有重要意义。走以"科技含量高、经济效益好、资源消耗低、环境污染少、人力资源优势得到充分发挥"为特征的新型工业化道路,对生产服务业的跨越发展提出了迫切需求。但是我国生产服务业的发展长期滞后。从总量方面看,生产服务总量不足,发展滞后,效率低下,缺乏竞争力。与同类型经济体相比,生产服务增加值、比重等指标均明显落后。从结构方面看,传统生产服务业比重偏大,新兴生产服务业比重偏低;非垄断性行业多供给过剩,而垄断性行业往往供给不足。破解我国生产服务滞后的成因进而给出对策,要进一步廓清我国生产服务业发展滞后的具体表现。从需求看,制造企业外包生产服务环节的动机不强烈,往往采用纵向一体化方式解决自身的生产服务需求,"大而全小而全"的生产组织方式不仅导致这些内置生产服务低效率、低质量,也使生产服务企业难以获得规模经济和快速成长。从供给看,很多生产服务企业提供的服务质量差、价格高,与需求方的要求脱节。从体制机制看,很多生产服务行业改革开放不到位、市场化和外资参与度均比较低;生产服务发展面临税收、信贷、要素投入价格等多方面的政策性歧视,发展内生性严重受挫。从技术水平看,我国大部分生产服务企业在运用先进的管理理念模式、现代信息技术推动自身发展方面,仍做得不够到位,致使创新能力不足,影响了技术水平的提高。从对外输出角度看,尽管改革开放以来我国服务贸易总额增速一直高于GDP增速,但服务贸易总体竞争力较低、贸易逆差逐年增大的局面一直未能得到有效扭转。

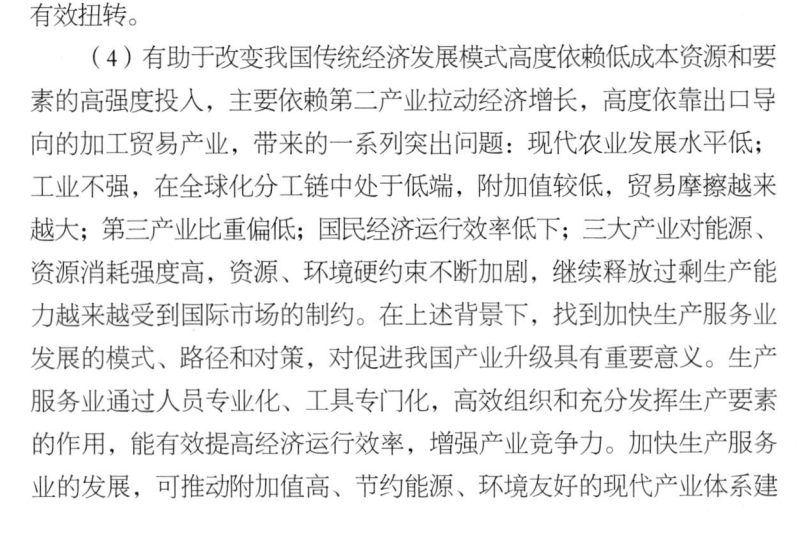

(4)有助于改变我国传统经济发展模式高度依赖低成本资源和要素的高强度投入,主要依赖第二产业拉动经济增长,高度依靠出口导向的加工贸易产业,带来的一系列突出问题:现代农业发展水平低;工业不强,在全球化分工链中处于低端,附加值较低,贸易摩擦越来越大;第三产业比重偏低;国民经济运行效率低下;三大产业对能源、资源消耗强度高,资源、环境硬约束不断加剧,继续释放过剩生产能力越来越受到国际市场的制约。在上述背景下,找到加快生产服务业发展的模式、路径和对策,对促进我国产业升级具有重要意义。生产服务业通过人员专业化、工具专门化,高效组织和充分发挥生产要素的作用,能有效提高经济运行效率,增强产业竞争力。加快生产服务业的发展,可推动附加值高、节约能源、环境友好的现代产业体系建设，促进投入结构由硬要素投入逐步转向软要素投入，生产结构由注重实物产品生产向注重服务供给转型，进而推进产业结构优化升级和经济发展方式的根本转变。

三、生产服务业的发展对策

（1）发展定位。我国第二产业生产服务目前是生产服务的主体，在发达地区和特大城市，第三产业生产服务的发展已初露端倪，比重迅速上升。从全国看，已实现向服务经济为主的产业结构的转型，生产服务业中第三产业生产服务的比重也大大提高。对第三产业生产服务给予充分关注，根据广义生产服务业概念，在全国重点推进第二产业生产服务业，在特大城市拓展第三产业生产服务业，在农村和城镇地区着力发展第一产业生产服务业。既考虑我国目前产业结构以工业为主的实际，又体现未来发展将引起第三产业生产服务比重的上升趋势，符合我国国民经济的实际，为加快发展我国生产服务业提供新思路和政策方向，对我国步入服务业占主体经济新常态后优化产业结构具有重要意义。

（2）信息化对策。我国政府把国民经济信息化看成"工业的故事"，并按此思路组建"工业与信息化部"，容易导致"信息化只是工业的事，与服务业和农业无关"的片面观点，也可能使有关部门忽视服务业信息化的重要任务。国内学者大多将信息化与工业化挂钩，服务业信息化的研究很少。其实，服务业对信息技术的吸收能力更强，服务业尤其是现代服务业对信息化的拉动力更大。发达国家服务业信息化导致的生产服务供求状况、投入和产出状况的变化分析，揭示服务业信息化的特征和规律，服务业是国民经济信息化的重点领域，因此，服务业的信息化是加快我国生产服务业发展的重要对策，要重视生产服务业信息化、智能化发展战略，抓住生产服务业发展中具有前瞻性的重要问题。

（3）融合发展对策。发展先进制造业要求生产服务业必须走融合发展道路，以产业融合发展观推动生产服务业与其他产业的互动发展。在产业融合中，服务业内部行业、生产服务业与制造业、农业的融合，形成新的业态，创造新的经营模式，引起与经济服务化、经济全球化的互动发展，对生产服务业起着促进作用，并引起产业经济的一系列变革。要顺应产业融合发展的大势，营造出有利于产业融合的制度环境，寻找推进生产服务业发展的节点，带动整个生产服务业的快速发展。制定经济发展战略要树立产业融合发展观，改变单一产业思维，用创新性思维树立大产业观念，注重产业的有机融合发展，关注独立产业形态的服务企业，关注制造业企业中能够提升制造业服务化水平的服务环节。生产服务业发展不能脱离服务对象盲目空转，要有的放矢，与所服务的产业融合一体化发展；不能将服务业与制造业对立起来，为了追求政绩、地方财税、GDP增长、应付上级任务，片面发展制造业或生产服务业。

（4）服务输出对策。关注国际分工大背景下生产服务业的供求平衡和国际合作。结合"双循环"和"一带一路"战略，既要推进生产服务业在国内的循环，也要以制造业出口带动生产服务输出，以生产服务输出促进制造业出口优势和效率。把加快中国生产服务业发展纳入全球大市场环境下进行研究，结合自贸区建设深入研究进一步扩大生产服务业开放，抓住"一带一路"等战略规划的重要机遇，充分发挥生产服务业与制造业的相互促进作用，结合中国装备制造业"走出去"战略实施，通过"产品+服务"输出模式构建中国生产服务输出的竞争优势，以装备制造业等具有竞争优势的制造业出口，带动生产服务的输出。以一个宽广的视野研究中国生产服务业发展，把国际产业的分工与合作关系引入国内产业研究。

（5）重点发展对策。中国面临的重大战略任务要求我国生产服务业必须加快发展。根据生产服务业的发展动因理论与国际经验，针对需求、供给、体制、技术和输出因素造成我国生产服务业发展滞后的成因，基于我国生产服务业发展的机遇与挑战、优势与劣势，立足我国经济发展水平、产业结构和区域分布特点，结合国家重大战略任务，从消除短板以扩大容量，未雨绸缪以应对未来的方向，积极推动生产服务业以与国民经济发展相适应的速度加快发展。按照立足当前、前瞻引领、协调发展、重点谋划、市场主导、政府引导的原则，以东部沿海发达地区和大城市为进一步加快深化发展的重点，向中西部地区稳步梯度推进；在全国重点加强推进第二产业生产服务业，在城市加快拓展第三产业生产服务业，在城镇着力发展第一、二产业生产服务业，在农村大力发展第一产业生产服务业。在生产服务业的三个层次中，以生产服务核心层为长期发展的着力点，谋求服务效率的长期大幅度提高，以生产服务外围层为近期发展的突破口，促进农业、工业和服务业投入结构软化和效率提高。加快实施需求创新、供给创新、信息化创新、制度环境创新工程，通过需求拉动、供给推动、制度创新、技术进步和对外开放，加快发展生产服务业。紧抓历史机遇，有序推进重点领域发展，优化重点区域布局，稳步推进对外开放，强化生产服务业核心创新能力，积极构建生产服务业创新应用模式，扩展电子服务应用领域，实现生产服务业总体规模大幅扩张、门类齐全和质量大幅提高，发展速度较快，能有效推进三次产业生产效率提高的总体发展目标。

第二节　服务生产消费与第三产业生产服务 *

国内外学术界生产服务研究大都集中在第二产业生产服务领域，对第三产业生产服务的研究很少，而第一产业生产服务比重较少，本节重点以第三产业生产服务为例分析服务产品的生产性消费。其原理与第一产业生产服务和第二产业生产服务是相通的。

一、面向第三产业的生产服务业

Juleff-Tranter（1996）❶通过对英国利兹（Leeds）和谢菲尔德（Sheffield）两地高级生产服务企业的调查，对生产服务业主要为制造业提供服务的观点提出质疑，发现生产服务企业比重最大的需

---

* 根据以下合作论文改写：李江帆，蓝文妍，朱胜勇. 第三产业生产服务：概念与趋势分析 [J]. 经济学家，2014（1）：56-64；蓝文妍，朱胜勇，李江帆. 第三产业生产服务与第三产业生产率：理论与实证研究 [J]. 产经评论，2014（5）：16-26.

❶ JULEFF-TRANTER L E. Advanced producer services: just a service to manufacturing? [J]. The service industries journal, 1996, 16（3）：389-400.

求者是服务业。高级生产服务企业之间的供需关系较强，生产服务业对自身的需求较大，其中对银行、保险和法律服务的使用最多，而对建筑服务、研究开发、管理咨询和产权服务的需求较少。Perry（1989）[1]发现奥克兰地区的广告、市场营销、工程和技术服务业主要依赖于建筑业和制造业，但也发现服务业部门是数据处理服务最重要的需求者。Michalak 和 Fairbairn（1993）[2]的调查显示在加拿大的埃德蒙顿（Edmonton），生产服务业比重最大的消费者来自于公共部门（26%），其次是生产服务业自身（15.7%），制造业的比重较小（4.6%）。Bryson、Keeble 和 Wood（1997）[3]对英国中小型商务服务企业（包括管理咨询、市场营销、技术咨询企业，个人和公共关系企业，设计和市场研究企业，其他商务服务企业）的调查发现，小型商务服务企业的市场范围广泛，最主要的是面向其他服务企业、金融企业以及地方和中央政府部门，虽然制造业企业的需求也比较重要，但次于服务企业。Coe（1998）[4]发现服务业占据了英国部分地区计算机服务市场的 72.4%，是计算机服务最主要的需求者，其中金融和商务服务业对计算机服务的需求最大。计算机服务对其他生产服务也有较高的需求，许多计算机服务企业通过外包的方式获得外部服务投入。计算机服务业的主要投入包括硬件供应和维护服务、网络服务，近年来市场营销和公共关系服务也成为计算机服务业的重要服务投入。

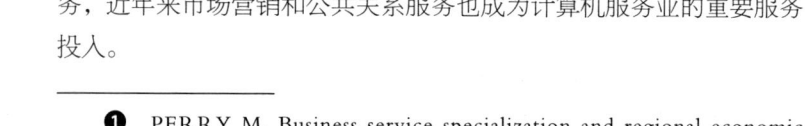

---

[1] PERRY M. Business service specialization and regional economic change[J]. Regional studies, 1989, 24（3）: 195-209.

[2] MICHALAK W Z, FAIRBAIRN K J. The producer service complex of edmonton: the role and organization of firms in a peripheral city[J]. Environment and planning A, 1993, 25（6）: 761-777.

[3] BRYSON J R, KEEBLE D, WOOD P. The creation and growth of small business service firms in post-industrial Britain[J]. Small business economics, 1997（9）: 345-360.

[4] COE N M. Exploring uneven development in producer service sectors: detail evidence from the computer service industry in Britain[J]. Environment and planning A, 1998（30）: 2041-2068.

生产服务业在发展的初级阶段主要面向制造业，包括与生产组织和管理相关的活动（管理控制、产品研发、流程设计等）、与资源分配和流通相关的活动（金融保险、猎头、培训、营销、广告灯）等；在发展的高级阶段，生产服务不仅向制造业提供服务，而且越来越多地向服务业内部的服务生产者提供专业服务。数据分析显示❶，20世纪70年代早期至21世纪初，发达国家生产服务业内部的结构演变主要表现为第三产业生产服务比重的显著上升，工业生产服务比重的显著下降，第三产业是生产服务最主要的投入方向，远超过投入工业和农业的比重。2005年，美国、英国、法国、德国、日本五国第三产业生产服务占生产服务的平均比重为69.92%，由低到高依次是日本（60.25%）、德国（65.99%）、法国（69.52%）、美国（74.95%）、英国（78.90%）。同年，五国第三产业生产服务占第三产业中间投入的平均比重高达74.51%，比重由低到高依次是日本（66.58%）、美国（73.72%）、英国（74.12%）、法国（77.78%）、德国（80.34%）。在五国第三产业的生产中，服务型生产资料投入已达到实物型生产资料投入的2~3倍，第三产业生产所需要的服务形式的生产资料远超过了实物形式的生产资料。2005年，金砖四国第三产业生产服务占生产服务的比重由低到高依次是中国（39.45%）、印度（44.41%）、俄罗斯（53.67%）、巴西（59.74%）。随着第三产业在国民经济中的比重提高，第三产业对生产服务的需求增大，第三产业生产服务在生产服务中的比重日趋增大。为了解生产服务发展对第三产业成长的重要性，要针对第三产业生产服务投入对第三产业产出的影响进行深入研究。

二、第三产业重要的软生产要素

Greefield（1966）❷认为，"生产服务是一种有价值的生产投入，

---

❶ 李江帆，蓝文妍，朱胜勇.第三产业生产服务：概念与趋势分析[J].经济学家，2014（1）：56-64.

❷ GREEFIELD H I. Manpower and the growth of producer services[M]. New York: Columbia University Press, 1966: 11-12.

长期内，就投资收入来说，一家制造公司购买的经济学家、市场研究机构或管理咨询公司的服务比同等投资在厂房和设备可能会从中受益更多。明确或隐含地表示这种服务支出不能构成企业投资的观点是得不到理论支持的"。Greefield 的观点不仅指出市场研究服务、咨询服务等生产服务是生产要素，他还通过引入"耐用型生产服务"（durable producer services）概念来强调这些生产服务作用效果的持续性。按此观点，一家第三产业企业购买经济学家、市场研究机构或管理咨询公司的服务可能会比建设厂房和购买设备的固定资产投资获益更多。李江帆（1986）❶将第三产业因素引入马克思两大部类理论，划分了"服务形式的生产资料"和"服务形式的消费资料"，认为前者就是"'具有必须进入或至少能进入生产消费的形式'的服务产品"，后者"就是用于人们个人消费的服务产品"。李江帆（1987）❷指出，"服务产品直接构成第一、二、三产业的生产要素"，"社会生产资料不仅包括实物生产资料，而且包括服务生产资料"。"构成第一、二、三产业的生产要素"的服务产品，就是第一产业生产服务、第二产业生产服务和第三产业生产服务。

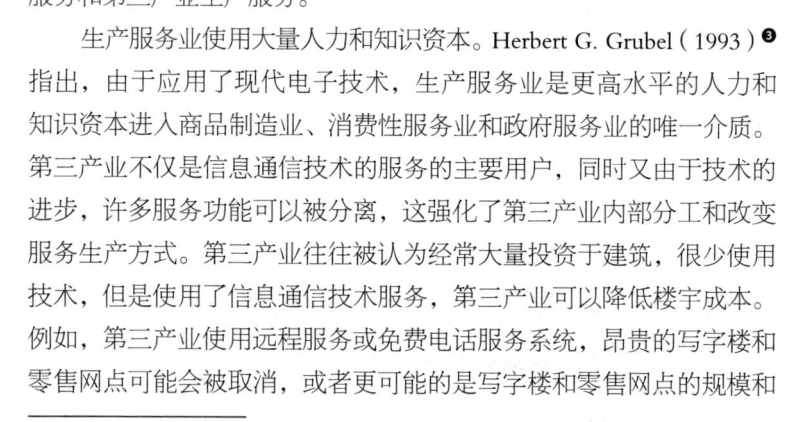

生产服务业使用大量人力和知识资本。Herbert G. Grubel（1993）❸指出，由于应用了现代电子技术，生产服务业是更高水平的人力和知识资本进入商品制造业、消费性服务业和政府服务业的唯一介质。第三产业不仅是信息通信技术的服务的主要用户，同时又由于技术的进步，许多服务功能可以被分离，这强化了第三产业内部分工和改变服务生产方式。第三产业往往被认为经常大量投资于建筑，很少使用技术，但是使用了信息通信技术服务，第三产业可以降低楼宇成本。例如，第三产业使用远程服务或免费电话服务系统，昂贵的写字楼和零售网点可能会被取消，或者更可能的是写字楼和零售网点的规模和

---

❶ 李江帆. 第三产业与两大部类的关系试析 [J]. 体制改革探索，1986（3）.

❷ 李江帆. 把第三产业纳入再生产公式 [J]. 贵州社会科学，1987（5）.

❸ Herbert G. Grubel, *Producer Services*: *Their important Role in Growing Economies*. Ernesto Felli, Furio C. Rosati, Giovanni Tria. *The Service Sector: Productivity and Growth*. Proceedings of the International Conference held in Rome, Italy, 1993: 11-41.

数量在减少。第三产业生产服务就如传统生产要素物质资本和劳动一样在第三产业生产中发挥着作用。在某些服务业，第三产业生产服务甚至比资本要素发挥更大的作用。Ina Drejer（2002）❶ 计算了丹麦的酒店、教育、文化娱乐业、社会服务业等行业的商务服务（金融报销服务、计算机相关服务、咨询服务等）的投入产出弹性，发现商务服务的产出弹性（0.158）比资本的产出弹性（0.106）要大。李江帆（1990）❷ 认为，人类对服务产品总需求的增长速度随着社会、经济的发展而相对上升。就生产服务需求来说，生产向信息化发展，使与信息的产生、传递和处理有关的生产性服务的需求以超过实物型生产资料的速度增长；生产的社会化、专业化发展，使越来越多的企业在生产上存在着的纵向和横向联系加强，相互依赖程度加深，导致对商业、金融、银行、保险、通信，以及广告、咨询、情报、检验、设备租赁维修等服务型生产资料的需求量的迅速上升。发达国家第三产业的发展清楚佐证了这一点。美国和法国在20世纪60年代中期、日本在60年代末期、德国在70年代前期、英国70年代中期，第三产业生产服务占第三产业中间投入比重超过50%。此后，服务要素投入超过实物要素投入，成为这些国家第三产业生产中最主要的投入，第三产业生产服务占第三产业总投入的比重日趋增大。这说明了第三产业的良性发展需要第三产业生产服务的有力支撑。第三产业的生产需要投入许多第三产业生产服务，如金融保险、计算机相关服务、法律服务、咨询服务、广告服务、研究开发服务等。

三、促进第三产业生产服务发展

（1）转变思想观念，发挥第三产业生产服务对第三产业增长的作用。我国明确提出拓展生产性服务业，大力发展主要面向生产者的服务业，细化深化专业化分工，降低社会交易成本，提高资源配置效率。所谓"面向生产者"，不应当片面地理解为仅仅面向工农业生产者的

---

❶ DREJER I. Business services as a production a factor [J]. Economic systems research, 2002, 14（4）: 389-405.

❷ 李江帆. 第三产业经济学 [M]. 广州：广东人民出版社，1990：127-129.

生产服务业，在我国产业结构中比重日益提高的第三产业也属于"生产者"的范畴。从近期来看，我国生产服务业主要为第二产业特别是制造业提供服务，工业生产服务的比重较高，第三产业生产服务的比重较低，这是由我国目前处于工业化进程的客观现实所决定的。从长远来看，一方面，我国第三产业比重的提高是产业结构高级化发展的必然趋势，在这一趋势下，比重越来越大的生产服务将被投入第三产业，第三产业生产服务将逐渐发展成为生产服务的主体。另一方面，第三产业生产服务的发展加强了服务行业之间的市场联系，使第三产业的自我增强机制发挥作用，将为第三产业比重的上升提供动力。因此，要打破第三产业从属于实物生产部门，生产服务业仅仅为工农业服务的旧有观念，通过促进第三产业生产服务发展，加强第三产业各行业之间的产业关联和协同效应来提升我国第三产业的比重。

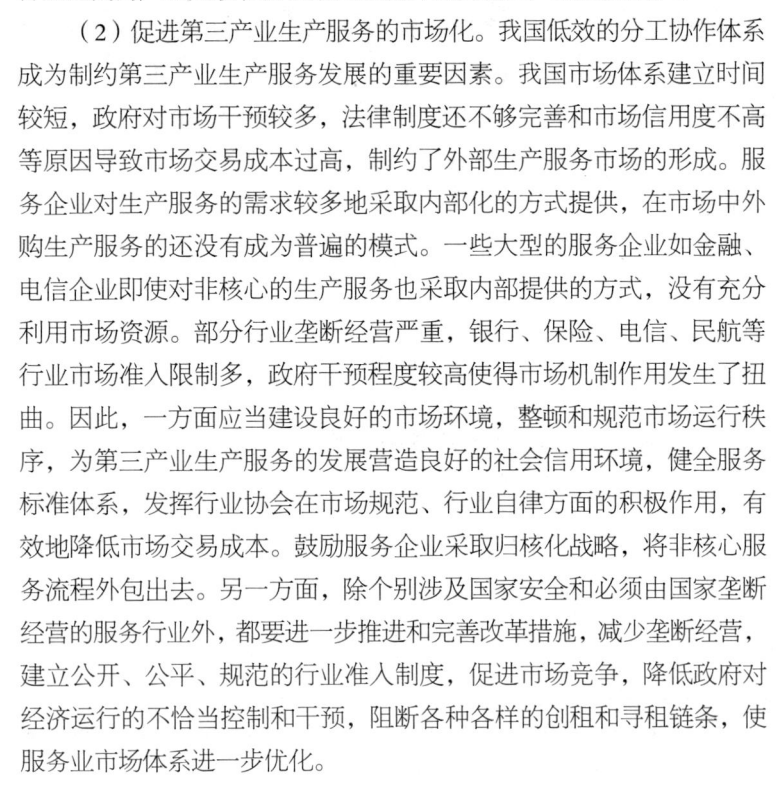

（2）促进第三产业生产服务的市场化。我国低效的分工协作体系成为制约第三产业生产服务发展的重要因素。我国市场体系建立时间较短，政府对市场干预较多，法律制度还不够完善和市场信用度不高等原因导致市场交易成本过高，制约了外部生产服务市场的形成。服务企业对生产服务的需求较多地采取内部化的方式提供，在市场中外购生产服务的还没有成为普遍的模式。一些大型的服务企业如金融、电信企业即使对非核心的生产服务也采取内部提供的方式，没有充分利用市场资源。部分行业垄断经营严重，银行、保险、电信、民航等行业市场准入限制多，政府干预程度较高使得市场机制作用发生了扭曲。因此，一方面应当建设良好的市场环境，整顿和规范市场运行秩序，为第三产业生产服务的发展营造良好的社会信用环境，健全服务标准体系，发挥行业协会在市场规范、行业自律方面的积极作用，有效地降低市场交易成本。鼓励服务企业采取归核化战略，将非核心服务流程外包出去。另一方面，除个别涉及国家安全和必须由国家垄断经营的服务行业外，都要进一步推进和完善改革措施，减少垄断经营，建立公开、公平、规范的行业准入制度，促进市场竞争，降低政府对经济运行的不恰当控制和干预，阻断各种各样的创租和寻租链条，使服务业市场体系进一步优化。

（3）促进第三产业生产服务的国际化。经济全球化的趋势一方面有利于我国基于资源禀赋更加深入地参与国际分工,从而最大限度地发挥本国的比较优势。另一方面也使我国的第三产业生产服务行业面临激烈的国际竞争。通过有效合理的参与国际分工,可以提升我国在国际服务产业体系中的地位,实现从服务产业链的低端向高端演进。因此,应当按照WTO的原则,逐步扩大服务业开放范围,促进生产服务贸易与服务投资的开展。吸引跨国服务企业来华设立地区总部和分支机构,经济发达地区的地方政府将吸引外资的重点从制造业转向生产服务业,并为引进的服务企业提供及时有效的公共服务。国际服务外包是全球服务产业链国际转移的重要方面,发包国以发达国家为主,承接国以发展中国家为主,国际服务外包以生产服务为主要内容,服务的对象主要为发达国家的第三产业。应发挥我国人力资源的优势,积极承接计算中心、数据处理、研发设计、财会核算、呼叫中心等国际服务外包,加强对服务外包基础设施的建设,扩大承包企业规模,培育我国服务外包行业的整体竞争优势。推进服务企业的走出去战略,鼓励符合条件的生产服务企业走出国门,在国外建立分支机构,开拓国际市场,为国外第三产业提供生产服务。

第三节　服务生产消费与产业效率

服务产品的生产性消费就是在第一、二、三产业的生产中有目的地消费生产服务,这一生产性消费可以促进产业效率的提升。本节在定性分析和定量分析的结合上,分述服务生产消费的动因、生产服务消费对第二产业和第三产业生产率的促进作用。

一、服务生产消费的动因:提升产业效率

服务生产消费的动因是促进产业效率提高。服务生产消费与产业效率的提升同行。

(1)服务产品的生产性消费,促进三次产业效率的提高。一方面,科技、教育、信息服务等的消费功能,以及服务产品的协调功能和闲暇功能发生作用,使服务产品的消费具有效益功能,即消费服务产品能提高实物生产和服务生产的效率,使同量劳动耗费和资金占用

量的投入，产出更多有用的劳动成果，使服务产业效率提高。另一方面，科技进步推动服务传统特征发生突破，应用自动化、智能化技术的可能性大为提高，也使服务产业的生产效率提高。

（2）现代科学技术的发展突破服务传统特征，促进服务业生产效率的全面提升。传统服务业由于服务产品具有非实物性、生产和消费的时空同一性、非贮存性、非移动性，难以应用自动化、电子化技术重复生产，使服务业技术含量低，难以获得规模经济和范围经济，服务业劳动生产率提高缓慢。现代科学技术的发展引起的服务的传统特征发生突破，促进服务业生产效率的全面提升，在很大程度上改变着服务业生产效率低的特征。许多服务业广泛应用信息技术、数字技术、网络技术、人工智能和虚拟技术，在生产、交换、分配和消费方面都产生了极为显著的规模经济和范围经济。

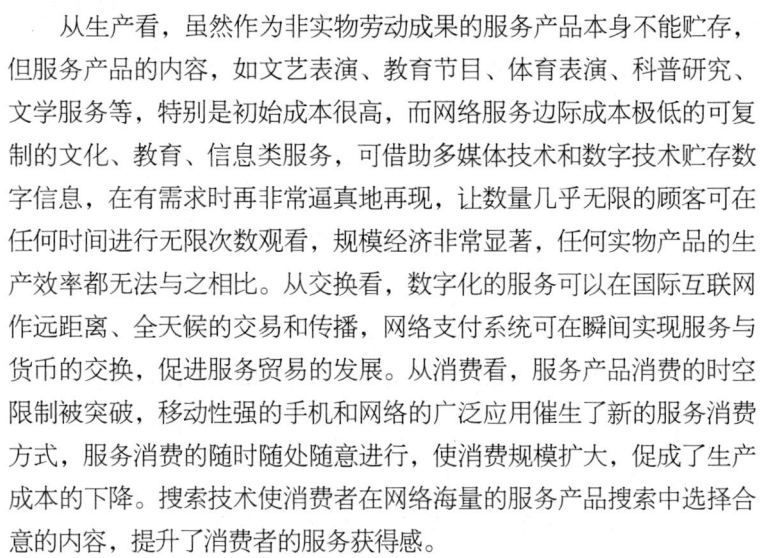

从生产看，虽然作为非实物劳动成果的服务产品本身不能贮存，但服务产品的内容，如文艺表演、教育节目、体育表演、科普研究、文学服务等，特别是初始成本很高，而网络服务边际成本极低的可复制的文化、教育、信息类服务，可借助多媒体技术和数字技术贮存数字信息，在有需求时再非常逼真地再现，让数量几乎无限的顾客可在任何时间进行无限次数观看，规模经济非常显著，任何实物产品的生产效率都无法与之相比。从交换看，数字化的服务可以在国际互联网作远距离、全天候的交易和传播，网络支付系统可在瞬间实现服务与货币的交换，促进服务贸易的发展。从消费看，服务产品消费的时空限制被突破，移动性强的手机和网络的广泛应用催生了新的服务消费方式，服务消费的随时随处随意进行，使消费规模扩大，促成了生产成本的下降。搜索技术使消费者在网络海量的服务产品搜索中选择合意的内容，提升了消费者的服务获得感。

（3）服务业应用先进科学技术的现状与前景。在现代社会，劳动密集型服务业应用先进技术的可能性在增大，而信息技术和资本密集型服务业已成为能广泛应用先进技术设备，能大规模生产，能发挥规模经济效应和范围经济效应的"进步部门"。载波、微波、光纤、卫星、移动通信和国际互联网广泛应用的通信业，新一代信息通信技术、新材料技术、智能制造技术等现代科技成果率先应用的交通运输业，大数据、云计算、区块链、人工智能等新技术的深度融合推动升级的金融业，信息技术、人工智能全方位应用的医疗行业，科学技术以极快速度全面赋能创意、生产、传播、交易、消费全链条，带来效率提升的文化产业，远程教学、高科技设备教学大范围普及的教育业，都在说明鲍莫尔关于制造业是技术进步、资本积累和规模经济的增长部门，而服务业是相对停滞部门的假设不再成立。

二、生产服务消费对第二、三产业生产率的促进 *

在实物生产和服务生产中消费生产服务，对生产率提高有较强的促进作用。这是笔者主持的教育部重大课题攻关项目"加快我国生产服务业发展"课题组对此所作的专门研究的结论。

从企业内部的作用机制来说，在生产的上游环节中，企业需要的投融资、采购、咨询服务，以及研发过程中的设计、创意、模具制作等服务，提高了企业掌控市场的水平和产品差异化程度。根据美国工业设计协会的测算，在工业设计上每投入1美元，平均会有47美元的利润回报，一般的公司在工业设计上每投入1美元会得到2500美元的销售增长。制造企业生产过程中需要的工程技术服务、设备租赁服务、企业管理服务、产品质量控制服务、法律及知识产权服务等，提高了企业的生产经营效率。产出后企业所需的物流运输、品牌推广、销售、出口、售后服务等，利于企业增强产品和品牌知名度，以及提高产品竞争力和市场份额。企业的价值活动中还涉及对产品生产过程未起到直接作用的生产服务活动，例如为提高员工的素质和凝聚力、宣传企业文化、与客户建立合作关系而涉及的教育培训服务、酒店餐饮服务、旅游服务、文化娱乐服务等。此外，政府在制造企业生产过程中提供的支持服务在保证企业正常运转方面也起到了重要作用，如废水处理、道路维护、卫生保健、警察和消防服务等。

马风华博士（中山大学博士，广东工业大学副教授）对美国、

---

* 马风华.第十三章 第二产业生产服务业发展[M]//李江帆，等.加快发展我国生产服务业研究.北京：经济科学出版社，2018：211-218；马风华.第二产业生产服务研究[M].北京：经济科学出版社，2011：96，103-104.

瑞典、卢森堡、荷兰、波兰、葡萄牙、英国、希腊、匈牙利、印度尼西亚、意大利、日本、德国、西班牙、爱沙尼亚、芬兰、法国、奥地利、比利时、巴西、中国、捷克、爱尔兰、丹麦等24个国家1995年、2000年和2005年的投入产出数据拟合回归模型，检验结果表明：第二产业生产服务极大地促进了第二产业生产率的提高，非常有利于第二产业总产出的提高，能较强地促进第三产业生产率，以及第三产业生产的分工和专业化程度的提高；有效促进第三产业产出的提高，能有效促进第三产业产出的提高。

第二产业生产服务对第二产业生产率的影响可能有以下原因造成：第一，外购生产服务使第二产业内的分工更加深入，越来越专业化的分工会提高第二产业生产要素的使用效率；第二，企业在生产过程的不同阶段有着不同的生产效率，把某些阶段外包出去将会影响最终产品生产的效率，从而影响第二产业生产率；第三，企业原有的生产函数会因外购生产服务增加而发生变化，因为外购生产服务会改变企业要素之间的替代率，对原有的生产函数造成影响，从而影响企业生产效率。

第二产业生产服务可以从三个方面提高第三产业的生产率。第一，规模效应。随着第二产业生产服务的发展，第二产业生产服务业提供的服务越来越专业化，如果企业认为外购生产服务可以获得自身没有的专业化优势，而且成本比自己投资雇人购置设备更低，那么企业就会选择外购生产服务。如果服务企业获得来自第二产业企业的服务需求越来越多，逐渐形成规模效应，并且使服务分工更加细化，就会提高第三产业的生产率。第二，某些服务行业自身就具有较高的生产率。某些服务行业如商务服务、信息通信服务、金融保险服务，随着服务中间需求的增加，这些服务行业自身面临着激烈的竞争，再加上其自身信息技术的应用程度较高，实现了服务的可贸易性，并且扩大了市场范围和市场形式，因此也会引起其提高生产率。第三，服务创新机制。第二产业的生产服务需求增加，会促进第二产业生产服务中产品、工艺、组织及新市场的创新，通过服务创新改善服务质量，并在生产服务企业间交互过程中实现创新知识的流动，产生知识的"溢出效应"，促进第三产业生产率的提高。

三、生产服务消费对第三产业生产率的促进 *

第三产业生产服务可以从生产率传导作用、促进服务生产环节的链接作用、提升知识和人力资本密集度、促进服务创新、提高服务业信息化程度五个方面提升第三产业的生产率。

（1）第三产业生产服务的某些行业具有较高的生产率，通过产业关联作用提高了其他服务行业的生产率。占第三产业生产服务业比重较高的商务服务、金融保险、通信服务、计算机技术服务等行业，信息技术应用程度高，管理方式较为先进，本身就具有较高的生产率。这些生产服务对于第三产业现代化的生产方式来说是必不可少的，第三产业对它们的需求越来越大；随着第三产业市场的扩大，这些生产服务被投入第三产业的比重也越来越高。第三产业生产服务行业通过与其他服务行业频繁而密切的产业关联，通过为其他服务行业提供服务型生产资料，将其自身较高的生产率传导到其他服务行业。

（2）第三产业生产服务对服务业生产链中不同生产环节的链接作用提高了第三产业生产率。生产率的增长取决于生产本身的状况，依赖于生产的分工和专业化程度，还要依靠不同经济行为之间相互联系程度的加强。而第三产业生产服务对于连接服务业生产链中不断增长的差异化和专业化的分工环节具有特别重要的作用。全球市场的融合以及信息技术发展带来的市场容量的扩张，促进了第三产业内部分工的深化，第三产业生产效率的提高越来越取决于在不同服务生产环节之间建立起来的相互联系，而不再仅仅取决于服务生产活动本身的效率状况。

（3）第三产业生产服务提升了第三产业知识密集程度。1992年，美国非制造业部门中科学家、工程师和计算机专家的就业比例都已超过了制造业，在计算机服务和金融服务方面，计算机专家的比例最高。1998年，美国科学家和工程师在制造业和服务就业人数比为0.36∶0.61。生产服务业大多是以知识和人力资本为主要投入对象，

---

* 蓝文妍，朱胜勇.第十四章 第三产业生产服务业发展[M]// 李江帆，等.加快发展我国生产服务业研究.北京：经济科学出版社，2018：239-241.

其产出中知识和人力资本含量相对较高。第三产业生产服务发挥了知识和人力资本进入第三产业迂回生产过程的媒介作用。第三产业知识和人力资本密集程度的提高提升第三产业的生产率。

（4）第三产业生产服务促进了服务创新，提高了第三产业生产率。产品创新、生产工艺创新、组织创新、开发新市场都与服务创新有关。与制造业所强调的"技术创新"范式相比，服务创新不仅关注技术维度，也关注非技术形式的创新。服务产品自身的无形性等特性，使得与之相应的服务创新具有客户参与性、形式多样性等特点。首先，第三产业生产服务行业自身创新程度较高，商务服务和邮电等生产服务行业具有高程度的创新内涵，是创新的载体。其次，第三产业生产服务通过促进服务企业之间的"交互作用"促进服务创新。在生产服务企业向其他服务企业提供生产服务的过程中，服务的需求方可能成为创新思想的重要来源，服务需求者也可能作为"合作生产者"参与服务创新过程，服务企业之间还可能结合成"知识联盟"。通过持续不断的交互作用，生产服务企业充分了解需求，通过服务创新改善服务质量，并且在交互过程中实现了创新知识的流动，产生创新知识的"溢出效应"。

蓝文妍博士（中山大学博士，广州第二师范学院讲师）、朱胜勇（中山大学博士，申万宏证券有限公司高级投资顾问）用世界银行投入产出表数据库中美国、日本、英国、德国、法国、意大利、加拿大、比利时、瑞士、奥地利、澳大利亚、芬兰、西班牙、希腊、丹麦、挪威、爱尔兰、荷兰、卢森堡、瑞典、新西兰、葡萄牙、中国、巴西、印度、俄罗斯、捷克、阿根廷、匈牙利、韩国、以色列、印度尼西亚、波兰、斯洛伐克、南非、中国台湾、土耳其等37个经济体2002年版、2006年版、2009年版投入产出表数据作回归分析，拟合第三产业生产服务与第三产业劳动生产率计量模型，结果表明第三产业生产服务的发展对第三产业的劳动生产率具有较强的促进作用。

课题组没有机会对生产服务促进第一产业生产率作实证研究。但近年我国农村越来越广泛地应用第一产业生产服务的大量实例反证，生产服务促进生产率的作用机理也适用于第一产业。

第四节　服务生产消费与产业服务化

服务产品的生产性消费意味着第一、二、三产业的生产除了消耗实物要素外，还要消费生产服务。随着生产中对服务产品的消耗的增长，各产业对服务业的依赖度在上升，出现产业服务化趋势。本节分析产业服务化的概念、内容与分类、历史趋势、动因与服务化的可能困境。

一、服务化的概念

沙吉才、孙长宁（1981）❶根据马克思《资本论》和《剩余价值学说史》的研究，提出"所有生产过程均需'非物质生产资料'充当生产要素"。日本"经济结构之变化及其对策研究会"在《软经济学的提倡》的报告中（1983年6月）提倡研究以发达工业国家经济软化和经济服务化现象为主要研究内容的软经济学（softnomics）。❷张贤淳（1983）❸指出："服务化和软件化存在于所有的产业，不仅存在于第三次产业，而且还存在于第一、二次产业。"李江帆在1986年论述"生产服务"，把第三产业因素引入马克思两大部类理论，在两部类四副类表式中，把第三产业分为"生产服务业"和"生活服务业"，把服务产品分为"服务形式的生产资料"和"服务形式的消费资料"，指出前者是"'具有必须进入或至少能进入生产消费的形式'的服务产品"，后者是"用于人们个人消费的服务产品"，并分别用"服务形式的生产资料"和"服务形式的消费资料"概念概括生产服务和生活服务。他（1987）❹指出，"社会生产资料不仅包括实物生产资料，而且包括服务生产资料"，"服务产品直接构成第一、二、三产业的生产要素"。他突破了传统经济理论关于只有实物才能充当劳动资料，

---

❶ 沙吉才，孙长宁. 关于社会主义制度下的生产劳动问题 [J]. 经济学动态，1981（8）：11-16.

❷ 陈建. 软经济学理论在日本 [J]. 教学与研究，1989（1）：52-54.

❸ 张贤淳. 日本经济走向非物质资料产业化 [J]. 世界经济，1983（12）：36-41.

❹ 李江帆. 第三产业与两大部类的关系试析 [J]. 体制改革探索，1986（3）：55.

非实物不能成为劳动资料的框框,指出,"服务产品直接构成第一、二、三产业的生产要素","社会生产资料不仅包括实物生产资料,而且包括服务生产资料"。❶1988年,英国管理学教授范德默维(Sandra Vandermerwe)和 Juan Rada(现甲骨文公司副总裁)在 *Servitization of Business*: *Adding Value by Adding Services*(《商务服务化:通过增加服务来增加价值》)一文中使用英文 servitization(服务化)。

按中文语义,"化"加在名词或形容词之后构成新词,表示转变成某种性质或状态,如现代化、革命化、知识化。"服务化"就是把没有服务性质或服务状态的对象转变为具有服务性质或服务状态的对象。因服务通常作为不同于物品的一种形式(如马克思将"在物品形式上存在的消费品",与"在服务形式上存在的消费品"对称),经济学界也把物品与服务作为一组对称概念,因此,这里所说的服务性质或状态,是指没有实物属性的性质或状态,亦可以称非实物属性。笔者在本书第五章"服务产品的使用价值"中,把服务产品使用价值的特性概括为非实物性、生产、交换和消费的同时性、非贮存性、非转移性、再生产的严格被制约性,作为劳动产品的必然性。据此观点来理解,服务化有两个涵义:其一,从投入看,指生产投入服务生产资料作为生产要素(亦称投入服务化);其二,从产出看,指产出非实物形式的产品服务,或称服务产品(亦称产出服务化)。

服务的生产消费是服务产品作为生产资料投入生产过程,替代投入的部分实物生产资料,服务生产消费的发展,意味着生产过程中投入的服务生产资料数量增大,质量提高。如果撇开特例不论,工农业和服务业生产上所需的生产资料既包括实物生产资料(硬件),也包括服务生产资料(软件)。软投入和硬投入比例要适度。"有软无硬"或"有硬无软",在现代社会是很难进行生产的。服务化是生产单位在一定的条件下,用服务中间投入部分地替代实物中间投入,以达到提高效率的目的。服务要素替代实物要素往往导致但并不必然导致效率提高,所以服务化与否取决于服务化前后产业效率的变化。

二、服务化的内容、分类与趋势

产业服务化是企业为了提高效率在生产过程中增加服务要素投入,

---

❶ 李江帆. 把第三产业纳入再生产公式 [J]. 贵州社会科学, 1987(3): 9.

相应减少实物要素投入，以服务要素替代部分实物要素投入的过程。

1. 对生产服务的消耗比重

根据图 13-1，对中美作横比可见，美国第一、二、三产业或全部产业，消耗生产服务占消耗生产要素的比重都高于中国。再对中美作纵向比较，美国国民经济耗费消耗服务产品占中间投入的比例从 1995 年的 52.9%，变为 2014 年的 59.1%（升）。这说明实物产品消耗比例在下降，服务产品消耗比例在上升。中国国民经济消耗服务产品占中间投入的比例从 1995 年的 22.1%，变为 2014 年的 23.1%（略升）。这说明实物产品消耗比例在略降，服务产品消耗比例在略升。据此可推论，三次产业对生产服务的需求日趋增长，第一、二、三产业消耗服务形式生产要素占生产要素的比重不断上升。从横向比较，发达国家三次产业消耗生产服务占消耗生产要素的比重高于发展中国家；从纵向比较，三次产业消耗生产服务占生产要素的比重在一定的条件下随着经济发展水平的提高而上升。

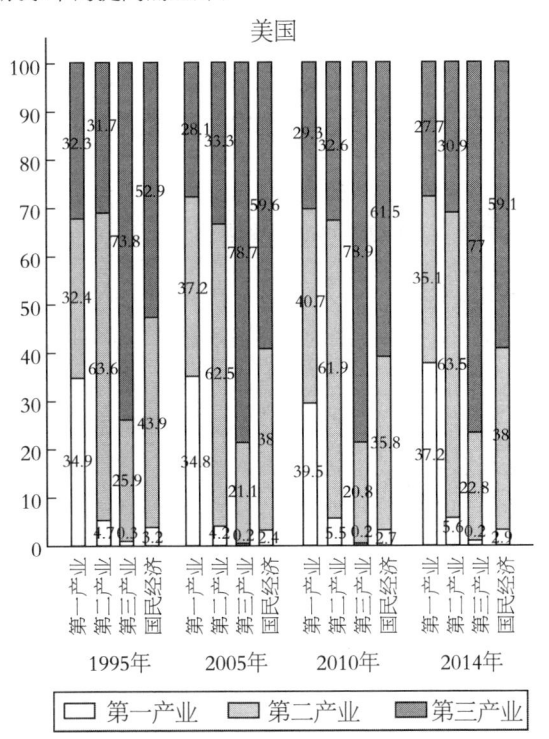

图 13-1　1995—2014 年中美三次产业中间投入构成（%）

中国

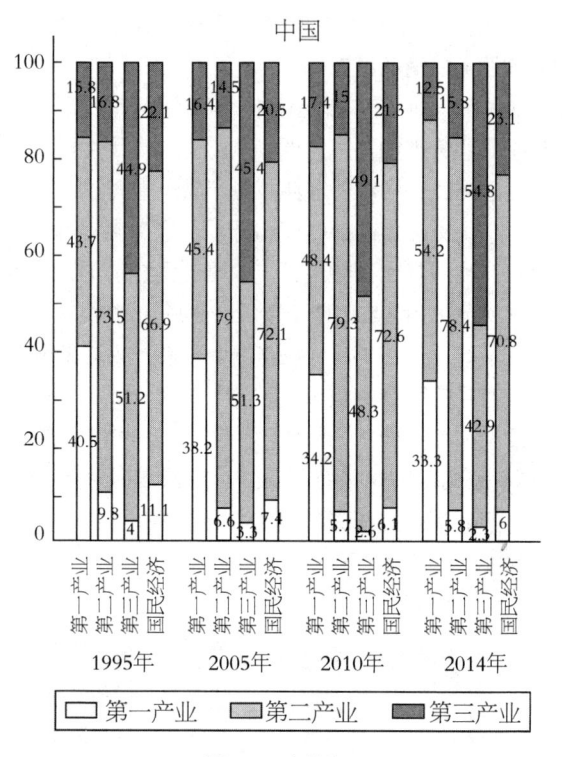

图 13-1（续）

数据来源：根据 WIOD 数据库计算整理。

2. 服务化的内容

从价值链来说，产业服务化包括投入服务化、中间过程服务化和产出服务化。

（1）投入服务化。服务产品在产业生产过程被有目的地消费，是服务产品的生产性消费，直接改善生产的客观条件，提高生产效率。传统上被视为附加服务的科技、研发、设计、管理、信息等，是作为企业关键性投入的重要服务，并非是次要的"附加服务"。生产投入越"软"，意味着科技含量和信息含量越高，能显著提高生产效率。

在"微笑曲线"中，上游指研发设计、技术、市场调研、广告宣传、咨询、专利、设计、品牌服务等；中间环节指加工、组装；下游指营销、零部件定制服务、平台供应、集成服务提供商、整体解决方案、设备成套、再制造、交钥匙工程、工程总包、第三方物流、供应链管理优化等。价值链上下游往往是高附加值环节，提供产成品、半成品、产品、服务、支持、自我服务和知识的"集合体"。这是形成投入服务化趋势的客观原因。

（2）中间过程服务化。投入服务化的延伸，产出服务化的准备。在微笑曲线中端即加工和组装环节投入更多服务要素，在生产线注入先进的技术和经营管理理念。增强生产制造环节员工的技术和生产能力。应用信息技术、大数据、云平台、人工智能、模拟技术和机器人技术，提高制造业技术水平。

（3）产出服务化。农业、制造业和服务业的产出中服务要素比重上升，实物要素比重下降，产出重心移向服务环节。产出服务化战略的绩效以两条途径体现出来：一是服务通过创造差异化优势，提高产品竞争力，称为间接绩效；二是服务直接提高企业利润，成为企业价值增长的新源泉，称为直接绩效。❶

3. 服务化的分类

从三次产业来说，产业服务化包括制造业服务化、农业服务化和服务业服务化。

先看制造业服务化。制造业服务化与服务型制造是同一事情的两种不同提法，反映的都是制造业与服务业的产业融合，你中有我、我中有你的状态。制造业服务化，把不具有服务属性的制造业变成服务属性很强的制造业。制造业服务化，实际上就是制造业的"软化"，可纳入服务或第三产业范畴。服务型制造，指用较多生产服务如科技、信息、网络、人工智能等作为生产要素进行的制造，可以看成使用较多软产品投入进行的制造，是在服务产品与制造业产品高度融合下的制造。

从产出的角度看，制成品以服务形式提供给顾客，制造业企业由卖制成品变成卖服务（整套解决方案）。如锅炉制造商的服务化转型：销售的不是锅炉，而是整套解决方案：为客户配套热能运行设备，设

---

❶ 李江帆，等.加快发展我国生产服务业研究［M］.北京：经济科学出版社，2018：224.

备采购、安装、调试、维护等服务由供应商承担，客户只需支付生物质燃料的使用费用——卖锅炉变成卖服务。制造业产出越来越依赖于创意、便利、可靠性、创新性、时尚、按顾客要求定做、及时交货等无形的服务属性，服务因素变多。

再看农业服务化。自古以来，农业就是劳动密集型产业。"汗滴禾下土，粒粒皆辛苦。"投入的生产要素主要是种子、肥料、农具，服务要素无足轻重。现在实现农业机械化、自动化，投入很多农业生产服务，如农机犁田、插秧，无人机施肥和杀虫，收割机收割、脱粒、烘干、储运和秸秆打包一条龙服务。从消费角度看，服务化步伐也在发展。农业不只产出农产品，而是产出农产品+服务。传统"农超对接"算是低层次的服务化，目前的农超对接模式在逐步转为"农业+中央厨房"模式，再融合同城速递服务，完整地把种养业的农产品，与加工、销售、速递等环节的服务产品整合在一起。将来在家做饭可能就像从冰箱里取加工好的饭菜热一下那么简单。

最后看服务业服务化。服务业本来就是提供服务产品的行业，"服务"本是应有之义，讲服务业服务化似乎是同义反复。但服务业的生产投入实际上是"软硬兼施"，既有实物生产要素如服务设施等硬件，也包括服务生产要素"软件"。随着科技进步，服务生产的投入中，软投入趋于增大，硬投入趋于减少，也出现投入服务化的趋势。从服务业的产出看，实际产出主要是服务产品，但往往兼有实物产品，也存在服务要素比重增大、实物要素比重减少的服务化现象。随着科技进步，服务产品中软件的因素如科技服务、信息服务含量增大的趋势是可以预期的。

4. 服务化的发展阶段

从产业发展的角度看，第三产业比重日趋增大是由国民经济中消费资料的软化和生产资料的软化引起的。从历史看，服务产品用于生产消费，即服务产品充当软生产资料有一个发展过程，服务化趋势也有一个发展过程。人们从事农业、工业和服务业的生产活动，不仅需要实物形式的生产资料，而且需要服务形式的生产资料，如生产开始之前的谋划、生产培训等服务，生产过程中的生产管理、技术支持、配件存储、运输服务等，生产过程结束后产品的运输、销售、安装、维修等服务。服务的生产性消费，是服务产品作为生产要素投入生产过程被生产性消费，使产业活动中的服务活动从无到有，逐渐增大，形成产业服务化现象和服务化趋势。

产业服务化趋势可大致分为四个阶段❶。

第一阶段，服务化初露端倪阶段。产业（以下称本产业，或被服务产业）对服务产品的生产性消费开始存在，但量不大，且和实物产品混生状态存在。本产业主要采取企业内交易方式获取所需服务产品。外部生产服务市场未完全形成，从外部难以购买生产服务，或企业内生产服务产品的成本低于外部提供的服务产品的成本，这使服务业难以完全独立化。本产业主要依靠企业内部提供所需的服务产品，由本部门的生产者以自我服务的方式完成。

第二阶段，服务化的中级阶段。随着专业化分工加深，内部交易成本增加，外部交易成本减少，企业采取与外部市场交易方式获取所需服务的成本低于企业内生产的成本，本产业越来越多地将生产服务外包，由外部独立化服务部门承担，如企业咨询、产品研发、生产管理、技术服务、储运服务、售后服务等。专业化服务可帮助被服务产业降低成本、提高生产效率。生产要素中服务要素比重增大，本产业逐渐变为被服务产业，产业服务化进入新阶段。但即使在社会化阶段，不能托付他人的重要生产服务（如生产诀窍、财务管理、客户资源等服务）仍由本产业企业内部控制。

第三阶段，被服务产业投入服务化发展阶段。生产服务业提供的服务能够帮助被服务企业减少采购成本、改善供应链管理、降低融资成本等，从而提高被服务企业的生产效率。生产服务成为被服务产业产品生产过程中必不可少的中间投入。被服务的产业对服务的中间需求层次进一步加深，生产服务（如科技、企业管理、产品研发、品牌经营、信息服务、资本运营等）投入成了比实物生产要素（如钢铁、煤炭、厂房）投入更重要的、决定企业发展的关键性服务投入。生产服务的消费比实物要素的消费更重要，服务的生产性消费引起的产业

---

❶ 此阶段划分受马风华博士对第二产业生产服务的发展阶段划分的启发。马风华．第二产业生产服务研究［M］．北京：经济科学出版社，2011：73-74．

服务化进入高级发展阶段。生产服务业提供的服务产品对被服务产业生产的产品来说已经成为重要的补充，生产服务提供商与被服务产业的企业共同创造了农业和制造业提供的实物产品或服务业提供的服务产品的增加值。

第四阶段，被服务产业产出服务化阶段。随着生产专业化程度的加深，本产业产品的市场细分化和差异化的特点就更加显著，企业企图通过改变其实物产品或服务产品的特征来避免市场上的激烈竞争，在产品上附加服务功能就成为区别于竞争对手产品的一个重要途径。

三、产业服务化的动因

投入服务化战略的绩效主要体现在两个方面：一是创新能力。企业采取投入服务化战略，可以充分发挥知识密集型的商务服务业的作用，提高创新能力。二是生产效率[1]。因创新能力最终要体现为企业效率提高，所以这两方面可以归纳为：产业服务化的动因是服务化使效率提高导致企业利益提升。服务化往往有助于占据利润最高点。通过减少中间加工等制造环节，增加设计、研发、营销、物流、品牌经营等生产服务为投入要素，把日益专业化的人力资本和知识资本密集型引入制造业，促进企业技术进步、产业升级和生产效率的提高。服务化可以获得规模经济和范围经济，横向一体化或纵向一体化获得规模经济；同时生产多种产品可减少分摊固定成本，降低变动成本，提高资源利用率获得范围经济。服务化还可以减少生产成本，如减少业务间的衔接成本，以及与外部采购商、供货商和顾客议价的时间成本。

顾客需求也推动产业服务化。在现代社会，顾客不仅关注实物产品，而且越来越重视产品售后服务、培育用户体验、一体化解决方案、个性化订制服务、数字化和智能化服务等产品服务。制造业产品质量越来越体现在产品所加的服务上，增加实物产品上的服务成为企业制胜的关键。

服务化意味着企业从实物产品主导的经营模式向服务产品主导的

---

[1] 李江帆，等.加快发展我国生产服务业研究[M].北京：经济科学出版社，2018：223.

经营模式转变的过程。服务化的重点是让企业通过传递高级服务，如客户支持协议、风险和收益共享协议等，为客户提供能力，建立服务主导策略，企业从单纯提供实物产品向解决方案提供商的转变，有助于形成独特的竞争优势，提高效率，增强客户满意度和忠诚度，获取稳定收入和较高的盈利能力。服务化是企业获取竞争优势、实现转型升级的重要途径。很多制造企业通过服务化策略，由实物产品制造商成功转型为解决方案提供商。

从事生产不可能只靠软件而不要硬件，生产要素始终包括实物型生产要素和服务型生产要素，所以服务化只是意味着在一定条件下服务型生产要素的比重一定程度的提高，而不是对实物生产要素的完全取代。

四、服务化的限度与饱和

1. 服务化的限度

经验说明，社会产品中服务要素与实物要素的构成，与产业结构密切相关，两者存在神秘的相似关系。在农业比重比较高的农业社会中，工业品和服务产品对农业的依赖度和消耗系数比较高；在工业比重比较高的工业社会中，农产品和服务产品对工业的依赖度和消耗系数比较高；在服务业比重比较高的后工业社会中，农产品和工业品对服务业的依赖度和消耗系数比较高。因此，服务化状态与产业结构和第三产业比重密切相关。就第一产业比重而言，人们总要吃饭，总得留有一定的资源搞农业，用多少资源与农业生产率相关，因此农业比重可以逼近零，但不能等于零，西方发达国家现第一产业比重约在1%~2%。农业生产率随着科技进步在未来会有多大发展，会不会有天文数字的提高，虽不好估计，但肯定是有限度的。就第二产业比重而言，与人对物品的需求正相关，与工业生产率负相关。就第三产业比重而言，因为人们不能只"吃"服务，总得留有空间给工业和农业生产，因此第三产业占比不可能为100%。可以设想，第三产业比重相对稳定时的第三产业比重在下拉因素（工农业需求增长、服务效率提高使第三产业比重下降）和上推因素（工农业生产率上升、服务需求上升使第三产业比重上升）的共同作用下达到动态平衡点。第一、二产业的比重与工农业生产率有很大关系，而第三产业比重与服务生产率密切相关。未来科技发展会走多远？是否有极限？地球资源是有极限的。第三产业生产率的提高，与第三产业比重提高负相关。这些都会影响三次产业的比重。不管怎么说，第三产业比重增大不是无限的，"服务化"也不是无限的，而是有限度的。

2. 服务化的极限与饱和

国民经济软化程度指第三产业增加值在国内生产总值中的比重。第三产业比重越高，国民经济软化程度就越高。根据常识，第三产业占比不可能无限提高，到一定的程度，占比就不再提高，出现饱和状态，这就是第三产业比重的极限，也是国民经济软化的饱和点。据世界银行数据库，2019年第三产业就业比重，世界、中国、美国、欧盟、日本、韩国、印度、巴西、俄罗斯和南非，分别是50.6%、47.3%、78.7%、70.6%、72.4%、70.3%、32.3%、70.9%、67.4%、72.4%。其中经济最发达的美国有10年在78.7%上下徘徊，欧盟、日本和韩国在70%上下波动，世界平均则维持在44%~50%之间。❶再看第三产业增加值在GDP中的比重，2019年世界第三产业占GDP比重为67.5%（27年间在67%~68%之间波动），美国为80.2%（11年间在79%~80%之间波动）。❷这提示，在现有的生产和消费条件下，第三产业就业比重的饱和点可能在60%~70%之间，增加值比重饱和点在70%~80%之间。

从产业来看，生产中投入的服务生产资料占全部生产资料的比重就是生产软化系数，可以体现产业的软化程度。考虑数据易得性，可用投入产出表中服务中间投入占全部中间投入的比重来计算产业软化程度。在下文投入软化趋势的研究中可以看到，在世界范围内，在人均GDP超50000美元（2010年美元不变价）的发展水平下，各产业中间投入软化系数的饱和点参考值大致是：第一产业0.35，第二产业

---

❶ 资料来源：世界银行数据库，https://data.worldbank.org/indicator/SL.SRV.EMPL.ZS?view=chart。

❷ 资料来源：联合国贸易和发展会议数据库，https://unctadstat.unctad.org/wds/TableViewer/dimView.aspx。

0.32，第三产业 0.76，全行业 0.55。❶

从消费看，消费软化系数即服务消费资料占全部消费资料的比重反映消费的软化系数。生产软化系数与消费软化系数的加权平均，就是国民经济的软化系数。

生产服务在生产要素中的占比、生活服务在消费资料中的占比、与第三产业在 GDP 的占比，三者通常不是完全一致的。现知全行业生产软化系数饱和点约为 55%（其中三次产业生产软化系数有很大差别，其加权平均就是全行业生产软化系数），第三产业增加值比重饱和点在 70%~80% 之间。假定生产服务在生产要素中的占比上限 = 生活服务在消费资料中的占比上限 = 第三产业增加值比重饱和点 =3/4，那么产业服务化的饱和点大约在 75%。考虑到目前全行业生产软化系数的饱和点为 55%，可以估计，在目前可知的生产条件下，服务生产要素在生产要素中的占比上限可能在 55%~75% 之间，而实物要素在生产要素中的占比上限可能是 25%~45%。据此估计，可以把服务化程度分为 5 级：甚高服务化（50% 以上）、高服务化（40%）、中服务化（30%）、低服务化（20%）、甚低服务化（10% 以下）。

服务化是一种经营实践，不是一个教条。服务化有形成、发展、饱和的阶段，也可能有停顿或逆转阶段。虽然很多知名企业服务化获得成功，但服务化策略并不意味着必然成功，企业也有可能陷入服务化困境 ❷（servitization paradox）。❸ 因成本上升，缺乏相应回报，服务收入增长未能达到预期目标，企业大量投资服务业务，增加服务产品导致更高的成本，但没有获得相应的高回报，从而无法实现实物产品

---

❶ 参见第十三章第五节"服务生产消费与投入软化"。

❷ 有人译为"服务化悖论"，因悖论是表面上同一命题或推理中隐含着两个对立的结论，且这两个结论都能自圆其说，而服务化本身不存在自相矛盾的结论。某些企业在实施服务化策略后，会在某一阶段因某些原因出现服务投入增加，但没有获得相应回报，所以译为"服务化困境"更确切。

❸ 马风华，李江帆．制造业服务化困境研究动态 [J]．科技进步与对策，2019（16）：155-160.

向服务的转型。

如果服务化不能推动企业生产效率提高，反而使效率下降、收益减少，生产循环受阻甚至中断，顾客因成本过高难以接受，就有可能出现"逆服务化"，即服务要素被实物要素替代。服务化失败（servitization failure）和去服务化（deservitization）是服务化困境出现后的可能结果。服务化失败指企业不能成功地开发有利可图的服务业务来补充现有产品业务。去服务化指企业服务化失败后企业从以服务为主导向以实物产品为主导的商业模式转变的过程，减少服务在业务中的作用，或完全放弃服务业务。

在现实中，有很多知名企业经历了服务化失败和去服务化。企业效率是否提高是服务化战略是否成功的金标准。实施服务化战略，对可能的挫折应有思想、战略和战术准备，采取试错心态，有步骤、有计划、有前进、有换挡、有暂停甚至退却等计划。要细致研究服务化困境产生的条件、发展阶段、适用的不同行业的特点和规模效应等，采取相应的对策。

第五节　服务生产消费与投入软化 *

对服务产品的生产消费就是把软要素当作生产要素来消费，亦称中间投入软化。生产资料的软化是产业服务化的另一种说法。投入软化，是用服务形式生产要素替代实物生产要素。中间投入软化对生产增长的贡献，体现在企业外购更多的软要素，替代硬要素或企业内部生产不经济的软要素，弥补企业本身不能生产的软要素。中间投入软化带来软要素深化，增加软要素投入量，提高软要素的质量，从而促进产出增长。投入软化往往带来生产效率提高，投入软化成为当代社会生产的一种世界趋势。

---

* 本节根据孙翼然、李江帆和孙得将的"对生产投入软化趋势的国际比较与启示"的研究成果写成。

一、投入软化与生产效率增长

质量合适、比例得当的实物生产要素和服务生产要素在生产过程的投入有助于提高生产效率。实物形式生产要素如生产工具、设备对生产发展具有重要意义。制造和使用生产工具是人区别于其他动物的标志,是人类劳动过程独有的特征。生产工具不仅是社会控制自然的尺度,也是生产关系的指示器。马克思把生产工具当作推动封建社会和资本主义社会的重要生产力条件("手推磨产生的是封建主的社会,蒸汽磨产生的是工业资本家的社会")。18世纪60年代,以蒸汽机的发明和应用为主要标志的第一次工业革命终结了人类生产对水力、风力和畜力的长期已久的依赖,开启了对煤炭、石油和天然气等矿物资料的利用。19世纪70年代,人类迎来第二次工业革命,电、电机和内燃机的发明与应用更加加大人类生产对各种矿物资源的使用。在这两次工业革命的过程中,矿物燃料、机器设备、劳动力与资本等有形的要素是最主要的生产要素。其多寡决定着生产经营的成败。机器设备等硬生产要素在生产中逐渐强化的过程,可称为生产投入"硬化"。20世纪50年代中期,人类开始第三次科技革命,微电子技术的发明和广泛应用使人类生产发生重大变化,知识成为了生产过程中的核心生产要素。相对于第一、二次工业革命时代以硬要素为中心的生产投入硬化,第三次科技革命以无形生产要素(软要素)为中心,研究开发服务、咨询管理服务和金融服务等软要素在生产中逐渐强化的过程,可称为生产投入"软化"。随着社会的发展和科学技术的大量发明和普及应用,生产的社会化、专业化分工的发展、经营环境的复杂化、市场竞争的激烈化等因素导致软要素在生产投入中所占比重日益提高,并发挥越来越大的作用。在现代社会,随着生产专业化、社会化的发展和科技进步,服务形式的生产要素成为越来越重要的生产要素。人工智能、大数据、互联网技术在生产上的应用,能够大大提高生产效率,比单纯实物要素投入的效果更为突出。

根据蓝文妍、朱胜勇、李江帆（2014）❶采用40个经济体1995—2009年的面板数据对投入软化促进第三产业生产效率提高的实证研究结论如下。

（1）信息技术的发展为服务企业专业化分工奠定了技术基础，提高软要素的可贸易性，降低软要素的交易成本，从而促进第三产业投入软化；劳动投入成本上升和房价上涨等生产成本上升迫使服务企业外购软要素已达到降低和控制经营成本的目的，服务产品呈现需求个性化、复杂化趋势使得服务企业通过外购软要素满足生产知识化、生产专业化和中间投入品多样化的要求；制度演变和政策调整一方面促进了第三产业发展，提高了软要素供给水平，另一方面刺激了服务企业对软要素的需求，提高了第三产业软化水平。

（2）投入软化实质是企业间根据比较优势原则所进行的专业化分工，这样能达到优化生产要素组合的效果。在第三产业投入软化过程中，软要素的需求者和供给者均能形成规模经济，从而降低成本，提高生产效率。经由专业化分工所提供的软要素知识和人力资本含量相对较高，进而提高第三产业生产的知识密集度以及生产效率。投入软化的发展可以增强服务企业的服务创新能力，从而促进第三产业生产效率的提高。

（3）大多数经济体的软要素深化贡献超过资本、劳动、硬要素等的贡献，投入软化成为了第三产业增长的主要动力。一般来说，投入软化水平越高的行业，其软要素的深化贡献越大。从不同软投入来看，批发零售、交通运输、邮政通信、金融保险、房地产和商务服务等六种经典软要素均显著促进第三产业产出的增长。商务服务和金融保险两种软要素对发达国家第三产业产出的影响最大，批发零售和邮政通信两种软要素对发展中国家第三产业产出的影响最大。不同软要素对第三产业细分行业产出的影响存在差别作用，这跟细分行业的生产技术和经济特性有关。

---

❶ 蓝文妍，朱胜勇，李江帆．第三产业生产服务与第三产业生产率：理论与实证研究 [J] 产经评论，2014（5）：16-26.

二、人均 GDP 与中间投入软化系数

为了研究中间投入软化的规律性，下面用澳大利亚、奥地利、比利时、保加利亚、巴西、加拿大、瑞士、中国、塞浦路斯、捷克、德国、丹麦、西班牙、爱沙尼亚、芬兰、法国、英国、希腊、克罗地亚、匈牙利、印度尼西亚、印度、爱尔兰、意大利、日本、韩国、立陶宛、卢森堡、拉脱维亚、墨西哥、马耳他、荷兰、挪威、波兰、葡萄牙、罗马尼亚、俄罗斯、斯洛伐克、斯洛文尼亚、瑞典、土耳其、中国台湾、美国共 43 个经济体 2000—2014 年投入产出表、GDP、人口数据，按 2010 年美元可比价，算出第一产业中间投入软化系数、第二产业中间投入软化系数、第三产业中间投入软化系数、全行业中间投入软化系数。再以 645 个样本点中的人均 GDP 为自变量 X，中间投入软化系数为因变量 Y，拟合回归方程。❶

（1）第一产业中间投入软化系数回归模型为幂函数型回归方程

$$Y_1 = 0.122 X^{0.078}$$

（2）第二产业中间投入软化系数回归模型为对数函数型回归方程

$$Y_2 = -0.030 + 0.033 \ln X$$

（3）第三产业中间投入软化系数回归模型为幂函数型回归方程

$$Y_3 = 0.206 X^{0.122}$$

（4）全行业中间投入软化系数回归模型为幂函数型回归方程

$$Y_4 = 0.066 X^{0.196}$$

式中，Y_1、Y_2、Y_3、Y_4 分别表示第一、二、三产业和全行业中间投入软化系数；X 表示人均 GDP，美元 / 人（2010 年美元）。

如图 13-2 所示，回归模型解读：第一产业中间投入软化系数模型是幂函数型回归方程，虽提升平缓，但还是在提升，中间投入软化系数最低。第二产业中间投入软化系数模型是对数函数型回归方程，

---

❶ 投入产出表来自 http：//www.wiod.org，一般 5 年多编一次，最新是 2014 年的，只有这 43 个经济体的数据。GDP 和人口数据来源：United Nations Conference on Trade and Development Statistics，https：//unctadstat.unctad.org。

虽提升平缓，但还是在提升，中间投入软化系数高于第一产业。第三产业中间投入软化系数模型是幂函数型回归方程，增长趋势很明确，提升坡度大，前后期变化大。中间投入软化系数最高。随经济水平提高，三次产业均呈现持续软化的趋势，但后期增长率降低，第三产业中间投入持续软化的趋势比第一、二产业更加明显，第三产业中间投入软化系数增长率明显高于第一、二产业。

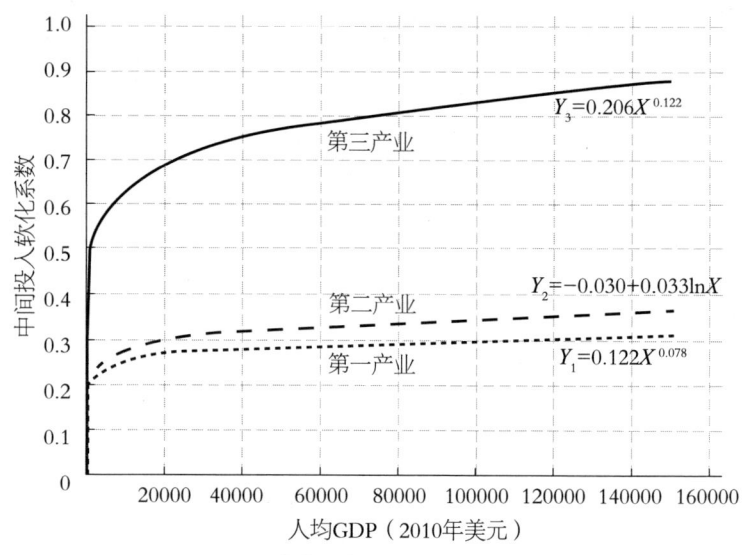

图 13-2 三次产业中间投入软化系数回归模型

图中公式：
$Y_3 = 0.206 X^{0.122}$（第三产业）
$Y_2 = -0.030 + 0.033 \ln X$（第二产业）
$Y_1 = 0.122 X^{0.078}$（第一产业）

三、中间投入软化系数参考值

为了研究不同经济发展水平条件下的生产软化系数的参考值，先求每个经济体 15 年人均 GDP 平均数，再对人均 GDP 排序分组，如表 13-1 所示。

表 13-1 按人均 GDP 分组标准表

层次	最低组	次低组	中等组	次高组	最高组
人均 GDP 平均数（2010 年美元）	小于 10000	10000~19999	20000~39999	40000~49999	大于或等于 50000

然后将43个经济体分为最低、次低、中等、次高、最高5个组，如表13-2所示。

表13-2 分层次的43个经济体人均GDP（2010年美元）

组别	序号	缩写	经济体	人均GDP	组别	序号	缩写	经济体	人均GDP
最低组	1	IND	印度	1173	中等组	6	TWN	中国台湾	26268
	2	IDN	印度尼西亚	2813		7	CYP	塞浦路斯	29498
	3	CHN	中国	3543		8	ESP	西班牙	30039
	4	BGR	保加利亚	5985		9	ITA	意大利	36339
	5	ROU	罗马尼亚	7358		10	GBR	英国	39250
	6	MEX	墨西哥	9361	次高组	1	FRA	法国	40369
	7	RUS	俄罗斯	9657		2	DEU	德国	41108
次低组	1	TUR	土耳其	10270		3	BEL	比利时	42726
	2	BRA	巴西	10301		4	JPN	日本	44000
	3	LVA	拉脱维亚	11060		5	FIN	芬兰	45198
	4	POL	波兰	11094		6	AUT	奥地利	45435
	5	LTU	立陶宛	11162		7	CAN	加拿大	47228
	6	HUN	匈牙利	12908		8	USA	美国	48091
	7	HRV	克罗地亚	13167		9	NLD	荷兰	49431
	8	SVK	斯洛伐克	14590		10	IRL	爱尔兰	49881
	9	EST	爱沙尼亚	14605	最高组	1	SWE	瑞典	50699
	10	CZE	捷克	18427		2	AUS	澳大利亚	56992
中等组	1	MLT	马耳他	20318		3	DNK	丹麦	58192
	2	KOR	韩国	20602		4	CHE	瑞士	74723
	3	PRT	葡萄牙	21939		5	NOR	挪威	87199
	4	SVN	斯洛文尼亚	22262		6	LUX	卢森堡	102829
	5	GRC	希腊	25699					

注：人均GDP是各经济体15年人均GDP的算术平均数。

再计算5层次经济体的三次产业和全行业中间投入软化系数平均数。以第二产业为例，一个组的第二产业软化系数平均数是全组第二产业软投入之和/全组第二产业中间投入之和。其余类推。结果如表13-3所示。

表13-3 不同层次经济发展水平的经济体的中间投入软化系数表

经济体类型 人均GDP （2010年美元）	第一产业 中间投入 软化系数	第二产业 中间投入 软化系数	第三产业 中间投入 软化系数	全行业 中间投入 软化系数
最低组：10000 以下	0.173594	0.175735	0.519742	0.251237
次低组： 10000~19999	0.250904	0.282902	0.686624	0.431906
中等组： 20000~39999	0.265448	0.260458	0.727833	0.461172
次高组： 40000~49999	0.298167	0.309825	0.753257	0.543144
最高组：50000 及以上	0.344697	0.316644	0.762925	0.553851

注：某组某产业中间投入软化系数是该组某产业软投入之和/该组某产业中间投入之和。

从表13-3可以看出：5个层次经济体的人均GDP和中间投入软化系数。经济水平越高，中间投入软化系数越高：第一、三产业，全无例外；第二产业，唯一例外（中等组）。说明：国民经济发展水平与中间投入软化系数正相关。经济发展水平与中间投入软化系数具有正相关的变化规律性，三次产业中间投入软化系数和全行业中间投入软化系数都随着人均GDP增长而增大。不同经济发展水平与不同的中间投入软化系数相适应，人均GDP提高，会显著引起中间投入软化系数增大，由硬变软比较明显。在经济发展水平的最低组（人均GDP小于1万美元）、次低组（人均GDP1万~2万美元）、中等组（人均GDP2万~4万美元）、次高组（人均GDP4万~5万美元）、最高组（人均GDP5万美元以上），第一产业中间投入软化系数由0.174增大到0.251、0.265、0.298、0.345；第二产业中间投入软化系数由0.176增大到0.283、0.260、0.310、0.317；第三产业中间投入软化系数由0.520增大到0.687、0.728、0.753、0.763；全行业中间投入软化系数由0.251增大到0.432、0.461、0.543、0.554。当然，除了人均GDP，还有一些其他因素，如不同经济体的环境、产业结构及其"记忆"、统计方法及其误差等，可能影响着中间投入软化系数。不过，这些由大量统计数据中提炼出来的数值，反映主因素经济发展水平决定的"经验值"可以作为后发经济体的参考值。正如马克思所说："工业较发达的国家向工业较不发达的国家所显示的，只是后者未来的景象。"[1]

四、中间投入的软化速度和饱和

三次产业的中间投入软化系数增大和软化速度虽各有不同特性，但都经历迅速增长阶段、缓和增长阶段和饱和阶段。从中间投入软化系数看，在经济发展水平的低端、中端和高端，第三产业的中间投入软化系数均高于第一、二产业的中间投入软化系数，第二产业的中间投入软化系数次低，第一产业的中间投入软化系数最低。从软化发展速度看，随经济水平提高，三次产业呈现程度不同的软化趋势，人均GDP提高，会引起中间投入软化系数增大，由硬变软。随着经济发展水平的进一步提高，人均GDP为2万~12万美元时，第一、二产业软化速度降低（第二产业0.3~0.35，第一产业0.26~0.3），说明在此阶段第一、二产业中间投入软化系数虽有小幅度增长，但趋于饱和。在人均GDP较高的阶段（人均GDP为2万~12万美元时），第三产业的中间投入要素还在迅速变软，但软化速度已低于经济发展初期（人均GDP为1万美元以下）。第三产业持续软化的趋势最强，软化速度最快，第二产业软化速度其次，第一产业软化速度最低。第三产业相比第一、二产业具有更加明显的中间投入软化趋势。相比第一、二产业，第三产业的中间投入软化程度有更加明显的增长，对软投入要素有更大的需求。在分层分析中，第二产业在人均GDP处于20000美元至

---

[1] 马克思.资本论：第1卷[M].中共中央马克思恩格斯列宁斯大林著作编译局，译.北京：人民出版社，1975：8.

40000美元的区间内出现中间投入软化停滞甚至略有硬化的现象，在人均GDP超过40000美元后中间投入又呈现出持续软化的趋势。原因待研究。

中间投入软化系数有极限值或饱和点，逼近饱和点，生产软化过程就可能减缓、停止甚至逆转。据43个经济体的数据估计，在人均GDP50000美元的发展水平下，各产业中间投入软化系数的饱和点参考值大致是：第一产业0.345，第二产业0.317，第三产业0.763，全行业0.554。在经济水平较低的阶段，三次产业具有明显的中间投入软化的趋势；在经济水平较高的阶段，三次产业和全行业虽仍保持中间投入持续软化的趋势，但软化程度不再随着人均GDP的增长而明显提高；当经济发展达到足够高的水平后，中间投入软化将进入饱和状态，中间投入软化程度将不再提高。

五、中间投入软化启示

（1）在服务经济时代，中间投入软化是由经济发展和科技进步带来的生产服务的发展引起的，应顺应世界经济发展的大趋势，加强科技在生产中的应用，推动生产服务的加快发展，推进生产投入的软化，以中间投入软化、生产服务的社会化、专业化、科技应用，促进产业升级换代。基于对43个经济体2000—2014年连续15年的数据的回归分析得出的人均GDP与生产软化系数正相关的规律性，由于样本数据包括发展中经济体到发达经济体，涵盖经济发展的初级阶段、中级阶段到最高阶段，其回归模型对全球产业经济的发展会有较大的参考价值。在43个经济体之外的大量经济发展水平处在低端的发展中小经济体，其生产软化较低，正在上升时期，有较大的借鉴意义。在推进服务业国际化中，要加强生产服务与农业、工业和服务业本身的配套建设，促进工农业和服务业项目在国内国际循环过程中的融合发展。

（2）中间投入软化系数有极限和饱和点，逼近饱和点，生产软化速度放慢、停止甚至发展逆转，对此要有预见性，从长远看，既应把持续促进加大中间投入软化当作提高产业效率的重要方法，又要清醒地看到中间投入软化存在饱和点，避免在中间投入软化中出现过犹不及的问题。生产需要实物生产要素和服务生产要素，服务生产要素的投入增大,有利于生产效率的提高,但生产的实物条件如生产工具和设备等硬件也是不能缺少的。这就决定了中间投入软化系数有一定的限度,不可能达到1的极限。进一步说,生产的软要素替代生产的硬要素,是以效率提高为条件的,在一定的科技水平下,服务替代实物可以引起效率的提高,但在另外的条件下(如高效率的新生产工具生产设备的发明),实物替代服务可以引起效率的提高,这就会引起生产软化的逆转,变成生产的硬化。在产业发展上,不要以为第三产业比重趋于增大是永恒不变的必然规律,它只是在一定条件和一定历史阶段里发生的,不可以当作"政治正确"的观点而"站稳立场扯大炮"。第三产业比重增大趋势是由生产资料软化和生活资料软化造成的,而软化不可能一直软下去(从逻辑上说,如果一直软下去,实物要素将趋于零,这是不可能的)。因为中间投入软化有极限和饱和点(已有证据),而消费软化系数增大(即消费结构中服务比重趋于上升)也会有饱和点,所以,国民经济服务化、第三产业产值和就业比重趋于上升也会有饱和点和转折点。1993—2019年,世界第三产业增加值比重基本在67.1%~67.9%之间徘徊(其中有3年达68.1%~68.3%);1980—2019年,美国在75.9%~80.4%之间上下波动,始终未突破80.4%。❶ 经济最发达国家显现的第三产业比重的饱和点,就是发展中国家的未来景象。

(3)第一、二、三产业和全行业生产软化系数总体上随人均GDP增长而提高,但第二产业生产软化系数在人均GDP为2万~4万美元(中等组)时,停滞甚至略有硬化,在其他组随人均GDP增长而提高,这提醒我们注意全行业的生产软化的逆转。中间投入的软化是影响服务生产要素和实物生产要素投入比重的产业实践,并不是一个教条。从理性人的角度考虑,只有生产中投入服务要素获得的生产效率提高大于投入实物要素,生产者才会用服务要素取代实物要素,中间投入软化趋势才能形成。

(4)经济欠发达的国家和地区中间投入软化还存在很大的空间。再看经济发展水平偏高的国家,三次产业以及国民经济软化程度均已

---

❶ 资料来源:联合国贸易和发展会议数据库,https://unctadstat.unctad.org/wds/TableViewer/dimView.aspx。

趋于稳定状态，不再有明显软化趋势。这似乎是在体现经济欠发达的经济体第三产业发展起步较晚，生产更多依赖实物形式的生产资料，但实际上已逐渐发现生产服务的重要性，开始不断调整中间投入的结构。以中国为例，随着开放程度逐渐提高，开始意识到自身与西方发达国家之间的差距，并学习西方国家调整产业，大力发展生产服务业，促进投入软化，正在努力赶超发达国家。

第三产业的发展状态是影响经济体投入软化趋势的可能原因之一。软化程度与第三产业的发展程度有关。第三产业高速发展有可能拉动三次产业投入软化趋势，使软化程度不断提升。经济水平欠发达的地区，第三产业发展起步较晚，但正在加强第三产业建设，第三产业正在崛起并有加快发展速度的趋势，随着三次产业的发展，对服务形式生产资料的需求有增加的趋势。

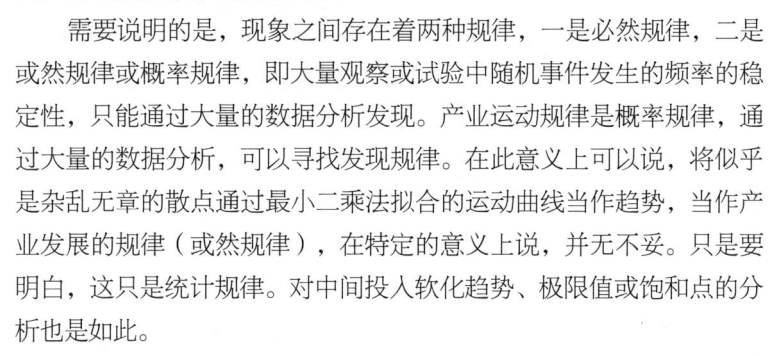

需要说明的是，现象之间存在着两种规律，一是必然规律，二是或然规律或概率规律，即大量观察或试验中随机事件发生的频率的稳定性，只能通过大量的数据分析发现。产业运动规律是概率规律，通过大量的数据分析，可以寻找发现规律。在此意义上可以说，将似乎是杂乱无章的散点通过最小二乘法拟合的运动曲线当作趋势，当作产业发展的规律（或然规律），在特定的意义上说，并无不妥。只是要明白，这只是统计规律。对中间投入软化趋势、极限值或饱和点的分析也是如此。

再版后记

《第三产业经济学》（初版）于 1990 年 3 月由广东人民出版社出版，次年获孙冶方经济科学著作奖。三十多年后，在知识产权出版社的大力支持下，经过数据更新和内容修改、充实，60 多万字的《第三产业经济学（修订本）》终于脱稿。看着电脑里的修订版电子文档，回想我四十年来研究第三产业的岁月，对逝去的青春时代和 40 年来从事第三产业经济学研究的难忘往事，眷恋和怀念之情油然而生。

我翻开珍藏的《第三产业经济学》的泛黄手稿，最后一页记载是 1988 年 6 月 2 日 5 时 56 分写完的。那天我又干了一个"东方红"。清晨，我要参加学校一个课题外出调研，虽然写书彻夜未眠，但当我迎着晨风坐上开往深圳作课题调查的专车，心里感到有说不出的高兴和快慰。

我将书稿交付广东人民出版社后，于次年 3 月出国作学术访问一年多，先后在英国雷丁大学和剑桥大学当高级访问学者。1990 年 5 月 29 日，在结束出国访问之前，我在英国拿到了广东人民出版社袁耀文先生寄来的两本带着油墨香味的新书，分送给剑桥大学图书馆和剑桥大学政治经济学院资料室。

《第三产业经济学》于 1990 年获奖后，《中国财经报》一位记者采访时幽默地说，从构思、研究到脱稿，《第三产业经济学》实际上算得上是"八年奋斗"的成果了。事实也确是如此。

一、困惑——启迪——升华

说来也有趣，我走进第三产业经济学研究大门，竟是由写一篇文章产生的困惑引起的。

我的人生道路大都与"师"门有关：出生在教师家庭；下乡当插队知青五年，当过"耕读班"教师；考大学，被选拔到师范学院；毕业后分在师范学校任教；考取研究生进的依然是师范大学；毕业留校当的是"教师的教师"。

孩提时代的耳濡目染，青年时代的身体力行，使我对教师职业特点有着特别真切的了解。小时候印在我脑海里的是父母"备课""家访""听课""批改"等教师用语；我的成长轨迹上，留下的是一串与"师门"有关的脚印：耕读班教师—师院大学生—师范教师—师院研究生—师大教师—中大教师。但是，大学毕业后的一件事，使我对教师劳动性质发生了困惑，成了我构建第三产业经济学理论体系的"导火线"。

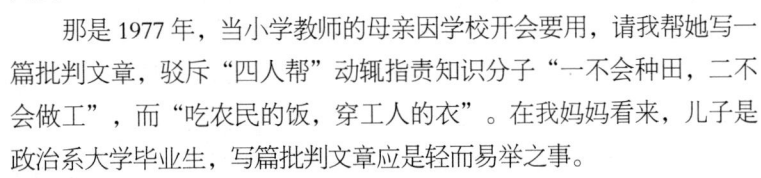

那是 1977 年，当小学教师的母亲因学校开会要用，请我帮她写一篇批判文章，驳斥"四人帮"动辄指责知识分子"一不会种田，二不会做工"，而"吃农民的饭，穿工人的衣"。在我妈妈看来，儿子是政治系大学毕业生，写篇批判文章应是轻而易举之事。

我从直觉上感到这种论调荒唐，但觉得难以用大学学的政治经济学基本原理驳倒它。按我国流行的传统政治经济学教科书关于只有工农业才创造劳动产品和价值的理论，确实只能推导出教师、知识分子以至所有"非物质生产劳动者"都是靠"物质生产部门"施舍或馈赠的产品养活的。

大批判文章虽然很快写成了，但留给我的是深深的困惑：教师到底有没有向社会提供产品？如果有，那该称什么？

1979 年，我考回母校华南师范学院（现华南师范大学）读政治经济学研究生。沐浴着思想解放春风的深度学习，给我很大的启迪。我在研读马克思《资本论》和《剩余价值理论》第一册生产劳动篇时，发现了两个对我来说很新鲜的观点：第一，马克思认为，运输业的公式是 $G\text{-}W < \begin{matrix} A \\ P_m \end{matrix} \cdots P\text{-}G'$，运输业所出售的东西不是"使用物"，而是"和运输过程即运输业的生产过程不可分离地结合在一起的"、"只能在生产过程中被消费"的"效用"。第二，他指出，教师、医生、演员、律师向社会提供"以服务形式存在的消费品"。西方经济学从 goods 和 services（货物和服务）两方面分析社会总供给和总需求的思路也引起我的关注。

这些观点从产品观上给了我很大的启迪。1980年9月15日，我在《资本论》书页上批注："教师的讲课同此理"，"服务行业的劳务也是如此，在它被生产的同一瞬间被消费，它们是否可以划入'产业部门'？"我想到，教育业也具有与运输业同样的特点，其产品是一种只能在生产过程中被消费的服务。教师获得工农生产的"饭"和"衣"，是以向对方提供生产与消费同时进行的"服务消费品"为代价的。教师的"不做工""不种田"，与工人农民"不教书"一样，是社会分工、各司其职的结果，没有什么理由要加以非议。传统政治经济学将产品局限于物品范围，否认"非物质生产劳动者"生产产品，是"养活论"得以成立的理论渊源。想到这里，我感到豁然开朗了：要正确认识教师、知识分子以至"非物质生产劳动者"的劳动性质和第三产业的社会地位，关键问题是必须突破传统产品观，把非实物形态的劳动成果也纳入产品范围。

1980年7月，我泡在第二学生宿舍213房阴暗的集体宿舍里写成的一万八千字的经济学说史研究生课程论文——"马克思《剩余价值理论》学习札记——关于生产劳动和非生产劳动的几个问题"，是我从事第三产业研究的"开山之作"，探讨了物质生产领域和非物质生产领域的知识分子和劳动性质问题，系统概括了马克思关于非物质生产劳动者的特点、产品、生产产品的劳动及其作用的阐述。

我在经济学理论上的进展是论证了物质生产领域的知识分子作为总体工人的一部分参与了物质财富的创造，也创造价值（这在当时是一个很有争议的问题），非物质生产领域的知识分子提供"服务消费品"（这是一个新观点），进而否定了知识分子是靠物质生产领域的"施舍"为活的论调。曾和杰老师对此评价很好。不过我对劳动价值理论仍沿袭成说，没有取得新突破。我在承认物质生产领域的知识分子创造价值的同时，仍然认为非物质生产领域的知识分子是非生产劳动者，不创造价值。

在1981年上半年我国掀起的第一次第三产业宣传热潮中，我重新检讨了我在"关于生产劳动和非生产劳动的几个问题"中的观点，经过联系实际，认真思考，反复推敲，我发现我原来的观点在逻辑上是有矛盾的：既然我承认非物质生产领域的知识分子创造"服务消费品",那么就得顺理成章地承认:只要这种产品是为交换而生产的,它作为用于交换的劳动产品,按政治经济学基本原理,就是商品,就有价值。因此,承认非物质生产领域的知识分子创造"服务消费品",就必须同时承认他们在商品经济中也创造价值。

长期的冥思苦想使我的思想发生了飞跃。1981年5月,我发表论文,在我国经济学术界首次提出并论述了"服务消费品"范畴(教师、医生、科技人员、服务人员等提供的无形消费品),并提出它具有使用价值和价值,引起学术界的关注。北京大学肖灼基老师主编的《经济学文摘》马上摘录。现在看来,我的论证还不充分,对服务消费品的界定也不准确,把用于生产性消费的服务也包进服务消费品中。

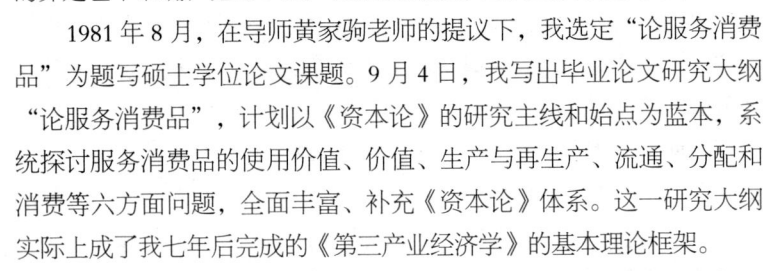

1981年8月,在导师黄家驹老师的提议下,我选定"论服务消费品"为题写硕士学位论文课题。9月4日,我写出毕业论文研究大纲"论服务消费品",计划以《资本论》的研究主线和始点为蓝本,系统探讨服务消费品的使用价值、价值、生产与再生产、流通、分配和消费等六方面问题,全面丰富、补充《资本论》体系。这一研究大纲实际上成了我七年后完成的《第三产业经济学》的基本理论框架。

1981年下半年,北京学术界掀起批评第三产业的浪潮,而我却为撰写第三产业硕士论文北上访学,和梁秩森同学赴北京、长春、天津、重庆、武汉、上海、厦门等地访问专家、学者,收集论文资料。从9月17日至11月17日,我们花了整整两个月,按广州—北京—沈阳—长春—天津—重庆—武汉—南京—苏州—上海—杭州—厦门—汕头—广州的线路,火车轮船兼程,行程10124公里。这是我有生以来第一次出广东。

两个月的访学使我大开眼界。我拜访了很多经济学家,收集了文献资料,做了详细笔记,专业收获甚大。不少专家学者不赞成第三产业概念,有的甚至提出激烈的抨击。但是,他们使我有机会在汲取正面意见的同时,广泛了解、留意、考虑反面和侧面的意见和批评,对我形成硕士论文以至《第三产业经济学》的新论点的启发甚大。后来,我推敲每一个新论点时,仿佛都听见耳边响起不同意见,因而能有针对性地给予恰当的、充分说理的直接或间接的回答,在驳论中深入阐述第三产业经济学的新观点。这不能不归功于1981年的访学。

1981年底至1982年春，在导师黄家驹老师的支持和吴朝震、黄标熊老师的指点下，我深入钻研《马克思恩格斯全集》第23~26、46和47卷，广泛阅读中外有关文献资料，做了2000张约26万字的卡片，写了6万多字的读书笔记。

从1982年5月18日至6月24日，我用了一个多月时间，一鼓作气写成了8万多字的硕士论文《论服务消费品》初稿。文章包括三章：服务消费品的使用价值；服务消费品的价值；服务消费品的生产规模与发展趋势。初稿获黄家驹老师很高评价。

我根据黄家驹、卓炯、周治平、黄标熊、吴朝震等老师的意见，作了三稿修改，8月1日，我的8万字的硕士论文定稿了。因时间和篇幅所限，没有完成原来六个部分的计划，只探讨了前三部分，但它已奠定了第三产业经济学的理论基石——非实物产品理论，成为《第三产业经济学》第4、5、10章的雏形。我的硕士论文《论服务消费品》，正确地定义了"服务消费品是教育、医疗、文化艺术、娱乐、旅游、交通、通信及个人生活服务等部门的劳动者提供的用于生活消费的非实物形态的劳动成果"，系统阐述了非实物使用价值理论和服务价值理论，突破了传统劳动价值理论的成说，建立了第三产业经济学的理论基石——非实物产品理论，并对服务消费品的生产规模作了定性和定量分析。

这一阶段我的思想发生重大转折的标志是发表于《华南师范学院学报》1981年第3期的《略论服务消费品》，亮点（也是难点）是建立服务产品理论，理论上比较成熟的代表作是发表于《中国社会科学》的硕士论文《论服务消费品》的主要部分。第三产业经济学研究对象是服务产品（＝生活服务＋生产服务），而硕士论文突破的服务消费品是生活服务，是第三产业研究中最难的、争论最多的。生产服务由于为物质生产领域服务，反而没什么争议。从逻辑上说，只要把服务消费品的研究结论扩展到服务产品，一通百通，第三产业经济学就"全线贯通"，实现硕士论文研究与第三产业经济学研究的"无缝衔接"。回过头来看，可以肯定地说，我在硕士阶段已把后来的第三产业经济学研究中最难的问题攻克了。

再版后记

二、无限风光在险峰

在我钻研服务消费品和开拓第三产业经济学理论体系时，我当然清楚地知道我面临的政治风险。

长期以来，我国经济学界对第三产业持否定、批判态度，认为它是违反马克思主义的。

1981年上半年，第三产业概念在我国传媒上"亮相"才几个月，在下半年就被一位著名经济学家批评"渗透着资产阶级本质"，随后被打入冷宫。我恰好这时顶"风"而上，从事第三产业研究，政治压力、学术压力和学位压力(申请硕士学位)之大可想而知。

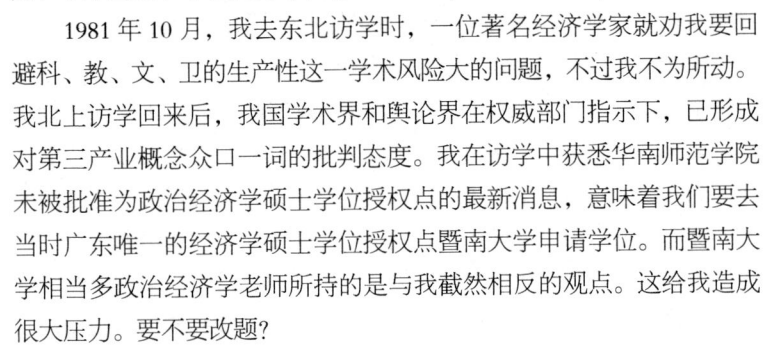

1981年10月，我去东北访学时，一位著名经济学家就劝我要回避科、教、文、卫的生产性这一学术风险大的问题，不过我不为所动。我北上访学回来后，我国学术界和舆论界在权威部门指示下，已形成对第三产业概念众口一词的批判态度。我在访学中获悉华南师范学院未被批准为政治经济学硕士学位授权点的最新消息，意味着我们要去当时广东唯一的经济学硕士学位授权点暨南大学申请学位。而暨南大学相当多政治经济学老师所持的是与我截然相反的观点。这给我造成很大压力。要不要改题？

在此情势下，我的导师黄家驹老师旗帜鲜明地支持我继续搞第三产业研究。他推心置腹地说了一番对我充分信任的话："你不要改题。我认为你学习基础好，逻辑思维能力和科研能力都很强。只要你相信你的论点站得住脚，那你就搞下去。即使你到暨南大学申请学位因学术观点不同而通不过，我们照样承认你已达到硕士水平。"黄老师时任学校党委副书记，他这番话对我这个普通研究生的影响非同小可。至今，我仍然很感激黄家驹老师在逆境中坚定地支持我，不然我很有可能不搞第三产业研究，也就没有后来的成果了。

在我撰写硕士论文和即将答辩期间，中央权威经济学报刊连篇累牍刊载批评服务是生产劳动的论文，形成了非常严峻的政治气氛，使我的硕士论文答辩几乎处于被动局面。我迫切期望杂志上有哪怕一篇论文露露脸支持第三产业理论也好，这就可冲淡一下答辩会的政治气氛，证明自己的新观点只是学术之争……

尽管如此,我的研究得到很多老师的坚定支持。那时华南师范学院还没获得经济学硕士学位授予权,因此我的论文答辩得"两槌定音",分两次进行:

第一次在华南师范学院举行毕业论文答辩,解决研究生毕业问题,于1982年9月20日在华南师范学院政治系会议室举行。李华杰老师任答辩委员会主席,卓炯、黄家驹、黄标熊、丁家树老师任答辩委员。答辩委员们充分肯定了我撰写毕业论文所做的扎实研究工作及论文的重要意义和创见,一致通过毕业论文并评为优秀,一致通过参加硕士论文答辩。

第二次答辩是在暨南大学参加硕士学位论文答辩,解决授予硕士学位问题,于1982年11月22日在暨南大学招待所举行。幸运的是,暨南大学研究生处选派参加答辩的都是对服务消费品研究有兴趣的老师,反对我观点的政治经济学专业老师一个也没有来。答辩委员会主席是美国留学回来的陈继文老师,委员有华南师范学院黄家驹、李华杰老师,暨南大学商经系主任何永祺老师、计统系孙耀东老师。答辩委员们充分肯定了我的论文的重要意义、创见性和科学性,全票通过授予硕士学位。

华南师范学院6位经济学研究生去暨南大学答辩,2人获硕士学位,4人被否,其中3人虽以4比1通过答辩,但到暨南大学学位评定委员会被否了(次年华南师范学院获硕士学位授予权才通过)。

1983年,我的硕士论文主要部分拟在权威刊物《中国社会科学》上发表,在修改时因服务消费品的新观点差点"卡壳"。一位主管经济版的副主编不同意我关于"服务消费品是教育、医疗、文化艺术、娱乐、旅游、交通、通信及个人生活服务等部门的劳动者提供的用于生活消费的非实物形态的劳动成果"的定义中提到"教育",说对教育是生产劳动还是非生产劳动有激烈争论,必须删去这两个字。我听到后觉得很不以为然。发表文章文责自负,不代表主编的观点,更不需跟"风"走。难道主编的责任是把作者的论点"改编"得跟他的一样吗?更何况,教育是我研究服务消费品的"导火线"和理论分析的"模特",也是新意所在(他当然不知我的"困惑—启迪—升华"三部曲)。删掉它,岂不是釜底抽薪吗?于是,我对责任编辑瞿孟飞先

再版后记

生说，教育服务是个原则问题，如果非删不可，我宁可不在这里发，尽管贵刊档次高，名气大，很多人都唯恐攀不上。瞿先生对我坚持自己学术观点，不卑躬屈膝、让步求全的坚定态度很是赞赏。他建议我在论文中加一段马克思论教育是提供服务消费品的服务部门的综述(发表文中出现一段注释体例不一的"马克思语录"就是源于此建议)，试图帮我以此说服他的上级。但这位上司还是固执己见。最后，他们采取"陪绑"方式将此句中"教育"与"医疗、文化艺术、娱乐、旅游、交通、通信及个人生活服务等部门"一起删掉，而没有单独删掉"教育"二字和文中关于教育服务的内容，算是既执行了副主编的指示，又照顾了我的意见。

1984年后，第三产业因中央主要领导的支持而被列入国家统计局和国民经济五年计划的"正册"，但否定第三产业生产产品的传统政治经济学理论在我国经济学术界仍占主流地位。北京一位著名经济学教授来华南师范学院讲学时关切地对我说，不宜以有争论的"第三产业"为题搞研究。北京一位对服务经济很有研究的学者，知我打算写《第三产业经济学》时，也担心地劝我不要以第三产业为新经济学命名。

面对一片反对声，我发现自己简直是在与一个传统的旧经济学体系作战。

我在1981年访学乘船过长江瞿塘峡的照片上引用的李白诗句"两岸猿声啼不住，轻舟已过万重山"，反映了我当时的心境。

1984年，我的硕士论文的主要部分以"服务消费品的使用价值与价值"为题在《中国社会科学》(中文版)问世。这是广东学者第一次在此杂志发表学术论文(此前只发表过一篇调研报告)。编辑部还请北京外语大学老师译成英文(译者还和我通信讨论"服务消费品"如何译成英文)，在《中国社会科学》(英文版)发表。

我的硕士论文的其他部分也"化整为零"，拆为13篇论文，相继于20世纪80年代初发表于中央和省市报刊上，在学术界引起很好的反响。至此，我算得上迈入第三产业经济学这一新学科的大门了。

1984年底，广东人民出版社袁耀文先生约我以近年研究成果为内容写一本关于第三产业的书，结果一拍即合。我早就希望有机会将自己对第三产业经济问题的思考、探索和认识系统地写出来(有老师建议我将硕士论文出书,我也与出版社联系过,对方说出书8万字太少),于是决定写一本"第三产业经济学"。只因我正在参加高校英语师资班学习准备出国,一直等到1985年五一国际劳动节放假,才有时间列出了写作提纲。

原拟写成15万~20万字的"浅说"。但在撰写中发现:我国第三产业研究的长期空白,传统政治经济学观念的根深蒂固,使得第三产业经济学的创立难度颇大;对传统成说的全面突破,对新范畴、新论点的首次系统论证,在一本通俗读物中是难以完成的。

一方面,我没有多少可资借鉴的现成文献,除了和论敌的论点交锋外,作为一个深受传统政治经济学体系和理论观点影响的学者,我还得先"战胜"自己,和头脑里"先入为主"并一度占据稳固阵地的传统观念和思维方式搏斗。另一方面,新问题的探讨、概括和论证,使我在撰写各章达原定字数时,往往觉得言犹未尽,一再突破计划加以发挥。

幸亏研究生时代对服务消费品的系统研究奠定了比较扎实的理论基础,使我的创作进展比较顺利。我从1986年2月起动笔,在教学和社会工作之余抽空写作,平均一个半月写一章3.5万字,关键章节往往夜以继日攻关。历经三载,终于在1988年完成了42万字的学术专著《第三产业经济学》。

令我感到欣慰的是,八年心血没有白费。《第三产业经济学》以服务产品的运动为研究主线,以非实物产品理论为理论基石构筑起一个新的理论体系;以定性与定量分析相结合的服务生产理论,开拓其研究起点;服务生产、交换、分配和消费"四环节"的论述,则构成了学科体系的关键环节。

《第三产业经济学》出版后得到学术界的高度评价,于1991年6月获孙冶方经济科学著作奖。更有意义的是,它给我国第三产业发展的实践和决策以良好的影响和推动。

在《第三产业经济学》获孙冶方经济科学奖次年,国务院总理办公会议把加快发展我国第三产业提上议事日程。

1992年春,国务院办公厅来电调阅《第三产业经济学》和我关于第三产业的一批论文、资料。后来才知是供中共中央、国务院"关于加快发展第三产业的决定"起草小组参考。领导文件起草小组工作的国务院秘书长罗干同志读了该书，很感兴趣，邀请我于1992年4月30日进中南海面谈了一个下午，认真听取了我对第三产业的划分、发展趋势和政策问题的意见，并提出了殷切的希望。

国务院办公厅综合司一个副司长透露：即将出台的中共中央国务院"加快发展我国第三产业的决定"，吸取了我关于第三产业经济学的一些研究成果。他还告诉我，罗干同志通读了《第三产业经济学》，这对工作繁忙、时间宝贵的中央领导同志来说，通读42万字的"大部头"很罕见。

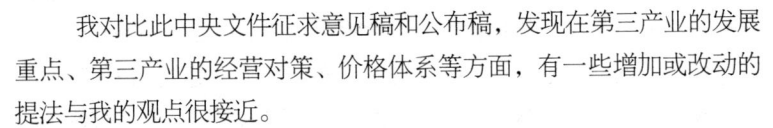

我对比此中央文件征求意见稿和公布稿，发现在第三产业的发展重点、第三产业的经营对策、价格体系等方面，有一些增加或改动的提法与我的观点很接近。

1992年9月16日，国务院加快发展第三产业研究课题组按国务院秘书长提名，邀请我飞赴北京，重进中南海，在国务院假山会议室参加国务院办公厅召开的第三产业研究报告专家座谈会。会上听取了我对发展我国第三产业的目标、分工和重点的意见。

由罗干同志任主编、国务院国民经济和社会发展总体研究协调小组办公室组编的"国民经济和社会发展总体研究丛书"中的《加快发展我国第三产业的研究报告》（国家统计局课题组，中国经济出版社，1994年）把《第三产业经济学》列为主要参考文献的第一项。

当我努力为促进我国第三产业的发展贡献自己的应尽之力的时候，祖国和人民给了我莫大的褒奖和荣誉。1992年，我被广东省政府同时授予广东省突出贡献专家和广东省优秀中青年专家称号，国务院批准我享受政府特殊津贴。1994年，我被评为广东省首届12位优秀中青年社会科学家之一。

饮水思源。每当回想起我由知青到教授的成长经历，我对在清贫和压抑的环境中含辛茹苦地培育我长大成人的父母亲和外祖母，对谆谆教诲和热忱扶掖我的师长们，对一直关怀我成长的祖国和人民，总是充满了深深的感激之情。值得高兴的是，我并没有辜负他们的殷切期望。

三、第三产业经济学的延伸研究与实践活动

多年的科研和教学使我深深体会到：中国需要第三产业，中国第三产业更需要第三产业经济学。在完成以服务产品理论为理论基石的第三产业经济学理论体系的创建后，我把第三产业研究的重点扩展到第三产业经济运行、发展战略与服务管理等方面，主要做了五方面工作。

（1）在第三产业研究中教书育人，培养了一批第三产业专业人才。我在教学和培养人才过程中主要抓了四点：一是实行启发式教学，将教学和学术前沿研究成果相结合，以主持国家重点科研项目、教育部重大课题攻关项目和其他项目的第三产业研究带动教学工作，把"授之以鱼"与"授之以渔"结合起来，指导学生把学位论文研究与科研项目攻关结合起来。二是抓论文写作基本功训练。从1995年起，我用电脑文字处理软件的批注功能，不厌其烦地逐字逐句批改学生的研究论文。我保留着2001年我调入中山大学以来指导的研究生学位论文从开题到写作、修改、定稿的全部版本文稿，供后来者参考。三是重视通过正反面案例分析、个人现身说法，以课堂授课和个别指导形式，经常对学生进行社会道德、职业道德和学术道德教育，教育学生不仅要会做学问，更要会做人，做一个受社会欢迎的、综合素质高的、德才兼备的人。四是运用多媒体技术改革教学手段，促进经济学教学水平升级。我从2000年开始研制多媒体课件，利用在欧美作高级访问学者积累的大量图片、实物和文字资料，制作了多媒体教学课件《第三产业经济学》(80学时)、《服务管理》(40学时)教学光盘，用于硕士、博士课堂教学。"授之以渔"的教学方法和全面的素质教育，使学生得到长足的进步。我领导的中山大学中国第三产业研究中心经过十多年学科建设，培养了一批在服务经济与服务管理研究中成果卓著的年青学者，他们毕业后已成为广东省高校和服务机构研究第三产业的中坚力量。

我以《第三产业经济学》为教材，或以该书基本框架为内容，给专业证书班、本科生、硕士生、MBA、博士生、党政部门开设第三产业经济学课程、选修课，或发展第三产业和现代服务业讲座，受到

普遍欢迎。1987年，我晋升副教授后，就在华南师范大学经济研究所开始招收第三产业经济方向的硕士生。1988年5月，在本书接近完成时，我用其打印本为华南师范大学经济系85级本科生讲第三产业经济学课。1990年起，我按《第三产业经济学》的研究主线，给华南师范大学经济研究所、中山大学管理学院硕士生和博士生讲授第三产业经济学课程。1997年起，我按政治经济学理论向第一、二产业横向拓展的逻辑在政治经济学博士点中设第三产业研究方向，在政治经济专业下招收第三产业经济博士生。我指导硕士和博士生以第三产业为中心，围绕我主持的第三产业方面的国家社科规划"八五""九五"重点课题撰写学位论文。

2001年，我调入中山大学管理学院，在工商管理专业和产业组织与管理专业下增设第三产业经济与服务管理方向，招收学术硕士、专业硕士和博士生，也以第三产业为中心，指导研究生围绕我主持的一系列第三产业的国家社科规划课题、教育部重点规划课题、中山大学"985工程"二期课题"服务经济与管理创新研究"、教育部哲学社会科学研究重大课题攻关项目进行研究，撰写学位论文。

从教40年来，我在华南师范大学和中山大学培养了一批第三产业经济和管理人才，由我担任导师指导博士后3人、博士56人、硕士116人、学士49人。很多学生是在听我讲授第三产业经济学的硕士和博士课程中成长起来的。

我还应用第三产业经济学的研究成果，为党政干部作现代服务业与第三产业的发展专题讲座，在北京、广州、西安、武汉、青岛、沈阳、大连、成都、鄂尔多斯、潍坊、乐山、绵阳、泉州、赣州、绍兴、南宁、柳州、株洲、牡丹江、佛山、中山、东莞、珠海、汕头、肇庆等地作专题演讲。这可谓教学相长：听讲者获得第三产业经济学的知识更新，我也从课前的社会调查和第三产业发展课题研究中，应用、验证和扩充了第三产业经济学理论。

（2）围绕第三产业主题，主持完成了约70项国家级、省级重点课题和横向课题。其中，国家级13项，284万元；省级11项，76万元；厅市级20项，369万元；区县镇级17项，502万元；校级2项，5.3万元；企业2项，100万元，共1358万元。《第三产业经济学》就是1986—1987年我在晋升副教授之际主持的广东省高教厅青年项目、后升级为广东省社科研究"七五"规划重点课题"第三产业经济学"的研究成果。

随着加快发展第三产业被定为我国的重大战略决策，我主持的第三产业课题项目和经费在快速增长。在华南师范大学工作时期（1982—2000）："七五"期间（1986—1990）1项，0.95万元；"八五"期间（1991—1995）6项，25.8万元；"九五"期间（1996—2000）7项，37.3万元。在中山大学工作时期（2001—2016）："十五"期间（2001—2005）21项，139.4万；"十一五"期间（2006—2010）24项，716.2万元；"十二五"期间（2011—2015）11项，438万元。

最重要的纵向课题有4项：国家社科规划"八五"重点课题"中国第三产业的发展战略和政策研究"；国家社科规划"九五"重点课题"我国第三产业发展现状与发展战略研究"（20世纪没有"重大课题"设置，重点课题是最高等次的课题）；中山大学"985工程"二期课题"服务经济与管理创新研究"；教育部哲学社会科学研究重大课题攻关项目"加快发展我国生产性服务业研究"。

另外还有：国家社会科学基金项目"中国第三产业垄断行业改革战略及政策研究"、"三次产业结构演变与服务经济前沿问题研究"、"服务业发展与城市群演进的互动机制研究"，教育部"十五"社科规划课题"非营利组织运行机制与管理研究"等，广东省普通高校人文社会科学研究重点项目"第三产业增长与服务管理新趋势研究"。

主要横向课题有：广东省服务业发展政策研究、广东省重大决策咨询研究社会招标课题"推进和完善广东垄断行业改革研究"、加快广州市现代生产服务业发展研究、广州建设现代服务业中心实施方案研究、佛山市科技服务业发展规划研究、鄂尔多斯市东胜区第三产业发展规划、加快珠海市现代服务业发展政策措施、沈阳市服务业发展规划、翠亨新区服务业规划、佛山市东平新城产业发展规划研究、河南省漯河市第三产业发展规划、佛山市南海区第三产业发展规划等。

大量第三产业研究课题不仅为我进行第三产业延伸研究和实践活动提出了新的研究任务和要求，也为我围绕科研课题组织研究生教学、科研和实践活动提供了经费、任务、实践阵地和培养人才的良好条件。

（3）创建中山大学中国第三产业研究中心，在全省和全国产生很大的学术影响。2001年，我调入中山大学管理学院任中山大学特聘教授，创建中山大学中国第三产业研究中心并任主任。本中心经多年学科建设，成为一个学术和政策影响力在国内举足轻重的专门研究第三产业经济学、服务经济与管理的高校智库，承担国家、省市和服务企业的经济与管理方面的研究项目，培养第三产业经济与服务管理方向硕士生、MBA、EMBA、博士生、博士后，最多时有特约研究员60多人，多为第三产业方向的经济学或管理学博士。某民间组织编制的"中国哲学社会科学最有影响力学者排行榜（2020版）"中，我在"服务业经济"中排名全国第一，在经济学一级学科中排名全国第二。我指导的博士12人入选，得分排名：顾乃华（第4）、毕斗斗（第12），魏作磊（第21）、李文秀（第26）、陈凯（第29）、李冠霖（第31）、杨勇（第34）、李美云（第53）、胡霞（第54）、邓于君（第57）、马风华（第58）、朱胜勇（第83）。其中，中山大学管理学院博士毕业10人，华南师范大学经济研究所博士毕业2人，11人是我主编的"中山大学服务经济与服务管理论丛"的作者，均是本中心特约研究员。

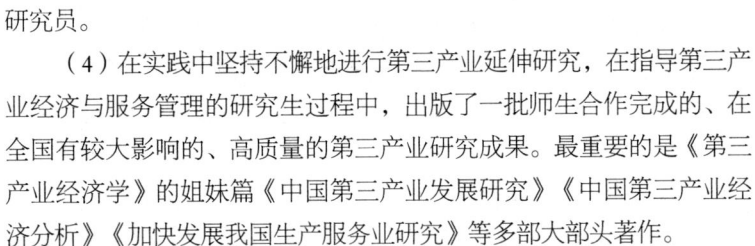

（4）在实践中坚持不懈地进行第三产业延伸研究，在指导第三产业经济与服务管理的研究生过程中，出版了一批师生合作完成的、在全国有较大影响的、高质量的第三产业研究成果。最重要的是《第三产业经济学》的姐妹篇《中国第三产业发展研究》《中国第三产业经济分析》《加快发展我国生产服务业研究》等多部大部头著作。

《中国第三产业经济分析》是我和华南师范大学和中山大学指导的硕士、博士生和青年教师合作完成的国家社科研究"九五"规划重点项目"我国第三产业发展现状与发展战略研究"最终成果，2004年出版，63.5万字。国家社科规划办专家评审认为"达到国内领先、国际先进水平"。

《中国第三产业发展研究》是我和华南师范大学和中山大学指导的硕士、博士生合作完成的国家社科研究"八五"规划重点课题"中国第三产业发展战略与政策研究"和中山大学"985工程"创新基地项目的最终研究成果，2005年出版，65.7万字。国家社科规划办专家评审认为"在总体上达到了国内领先水平,在某些方面达到国际先进水平。"

中国社会科学院学部委员张卓元研究员(2005年)指出:"李江帆教授1980年以来致力于第三产业研究,系列研究成果相继发表,得到学术界的广泛关注和好评。近年来,他将研究重点由第三产业经济学拓展到第三产业经济发展和服务管理等领域,也取得了丰硕成果。他和他指导的硕士生、博士生和青年教师经十多年合作攻关完成的两项国家社会科学基金重点项目研究成果《中国第三产业经济分析》和《中国第三产业发展研究》先后于去年和今年出版,都是值得庆贺的好事。如果说《第三产业经济学》以崭新的结构体系、清新的学术观点、充分的科学论证和自成一派的理论逻辑,在我国经济研究领域开拓了第三产业经济学,赢得了孙冶方经济科学著作奖,因而构成第三产业研究开山之作的话,那么,《中国第三产业经济分析》和《中国第三产业发展研究》就成为应用第三产业经济学原理系统分析中国第三产业经济关系和经济发展实践的延伸应用之作了。《中国第三产业经济分析》以第三产业经济学为理论基础,按照投入分析—产出分析—综合分析的研究主线,分析了中国第三产业的人、财、物和成本投入,服务产出的产量和质量,以及第三产业与服务市场、城市化、产业关联和波及、对外开放等重要问题。《中国第三产业发展研究》则以第三产业经济学原理为基础,以供求结构—行业结构—空间结构—时间结构—政策结构—制度结构为研究主线,研究了中国第三产业发展的供给、需求、结构、区域、时序、政策、制度、总需求因素等重要问题。它们与《第三产业经济学》形成相互呼应的三个姐妹篇,反映了李江帆教授及其学术团队在中国第三产业研究中取得的突出成就。"

《加快发展我国生产服务业研究》是我和中山大学中国第三产业研究中心30多位博士和博士生经4年多攻关完成的教育部哲学社科研究重大课题攻关项目最终成果,2018年出版,85万字,被专家誉为"生产服务业研究的里程碑成果"。其前沿性和创新性表现在:科学界定广义生产服务业概念并据此对生产服务业作全面分析;从体制内部揭示阻碍我国生产服务业发展的深层因素;根据广义生产服务概念,提出立足我国实际，具有前瞻性的生产服务业发展战略定位：在全国重点推进第二产业生产服务业，在特大城市拓展第三产业生产服务业，在农村和城镇地区着力发展第一产业生产服务业；提出新常态下加快发展我国生产服务业的重点领域和重点区域；提出生产服务业为适应经济新常态要求要加快信息化步伐。"重要的应用价值是：探讨、研究和解决了加快发展我国生产服务业的重大问题。其学术价值是：有助于细化、深化和丰富产业经济学理论，以服务产品理论和第三产业经济学为基石构建广义生产服务业分析框架，充实产业经济学的产品、生产服务概念，为全面分析生产服务业提供了理论依据；揭示了生产服务业在第一、二、三产业中的分布趋势，在发达国家和发展中国家中的分布特点，生产服务业比率时序稳定性，为深入研究生产服务业运动规律提供了实证文献。"（李新家，国家发改委主管《宏观经济管理》2018年第8期）

2004年起，我担任中山大学"985工程"二期服务经济与管理创新研究项目首席专家，主编"中山大学服务经济与服务管理论丛"两辑共20本专著（经济科学出版社，2007—2018年）。其共同点是：博士概念，以我指导的博士生或博士后论文为基础扩写而成；时代感强，以当代第三产业崛起引起的一系列服务经济与服务管理的新现象为题目；洋为中用，在广泛收集、系统整理和归纳国际学术界服务经济和管理前沿研究最新成果的基础上写成；创新性强，大都处于服务经济与服务管理某一研究领域的全国领先水平，或填补了我国服务经济与管理研究某一领域的空白，或刷新了某一研究领域的记录，对服务经济和服务管理学科建设和中国第三产业发展具有促进作用，对政府决策和企业管理有较强的现实意义。

（5）创立全国第一个第三产业研究会——广东省第三产业研究会，我任会长12年（2004—2016）。每年结合研究会年会举办第三产业相关论坛，如2005年广东省生产服务业论坛（南海西樵）、2006年服务经济与管理论坛（广东技术师范学院）、2007年韶关市交通论坛（韶关）、2008年中山服务业高峰论坛（中山长江）、2009年广东现代服务业论坛暨"中山大学服务经济与服务管理论丛"首发式（广东外语外贸大学）、2010年广州服务业综合改革试点城市研讨会（广州)、2011年佛山顺德区生产服务业高峰论坛(顺德)、2012年深圳龙岗区现代服务业人才发展论坛(深圳龙岗)、2013年东莞市南城区第三产业发展论坛(东莞南城)、2014年佛山市南海区第三产业发展高峰论坛(佛山南海)、2015年加快发展我国生产服务业论坛(中山大学),团结了广东省一批第三产业研究的专家学者,在学术界和决策部门产生了良好的影响。

我为自己的研究成果能为现实经济服务感到高兴。我体会到,研究成果所以能推动实践的发展,要从实际出发,不唯书、不唯上、只唯实,不跟风,还与选题的超前性是分不开的。缺乏超前性的研究选题,必然老是落在实践的后面。如果一个社会科学工作者的看家本领,就是只能在中央作出决策后跟在后面论证其正确性,那么他的研究就因无法指导实践而丧失其意义。甚至它是否算"科研"都可以打个大问号。

回顾研究第三产业经济学的过程,我深深体会到:从事科学研究,必须选好方向,走前人没有走过的路,这样才能不断创新,使研究不断上新台阶。搞科研,尤其是文科科研,必须坚持真理的客观标准,决不能跟"风"跑。要以辩证的、发展的观点而不是僵化的态度对待前人(包括伟人)在书本上提出的理论原则。攻克重大的科研难题,必须投入相当大的精力和相对稳定的时间,以优势兵力长期攻关,不能浮光掠影,浅尝辄止。只有像范文澜老前辈提倡的那样,"板凳要坐十年冷,文章不写半句空",才可能以自己有限的精力攻下广袤的科学天地中某一方面或领域。

四、《第三产业经济学(修订本)》的主要修改

2018年8月10日,在我指导的博士"关门弟子"已毕业离校,而我在西班牙旅游途中,接到知识产权出版社的信息,打算精选再版包括《第三产业经济学》在内的一批孙冶方经济科学奖获奖作品。

我觉得出版社集中出版一批学术精品,很有战略眼光,也是为学术界和社会做了一件大好事。我早就打算再版《第三产业经济学》,也想趁此机会系统地充实30年前费了很多心血写成的专著,就高兴地答应了。

本来以为当年就可以完成修订，但着手修改时发现，写于30年前的著作，因中外第三产业日新月异，出现了很多前所未闻的新现象，全书统计数据和主要案例都要更新，有些章节要重新构思改写，工作量不少。我本着对孙冶方经济科学奖作品负责，对读者负责，对社会负责的态度，花力气把修订工作做好。2021年12月底，我终于完成了数据更新和内容充实修改。在写《第三产业经济学（修订本）》后记时，我觉得松了一口气，心情非常轻松和愉悦。

《第三产业经济学》初版的研究主线（服务产品的运动）、理论基石（服务产品理论）、分析框架（服务产品的生产—服务产品的交换—服务产品的分配—服务产品的消费）、规律体系（第三产业共有规律和特有规律）和主要观点经过30年的实践检验，证明是正确的，故修订版的主体内容没动，基本理论没动。

值得一提的是模型预测：本书1988年预测我国2000年第三产业就业比重25.6%~28.4%，实际比重，据国家统计局是27.5%，据世界银行是25.68%，两者平均为26.59%（见第10章）；1988年在我国城镇居民服务消费比重仅为8.16%时，我预测2000年我国服务消费比重将达24.3%~26.0%，实际值为27.56%，与预测值非常接近（见第12章）。

修订版主要作了五方面的更新：

一是统计数据更新。1985—1988年写书时没有互联网，没有电子数据库，要查国内数据都很困难（1981年北上访学时，把查统计数据当作一个重要任务，查到数据如获珠宝），更不要说找国外统计数据了。现国际互联网、数据库非常方便，我使用世界投入产出表数据库、联合国贸易和发展会议数据库、中国统计数据库更新数据，更能发现和证明第三产业发展规律。

二是统计图表更新。写初版时没有电子数据软件，绘制回归曲线时，为了曲线平滑要去找数学系老师借软尺在绘图纸上手工描出。修订时使用统计分析软件，利用世界投入产出表数据库、联合国贸易和发展会议数据库和中国统计数据库中多达43个经济体的时间跨度最长达60多年的数据，重新绘制了相关新统计表33个、图47个，拟合定量分析模型，对第三产业的未来发展作了新预测。

三是文献资料更新。20世纪80年代写初稿时没有机会看到费希尔、克拉克英文原著，对国内文献资料的综述，没有互联网查询，要去图书馆借出有关杂志一本一本地查。那时没有互联网，也没有电子版，我为了整理国内对第三产业理论的讨论综述，泡在学校资料室好几天，一本本查阅纸版文献资料，整理观点成文，深感不易。修订版在研读英文原著的基础上，在第二章"第三产业思想史"增加了第二节费希尔、克拉克对第三产业的开创性研究，增加了第四节"1980年代国内对第三产业理论的讨论"，这是中国学术界当时对第三产业理论的正面、反面和侧面观点的"家底"。现在看这些第三产业思想史文献殊为珍贵，为我当年创作第三产业经济学打下了扎实的文献基础。

四是章节结构更新。在第九章增加第四节"第三产业发展状况评估与衡量"，第十章增加对1988年预测的评价以及16国、30国和中国第三产业模型研究，增加第十三章"服务生产消费"，包括五节：服务生产消费与生产服务，服务生产消费与第三产业生产服务，服务生产消费与产业效率，服务生产消费与产业服务化，服务生产消费与投入软化。这就从逻辑上将涵盖生活服务和生产服务的服务产品的研究构成一个从服务生产、服务交换、服务分配到服务消费的闭环。

五是重要观点更新，主要有10个。

（1）第三产业的范围（见第一、四章）。初版界定的第三产业为"国内口径"，为避免第三产业第四层次为社会公共需要服务的部门（党政军警部门）是否应该划入第三产业这一悬而未决的问题牵扯过多而冲淡研究主题，将它撇开不论。在修订版中，按国家统计局的第三产业统计口径，把公共管理、社会保障和社会组织、国际组织纳入第三产业经济学的研究范围。从服务产品理论看，既然党政军警在劳动，劳动成果又不是实物形式的，就说明他们提供的是非实物形式的劳动成果，没有理由否认他们提供服务产品。有人之所以有疑问，症结在于分析经济概念错用了政治或道德标准，把劳动、劳动产品和非实物劳动产品范畴，涂上了浓重的政治、道德色彩。

（2）中国第三产业形成的时间（见第二章）。初版主要考虑黄河流域的相关文献和考古发现，提出定在西周初年（公元前11世纪）。修订版根据从20世纪80年代开始中国考古的很多新发现，按照中国文明起源的"满天星斗说"、多元一体的"重瓣花朵说"、"多元一体模式"说，把中国第三产业形成的时间推前到商代（公元前16世纪—前10世纪），最迟不晚于盘庚迁殷后的商后期（公元前13世纪）。

（3）服务产品的非实物性（见第四、五章）。随着现代科学技术特别是信息技术、数字技术、网络技术、人工智能和虚拟技术的发展，服务的传统特征非实物性、非贮存性、生产、交换与消费同时性、非移动性正在发生演变和突破。在经典力学中，实物与场的区别是明确的，但在粒子物理中，粒子与场的区别变得模糊。按"波粒二象性"理论，任何物质有时能够表现出粒子性质，有时又能够表现出波动性质。

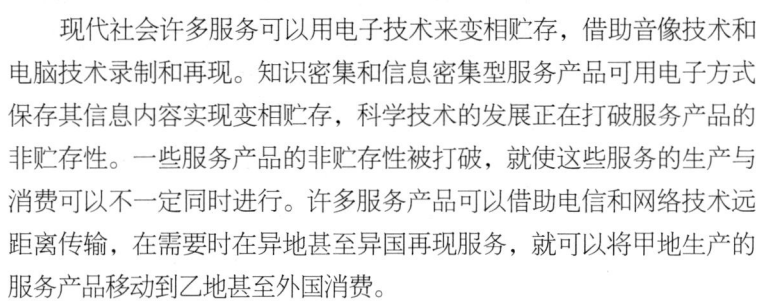

现代社会许多服务可以用电子技术来变相贮存，借助音像技术和电脑技术录制和再现。知识密集和信息密集型服务产品可用电子方式保存其信息内容实现变相贮存，科学技术的发展正在打破服务产品的非贮存性。一些服务产品的非贮存性被打破，就使这些服务的生产与消费可以不一定同时进行。许多服务产品可以借助电信和网络技术远距离传输，在需要时在异地甚至异国再现服务，就可以将甲地生产的服务产品移动到乙地甚至外国消费。

知识密集、信息密集、技术密集型服务产品可借助媒体外壳存储其内容，顾客只要获知异地传输来的信息内容，即使没有接触其实物外壳，也可以完全享用这些服务产品。

服务产品传统特征的突破，使服务产品得以通过进出口在国际上进行生产和消费，使服务贸易和服务外包成为当今世界的热门话题。信息技术在促进服务产品传统特征的突破方面起着关键性的作用，使制造业与服务业发生产业融合，使工业产品与服务产品的界线趋于模糊。传统上被视为制造业生产过程的"附加服务"，现变成制造业生产过程的关键性投入——生产服务。制造业产出服务化，工业品价值越来越依赖于无形服务产品的非实物属性。许多服务可以用电子技术来贮存，借助电信技术远距离传输，可以在需要时再现和递送，从而在许多方面更像是制造业的产品。

（4）生产创新型服务产品的社会必要劳动时间（见第六章）。初版：生产创新型服务产品的价值量由最先生产出这种产品的个别劳动时间决定。文艺创作服务、教育设计服务等产品的生产也同此理。如果说，创新型服务产品的价值实体的形成也有社会必要时间的话，那么这里的"社会必要劳动时间"就是上述的个别劳动时间。修订版：从社会的角度看，生产创新型服务产品的社会必要劳动时间不仅包括成功者生产这种产品的直接劳动耗费，而且包括社会上众多失败者在探索、挫折和失败中所耗费的劳动时间。成功者是在失败者的劳动耗费基础上取得胜利的，失败乃成功之母。失败者的劳动耗费为唯一的成功者提供了必要条件。在创新型服务产品研究成功之时，这些失败者的劳动在一定程度上与成功者的劳动一起凝结在创新型服务产品的使用价值中，得到社会体现。因此，生产创新型服务产品的社会必要劳动时间由最先生产出该服务产品的直接劳动耗费加创新难度系数决定。难度系数在一定程度上体现了失败者在探索、挫折和失败中所耗费的劳动时间，使成功者通过市场在直接劳动耗费之外得到额外劳动补偿。

（5）服务价格的特殊形态（修订版新增，见第八章）。交融互嵌服务价格：实物产品价格中含有服务产品价格（如光盘价格中含有科研服务价格）；服务产品价格中含有实物产品价格（如民航服务价格中含有燃油价格）。SaaS 软件服务价格：Software as a Service（软件即服务）大型软件化整为零分拆为一项小服务出售的价格。SaaS 服务价格模式在网络服务、手机 APP 中广泛应用。有固定成本的演出服务价格：演出需要大量的固定成本，如剧目调研、策划、构思、编剧、导演、彩排等，如果只演出一场，固定成本就会全部摊在唯一演出的价格中，形成消费者难以接受的"天价"；如多次演出，固定成本就分摊在多场演出中。与消费地发达程度负相关的服务价格：发达地区在服务起点规模、服务效率、服务集群和供给充分竞争方面具有优势，消费客流多故价格低（薄利多销的新形式），导致服务价格低于欠发达地区。广告服务的迂回价格：广告服务采用一种迂回补偿方式在广告商、客户和观众中实现服务产品的提供。一种有趣的"四赢"迂回服务补偿：订购者（广告商）付费订购对自己没有使用价值的、供观众消费的服务；出资者（广告客户）付费生产自己不消费的服务，转送给观众；服务提供者（电视台）收费播放广告和电视节目；观众（广告和电视节目消费者）以忍受广告灌输为代价消费免费电视服务。服务减少获得欢迎的服务价格：在教育服务产品的生产上，因某种非主观原因，学校要减少课时，增加放假时间。服务提供者——教师工作量减少，报酬不减，求之不得；服务消费者——学生减少上课服务量，增多放假休闲时间，但不影响升级、毕业，欢天喜地；服务付费者——学生家长支付教育服务费用不减，服务量减少，但不影响毕业，少有投诉。

（6）生活服务和生产服务需求上升（见第九章）。初版：没有指出存在条件。修订版：人类对实物消费品和服务消费品的需求量会随着经济水平的提高而增长，在一定的历史阶段内和一定的条件下，对服务消费品的需求增长速度会快于实物消费品的需求增长速度，使服务在消费结构中的比重增大。但服务比重不可能无限增大，以至于使实物消费品趋于零，达到一个势均力敌的饱和点后，两者比重就趋于稳定。如果出现新的技术状况和需求状况，就在新的条件下形成新的平衡点。因此，生活服务需求上升只是相对的，不是永恒的、绝对的。人类对实物生产资料和服务生产资料的需求会随着经济水平的提高而增长，在一定的历史阶段内和一定的条件下，对服务生产消费的需求增长速度会快于实物生产资料的需求增长速度，使服务在生产投入结构中的比重增大。但是，服务比重不可能无限增大，以至于使实物生产资料趋于零，达到一个势均力敌的饱和点后，两者比重就趋于稳定。如果出现新的技术状况和需求状况，就在新的条件下形成新的平衡点。因此，生产服务需求上升也是相对的，不是永恒的、绝对的。

（7）工农业劳动力转移到服务业的趋势（见第十章）。初版：没有指出转移的条件。修订版：农业生产率提高到一定程度后，因土地收益递减，农业生产率增长减缓，不一定再有很高增速，加之农业劳动力已大为减少，不太可能有剩余劳动力转移到非农产业。这时第二、三产业的劳动力增长主要来自三次产业的全球大分工。中国加入世贸组织以来制造业发展迅速，包揽了发达国家以至世界制造业的大量供给；发达国家制造业比重低，与发展中国家承担了全球制造业的大量供给不无关系；发达国家向发展中国家输出大量服务产品。这说明劳动力在国际范围内存在第一、二、三产业之间的分工和转移。

　　科学技术的发展是无止境的,在服务生产上广泛地应用科学技术,逐步实现自动化、现代化,并不是异想天开。虚拟现实技术综合了多种科学技术,在多维信息空间上创建一个虚拟信息环境,能使用户具有身临其境的沉浸感,具有与环境完善的交互作用能力,并有助于启发构思,广泛应用于医学、娱乐、军事航天、室内设计、房产开发、工业仿真、应急推演、游戏、地理、教育、水文地质、维修、培训实训、船舶制造、汽车仿真、轨道交通、能源领域、生物力学、康复训练和数字地球等领域。虚拟现实、人工智能、服务机器人、电子服务等,代替人演奏、唱歌、表演,提供服务,正在成为现实。智力密集型、技术密集型服务生产正在逐步实现自动化,劳动生产率大大提高。当服务劳动生产率的增长速度快于工农业生产率的增长速度,并能超过社会对服务需求的增长速度,自动化服务就出现劳动力相对过剩,从服务业转到非自动化行业。工农业劳动力转移到第三产业这一趋势,当然也就不复存在了。

　　(8)第三产业的考核指标、重点项目和科学规划(修订版新增,见第九章)。发展第三产业的政绩考核指标:要全面理解第三产业发展水平的相对指标和绝对指标,淡化把第三产业比重作为经济发展考核指标,提高人均服务产品占有量在发展规划中的地位,用服务密度指标规划城市发展用地,根据资源优势,全面协调三次产业发展,宜农则农,宜工则工,宜服(务)则服(务),不应该为了突出第三产业比重而故意压制工业发展速度。其实,如果用人均服务产品占有量指标这个"干货"作为考核指标,人们也就犯不着压第二产业速度来拉升第三产业比重这个相对指标了。

　　发展现代服务业重点项目:不能只关注服务供给能力的提升,更要特别关注支撑服务供给的服务需求,加强对本地服务产品需求分析,研究外地对本地的服务需求,本地向外地输出服务的可能性、输出能力和服务半径。对服务供给地区来说,如本地需求不足,又没有足够的外来需求,过多的服务供给就会供过于求。供求的地域矛盾通过需求者从服务需求地向供给地的位移,或通过服务人员和服务生产要素带动的服务产品从供给地向消费地的输出,或通过技术手段扩大服务半径来解决。要加强对发展第三产业的科学规划，防止在发展现代服务业的口号下，形成服务产品的生产过剩。

要转变政府职能，将"唯 GDP"考核机制转变为长期目标与短期目标相互平衡的综合考核机制，以新的财富观为指导，全面谋划现代产业的科学发展，积极引导民间资本向服务业领域的投入，既发展提高国民经济效率的生产服务业，也不能忽视增强居民生活便利和幸福感的生活服务业，增强新兴的生产服务业和生活服务业的供给能力，生产服务和生活服务两手抓。

（9）新冠肺炎疫情下的服务供求矛盾及对策（修订版新增，见第九章）。2020年以来的新冠肺炎疫情重创了全球第三产业，给服务产品的供给和需求带来更严重打击。从服务需求看，疫情期间，多地发布居家令，顾客担心感染，不敢出门光顾面对面的服务业，需求量大降。从服务供给看，为控制疫情传播，多地封城封店，限制营业，迫使服务供给减少甚至中断。从服务效率看，餐饮、电影院、游乐场、客运业等经济规模服务业，本来需要尽量多顾客分摊固定成本，以最大限度利用服务设施，但被强制保持社交距离，在设计能力以下接待顾客，等于人为限制客需求量，浪费服务空间，无法达到经济规模而产生亏损，甚至达不到起点规模而倒闭。从服务特性看，服务产品不能贮存、无法移动，停止服务会产生"手停口停"的生存危机；停业数周甚至数月，企业将难以为继。从服务业国际化看，多国因疫情封关，对入境者进行14天隔离，等于切断服务业的国际化产业链和服务出口通道。凡此种种，很多措施虽属无奈之举，但对第三产业非自动化服务造成重大打击是显而易见的。

但是，疫情并非重创了所有服务行业，它也促进了一些服务需求增长。一是数字消费服务：户外活动受限使流量服务需求异军突起（如视频点播）；娱乐选择变窄使视频游戏和电视收视率提高；虚拟健康保健成为非急诊护理导向，远程健康服务发展。二是虚拟商务互动（B2B）：个人会议转向虚拟主机平台，远程合作工具加强；虚拟工具使临床研究能力持续，虚拟临床试验拓展；数字创新增长需更严格安全协议，使网络空间安全需求加强。三是线上市场服务：方便、健康的食物和杂货递送上门和紧固包装盒需求增多；更多小商户转向电子商务，使POS机解决方案需求增长；宅家消费使食物配送需求增强。

在疫情常态化要打持久战的条件下，企业应对服务产品供求失衡的主要对策是：一是改变现有面对面的传统服务业的服务产品供给方式，减少线下服务和现场服务，增多线上服务和远程服务。如零售业的网购，餐饮业的网上订餐、送餐，交通业的网上订票，游览业的网上预约订票等。二是发展与顾客不直接接触的新兴高科技服务业，如医疗业的线上诊断和手术，咨询业的远程企业咨询诊断，人群不聚集的网上会议。三是利用电子技术和模拟技术，发展服务产品的变相"贮存"，应对服务产品供给时间与需求时间不一致形成的供求时间矛盾，如电视录播、电视回放、手机视频。四是利用虚拟现实、人工智能、服务机器人、电子服务等技术，发展服务产品远程线上服务和服务产品输出，应对服务产品供给地域与需求地域不一致形成的服务供求地域矛盾。

（10）第三产业比重的饱和点和均衡点（修订版新增，见第十章）。第三产业的就业比重和产值比重不可能无限增长，以至于使第一产业和第二产业比重下降到零。在现代社会，人既需要服务产品，也需要实物产品；既需要第三产业，也需要第一、二产业。第三产业的需求和供给，在一定的历史阶段和一定条件下，随着经济水平的提高而上升。一旦达到三次产业比重势均力敌的某个均衡点后，三次产业比重就趋于相对稳定。因此，第三产业比重也有一个均衡点和饱和点。如果出现新的技术状况和需求状况，就可能在新的条件下形成新的均衡点。所以，第三产业比重增大规律只是在特定条件和特定历史阶段发生作用，并不是永恒规律。

对第三产业比重的饱和点和平衡点，可以依据发达国家三次产业现状和走势作出大致估计：世界第三产业就业比重的饱和点可能在60%~70%，增加值比重饱和点在70%~80%。第三产业占比不可能无限提高，到一定程度后就不再提高，出现饱和状态。这就是第三产业比重的极限，也是国民经济软化的饱和点。

据世界银行数据库，世界、中国、美国、欧盟、日本、韩国、印度、巴西、俄罗斯和南非，2019年第三产业就业比重分别是50.6%、

47.3%、78.7%、70.6%、72.4%、70.3%、32.3%、70.9%、67.4%、72.4%。其中经济最发达的美国有 10 年在 78.7% 上下徘徊，欧盟、日本和韩国在 70% 上下波动，世界平均则维持在 44%~50% 之间。再看第三产业增加值在 GDP 中的比重，2019 年世界第三产业占 GDP 比重为 67.5%（27 年间在 67%~68% 之间波动），美国为 80.2%（11 年间在 79%~80% 之间波动）。这提示，在现有的生产和消费条件下，第三产业就业比重的饱和点可能在 60%~70%，增加值比重饱和点在 70%~80% 之间。在世界范围内，在人均 GDP 超 50000 美元（2010 年美元不变价）的发展水平下，各产业中间投入软化系数的饱和点参考值大致是：第一产业 0.35，第二产业 0.32，第三产业 0.76，全行业 0.55。

据统计，全书修订 12203 处，插入 5272 处，删除 5838 处，移动 24 处。

五、深深的感谢

在修订版脱稿时，我首先要感谢我的硕士导师黄家驹教授。得益于他的提议和指导，我才选取"论服务消费品"为硕士论文题目，进入第三产业研究领域，从此一发不可收拾。他在第三产业范畴横遭贬斥的 1981 年底，仍对我的硕士论文选题给予坚定支持、鼓励和指导。我还要感谢我的博士导师吴宣恭教授对我的关心、鼓励和指导。在他的关怀和指导下，我提交博士论文《服务产品理论研究》答辩，并在厦门大学获得博士学位。

我在四十年来建立和拓展第三产业经济学的学术研究和实践活动中，特别是在培养第三产业方向硕士、博士生，主持各层次的第三产业研究课题，创建中山大学中国第三产业研究中心和广东省第三产业研究会，主编"中山大学服务经济与服务管理论丛"过程中，很多专家朋友在我的论文选题、研究方法、写作结构、资料收集、整理和计算、学术合作、学术观点、课题申报、研究和鉴定、研究生招生、培养和答辩，书稿撰写和修订上给了有益的启发、影响和帮助。易梦虹教授、苏天视副教授对我研究服务消费品的生产规模与发展规律给予热情帮助和指点。著名经济学家宋涛、卫兴华、钱伯海、张维达、何炼成教授长期关心我的科研教学，支持华南师范大学经济学博士点申报。著名经济学家、中国社会科学院学部委员张卓元研究员从1985年我在兴城全国第三产业经济理论讨论会演讲开始，一直关心我的第三产业经济学研究；指导和支持华南师范大学以第三产业经济学作为政治经济学横向研究的方向申报政治经济学博士点，终在1996年1月国务院学位委员会经济学科组会议上，以16∶1通过；在1988年7月15日、1991年5月和2021年12月，为《第三产业经济学》的初版、重印版和修订版三次作序，高度评价了本书的学术价值和应用价值，一如既往地对我的第三产业研究给予支持和鼓励。大师们的热情关怀和帮助永志难忘，谨致以诚挚的感谢。

本书修订得到很多硕士生、博士生的热情帮助。2003年，李碧花博士（华南师范大学经济所99级硕士、中山大学管理学院07级博士，现任广东财经大学副教授）对本书初版的扫描文字识别版作了图式和公式修改，现又为第2、9、10章重绘插图；胡霞博士（华南师范大学经济所00级硕士、中山大学管理学院03级博士，现任广东省委党校教授）、李惠娟博士（华南师范大学经济所00级硕士、中山大学管理学院06级博士，现任广州大学副教授）对扫描版作了校对修改，经我校验后存档为2007版，拟在2007年由经济科学出版社再版。但因我那时太忙，后几章需改动较大，被搁置下来，一晃就过了十多年。

2018年8月，我与知识产权出版社签约再版，但实际到2020年才有空着手对2007版作全面修订。江波博士（中山大学10级博士，现任华南理工大学讲师）研读Allan G. B. Fisher的 *The Clash of Progress and Security*（《进步与安全的冲突》）和 *The Conditions of Economic Progress*（《经济进步的条件》）以及维基百科，归纳观点，为第三产业思想史增写第二节"第三产业的开创性研究"提供了内容充实的初稿。孙翼然硕士（中山大学管理学院硕士，现任广东移动公司中级审计师）多次细致地对服务中间投入软化趋势作了回归分析，参与合写第十三章第五节关于"投入软化趋势"的内容。孙得将博士（中山大学管理学院博士，现任广东佛山科技学院讲师），是我修订本书的得力助手，熟练运用世界投入产出表数据库、联合国贸易和发展会议数据库、中国统计数据库、国际统计年鉴，对全书统计数据、表格、插图作更新和充实，佐证、探索了第三产业规律。

广东人民出版社袁耀文编辑和知识产权出版社蔡虹、杨易编辑先后为《第三产业经济学》的初版和修订版的出版做了大量工作。

在此谨对所有关心、支持和帮助过我从事第三产业研究和延伸研究的专家、学者和朋友们，对国务院办公厅、国家统计局、国家计委、中国社会科学院、国家社科规划办、教育部、广东省委、广东省人民政府、广东省委宣传部、广东省发改委、广东省高教厅、华南师范大学、中山大学、厦门大学、广东省第三产业研究会，以及相关省、市、区（县）、镇政府，还有英国剑桥大学、英国雷丁大学、美国哈佛大学、新加坡国立大学等有关单位，一并致以诚挚的感谢。

在修订稿完成之际，我感慨自己在《第三产业经济学》的研究、撰写、实践、拓展和修订中变成"资深教授"，也欣喜地看到当年听我讲第三产业经济学的学生们由稚嫩后生变为行业中坚和学术大咖，更有佼佼者当了教授、博导、处长、院长、厅长、市长。怀念几十年来在第三产业经济学的教学、科研和课题研究中一起成长的同学们。我真诚地感谢你们。有你们的合作和陪伴真好。

最后要深深感谢我的妻子李健英女士。她善良、贤惠、热情、积极、正直、与人为善。自大学毕业留校任教以来，她边教学、边进修，在职攻读硕士、博士学位，陆续任讲师、副教授、硕士生导师、教授，在工作和学习都很忙的时候，一直在后面默默支持我的第三产业研究。1980年，我攻读研究生时写的研究第三产业研究"开山之作"——《关于生产劳动和非生产劳动的几个问题》的誊抄件，就是她娟秀的笔迹。她身兼妻子、母亲、媳妇、女儿、博士、教授等多种角色，始终把承担家务、尊老爱幼、育儿成长的重任看作责无旁贷之事。这位戏称自己只是"兼职"教授的知识女性，还是"政治经济学"省级精品课程负责人，在本职工作岗位获奖无数，获学校"教学名师""广东省南粤优秀教师""全国首届普通高校百名'两课'优秀教师"等诸多殊荣，深受学生欢迎。她四十年来对我和我的科研、教学和社会工作给予倾力支持和无尽的关怀和帮助，让我能够心无旁骛，全无后顾之忧，全力以赴从事第三产业经济学教学和科研工作。《第三产业经济学》初版和修订版如有"军功章"，毫无疑问应该献给她。

  建立和开拓第三产业经济学是我为之奋斗了40多年的事业。我高兴地看到，在我度过七秩寿辰和纪念中山大学中国第三产业研究中心成立20周年的2021年即将成为历史之前三天，终于完成了《第三产业经济学（修订本）》的定稿工作。诚挚地希望读者们对本书的体系、结构、论点和内容的不足提出宝贵意见。也期望《第三产业经济学（修订本）》能为经济学科建设及我国第三产业和现代服务业的发展贡献微薄之力。

李江帆

2021年12月28日23时49分05秒

于华南师范大学中1-704

初版后记

　　本书的基本范畴、论点和理论体系，是我八年多思考、探索和研究的结果。

　　我研究第三产业理论，是从"服务消费品"开始的。长期以来，一些人把"非物质生产劳动者"，尤其是知识分子，看成靠"物质生产部门"的布施养活的，动不动就指责他们"一不会种田，二不会做工"，不生产实物产品简直是犯了弥天大罪。1980年，当我撰文批驳这种论调时，联想起一个理论问题：传统经济学理论将产品范畴局限于物品的范围，否认"非物质生产劳动者"生产产品，这是上述论调得以流行的一个理论渊源。通过对《资本论》第1~4卷的认真攻读，我从马克思提出的但未及展开阐述的"在服务形式上存在的消费品"一词，以及运输业的生产公式 $G-W<\begin{matrix}A\\P_m\end{matrix}\cdots P-G'$ 中，得到很大启发：以教师为例，他们获得工农生产的粮食和衣服，是以向社会提供课堂上的"传道授业解惑"这种生产与消费同时进行的"服务消费品"为代价的。在社会分工、各司其职的条件下，教师"不会种田"，"不会做工"，就如同工人农民"不会教书"一样，是没有什么理由要非议的。由此我进一步意识到，要正确认识第三产业的性质，关键问题是必须突破传统的产品观念，将非实物形态的劳动成果也纳入社会产品的范围。据此认识，从1981年起，我开始在报刊上发表论文探讨"服务消费品"范畴。同年8月，我选定"论服务消费品"为研究生毕业论文的课题，拟以《资本论》的研究主线、始点为蓝本，将研究对象由实物型商品改为服务消费品，系统探讨服务消费品的使用价值、价值、生产与再生产、流通、分配和消费这六方面的问题。这一大纲实际上已构成本书的基本理论框架。

　　1984年底，广东人民出版社约我以近年研究成果为内容写一本关于第三产业的书。我早就希望有机会将自己对第三产业经济问题的思考、探索和认识系统地写出来，于是决定撰写一本"第三产业经济学"。1985年5月，我列出了写作提纲。原拟写成15万~20万字的"浅说"。但是在撰写中发现：一方面，我国第三产业研究的长期空白，传统政治经济学观念的根深蒂固，使得第三产业经济学的创立难度颇大；对传统成说的全面突破，对新范畴、新论点的首次系统论证，在一本通俗读物中是难以完成的。另一方面，新问题的探讨、概括和论证，使我在撰写各章达原定字数时，往往觉得言犹未尽，一再突破计划加以发挥。现在以学术专著形式奉献给读者的《第三产业经济学》，是我利用教学和社会工作之余，历经三载，于1988年6月初完成的。它初步构筑起第三产业经济学的理论框架。尽管我力图使本书达到具有严谨的理论逻辑、新颖的学术观点和较大的应用价值的写作目标，但本书的不少论点尚有待进一步探讨和完善。因篇幅过大，原拟撰写的一些章节，如服务产量衡量、服务质量评价、服务资本的循环与周转、服务产品的销售、服务生产率与服务经济效益、第三产业发展战略、服务消费效益等，不得不取消。我希望有机会再写一个续篇，对此进行探讨。

在这几年的教学和科研中，我深深体会到：中国需要第三产业，中国第三产业更需要第三产业经济学。近年来，我以此书的基本框架为内容，给华南师范大学经济学本科生、研究生，以及民航、铁路、公路运输部门和一些地区的经济管理干部大专班，开设了"第三产业经济学"选修课或讲座，受到普遍欢迎。

在本书脱稿并即将付排的时候，我首先要感谢我的导师黄家驹教授。他在第三产业范畴被横加贬斥的1981年底，仍对我的硕士论文选题给予支持、鼓励和指导。在我八年来的研究过程中，许多专家、学者先后在我的科研选题、研究方法、写作结构、资料收集、整理和计算，或学术观点上给了我有益的启发、影响或帮助；张卓元同志在百忙中为本书作序。在此也一并致以衷心的感谢。

建立"第三产业经济学"，对于我来说只是一个尝试。诚挚地希望读者对本书的体系、结构、论点和内容的不足，提出宝贵意见。

作者
1988年8月10日
于华南师范大学中区14幢